20세기 이야기

1950년대

20세기 이야기 _1950년대

폐허와 상처를 딛고(國內) ㅣ 냉전과 미·소 대결(國外)

1판 1쇄 발행일 2013년 10월 20일

지은이 김정형
발행인 한숙희
발행처 답다출판
출판등록 제2012-000343호(2012년 11월 1일)
주소 135-875 서울시 강남구 선릉로94길 7 현죽빌딩 7층
전화 02)733-9389 | **팩스** 02)6280-9387
전자우편 dabda12@naver.com

편집디자인 나모에디트(02-2263-3309)
용지 동남지류유통(02-2274-0223)
인쇄 상지사 P&B(031-955-3636)

ISBN 978-89-98451-05-9 04900
ISBN 978-89-98451-10-3(세트)

20세기 이야기

1950년대

폐허와 상처를 딛고(國內)
냉전과 미·소 대결(國外)

답다

[일러두기]

1. 외래어 표기는 '외래어 표기법'에 따르되 일부 외래어는 관행을 따랐다. 예를 들어 '에르빈 로멜', '메릴린 먼로', '마틴 루서', '니키타 흐루쇼프'가 외래어 표기법상으로는 맞지만 오랫동안 익숙하게 사용해온 '롬멜', '마릴린', '루터', '흐루시초프'로 표기했다.
2. 중국의 지명과 인명은 중국어 원음(마오쩌둥, 베이징) 대신 한국어 원음(모택동, 북경)으로 표기했다.
3. 사진은 조선일보, 동아일보, 연합뉴스로부터 제공받았다. 사진 중에는 저작권자를 확인하려 했으나 확인하지 못한 일부 사진도 있다.

무한질주 20세기 발자취와 대한민국의 뚝심 추적史

20세기는 무한질주의 시대였습니다. 과학과 기술이 비약적으로 발전하고, 이를 바탕으로 한 신제품이 쏟아져 나왔습니다. 컨베이어 벨트로 상징되는 대량생산 덕에 인류는 유사 이래 처음 물질적 풍요의 시대를 경험했습니다. 불치병은 치료되고 수명은 연장되었습니다. 농업생산력도 폭발적으로 증가해 세계 대부분의 나라에서 기아가 사라졌습니다. 항공기의 발달로 세계는 지구촌이 되고 인터넷과 휴대폰의 대량 보급으로 인류는 이웃이 되었습니다.

문제는 인간의 무지와 탐욕, 야만과 광기였습니다. 여기에 과학과 기술의 옷이 입혀지면서 대량학살이 자행되었습니다. 20세기 전반기에 겪은 두 차례의 세계대전은 인류를 죽음의 구렁텅이로 몰아넣었습니다. 20세기 후반기에는 미소 냉전과 이로 인한 국지전, 민족과 종교의 이름으로 가해지는 무차별적인 학살, 독재자들의 만행, 악덕 자본가의 탐욕, 환경오염으로 인한 자연파괴 등으로 인류는 혼돈의 시대를 살아야 했습니다.

다행인 것은 이런 와중에도 새로운 문화가 꽃을 피우고 생활수준은 나아졌으며 민주주의가 세계 곳곳에서 자리를 잡아갔습니다.

마치 롤러코스터처럼 세계가 광기와 이성의 시대를 오르내리고 있을 때 대한민국은 어땠을까요. 20세기 초, 대한민국은 적자생존과 약육강식이 지배하는 제국주의 세계에 내던져진 한 점의 고깃덩어리에 불과했습니다. 결국 아가리를 벌리고 발톱을 세운 일본 제국주의의 먹잇감이 되고 말았습니다. 그렇게 질곡의 시대를 살아야 했던 대한민국이 비로소 명패를 내걸고 존재를 인정받은 것은 1948년입니다. 하지만 곧 전 세계를 짓누른 미소 냉전의 틈바구니 속에서 또다시 민족의 비극 6·25를 경험해야 했습니다. 모든 것은 재가 되었습니다. 우리는 그 참혹한 현실 앞에서 망연자실했습니다.

그러나 우리 국민은 참으로 위대했습니다. 끈질긴 생명력으로 다시 일어서고 가난과 폐허로부터 벗어났습니다. 도저히 따라가지 못할 것 같은 선진국과의 격차를 근소하게 좁히고 코리아의 존재를 세계에 각인시켰습니다. 정치적으로는 민주주의를 완벽하게 정착시키고 경제적으로는 절대 가난에서 벗어나 물질적 성취를 이뤄냈습니다. 식민지를 경험한 국가 중 '산업화'와 '민주화'를 모두 이룬 대표적인 모범 국가로 발돋움한 것입니다.

하지만 오늘이 있기까지 남북 대치와 개발 독재로 인한 인권 유린, 자본의 논리로 인한 노동자·농민의 희생이 잇따랐습니다. 민주화를 이룬 뒤에도 사회 양극화와 이념적 대립이 계속 우리 사회 전반을 짓누르고 있습니다. 압축 성장에 따른 정신적 황폐화와 상대적 박탈감, 속물 자본주의 근성도 끈질기게 우리 주변을 배회하고 있습니다.

이 책은 이런 20세기 100년(정확히는 101년)의 이야기입니다. 20세기 국내외에서 일어난 중요하고 의미가 있는 과학, 산업, 정치, 경제, 전쟁, 문화, 예술, 스포츠, 학문, 언론 등을 망라했습니다. 의미가 있는지? 후세에 영향을 미쳤는지? 선구적 업적인지? 새로운 흐름인지? 등을 수록의 기준으로 삼았습니다.

20세기 100년을 10년 단위로 구분해 총 10권으로 구성했습니다. 각 권의 연도마다 국내와 국외를 함께 수록했습니다. 국내와 국외를 별권(別卷)으로 하지 않은 이유는 당초 이 책을 쓰려 한 취지를 살리기 위해서입니다.

자료를 찾고 원고를 정리하면서 가장 궁금했던 것은 100년 동안의 세계적인 대격변 속에서 대한민국이 어떤 과정을 거쳐 오늘에 이르렀을까 하는 의문이었습니다. 궁금증을 풀려면 국내와 국외에서 비슷한 시기에 일어난 문제를 함께 소개해야 거시적이고 상대적인 관점에서 온전한 비교가 가능하다고 판단했습니다.

현재 우리 사회는 진보와 보수 간에 도그마, 합리화, 독선, 진영 논리 등에 매몰되어 있습니다. 끊임없이 계속되는 사회적인 갈등과 극단적인 이념 대립은 심각한 수준에 이르렀습니다. 이미 사멸되고 박제화되었어야 할 종북 세력까지 안간힘을 쓰며 우리 사회의 갈등을 부채질하고 있습니다.

그런데도 대한민국은 중심이 흔들리지 않고 꿋꿋하게 버티고 있습니다. 이것은 멸사봉공의 마음가짐으로 국가와 국민을 우선한 선대의 희생과 당대 사람들의 용기가 있었기에 가능했습니다. 일제하에서는 독립운동가, 해방 후에는 6·25 참전용사, 개발 독재 시절에는 산업화의 두 주역인 근로자와 기업가, 민주화를 열망하는 시민과 운동가 등이 오늘을 있게 한 주역들이었습니다.

그중에서도 특히 근로자의 근면과 기업가의 리더십은 오늘의 대한민국을 있게 한 원동력이었습니다. 기업가는 더 많은 부를 쌓고 싶어서 근로자는 더 나은 삶을 위해서 함께 기업을 키워갔습니다. 이 과정에서 다수

근로자의 노력과 희생을 발판 삼아 살아남은 기업은 대기업으로 성장하고 국가는 이들 대기업 덕에 경제 규모를 키워 유엔 사무총장을 배출하는 등 지구촌의 중요한 멤버로 자리를 잡았습니다. 이런 점에서 대한민국의 중심이 흔들리지 않을 수 있었던 결정적인 이유를 꼽으라면 근로자의 땀, 기업의 성장, 국가 경제 규모의 확대 등을 들고 싶습니다.

이 책은 진보 보수 어느 한쪽의 입장에 서기보다 양쪽 모두를 긍정하는 입장을 취했습니다. 양쪽의 생각을 가급적 균형 있게 소개하려 했습니다. '사회가 건강하려면 보수와 진보라는 두 날개로 날아야 한다'는 주장에 전적으로 공감하고, 두 입장 모두 우리 사회를 지탱하는 소중한 두 축이라고 믿고 있기 때문입니다. 그렇다고 우리 사회의 건강성을 해치는 일부 보수의 '부패'와 '탐욕', 일부 진보의 '경박'과 '독선'까지 용인하는 것은 아닙니다. 빛과 그림자는 늘 함께하는 것인데도 이 같은 사실을 애써 외면한 채 어느 한쪽 면만을 지나치게 강조하거나 부각시키려는 외눈박이에 대해서도 경계합니다.

이 책이 국내 위주의 정치·사회적인 책으로 오해하는 독자가 있을지 모르겠습니다. 사실 이 책에는 정치·사회 외적인 내용들이 훨씬 더 많습니다. 세계 문제도 국내 문제 못지않게 풍부하고 다양합니다. 총론적인 역사서도 아닙니다. 하나하나가 과학사이고 문화사이고 경제사이고 생활사입니다.

풍부하지만 부실하고 잘못된 정보가 인터넷에 넘쳐나는 현실도 책을 쓰게 된 동기 가운데 하나였습니다. 물론 인터넷에는 뛰어난 고수들이 많습니다. 하지만 그들의 고급 정보를 일일이 찾는 게 쉽지 않습니다. 장시간 인터넷을 뒤져야 겨우 찾을 수 있기 때문입니다.

원고를 쓰면서 가장 신경을 쓴 부분은 '정확한 사실'이었습니다. 물론 사실이라는 것도 때로는 그것을 바라보는 사람의 관점과 해석에 따라 달리 보인다는 것을 모르지는 않습니다. 우리 사회는 아직도 자신의 입맛대로 해석하거나 특정한 의도를 갖고 사실을 취사선택하는 경향이 강합니다. 우리가 마지막 보루로 기대고 싶어하는 '상식'의 기준과 개념 역시 사람에 따라 각기 다르게 인식되는 것도 사실입니다. 따라서 이 책에서 가끔 드러나는 필자의 생각을 긍정하거나 부정하는 것은 전적으로 독자의 몫입니다.

또 하나 걱정되는 것은 혹시 있을지 모르는 오류입니다. 원고를 쓸 때부터 꼼꼼히 확인하고 몇몇 지인이 원고를 읽어주긴 했지만 그래도 작업이 방대하고 기간이 오래 걸려 어떤 오류가 어디서 튀어나올지 몰라 내심 걱정스럽습니다.

이 책은 독창적이거나 학문적인 저술이 아닙니다. 기존의 저술들을 수집·정리·소개한 것입니다. 그런 점에서 국내외의 많은 학자, 기자, 작가들이야말로 이 책의 진정한 저자입니다. 저는 대표 저자로 이름을 올렸을 뿐입니다. 그들의 책과 논문, 기사를 일일이 소개하는 것이 예의겠으나 책의 분량이 너무 늘어난다는 것을 핑계로 부득이 제외했음을 양해 바랍니다.

국내에 이런 종류의 책이 없고, 20세기를 총체적으로 이해하는 데 도움이 될 수 있겠다는 지인들의 권고에 고무되어 감히 이 책을 세상에 내놓았습니다. 관심과 격려, 질정을 바랍니다.

'20세기 이야기'(전10권) 첫 권을 내며

2012년 12월 1일

김정형

차례

20세기 이야기 _1950년대

폐허와 상처를 딛고(國內) | 냉전과 미·소 대결(國外)

1959년

1950년

6·25전쟁 발발
- *_ 남침설·북침설*
- *_ 한강 인도교 폭파*

유엔군 참전
- *_ 대전협정*
- *_ 윌리엄 딘*

워커 라인 설정과 다부동 전투
- *_ 백선엽*

인천상륙작전과 서울 탈환
국군·유엔군의 38선 돌파와 중공군 참전
장진호 전투와 흥남철수작전
농지개혁 실시
- *_ 북한 토지개혁*

한국은행 창립과 첫 '한국은행권' 발행
우장춘 영구 귀국
현제명 한국 최초 창작 오페라 '춘향전' 작곡·공연
매카시 광풍
마더 테레사와 '사랑의 선교회'
잉그리드 버그먼, 로베르토 로셀리니와 재혼

6·25전쟁 발발

부슬비가 내리고 있던 새벽, 38선 인근의 한국군 부대 막사 위로 포탄이 우박처럼 쏟아졌다.

6·25전쟁은 세계대전이었다. 유엔의 깃발 아래 세계 16개국이 군대를 파견하고 한국과 북한, 중국과 소련까지 합하면 참전국이 20개국이나 된다는 점에서 부정할 수 없는 세계대전이었다. 사망자 수를 기준으로 하면 1500년대 근대 국가체제가 형성된 이래 발발한 모든 전쟁 중에서 7번째로 규모가 크고, 연평균 사상자 수로 비교하면 1, 2차 세계대전에 이어 3번째로 피해 규모가 컸다. 전쟁 명칭은 우리는 '6·25전쟁', 미국을 위시한 서방 국가들은 통상 '한국전쟁'으로 부르지만 북한과 중국은 각각 '조국해방전쟁', '항미원조(抗美援朝)전쟁'이라 부르며 자국의 관점을 드러내고 있다.

부슬비가 하염없이 내리고 있던 1950년 6월 25일 새벽 4시, 단잠에 빠져 있는 38선 인근의 한국군 부대 막사 위로 포탄이 우박처럼 쏟아졌다. 곧이어 소련제 T-34 탱크를 앞세운 북한군 주력부대가 38선을 넘어 거침없이 남하했다. 이에 앞서 새벽 3시 30분쯤에는 북한군이 동해안의 옥계, 삼척, 임원 등 3곳을 기습 공격했다. 민족상잔의 비극 6·25전쟁은 이렇게 시작되었다.

북한군은 6월 25일 당일 서해안의 옹진반도 방어선을 무너뜨리고 의정부(6.26), 서울 창동(6.27), 미아리 방어선(28일 새벽 1시)을 파죽지세로 돌파했다. 그동안 개성, 김포, 문산, 포천, 춘천, 가평 등이 잇따라 북한군의 수중으로 넘어갔다. 전력에서 남북한은 상대가 되지 않았다. 국군은 9만 4,000여 명에 불과한 반면 북한군은 18만 2,000여 명이나 되었다. 북한의 전투장비 규모는 남한의 3배가 넘었다. 전차도 북한이 200대 이상 보유한 반면 국군은 단 한 대도 없었다. 북한은 항공기도 전투기를 포함해 211대가 있었으나 아군은 연락기와 연습기 22대가 전부였다.

서울을 향한 북한의 주공(主攻)은 4개 보병사단과 1개 전차여단으로 구성된 제1군단이 맡아 3개 방면으로 나뉘어 펼쳐졌다. 제1군단은 의정부와 문산 그리고 한강을 넘어 김포와 영등포로 진격했다. 3개 보병사단과 1개 모터사이클연대로 구성된 제2군단이 담당한 조공(助攻) 중 한 방향은 춘천~가평·홍천~수원 방향으로 진격해 서울의 동측방을 우회 공격했으며 다른 한 방향은 동해안 축선을 따라 포항 방면으로 남진했다.

1500년대 이래 7번째로 사망자 많은 전쟁

이에 맞서는 국군의 전방 방어 부대는 4개 사단과 1개 연대가 전부였다. 옹진반도에 보병 제17독립연대, 개성·문산에 제1사단, 의정부 북방에 제7사단, 춘천 북방에 제6사단, 동해안에 제8사단이 배치되어 있었다. 그나마 북한의 남침이 있기 하루 전인 6월 24일 0시를 기해 한동안 계속 이어지던 비상경계령이 해제되고 많은 장병이 휴가와 외박을 나가 부대에 남아 있는 병력은 절반에 불과했다.

서울에 진입한 북한군 보병부대

6월 25일 오전 8시 30분, 김일성이 "남한의 도발을 반격하는 차원에서 전쟁을 시작한다"며 남한에 선전포고를 했지만 우리 국민은 38선에서 늘상 있어온 충돌 가운데 하나려니 생각하고 심각하게 받아들이지 않았다. 그러나 곧 북한 전투기가 서울의 용산 상공에 출현, 총격을 가하고 김포비행장을 폭격하면서 사태의 심각성을 깨닫기 시작했다.

점점 가까워지는 포성에 서울은 혼란과 공포의 도가니로 빠져들었다. 결국 우리 군은 제대로 된 저항 한번 못하고 6월 28일 서울을 내주었다. 정부는 서울 사수를 약속해 놓고도 28일 새벽 2시 30분쯤 한강 인도교를 폭파해 한강 이북의 서울 시민을 사지로 내몰았다. 4만 4,000여 명의 국군도 낙오병 신세가 되었다.

북한군의 전술도 처음부터 순조롭지는 않았다. 북한군은 6월 26일 오후 1시 의정부를 점령한 뒤 서울의 창동을 거쳐 28일 오전 1시에 미아리고개를 넘었다. 16㎞를 남하하는 데 36시간이나 걸린 것은 잘못된 도로 선택과 의정부에서 벌어진 북한군끼리의 교통체증 때문이었다. 그들의 진격을 지연시키는 데는 국군의 활약도 컸다. 한 무명용사는 의정부 남쪽의 백석천을 넘으려는 전차를 공격해 백석교를 파괴하기도 했다.

개성 남쪽에서 한강을 건너 김포·영등포 방향으로 공격하려는 북한군 6사단을 가로막은 것은 한강이었다. 북한군이 보유하고 있는 1개 중대 분량의 도하 장비로는 조수간만의 차가 큰 한강 하류를 쉽게 넘지 못했다. 결국 북한군은 김포 쪽에서만 3일을 지체했고, 우리 군이 긴급 편성한 김포지구 전투사령부의 선전으로 북한군은 7월 3일에야 영등포에 진출할 수 있었다.

국군 6사단은 춘천 지역으로 내려오는 북한군 2사단을 격퇴했다. 이 때문에 당일 춘천을 점령하고 수원으로 진출한 뒤 국군의 후방을 치려 했던 북한군의 작전은 헝클어졌다. 6·25전쟁의 최대 '미스터리' 가운데 하나는 북한군이 서울을 점령한 후 6일 동안 지체한 일이다. 덕분에 국군은 한강 이남에서 전열을 가다듬을 수 있었다.

서울 점령 후 북한군이 6일 동안 지체한 것은 최대 미스터리

북한군이 한강을 건넌 것은 7월 3일이었다. 그들이 전면에 내세운 소련제 T-34 전차는 당시 최강의 전차였다. T-34는 전면 장갑 두께가 79㎜로 당시 우리 국군의 대전차무기에 정통으로 맞아도 끄떡하지 않았다. 국군은 57㎜ 무반동총과 2.36인치 로켓포로 맞섰지만 역부족이었다.

미국의 발빠른 대응으로 일본의 오키나와에 있던 미 제24사단의 선발부대가 7월 1일 부산에 도착하고 24사단의 주력부대가 경기 평택~안성선을 최초의 저지선으로 설정했으나 천안 일대의 사단 방어진지마저 단 하루 만에 붕괴되고 전의~조치원 방어선도 쉽게 무너졌다.

사단장 윌리엄 딘 소장은 당시 일본에 주둔하던 미 8군 사령관 월턴 워커 중장으로부터 “후속 부대인 미 제25사단이 부산에 도착하는 7월 20일까지 어떤 일이 있어도 대전을 사수해야 한다”는 명령을 받고, 적의 진격을 막았다. 북한군은 7월 20일 새벽 세 방향에서 대전을 공격했다. 미 제24사단은 3.5인치 대전차 로켓포(일명 바주카포)를 쏘며 분전했지만 얼마 되지 않아 전투력의 절반 가까이를 잃고 사실상 붕괴되다시피 했다. 딘 사단장마저 포로가 되었다.

미군의 대전 철수로 급박해진 것은 호남 지역의 상황이었다. 북한군 제6사단은 서해안을 따라 호남 지역을 빠른 속도로 장악했다. 호남 지역 전체를 점령한 북한군은 7월 25일 경남 하동을 거쳐 진주까지 점령했다. 적이 마산을 거쳐 부산으로 침투할 경우에 대비해 워커 8군 사령관은 미 25사단을 마산 정면으로 돌렸다. 북한군 6사단이 마산 방어선을 뚫고 부산으로 진격하는 데 성공했다면 김일성이 이 전쟁에서 승리할 수도 있는 아찔한 순간이었다.

1950년 7월 말 유엔군은 경상도와 제주도를 제외한 한반도 전역을 북한군에 내주었다. 낙동강에 방어선을 친 국군과 유엔군은 한편으로는 북한군의 공격을 저지하면서 다른 한편으로는 반격작전을 준비했다. 9월 15일 인천상륙작전을 감행하고 9월 28일 서울을 탈환함으로써 북한군의 주병참선은 차단되고 병력은 남북으로 양분되었다.

중공군의 참전은 '완전히 새로운 전쟁'

전세가 역전되자 38선에서 진격을 멈출 것인지 계속 진격할 것인지의 문제로 유엔군이 고민에 빠졌다. 하지만 이승만 대통령의 입장은 단호했다. 당연히 북진이었다. 미국 역시 논란 끝에 38선을 돌파하기로 결정하자 10월 1일 국군이 먼저 38선을 넘고 10월 9일 유엔군이 뒤를 따랐다. 국군은 원산(10.10)과 평양(10.19)을 점령하고 10월 26일에는 압록강 초산에까지 도달해 곧 북한 전역을 장악할 것처럼 보였다. 그러나 수십만 명의 중공군이 압록강을 넘어오면서 유엔군은 다시 수세로 내몰렸다. 중공의 참전은 맥아더 표현대로 '완전히 새로운 전쟁'이었다.

1951년 1월 4일 다시 서울을 내주는 1·4후퇴가 시작되었다. 국군과 유엔군은 평택~삼척선까지 망연자실 후퇴했다. 확전이냐 한국 포기냐의 갈림길에서 미군은 전쟁을 명예롭게 끝내기로 결론을 내렸다. 맥아더 사령관이 주장하는 '승리' 대신 '휴전'을 선택한 것이다. 중국과 김일성 역시 피해를 감수하면서 전선을 남하시키기보다는 전쟁 전의 상태에서 휴전을 모색하는 것이 더 낫다고 판단했다.

미 정부는 1951년 5월 38선을 기준으로 한 휴전을 공식 정책으로 확정했다. 하지만 이승만 대통령은 북진 무력통일을 주장하며 휴전에 맹렬히 반대했다. 모든 전쟁 당사국들이 휴전에 동의하는 상황에서 이승만의 휴전 반대는 메아리 없는 고독한 외침이었다. 1951년 7월 10일 개성에서 휴전회담이 시작되었다. 유엔군과 공산군 측은 11월 27일 "현재 쌍방간의 접촉선을 군사분계선으로 삼는다"는 원칙에 합의했다.

양측의 합의로 대규모 기동전은 멈췄으나 전쟁의 양상이 고지쟁탈전, 수색정찰전, 진지전으로 바뀌면서 사상자가 속출했다. 그러면서도 양측은 군사분계선 설정, 휴전 감시기구 구성 등에 대해서는 1952년 5월까지 합의를 도출했다. 다만 전쟁포로 문제만은 합의하지 못해 1952년 10월 8일 무기휴회에 들어갔다.

휴전은 한반도를 가장 첨예한 냉전 지역으로 남겨둬

그런 가운데 한국전쟁의 조기 해결을 공약으로 내건 드와이트 아이젠하워가 1953년 2월 미국의 새 대통령으로 취임했다. 전쟁 도발의 주요 당사자인 스탈린도 3월 5일 죽어 양측에는 조기 종전을 바라는 분위기가 고조되었다. 이런 가운데 4월 11일에 체결된 부상포로 교환협정에 따라 병상포로들이 먼저 교환되었다.

한국에서는 여전히 휴전을 반대하는 목소리가 압도적으로 높았다. 휴전 반대와 북진통일을 주장하는 대규모 군중시위가 꼬리에 꼬리를 무는 가운데 국회도 4월 21일 이승만의 북진통일을 지지하는 결의안을 채택했다. 휴전협정 체결이 불가피하다는 사실을 누구보다 잘 알고 있을 이승만이 이처럼 단호하게 반응한 것은 '한미상호방위조약'의 조속한 체결을 얻어내기 위한 '계산된 전략'이었다.

이승만은 휴전조약 체결 전인 1953년 6월 18일 부산, 대구, 광주, 마산, 영천, 논산, 부평 등의 포로수용소에 수용된 반공포로를 유엔군과 사전 상의 없이 일방적으로 전격 석방함으로써 얼마든지 휴전을 거부하고 그것을 파기할 의사와 능력이 있음을 미국에 확실히 보여주었다. 휴전협정의 체결을 무산시킬 수도 있는 반공포로 석방은 한미상호방위조약 체결에 대한 미국의 결단을 촉구하는 이승만의 승부수였다.

미국이 부랴부랴 월터 로버트슨 국무성 극동담당 차관보를 한국에 보내 한미상호방위조약을 약속하고 이승만도 휴전조약을 반대하지 않겠다고 화답함으로써 휴전조약은 1953년 7월 27일 비로소 체결되었다. 정확히 3년 1개월 2일을 끌어온 전쟁으로 한민족은 엄청난 피해를 보았지만 아무것도 해결하지 못한 채 문제를 봉합하는 것으로 끝나 한반도를 20세기의 가장 첨예한 냉전 지역으로 남겨두게 되었다.

남침설·북침설 북한에 주둔하던 소련군의 전면 철수 완료 사실을 소련과 북한이 대대적으로 발표한 것은 1948년 12월이었다. 하지만 소련군 4,000여 명이 그대로 북한에 남아 있는 것으로 훗날 밝혀져 전형적인 위장평화 전술이었다. 미국은 1948년 9월부터 1949년 1월까지 주한미군 1만 6,000여 명 대부분을 철수시키고 1949년 6월 말에는 마지막으로 남아 있던 제5연대 전투단까지 철수시켰다. 남한에 남은 미군은 500여 명의 군사고문단뿐이었다.

김일성이 모스크바를 방문해 스탈린에게 6·25전쟁 지원을 요청한 것은 이처럼 미군이 남한에서 대부분 철수한 1949년 3월이었다. 김일성은 '즉각적인 무력통일'을 주장했으나 스탈린은 "아직 때가 아니다"라며 승인하지 않았다. 김일성은 즉각적인 전쟁 도발에는 동의를 얻지 못했지만 두 개의 큰 선물을 받았다. 북한이 나중에 전쟁을 일으킬 경우 소련이 이를 지원하겠다는 것과 북한군에게 현대적 무기를 제공하겠다는 약속이었다.

이 사실이 밝혀진 것은 소련의 일부 비밀문서가 공개된 1994년이었다. 이 문서는 옐친 러시아 대통령이 소련의 비밀외교문서 중 6·25전쟁과 관련된 부분을 발췌, 김영삼 대통령에게 전달해 일명 '옐친 문서'로 불린다. 스탈린이 약속한 대로 1949년 5월 이후 북한에는 소련의 최신 무기들이 속속 도착했다. 중국도 북한에 병력 지원을 약속했다.

당시 중국에는 조선인들로 구성된 조선의용군 3개 사단 병력, 약 5만 명이 있었다. 김일성의 특명을 받고 중국을 방문한 김일은 1949년 5월 모택동으로부터 조선의용군 병력을 입북시키겠다는 약속을 받았다. 조선의용군 5사단과 6사단 병력은 1949년 여름과 가을을 거쳐 북한으로 들어왔고, 나머지 12사단은 1950년 3월에 입북했다.

수정주의는 학문적 분석이라기보다 이데올로기적 관점

김일성은 1949년 10월 중화인민공화국(중공)이 출범한 후 전쟁 준비에 박차를 가했다. 1950년 1월 말 스탈린이 김일성의 남침 요청을 승인한 후에는 '선제타격 작전계획'이라는 이름으로 1950년 5월 남침 계획을 확정했다. 이처럼 6·25전쟁은 북한의 기습남침으로 시작된 전쟁임이 명백한데도 한때 우리 사회 일각에서는 이를 부정하는 이론과 학설이 위세를 떨쳤다.

전쟁 후 자유주의 진영을 지배한 것은 정통주의적인 해석이었다. '소련의 팽창주의 정책의 지원을 받아 북한의 김일성이 한반도의 공산화를 위해 남침한 것'으로 보는 것이 정통주의 학파다. 그런데 이를 부정하는 주장들이 일부 미국 학계를 중심으로 조금씩 고개를 들다가 1980년대 말 무렵에는 상당한 영향력을 행사할 정도로 세력이 커졌다.

'수정주의'로 불리는 이 이론은 이름 그대로 정통주의 학설을 수정한다는 의미다. "미국이 월등한 군사 경제력으로 세계를 지배하려 했기 때문에 소련이 불가피하게 대응했다"는 것이 주장의 핵심이다. 6·25에 대한 수정주의적 해석은 한국의 일부 지식인과 운동권 사이에서 정설처럼 받아들여졌다. 수정주의의 가장 큰 특징은 정교한 학문적 분석이라기보다 이데올로기적으로 마르크스주의를 추종한다는 점이다. 이들은 마르크스주의적 패러다임으로 세계를 보기 때문에 미국의 외교정책을 제국주의의 전형으로 공격하면서도 소련의 행동은 미국의 행동에 대한 방어적인 반

작용으로 본다.

그러나 1991년 소련 붕괴 이후 6·25 당시의 기밀문서들이 대거 공개됨으로써 수정주의는 힘을 잃게 되었다. 수많은 문서를 통해 김일성의 요청, 스탈린의 최종 승인, 모택동의 지원 약속으로 면밀하게 계획되고 실천에 옮겨진 전쟁이라는 사실이 명백하게 밝혀졌기 때문이다. 그래서 오늘날 급진적 진보인사들조차도 북한의 남침 사실만은 인정한다. 그런데도 그들은 잘못된 주장을 폐기하기보다는 6·25전쟁을 다른 차원에서 옹호·변명하고 있다. 미국이 남침을 유도했다는 소위 남침유도설과 6·25전쟁을 내전으로 보아야 한다는 주장이다.

내전설 시각에서 보면 누가 먼저 전쟁을 일으켰는지 중요하지 않아

남침유도설은 1950년 1월 12일 딘 애치슨 미 국무장관이 언명한 '미국의 극동방위선에 대한 선언'에서 기인한다. 당시 애치슨은 미국의 극동방위선을 알류샨열도~일본열도~오키나와를 잇는 선으로 한정한다고 발표했다. 수정주의자들은 남한을 미국의 극동방위선에서 빼겠다는 '애치슨 라인'이야말로 북한과 소련을 유인하기 위한 미국의 음모라고 본다. 미국이 북한을 유인해 전쟁을 도발토록 하고 이를 빌미로 공산주의 정권을 무력으로 붕괴시키려 했다는 주장이다. 하지만 '애치슨 선언'이 공산주의자들에게 "한국을 가져도 된다"고 말한 것이 아니라 "일본을 건드리면 미국이 가만히 있지 않겠다"는 의도를 전달한 것이라는 점에서 그들의 주장은 아전인수식 해석에 불과하다.

수정주의의 대표적인 저서는 브루스 커밍스 교수의 '한국전쟁의 기원'(1981)으로, 커밍스는 미국이 애치슨 라인에서 한국을 제외한 것이 북한의 오판을 불러왔다고 주장했다. 그러나 커밍스는 미국이 의도적으로 한 행위는 아니라고 함으로써 '남침유도설'에서는 한 발짝 비켜갔다.

수정주의자들은 또한 6·25가 내전임을 강조한다. 남의 집안 싸움에 미국이 괜히 끼어들어 문제를 복잡하게 만들었다는 점을 부각하려는 의도다. 내전설 시각에서 보면 누가 먼저 전쟁을 일으켰는지는 중요하지 않다. 인구의 10%가 죽거나 다친 민족 대참사의 전범도 불분명해진다. 김일성 역시 침략자도 전범도 아닌 일제에 맞선 독립투사로 둔갑하게 된다. 결국 김일성이 바라던 혁명과 통일을 좌절시킨 미국의 개입만 문제로 부각되는 것이다.

한강 인도교 폭파

강문봉 육군본부 작전국장(대령)이 채병덕 육군 참모총장에게 "적의 전차가 시내로 들어왔다"고 보고한 것은 북한군이 6월 28일 새벽 1시 서울 최후의 방어선인 미아리고개를 돌파한 뒤였다. 채병덕은 다급한 마음에 새벽 1시 45분 최창식 공병감(대령)에게 "한강 다리를 폭파하라"고 명령했다. 임진강과 예성강 다리를 폭파하지 않아 북한군의 진격 속도를 늦추지 못했다고 믿어온 그는 "폭파에 실패하면 총살"이라며 다그쳤다.

한강 인도교로 달려간 최 대령이 이미 1.6톤의 폭약을 장치하고 명령만 기다리고 있는 공병팀에게 폭파를 명령한 시각은 6월 28일 새벽 2시 20분이었다. 이승만 대통령(27일 새벽 2시), 신성모 국방장관(27일 오후 2시), 채병덕 총장(28일 새벽 2시) 등 군 지휘라인에 있던 실력자들이 모두 한강을 건넌 뒤였다. "미국의 적극적인 군사 원조가 있을 것이니 국민은 총궐기

미 공군기가 북한군의 남진을 저지하기 위해 한강 철교를 폭격하고 있다(1950.7.3). 오른쪽은 이미 폭파된 한강인도교

해 반란분자들을 퇴치하자"고 사전에 제작한 이승만 대통령의 육성 녹음이 라디오로 방송된 것은 폭파 30분 전인 새벽 2시였다. 대통령 자신은 이미 서울을 탈출해놓고 서울 시민에게는 총궐기하라라고 한 것이다.

폭파에 앞서 최 대령은 한강 인도교로 진입하는 차량과 인파를 막기 위해 공병들을 한강 다리 북쪽으로 보내고 공병들이 신호탄을 무수히 쏘았으나 한 치 앞을 내다볼 수 없는 깜깜한 어둠 속에서 다리 위로 밀고 내려오는 시민들을 막을 수는 없었다. 폭우가 쏟아지고 있던 새벽 2시 30분, 목격자들에 따르면 천지가 진동하는 굉음과 함께 수백 수천의 사람과 차량이 비명소리를 내며 공중으로 튀어 올랐다. 곧 인도교가 두 동강 나고 그 위에 있던 사람과 차량이 시커먼 강물 속으로 곤두박질쳤다. 살아남은 사람들이 전신에 피를 뒤집어쓴 채 한강 다리 북쪽으로 빠져나오는 모습은 생지옥의 아비규환이나 다름없었다.

국방부 발간 '한국전쟁사'는 한강 인도교 폭파로 차량 50대, 사람 500~800명이 희생되었을 것으로 추정하고 있다. 대량의 폭약이 장치되었는데도 불구하고 한강 인도교만 폭파되었을 뿐 인도교 옆의 복선철교는 부분 폭파되는 데 그쳤고, 다른 단선철교는 불발로 폭파되지 않았다. 폭파되지 않은 철교는 며칠 후 북한군 전차의 도강에 이용되었다. 폭파팀은 한강 인도교와 철교를 폭파한 뒤 오전 4시쯤 광장동과 천호동을 연결하는 광진교도 폭파했다. 이 때문에 정부만 믿고 피난을 떠나지 못한 서울 시민들은 꼼짝없이 적 치하에서 죽음의 공포를 견뎌야 했다.

대통령은 이미 탈출해놓고 서울 시민에게는 "총궐기하라" 방송

더 큰 문제는 한강 북쪽에 남겨진 4만 4,000명에 달하는 3개 사단 장병과 군장비였다. 적과 싸워야 할 장병이 고스란히 적의 수중에 떨어진 것이다. 한강 북쪽에 남겨진 병력 중 일부가 인민군과 싸우다 장렬히 전사하는 동안 다른 병력은 소총만 휴대한 채 나룻배를 타고 소부대 단위로 강을 건넜다.

훗날 대통령이 될 박정희도 그 가운데 한 명이었다. 박정희는 홀로 한강을 넘어 남쪽으로 내려갔다. 이로써 1948년 여수 14연대 반란사건 후 낙인처럼 달고 다녀야 했던 좌익이라는 사상적 의구심을 해소할 수 있었다. 박정희는 11년 뒤 한강을 반대 방향으로 건너 정권을 장악했다.

한강 인도교 폭파는 다른 국군 부대의 사기를 크게 떨어뜨렸다. 춘천 사수를 외치던 6사단장 김종오 대령은 이 소식을 듣고 저녁 6시쯤 춘천 시민에게 피난하라는 말 한마디 하지 않고 춘천의 소양교를 폭파하고 원주로 후퇴했다. 경기도 파주시의 작은 하천 봉일천 일대에서 인민군을 악착같이 막아내던 국군 제1사단도 사수를 포기하고 한강을 건넜다.

곧 한강 다리의 때 이른 폭파 시간을 두고 비판이 제기되었다. 인민군이 서울 시내 삼각지에 나타난 시간이 인도교 폭파 후 6시간이 지나서였으니 다리 폭파를 조금 더 늦추어도 큰 무리가 없었다는 것이다. 1950년 9월 15일 육군 계엄고등군법회의는 한강 인도교 폭파의 책임을 물어 최창식 대령에게 사형을 선고했다.

당시 군법회의는 단심제였기 때문에 최 대령은 9월 21일 국방경비법 제27조 적전비행(敵前非行) 혐의로 처형되었다. "명령에 따라 교량을 폭파한 것은 인정하나 상황을 잘못 판단, 너무 일찍 폭파해 막대한 차량과 군 병력을 추락시키고 전전(戰前)에서 비행 또는 태만함으로써 부대 안전을 위태롭게 했다"는 게 처형 이유였다.

최 대령은 자신의 행동이 상관의 명령에 따라 불가피하게 수행한 것이었다며 억울함을 호소했으나 격앙된 여론과 희생양을 만들려는 분위기에 묻혀 결국 총살되었다. 1차 책임을 져야 할 폭파 명령자 채병덕 소장은 최 대령이 처형되기 두 달 전인 7월 27일 경남 하동전선에서 이미 전사한 뒤였다.

최창식 대령, 희생양을 만들려는 분위기에 묻혀 총살돼

최 대령의 처는 남편의 억울한 죽음을 받아들일 수 없어 11년이 지난 1961년 9월 재심을 청구했다. 이후 육군 보통군법회의는 1962년 5월 15일 원심 판결 무효를 선고하고 1964년 10월 23일 재심 공판에서 최 대령에게 사후 14년 만에 무죄를 선고했다. "절대적 구속력이 있는 상관의 작전명령에 의해 한강교를 폭파한 것이고 피고인은 이에 복종할 뿐, 달리 폭파 시간을 변경할 수 없는 것이 인정되므로 조급한 폭파로서 초래한 한강 북방의 아군 인원과 장비의 손실은 피고인의 책임이라 할 수 없다"며 무죄를 선고한 것이다. 무죄는 군 검찰의 항소 포기로 최종 확정되었다.

한강 인도교는 전쟁이 끝난 후에도 자금과 자재 부족으로 수년 동안 복구되지 않고 있다가 미국이 원조한 자재가 1957년 1월 반입된 후 9월부터 복구가 본격화되었다. 복구 구간은 인도교 아치 구간 중 폭파된 2, 3, 5번 경간(徑間)이고 복구 대상 길이는 63.55m였다. 복구 공사가 진행되는 동안 일반차량은 철도교 제2선을 이용하고 보행자는 육군 공병대가 강 위에 가설한 폭 4.2m의 부교를 이용했다.

공사는 8개월 만에 완료되어 폭파된 지 7년 11개월 만인 1958년 5월 15일 준공되었다. 인도교 복구 후 4차로를 8차로로 확장하기 위해 기존의 다리와 똑같은 새 다리를 병설하는 공사는 1979년 1월 착공해 1981년 1월 23일 준공했다. 더불어 '한강인도교', '제1한강교'로 불리던 다리 이름은 '한강대교'로 개명했다.

유엔군 참전

미국과 유엔 지도자들의 발 빠른 대응은 유례가 없을 정도로 신속했다.

북한의 전면 남침 사실을 전하는 존 무초 주한 미 대사의 최초 전문이 미 국무부에 전달된 것은 1950년 6월 24일 밤 8시(한국시간 25일 아침 9시)였다. 그날은 토요일이라 해리 트루먼 대통령과 딘 애치슨 국무장관을 비롯한 주요 정책결정자 대부분은 교외로 나가 있거나 휴일을 즐기고 있었다. 애치슨 국무장관은 국무부 당직자로부터 무초의 전문을 전화로 보고받은 후 밤 9시쯤 고향에 머물고 있는 트루먼 대통령에게 북한의 남침 사실을 보고하고 이 문제를 유엔 안보리에 상정한다는 데 동의를 얻어냈다.

트뤼그베 리 유엔 사무총장은 미국 시간으로 6월 25일 오전, 한국에 파견되어 있는 유엔 한국위원단으로부터 "전면 침공의 성격을 띤 중대 사태가 한국에서 벌어지고 있어 안보리에 상정하는 것이 적절하다"는 보고를 받았다. 유엔 안보리는 6월 25일 오후 2시에 긴급 소집되었다. 이처럼 미국과 유엔 지도자들의 발 빠른 대응은 지금까지도 거의 유례가 없을 정도로 신속했다.

전례 없는 일요일 긴급회의에서 유엔 안보리는 "즉각적인 전투 중지와 38선 북쪽으로 병력 철수"를 촉구하는 미국의 안을 9 대 0으로 채택했다. 소련은 중화인민공화국(중국)이 1949년 10월 출범했는데도 중화민국(대만)이 중국 전체를 대표해 총회 안보리 의석을 차지하도록 한 유엔의 결정에 항의하며 1950년 1월 30일부터 안보리 회의를 보이콧하고 있었다. 우리로서는 천만다행한 순간이었다.

장면 초대 주미 대사가 이승만 대통령으로부터 6·25 남침 소식을 전화로 전해 들은 것은 6월 24일 밤 10시 30분쯤이었다. 이 대통령은 "국운이 위급하니 즉시 미 대통령과 유엔에 호소해 구국의 방도를 마련하라"고 지시했다. 일제의 압제에서 벗어나 막 걸음마를 떼기 시작한 조국이 절체절명의 위기에 빠진 것을 직감한 장면 대사는 그날 밤 미 국무부로 달려가 유엔 안보리 회부를 논의한 후 바로 군용기 편으로 유엔본부가 있는 뉴욕으로 날아갔다. 6월 25일의 안보리에서 장면은 "대한민국이 북한군의 불법공격을 받고 있다"며 유엔의 지원을 호소했다. 6월 26일 오후엔 트루먼 대통령도 찾아가 지원을 요청했다.

트루먼, "미군의 작전 범위는 38선 이북으로 확대하면 안 된다" 명령

안보리의 첫 번째 결의가 있던 6월 25일 밤, 백악관에서도 국가안보회의가 소집되었다. 트루먼 대통령의 최대 관심사는 전 세계에 걸친 미국의 봉쇄선에 대해 소련이 전면적으로 공격을 시작한 것인지 여부였다. 다행히 봉쇄선에 대한 전초전이 아니라는 보고를 받고 "해·공군력 사용을 제한해온 모든 조치를 제거하되 미군의 작전 범위는 38선 이북으로 확대하면 안 된다"는 점을 분명히 했다.

미국의 상하 양원 합동회의는 6월 26일 미군의 징병 기간을 1년 연장하는 결의안을 315 대 4로 통과시켰다. 트루먼은 6월 27일 12시쯤, 미 해·공군의 한국 파병을 대내외에 공표했다. 그날 밤 유엔 안보리도 소련, 이집트, 인도 대표가 불참한 가운데 7 대 1로 두 번째 결의안을 채택했다. '북한의 무력공격을 격퇴하고 이 지역에서의 국제 평화와 안전을 회복하기 위해 필요한 자원을 한국에 제공할 것을 유엔 회원국에 권고한다'는 것이 주요 내용이었다. 당시 59개 유엔 회원국가 중 53개국이 이 결의문을 지지했다.

6월 29일 도쿄에 주둔하고 있던 미 극동사령관 더글러스 맥아더가 전황 파악차 한국으로 파견되었다. 맥아더는 자신의 전용기가 수원에 착륙하는 동안 간이활주로 한쪽 끝을 소련제 야크기가 공격하는 것을 직접 목격했다. 뒤이어 한강 남쪽에서 전황을 살핀 뒤 지상군 투입이 필요하다는 보고서를 본국으로 타전했다. 트루먼이 미 2개 사단 투입을 결정한 것은 6월 30일 오전이었다. 이로써 6·25전쟁은 국제전으로 비화했다.

'스미스 부대' 도착은 본격적인 미 참전의 시작

가장 먼저 한국에 파견된 미군은 일본에 주둔하고 있는 제24사단 21연대였다. 대대장의 이름에서 따 '스미스 부대'로 불린 제21연대 제1대대가 군용기로 부산에 도착한 것은 7월 1일 오전 8시 45분이었다. 최초의 미 지상군 부대였고 본격적인 참전의 시작이었다.

대전을 거쳐 북상한 스미스 부대가 북한군과 처음 맞딱뜨린 곳은 7월 5일 오산 부근 죽미령이었다. 하지만 첫 전투는 북한군을 과소평가한 탓에, 그리고 스미스 부대가 대부분 신병으로 구성되고 대전차 화기도 낡아빠진 바주카포가 전부였던 탓에 소련제 T-34 탱크를 앞세운 인민군을 당해내지 못하고 완벽한 패배로 끝났다. 540여 명의 부대원 중 150여 명이 사망하거나 실종되었다. 3년간의 전쟁 중 머나먼 이국 땅에서 죽어간 3만 6,940명의 미군 중 첫 희생자였다.

대전역에 도착한 미 24사단 소속 스미스 부대(1950.7.2)

7월 7일 유엔 안보리가 유엔의 깃발 아래 미국이 통솔하는 통합사령부 설치에 관한 세 번째 결의안을 7 대 0으로 채택했다. 트루먼은 유엔의 결의를 받아들여 7월 8일 미 극동군 사령관 맥아더를 유엔 통합군 사령관에 임명했다. 7월 14일 대전으로 피신한 이승만 대통령은 '현재와 같은 적대 상태가 지속되는 동안'이라는 단서조항을 붙여 '한국군에 대한 일체의 지휘권을 이양한다'는 이른바 '대전협정'을 맥아더에게 전달했다.

이로써 맥아더 유엔 통합군 사령관은 한국군에 대한 지휘권까지 손에 쥐게 되었다. 이후 전 세계 16개국의 군대가 한국의 민주주의와 자유 수호를 위해 속속 몰려들었다. 전투부대를 파병한 미국, 영국, 벨기에, 네덜란드, 캐나다, 프랑스, 터키, 룩셈부르크, 그리스, 남아공, 에티오피아, 호주, 뉴질랜드, 콜롬비아, 태국, 필리핀 등 16개국은 이렇게 우리의 영원한 우방국이 되었다.

▶ 유엔군 참전 상황

	참전 연인원	사망	부상	실종	포로
미국	1,789,000	36,940	92,134	3,737	4,439
영국	56,000	1,078	2,674	179	977
호주	8,407	339	1,216	3	26
네덜란드	5,322	120	645		3
캐나다	25,687	312	1,212	1	32
뉴질랜드	3,794	103	23	79	1
프랑스	3,421	262	1,008	7	12
필리핀	7,420	112	229	16	41
터키	14,936	741	2,068	163	244
태국	6,326	129	1139	5	
그리스	4,992	192	543		3
남아공	826	34			9
벨기에	3,498	99	336	4	1
룩셈부르크	83	2	13		
콜롬비아	5,100	163	448		28
에티오피아	3,518	121	536		

자료 : 국방부 군사편찬연구소

대전협정 6·25전쟁 발발 후 미군의 참전과 함께 7월 7일 유엔 안보리가 유엔군 사령부 설치에 대한 결의안을 채택하고, 7월 8일 맥아더가 유엔군 사령관에 임명되었으나 전쟁의 양상을 바꾸기엔 역부족이었다. 7월 14일 대전의 육군본부마저 대구로 이동해 전황은 최악의 상황으로 치달았다.

이승만 대통령이 손수 타자로 친 문서 하나를 맥아더 유엔군 사령관에게 전달한 것은 대전이 위태롭던 7월 14일이었다. "현재의 전쟁 상태가 지속되는 동안 한국군에 대한 일체의 지휘권을 귀하에게 이양한다"는 이른바 '대전협정'이었다. 국가의 운명이 누란의 위기에 처하고 파죽지세로 남하하는 북한군을 막아낼 무기도 병력도 없을 때 우리 국군의 작전지휘권은 이렇게 유엔군에 넘어갔다.

하지만 결과적으로 이승만 대통령의 판단은 옳았다. 어차피 미국을 중심으로 세계 16개국의 우방국이 하나가 되어야 하는 상황에서 국군만 혼자서 작전을 펼칠 수는 없었기 때문이다. 이 대통령은 착잡해 하는 정일권 참모총장에게 "필요할 때는 언제라도 작전지휘권을 되찾아 오겠다"며 유연한 결정이었음을 강조했다.

협정은 조약이나 협약이 아니어서 양국 국회의 동의나 비준 절차를 거치지 않았으나, 맥아더가 7월 17일 유엔 사무총장에게 이를 전달해 국제적으로 사후에 공식화되는 절차를 밟았다. "언제고 되찾아 오겠다"는 이 대통령의 다짐은 허언이 아니었다. 서울 수복 직후인 1950년 9월 30일, 정일권 총장을 불러 "자진해서 국군지휘권을 맡겼으니 되찾아 올 때도 내 뜻대로 할 것"이라며 '38선 단독 돌파' 명령을 내려 두 달 만에 대전협정을 스스로 파기하는 결단을 내렸기 때문이다.

이 대통령은 휴전을 앞둔 1953년 6월에도 반공포로 석방이라는 세계사에 유례가 없는 대결단을 내림으로써 대전협정에 연연해 하지 않는 국가

지도자로서의 면모를 강하게 각인시켰다. 국가가 어려울 때는 미군에 협조하고, 자신이 있을 때는 우리 식대로 하겠다는 노 정치가의 고집이자 용미(用美)의 지혜였다. 미군이 갖고 있던 국군의 작전지휘권은 1967년 7월 9일 한미주둔군지위협정(SOFA)의 발효와 함께 우리 손으로 돌아왔다.

윌리엄 딘

6·25 개전 초기, 속전속결로 남하하는 소련제 T-34 탱크에 우리 군은 속수무책이었다. 급기야 육군본부는 경기도 오산과 평택을 거쳐 대전으로 후퇴했고, 일본에서 급파된 미 제24사단도 대전에 포진했다. 24사단장 윌리엄 딘 소장은 2차대전 때 유럽에서 용맹을 떨친 용장이었다. 평소 그는 2차대전 때 자신의 사단이 전사 968명, 부상 4,300명, 실종 374명, 포로 42명의 피해를 본 것을 자랑했다. 포로가 적었다는 것인데 그만큼 그는 포로가 되는 것을 수치로 여겼다.

24사단은 7월 18일부터 3일간 대전에서 잘 버텼으나 인민군이 금강 전선에까지 다다르자 충북 옥천을 향해 대전에서 철수할 채비를 했다. 우리 육군본부도 대구 이동을 서둘렀다. 딘 소장은 소수의 호위병과 함께 철수에 나섰으나 남하 도중 만난 옥천·금산 분기점이 운명의 갈림길이 되었다. 옥천이 아닌 금산 방향으로 남하하다가 진로가 잘못되었음을 곧 깨달았지만 되돌아갈 수도 없는 노릇이어서 밤을 기다려 산 쪽으로 우회했다.

딘 소장이 친히 부상병들이 마실 물을 뜨러 갔다가 낭떠러지로 떨어져 의식을 잃는 사고를 당한 것은 7월 20일 밤이었다. 호위장교가 수색에 나섰으나 결국 찾지 못하고 철수하면서 딘 소장은 단신으로 방황하는 처지가 되었다. 딘 소장은 1948년 8월 대한민국 정부가

윌리엄 딘 소장

수립될 때까지 10개월간 마지막 군정장관을 역임한 경험이 있기 때문에 한국 땅이 낯설진 않았지만 문제는 사방에 깔려 있는 인민군이었다.

딘 소장은 중도에 역시 낙오병이 된 타보 중위를 만나 동행했다. 7월 26일 두 사람은 산속에서 한국인을 만나 자신들을 안전한 곳으로 안내해주면 후사하겠다고 했다. 그러나 한국인은 딘 소장 일행을 오막살이 집으로 데려간 후 인민군에 밀고했다. 두 사람은 집을 포위한 인민군과 총격전을 벌인 끝에 겨우 탈출에 성공했으나 이 과정에서 헤어졌다. 타보 중위는 며칠 후 북한군의 포로가 되어 처형되었다.

3년 동안 포로로 있다가 교환포로 제1호로 자유의 품에 안겨

딘 소장은 한동안 논에 숨어 있다가 날이 어두워진 후 산길을 걸었다. 8월 2일 산속에서 호의적인 한국인을 만나 4일 동안 머물렀으나 미군을 보호해주면 자신들이 위험하다고 하소연해 다시 집을 나와 걸었다. 4일간 걷다가 만난 한 노인은 미군이 있는 대구까지는 이틀만 걸으면 된다고 알려주었다. 하지만 방황 36일째인 8월 25일, 전북 진안을 지날 때 대구까지 길을 안내하겠다는 두 남자를 만났다가 결국 그들의 밀고로 공산당 자위대에 붙잡히는 신세가 되었다

미군은 딘 소장과 연락이 끊기자 딘 소장도 찾고 대전 지역 화차 10량에 적재된 군수물자를 회수할 목적으로 열차를 대전역으로 급파했다. 열차는 김재현 기관사 등 3명과 33명의 미군을 태우고 7월 19일 적진으로 향했다. 대전역에 도착한 미군은 1시간 동안 주변을 수색했지만 딘 소장을 찾지 못하고 철수했다.

하지만 철수하던 중 세천 굴다리 부근에서 북한군의 집중 사격을 받아 미군 32명이 전사했다. 김재현 기관사도 8발의 총알을 맞고 27세 나이로 순직했다. 철도청은 1962년 김 기관사를 위한 순직비를 세우고 정부는

1983년 철도인으로는 최초로 국립서울현충원 장교 묘역에 안장했다. 미 정부는 2012년 6월 김재현 기관사 유족에게 '국방성 특별민간봉사훈장'을 수여했다. 이 훈장은 미 정부가 민간인이나 외국인에게 주는 가장 높은 훈장으로 국내 수훈자는 김재현 기관사가 처음이었다.

딘 소장은 3년 동안 포로로 잡혀 있다가 1953년 9월 4일 교환포로 제1호로 자유의 품에 안겼다.

워커 라인 설정과 다부동 전투

밀리기만 하다가 처음으로 밀리지 않고 전선을 지켜냈다는 점에서 또 다른 의미의 승전이었다.

6·25 발발 후 1개월 만에 대한민국은 절체절명의 위기에 봉착했다. 갑작스러운 우리 군의 한강 인도교 폭파로 상당량의 전투장비와 물자가 모두 한강 북쪽에 묶여 사실상 맨주먹 상태였고 서부전선의 1사단, 춘천의 6사단, 동해안의 8사단 정도를 제외하고는 거의 모든 부대의 지휘체계가 사실상 와해된 상태였다. 한반도의 90%를 장악한 북한군이 마지막 남은 경상도 지역을 압박한 것은 1950년 7월 말이었다. 북한군은 4개의 공격축선에서 동시 공격을 감행, 낙동강 방어선을 돌파하고 부산을 점령하는 것을 최종 목표로 삼았다.

낙동강을 경계하면서 피란민 행렬을 주시하는 유엔군

후퇴만을 거듭해온 국군과 유엔군이 낙동강 전선에 배수의 진을 친 것

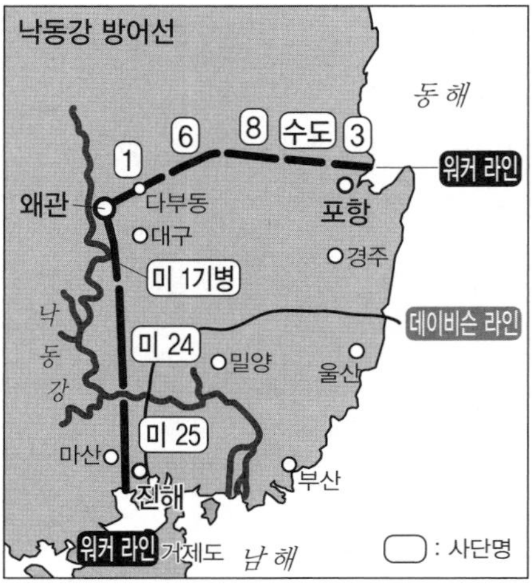

낙동강 방어선

은 1950년 8월 초였다. 워커 미 8군 사령관은 8월 1일 전군에 낙동강 방어선으로 철수할 것을 명령하고, 8월 3일 경북 왜관의 낙동강 철교와 인도교 등 낙동강의 모든 교량을 폭파해 방어선을 구축했다. 이른바 '워커 라인'이라 불린 방어선은 왜관을 기점으로 동해안의 영덕까지 128km는 국군 5개 사단이, 낙동강 본류를 따라 진해만까지 이르는 112km의 남쪽 전선은 미군 4개 사단과 제1해병여단이 담당하도록 했다.

왜관을 기점으로 남쪽으로는 미 제1기병사단, 미 24사단, 25사단 순으로 포진했고 동쪽으로는 국군 1사단, 6사단, 8사단, 수도사단, 3사단 순으로 배치되었다.

그러나 당시에는 미군만이 알고 있을 뿐 우리 국군에는 비밀에 부쳤던 또 다른 방어선이 검토되고 있었다. 미 8군 공병참모 데이비슨 준장의 이름에서 딴 '데이비슨 라인'이 그것인데, 마산~밀양~울산을 잇는 최후의 방어선이었다. 엄밀히 말하면 '데이비슨 라인'은 방어선이라기보다 미군과 유엔군이 유사시 일본, 하와이, 괌 등으로 철수할 시간을 확보하기 위한 죽음의 사수선이었다.

후퇴를 거듭하다 낙동강 전선에 배수진 쳐

당시 워커 장군이 가동할 수 있는 전력은 국군 5개 사단과 미군 4개 사단을 합쳐 9개 사단이 전부였다. 이에 비해 북한이 낙동강 전선에 투입한 인민군은 13개 사단이나 되었다. 따라서 워커 장군은 미 본토에서 증원군이 올 때까지 13 대 9라는 열세 속에서 전투를 벌여야 했다. 그나마 다행인 것은 개전 이래 약화하기만 하던 전투력이 국군과 유엔군의 연합작전으로 차츰 복원되기 시작하고, 미군이 국군 각 부대에 제공한 3.5인치 대전차로켓(일명 바주카포)으로 인민군의 T-34 전차로 인한 전차 공포증에서 벗어날 수 있게 된 것이다. 제공권까지 장악해 인민군의 후방 시설과 보급선에 일대 타격을 가할 수 있게 된 것도 연합군에는 유리하게 작용했다.

인민군은 4갈래 공격 루트 중 대구 쪽 방향의 정공법을 선택해 이 방향에만 5개 사단을 투입했다. 이곳에는 이들과 맞설 국군 1사단과 6사단, 그리고 미 제1기병사단이 포진해 있었다. 특히 대구 북방의 왜관과 다부동에서 적과 정면에서 맞서야 했던 국군 1사단은 낙동강 전선의 승패를 좌우하는 핵심 사단이었다. 사단장은 백선엽 장군이었고, 사단 병력은 7,000여 명에 불과했다. 1사단 전면에는 북한군 제3사단과 13사단, 그리고 제1사단의 1개 연대가 포진했다.

8월 4일 오전 7시 첫 포성이 울리면서 6·25전쟁의 중요 분수령이 된 '다부동 전투'의 막이 올랐다. 전투는 치열했다. 미군의 F-80(슈팅스타)가 강을 건너려는 인민군을 향해 네이팜탄을 떨어뜨리고 B-29기가 대량의 폭탄을 적 후방에 마구 쏟아부어 인민군의 전진을 가로막았다. 그래도 인민군은 끊임없이 도하를 시도했다. 적은 화공이 우세한 미군 방어지역을 피해 국군 제1사단 정면을 집요하게 파고들었다.

1사단의 전투는 상당 부분 백병전으로 전개되었다. 사격보다 수류탄을 주고받는 혈투가 1사단 정면 20km 전 전선에서 밤낮으로 계속되었다. 1사단이 위기에 놓인 가운데 8월 18일에는 박격포탄이 대구역 부근에 떨어져 대구 일대를 혼란에 빠뜨렸다. 1사단은 8월 21일에도 죽음의 전투를 벌였다. 그날 밤 다부동 골짜기에는 발사음과 작열음이 진동했다. 교전은

5시간 동안 계속되었다. 적이 물러간 다음날 아침, 진지 앞에는 적 전차 7대를 비롯한 중장비와 차량 등이 버려져 있었고 미군 추산으로는 적의 전사자가 1,300명이나 되었다.

'다부동 전투' 승리는 북진을 위한 최초의 돌파구

8월 22일 마침내 팽팽하던 균형이 깨지고 전세가 아군 쪽으로 기울었다. 미군의 지원과 국군 1사단의 죽음을 무릅쓴 방어전으로 8월 24일 낙동강 전선을 다시 회복하면서 1차 다부동 전투는 막을 내렸다. 이 전투에서만 인민군 5,690명이 사살되고 1,368명이 포로로 잡혔다. 국군도 2,234명이 전사하고 미군도 수백 명이 이 전투에서 목숨을 잃었을 만큼 치열했다. 전쟁 발발 후 끊임없이 밀리기만 하다가 대규모 방어전에서 처음으로 밀리지 않고 전선을 지켜냈다는 점에서 또 다른 의미의 승전이었다.

미군의 우세한 화공에 막혀 낙동강 전선에 대한 공격이 저지되자 북한군은 주공(主攻)을 동쪽으로 돌려 공세를 강화했다. 9월 2일 다시 시작된 북한군의 대대적인 공세로, 1사단이 지켜낸 다부동 일대를 인수한 미 제1기병사단이 대패해 다부동을 빼앗기고 인접 국군 8사단도 영천을 상실하는 등 전황이 악화되었다. 그러자 대구의 육군본부와 미 8군 등 주요 지휘부가 부산으로 이동하면서 한때 '데이비슨 라인'이 심각하게 검토되었다. 하지만 영천을 두 번 빼앗기고 두 번 되찾는 공방전 끝에 9월 13일 우리 군이 마침내 영천을 점령함으로써 철수는 취소되었고 대역전극의 발판이 마련되었다.

절체절명의 영천 전투를 승리로 이끈 그날, 7만 5,000명의 유엔군도 인천상륙작전을 향해 부산항을 떠나고 있었다. 9월 18일 1사단의 주공 12연대는 적의 완강한 저항을 뚫고 다부동 북쪽 12km 지점까지 진출함으로써 북진을 위한 최초의 돌파구를 열었다.

백선엽 백선엽(1920~)의 삶은 대한민국 국군의 역사와 궤를 같이한다. 그는 대한민국 창군의 초석이었고 백척간두에 선 대한민국을 지켜낸 '다부동 전투'의 영웅이었으며 군이 그를 필요로 할 때마다 부름에 응한 육군 최초의 '리베로' 지휘관이었다.

백선엽(1920~)

백선엽은 평북 강서군에서 태어나 1939년 평양사범을 졸업했다. 1941년 12월 만주의 2년제 봉천군관학교를 졸업하고 1943년 4월 만주군 소위로 임관해 함경북도와 접해 있는 만주국의 간도특설대에 배치되었다. 일부 간부만 일본군이고 대부분의 군관이 조선인으로 구성된 이 부대는 해방 후 국군 장성을 다수 배출한 부대로도 유명했다. 6·25전쟁 중 제1군단장으로 용전한 김백일 장군, '한국 해병대의 아버지' 신현준 장군도 이 부대 출신이다.

하지만 간도특설대가 간도 일대에서 항일투쟁을 벌이던 조선인과 중국 팔로군을 토벌한 특수부대였다는 점에서 백선엽의 간도특설대 경력은 비난을 사고 있다. 백선엽은 자서전에서 "우리들이 추격했던 게릴라 중에는 많은 조선인이 섞여 있었다. 조선인이 독립을 위해 싸우고 있던 조선인을 토벌한 것이기 때문에 이이제이(以夷制夷)를 내세운 일본의 책략에 완전히 빠져든 형국이었다…동포에게 총을 겨눈 것은 사실이었고 (그것 때문에)비판을 받더라도 어쩔 수 없다"라며 독립군 토벌 사실을 시인하고 있다.

백선엽은 1945년 8월 일본이 패망하자 꼬박 한 달을 걸어 평양에 당도했다. 훗날 육군 중장이 될 동생 백인엽도 일본 유학 중 학병으로 일본에서 복무하다가 9월 초순 평양에 와 있었다. 백선엽은 평양에서 민족지도자 조만식을 도왔으나 소련군이 조만식을 고려호텔에 감금하자 1945년 12월 38선을 넘어 서울로 내려온 후 미 군정이 세운 군사영어학교를 거쳐

1946년 2월 중위로 임관해 막 창설된 부산의 제5연대로 배속되었다.

그는 승진의 급행열차를 탔다. 2월 A중대장, 9월 1대대장을 거쳐 1947년 1월에는 중령 진급과 동시에 제5연대장으로 부임했다. 1947년 12월 부산 주둔 제3여단의 참모장을 지냈으며 1948년 4월 통위부(현 국방부) 정보국장 겸 국방경비대 정보처장으로 발령받아 서울로 상경했다.

백선엽이 군대 내 좌익 숙군 작업을 지휘할 때 만난 인물 중 한 명이 박정희 소령이다. 당시 박정희는 남로당에 가입한 사실이 밝혀져 숙군팀에 체포된 상태였다. 백선엽은 박정희의 간청을 받고 그를 풀어주었다. 거기서 그치지 않고 군에서 제대 처분을 받은 박정희를 문관 자격으로 정보국 전투정보과 과장으로 발령을 내 박정희를 위기에서 구해주었다.

육군 참모총장 두 번 역임한 대한민국 최초 대장

백선엽 대령은 광주 주둔 제5사단장을 거쳐 1950년 4월 서부전선 최일선을 담당하는 제1사단장으로 부임했다. 2개월 뒤 6·25가 터졌을 때 백선엽은 3일 동안 북한군과 맞서 싸우다 1사단이 적에 포위되자 행주나루에서 한강을 도하해 부대를 온전하게 유지했다. 백선엽은 이 전공을 인정받아 개전 1개월 뒤 준장으로 진급했다.

'다부동 전투'는 백선엽이 제1사단을 이끌고 무공을 과시한 대표적인 전투였다. 치열한 공방 속에서 미군의 화공과 1사단이 중심이 된 우리 군의 배수진 전술로 다부동 전투는 우리 군의 승리로 끝나 북진을 위한 돌파구 역할을 했다. 1사단은 이후에도 승승장구해 '평양 최초 입성'의 영예도 차지했다. 이후 1사단은 청천강을 넘어 평북 운산까지 진출했으나 중공군의 공세에 밀려 경기도 안성까지 후퇴했다가 1951년 3월 15일 서울을 재탈환할 때 가장 먼저 한강 도하작전을 감행했다.

백선엽은 1951년 4월 소장으로 진급, 동해안 지역을 담당하는 국군 제

1군단장으로 발령받아 동해안 쪽의 북진을 선도했다. 1951년 7월 시작된 휴전회담의 한국 대표로 참가했으며 그해 11월 창설된 '백(白)야전전투사령부' 초대 사령관으로 임명되어 지리산의 빨치산을 토벌하는 데 혁혁한 공을 세웠다. 1군단장으로 복귀한 1952년 1월 중장으로 진급하고 같은 해 4월 새로 창설된 제2군단장으로 부임해 중부전선을 담당했다. 1952년 7월 23일 육군 참모총장에 오르고 1953년 1월 13일 33살의 나이로 국군 최초의 대장으로 진급했다.

백선엽은 최고위직인 대장이 되고도 군의 '리베로' 지휘관으로 활약했다. 1954년 2월 155마일 전선을 담당하는 제1야전군 사령부가 창설되었을 때는 육군 참모총장 직에서 물러나 초대 사령관으로 3년 9개월 동안 야전군을 키우다 1957년 5월 육군 참모총장으로 복귀했다. 두 번째 육군 참모총장을 2년간 맡고 연합참모본부 의장으로 1년 남짓 근무하다가 1960년 5월 31일 군복을 벗었다. 당시 그의 나이는 만 39세였다.

이후 백선엽은 중화민국, 프랑스, 캐나다 대사를 거쳐 교통부 장관을 지내고 말년에는 주로 공기업 사장을 역임하다가 은퇴했다. 그가 조국에서 받은 훈장은 태극무공훈장 2회를 비롯, 모두 6회나 되고 미국의 각급 훈장 7회를 포함해 우방 11개국의 훈장을 받았다. 2013년 8월에는 미8군 명예사령관으로 임명되었다.

인천상륙작전과 서울 탈환

미 본토의 군 수뇌부는 '크로마이트 작전'으로 명명된 인천상륙을 반대했다.

적의 배후를 치고 들어가 남북으로 길게 늘어진 공급선을 끊은 뒤 2개의 전선을 만들어 적의 병력을 분산·격파하는 것, 그것이 낙

맥아더 유엔군 사령관이 마운트 매킨리 함에서 미 10군단장 알몬드 소장(맨 오른쪽)으로부터 포격 상황을 보고받고 있다.

동강 전선에 갇혀 옴짝달싹 못 하는 전황을 타개하기 위해 맥아더 유엔군 사령관이 구상한 인천상륙작전의 목표였다. 그러나 미 본토의 군 수뇌부는 '크로마이트 작전'으로 명명된 인천상륙을 반대했다. 그들은 인천보다 지형 조건이 좋고 낙동강 전선과 가까워 적군을 바로 등 뒤에서 칠 수 있는 전북의 군산을 선호했다.

실제로 인천은 상륙지로는 적당치 않았다. 일본과 부산으로부터 이동거리가 지나치게 길고 조수, 수로, 암초 등의 해안 조건도 대규모 부대가 상륙하는 데 부적합했다. 상륙용 주정을 해안에 접근시키려면 물 깊이가 최소한 7.6m는 되어야 하는데 이 조건을 충족시키는 만조일자는 1개월 중 하루 이틀밖에 안 되었다. 상륙할 수 있는 만조 시간도 2~3시간에 불과해 다음 상륙을 하려면 10시간 이상을 기다려야 했다.

항구로 접근하기 위해 거쳐야 하는 비어수로(飛魚水路)는 협소하고 굴곡이 심해 함대의 기동을 막았을 뿐 아니라 자칫 적의 공습이나 포격으로 함선이 침몰하거나 움직이지 못하게 된다면 바닷길은 그대로 폐쇄될 판이었다. 물론 군산도 문제는 있었다. 적의 후방으로 깊숙이 침투한다는 상륙 목적에 부합하지 않았고 전열을 가다듬기도 전에 부산에서 후퇴하는 인민군과 빨리 만날 가능성이 높았다.

맥아더는 이런 여러 가지 상황을 숙고한 끝에 적을 강력히, 그리고 깊숙이 치려면 인천이 적격이라는 결론을 내렸다. 그러자 미 육군 참모총장과 해군 참모총장 등이 맥아더의 뜻을 꺾기 위해 1950년 8월 23일 미국에서 도쿄로 날아와 맥아더를 설득했다. 하지만 맥아더가 "인천상륙이 5,000분의 1 확률을 가진 도박이라는 사실을 잘 알고 있다"면서도 "아군뿐만 아니라 적도 인천을 공격하리라고 예상하지 않기 때문에 전략적 기습이 가능하다"며 고집을 꺾지 않아 결국 인천상륙작전을 승인해 주었다.

적을 강력히, 그리고 깊숙이 치려면 '인천이 적격' 결론 내려

인천상륙작전은 극비리에 추진되었는데도 어떻게 새나갔는지 정보가 일본 언론에 공개되었다. 당시 일본에는 소련의 스파이들이 많아 김일성은 어떤 형태로든 인천상륙작전 소문을 들었을 가능성이 높았다. 그런데도 김일성은 인천을 적극적으로 방어하지 않았다. 이유를 놓고 설들이 분분하지만 "맥아더가 판단을 흐리게 할 목적으로 자연조건이 나쁜 인천상륙작전의 소문을 퍼뜨린 것"이라고 김일성이 생각해 방어를 소홀히 했을 것이라는 설이 유력하다.

D-데이는 1950년 9월 15일이었다. 만조시간은 오전 6시 59분과 오후 5시 59분이었다. 따라서 첫 번째 밀물 때 가능한 한 많은 병력이 상륙하고 곧바로 방어진지를 구축해야 11시간 뒤 밀물 때에 있을 두 번째 상륙도 성공을 장담할 수 있었다.

유엔군은 상륙에 앞서 적을 교란시키기 위한 양동작전을 전개했다. 부산과 일본을 떠난 수송선단의 방향이 적에 발각되지 않도록 동해안의 삼척을 포격하는가 하면 우리 해병대는 포항과 군산에 상륙하는 것처럼 행동했다. 평양 외곽의 항구 진남포에도 항공기를 이용한 소규모 공격이 가해졌다. 상륙작전에는 미 함정 194척을 비롯해 한국 15척, 영국 12척 등 7개국 함대 총 261척이 동원되었다. 항공모함 4척, 호위항공모함 2척, 순양함 6척, 구축함 33척 등이 함대를 구성해 위용을 자랑했다.

맥아더는 상륙부대로 미 제1해병사단과 제7보병사단을 주축으로 제10

군단을 편성하고 극동군 참모장인 에드워드 알몬드 육군 소장을 군단장으로 임명했다. 한국의 신현준 대령이 이끄는 제1해병대와 백인엽 대령의 육군 제17연대는 각각 미 해병1사단과 보병 7사단에 배속되었다. 이렇게 모인 병력은 한국군 7,000여 명을 포함해 7만 5,000명이나 되었다.

팔미도 등대불은 작전의 성공을 담보한 생명수

유엔군은 상륙 며칠 전부터 대대적으로 인천 주변을 공습했다. 네이팜탄으로 상륙 예상지역인 월미도를 초토화하고 인천과 서울을 폭격했다. 순양함과 구축함에서도 대규모 함포사격을 가했다. 이렇게 폭격과 포격으로 적을 무력화한 유엔군이 마침내 협소하고 굴곡이 심한 비어수로 해협으로 진입한 것은 9월 14일 밤이었다.

함대는 9월 15일 새벽 0시 50분에 불을 밝힌 팔미도 등대의 도움을 받아 비어수로 해협을 통과해 인천항 부근까지 다가갔다. 당시 비어수로에 설치된 세 군데 항해등 모두가 파괴되었기 때문에 팔미도 등대불은 인천상륙작전의 성공을 담보하는 생명수와도 같은 것이었다. 위험을 무릅쓰고 꺼져 있는 등대불을 밝힌 주역은 유진 클라크 미 해군 대위, F. 클락혼 미 육군 소령, 존 포스터 미 육군 중위, 켈로(KLO) 부대 소속 연정 대위, 계인주 대령, 최규봉 고트대(隊) 대장 등 6명이었다.

오전 5시 8분 맥아더가 타고 있는 기함 마운트 매킨리호가 닻을 내리고 5시 40분 월미도를 향해 함포가 포문을 열면서 역사적인 인천상륙작전의 막이 올랐다. 오전 6시 33분 선발공격대인 미 해병대 1파가 월미도에 상륙하고 이어 제2파가 상륙전차와 함께 상륙하면서 상륙작전이 본격적으로 전개되었다.

유엔군은 산발적인 저항을 물리치고 비교적 쉽게 월미도를 점령했으나 그것으로 끝난 게 아니었다. 주력부대의 2차 상륙이 시작되려면 오후 5시까지 기다려야 하는데 그동안 적이 어떻게 나올지 몰랐기 때문이다. 북한이 유엔군의 상륙작전을 예측하지 못해 주둔 부대가 주로 해안포대와 지원부대인 것은 그나마 다행이었다.

"5,000분의 1 확률을 가진 도박이라는 사실을 잘 알고 있다"

오후 5시 30분경부터 각각 남북 해안에 상륙한 제1해병연대와 제5해병연대가 마침내 교두보를 확보한 것은 그날 자정을 넘긴 이튿날 새벽 1시 30분쯤이었다. 미 제1해병사단은 서울의 서쪽에서 시가지를 향해 전진했다. 9월 18일 인천을 점령한 제7보병사단은 서울의 남쪽에서 북한군 증원을 차단하는 동시에 낙동강 전선을 돌파해 북상하는 미 8군과 합류할 예정이었다.

9월 18일 미 제5해병연대는 김포비행장을 탈환하고 국군 해병대와 합세해 행주나루터로 향했다. 미 제1해병연대는 경기도 소사를 거쳐 이튿날 영등포 근처까지 진격했다. 9월 20일에는 주력부대까지 한강 도하에 성공, 서울 공방전을 전개했다. 북한군은 최용건을 방위사령관으로 내세워 최후의 저항을 시도했으나 이미 대세가 기운 뒤였다. 유엔군은 경인가도를 따라 서울로 진격, 북한군 방어벽을 무너뜨리고 9월 28일 서울을 수복함으로써 전세를 역전시켰다.

상륙작전이 시작되고 서울을 수복하기까지 미 제1해병사단은 북한군 4,600여 명을 포로로 잡고 1만 3,700여 명을 살상했으며 전차 44대를 파괴하는 전과를 올렸다. 제1해병사단의 피해는 전사자 415명, 부상자 2,000여 명이었다. 제7보병사단은 북한군 4,000여 명을 사살하고 1,300여 명을 포로로 잡았다. 피해는 전사자 106명, 실종자 57명, 부상자 409명이었다.

미 제10군단은 1950년 10월에 시작된 원산상륙작전에도 투입되었다.

그 후 장진호 전투를 치르고 흥남항을 통해 북한에서 철수했다. 1950년 12월에는 미 제8군에 배속되어 전쟁이 끝날 때까지 동부전선에서 작전을 펼치다가 1954년 한국을 떠나 1955년 4월 미국에서 해체되었다. 인천상륙작전이 아니었다면 유엔군이 낙동강전선에서 반격작전을 시도했을 것이고 그렇게 되면 전쟁의 장기화로 더 많은 인명 손실은 물론 한반도 전체가 황폐화되고 초토화되었을 가능성이 높다는 게 중론이다.

국군·유엔군의 38선 돌파와 중공군 참전

국군의 38선 단독 북진은 유엔군의 지휘체계에 혼선을 야기할 수 있는 중대한 문제였다.

6·25전쟁의 양상은 인천상륙작전 성공(9.15)과 서울 수복(9.28)을 분수령으로 유엔군의 승세로 굳어졌다. 그런데도 맥아더 유엔군 사령관은 9월 30일 "38선 이북으로 진격하지 말 것"을 명령했다. 그 사이 미 정부는 유엔군의 38선 북진에 대해 작전계획을 짜는 한편 유엔을 통한 법적 근거 마련에 골몰했다.

그러나 이승만 대통령은 국군의 단독 진격을 선언하고 정일권 육군 참모총장에게 북진을 명령했다. 국군의 작전지휘권이 유엔군 사령관에게 이양되어 있는 상태에서 국군의 단독 행동은 지휘체계에 혼선을 야기할 수 있는 중대한 문제였다. 그런데도 정일권은 이승만의 명령에 따라 10월 1일 동해안 제3사단의 23연대에 38선 돌파를

압록강을 건너는 중공군

명령했다. 현재 '국군의 날'은 이날을 기념하고 있다.

한편 진격 중지를 명령한 맥아더는 10월 1일 북한에 항복 권고 방송을 하고 이튿날 전 부대에 '작전명령 제2호'를 하달했다. 미 8군을 주공(主攻), 미 10군단을 조공으로 하여 북한 북부의 정주~군우리~영원~함흥~흥남을 잇는 이른바 '맥아더 라인'까지만 진출하라는 명령이었다. 10월 9일에는 '한반도 전체에 독립적이고 민주적인 단일정부 수립을 인정한다'는 유엔 결의안이 47 대 5로 통과(10.7)된 것에 고무되어 북한에 두 번째 항복 권고 방송을 하고 서부전선의 미 8군에 북진 개시 명령을 내렸다. 이로써 유엔군도 국군에 이어 전면적인 북진을 시작했다.

이런 상황에서 가장 우려되는 건 중공군의 참전이었다. 이 문제를 논의하기 위해 10월 15일 트루먼 대통령과 맥아더 유엔군 사령관이 태평양의 웨이크섬에서 만났다. 맥아더는 걱정하는 트루먼에게 "중공군이 압록강을 건너더라도 병력은 고작 5만~6만 명 정도에 불과하고 공군도 없다"고 공언했다.

이후 유엔군과 국군은 함남의 원산(10.10)과 함흥(10.17)을 파죽지세로 점령하고 10월 19일 한국군 1사단과 미 제1기병사단이 평양을 탈환하는 데 성공했다. 그러나 국군과 유엔군 누구도 10월 11일 중공군 선발대가 '항미원조(抗美援朝)'의 기치 아래 비밀리에 압록강을 건너고, 10월 19일부터 4개 보병군단과 3개 포병사단이 본격적으로 압록강을 건너 북한 땅을 밟았다는 사실은 알지 못했다.

'국군의 날' 38선 돌파를 기념해 제정

중공군은 매일 어둠이 깔릴 때부터 이튿날 새벽까지 강을 건너 철저히 은닉했다. 1차로 북한에 진입한 25만 명의 중공군은 평북의 희천~구성~운산~덕천선 이북 지역에 배치를 완료하고, 유엔군과 한국군의 접근을 기다렸다. 병력은 계속 증강되었다. 중공군의 총사령관은 백전노장 팽덕회였다.

맥아더는 중공군의 참전 사실을 알지 못한 채 10월 24일 서부전선의 미 8군과 동부전선의 미 10군단에 "모든 지상부대를 투입해 신속히 한·만 국경선까지 밀고 올라가라"고 지시했다. 국군 제6사단 7연대는 10월 26일 압록강 초산에 진출, 오후 2시 15분 압록강 국경선에 태극기를 꽂고 수통에 압록강 물을 담았다. 동해안으로 상륙한 미 제7사단도 11월 20일 함경남도 삼수와 갑산에 진출하고, 이튿날 함경북도의 혜산진까지 무혈 점령함으로써 한국군 제6사단에 이어 두 번째로 국경선에 도달한 부대로 기록되었다.

중공군이 제1차 총공세를 감행한 것은 10월 25일이었다. 산속 매복지에서 뛰쳐나온 중공군은 미군보다 전력이 약해 보이는 국군 선봉부대를 먼저 공격했다. 10월 25일 오전 11시 백선엽 장군이 지휘하는 국군 제1사단은 평북 운산의 텅 빈 시가지를 진격하던 중 갑자기 나타난 중공군과 교전했다. 오늘날 중국이 기념하는 항미원조일은 이 10월 25일이다. 중공군의 갑작스러운 공격으로 한국군 제1, 제6, 제8사단은 큰 타격을 입었다.

그날 한국군 제1사단의 선봉인 15연대가 운산 북쪽의 전투에서 중공군 1명을 생포했다. 아군이 생포한 첫 중공군 포로였다. 포로는 근처에 2만 명의 중공군 병력이 있다고 자백했으나 미 8군 지휘부는 그 사실을 믿지 않았다. 그들은 소규모의 중공군이 북한군을 지원하고 있다고 판단했다.

그러나 11월 3일까지 계속된 운산 전투를 치르면서 중공군의 실체를 인정해야 했다. 이 전투에서 유엔군은 중공군에 상당한 타격을 가하긴 했지만 결국 방어에 실패하고 대부분의 장비를 잃은 채 후퇴했다. 특히 미 제8기병연대는 운산에서 중공군에게 포위되어 병력 과반수를 잃었다.

운산 전투 후 미군과 국군이 청천강까지 후퇴했을 무렵 갑자기 중공군이 전선에서 자취를 감추는 일이 벌어졌다. 동부전선과 서부전선의 중간에 위치한 고원지대 산속에 틀어박혀 밤이 되면 깊은 산속을 따라 남하하고 낮에는 몸을 숨겨 보이지 않는 것인데도 유엔군은 이런 중공군의 이동을 눈치채지 못했다.

11월 4일 중국 공산당 정부가 한국전 참전을 공식 발표했으나 맥아더는 여전히 중공군을 과소평가하며 11월 24일 '종전을 위한 총공세' 명령을 내렸다. 11월 25일 중공군도 제2차 총공세를 감행, 양측의 정면충돌은 피할 수 없게 되었다.

맥아더, 중공군을 과소평가하고 총공세 명령 내려

서부전선의 미 8군과 동부전선의 미 10군단 사이의 간격이 더욱 벌어진 틈을 파고든 중공군의 인산인해식 파상공세는 위력적이었다. 결국 서부전선에서 미군은 후퇴해야 했고 동부전선에서는 11월 27일 시작된 '장진호 전투'로 미 해병1사단이 포위된 채 고립무원의 상태에 빠졌다. 맥아더는 11월 28일 전면적 후퇴를 결정하며 "전혀 새로운 전쟁이 시작되었다"고 선언했다. 이는 한미 양군과 북한군이 맞서던 전쟁의 양상이 미군과 중공군 간의 전쟁으로 비화되었다는 것을 뜻했다.

12월 2일 맥아더는 모든 유엔군 부대에 평양~원산 저지선을 포기하고 38선으로 총퇴각하라는 명령을 내렸다. 결국 12월 5일 평양을 포기하고 12월 24일 흥남부두에서 철수했다. 트루먼 미 대통령은 1950년 12월 16일 1차대전과 2차대전 때도 없었던 국가비상사태를 선포했다. 골자는 물가와 임금 통제, 500억 달러 규모의 국방예산 편성이었다.

그런 가운데 1951년 1월 4일 마침내 서울마저 중공군·인민군에 내줌으로써 전쟁은 새로운 양상을 띠었고 전선은 6개월 만에 다시 개전 이전 상태로 되돌아갔다.

그 무렵 6·25전투의 또 다른 변수는 소련 전투기의 출현이었다. 소련은 자국의 전투기에 중공 국적을 표시하고 조종사들에게는 중공의 공군복을 입혀 중공기로 위장했다. 1950년 11월 1일에는 중국 땅에서 이륙한 소련의 미그-15기가 미 공군 T-6 전술통제기와 F-51 전투기를 위협하고, 11월 8일에는 압록강변 신의주 상공에서 미그-15기와 미군 F-80C전투기 간 세계 첫 제트전투기 교전이 벌어졌다. 뛰어난 성능과 무장을 갖춘 최신예 미그-15 전투기의 참전에 따라 전쟁은 또 다른 양상으로 전개되었다. 소련 공군의 참전은 1950년 11~12월의 유엔군 후퇴를 가속화한 요인이기도 했다.

다행히 1951년 3월 미 8군 사령관 리지웨이의 반격으로 3월 15일 서울을 수복하고 전선은 38선으로 돌아왔다. 트루먼은 중공군의 참전을 오판하고 자신에게 항명한 맥아더를 1951년 4월 11일 전격 해임했다. 6·25전쟁 중 중공군의 공식 전사자는 15만 2,000여 명이지만 훗날 등소평이 일본 공산당 지도부에 실토하고, 모택동의 전기에 기록된 전사자 수는 40여만 명이다.

장진호 전투와 흥남철수작전

철수 루트는 해발 1,000~2,000m의 개마고원 지대였고 기온은 영하 20~40도의 혹한이었다.

1950년 11월 24일 맥아더 사령부가 6·25전쟁을 끝내기 위해 서부전선과 동부전선의 전 부대에 '종전을 위한 총공세' 명령을 내렸다. 병사들은 이 명령을 '크리스마스 전에 전쟁을 끝내고 집으로 돌아가기 위한 총공격'으로 받아들여 '크리스마스 대공세'로 바꿔 불렀다.

총공세 명령이 떨어졌을 때, 서부전선에서는 월턴 워커 중장이 이끄는 미 8군이 청천강 부근에 포진하고 있었고, 동부전선에서는 에드워드 알몬드 소장이 지휘하는 미 10군단이 함흥의 북쪽 장진호까지 작전권 안에 두고 있었다. 10군단 중 미 해병 1사단 1만 2,000여 명은 장진호 서쪽 유담리에, 미 육군 7사단 일부 병력 4,500명은 장진호 동쪽에 포진했다.

문제는 중공군이었다. 11월 25일 깊은 산악지대에 은신해 있던 중공군의 2차 공세가 시작되면서 양측의 정면충돌은 피할 수 없는 운명이 되었다. 6개 사단 7만여 명으로 구성된 중공군 9병단이 장진호 주변에 대대적인 공세를 취한 것은 11월 27일 밤이었다.

밤새도록 전투를 벌이고 맞은 이튿날 아침, 장진호 서쪽의 미 해병1사단은 포위된 채 고립무원의 처지에 놓여 있었고, 장진호 동쪽의 7사단은 부대원의 반 이상이 전사하는 비극적 패전을 경험했다. 미 해병1사단마저 궤멸될 경우 동부전선에 투입된 미 10군단 전체 병력 10만여 명의 운명도 장담할 수 없는 처지가 되자 11월 29일 맥아더 사령부가 미 해병1사단에 흥남으로 집결해 교두보를 구축하라는 명령을 내렸다. 미 해병1사단은 발길을 돌려 240km에 이르는 거리를 되돌아갔다. 유담리 → 하갈우리 → 고토리 → 진흥리 → 흥남으로 이어지는 철수 루트는 해발 1,000~2,000m의 개마고원 지대였다. 기온은 영하 20~40도의 혹한이었다.

장진호 전투 후 후퇴하는 미군 행렬

12월 1일 미 해병1사단의 본격적인 철수가 시작되었을 때, 병사들은 쫓아오는 중공군과의 전투로도

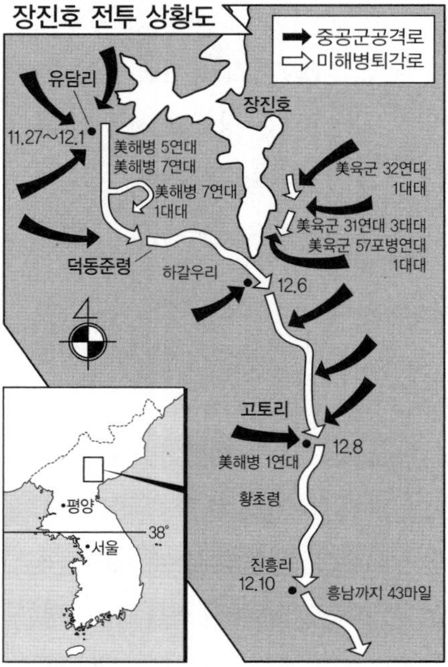

장진호 전투 상황도

쓰러졌지만 혹한에 의한 동상과 설사 등으로도 생사를 넘나들었다. 미국의 신문에 "해병1사단 전멸 위기"라는 제목의 기사가 1면을 장식했으나 해병1사단장 스미스 소장은 "우리는 후퇴하는 것이 아니라 다른 방향으로 공격하는 것"이라는 유명한 말로 병사들을 격려하며 철수를 진두지휘했다.

중공군의 포위망을 뚫고 미 해병 1사단이 흥남에 거의 당도했을 때 700여 명의 전사자와 200여 명의 실종자, 3,500여 명의 부상자가 발생한 것으로 집계되었다. 제10군단 전체로는 3,000여 명이 사망하고 5,000여 명이 다쳤다. 중공군 9병단의 피해도 막대했다. 미군 측 기록에 따르면 중공군 2만 5,000여 명이 사망하고 1만 2,500여 명이 부상했다. 그래서 "진주만 이래 최악의 패배"라는 보도가 있는가 하면 "군사상 가장 위대한 후퇴작전 중의 하나"라는 평가도 있다.

"우리는 후퇴하는 것이 아니라 다른 방향으로 공격하는 것"

미 해병1사단이 흥남에 거의 도착한 12월 11일 맥아더 사령부는 함흥과 흥남에 강력한 교두보를 구축하려던 계획을 취소하고 동부전선에서 전면 철수를 결정했다. 그때부터 미군의 철수 행렬 뒤에는 현지 주민들의 피란 행렬이 줄을 지었다. 철수를 앞둔 흥남부두는 피란민과 군인이 뒤섞여 아수라장이었다.

12월 12일부터 미군과 국군이 배에 오르며 철수를 서두르는 동안 바다에서는 미주리호를 비롯한 13척의 함정과 함재기들이 중공군의 진지와 집결지를 향해 밤낮없이 함포사격과 공중폭격을 가했다. 그 틈을 타 10만 5,000여 명의 지상군과 1만 7,500여 대의 각종 차량, 35만 톤에 달하는 군수물자가 미 군함에 실렸다.

LST 함정과 어선을 타고 흥남을 빠져나오려는 피란민들 (1950.12.19)

문제는 피란민이었다. 당시 10군단의 고문관이면서 고향이 함흥인 현봉학은 "함흥에는 기독교인이 많다. 공산당이 점령을 하면 이들의 목숨이 위험하다"며 10군단의 알몬드 소장에게 피란민을 데려가 줄 것을 요청했다. 알몬드 소장은 군인과 장비 수송 때문에 피란민 수송이 어렵다며 거절했다. 그래도 현봉학은 포기하지 않고 상륙작전 전문가인 에드워드 포니 대령과 긴밀히 협의한 끝에 "철수작전이 성공적으로 이뤄질 수 있을 뿐만 아니라 인도적으로 매우 심오한 의미를 지닌 사건이 될 것"이라며 알몬드를 설득했다.

알몬드 입에서 "4,000~5,000명 정도는 데려갈 수 있다"는 말이 떨어지기가 무섭게 현봉학은 함흥으로 달려가 "12월 15일 밤 12시까지 기차역으로 나오라"고 주민들에게 알렸다. 수만 명의 사람이 남부여대해 기차역으로 몰려들었으나 기차는 5,000명 정도만 태운 채 새벽녘에 흥남을 향해 달렸다. 기차를 놓친 사람들은 흥남까지 13km 거리를 걸어서 갔다. 날이 밝았을 때 부두는 처참한 모습의 피란민 10만 명으로 인산인해를 이뤘다.

이를 본 알몬드 소장은 수천 명만 태우겠다는 당초의 입장을 바꿔 그들을 모두 자유의 땅으로 데려가겠다고 약속했다.

스탈린그라드 전투와 함께 세계 양대 동계전투로 꼽혀

12월 19일 시작된 피란민 수송에 동원된 선박은 193척의 군함과 민간 상선이었다. 상선 10여 척 중에는 7,600톤급 미국 화물선 메러디스 빅토리호도 있었다. 빅토리호의 적정 승선인원은 2,000여 명에 불과했으나 12월 22일 밤부터 14시간 동안 승선작업을 끝내고 나니 1만 4,000여 명이나 배에 타고 있었다.

12월 24일 흥남부두에서 마지막 수송선이 떠남으로써 전 세계의 이목이 집중되었던 흥남철수작전도 막을 내렸다. 이때 탈출에 성공한 피란민은 9만 8,000여 명이나 되었다. 싣지 못한 탄약과 연료는 항만과 함께 폭파되었다.

오늘날 장진호 전투는 2차대전의 스탈린그라드 전투와 더불어 세계 양대 동계전투로 꼽힌다. 가장 성공적인 철수작전의 사례로 꼽히면서도 세계에 알려진 전투명은 장진호 전투가 아니라 초신호 전투다. 미군이 당시 일본 지도를 갖고 전쟁을 치른 탓에 장진호가 아니라 일본어 표기인 초신호로 불렸기 때문이다. 장진호 전투를 기려 미국은 훗날 'Chosin(초신)'이라는 이름의 순양함을 진수했다.

빅토리호의 성과에 대해 미국 해사부는 "바다 역사상 단일 선박이 이룬 가장 위대한 구조작업"으로 격찬했고, 미 의회는 위대한 업적을 이룬 배에 주어지는 '갤런트십'으로 지정했다. 2004년 영국 기네스본부는 '가장 많은 구조작전을 한 배'로 인정했다.

농지개혁 실시

몰수·분배의 유·무상 여부는 자본주의냐 사회주의냐에 따라 달라질 수밖에 없다는 사실을 애써 외면했다.

농지개혁은 해방 후 남북한 모두의 현안이었다. 발 빠르게 먼저 움직인 곳은 북한이었다. 농지개혁을 강제로 추진, 민주 절차를 거친 남한보다 4년이 빨랐다. 남북은 추진 방식에서도 큰 차이를 보였다. 북한이 '무상몰수 무상분배'를 추진한 것과 달리 남한은 '유상몰수 유상분배'로 접근했다. 이것은 선택과 의지의 문제가 아니라 체제의 문제였다.

1946년 3월에 농지개혁을 강제로 추진한 북한의 '무상몰수 무상분배' 덕에 누대에 걸쳐 밭 한 뙈기 없던 북한의 소작농들은 무상으로 농지를 분배받았다. 소작농들은 감격했으나 그것이 기만이고 허울이라는 것을 알기까지에는 그리 오랜 시간이 걸리지 않았다. 북한은 농지를 무상분배해놓고 곧 연간 수확량의 25~40%(실제로는 그 이상)를 현물세로 징수했다. 사실상 유상분배였던 것이다.

1954년부터는 농지를 집단농장화하거나 국유화하면서 소유권마저 빼앗아 북한의 무상분배는 사실상 경작권을 분배한 것에 불과했다. 결국 농민은 국가에 소작료(현물세)를 내는 소작인이 되고 국가는 대지주가 된 것이다. 그러나 이런 사실은 한참 지난 뒤에야 알려졌기 때문에 당시 북한의 '무상몰수 무상분배' 소문은 남한 농민들에게 농지 분배에 대한 열망을 부추겼다.

농지 보상을 위해 정부가 발행한 지가증권

해방 후 미 정부는 정치적인 이유로 남한의 농지개혁

에 소극적이었다. 미국은 한반도를 신탁통치할 계획으로 소련과 미소 공동위원회를 추진하고 있었기 때문에 농지개혁도 신탁통치하의 임시정부에 맡긴다는 입장이었다. 그러나 한반도 사정에 밝은 미 군정은 달랐다. 공산주의자들의 선동을 무력화할 획기적인 조치로 농지 문제 해결이 시급하다는 것을 잘 알고 있었다.

북한의 '무상몰수 무상분배'는 기만이고 허울

미 군정은 출범 초부터 농지개혁에 적극적이었다. 먼저 1945년 10월 5일 군정법령 제9호를 발표해 최고 소작료는 총생산량의 3분의 1을 넘지 못하도록 했다. 1946년 2월 21일에는 군정법령 제52호를 발표, 일제하 최대 지주였던 동양척식회사의 재산을 비롯해 일본 법인과 일본인의 소유 농지를 관리할 신한공사를 설립하고 토지개혁법안 기초위원회를 설치했다. 법안의 기초작업은 미 국무성이 파견한 경제전문가 번스 박사 등이 주도했다.

이곳에서 마련된 번스안은 1946년 12월 출범한 남조선 과도입법의원으로 넘겨졌고, 과도입법의원의 산업노농위원회는 번스팀과 합동회의를 거쳐 토지개혁 법안을 성안, 1947년 12월 23일 남조선과도입법의원 본회의에 회부했다. 그러나 법안은 입법의원이 차일피일 미뤄 심의조차 이루어지지 않았다.

당시 입법의원은 지주의 이익을 옹호하는 한민당이 장악하고 있었다. 한민당 등은 "토지개혁은 미군정이 아닌 새 정부가 해야 할 일"이라며 조직적으로 반대했다. 좌익 역시 전국농민연맹 등을 앞세워 "봉건적 토지소유 관계를 무상몰수·무상분배로 타파해야 한다"며 전국적으로 농민 봉기를 선동했다. 자신의 토지가 어떻게 처분될지 몰라 불안해진 지주들도 혼란한 틈을 타 소작인을 회유하고 협박해 토지를 소작인에게 팔아치웠다.

이처럼 각 정파 간의 이해관계로 토지개혁 법안이 표류하자 미 군정은 농지개혁을 포기하고 일본의 귀속재산 매각령을 1948년 3월 22일 공포해 귀속농지 분배를 단행했다. 이때 분배된 농지가 남한 전체 농지의 10% 정도나 되었기 때문에 사실상 남한 토지개혁의 제1단계 조치인 셈이다.

전면적인 농지개혁의 과제는 1948년 8월에 출범한 대한민국 정부에 넘겨졌다. 농지개혁과 관련된 내용은 헌법 제86조에 "농토는 농민에게 분배하며 그 분배의 방법, 소유의 한도, 소유권의 내용과 한계는 법률로서 정한다"고 명시되었다.

따라서 농지개혁은 피할 수 없는 새 정부의 과제였다. 특히 이승만 대통령은 지주 세력과 특별한 이해관계가 없는 데다 한민당과 남로당의 영향력을 차단하고 농민을 자신의 지지 기반으로 끌어들이기 위해 농지개혁에 적극적이었다. 이는 평소 농지개혁에 적극적인 조봉암을 초대 농림부 장관으로 앉혔을 때부터 예고되었다.

이승만 대통령 농지개혁에 적극적

농림부안은 조봉암의 주도로 만들어져 1948년 11월에 발표되었다. 하지만 이승만 대통령은 재정 부담을 이유로 농림부안을 국회에 제출하지 않았다. 대신 농림부안을 수정한 '기획처안'을 다시 만들어 국회에 회부했다. 기획처안은 재정 부담을 최소화하면서 농지 분배를 실시하려는 이승만의 구상이었다.

하지만 국회는 기획처안을 면밀히 검토하기보다는 국회 산업위원회가 중심이 되어 마련한 독자적인 안을 1949년 3월 10일 본회의에 상정했다. '국회안'은 지주 보상을 높게 책정해 기획처안보다도 지주에게 우호적이었다. 이 때문에 지주의 이해를 대변하는 한민당(1949년 2월 민국당으로 개칭) 의원들과 농민을 대변하는 무소속 소장파 의원들 간에 격론이 벌어졌다. 결국 두 세력은 민국당이 보상 및 상환율에서 양보하고, 소장파가 농지 소유 상한 등에서 물러서는 방식으로 절충했다.

이처럼 농지개혁법이 합의점을 찾지 못해 표류하는 동안 우려하던 일이 일어났다. 지주의 방매로 몰수 대상 농지가 현저하게 줄어들고 있었던 것이다. 해방 당시의 일반 소작지 117만 4,000정보 중 농지개혁이 실시되기 전 지주가 방매한 면적은 57만 7,000정보나 되었다. 결국 나중에 농지개혁으로 분배된 면적은 59만 7,000정보에 불과했다. 분배 대상의 거의 절반에 이르는 면적이 지주의 임의처분으로 분배 대상에서 제외되는 이런 사태는 사실 예견된 것이었다.

따라서 소작지의 매각을 금지하는 특별조치법이 필요했으나 국회는 이를 제정하지 않았다. 국회 내 다수파인 한민당이 협조하지 않았기 때문이라는 것이 정설이다. 국회의원 91명이 1948년 11월 12일 특별조치법을 발의하긴 했으나 1949년 3~4월의 본회의에서 모두 부결되었다.

지주가 방매했다고 해서 농지개혁이 실패했다고 단정하는 것은 성급한 분석이라는 해석도 있다. 방매이긴 하지만 소작지가 자경지로 되었으니 간접적으로라도 농지개혁이 이루어졌다고 보아야 한다는 것이다. 당시 소작인들이 구입한 농지 가격 또한 나중에 농지개혁법이 정한 가격과 큰 차이가 없어 소작 농민에게 그다지 불리하지도 않았다.

시행령 제정 전 정부의 농지 분배는 위법이지만 전화위복

민국당과 소장파의 타협으로 제정된 농지개혁법이 압도적인 지지 속에 국회를 통과한 것은 이처럼 지주의 방매가 한창이던 1949년 4월 27일이었다. 지주보상액은 평년작의 150%로 하고 지가상환액은 125%로 하며 상환기간은 5년으로 한다는 내용의 법안이었다. 그러나 법안을 검토한 이 대통령은 법 조문 간에 상호 모순되는 조항이 많고 재정 부담이 여전히 크다는 이유를 들어 법안을 국회로 환송했다. 이후 국회와 정부의 대립이 계속되다가 농지개혁법을 그대로 공포하되 국회가 즉시 개정작업에 착수하는 것으로 타협이 이뤄짐으로써 농지개혁법은 1949년 6월 21일 공포·발효되었다.

국회는 이 대통령과 약속한 대로 1949년 7월 개정작업에 착수했다. 그런데 5~6월에 일어난 국회 프락치 사건으로 강경파이던 소장파 의원들의 기세가 꺾여 개정작업은 다시 '지주의 이익 증대를 위한 경연장'이 되고 말았다. 결국 지주보상액과 지가상환액은 240%로 올라가고 상환기간은 8년 분할로 늘어났다. 이 개정안이 1949년 12월 국회 본회의에 제출되자 이 대통령과 일부 소장파 의원들이 또다시 강하게 제동을 걸었다. 결국 개정안은 보상액과 상환액을 150%로 하고 매년 30%씩 5년 균등분할 상환하는 것으로 조정되어 1950년 2월 국회를 통과하고 3월 10일 법률 제128호로 공포되었다.

3월 25일 시행령이, 4월 28일 시행규칙이 공포되었기 때문에 5월부터 농지를 분배하는 것이 정상적인 순서였으나 정부는 이미 이 대통령의 지시를 받고 농지의 70~80%를 분배해 놓은 상태였다. 엄밀히 따지면 위법이었으나 전화위복의 계기가 되었다는 점에서는 결과적으로 착한 위법이었다. 위법 조치가 없었을 경우를 가정하면 그로부터 얼마 후 발발한 6·25로 인해 농지 분배가 영영 불가능하게 되었을 수도 있고 또 북한군이 점령한 남한 지역에서 실시한 농지 분배에 남한 농민들이 열렬하게 호응했을지도 모르기 때문이다.

"정말 획기적이고 역사를 바꾼 사건"

농지개혁 결과 해방 당시 각각 14.2%, 50.2%이던 자작농과 소작농은 농지개혁 이후 각각 80.7%와 3.9%로 큰 변화를 보였다. 물론 이 수치에는 농지개혁을 실시하기 전 지주들이 소작농에게 방매한 농지도 포함되었다. 이 때문에 불철저한 농지개혁이라는 비판이 제기되긴 했으나 결과적으로 대부분의 소작지가 자경지로 바뀌었으니 전체적으로 농지개혁이 성공했다고 봐야 한다는 목소리에 무게가 실리고 있다. 분배작업은 6·25 전쟁 중에도 계속되었다.

이런 과정을 거쳐 이루어진 농지개혁은 다수의 자작농을 탄생시켜 농업생산력 발전의 계기를 마련했을 뿐만 아니라 산업자본이 축적되는 단초가 되었다는 점에서 한국 자본주의 전개에 한 획을 그었다는 평가를 받고 있다.

물론 북한의 '무상몰수 무상분배'와 비교해 '유상몰수 유상분배'를 원칙으로 한 남한의 농지개혁을 반개혁적이고 반역사적이라고 비난하는 일부 외눈박이 학자들도 있다. 하지만 그들의 비난은 몰수·분배의 유·무상 여부는 자본주의냐 사회주의냐에 따라 달라질 수밖에 없다는 사실을 애써 외면한 데서 비롯된 것이다. '무상몰수 무상분배'가 마치 지고지선의 가치인 양 선전하는 것은 결국 사유재산제를 근간으로 하는 남한의 자유시장경제 체제를 부정하라고 윽박지르는 것과 다를 바 없기 때문이다.

농지개혁에 관한 두 진보 지도자의 언급은 남한의 농지개혁이 왜 성공작인지를 잘 보여준다. 룰라 다 시우바 전 브라질 대통령은 재임 시절인 2004년 8월 우리나라 한 언론과의 인터뷰에서 "한국은 과거 50년대에 농지개혁을 했지만 브라질은 그러지 못했고, 아직도 브라질로서는 그것이 풀어야 할 숙제"라고 말했다. 노무현 대통령은 2004년 11월 남미 순방 중 마련한 동포와의 간담회에서 이렇게 말했다. "나는 자유당 시대를 완전히 독재시대, 암흑시대, 어두컴컴한 시대로 생각했다. 그런데 토지개혁, 농지 분배를 했다. 지나고 보면 정말 획기적인 정책이고 역사를 바꾼 사건이 아니었나 생각한다."

▶ 농지개혁안 비교

	농림부안	기획처안	국회 산업위안	최초 법률안	개정 법률안
분배 대상 농지	2정보 이상	3정보 이상	3정보 이상	3정보 이상	3정보 이상
보상지가	15할(150%)	20할	30할	15할	15할
보상방식	3년거치 10년	10년 균분	10년 균분	5년 균분	5년 균분
상환지가	12할	20할	30할	12.5할	15할
상환방식	6년 균분	10년 균분	10년 균분	5년 균분	5년 균분

김성호 외 '농지개혁사 연구'

북한 토지개혁

해방 무렵 북한의 농민은 북한 전체 인구의 4분의 3을 차지했다. 이 가운데 4%의 지주가 총 경지면적의 58.2%를, 56.7%의 빈농이 5.4%의 경지를 점유했다. 소련 군정은 이 같은 농촌 현실을 제대로 활용하면 소작농을 계급투쟁 전면에 내세워 공산정권을 안착시킬 수 있을 것으로 믿었다.

그들이 보기에 주요 산업 국유화와 노동법령 채택 등도 시급한 과제였지만 토지개혁만큼 파괴력이 크지는 않았다. 그래서 1946년 3월 5일 제정한 것이 '북조선 토지개혁법령'이었다. 전위대 격으로 '농촌위원회'를 구성하고 이들의 활동을 측면에서 지원할 '토지개혁 지원대'를 발족해 무상몰수 무상분배의 수순을 밟았다.

농촌위원회는 농지개혁의 최대 수혜자가 될 빈농과 고농(雇農) 위주로 조직했다. 주로 노동자로 구성된 토지개혁 지원대는 토지개혁의 필요성을 홍보하고 유사시에는 저항세력을 타도·분쇄하는 역할을 맡았다. 토지개혁의 핵심은 5정보 이상의 토지 소유자와 친일파·종교인으로부터 땅과 재산을 무상으로 몰수해 빈농에게 무상으로 배분하는 식으로 진행되었다. 그 결과 100만여 정보의 토지를 몰수해 이 중 98만여 정보를 빈농 44만 호를 포함한 총 72만 4,500여 농가에 무상으로 분배했다.

하지만 25일이라는 짧은 기간에 속전속결로 진행해 저항과 반발이 적지 않았다. 가만히 앉아서 '땅을 빼앗기는 자'들은 '빼앗는 자'의 사무실을 습격하거나 위원장에게 테러를 가하는 등 거세게 저항했다. 실무자들의 미숙과 시행착오도 혼란을 부채질하고, 개인적인 복수 수단으로도 악용되었다. 지주로부터 몰수한 땅을 넘겨주어도 지주가 무서워 선뜻 받기를 주저하는 농민도 많았다.

이처럼 희대의 공포 분위기와 반동주의자들을 무자비하게 숙청하는 전국적 소란 속에서 강행되었는데도 김일성은 토지개혁을 가리켜 '위대한 일대 혁명'이라고 자화자찬했다. 우여곡절 끝에 완료된 토지개혁은 북한 내 반공세력을 급속히 몰락시키고 공산정권을 뒷받침할 대중의 기반을 더욱 확대함으로써 사회주의로 본격 진입할 수 있는 토대가 되었다.

한국은행 창립과 첫 '한국은행권' 발행

조선은행은 해방 후에도 5년 동안이나 미 군정과 대한민국의 중앙은행 역할을 했다.

우리나라 최초의 근대식 은행은 1878년 일본이 부산에 설립한 제일은행이다. 설립자 겸 은행장 시부자와는 일본인들이 재계의 선각자로 자랑하는 사람으로, 나중에 조선에서 전기·철도·광산 등 각종 이권을 챙겨 부를 쌓았다. 이후 제일은행은 원산·인천·목포·평양·대구·개성 등에 지점을 설치하는 등 규모를 키워 민간 개인은행이면서도 1905년부터는 사실상 대한제국

한국은행 전경(1959)

의 중앙은행 역할을 했다.

그러다가 중앙은행의 역할은 1909년 10월 29일 일본에서 설립된 구 한국은행으로 이관되었다. 이 은행은 일본의 대륙 침략에 필요한 자금을 대는 것을 주된 역할로 삼았다. 경성 본정 3정목(현 화폐금융박물관)에 본점을 두었고 자본금은 1,000만 원이었다. 구 한국은행 총재에는 제일은행 조선 총지점 지배인이던 이치하라가 임명되었다. 명색이 대한제국의 중앙은행인데도 설립위원 34명 중 조선인은 2명뿐이었다.

총 10만 주의 주식 중 대한제국 정부 인수분을 제외한 7만 주가 일반 공모주였는데도 조선인 주주는 전 주주의 2%에 불과했고 그중 90%가 1주 주주였다. 임원과 직원도 모두 일본인이었다. 은행 명칭은 1911년 8월 조선은행으로 바뀌었고, 통화는 조선은행이 발행한 조선은행권이 사용되었다. 일본은행권과 1 대 1로 교환이 가능했다.

조선은행은 1945년 해방이 되었는데도 이후 5년 동안이나 이름이 바뀌지 않은 채 미 군정과 대한민국의 중앙은행 역할을 했다. 일본은행권은 1945년 9월 7일 공포된 맥아더 사령부의 포고령 제3호에 의해 통용이 금지되고 조선은행권만 남한의 법정 화폐가 되었다. 미 군정은 일본으로 돌아가는 일본인에게는 1인당 1,000원에 한해 조선은행권을 일본은행권으로 교환해주고, 귀국하는 우리 동포에게는 금액에 제한 없이 일본은행권을 조선은행권으로 바꿔주었다.

한국은행 출범일은 1950년 6월 12일

조선은행권은 해방 후 북한에서도 유통되었으나 1947년 12월 북한의 화폐개혁 후 무효화되었다. 북한에서 사용할 수 없게 된 조선은행권 중 일부는 실향민이 갖고 내려와 남한에서 유통되었다. 이 때문에 인플레가 극심해지자 미 군정은 실향민 1인당 1,000만 원만 지참할 수 있도록 하고

100원, 1,000원짜리 첫 한국은행권

나머지는 예치시켰다가 1개월에 5,000원씩 인출하도록 했다.

그래도 북한에서 흘러들어온 조선은행권이 대량으로 남한에서 유통되자 미 군정은 1948년 4월 7일 "일본의 휘장이 새겨진 조선은행권은 더 이상 법화가 아니다"라며 "무궁화가 새겨진 조선은행권으로 교환하라"고 발표했다. 은행권에서 일제의 잔재를 없애기 위한 목적도 있었다. 이 조치는 화폐 교환에 그쳤기 때문에 통화개혁으로 인정하지는 않는다.

다음 단계는 조선은행을 대신할 새 중앙은행 설립이었다. 정부는 중앙은행을 종속시키고 싶어했다. 당시 재정 지출은 조세 수입보다 중앙은행 차입에 더 의존하고 있었다. 생산 활동이 워낙 미약해 세금 걷을 곳이 마땅치 않았기 때문이다. 정부의 중앙은행법 초안은 직원의 신분을 공무원으로 하고, 임원 임면권은 재무부 장관이 행사하는 것으로 했다. 화폐 발행 한도도 재무부 장관이 정하게 했다. 하지만 조선은행 측은 정부 안대로 하면 중앙은행이 정부의 현금인출기 노릇을 하게 된다며 맞섰다.

양측은 중재자가 필요해 미 연방준비제도이사회(FRB)에 금융전문가 파견을 요청했다. 서울에 온 FRB 요원은 중앙은행의 독립을 주장한 조선은행의 손을 들어주었다. 이후 재무부 장관이 중앙은행의 최고 의사결정기구인 금융통화위원회 의장을 맡기로 하는 등 절충을 거쳐 한국은행법이 만들어졌다. 한국은행법은 1950년 4월 21일 국회를 통과하고 한국은행은 6월 12일 공식적으로 출범했다. 조선은행은 하루 전 청산되었다.

그러나 한국은행은 창립되자마자 수난의 길을 걸었다. 새 한국은행권 화폐를 발행도 하기 전인 창립 13일 만에 6·25전쟁을 만난 것이다. 6·25

로 가장 먼저 문제가 된 것은 한국은행이 보유하고 있던 지금은(地金銀) 처리였다.

6·25 후 문제가 된 것은 한국은행의 지금은 처리

북한군의 서울 점령이 임박하자 지금은 89상자(순금 1,070kg, 순은 2,513kg)는 6월 27일 오후 2시, 군 트럭 1대에 실려 한강을 건넜다. 6월 28일 대전에서 특별열차로 갈아탄 뒤 6월 29일 오전 진해 해군통제부에 도착했다. 남겨진 순금 260kg과 순은 1만 5,970kg은 고스란히 북한군 수중으로 넘어갔다. 진해로 내려간 지금은은 8월 1일 부산에서 미국 배로 옮겨져 미국 샌프란시스코를 거쳐 뉴욕 연방준비은행에 기탁되었다가 1955년 우리나라가 IMF와 IBRD에 가입할 때 '금 지분 출자'로 충당되었다.

6·25를 맞아 한국은행이 직면한 두 번째 문제는 미처 챙기지 못해 한국은행 금고에 남겨진 조선은행권 화폐였다. 북한은 한국은행이 미처 가져가지 못한 A기호 조선은행 1,000원권과 48A기호 조선은행 100원권을 약탈·남발해 점령지역의 경제를 교란하는 데 썼다. 포항, 영천, 대구, 창녕, 마산, 통영을 연결하는 이른바 워커 라인 내 지역에까지 이들 약탈은행권을 반입해 공작자금으로 사용하기도 했다. 이 때문에 전시상황과 맞물려 경제가 엉망이 되자 피란 정부는 급히 일본에서 새 한국은행권 100원권, 1,000원권을 만들어 7월 13~14일 군용기편으로 김해로 들여왔다. 결과적으로 첫 한국은행권 화폐가 된 셈이다.

이 화폐는 1950년 8월 28일 이승만 대통령이 긴급명령 제10호 '조선은행권 유통 및 교환에 관한 건'을 발령, 조선은행권의 유통을 정지시키고 조선은행권과 무제한으로 등가교환하는 데 쓰였다. 교환은 1952년 1월 16일까지 모두 5차례에 걸쳐 진행되었다. 이때 교환대상액 771억 원 가운데 93%에 해당하는 719억 원의 조선은행권이 한국은행권으로 교환되었다. 화폐 단위의 변경 없이 단지 조선은행권을 한국은행권으로 교환했기 때문에 이 조치 역시 통화개혁으로 불리지는 않는다.

우장춘 영구 귀국

이 땅에 자립농업의 토대를 이루고 우리나라가 채소 종자의 수출국이 되게 한 원동력이었다.

우장춘(1898~1959)은 아버지만 한국인일 뿐 어머니와 아내는 일본인이다. 태어난 곳도 일본이다 보니 사실상 반은 한국인, 반은 일본인이라고 해도 무방하다. 아버지 우범선은 조선조 말 훈련대 제2대대장으로 활동하던 중 1895년 8월 20일 새벽, 명성황후를 시해하기 위해 경복궁에 난입한 일본 낭인들에게 길을 열어준 장본인이었다. 1896년 고종의 아관파천으로 정국이 뒤바뀌어 신변이 불안해지자 일본으로 망명했다. 일본 여인과 결혼해 우장춘을 낳고 일본인 행세를 하며 숨어 살았으나 결국 본국에서 보낸 고영근에게 1903년 11월 살해되었다.

어머니는 우장춘이 어릴 때부터 "너는 조선 혁명가의 아들"이라며 자긍심을 북돋아주었으나 가난은 어쩌지 못해 우장춘은 어린 시절을 빈곤과 외로움 속에서 보내고 고등학교도 고학으로 졸업했다. 다행히 조선총독부로부터 학비를 지원받은 덕에 1919년 7월 도쿄제국대 부설 전문학교의 농학실과를 졸업하고 일본 농림성의 농업시험장에 취직했다.

우장춘(1898~1959)

그는 말단 연구직인데도 1930년 홑꽃 피튜니아를 정원 화초로 적합한 겹꽃 피튜니아로 육종하는 데 세계 최초로 성공, 이 꽃을 좋아하는 미국에 씨앗을 수출하는 종묘 상인들에게 떼돈을 안겨주었다. 이후 겹꽃 피튜니아에는 '우장춘의 꽃'이라는 별명이 붙었고, 미국 육종학계는 우장춘을 가리켜 '피튜니아 꽃의 마술사'라고 불렀다.

우장춘은 '종의 합성'을 연구 주제로 삼아 1936년 5월 도쿄제국대에서 농학박사 학위를 받았다. 서로 다른 종을 교배해 새로운 종이 나온다는 논문은 '종은 자연도태의 결과로 이루어진다'는 다윈의 진화론을 수정하고 보완하게 했다. 당시 생물학계에서는 서로 다른 종의 합성을 통해 새로운 종이 탄생할 수 있다는 주장이 제기되긴 했지만 과학적으로는 증명되지 않고 있었다.

염색체이론에 근거해 '종의 합성' 이론을 실험으로 입증

이런 상황에서 우장춘이 최신 과학으로 알려지던 염색체이론에 근거해 '종의 합성' 이론을 실험으로 입증함으로써 '종은 기존하는 종간(種間)의 교잡으로 새로운 종을 낳는다'는 새로운 학설인 '이질배수체형성(異質倍數體形成)'이 뿌리내리게 되었다. 서로 다른 개체를 통해 새로운 종이 탄생할 수 있다는 것은 생태계의 적자생존이 아닌 '상호공존'의 원리를 보여준 것이고 생태계의 모든 것에 각자의 가치가 있음을 증명한 것이기도 했다.

우장춘은 박사학위 취득 후 면화시험장장으로 승진하고 1937년 9월 일본 최고의 종묘회사인 다키이 연구농장의 초대 농장장으로 자리를 옮겼다. 그 무렵 외국의 육종학 서적에 자주 등장하는 'UN'이라는 약자는 우장춘의 일본식 표기 '우 나가하루'의 약자였다. 이는 일본의 창씨개명 강요에도 우장춘이 성만은 끝까지 지키려 한 고뇌의 산물이었다. 이름(나가하루) 역시 장춘(長春)을 일본어로 표기한 것이니 사실상 우장춘을 그대로 사용한 셈이다.

우장춘은 1945년 8월 광복이 되자 다키이 연구농장장 직을 사임하고 귀국을 서둘렀다. 그러나 일본 정부가 가로막아 입국할 수 없었다. 우장춘은 한국인 귀국 예정자들이 수용되어 있는 오무라 수용소에 자기 발로 들어가 귀국을 준비했다. 우장춘의 역량과 재능을 알아본 몇몇 국내 인사들도 우장춘의 환국추진위원회를 만들어 귀국을 지원했다.

채소의 우량 품종 개발과 보급이 연구 목표

우장춘은 송환선을 타고 1950년 3월 8일 부산에 도착했다. 정부는 아내와 2남4녀의 자녀를 남겨두고 단신으로 귀국한 우장춘을 위해 대대적인 환영 행사를 열어주었다. 우장춘은 5월 10일 정부가 부산 동래에 설립한 한국농업과학연구소의 초대 소장에 임명되었다. 당시 한국은 농사를 지을 종자조차 제대로 없었다. 일본에서 들여오던 각종 종자의 반입까지 중단되어 곤경에 처해 있었다.

우장춘은 전국을 둘러보고 채소의 우량한 고정 품종을 만들어 그 종자를 대량 생산, 일반 농민의 손에 쥐어주는 것을 1차 목표로 삼았다. 1954년에는 전남 진도에서 채종한 무와 배추의 원종 종자를 생산하는 데 성공하고 이를 농가에 보급했다. 그때까지 배추와 무의 종자는 전량 일본에서 수입했다. 무와 배추에 이어 우장춘이 관심을 쏟은 것은 씨감자였다. 당시 우리나라에서는 바이러스 감염으로 씨감자 수확량의 50~80%가 줄어든 상태였다.

우장춘은 병이 없는 씨감자 원종을 농가에 보급하기 위해 시험지와 채종포를 강원도 대관령에 설치했다. 이때 개발된 것이 그 유명한 '강원도 감자'다. 제주도 서귀포에서도 감귤을 재배하는 기술연구를 시작해 '제주도 귤'이 열리도록 하고 철도 연변이나 도로변에는 코스모스 꽃길을 조성했다. 북위 36도 이북에서는 불가능한 것으로 알려져 있는 '일식이수(一植

二收)' 벼를 수확할 수 있었던 것도 우장춘의 공로였다.

이후 배추·감자·양파·양배추·무 등 수입종자에 의존하던 것들이 점차 한국의 토양과 기후에 맞는 국산 우량종들로 대체되고, 작물의 수확성이 현격히 좋아졌다. 장미·카네이션·국화 같은 꽃들도 품종이 개량되었다. 이처럼 우장춘이 한 일은 척박했던 이 땅에 자립농업의 토대를 이루고 우리나라가 채소 종자의 수출국이 되게 한 원동력이었다.

"안광(眼光)이 엽배(葉背)를 철(徹)하도록 관찰하라"

흔히 알려진 것처럼 우장춘이 '씨 없는 수박'을 처음 만든 건 아니다. 씨 없는 수박은 1943년 일본 교토제국대의 세계적인 유전학자 기하라 히토시가 개발한 것으로, 우장춘이 한국에서 평소 육종학의 신기한 사례로 씨 없는 수박 이야기를 자주 하고 1953년 육종학의 원리와 결과를 보여주기 위해 씨 없는 수박을 재배하다 보니 와전된 것이다. 특히 종묘업자들이 새로 생산된 채소 씨앗을 많이 팔기 위한 묘책으로 우장춘의 씨 없는 수박을 선전에 이용했던 것이 일반에 널리 퍼지게 된 계기가 되었다.

우장춘이 육종사업 외에 몰두한 것은 후진양성이었다. 평소 그는 제자들에게 "안광(眼光)이 엽배(葉背)를 철(徹)하도록 관찰하라"고 강조했다. 농생명과학을 연구하는 사람은 그 관찰력이 농작물의 잎을 뚫고 들어가 잎 뒤쪽까지 꿰뚫어 볼 수 있도록 해야 한다는 뜻이었다.

우장춘은 1953년 8월 어머니가 위독하다는 연락을 받고 출국을 요청했으나 우리 정부는 일본으로 건너갔다가 돌아오지 않을 것을 염려해 출국을 허락하지 않았다. 우장춘은 임종을 하지 못한 것이 죄스러워 시험장 강당에 고인의 위패를 모신 추도소를 마련했다. 전국 각지에서 조위금이 답지하자 그 돈으로 식수가 없어 불편해 하는 시험장에 우물을 파 '어머니의 젖줄과 같은 샘'이라는 의미로 '자유천(慈乳泉)'이라고 명명했다.

우장춘은 1959년 8월 7일 안익태에 이어 우리나라 두 번째로 대한민국 문화포장을 받았다. 병상에서 상을 받은 우장춘을 "이제는 여한이 없다. 나의 조국이 나를 알아주었다"며 눈물을 흘렸다. 그리고 사흘이 지난 8월 10일 눈을 감았다. 8월 14일 사회장으로 거행된 우장춘의 유해는 우리나라 농업의 총본산인 수원 농촌진흥청 구내의 여기산 기슭에 안장되었다.

현제명 한국 최초 창작 오페라 '춘향전' 작곡·공연

한국의 초창기 양악을 발전시킨 공로는 아무리 강조해도 지나침이 없다.

홍난파(1898~1941)와 현제명(1902~1960)은 일제하 한국 양악계의 큰 별이다. 일제 말기에 두 사람 모두 친일 행적을 남겨 아쉬움이 없진 않지만, 한국의 초창기 양악을 발전시킨 공로는 아무리 강조해도 지나침이 없다. 홍난파가 광복 이전 근대 양악계의 거봉이라면, 현제명은 근대는 물론 광복 후 현대 양악계에까지 영향을 미친 음악계의 대부였다.

현제명은 주옥 같은 다수의 가곡으로도 우리의 뇌리 속에 각인되어 있는 대표적인 작곡가다. '해는 져서 어두운데 찾아오는 사람 없어…'로 시작하는 '고향 생각'(이은상 작사), '오가며 그 집 앞을 지나노라면…'의 '그 집 앞'(이은상 작사), '배를 저어가자 험한 바다 물결 건너 저편 언덕에…'의 '희망의 나라로'(현제명 작사)도 현제명이 작곡했다. '푸른 잔디 풀 위로 봄바람은 불고…'로 시작하는 '나물 캐는 처녀'(현제명 작사), '산들바람이 산들 분다…'로 시작하는 '산들바람'(정인섭 작사) 역시 현제명의 작곡을 거쳐 세상에 나온 노래들이다.

이처럼 많은 곡을 작곡했으니 당연히 작곡가로 분류해야겠지만 사실 현제명은 작곡가 이전에 성악가이고 교육자였다. 해방 전에는 수차례 독창회를 열 만큼 성악에 탁월한 재능이 있었고 해방 후에는 서울대 음대를 탄생시킨 산파이자 교육자였다.

현제명(1902~1960)

현제명은 대구의 독실한 기독교 집안에서 태어난 덕에 어려서부터 음악과 친숙했다. 학교 역시 기독교계 학교인 대구의 계성중학과 평양의 숭실전문학교를 선택했다. 당시 숭실전문은 음악과가 별도로 있진 않았지만 부전공으로 음악을 가르친 우리나라 서양음악의 요람이었다. 현제명과 동향의 작곡가 박태준은 물론 우리나라 최초의 본격적인 서양음악가 김인식도 이 학교 출신이고 '가고파'의 작곡가 김동진도 훗날 이곳에서 음악교육의 기초를 닦았다.

일제 때부터 현대 양악계에까지 영향을 미친 음악계의 대부

숭실전문 시절 현제명은 음악을 향한 열정이 넘쳐 문과 전공인데도 외국인 음악교수에게서 피아노를 배우고 밴드부에서 코넷을 불었으며 합창단에서 테너로 활약했다. 졸업반 무렵, 트롬본 연주자로 활동할 때 전도여행차 조선에 온 미국인 선교사가 숭실전문을 방문했다가 현제명의 노래와 피아노 솜씨에 반해 현제명의 미국 유학을 주선해 주었다.

현제명은 1924년 숭실전문을 졸업한 뒤 한동안 전북 전주의 신흥학교에서 음악과 영어 교사로 근무하던 중 초청장이 도착해 1926년 미국으로 유학을 떠났다. 처음 2년 동안은 미국 시카고에 있는 '무디 성경학교'에 적을 두었다가 1928년 '건 음악학교'로 옮겨 1년간 성악을 공부했다. 대표가곡 '고향 생각'은 그 시절에 작곡한 노래다.

현제명은 1929년 석사학위를 받고 그해 8월 귀국했다. 대구, 서울, 평양 등지에서 귀국 독창회를 열고 연희전문에서 음악부장으로 활동했다. 연희전문에는 음악대학이 없었기 때문에 영어 교수로 있으면서 관현악단과 합창단을 만들어 음악 보급에 힘썼다. 당시 그의 가르침을 받고 우리나라 서양음악의 주춧돌이 된 인물이 김성태, 이유선, 이인범, 김생려, 김연준 등이다. 그는 각종 조직을 결성·운영하는 데도 탁월한 능력과 리더십이 있었다. 1931년 2월 홍난파와 함께 '조선음악가협회'를 결성해 초대 이사장으로 취임하고, 1931년 8월 하기 음악강습회와 1932년 6월 제1회 전국남녀중학교 현상음악대회(콩쿠르)를 개최했다.

1933년 10월 10일에는 이화여전 강당에서 홍난파와 함께 조선 최초의 작품 발표회를 열었다. 현제명의 음악적 재능이 유감없이 발휘된 발표회에서 현제명은 자신의 두 번째 작곡집에 수록된 곡들을 발표했다. 홍난파는 '조선동요 100곡집 하편', '조선가요 작곡 제1집'에 수록된 자신의 작품을 소개했다. 홍난파의 '봄처녀', 현제명의 '그 집 앞'과 '오라' 등이 소개된 발표회에서 현제명은 자신이 작곡한 곡만 발표한 게 아니라 노래, 합창단 지휘, 피아노 반주까지 맡아 1인 4역을 해냈다.

'수양동우회 사건'으로 옥고 치렀으나 친일 활동도 펼쳐

1936년 4월 현제명은 중단한 음악 공부를 위해 다시 미국으로 건너갔다. 당시 그의 도미 소식이 도하 각 신문에 보도될 정도로 그는 이미 조선을 대표하는 음악가로 기대를 한몸에 받고 있었다. 1936년 6월 건 음악학교에서 한국인 최초로 음악박사 학위를 받고 1937년 3월 귀국했으나 그를 기다리고 있는 것은 '수양동우회 사건'이었다. 이 때문에 한동안 옥고를 치렀으나 1938년 6월 홍난파, 전영택 등과 함께 전향서를 발표하고 친일 단체인 '대동민우회'에 가입, 친일 활동을 펼쳤다.

1944년 5월 '경성후생 실내악단'(1942년 창단) 제2기 개편 때는 이사장으로 취임하고, 친일 단체 '조선음악협회'(1941년 결성)가 1944년 7월 새롭게 정비될 때는 조선인 중 유일하게 이사로 선임되었다. 이로써 현제명은 조선 최고의 친일 음악 실력자가 되었다.

해방 후 현제명이 진력한 것은 음악 관련 단체 결성이었다. 1945년 9월 15일 우리나라 최초의 민간 교향악단인 '고려교향악단'을 창설해 이사장에 취임하고, 1945년 10월 수도극장(나중에 스카라극장으로 개명)에서 창단 기념 공연을 펼쳤다. 고려고향악단은 해방의 혼란 중에도 26회나 연주회를 열어 이 땅에 교향악 운동의 밑거름이 되었다. 1946년 2월 사재를 털어 설립한 '경성음악전문학교'는 1946년 8월 국립서울대가 개교할 때 예술대학 음악부로 흡수되었다. 현제명은 서울대의 초대 음악부장과 초대 음악대학장을 맡아 초창기 우리 음악 인재들을 양성하는 데 노력을 쏟았다.

이처럼 바쁜 와중에도 한국 최초의 창작 오페라 '춘향전'을 완성해 자신이 지휘하고 유치진이 연출하는 공연을 1950년 5월 20일부터 29일까지 국립극장 무대에 올림으로써 한국 창작 오페라사의 신기원을 이뤘다. 뒤이어 완성한 오페라 '왕자 호동'은 1954년 11월 임원식 지휘, 이해랑 연출로 서울 시공관에서 초연되었다. 1960년 10월 16일 58세를 일기로 타계했을 때 지휘자 임원식은 "10년만이라도 우리 악단에 더 계셨으면 하는 아쉬운 마음이 간절하다"는 조문으로 그와의 작별을 아쉬워했다.

매카시 광풍

정치 거물로 성장하기 위해 그가 노린 것은 공공연한 비밀인 정부 내 공산주의자들이었다.

1950년 2월 9일, 조지프 매카시(1908~1957) 상원의원이 미공화당 여성당원대회에서 연설을 하던 도중 갑자기 서류 한 뭉치를 꺼내

조지프 매카시(1908~1957)

들었다. 이윽고 "여기 국무부 안에서 활동하는 공산주의자 205명의 명단이 있습니다. 이들은 지금 이 시간에도 국무부에서 미국의 정책을 만들고 집행하는 일을 하고 있습니다"라며 흥분된 어조로 외쳤다. '매카시 광풍'의 시작이었다.

매카시의 폭로가 나온 후 미 하원 비미활동위원회가 청문회를 열고 조사에 착수했으나 매카시의 주장을 뒷받침할 증거는 나오지 않았다. 매카시가 갖고 있다는 공산주의자 명단도 FBI의 단순 조사대상자 명단인 것으로 밝혀졌다. 결국 205명이라던 공산주의자는 점차 57명, 10명으로 줄어들더니 급기야 존스 홉킨스대의 오언 래티모어 한 사람만 남았다. 이마저도 끝내 무혐의로 밝혀져 매카시의 폭로는 허위인 것으로 드러났다. 하지만 이 모든 사실이 확인되기까지 수년 동안 미국은 이성과 상식이 마비된 채 갈피를 못 잡고 허우적거려야 했다.

매카시는 미국 위스콘신주 북동부의 작은 마을에서 태어나 밀워키의 마켓대에서 법학을 전공했다. 졸업 후 변호사가 된 그는 곧 정치에 관심을 갖게 되었다. 30대 초반까지는 민주당과 루스벨트 대통령의 뉴딜 정책을 지지했으나 1942년 태평양전쟁에 자원 입대하고부터는 공화당 지지로 돌아섰다. 1946년 상원의원에 당선되었으나 출신과 경력 면에서는 워싱턴 중앙 무대의 풋내기에 불과했다.

정치 거물로 성장하기 위해 그가 노린 것은 1930년대부터 공공연한 비밀로 치부되어온 정부 내 공산주의자들이었다. 그래서 공산주의자 명단이 있다고 발표한 것인데 이게 허위로 드러난 것이다. 그런데도 매카시의 공갈은, 당시 미국에 번지고 있는 공산당에 대한 막연한 공포로 인해 한동안 미국 사회를 흔들어 놓았다.

국가(國歌)를 부르는 동안 엉덩이를 긁적거린 사람도 의심받아

당시는 원자폭탄의 기밀을 소련 측에 넘긴 혐의로 체포된 클라우스 푹스가 1950년 1월 자신의 혐의를 시인하고, 고위 공무원 출신인 앨저 히스가 소련의 간첩 혐의로 1950년 1월 5년형을 선고받아 소련과 공산주의에 대한 두려움이 미국 사회를 짓누를 때였다. 국제적으로도 1949년 소련이 원자폭탄 실험에 성공하고 중국이 공산당 수중에 넘어가 공산주의에 대한 위기감이 팽배했다.

이런 상황에서 시작된 매카시의 폭로와 그에 따른 적색 공포는 점차 집단 히스테리로 발전해 미국의 정상적인 판단력을 흐려놓았다. 매카시즘의 대상도 국무부를 넘어 연방정부 전체, 그리고 기업과 사회단체로 뻗어나갔다. 1952년 매카시가 상대 후보를 공산주의자로 몰아 재선되고 1953년 상원 조사위원장까지 맡은 뒤로는 정부는 물론 학계·문화계·노동계 심지어 할리우드 배우들에 이르기까지 사회 모든 분야에서 공산당 색출 소동이 벌어졌다.

매카시가 조사위원장으로 있는 청문회에 불려나온 사람만 500명이 넘었다. 주로 비공개로 진행된 청문회에서 매카시는 자신이 배심원, 검사, 판사 역할까지 도맡아 전횡을 휘둘렀다. 협박과 으름장을 일삼았고 조작까지 서슴지 않았다. 매카시의 보좌관이 그를 대신해 청문회를 주재할 때도 있었다.

매카시가 비공개 청문회에서 주로 사용한 전략은 '다시 말해서(in other words)'였다. 증인이 증언하면 그것을 악의적인 다른 표현으로 바꿔 "다시 말해서 ○○란 말이죠"라고 말한 후 "예, 아니오" 중 하나를 선택하도록 강요했다. 기자들까지 그의 말을 곧이곧대로 믿어 결과적으로 조작과 과장을 사실로 둔갑시킨 매카시의 공범 역할을 했다.

청문회에서 주로 사용한 전략은 '다시 말해서'

작가, 교수, 정부 관료도 청문회에 증인으로 불려 나왔지만 대부분은 평범한 시민이었다. 과거에 이런 저런 서명을 했다는 이유로, 독서 모임에서 마르크스의 저서를 읽었다는 이유로, 심지어 공산주의자들과 데이트를 했거나 친척 중에 공산주의자가 있다는 이유로 소환된 이들도 있었다. 물론 이들 중에는 진짜 공산주의자들도 있었다. 매카시는 국무부에서 시작해 '미국의 소리' 방송, 미국의 해외 도서관, 육군 통신대 등 미국의 주요 기관에서 닥치는 대로 빨갱이 사냥을 펼치며 무소불위의 권한을 행사했다.

그러나 1954년 2월 육군에 침투한 간첩을 색출한다는 명목으로 2차대전의 영웅 랠프 즈위커 육군 준장을 소환하는 등 과욕을 부린 게 화근이었다. 매카시의 과도한 행동에 분노한 육군 참모총장 출신의 드와이트 아이젠하워 대통령은 매카시의 저열한 전술을 알리기 위해 청문회를 TV방송으로 공개하도록 했다. TV로 청문회를 지켜본 수백만 시청자들은 그제야 매카시의 신문이 막무가내이고 엉터리라는 사실을 알게 되었다.

그 무렵 CBS TV의 시사 프로그램 'See it Now'가 30분짜리 '매카시 상원의원에 대한 보고서'를 방영한 것도 매카시의 몰락을 가속화했다. 1954년 3월 9일 CBS 전파를 통해 매카시의 실상이 만천하에 까발려지자 철옹성 같던 매카시의 신화도 한순간에 허물어졌다. 매카시는 예의 전술대로 방송 진행자 에드워드 머로에게 주홍글씨를 새기려 했으나 누구도 매카시의 말을 믿으려 하지 않았다. 방송 다음날 CBS로 걸려온 1만 2,300여

통의 전화, 우편으로 보내온 4,000여 통의 편지 중 대부분이 머로를 지지하고 격려했다.

여론의 급격한 악화와 더불어 1954년 12월 2일, 미 상원이 67 대 22로 매카시에 대한 견책안을 가결하면서 매카시의 몰락은 사실상 확정되었다. 매카시는 자폐 현상을 보이며 알코올과 우울증에 시달리다 1957년 5월 49세로 죽었다. 그해 연방대법원은 그동안 공산주의자라는 오명을 뒤집어쓴 증인들을 사면 복권했다. 영화배우 험프리 보가트는 당시 상황을 이렇게 묘사했다. "국가(國歌)를 부르는 동안 엉덩이를 긁적거린 사람은 모두가 혐의를 받았다."

마더 테레사와 '사랑의 선교회'

그가 눈을 감았을 때 '사랑의 선교회'는 95개국 200여 개 도시에 445개의 구호기관을 운영하고 있었다.

마더 테레사(1910~1997)는 가장 낮은 곳에서 나눔과 사랑을 온몸으로 실천한 '빈자의 성녀'였다. 삶은 단순하고 소박했다. 가난한 사람들, 병든 사람들, 고아들을 어루만져 주었을 뿐 딱히 빛날 것도 새로울 것도 없는 일상의 연속이었다. 밋밋하고 지루한 삶, 그것이 바로 그의 거룩함이었다.

테레사는 마케도니아에서 태어났다. 부모는 알바니아계의 독실한 가톨릭 신자였다. 단란하던 가정은 테레사가 7살이던 1917년 아버지가 조국 알바니아 독립운동을 지지하는 집회에 참석했다가 의문의 죽음을 당하면서 곤두박질쳤다. 테레사는 18살이던 1928년 9월 가족과 헤어져 아일랜드 더블린에 있는 로레토 수녀회로 갔다. 2개월 후 다시 수녀회를 떠나 긴 여정 끝에 1929년 1월 히말라야 산기슭 인도 다르질링의 수녀원으로

가 수련을 시작했다. 그곳에서 본명 아녜스를 버리고 프랑스의 성녀 테레지아에서 딴 테레사라는 새 이름을 얻었다.

수련 기간이 끝난 후에는 인도 콜카타 소재 로레타 수녀원이 운영하는 성 마리아 고등학교에서 지리를 가르치며 17년간 봉직했다. 그러나 늘 마음 한 편에는 아쉬움이 있었다. 주변에서 늘상 마주치는 가난에 허덕이는 사람들 때문이었다. 질병이 그치지 않고 악취가 코를 찌르는 그곳에서 그들과 함께 할 수 없다는 사실이 죄책감으로 이어졌다.

1946년 9월 결핵 치료를 위해 다르질링으로 가던 중 "가난한 사람 중에서도 가장 가난한 사람들 가운데서 하느님을 섬기라"는 신의 계시를 받았다. 테레사는 수녀원으로 돌아와 "수녀원을 떠나겠다"고 선언했다. 수녀원은 그녀가 세상으로 나가는 것을 허락하지 않고 2년을 끌다 마지못해 "2년의 유예기간을 주겠다"며 허락했다.

테레사는 1948년 8월 17일 정든 로레타 수녀원을 빠져나왔다. 몸에 지닌 것이라곤 단돈 5루피와 수녀복인 흰색 사리 3벌이 전부였다. 테레사는 빈민가에서 일하려면 어느 정도 의학 지식이 있어야 한다고 생각해 간호학교에서 4개월간 간호 수련을 받았다. 외국인 국적으로는 제대로 봉사활동을 할 수 없다는 생각도 들어 국적까지 인도로 바꿨다.

마더 테레사(1910~1997)

테레사가 거처를 정한 곳은 빈민굴 모트지힐이었다. 처음 그녀가 가르친 아이들은 5명이었다. 칠판도 없이 땅바닥에 글씨를 써가며 아이들을 가르쳤다. 그러자 곧 성 마리아학교 재직 시절의 제자들이 모여들었다. 학생 수는 점점 늘어났고 자원봉사자와 기부자도 생겨났다.

밋밋하고 지루한 삶, 그것이 바로 그의 거룩함

1950년 10월 7일 단 12명의 수녀밖에 없던 테레사 수녀 그룹은 로마 교황청으로부터 '사랑의 선교회'라는 이름으로 정식 교단 인가를 받았다. 당시 교황청은 100년이 넘도록 새로운 교단을 허용하지 않고 있었다. 교단 인가와 더불어 테레사 수녀는 '마더 테레사'로 불렸다. 사랑의 선교회에서 활동할 사람은 청빈·순결·순종 외에 '가난한 사람 가운데서도 가장 가난한 사람들에게 마음을 다해 헌신할 것'을 맹세해야 했다.

1952년 8월 마더 테레사는 사람들이 홀로 죽어가게 해서는 안 된다며 '죽어가는 사람들을 위한 집'을 열었다. 그들이 과거에 무슨 일을 겪었는지를 상관하지 않고 오직 자비와 사랑으로만 보살펴 주었다. 1997년 테레사가 숨질 때까지 이곳에서 테레사가 거둔 사람은 3만 명이나 되었다.

테레사의 이런 활동을 반대하고 오해하는 인도인들도 있었다. 가장 큰 오해는 백인 여성인 테레사가 힌두교 중심지에 와서 사람들을 낯선 종교로 개종시키려 한다는 것이었다. 성스러운 신전을 가난하고 찌든 사람들로 더럽힌다는 항의도 있었다. 죽이겠다고 협박하는 사람들도 있었다.

그러나 이런 정도의 오해는 시간이 지나면 자연히 풀릴 문제였고, 실제로 테레사의 진심을 알고부터는 사라졌다. 테레사는 '고아의 집'(1955)과 '나환자촌'(1958)을 비롯해 '버림받은 여인을 위한 집', '환자와 노인을 위한 집' 등도 세웠다. 사랑의 선교회 활동은 전 세계로 확산되었다. 믿음과 봉사정신은 지구촌 곳곳으로 기적처럼 번져갔다. 1960년에는 콜카타 밖에 첫 시설이 지어지고, 1965년에는 첫 해외시설이 베네수엘라에 건립되었다.

테레사는 그 나라가 어디든 가난한 사람들이 있는 곳이면 언제든 달려가 그 자리에서 돈을 모아 시설을 만들고 수녀들을 불러 모았다. 1979년 12월 노벨 평화상을 받았을 때도 19만 달러의 상금은 고스란히 나환자 구호소 건립기금으로 들어갔다. 1997년 9월 그가 천국으로 갔을 때 사랑의 선교회는 전 세계 95개국 200여 개 도시에 445개의 구호기관을 운영하고 있었다.

잉그리드 버그먼, 로베르토 로셀리니와 재혼

"당신과 함께 영화를 만들 준비가 되어 있어요. 이탈리아어로는 '사랑해요'만 알고 있을 뿐이에요."

잉그리드 버그먼(1915~1982)은 하늘이 준 재능과 타고난 미모의 소유자였다. 화장을 싫어한 무공해 미인이었으며 매사에 당당했다. 스웨덴에서 태어나 18살이던 1933년 왕립연기학교에서 연기를 배워 영화배우가 되었다. 22살 때인 1937년 결혼하고 이듬해 딸을 낳았다. 엄마가 된 후 "왜 여자배우는 아이를 낳으면 안 되느냐"고 세상에 물었다. 요즘 같으면 당연한 얘기지만 당시만 해도 '인간 선언'으로 불릴 만큼 반향이 컸다. 버그먼은 이렇게 매사에 당당했다.

버그먼은 1936년 영화 '별리'에 출연, 세계 영화계에 자신의 존재를 드러냈다. 1939년에는 '별리'를 할리우드에서 다시 제작하려는 세계적인 영화제작자 데이비드 셀즈닉의 초청을 받아 할리우드로 건너가 '별리'의 미국판 '인터메조'에 출연했다. 뒤이어 출연한 '카사블랑카'(1942), '무기여 잘 있거라'(1943)로 일약 스타가 되었으며 '가스등'(1944)으로는 아카데미 여

잉그리드 버그먼(1915~1982)과 로베르토 로셀리니

우주연상을 꿰차 연기력도 인정받았다.

'만인의 연인'으로 활동하며 최고의 전성기를 구가하던 서른셋의 어느 날 버그먼은 인위적으로 고정된 자신의 모습과 생활에 지루함을 느껴 탈출을 꿈꿨다. 답답했던 가슴에 불을 지른 것은 그 무렵 본 이탈리아 '네오리얼리즘의 거장' 로베르토 로셀리니(1906~1977)의 영화였다. '무방비 도시'(1945)와 '파이자'(1946) 등 로셀리니의 영화는 할리우드 영화와는 정반대편에 서 있었다. 그의 영화는 타협을 모르고 전적으로 즉흥성에 의존했다. 시나리오가 없어도 영화를 촬영할 정도로 모든 것을 순간으로부터 끌어내는 즉흥적인 감독이었다.

버그먼은 감정을 추스르지 못하고 로셀리니에게 편지를 썼다. "당신의 영화들을 보고 감탄했어요. 스웨덴의 여배우가 필요하다면 당신과 함께 영화를 만들 준비가 되어 있어요. 이탈리아어로는 'Ti Amo(사랑해요)'만 알고 있을 뿐이에요." 버그먼의 일탈은 이렇게 시작되었다. 역시 기혼자인 로셀리니는 버그먼에게 답장을 쓰면서 즉흥적으로 달려드는 버그먼을 운명으로 받아들였다. 버그먼에게 자신의 영화 '스트롬볼리'에 출연해달라고 요청하자 버그먼이 1949년 8월 이탈리아 로마로 달려갔다.

인위적이고 고정된 생활로부터 탈출 꿈꿔

당시 그녀는 단지 한 명의 배우가 아니라 대중이 숭배하는 스타였다. 대중은 그녀를 '성 메리의 종'(1945)에 나오는 순결한 수녀, 혹은 '인터메조'(1939)의 사랑스러운 피아니스트와 동일시했고 '성녀 잔다르크'(1948) 속의 성녀처럼 떠받들었다. 버그먼은 로셀리니의 환대와 낭만적인 태도에 좋은 아내, 좋은 엄마가 되겠다는 결심을 스스로 무너뜨렸다. 이것은 남편과 11살의 딸 그리고 팬들로부터 누리던 온갖 인기와 애정을 포기한다는 것을 의미했다.

이탈리아 시칠리아섬 근처의 작은 화산섬 스트롬볼리에서 영화 촬영이 시작되자 스캔들의 조짐을 감지한 전 세계 기자와 사진기자들이 스트롬볼리로 몰려들었다. 두 사람의 일거수 일투족은 세계적인 뉴스거리가 되어 신문의 연예면을 장식했다. 버그먼은 남편에게 이혼을 요구하는 편지를 썼다. 남편은 아내의 마음을 되돌리려고 이탈리아로 날아갔다. 세 사람이 만난 자리에서 로셀리니는 "버그먼이 미국으로 돌아가면 총으로 자살하겠다"고 협박했다. 결국 남편은 혼자 미국으로 돌아갔다.

이혼이 확정되지 않은 상태에서 버그먼이 로셀리니의 아이까지 임신했다는 사실이 알려지면서 버그먼은 주홍글씨가 선명하게 새겨진 부정한 여인으로 언론에 묘사되었다. 아이는 영화 '스트롬볼리'가 1950년 2월 개봉될 무렵에 태어났다. 두 사람은 전 남편, 전 부인과 이혼하고 1950년 5월 24일 멕시코에서 결혼식을 올렸다. 그러자 아직 청교도적 윤리가 팽배하던 미국으로부터 "타락한 우상", "버그먼은 창부"라는 등 온갖 비난이 쏟아졌다. 상원의원까지 나서 "버그먼이 출연한 영화를 미국에서 상영하지 못하게 하는 법령을 제정해야 한다"고 목소리를 높였다.

주홍글씨가 선명하게 새겨진 부정한 여인으로 묘사돼

영화 '스트롬볼리'는 흥행으로나 예술로나 실패했다. 다행히 로마 생활은 버그먼에게 삶의 의욕을 불러일으켜 주었고, 할리우드의 허망함을 일깨워 주었다. 1952년 6월에는 쌍둥이가 태어났다. 이 가운데 한 아이가 영화배우 이사벨라 로셀리니다.

버그먼과 로셀리니의 다른 영화들까지 연이어 실패하면서 로셀리니와의 행복한 시간은 점점 괴로운 시간으로 변해갔다. 책임감이 투철하고 원칙적으로 일을 처리하는 버그먼은 로셀리니의 심한 변덕에 자신을 맞추지 못했다. 영화의 잇따른 상업적 실패는 버그먼을 지치게 했다. 가정을 유지하려면 돈이 필요했으나 로셀리니는 더 이상 가진 게 없었고 가계를 꾸릴 능력도 없었다.

그때 미국으로부터 버그먼에게 출연 제의가 들어왔다. 미국식 상업주의를 경멸하는 로셀리니의 반대에도 불구하고 버그먼은 생계를 위해 영화계에 복귀했다. 컴백작 '아나스타샤'(1956)는 그녀에게 두 번째 아카데미 여우주연상을 안겨주었다. 미국의 관객도 언제 그랬냐는 듯 그녀를 받아들였다.

로셀리니는 아내가 집에서 아이들 곁에 있기만 바랄 뿐 아내가 일하는 것을 견디지 못하는 마초였다. 그런데도 아내를 이탈리아로 데려오지도, 그렇다고 아내가 하는 일을 인정하지도 못했다. 결국 두 사람은 결혼 7년 만인 1957년 11월 헤어졌다. 서로에 대한 존경심과 애정은 그대로 간직했다. 버그먼은 1958년 세 번째 결혼을 하고 1974년 '오리엔트 특급 살인사건'으로 이듬해 아카데미 여우조연상을 거머쥐었다. 말년에는 암 투병생활을 하다가 1982년 눈을 감았다.

1951년

1·4후퇴와 휴전협상 시작
더글러스 맥아더 유엔군 총사령관 해임
국민방위군 사건
거창·산청·함양 양민학살
빨치산 대토벌
전시연합대학 설치와 지방 국립종합대 설립
원내·원외 자유당 창당
장기려 무료진료소 '복음병원' 개원
천경자 뱀 그림 '생태' 제작과 '미인도' 위작 논란
이해랑 연극 '햄릿' 국내 최초 연출
샌프란시스코조약·미일안보조약 조인
아르놀트 하우저 '문학과 예술의 사회사' 발간
제롬 데이비드 샐린저 '호밀밭의 파수꾼' 출간
한나 아렌트 '전체주의의 기원' 출간
구로사와 아키라 영화 '라쇼몽' 베니스 영화제 대상
데이비드 오길비 광고 '해서웨이 셔츠맨' 대성공

1·4후퇴와 휴전협상 시작

통일을 기대하는 대통령과 국민은 휴전 협상을 반대했으나 우리에게는 선택권이 없었다.

중공군의 개입으로 뒤집힌 전세는 회복되기는커녕 더욱 악화되었다. 1950년 12월 말, 서부전선에서는 임진강선이 뚫려 서울이 위태로웠고 동부전선에서는 12월 24일 흥남 철수가 완료되었다. 시시각각으로 전해오는 후퇴 소식에 서울 시민 대부분은 피난을 재촉했다. 그런 가운데 12월 31일 오후 5시를 기해 38선을 돌파하려는 중공군·북한군의 제3차 총공세가 시작되었다.

결국 정부는 1951년 1월 4일 서울을 포기하고 다시 부산으로 후퇴했다. 유엔군 역시 서울에서 철수했다. 이른바 1·4후퇴였다. 3개월여 만에 다시 서울을 장악한 중공군과 북한군은 며칠도 안 되어 수원, 오산, 인천을 함락하고 1월 14일에는 37도선까지 밀고 내려왔다. 무리하면 더 내려갈 수 있었으나 중공군 사령관 팽덕회는 길어지는 보급선을 우려했다. 그는 개전 초 북한군이 낙동강까지 밀고 내려갔다가 길어진 보급선으로 애를 먹은 것을 교훈으로 삼았다.

팽덕회는 유엔군이 비록 후퇴를 거듭하고 있지만 전력의 우위와 반격 능력을 갖고 있다고 판단해 공격작전을 중지하고 현재 위치를 사수하라는 명령을 전선에 시달했다. 그러나 대치는 잠깐이었다. 오산~장호원~제천~영월~삼척선을 최종 방어선으로 삼고 있던 유엔군이 1월 25일 북진을 시작하면서 전세가 다시 역전되었다.

1951년 2월 1일의 유엔 총회는 압도적 지지로 중공 정부를 '침략자'로 결의하고 한반도 작전 목적을 "침략자를 한국에서 축출하는 것"으로 고쳐

잡았다. 유엔군은 동부전선에서는 2월 7일 대관령~강릉을 잇는 선까지 진출하고, 서부전선에서는 2월 10일 한강선까지 진출했다. 중공군이 2월 11일 제4차 총공세를 시작했으나 유엔군의 강력한 저항에 가로막혀 되레 3월 14일 서울을 내주고 38선으로 후퇴했다.

맥아더는 전쟁을 승리로 끝내고 싶었다. 그래서 중국 본토 공격을 워싱턴에 건의했으나 트루먼은 전쟁을 38선에서 끝낼 생각에 휴전을 모색했다. 3월 20일 트루먼이 사실상 휴전 의사를 밝힌 성명서를 유럽 동맹국에 전달했는데도 맥아더는 3월 24일 "승리 외에 다른 것은 없다"며 공개적으로 38선 북진 명령을 내렸다. 화가 치민 트루먼은 4월 11일 맥아더를 유엔군 사령관에서 해임하고 리지웨이 미 8군 사령관을 후임 사령관으로 임명하는 초강경책을 구사했다.

휴전 협상은 정치·군사적 이해관계가 맞물린 결과

중공군과 북한군은 4월 22일 밤 제5차 총공세를 시작했다. 그러나 이번에도 유엔군의 공습과 대대적인 포격으로 엄청난 피해를 보았다. 팽덕회는 더 이상 공세를 취하지 않고 5월 27일부터 전 전선에 걸친 방어전을 명령했다. 모택동이 휴전에 수락할 뜻을 비친 것은 그 무렵이었다.

1·4후퇴 행렬

휴전 협상은 양측의 정치·군사적 이해관계가 맞물린 결과였다. 우선 중공군은 재래식 장비와 전술, 열악한 군수 지원 체제로는 유엔군을 이길 수 없다는 한계를 절감했다. 세계 최대의 인적 자원을 갖고 있지만 공세 때마다 발생하는 엄청난 사상자를 감당하는 것도 힘에 부쳤다. 유엔군도 화력으로는 적을 압도했지만 38선을 넘어 재차 북진할 때 소련의 개입과 제3차 세계대전의 가능성, 인명 피해와 비용 등을 심각하게 고려해야 했다. 따라서 "명예로운 휴전을 끌어내야 한다"는 분위기가 팽배했다.

통일을 기대하는 이승만 대통령과 국민은 휴전 협상을 반대했으나 우리에게는 선택권이 없었다. 종전 방안을 강구하고 있던 미 정부는 당시 국무부 고문관이던 조지 케넌을 유엔 주재 소련 대사 야코프 말리크와 만나도록 했다. 5월 31일의 만남에서 케넌은 "경계선을 현재 상태에서 유지하는 선에서 협상을 통해 한국전을 끝내고 싶다"는 미 정부의 뜻을 밝혔다. 소련 정부는 이를 중국 측에 전달했다.

메시지를 전달받은 모택동은 6월 초 김일성을 북경으로 불러 전전(戰前) 영토 보장과 한반도 주둔 외국 군대의 점진적인 철수를 약속한 미국의 제안을 받아들이겠다는 뜻을 전달했다. 회담 논의는 6월 23일 말리크가 교전 당사자 간의 대화를 제안하고 며칠 뒤 미국과 중국이 지지를 표명하면서 본격적으로 이뤄졌다. 리지웨이 사령관은 6월 30일 원산 앞바다 덴마크 병원선에서 휴전회담을 열자고 제의했다. 하지만 중공·북한 측은 개성에서 회담하자고 수정 제의했다. 결국 7월 10일, 한때 고급요정이던 개성의 내봉장에서 첫 본회담이 열렸다.

더글러스 맥아더 유엔군 총사령관 해임

공과가 어떻든 20세기 아시아 역사에서 맥아더만큼 비중 있고 중심에 선 외국인은 없었다.

더글러스 맥아더(1880~1964)는 미국의 수많은 군인 중에서도 최고 엘리트였고 각종 최연소 기록의 주인공이었다. 웨스트포인트를

더글러스 맥아더(1880~1964)

개교 이래 가장 우수한 성적으로 졸업하고, 필리핀 점령군 사령관을 지낸 아버지 아서 맥아더의 후광까지 더해져 사단장, 웨스트포인트 교장, 육군 참모총장이 될 때마다 최연소 기록을 갈아치웠다. 미 최고 훈장인 은성무공훈장을 7차례나 받았으며 미 육군 역사상 4명밖에 없는 5성 장군의 영예까지 안은 당대 최고의 군인이었다.

이런 화려한 경력에도 불구하고 "군사전략가로는 실패한 군인", "오만과 허풍, 현란한 언사로 일관한 정치군인"이라는 비판도 적지 않았다. 1944년 10월 필리핀 레이테섬 상륙작전 때 바닷물에 바짓가랑이를 적시며 상륙하는 사진도 사실은 맥아더의 섬세한 연출 장면이었던 것처럼 맥아더의 진짜 탁월한 능력은 패배마저 승리로 포장할 줄 아는 홍보 능력이라고 빈정대는 목소리도 그런 비판 중의 하나다.

6·25 때 중공군의 개입을 예상하지 못해 미군이 막대한 피해를 보게 되었다는 비판도 반 맥아더 측의 단골 메뉴다. 그러나 공과가 어떻든 20세기 아시아 역사를 장식한 여러 외국인 가운데 맥아더만큼 비중 있고 중심에 선 인물은 없었다.

맥아더와 아시아의 첫 인연은 필리핀에서 시작되었다. 현역에서 은퇴한 뒤 필리핀의 군사고문으로 있을 때 태평양전쟁이 터져 태평양지역 사령관으로 복귀한 것이 인연의 시작이었다. 그러나 그는 필리핀을 방어하지 못해 명성보다는 오명을 얻었다. 그런데도 1945년 종전 후 일본의 2,000년 가까운 역사에서 유일한 외국인 통치자가 되었다.

민주당 소속 트루먼 대통령은 맥아더를 달갑게 여기지 않았지만 종전 후 공화당의 협조를 얻어야 하는 정치적 필요성 때문에 태평양전쟁의 조연이면서도 국민에게 인기가 많은 맥아더를 주연 격인 일본 점령군 최고 사령관으로 임명했다. 1945년 9월 일본으로부터 항복문서를 받아내는 장면만으로도 맥아더는 태평양전쟁의 영웅 대접을 받았다.

트루먼은 5년 후 6·25전쟁이 발발했을 때도 맥아더를 유엔군 총사령관에 임명하는 것을 꺼렸으나 맥아더가 한국과 가까운 일본에 있다는 현실을 받아들여야 했다. 이로 인해 6·25전쟁은 맥아더와 중국 간의 전쟁이라는 새로운 성격이 추가되었다.

유엔군 총사령관에 임명되었을 때 맥아더의 가슴 속에는 2년 앞으로 다가온 대통령선거에 대한 꿈이 꿈틀거렸다. 맥아더는 2년 전 공화당 대통령 예비선거에 명함을 내밀었다가 겨우 11명의 선거인단만을 확보하고 꿈을 접어야 했다.

"승리 외에 다른 것은 없다"며 공개적으로 38선 북진 명령 내려

1950년 9월의 인천상륙작전의 성공을 계기로 유엔군의 우세가 점쳐졌을 때 트루먼은 "38선 이북을 넘지 말고 전전(戰前)의 상태를 회복하면 된다"는 입장을 분명히 맥아더에게 전달했다. 그러나 맥아더는 인천상륙작전의 여세를 몰아 38선을 넘어 한반도 끝까지 진격하길 원했다.

10월 1일 국군이 동부전선의 38선을 돌파해 빠른 속도로 북진을 시작하고, 맥아더의 미 8군 역시 10월 9일 서부전선의 38선을 넘어 북진에 나서자 트루먼 대통령은 소련과 중국의 개입을 우려해 10월 15일 태평양상의 웨이크섬에서 맥아더를 만나 의견을 조율했다. 맥아더는 트루먼에게 "전쟁은 이긴 것이나 마찬가지"라며 "중공군이 참전하더라도 5만~6만 명에 불과하고 공군도 없다"며 호언장담했다.

그러나 양자 회담 후인 10월 19일 중공군이 압록강을 건너 파죽지세로 남하하고 결국 1951년 1월 초 서울까지 중공군에 내주는 등 전황이 급변하자 맥아더와 트루먼 사이에 내연하던 갈등이 폭발했다. 맥아더는 여전히 중국과의 대대적인 한판을 꿈꾸며 확전을 요구한 반면 트루먼은 3차대전으로 확전될지도 모르는 위험한 도박을 꺼렸다.

1951년 1·4후퇴에 밀리던 유엔군이 3월 중순 다시 서울을 탈환하고 또 다시 38선 이북으로 공산군을 몰아내는 데 성공하자, 트루먼은 전쟁 전의 상태를 회복한다는 당초의 전쟁 목표가 달성된 것으로 보고 3월 20일 사실상 휴전 의사를 밝힌 성명서를 유럽 동맹국에 전달했다. 그러나 맥아더는 3월 24일 이른바 '도쿄 대반란'으로 트루먼의 평화 협상 노력에 찬물을 끼얹었다. "승리 외에 다른 것은 없다"며 공개적으로 38선 북진 명령을 내린 것이다.

그 무렵 트루먼을 정말 진노하게 하는 일이 보이지 않는 곳에서 진행되고 있었다. 도쿄 대반란이 있기 전인 1951년 2월 12일 공화당 하원의원 조지프 마틴이 "대통령은 전쟁에서 승리하겠다는 목표도 없이 수많은 미국의 젊은 군인을 죽인 살인자"라는 연설을 한 후 맥아더에게 의견을 묻는 서한을 보냈는데 맥아더가 소신대로 보낸 답신이 4월 5일 공개된 것이다. 맥아더는 서신에서 트루먼 행정부의 6·25전쟁 정책을 비판했다. 이는 대통령에 대한 명백하고도 공개적인 도전이었다.

"노병은 죽지 않는다. 다만 사라질 뿐이다"

4월 11일 트루먼은 맥아더의 해임을 발표했다. 명예로운 은퇴의 기회조차 주기 싫어 자진사퇴가 아닌 파면 형식을 취했다. 그러나 미국인들에게 맥아더는 영원한 전쟁 영웅이었다. 트루먼의 백악관 우편실에 항의 편지가 쇄도하고 갤럽 여론조사는 69%가 맥아더를 지지했다. 맥아더는 그를 진정으로 사랑한 일본 국민들과 공식적인 작별 인사도 없이 연도에 선 25만 명의 환영을 받으며 4월 16일 일본을 떠났다.

맥아더와 트루먼의 전쟁 2라운드는 미국에서 펼쳐졌다. 4월 19일 미 상하양원합동회의에서 행한 고별연설로 맥아더는 다시 한번 전 미국인을 사로잡았다. 34분에 걸친 연설에 의원들은 30회의 박수로 화답했다. "금세기로 넘어오기 전 제가 군문에 들어섰을 때…그 병영에서 가장 즐겨 부르던 군가의 후렴 구절을 저는 아직도 기억하고 있습니다.…노병은 죽지 않는다. 다만 사라질 뿐이다. 그 노래의 노병처럼, 저는 이제 군인의 삶을 마감하고 다만 사라져갈 뿐입니다."라는 내용의 연설을 마치고 통로를 지날 때 한 하원의원은 "우리가 오늘 여기에서 들은 것은 직접 현신하신 하나님의 육성"이라고 외쳤다. 뉴욕의 환영 퍼레이드에는 750만 명의 인파가 몰려들어 떠나는 영웅에게 아낌없는 갈채를 보냈다.

맥아더는 1951년 내내 전국을 순회하며 대중을 상대로 연설을 했다. 사실상 트루먼에 대한 정치적 공격이자 1년 앞으로 다가온 대통령 예비선거를 의식한 연설이었다. 그는 "트루먼이 공산주의를 분쇄할 만한 아무런 전략도 갖지 못한 채 수많은 미군을 죽이고 있다"고 비난했다. 매카시즘의 광풍이 몰아치고 있던 분위기 덕에 맥아더는 공산주의와 결연히 맞서 싸우다 희생된 영웅으로 부각되었다. 정치인들은 유행처럼 트루먼에게 욕설을 퍼부어댔다.

그러나 5월의 상원 청문회를 통해 맥아더의 일부 전략적 오류들이 드러났는데도 자신의 실수를 전혀 인정하지 않는 고집불통으로 인식되고 이에 실망한 여론이 서서히 등을 돌리기 시작하면서 맥아더의 인기가 차츰 시들해졌다. 여기에 2차대전의 영웅 아이젠하워 장군의 대통령선거 출마로 맥아더의 입지도 좁아졌다. 결국 72세의 노병은 자신의 시대가 지나가고 있음을 받아들여야 했고 영웅은 그렇게 역사의 무대에서 퇴장했다.

국민방위군 사건

창설의 직접적인 배경은 중공군의 총공세와 그로 인한 전황의 급격한 악화였다.

'국민방위군 설치법'은 1950년 12월 16일 국회를 통과하고 12월 21일 공포되었다. 법을 제정한 직접적인 배경은 중공군의 총공세와 그로 인한 전황의 급격한 악화였다. 6·25 발발 직후 갑작스러운 후퇴로 북한군의 점령 지역하에 남겨두어야 했던 청장년들이 북한군에 강제로 징발되어 북한군의 전력을 강화한 쓰라린 경험도 작용했다. 따라서 적이 또다시 서울을 점령하기 전에 가급적 많은 장정을 한강 이남으로 후송해야 소기의 목적을 달성할 수 있었다.

국민방위군 사령관으로는 이승만 대통령이 끔찍이 아끼는 대한청년단 단장 김윤근 준장이 임명되었다. 국민방위군에는 군·경·학생을 제외한 17세 이상 40세 이하의 장정이 편입되었다. 장정들은 6·25전쟁 발발 당시 피란을 하지 못하고 공산 치하에서 겪은 어려움 때문에 정부가 후송을 보호해주는 피란행렬로 생각하고 쉽게 합류했다. 이들은 경남·북 일대와 제주도에 설치된 51개 교육대에서 군사훈련을 받아야 했다.

국민방위군으로 소집된 장정들

문제는 국민방위군에 대한 정부의 관심과 지원과 감시가 대단히 미흡했다는 데 있었다. 이 때문에 훈련 교육대로 이동하는 과정에서부터 볼썽사나운 온갖 문제가 터져나왔다. 장정들은 유엔군이 국도를 주보급로로 통제하는 바람에 유례없는 혹한 속에서도 국도가 아닌 산길 등을 도보로 이동해야 했다. 병력을 후송하는 책임자에게는 쌀과 군복은 주지 않고 단지 '착지(着地) 부산 구포' 식의 작전명령만 하달되었다.

급식은 이동 중 경유지의 시장이나 군수에게서 받은 양곡권으로 해결하라고 했으나 양곡권을 발급받는 게 쉽지 않은데다 양곡권을 어렵게 받아도 양곡을 받지 못하는 경우가 부지기수였다. 결국 군복은커녕 변변한 옷 하나 없이 굶주린 채 도보로 이동하다 보니 아사자와 동사자가 속출했다. 죽음의 행렬이었다. 시체들이 길거리에 널브러져 민심까지 흉흉했다.

교육대의 수용시설에도 취사도구나 침구류가 준비되어 있지 않아 장정들은 민가의 닭장이나 돼지우리 등에서 가마니를 덮고 새우잠을 자기도 했다. 당시 육군본부에 따르면 1950년 12월 말부터 1951년 2월 말까지 남하하다가 행방불명, 동상, 질병, 도망 등으로 낙오한 장병이 27만 3,000여 명에 달하고 38만 명만이 목적지에 도착했다.

아사자와 동사자 속출하는 '죽음의 행렬' 이어져

국민방위군 사건의 참혹상이 수면 위로 떠오른 것은 1951년 1월 15일 일부 의원이 국민방위군 처우에 대한 긴급동의안을 제출하면서였다. 국회가 1월 26일 신성모 국방부 장관을 불러 다그쳤을 때 신성모는 "전시하에서 80만 내지 100만에 이르는 사람을 데리고 오는 과정에서 희생자가 적게 나온 것은 오히려 다행스러운 일"이라고 강변했다. 2~3월 들어 유행병까지 창궐하면서 교육대마다 하루에 10여 명의 장정이 죽어나갈 정도로 상황은 더욱 심각해졌다.

국회는 1951년 3월 29일 태완선, 서민호, 엄상섭 등 각 정파 소속 15명으로 국민방위군 의혹사건 국회특별조사위를 구성해 진상 파악에 나섰다. 근 한 달간의 조사 후 서민호 의원이 4월 25일 중간보고를 했다.

서민호의 보고는 풍설로만 나돌던 방위군 운영을 둘러싼 부정과 불법이 엄연한 사실이라는 것을 확인시켜 주었다. 조사에 따르면 쌀, 피복 등 군 수뇌부의 군수품 횡령이 수많은 장정을 추위와 굶주림으로 죽게 한 원인이었다.

이처럼 엄청난 재앙에도 불구하고 군검찰은 신성모 장관의 지시에 따라 김윤근 사령관은 기소각하하고 부사령관 등 16명만 기소했다. 중앙고등군법회의는 1951년 5월 6일 윤익헌 부사령관에게는 징역 3년 6개월, 다른 4명에게는 1년 6개월의 비교적 가벼운 실형을 선고하고 나머지는 무죄, 또는 파면조치했다. 전시의 군사재판은 원칙적으로 단심제이기 때문에 방위군 사건은 이 판결로 마무리된 것처럼 보였다.

그러나 이승만 대통령은 재판 결과에 국민이 분노하고 있고 거창 양민학살 사건까지 사회적으로 문제가 된 것에 책임을 물어 그동안 감싸주던 신성모를 경질하고 5월 7일 이기붕을 새 국방장관으로 임명했다. 국회조사단도 5월 7일 조사 결과를 발표했다. 결과는 방위군 지도부에 가벼운 형량을 선고한 재판의 정당성을 부정하는 내용이었다.

국회 조사 결과 부정 사례는 다양했다. 209억 원에 이르는 방위군 예산 가운데 실제로 방위군 사령부에 전달된 것은 138억 원에 불과했다. 국방부에서는 하루 평균 26만 명을 기준으로 쌀과 부식비 등의 예산을 지출했으나 실제로 방위군 사령부에서 운영한 인원은 평균 18만 명이었다. 후송 도중에 행방불명, 동상, 질병, 아사, 도망 등이 원인이 되어 전체 후송 장병의 40%에 해당하는 27만 3,000여 명이 탈락한 것으로 밝혀졌다.

지금도 정확한 내용과 규모는 파악하지 못해

국회는 군사재판의 재심을 요구하는 강력한 결의문을 채택했다. 이승만 대통령도 재조사를 명했다. 국민방위군이 국회의 해산 결의에 따라 5

월 12일 공식적으로 해체된 가운데 김윤근 사령관을 포함, 11명이 6월 15일 중앙고등군법회의에 회부되었다. 엄밀하게 말하면 일사부재리 원칙에 어긋난 것이지만 기소 내용이 달라지면 문제될 것이 없다는 이종찬 참모총장의 판단에 따라 '비상사태하 범죄 처벌에 관한 특별조치령'으로 바뀌어 기소되었다. 여론이 워낙 좋지 않아 법을 따질 계제가 아니었다.

결국 7월 19일 김윤근 사령관, 윤익헌 부사령관, 강석한 재무실장, 박창원 조달과장, 박기환 보급과장 등 5명에게는 사형이 선고되었고 이들은 8월 13일 대구 벌리산 부근에서 공개 총살되었다. 많은 청년을 헐벗고 굶주리게 한 우리 군의 최대 치부는 이렇게 막을 내렸다.

아이로니컬하게도 국민방위군 사건과 거창 양민학살 사건은 신성모를 쫓아낸 대신 이기붕을 권력 중심으로 끌어들이는 결과를 낳았다. 신성모의 후임으로 국방장관에 취임한 이기붕은 사건 처리과정에서 나름대로 엄정한 자세를 취해 신뢰할 수 있는 정치인의 이미지를 국민에게 심어주었다. 이는 그가 후에 명실상부한 2인자로 부상하는 데 유용한 자산이 되었다.

국민방위군 사건은 지금도 정확한 내용과 규모는 파악되지 않고 있다. 객관적인 자료가 거의 존재하지 않기 때문이다. 1951년 첫 조사 당시 군 당국은 국민방위군 사망 확인자를 1,234명으로 발표했다. 5만 명, 10만 명이 넘을 것이라는 추측도 있으나 정확한 근거는 없다. 무초 주한 미대사의 보고서에도 '다수 사망'이라고만 씌어 있을 뿐 구체적인 숫자는 언급되어 있지 않다.

현재 공식 확인된 전사자는 교육대 전사자 명부로 확인된 99명, 국립현충원에서 소유하고 있는 전사자 210명, 1955년 6월 한 달간 국방부가 국민방위군 전사자 등록행사를 거쳐 확인된 331명 등 700명가량이다.

거창·산청·함양 양민학살

지역에 따라 낮에는 국군, 밤에는 공비가 지배하는 양상이 반복되었다.

유엔군의 인천상륙작전으로 퇴로가 막힌 인민군 패잔병들이 숨어든 곳은 지리산, 덕유산 등 깊은 산속이었다. 중공군의 개입으로 전황이 다시 역전되자 산속에서 교란작전을 전개하며 양민 학살과 약탈 등 온갖 만행을 일삼는 공비로 악명을 떨쳤다. 경찰이 토벌에 나섰으나 험준한 산악지대를 거점으로 삼아 치고 빠지는 전술을 구사하는 공비를 토벌하는 게 쉽지 않았다. 이 때문에 산골 마을마다 경찰과 공비 간의 뺏고 빼앗기는 공방전이 전개되었다. 지역에 따라 낮에는 국군, 밤에는 공비가 지배하는 양상이 반복되었다.

1950년 12월 5일에도 500여 명의 빨치산이 경남 거창군 신원면 지서를 습격해 19명의 경찰과 민간인을 살해했다. 이후 2개월 동안 신원면은 빨치산의 해방구가 되었다. 빨치산은 적이 강하면 피하고 허점이 보이면 다시 공격하는 '피실격허(避實擊虛)' 수법을 썼다.

경찰이 신원 지역을 회복하기 위해 수차례 공격을 시도했으나 실패를 거듭하자 정부는 육군 보병 11사단에 공비 토벌 임무를 맡겼다. 11사단의 기본 작전 개념은 '견벽청야(堅壁淸野)'였다. 이것은 손자병법에 소개된 전술로 '작전상 확보한 거점은 견고하게 점거(堅壁)하고 부득이 포기해야 할 지역은 적이 발붙일 수 없도록

재경 거창 학우회 대학생들이 거창양민 학살사건의 진상을 규명하고 범인을 처단하라며 시위하고 있다(1960.5.20).

깨끗이 쓸어버려 빈 들판(淸野)으로 남겨놓는다'는 개념이었다.

11사단장 최덕신 준장은 경남의 산청·거창·함양 지역의 빨치산 토벌 임무를 9연대(오익경 중령)에 맡겼다. 한동석 소령이 지휘하는 9연대 3대대 병력이 거창군 신원면에 들어간 것은 1951년 2월 5일이었다. 그들은 총기를 난사하며 분위기를 살벌하게 만든 뒤 신원면을 빠져나갔다.

2월 7일 오전에는 산청군 금서면의 가현마을을 급습해 마을 주민 중 빨치산과 내통한 통비(通匪) 분자를 가렸다. 이 과정에서 닥치는 대로 집에 불을 지르고 놀라 뛰쳐나온 주민들을 골짜기로 끌고 가 집중 사격을 가했다. 가현마을에서만 123명의 주민이 죽임을 당했다. 3대대는 인근의 방곡(210명)과 점촌(62명)에서도 학살을 자행하고 오후에는 함양군 휴천면의 서주리에서도 310명의 주민을 죽음으로 내몰았다. 이렇게 2월 7일 하루에 죽은 사람만 705명이나 되었다. 이 가운데 10세 미만 어린이와 노인, 부녀자가 600명에 달했다. 133가구는 잿더미가 되었다.

빨치산 토벌 부대의 작전 개념은 '견벽청야(堅壁淸野)'

3대대는 2월 9일 거창군 신원면 청연마을에도 들이닥쳐 불을 지르고 100여 명의 주민을 마을 앞 논으로 끌어내 소총과 기관총으로 무차별 난사했다. 이때 죽은 84명의 시체 위에는 나뭇가지를 덮고 기름을 뿌린 뒤 불로 태워 증거를 인멸했다. 10일 오후에는 신원면 탄량골 하천 계곡에서 100명, 11일 오전에는 박산골 골짜기에서 517명 등 모두 719명을 학살했다. 이틀 동안 7개 마을의 논과 계곡은 이렇게 피바다를 이루고 마을은 불바다가 되었다.

3대대는 학살 후 187명의 공비와 통비분자를 소탕했다고 9연대 본부에 보고했다. 9연대는 이 보고를 그대로 사단으로 올려보냈다. 그러나 최덕신 사단장은 자체 조사를 벌여 연대 보고와는 다른 내용의 진상보고서를

3월 말 국방부로 보고했다.

"사살된 사람 대부분이 양민이어서 군에 대한 신뢰가 땅에 떨어지고 이밖에도 부녀자 강간, 물품 강요, 재산 약탈 등으로 주민이 분노하고 있다"는 내용이었다. 그러나 그 무렵 국민방위군 사건으로 궁지에 몰린 신성모 국방장관은 군의 사기를 해친다며 사건을 묵살할 것을 지시한 뒤 "희생자는 187명이며 모두 통비분자였다"고 발표했다.

3월 초순경 두 청년이 국회 본회의가 열리고 있는 부산극장에 들어가 거창 출신 국회의원 신중목을 찾아갔다. 신중목은 이들로부터 "거창군 신원에서 1,000명의 부락민들이 집단총살을 당했다"는 도저히 믿기 어려운 사실을 전해 듣고 거창 현장을 둘러본 결과 참극이 실제로 있었음을 확인했다. 그는 3월 29일 국회 본회의에서 "빨갱이를 잡으라고 보낸 토벌대가 죄 없는 양민 500명을 살육했다"고 폭탄발언을 했다.

국회와 내무·법무·국방부는 합동조사단을 구성해 4월 6일 현지에 파견했다. 그러자 사실이 알려질 것을 두려워한 헌병사령부 부사령관 겸 경남지구 계엄민사부장 김종원 대령이 학살 현장에서 어린이 시체를 골라내 현장에서 2km 떨어진 계곡으로 옮기도록 하고 조사단의 안내역을 자청했다.

합동조사단이 거창 현지에 도착한 4월 6일 늦은 밤, 김종원은 조사단의 숙소마다 전화를 걸어 "신원면에 수백 명의 공비가 나타났다"는 거짓 정보로 조사단에 겁을 주었다. 4월 7일 조사단이 신원을 향해 산길을 가고 있을 때는 김종원의 지시를 받고 공비로 가장한 국군들이 따발총으로 위협사격을 가하도록 해 조사단을 혼비백산케 했다.

논과 계곡은 피바다 이루고 마을은 불바다 돼

이처럼 모든 게 사실로 확인되었는데도 신성모에 대한 이승만의 두터운 신임과 합동조사단 방해공작의 성공으로 거창사건은 묻히는 듯했다. 그러나 4월 말 미국의 언론이 대서특필하는 등 사건이 외신에 크게 보도되자 평소 해외 여론을 중시해온 이승만 대통령이 진노했다. 결국 5월 7일 신성모 국방장관을 경질하고 이기붕을 후임 국방장관으로 임명했다.

조사는 다시 시작되었다. 그 결과 9연대장 오익경 대령, 3대대장 한동석 소령, 집단처형을 주도한 3대대 정보장교 이종대 소위가 7월 27일 대구에서 열린 중앙고등군법회의 법정에 세워졌다. 김종원도 구속되어 재판을 받았다.

1951년 12월 16일의 선고심에서 오익경 무기징역, 한동석 징역 10년, 김종원 징역 3년, 이종대 소위 무죄가 선고되었으나 김종원은 3개월 후 특사로 출감하고 오익경과 한동석은 1년 후 보석으로 풀려났다. 오익경과 한동석은 다시 현역으로 복귀하고 김종원은 경찰 고위 간부로 재기용되어 많은 의혹을 남겼다.

비로소 조사다운 조사가 시작된 것은 학살 사건이 있고 9년이 지난 1960년 4·19혁명 후였다. 그런데 1951년 학살 당시 군경과 함께 통비분자를 심사한 신원면장이 5월 11일 주민들에게 붙잡혀 생화장되는 끔찍한 사건이 벌어졌다. 사건은 전국적인 관심을 불러일으켰고 그 배경에 양민학살 사건이 있었음이 드러났다. 그러나 이듬해 일어난 5·16쿠데타는 유족들의 염원을 물거품으로 만들었다. 유족회 간부들은 군법회의에 회부되었고 묘소는 파헤쳐졌으며 위령비문은 정으로 지워져 땅에 파묻혔다. 희생자 유족들은 공무원 임용에서 제외되고 당국의 감시를 받는 등 불이익을 당했다.

한동안 잊혔던 거창·산청·함양 사건은 1987년 6월 항쟁 후 다시 수면 위로 떠올랐다. 1996년 1월 5일 '거창사건 등 관련자의 명예회복에 관한 특별법'이 제정되었으나 배상이나 보상에 대한 규정은 없었다. 2004년 보상 규정을 담은 개정 법률안이 국회를 통과했지만 정부는 재정 부담 등을 이유로 거부권을 행사했다.

이에 유족 300여 명은 2001년 20만 원씩 배상하라고 소송을 냈고 1심 재판부는 원고 승소 판결을 내렸다. 그러나 항소심 재판부는 "손해배상 청구 시효는 3년이 지나면 소멸되기 때문에 소송을 제기할 수 없다"며 원고 청구를 모두 기각했다. 대법원은 2008년 6월 "손해배상 청구시효가 소멸될 때까지 국가가 원고들의 소송 제기를 곤란하게 했다고 보기 어렵다"며 원심을 확정했다.

빨치산 대토벌

총 2,400여 명의 남파 게릴라들 중 2,000여 명이 사살되거나 생포되었다.

빨치산은 1946년의 '대구폭동', 1948년의 '제주 4·3사건'과 '여수 14연대 반란사건' 등의 진압을 피해 산으로 숨어든 야산대를 기원으로 하고 있다. 북한은 야산대를 조직적으로 지휘하기 위해 게릴라 전문 양성기관인 '강동정치학원'에서 게릴라들에게 군사훈련을 시킨 뒤 남파했다. 6·25전쟁이 발발하기 전까지는 소위 '민주기지론'을 명분으로 남한에 10회에 걸쳐 2,400여 명의 대규모 유격대를 남파했다. 1948년 11월 180명의 인민유격대가 강원도 양양과 오대산 지구로 침투한 게 1차 남파였으나 대부분 소탕되었다. 이후에도 2차, 3차에 걸쳐 수백 명씩 오대산 지구로 침투했지만 역시 대부분 섬멸되었다.

제주도 4·3사건을 주도한 김달삼이 1949년 8월 300여 명을 이끌고 경북 영양의 일월산으로 침투한 4차 남파 역시 실패했다. 1950년 3월의 10차이자 마지막 남파 때도 700여 명의 대규모 정예부대가 오대산으로 침투했다가 역시 대부분 토벌되었다. 결국 총 2,400여 명의 남파 게릴라들 중 2,000여 명이 사살되거나 생포되었다.

빨치산 활동의 최절정기는 북한이 '9월 공세'를 감행한 1949년 9월이었다. '9월 공세' 때 목포형무소에서는 폭동이 발생해 죄수 225명이 사살되고 330여 명이 탈옥했다. 전남 광양에 주둔하던 1개 대대가 빨치산의 습격을 받아 수백 명이 생포되는 광양사건이 벌어진 것도 9월 공세 때였다. 남한 전역이 내전에 돌입한 것처럼 '9월 공세'의 파괴력은 컸다. 당시 빨치산의 수는 대략 1만 명 정도로 추산되었다.

정부는 빨치산을 토벌하기 위해 대대적으로 동계 작전을 전개했다. 하지만 빨치산이 산세가 험하거나 외진 곳을 주요 근거지로 삼고 있어 토벌이 쉽지 않았다. 추위와 눈보라도 토벌을 방해하고 주민들도 빨치산 정보를 군경에 알려주지 않았다. 빨치산의 보복이 두렵고 경찰에 대한 반감·증오가 컸기 때문이다. 군경 토벌군은 마을을 불살라 유격대를 주민들과 분리시키는 '소진(燒盡)·소개(疎開)작전'으로 빨치산의 근거지를 뿌리째 뽑으려 했다. 이런 군경의 초토화 정책으로 일부 산간 마을의 주민이 죽음으로 내몰리기도 했다.

군경, '소진(燒盡)·소개(疎開)작전' 펼쳐

1950년 2월에 종료된 1949~1950년 겨울의 동계 토벌은 사살 365명, 생포 187명, 귀순자 4,964명의 전과를 올렸다. 군의 강경 진압으로 빨치산들은 차츰 소멸되었다. 1950년 봄으로 접어들면서 빨치산의 활동은 잠잠해졌다. 마치 곧 있을 6·25전쟁을 앞둔 폭풍전야의 고요함이었다.

김일성은 6·25전쟁 발발 이튿날인 1950년 6월 26일 평양방송을 통해 "남반부 빨치산들은 해방구를 확대 창설해 적의 배후를 공격·소탕하라"고 촉구했다. 김일성의 지령은 이후에도 계속 방송되었으나 어느 곳에서도 봉기는 일어나지 않았다. 전쟁이 일어나면 남한에서 20만 명 지하당원이 민중을 이끌고 호응할 것이라는 박헌영의 호언장담도 결국에는 엉터리 상황 판단으로 확인되었다. 일부 지방에서 빨치산의 파괴활동이 있긴 했으나 전쟁의 흐름에 영향을 미치지는 못했다.

1950년 9월 유엔군의 인천상륙작전으로 남쪽에 있던 북한군의 퇴로가 막히자 패잔병들의 유격전이 전개되었다. 미처 퇴각하지 못해 빨치산이 된 패잔병들은 38선 이북 지역인 강원도 양구·평강·곡산·양덕 일대에 1만 명, 38선 이남지역인 오대산·소백산·속리산·덕유산·지리산 일대에 1만 5,000여 명 정도 되었다. 빨치산은 강원도 철의 삼각지대인 철원·평강·김화에 제2 전선을 구축, 국군과 유엔군의 병참선을 차단하고 부대시설과 물자를 파괴해 작전에 타격을 입혔다.

특히 지리산을 근거지로 한 이현상(1905~1953)의 남부군은 국군 전력 상당수를 호남·지리산 일대에 묶어두는 데 성공했다. 이현상은 1925년 박헌영 밑에서 조선공산당 결성에 참여하고 1926년 6·10 만세 운동에 참여해 구속된 것을 포함해 해방 때까지 네 차례에 걸쳐 12년 동안 감옥에서 보내면서도 단 한 번도 전향하거나 변절하지 않은 골수 공산주의자였다. 해방 후 조선공산당 재건에 적극 가담하다가 1948년 지리산에 입산했다.

이현상이 남부군의 책임자가 된 것은 1950년 11월 강원도 평강군 후평리에서 열린 전국 빨치산 부대 회의에서였다. 당시 회의를 주재한 조선인민유격대 총사령관 이승엽이 남조선인민유격대 독립제4지대(남부군)를 편성해 회의에 참석한 이현상을 부대장으로 임명한 것이다.

이현상 부대는 회의를 끝내고 남하하면서 1950년 12월 충북 단양경찰서와 경북 문경경찰서를 습격했다. 1951년 2월 중순에는 충북 보은군 마로면 갈평이라는 산마을에 도착, 2개월 남짓 머물면서 충북도청, 청주경찰서, 청주형무소 등을 기습공격했다. 빨치산이 도청소재지를 공격, 한때

나마 점거한 것은 이때가 유일했다.

이현상과 남부군은 1951년 7월 지리산에 도착, 곧바로 6개 도당회의(전남북, 경남북, 충남북)를 열어 각 도당 유격사령부를 사단으로 승격하고 그가 직접 지휘하는 남부군 사령부의 통제를 받도록 했다. 이현상은 남부군 총사령관으로 추대되었다.

북한 애국열사릉에 조성된 이현상의 묘비

빨치산에게 남은 선택은 투항하거나 싸우다 죽는 것

빨치산을 완전히 토벌하라는 임무가 백선엽에게 주어진 것은 6·25전쟁이 소강상태로 접어든 1951년 10월이었다. 백선엽은 1951년 11월 빨치산 토벌을 전담할 부대로 자신의 성에서 딴 '백(白) 야전전투사령부(백야전사)'를 창설하고 수도사단(사단장 송요찬 준장)과 8사단(사단장 최영희 준장)을 배속했다. 그동안 빨치산 토벌을 맡고 있던 서남지구 전투사령부도 백야전사 휘하로 편입시켰다. 이로써 백야전사는 3개 사단과 4개 전투경찰 연대를 휘하에 둔 막강한 전투부대가 되었다.

1951년 12월 2일 시작된 토벌 작전이 1952년 2월 8일 모두 종료되었을 때 남부군은 피살 7,000여 명에 포로 6,000여 명이라는 엄청난 타격을 입고 재기불능 상태에 빠졌다. 실낱같던 희망조차 1953년 7월 휴전협정이 조인되면서 절망으로 바뀌었다. 휴전협정에 빨치산의 지위에 관한 규정이 전혀 없어 빨치산이 북으로 돌아갈 길마저 막혀버렸다. 빨치산에게 남은 선택은 투항하거나 싸우다 죽는 것 둘 중의 하나였다.

휴전 후에도 정부는 1953년 12월부터 1954년 5월까지 지리산, 회문산, 덕유산, 조계산, 백운산 등에 은신한 빨치산에 대해 대대적으로 토벌 작전을 전개했다. 1956년까지 토벌대와 빨치산 간의 전선 없는 전쟁은 계속 되었지만 빨치산으로서는 승산 없는 싸움이었다. 1956년 7월 13일 전북 남원에서 '공비 1명 사살, 2명 생포'를 끝으로 빨치산은 정부 기록에서 사라졌다.

이현상은 1953년 9월 18일 지리산 빗점골에서 경찰이 쏜 총을 맞고 사살된 것으로 발표되었다. 그런데 당시 경찰을 이끌고 토벌에 나선 차일혁 총경은 또 다른 가설을 제기했다. 토벌대가 쏜 총탄에 맞아 숨진 것이 아니라 김일성의 남로당계 숙청에 따른 여파로 1953년 8월 평당원으로 강등된 뒤 같은 빨치산에 의해 죽임을 당했을 가능성이 크다는 것이다. 현재 북한의 애국열사릉에 있는 묘비(가묘)에는 이현상이 9월 17일에 죽은 것으로 기록되어 있다.

전시연합대학 설치와 지방 국립종합대 설립

향학열의 결과이기도 했지만 정부의 '대학생 징집 연기 조치'도 영향을 미쳤다.

6·25전쟁이 한창이던 1951년 2월 26일 정부가 '전시하 교육 특별조치요강'을 발표해 전쟁 때문에 중단된 모든 수업을 재개하도록 했다. 그러나 초중고와는 달리 대학은 상당한 시설과 교수 요원이 필요해 수업 재개가 쉽지 않았다. 그러던 중 전황이 차츰 호전되자 1951년 5월 4일 문교부가 '대학교육에 관한 전시 특별조치령'(이하 조치령)을 발표해 세계 교육사상 유례가 없는 '전시연합대학'의 법적인 근거를 마련했다.

조치령은 ▲전화(戰禍)로 인해 정상수업을 할 수 없는 대학생은 그 기간 타 대학에서 수업을 받을 수 있도록 하고 ▲정상적인 수업을 할 수 있는 대학은 타 대학의 학생이 입학을 원할 경우 사정이 허락하는 한 이를 허락하도록 했다. ▲1년간 총수업시간은 720시간까지 단축할 수 있게 하고 매학기 3~4학점의 군사훈련을 이수하도록 했으며 ▲전시연합대학에서 이수한 과정은 재적 대학의 수업과정으로 인정하도록 했다.

전시연합대학 강의 모습

학생들이 3개월분 등록금 1만 원을 소속 대학에 납입하면 해당 대학은 학생 1명에 대해 1강좌(매주 1시간) 당 500원을 전시연합대학에 납부하는 것을 원칙으로 했으나 학생들이 등록금을 제대로 내지 않고 대학들도 부담금을 전시연합대학에 납부하지 않아 사실상 재정은 국립 서울대 예산에 의존했다. 전시연합대학의 학장은 최규남 서울대 총장, 부학장은 방종현 서울대 문리대 학장이 맡아 운영했다.

강의는 천막·창고·극장·유휴건물·개인사무실 등에서 하고, 교수는 유진오가 중심이 되어 결성한 대한민국교수단에서 충원했다. 강의는 문학부·법정학부·경상학부·이학부·공학부·예술학부·농수산학부 등 모든 분야에서 이뤄졌다. 전시연합대학은 부산에서 먼저 문을 연 뒤 점차 광주·전주·대전으로 확대되었다. 부산 전시연합대학에서는 4,268명의 학생이 수업을 받았다. 대전 377명, 전주 1,283명, 광주 527명 등을 포함하면 전체 참여 학생은 6,455명, 교수는 444명에 달했다.

이렇게 많은 학생이 전시연합대학에 적을 둔 것은 전쟁 중이라도 공부를 해야 한다는 향학열의 결과이기도 했지만 정부의 '대학생 징집 연기 조치'도 영향을 미쳤다. 정부가 조치령 제4조에 학생의 군입대를 완화하고 이공계의 경우는 전면 입대를 유보하는 조항을 만들어 대학생들에게 사실상의 병역 연기 혜택을 주었기 때문이다. 결국 대부분의 청년이 학도병으로 징발되거나 군에 입대하는 상황에서 징집을 피하려는 수단으로 악용되어 자격 없는 대학생까지 양산하는 부작용을 낳았다.

세계 교육사상 유례 없는 시도

그런 가운데 1951년 9월 이화여대가 전시연합대학에서 이탈해 단독 개강을 하고 10월 중순부터는 부산대도 이탈하는 등 여러 대학이 단독 개강을 서두르면서 전시연합대학은 1952년 3월 문을 닫고 5월 31일 공식적으로 해체되었다. 다만 대전에는 종합대학이 없어 좀 더 지속되었다. 전시연합대학은 이후 전시군인연합대학 형태로 한동안 유지되다가 1956년 9월 폐교했다.

당시 뉴욕타임스지는 중고생들이 피란지의 노천학교, 야외학교에서 눈물겨운 수업을 하는 것을 보고 "남한에서는 정거장, 약탈당한 건물 안, 천막, 묘지에서까지 수업을 하고 있다. 어느 시골에 가도 나무 밑에 학생들이 모여 앉아 나무에 흑판을 걸고 책을 돌려가며 공부하고 있다"며 큰 관심을 보였다.

전시연합대학은 해체 후 각 도의 국립대학으로 발전했다. 당초 지방의 국립대학은 1도 1교 원칙하에 서울대, 부산대와 함께 미 군정기에 설립될 예정이었다. 그러나 서울대가 1946년 국대안 파동으로 혼란스러운 상황에 놓이게 되자 서울대와 부산대 외에는 설립이 중단되었다. 그러다가 전시연합대학 운영을 통해 자신감을 얻은 백낙준 문교부 장관이 전쟁 중인데도 불구하고 지방 국립종합대학의 설립을 추진했다. 전시연합대학의 해체로 인한 공백을 메우고 지방 학생들에게 고등교육의 기회를 제공하며 지방문화 창달에 기여한다는 취지였다.

백낙준은 동일 지역의 몇몇 국공립 단과대학을 통합한 국립종합대학을 구상했다. 대구의 경우 대구농과대학·대구사범대학·대구의과대학 등 3개 국립대학을 합쳐 종합대학인 경북대학을 신설하고, 전북의 경우 도립 이리농과대학·사립 전주명륜대학·군산대학을 합쳐 전북대학으로 규모를 키웠다. 이런 과정을 거쳐 1952년 10월 경북대·전북대·전남대, 1953년 충남대·충북대·강원대, 1955년 제주대가 설치되었다. 전시연합대학은 이처럼 전쟁 중의 교육문제만 해결한 것이 아니고 이후 한국사회 발전의 원동력이 되는 국립종합대학의 설립에 기여했다는 점에서도 의미가 적지 않다.

원내·원외 자유당 창당

한국 정치사의 한 시대를 끌고 갈 거함에서 왜 이런 일이 벌어졌을까?

1951년 12월 23일 오전 11시 30분, 국회의사당으로 사용되고 있는 임시수도 부산의 경남도청 무도장에서 친이승만계 의원을 비롯한 360여 명의 인사가 모여 자유당 창당대회를 열었다. 주요 구성원은 국회 안(원내) 공화민정회 의원들로, 그들은 이승만 대통령을 염두에 두고 당 의장은 공석으로 남겨둔 채 이갑성·김동성·김승환 3인을 부의장으로 선출했다.

그로부터 2시간 반 뒤인 오후 2시, 부산의 조선극장에서도 같은 이름의 자유당 창당대회가 열려 저간의 사정을 모르는 사람들을 어리둥절하게 했다. 조선민족청년단(족청)계의 이범석을 비롯해 농민총연맹(농총), 노동조합총연맹(노총), 국민회, 대한청년단 등 국회 밖(원외) 친이승만 세력이 주축을 이룬 두 번째 자유당 창당대회에서는 이승만 대통령과 이범석이 각각 총재와 부총재로 추대되었다.

창당 후 원내 측은 "우리가 먼저 공보처에 자유당으로 가등록했으니 우리가 정식 자유당"이라고 주장한 반면 원외 측은 "발기인대회도 하지 않고 당수도 정하지 않았기 때문에 당명 등록은 무효"라며 "발기인대회 직후 등록한 우리가 진짜 자유당"이라고 주장했다.

한국 정치사의 한 시대를 끌고 갈 거함 자유당에서 왜 이런 일이 벌어졌을까? 두 당의 동명이몽(同名異夢)을 이해하려면 1년 전으로 거슬러 올라가야 한다. 6·25 발발 후 터져나온 국민방위군 사건, 거창 양민학살 사건 등으로 이승만 대통령은 정치적으로 큰 상처를 입었다. 국회에서는 민국당 등 야당을 중심으로 책임 문제가 대두되었고 더불어 내각제 개헌 논의도 본격화되었다. 1945년 독립 후는 물론 1948년 정부수립 후에도 정당 무용론을 내세우며 특정 정파의 지도자가 되는 것을 거부하고 정당정치를 애써 외면해온 이 대통령이지만 평소의 소신을 고집하기에는 상황이 너무 좋지 않았다.

이 대통령은 대통령 선출권을 쥐고 있는 국회 내 다수 세력이 자신을 반대하고 있다는 현실을 깨닫게 되자 자신의 정치적 입장을 대변하고 옹호해줄 정치 세력의 필요성을 절감했다. 국회의 강력한 야당 세력을 분쇄하고 계속 집권하려면 국부로서의 초연한 입장에만 머물러서는 안 되고 부득이 특정 정당에 의지해야 한다는 현실을 깨달은 것이다.

이승만은 맹목적 충성심 보이는 원외 자유당 지지

국회 재적의원의 과반수를 확보하고 있는 여당 격인 공화민정회가 이승만을 지지한다고는 하지만 구성원 간의 계산이 각각 다르고 자주 마찰을 빚어 야당인 민국당의 공세를 막아내는 데는 한계가 있었다. 무엇보다 이들은 내각제를 선호했다. 따라서 국회를 통한 간접선거로는 차기 대통령 당선이 희박하다고 판단하고 있는 이 대통령은 이들에게 자신의 운명을 맡길 수 없었다.

신당 창당과 관련해 이 대통령이 공개적으로 의중을 드러낸 것은 1951년 8월의 광복절 기념식에서였다. "지금은 농민과 노동자를 토대로 일반 국민이 나라와 자신들의 공공복리를 보호하기 위해 정당한 정당을 만들 때가 왔다"며 신창 창당을 시사한 것이다. 이승만은 신당이 노동자와 농민의 권익옹호와 복리를 위한 정당이기 때문에 처음에는 당명을 '노농당'이라고 했다가 이름이 좋지 않다는 주위의 권유로 '자유당'으로 바꾸었다.

이승만의 신당 창당 언급을 신호탄으로 친이승만 세력이 신당발기준비협의회를 구성하고 신당 착수에 들어갔으나 발기 과정부터 삐걱거리는 바람에 결국 정강정책을 놓고 원내·원외로 갈라서야 했다. 친이승만계 원내·원외는 정치적 계산도 달랐다. 원내는 이 대통령을 상징적인 국가원수로 추대하고 내각제로 개헌해 장면 국무총리를 행정부 수반으로 내세우려 한 반면, 원외 세력은 이범석을 대통령직선제하의 부통령으로 선출해 실권을 장악한다는 속셈이었다.

이들 원내와 원외 세력 가운데 이 대통령이 더 큰 애정을 보인 것은 당연히 자신에게 맹목적인 충성심을 보이고 있는 원외 자유당이었다. "오늘 자유당 결성은 나의 반 백년 몽상의 성취를 보게 된 것"이라고 치하하는 선언문을 보낸 곳도 원외 창당대회였다.

원외 자유당은 부산정치파동의 행동대

더구나 원내 자유당은 원외보다 늦게 정당 등록을 하는 바람에 자유당으로 등록할 수 없었고, 이 때문에 정당 구실을 제대로 하지 못했다. 족청, 노총, 국민회, 농총 등은 국민 직선에 의한 이승만의 재당선이 주목적이었기 때문에 창당 후 원외 친여단체를 발판으로 세력 확대에 주력했다.

그 결과 창당한 지 3개월 만인 1952년 3월 19일 원내 자유당의 신정동지회 소속 45명을 원외 자유당으로 포섭하는 성과를 거두었다. 결국 원내 자유당 세력은 93석에서 48석으로 줄어들었고 원외 자유당은 48석의 어엿한 정당으로 부상했다.

이승만은 원외 자유당을 믿고 1952년 1월 직선제와 양원제를 핵심 내용으로 하는 정부 개헌안을 국회에 제출했다. 그러나 정부안은 가 19, 부 143이라는 압도적인 표차로 부결되었다. 그러자 야당인 민국당이 1952년 4월 17일 개헌선을 1명 초과하는 123명의 서명을 받아 내각책임제 안을 국회에 제출함으로써 이 대통령과 정면 승부를 펼쳤다. 이때 개헌안에 서명한 분포는 원내 자유당 48명, 민국당 40명, 민우회 20명, 무소속 15명 등이었다.

위기위식을 느낀 이 대통령이 돌파구로 삼은 것은 4월과 5월의 지방선거였다. 원외 자유당은 '개헌안 부결반대 민중대회'를 개최해 "민의를 배반한 국회의원을 소환하라"며 국회의원 소환운동을 전개했다. 이른바 부산정치파동의 서막이었다.

이런 과정을 거쳐 당초 93명이던 원내 자유당 의원은 부산정치파동이 끝났을 무렵인 1952년 7월 40명 이하로 줄어들었고 2대 국회 말에는 17명으로 교섭단체 구성마저 불가능한 상태가 되었다. 그러다가 3대 국회에서는 이름마저 완전히 없어져 민주당 안의 '신파'로 자리잡게 되었다. 반면 원외 자유당은 3대 국회 때부터 1960년 4·19로 자유당이 무너질 때까지 자유당의 적자로 승승장구했다.

장기려 무료진료소 '복음병원' 개원

평생의 화두는 '생명에 대한 사랑'이었다. 그에게 사람은 모두가 평등한 생명이었다.

장기려(1911~1995)는 생전에 '한국의 슈바이처', '살아 있는 푸른 십자가'로 불렸다. "장기려가 성자가 아니라면 세상에 성자는 없다"는 말이 있을 정도로 그가 고집한 평생의 화두는 '생명에 대한 사랑'이었다. 장기려에게 사람은 신분의 고하나 재산의 유무를 막론하고 모두가 평등한 하나의 생명이었다.

장기려는 평북 용천의 부유한 집안에서 태어나 개성 송도고보를 졸업했다. 경성의전을 졸업한 1932년 모교에 남아 당대의 명의 백인제 박사의 조수가 되고, 평양고녀를 졸업한 김봉숙과 4월 9일 부부의 연을 맺었다.

그 무렵 백인제와 교분이 있는 소설가 이광수가 경성의전 부속병원에 입원했다. 6개월 동안 장기려의 치료를 받으며 그의 인간성을 알게 된 이광수는 "자네는 바보 아니면 성자"라는 말로 감사의 말을 전했다. 1938년 이광수의 소설 '사랑'이 발표되었을 때 소설 속 주인공 안빈이 장기려를 모델로 한 것이라는 소문이 돌고, 이후 언론이 장기려를 기사화할 때마다 이 내용을 언급해 사실로 받아들여졌다. 그러나 훗날 장기려는 "그 소문은 사실이 아니다"라며 "안빈은 이광수가 창조한 인물이지 나를 모델로 한 것이 아니다"라고 부인했다.

장기려는 충수염(맹장염) 및 충수염성 복막염의 세균학적 연구로 1940년 9월 일본 나고야제국대에서 의학박사 학위를 받았다. 그해 11월 스승 곁을 떠나 평양 기홀병원(연합기독병원)의 외과 과장으로 갔다가 1945년 해방 후 평양도립병원장으로 부임했다. 그 후 5년 동안 이 병원은 평양인민병원, 김일성대학부속병원, 평양의학대학 부속병원 등으로 이름이 바뀌었다. 그 기간 장기려는 우연히 김일성을 세 번이나 병원에서 만났다.

장기려(1911~1995)

이 때문에 "장기려가 김일성을 치료했다"는 소문이 돌았으나 장기려는 "결단코 그런 적이 없다"고 부인했다.

6·25 발발 후 장기려가 곧 돌아오겠다며 부인과 5남매를 북한에 남겨둔 채 둘째 아들만을 데리고 평양을 떠난 것은 1950년 12월 3일이었다. '곧 만나겠지' 하며 떠난 피란이었으나 결국 부인과 5남매와의 영원한 이별이 되고 말았다. 장기려는 피란지 부산에서 그와 뜻을 같이하는 전영창과 함께 1951년 6월 20일 제3영도교회 창고를 수리해 의료 혜택을 일절 받지 못하는 사람들을 위한 무료진료소 '복음병원'을 개설하고 7월 2일 초대 원장으로 이름을 올렸다.

복음병원은 그해 12월 부산시 영도에 지은 천막병원으로 이전해 1년 동안은 무료로, 이후 2년째부터는 약값 정도만 받고 운영되었다. 그러다가 미국인 선교사의 모금운동과 미국 원조기관의 지원으로 현재의 고신의료원 터에 병원 건물을 지어 1957년 5월 28일 정식으로 개업했다.

"장기려가 성자가 아니라면 세상에 성자는 없다"

장기려는 연구는 소홀히 하고 사랑만을 외치는 의사가 아니었다. 1943년 우리나라 최초로 '간암의 설상절제수술'에 성공하고 1959년 '간의 대량절제수술'에도 성공, 국내 의학 발전에 큰 족적을 남겼다. 단독으로 한 외과수술만도 1만 회가 넘었다.

1965년 9월 복음병원의 재산이 대한예수교장로회 고신총회 유지재단으로 편입된 가운데 장기려는 1968년 부산 시내 23개 교회에서 700명의 자영업자 회원을 모아 국내 최초의 의료보험조합인 '청십자의료조합'을 설립, 이사장에 취임했다. 청십자의료조합은 1974년 회원 수가 1만 8,000명으로 늘어날 정도로 큰 호응을 받았다.

장기려는 1975년 고신대 복음병원에서 정년퇴임한 뒤 청십자의료조합의 전용병원인 청십자의원을 개설, 무료에 가까운 수가를 받고 각종 질병을 치료해 주었다. 청십자의료조합은 1977년 7월 500인 이상 사업장 근로자를 대상으로 한 정부 차원의 의료보험조합이 시작되고 1989년 7월 도시지역에서도 의료보험이 실시되자 1989년 6월 해체되었다. 장기려는 이 같은 공로를 인정받아 국민훈장(1976), 막사이사이상(1979), 제1회 호암상(1991) 등을 받았다.

평생을 가난한 사람들만을 돌봤으니 그에게 재산이 있을 리 없었다. 집이라고 해봐야 고신병원이 마련해준 병원 옥상에 24평 정도의 공간을 꾸민 것이 전부였다. 그래도 장기려는 평소 "물레밖에 남기지 않은 간디에 비해 가진 게 많다"고 입버릇처럼 말하곤 했다. 장기려는 월남 후 평생을 홀로 사는 수도자적인 삶을 살았다. 재혼을 권유하는 사람들에게는 "평양에 있는 아내와의 결혼이 하나님이 맺어준 인연이고 그 속에서 하나님의 사랑을 느꼈다"고 말하며 거절했다.

그토록 그리워하던 부인은 미국 거주 조카며느리가 1991년 6월 북한을 방문해 가져온 편지와 가족사진으로 만났다. 부인은 살아 있었고 평양에 남겨진 장남은 약학박사, 3남은 물리학 박사가 되어 있었다. 1992년 2차 고향방문단 때 장기려도 방문단의 일원으로 확정되었으나 북한의 거부로 무산되었다. 1995년 혼수상태에 빠지기 직전 장기려가 가족에게 유언처럼 말했다. "이 땅에서 만나봤자 무슨 의미가 있겠는가. 그렇게 짧게 만나느니 차라리 하늘나라에서 영원히 만나야지…."

1995년 12월 25일 장기려가 운명했을 때 침대 머리맡에는 두 장의 사진이 놓여 있었다. 30대의 어여쁜 아내 사진과 80세가 된 꼬부랑 할머니 아내의 사진이었다. 그가 생전에 만나지 못한 부인은 차남 장가용 교수가 2000년 8월 평양에서 만났다. 부인은 장기려가 하늘나라로 떠나고 9년 후 남편을 만나러 하늘로 떠났다.

천경자 뱀 그림 '생태' 제작과 '미인도' 위작 논란

꿈틀거리는 뱀의 동작이 죽음밖에 생각할 수 없었던 당시 자신의 몸부림처럼 느껴졌다.

천경자(1924~)는 초기 작품에서 나타나는 뱀과 꽃과 여인, 1970년대 초부터 선보인 남국의 풍물들에 이르기까지 강렬하고 현란한 색채로 꿈과 정한의 세계를 사실적이고 환상적으로 그린 화가로 유명하다. 얼핏 화려해 보이지만 사실 그의 작품에는 여인의 고독과 슬픔의 그림자가 드리워져 있다. 사람들 역시 그의 그림에서 삶의 고통, 원죄의 굴레, 여인의 한을 읽어낸다. 그는 그림과 삶이 일치하는 보기 드문 미술 장인이었다. 독특한 색채 이미지와 빈틈없는 구도로 '천경자풍'이라는 동양화의 새로운 화풍을 개척했다는 평가도 듣고 있다.

천경자는 전라남도 고흥에서 태어나 광주공립여고보를 졸업한 후 1940년 4월 16살 나이에 일본으로 건너가 도쿄여자미술전문학교에 입학했다. 1942년 '조선미술전람회'(선전)에서 외할아버지를 그린 '조부'가 입선하고, 1943년 역시 '선전'에서 외할머니를 그린 졸업작품 '노부'가 입선하면서 화가 데뷔와 동시에 재능을 인정받았다. 졸업 후 미쓰코시백화점에서 날염하는 천에 그림을 그리는 일을 하다가 1944년 귀국, 모교인 광주공립여고보의 미술교사로 부임했다.

해방 직후, 일본에서 만난 유학생과 결혼하고 1946년 학교 강당에서 첫 개인전을 열었으나 별 호응을 얻지 못하자 그해 6월 서울로 올라가 동화

백화점(현 신세계백화점) 화랑에서 개인전을 열었다. 여류화가가 드물던 때라 전시회는 주목을 끌었다. 신문들도 앞다퉈 호평 기사를 실었다.

천경자(1924~)

그러나 그 후 몇 년 동안 천경자의 개인사는 슬픔과 아픔으로 점철되었다. 1남1녀를 떠안은 채 이혼해야 했고, 사업 실패로 실의에 빠진 아버지의 죽음을 겪었으며, 폐결핵으로 투병 중이던 여동생마저 떠나보내야 했다. 초혼 실패 후 빠져든 한 유부남과의 사랑도 김씨 성을 가진 남매만 낳았을 뿐 결혼에까지 이르지는 못했다.

오직 살기 위해 그린 뱀이 구원의 돌파구

이처럼 정신적으로 피폐해 있던 어느 날 세상 사람들이 징그럽다고 고개를 돌리는 뱀들이 눈에 들어왔다. 천경자는 뱀들을 보며 어머니, 동생들과 살던 셋집에 아침 저녁으로 수많은 뱀이 부엌과 방으로 기어들어와 소스라치게 놀라면서도 그 집을 떠나지 못하고 살아야 했던 가난, 자기에게 고통을 남기고 떠난 뱀띠 애인에 대한 적개심 등을 떠올렸다.

천경자는 6·25전쟁이 한창이던 1951년 광주역 앞의 뱀집을 열심히 드나들며 끊임없이 뱀들을 스케치했다. 그 꿈틀거리는 뱀의 동작이 죽음밖에 생각할 수 없었던 자신의 몸부림처럼 느껴졌다. 미술교사 자리도 팽개치고 두 달을 사투한 끝에 청동색 뱀 35마리가 혓바닥을 날름거리며 똬리를 틀고 있는 '생태'(生態·84×60cm)를 완성했다.

1952년 피란지 부산에서 개최한 개인전에 '생태'가 걸렸을 때 뜻밖의 관심과 찬사가 쏟아졌다. 아이러니하게도 그동안 '일본적 채색화'로 폄훼되던 다른 작품도 화단의 주목을 끌었다. 인생의 역경 속에서 오직 살기 위해 그린 뱀이 구원의 돌파구가 된 후, 뱀은 인생의 전환기나 고비 때마다 무의식적으로 나타나 그녀를 지켜주는 수호신 같은 존재가 되었다.

그는 자서전 '내 슬픈 전설의 49페이지'에 이렇게 썼다. "내가 뱀에 대해 오래도록 궁금했고 확인하고 싶었던 것은 그 눈이었다. 예로부터 독한 여자나 음모술수를 일삼는 악인의 눈을 뱀눈에 비유했기에 말이다." 천경자는 부산에서의 성공적인 개인전을 계기로 1955년 봄 홍익대 전임강사로 초빙되어 서울로 올라왔다. 그해 대한미협전에서는 '정'으로 대통령상을 수상, 화가로서의 입지를 굳혔다.

천경자는 1969년 프랑스 파리 아카데미 고에쓰 연수를 계기로 해외로 눈을 돌렸다. 9개월 동안 프랑스, 이탈리아, 스페인을 거쳐 사모아, 타이티섬 등을 돌아다니며 강렬한 인상의 원시와 자연의 세계에 흠뻑 빠져 부지런히 화필을 움직였다. 그것은 천경자가 맞은 제2의 미술 인생이었다. 1974년 아프리카, 1979년 인도와 중남미, 1981년 하와이 등도 돌아다니며 원색적인 자연의 모습을 화폭에 담았다.

천경자의 그림에 꽃과 여인이 본격적으로 등장한 것은 1970년대였다. 그림 속 여인들은 한결같이 화사한 꽃무리 속에 둘러싸여 있거나 머리에 꽃이 꽂혀 있었다. 천경자는 그레타 가르보나 마릴린 먼로 등 전설적인 여배우들, 혹은 자신의 소학교 때 선배인 길례 언니를 통해 자신이 꿈꾸어오던 선망의 여인들을 화폭에

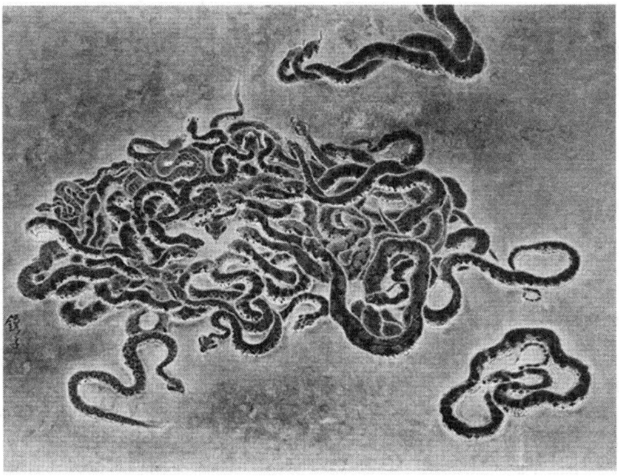

천경자 작 '생태'

담았다. 노란 옷을 입고 꽃이 가득 달린 화려한 모자를 쓴 1973년작 '길례 언니'를 시작으로 '내 슬픈 전설의 22페이지'(1977), '황금의 비'(1982) 등 화려하면서도 서글퍼 보이는 여인 그림을 집중적으로 그렸다.

그림 속 여인들은 1980년대 들어 아름다운 이상향의 여인이 아니라 달콤한 맛이 다 빠지고 쓴맛이 풍기는 여자로 대체되었다. 여인의 눈매는 광기에 찬 매서운 눈초리로 바뀌고 차가운 금속성의 피부를 지닌 강렬하고 섬뜩한 마녀의 모습으로 변신했다.

1991년 엉뚱한 위작 시비에 휘말려

1991년 천경자는 엉뚱한 위작 시비에 휘말렸다. 1991년 3월 말, 국립현대미술관이 현대그룹 사옥에서 '움직이는 미술관' 전시회를 열었을 때 천경자가 그린 적이 없는 5호짜리 '미인도'(29×26cm)' 그림이 천경자가 그린 것으로 떡 하니 걸려 있었던 것이다. 그림은 4~5배로 확대된 아트포스터로 복사되어 1장당 5만 원에 팔려나갔다.

천경자는 "미인도는 내 작품이 아니다"라고 주장하며, '미인도'가 위작인 이유로 자신의 화풍과 달리 ▲머리가 검게 개칠되어 있고 ▲그려본 적이 없는 흰 꽃이 화관으로 모델 머리에 씌어 있으며 ▲연도가 한자가 아닌 아라비아숫자로 쓰인 점 등을 들었다. 무엇보다 자신의 그림에서 일반적으로 느껴지는 혼이 없다는 점을 강조했다.

논란이 불거지자 국립현대미술관이 해명에 나섰다. 미인도는 김재규 전 중앙정보부장이 수장해오던 것으로 1979년 10·26사건 뒤 김재규의 재산이 국가에 환수될 때 재무부와 문공부를 거쳐 1980년 5월 국립현대미술관에 입고되었다는 것이다. 또한 환수 당시 한 유명 미술평론가가 작품을 진품으로 감정하고, 위작 시비가 불거지기 한 해 전인 1990년 금성출판사의 '한국근대회화선집'에 미인도가 실렸을 때 천경자가 이를 알고도

이의를 제기하지 않았다고 주장했다. 현대미술관 측의 감정 의뢰를 받은 한국화랑협회 감정위원회도 만장일치로 진품 판정을 내렸다는 사실이 언론에 보도되면서 위작 시비는 일파만파로 확대되었다.

"내가 낳은 자식을 내가 몰라보겠느냐"며 항변했지만…

천경자는 4월 7일 "창작자의 증언을 무시하는 오늘의 화단 풍토에서는 더 이상 그림을 그리지 않겠다"라며 절필을 선언, 격앙된 심정을 표출했다. 이처럼 천경자가 배수진을 치며 항변하자 한국화랑협회는 재감정을 의뢰해 감정위원들로부터 진품이라는 통보를 받았다.

그래도 천경자가 계속 주장을 굽히지 않자 한국화랑협회는 4월 11일 3차 감정을 실시한 후 "문제의 미인도가 구도와 기법 등 화풍에서 천경자의 작품과 동일한 것으로 볼 수 있다"며 미인도가 진품이라는 공식감정 결과를 발표했다. 국립현대미술관도 '미인도' 위작 시비와 관련, "현대미술관이 소장하고 있는 천씨의 작품은 진품"이라고 최종 발표했다.

천경자는 졸지에 "자식도 알아보지 못하는 어미"로 몰리는 것을 참을 수 없었다. 몸과 마음도 쇠약해졌다. 결국 작품 활동을 할 기력마저 남아 있지 않자 큰딸이 있는 미국으로 떠났다. 그것으로 한동안 미술계를 뜨겁게 달군 '미인도' 위작 시비는 막을 내리는 듯했다. 그러나 잠잠하던 위작 시비는 사건 후 8년이 지난 1999년 7월 한 전문위조범이 "미인도는 1984년에 내가 그린 3종류의 미인도 가운데 하나"라고 자백하면서 새로운 국면을 맞았다. 그러나 검찰은 공소시효 기간인 3년이 이미 지난 뒤라는 이유로 수사에 착수하지 않았다.

국립현대미술관은 "8년 전의 감정을 뒤집을 만한 근거가 현재로서는 없다"며 주장을 굽히지 않았다. 이로써 '미인도' 사건은 천경자 개인뿐 아니라 한국 미술계에도 커다란 상처를 주고 다시 미궁에 빠졌다.

다시 귀국해 작품 활동을 하던 천경자는 1998년 11월 중대 결정을 했다. '생태', '꽃무리 속의 여인', '내 슬픈 전설의 22페이지' 등 자신의 대표작 57점과 데생작품 36점을 서울시립미술관에 무상으로 기증한 것이다. 한국의 화단 풍토에서는 처음 있는 일이었다.

이해랑 연극 '햄릿' 국내 최초 연출

계속되는 시련 속에서 정신적으로 의탁할 그 무엇을 갈구하다가 연극을 운명으로 받아들였다.

이해랑(1916~1989)은 식민지, 분단, 전쟁 등으로 점철된 한국의 현대사에서 연극 외길만을 뚜벅뚜벅 걸어간 우리 현대 연극의 선구자였다. 그는 1920년대 박승희, 1930년대 유치진의 맥을 이어 100여 편의 연극을 연출하고 100여 편에 출연한 현대 연극의 최고봉이었다. 반세기 내내 정통 리얼리즘 연극을 고수하는 데 그치지 않고 예술행정가로서의 소임까지 다한 천생 연극인이었다.

이해랑은 조선조 이씨 왕가의 방계로 서울에서 태어났다. 고조부는 철종의 4촌이고 조부는 왕실의 의전실장이었으며 선친 이근용은 일본 교토제대 의학부를 졸업하고 세브란스의전 외과부장을 지낸 선구자적 의료인이었다. 이해랑은 이런 집안의 외동아들로 태어났으나 4살 때 모친과 사별하고 엄한 조부 밑에서 외롭게 지내 정신적으로 고통스러운 어린 시절을 보냈다.

성장기도 순탄치 않았다. 휘문고보 때는 항일동맹휴학의 주동자로 몰려 퇴학을 당해 일본의 중학교로 전학을 가고, 졸업 후에는 독일로 건너가 베를린대에서 의학박사 학위를 받았다. 상해에서 개업 중인 숙부를 찾아가 호강대에 입학했을 때는 장티푸스에 걸려 4개월 동안 사경을 헤매다

이해랑(1916~1989)

학교에서 쫓겨났다. 1934년 니혼대 예술과로 진학했을 때도 장개석 군대의 첩자로 몰려 4개월 동안 갖은 고초를 겪었다.

이해랑은 이처럼 계속되는 시련 속에서 정신적으로 의탁할 그 무엇을 갈구하다가 연극을 자신의 운명으로 받아들였다. 대학 재학 중에는 도쿄 유학생들이 결성한 '학생예술좌' 극단에 가입, '춘향전'의 농부 역으로 출연하면서 비로소 새 세계를 경험했다. 그때 연극을 함께한 연극배우 김동원은 평생의 죽마고우가 되었다. 이해랑은 연극을 통해 고독, 소외, 절망으로부터 이탈할 수 있는 방법을 깨닫고 연극만 한 도피처가 세상에 없다는 확신이 들자 연극 서적을 닥치는 대로 읽고 극장을 찾아다녔다. 학생예술좌 공연에도 빠짐없이 출연했다.

1938년 대학을 졸업하고 귀국한 후에는 유치진이 주도하는 '극예술연구회(극연)'에 가입했다. 극연에서 몇 차례 단역으로 출연했으나 주목을 끌지는 못했다. 극연이 1939년 5월 해산된 후에는 1940년 대중적 성격이 강한 극단 '고협'에 가입했다. 1941년에는 그해 3월 조선총독부가 창단을 주도하고 유치진이 대표로 이름을 올린 '현대극장'에 입단했다. 현대극장에서도 눈이 작고 목소리가 가늘어 배우로는 각광을 받지 못했다.

정통 리얼리즘 연극을 고수한 천생 연극인

그가 연극계의 젊은 지도자로 부상한 것은 1945년 광복 직후의 혼란기 때였다. 좌우익 연극인들이 주도권 다툼을 벌일 때 그는 유치진과 함께 민족 진영 연극의 선봉장으로 좌익 연극인들과 맞서 싸웠다. 1945년 11월 극단 '전선', 1946년 '극예술원'(1947년 극예술협회로 개칭)을 조직, 순수 연극의 기치를 내세웠다. 1949년 말 국립극장이 발족되고 유치진이 초대 극장장이 되었을 때는 자신이 설립한 '극예술협회(극협)'와 '신협'을 1950년 1월 국립극장의 산하 극단으로 전속시켰다. 1950년 4월 30일 국립극장의 개관작으로 무대에 올려진 유치진 작 '원술랑'을 공연한 것은 극단 신협이었다.

이해랑은 1950년 6·25 때도 부산 피란지에서 신협을 재건해 활기찬 공연활동을 벌였다. 이후 반세기 동안 깊게 맺어질 '햄릿'과의 인연이 시작된 것도 그 무렵이었다. 1951년 1·4후퇴 때 이해랑은 트럭을 한 대 구해서 신협 단원들과 함께 대구로 내려갔다. 신협은 육군 정훈국 산하의 문예중대에 배속되어 대구, 부산, 마산, 진해 등을 순회하며 공연을 했다.

첫 무대는 1951년 9월 대구의 키네마극장이었다. 그 무대에서 이해랑은 김동원에게 주연을 맡기고 최무룡과 황정순 등을 출연시킨 '햄릿'을 국내 최초로 연출했다. 공연은 관객이 입석까지 모두 채울 정도로 대성황을 이뤘다. '햄릿'은 1962년 드라마센터, 1985년 호암아트홀 개관 때도 개관기념작으로 무대에 올려졌다. 연출자는 모두 이해랑이었다. 신협은 서울 환도 후인 1957년 6월 창단한 '국립극단'에 흡수되었다.

이해랑은 1959년부터 동국대에서 후학을 가르쳤다. 유치진이 1962년에 세운 드라마센터 운영에도 관여했으나 재정난으로 드라마센터가 1년 만에 문을 닫아 또다시 좌절을 맛봐야 했다. 그런데도 1965년 이동극장을 만들어 7년 동안 전국을 누비며 연극의 대중화를 시도했다.

이해랑은 우리나라 연극인 가운데 가장 화려한 공직 생활을 했다. 38세(1954)에 예술원 회원이 되고 1967년부터 1972년까지 예총(한국예술문화단체총연합회) 회장을 다섯 번이나 연임했으며 1971년 국회에 진출해 1975년까지 전국구 의원으로 활동했다. 1984년부터 1987년까지는 예술원 회장을 두 번 역임하며 예술원을 양로원이 아닌 활동적 예술원으로 바꾸는 데 힘을 쏟았다.

샌프란시스코조약·미일안보조약 조인

일본에게 가장 큰 피해를 본 중국과 한국이 배제된 채 기형적으로 체결되었다.

2차대전 후 미국과 소련이 펼친 냉전의 자장(磁場)으로 전 세계가 빨려들어가면서 동아시아에도 격변의 소용돌이가 쳤다. 냉전에 맞춰 일본을 재편할 구상을 하고 있던 터에 1949년 중국이 공산화되고 이듬해 6·25전쟁까지 발발하자 미국은 일본을 반공의 거점으로 삼아 소련과 중국에 대항하는 반공벨트 구상을 구체화했다. 그러려면 일본을 하루속히 전범국의 족쇄에서 풀어주고 일본과 국교를 재개해야 했다. 일본 역시 경제 부흥과 무역 재개를 바라는 재계의 기대를 지렛대 삼아 연합국과의 평화조약을 기대했다.

미 정부가 마련한 '대일(對日)강화조약'(샌프란시스코 조약)의 밑그림이 알려졌을 때 소련과 중국은 반대했다. 호주, 뉴질랜드, 필리핀 등은 혹시 있을지 모를 일본의 군사적 위협을 우려했다. 미국은 필리핀과는 상호안전보장조약, 호주·뉴질랜드와는 앤저스 조약(3국 안보조약)을 체결해 불안감을 해소해 주었다. 이런 정지작업을 거친 끝에 샌프란시스코 조약 조인을 위한 국제회의에 55개국(미국 포함)이 초청을 받았다. 1949년에 공산화된 중국은 처음부터 배제되었고 미얀마, 인도, 유고슬라비아 3국은 조약 내용에 불만을 품고 초청에 응하지 않았다.

샌프란시스코 조약에 서명하는 요시다 시게루 총리

회의는 1951년 9월 4일 미국 샌프란시스코에서 개막했다. 전쟁과 별 관련이 없는 코스타리카, 에콰도르, 엘살바도르, 이란, 이라크, 사우디아라비아, 파키스탄, 남아공 등도 연합국의 일원으로 참석했다. 소련은 수정안을 내놓았다가 미국이 받아들이지 않자 "새로운 전쟁을 위한 조약"이라고 격렬하게 비난하며 폴란드, 체코슬로바키아와 함께 서명하지 않았다. 결국 1951년 9월 8일 샌프란시스코 오페라하우스에서 열린 조약 조인식에는 일본을 포함해 49개국만 참가했다.

한국은 조약 초안에는 연합국 명단에 들어 있어 전승국의 일원으로 조약 조인식에 참석할 예정이었으나 요시다 시게루 일본 총리의 반대로 결국 참석하지 못했다. 요시다 총리가 미국과의 비밀회담을 통해 "일본 국내의 조선인들은 대부분이 공산주의자들이어서 한국이 조인국으로 참가하게 되면 일본은 어이없는 청구금액 소송에 휩싸일 것"이라고 주장하고, 미국이 이 제안을 수용하면서 한국은 전승국 명단에서 빠지게 되었다. 결국 샌프란시스코 조약은 일본에 가장 큰 피해를 본 중국과 한국이 배제되고 또 아시아 여러 민족에 대한 일본의 전쟁책임 문제가 유보된 채 기형적으로 체결되었다.

한국은 일본의 반대로 조인식에 참석 못해

샌프란시스코 조약은 각국의 의회 비준 동의라는 절차가 남았으나 다른 연합국들은 승전의 주체도 아니고 자국의 전후복구에만 관심을 쏟았기 때문에 미 의회의 비준 절차만이 실질적인 효력이 있었다. 일본은 중의원(10.26)과 참의원(11.18)에서 조약 비준에 동의함으로써 수년 동안 갈등을 빚어온 자국 내 강화 논쟁에 종지부를 찍었다. 미 상원도 1952년 3월 20일 비준안을 통과시킴으로써 미일 양국은 승전국·패전국 관계에서 벗어나 동반자 관계로 발전했다.

조약은 전문과 본문 7장으로 구성되었고, 본문은 다시 27개 조로 세분되었다. 이 가운데 특히 중요한 것은 영토에 관한 규정이었다.

제2장 '영토' 제2조에서는 ▲한국의 독립 인정과 한국에 대한 모든 권리(right)와 권원(title)과 청구권(laim) 포기 ▲대만과 팽호도에 대한 모든 권리 포기 ▲쿠릴열도와 사할린 및 그(사할린) 부속 섬들에 대한 모든 권리 포기 ▲태평양제도에 대한 권리 포기와 유엔의 신탁통치 실시 인정 ▲남극에 대한 모든 권리 포기 ▲남사군도와 서사군도에 대한 모든 권리 포기라는 6개 항을 규정했다. 같은 장 제3조에서는 난세이 제도 남쪽, 류큐제도와 다이토제도를 포함하는 북위 29도 이남 지역에 대한 유엔의 신탁통치를 규정했다.

이처럼 샌프란시스코 조약은 과거 일본이 강제로 침탈하거나 점유한 지역(혹은 국가)을 강제 침탈·점유 이전 상태로 돌리는 것을 목적으로 삼았다. 그런데도 평화조약에 포함된 이들 지역 대부분이 현재까지도 격렬한 영토 분쟁에 휘말려 있고 분쟁지역마다 일본이 개입되어 있다는 사실은 일본이 아시아의 수많은 사람을 죽음으로 내몰아 놓고도 전혀 반성하지 않고 있다는 것을 입증하는 것이다.

조약 체결 후 일본은 안보를 미국에 맡긴 채 경제발전에만 매달려

샌프란시스코 조약이 조인된 같은 날 요시다 총리는 단독으로 미국 대표와 따로 만나 미국과의 군사동맹을 위한 별도의 조약인 '일본과 미국간의 상호협력 및 안전보장조약(미일안보조약)'도 체결했다. '미일안보조약'의 성립으로 일본은 미군 점령하의 오키나와를 중심으로 하는 태평양 반공군사동맹에 편입되었다. 샌프란시스코 조약과 미일안보조약은 일본이 연합국과의 전쟁 상태 종결을 선언하고 반공국가의 일원으로 세계 무대의 한 자리를 차지해 일본의 정치·군사적 대미 종속이 새로운 형태로 재편되었다는 것을 의미했다.

미일 양국은 미군의 일본 주둔에 관해 구체적인 내용을 정하는 행정협정도 별도로 체결했다. 안보조약과 행정협정에 따라 일본이 미군에게 기지를 제공하는데도 불구하고 미군은 일본의 방위 의무는 지지 않은 채 단지 극동의 평화와 안전을 위해 일본 영토를 사용할 수 있게 되었다. 일본 국내에서 일어나는 내란에도 개입할 수 있게 되었다.

두 조약은 1952년 4월 28일 발효되었다. 이에 따라 일본은 6년 8개월 만에 연합국의 군사점령에서 벗어나 자유주의 진영의 일원이자 주권국가로 국제사회에 복귀했다. 하지만 오키나와는 미국의 군사점령지로 계속 남겨야 했다. 대신 일본은 안보를 미국에 맡긴 채 경제발전에만 매달려 기적적인 경제성장을 이루고 아시아의 대국으로 부활했다. 두 조약이 발효된 날 일본 정부가 독립을 회복했다고 대대적인 캠페인을 벌였지만 점령군이 주둔군으로 바뀐 것에 국민의 반응은 무덤덤했다.

아르놀트 하우저 '문학과 예술의 사회사' 발간

예술에 대한 이해, 예술사의 도도한 흐름의 맥을 짚어볼 수 있게 된다.

아르놀트 하우저(1892~1978)가 10년에 걸쳐 저술한 '문학과 예술의 사회사'는 고대에서 현대에 이르는 전 유럽의 예술과 문학을 사회사적 관점에서 통사적으로 분석 정리한 명저다. '사회사적 관점'이란 르네상스 이래 유럽 전반을 지배해온 '예술을 위한 예술'의 시각에서 벗어나 당대의 시대상을 반영해 예술을 해석하는 시각을 말한다. 이 때문에 책을 읽다 보면 우리가 알고 있는 유명한 예술작품들이 실은 사회·경제적인 조건과 밀접하게 관련되어 있다는 것을 확인하게 된다. 또한 특정한 예술에 덧씌워진 신비의 베일이 벗겨지고 예술에 대한 이해, 예술사의 도도한

아르놀트 하우저(1892~1978)

흐름의 맥을 짚어볼 수 있게 된다.

하우저는 오스트리아·헝가리 제국의 테메스바(현재는 루마니아의 티미쇼아라)에서 독일계 유대인으로 태어났다. 부다페스트대에서 문학사와 미술사를 전공한 그에게 학문과 세상에 눈을 뜨도록 도운 것은 부다페스트의 '일요서클'이었다. 1차대전이 한창이던 1915년 헝가리 출신의 지식인 게오르크 루카치가 만든 이 지식인 클럽에서 칼 만하임과 하우저 등 회원들은 매주 일요일 오후에 만나 독일의 팽창주의를 비롯, 문학과 예술 등에 대해 토론하고 의견을 교환했다.

하우저는 1차대전이 끝나고 1919년 헝가리에 소비에트 정권이 들어섰을 때 루카치의 도움을 받아 잠시 부다페스트대 교수로 활동했다. 그러나 곧 소비에트 정권이 붕괴해 오스트리아 빈으로 망명해야 했다. 평생에 걸친 망명자 생활의 시작이었다.

하우저는 2년간 이탈리아와 프랑스에 머물며 조형예술에 대한 안목을 넓히고 예술사 전반을 검토했다. 1921년부터는 베를린대에서 역사철학과 미술사 강의를 들으며 게오르크 지멜, 베르너 좀바르트, 막스 베버 등 당대 거물 사회과학자들과 교류하고 영향을 받았다.

1925년부터는 오스트리아 빈에서 생계를 위해 영화사의 조수로 활동했다. 비록 보잘것없는 일이지만 영화라는 새로운 예술의 발전과정을 가까이서 지켜볼 수 있었다는 점에서 그것은 행운이었다. 1938년 히틀러가 오스트리아를 침공하자 다시 빈을 떠나 영국 런던으로 망명했다. 여전히 그는 돈도 명성도 희망도 없는 망명자였다. 더구나 오랜 세월 함께한 아내와 사별하는 고통까지 겪었다.

마르크스 역사유물론 영향 받아

1939년 하우저는 먼저 런던에 와 있던 칼 만하임으로부터 예술사회학 관련 책에 수록될 100여 쪽의 서문을 청탁받았다. 관련 서적들을 뒤졌으나 마땅히 참고할 만한 책이 없다는 사실을 알고 자신이 직접 체계적인 예술사회학을 집필하기로 했다.

48세인 1940년부터 낮에는 영화사의 잡역부로 생계를 유지하고 저녁 시간과 주말에는 마르크스가 자본론을 집필한 대영도서관에 틀어박혀 영화미학과 예술사회학에 관한 저술을 집필하는 것으로 세월을 보냈다. 1,000쪽이 넘는 원고는 10여 년간의 산고 끝에 완성되었다.

하지만 무명인이나 다름없는 그의 방대한 원고를 선뜻 출판하겠다는 출판사가 나타나지 않았다. 친구 칼 만하임도 이미 죽고 없어 도움을 받을 수 없었다. 다행히 대영도서관에서 알게 된 영국의 미술사가 허버트 리드가 출판을 보증해준 덕에 1951년 '문학과 예술의 사회사'라는 제목의 영어본을 런던에서 출간할 수 있었다.

독일어판은 1954년에 출간되었다. 책의 호평에 힘입어 1951년 영국 리즈대의 전임강사가 되고 1950년대 말부터 1960년대 초까지는 미국 브랜다이스대의 교환교수로 활동했다.

'문학과 예술의 사회사'는 구석기시대의 동굴벽화에서부터 20세기 영화에 이르기까지 인류문화가 탄생시킨 각종 예술 장르를 '예술은 사회와의 상호작용에 의한 산물'이라는 시각으로 고찰한 하우저 필생의 역작이다. 주술과 노동, 유희와 예술이 명확히 구별되지 않은 선사시대의 자연주의적 예술에서 시작된 하우저의 논의는 20세기 문화의 꽃인 영화에 이르기까지 막힘없이 펼쳐졌다. 하우저는 문학사가 주 전공이었지만 조형예술에도 조예가 깊어 고대의 조형예술가들이 시인보다 낮은 지위에 머문 원인을 분석하는 데 많은 공을 기울였다.

하우저는 마르크스의 정치경제학적이고 실천적 입장에는 동의하지 않았으나 사회경제적 요인을 중시하고 변증법적 방법론을 사용했다는 점에서는 역사유물론적 입장을 견지했다. 그는 마르크스주의 변증법적 입장에서 사회경제적 토대로부터 문학과 예술을 설명했다. 그러나 미적인 범주나 가치를 사회주의적 범주나 가치로 환원하지 않고, 예술과 사회의 관계를 유연한 시각으로 바라봄으로써 정통 마르크스주의자들이 빠지기 쉬운 교조주의적 시각이나 도식론과는 일정하게 거리를 두었다.

전 세계 문학가와 예술가에게는 교과서 같은 존재

오늘날 '문학과 예술의 사회사'는 서양 중심주의 시각과 마르크스주의의 유물론을 벗어나지 못하고 있다는 한계를 지적받고 있다. 하지만 서양의 문학과 예술은 물론 정신분석학과 사회학 등에 이르기까지 두루 통달한 박학다식, 적절하면서도 풍부한 사례, 일관된 관점과 유려하고 간명한 서술에 필적할 만한 저서가 아직 나오지 않고 있어 여전히 기념비적 업적으로 인정받고 있고 전 세계 문학가와 예술가에게는 교과서 역할을 하고 있다.

우리나라에서는 1966년 1월 창간된 계간지 '창작과 비평' 가을호(4호)에 백낙청 서울대 교수의 번역으로 마지막 장 '영화의 시대'가 소개되었다. 다만 하우저의 좌파적 성향이 문제가 되어 책으로는 출간되지 못하고 미뤄지다 1974년 5월 백낙청과 염무웅의 공동번역으로 창비신서 제1호로 '현대편'이 출간되었다.

그 후 고대·중세편은 1976년, 근세편 상·하권은 1980년과 1981년 각각 출간되었다. 원저대로 하자면 제목이 '예술과 문학의 사회사'여야 하지만 백낙청이 문학평론가인 터라 한국어 책의 제목은 문학을 예술보다 앞세운 '문학과 예술의 사회사'가 되었다.

이 책은 우리나라의 여러 지식인에게도 많은 영향을 미쳤다. '나의 문화유산 답사기'의 저자 유홍준은 "나의 미술사학의 길을 밝혀준 등불"이라며 "스무 살에 만난 하우저는 내 인생을 미술사학에 붙잡아 놓았고, 인생의 목표를 그러한 시각에서 한국미술사를 써보는 일로 삼게 했다"고 술회했다.

조동일 서울대 교수는 "처음 하우저의 책을 읽었을 때 어떻게 그런 책을 쓸 수 있을까 하는 생각에 경외감과 함께 학자로서 좌절감까지 들었다"며 '문학과 예술의 사회사'를 뛰어넘는 세계문학사를 구상했다고 털어놓았다. 그 결실이 30년간 미국, 중국, 일본, 프랑스, 독일, 이탈리아, 러시아 등 8개 언어권 38종의 세계문학사를 섭렵한 끝에 2002년 6월 펴낸 '세계문학사의 전개'라는 것이다.

제롬 데이비드 샐린저 '호밀밭의 파수꾼' 출간

'샐린저 산업'이란 말이 등장할 정도로 빈번하게 연구와 비평의 대상이 되었다.

소설 '호밀밭의 파수꾼'은 내용이 단순한데도 세월을 뛰어넘어 전 세계인의 사랑을 받고 있다. 소설은 작가 제롬 데이비드 샐린저(1919~2000)의 생전에 30여 개국 언어로 번역되어 6,000만 부나 팔렸다. 이를 반영하듯 '20세기 영미 100대 소설'(1998년 미국의 랜덤하우스 출판사), '현대 영문소설 베스트 100선'(2005년 '타임'지), '100대 명저'(2009년 '뉴스위크'지)로 선정되었다.

샐린저의 삶은 기행의 연속이었다. 미국 뉴욕에서 폴란드 출신 유대인 아버지와 아일랜드계 어머니 사이에서 태어나 성적 불량으로 중학교를 퇴학당해 육군 소년학교(1934~1936)를 졸업했다. '호밀밭의 파수꾼'에 등

제롬 데이비드 샐린저(1919~2000)

장하는 펜시고등학교는 이 소년학교를 모델로 하고 있다.

샐린저는 뉴욕대를 비롯해 몇몇 대학의 청강생으로 다니면서 소설을 썼다. 1940년 '젊은이들'이라는 단편으로 등단하고 '뉴요커' 등의 잡지에 작품을 발표했다. 2차대전에 징집되어 노르망디 상륙작전에 참전했을 때도 틈틈이 작품을 썼다. 1951년에는 3주 동안의 집필 끝에 '호밀밭의 파수꾼'을 발표함으로써 일약 전후 미국 문학을 대표하는 작가로 부상했다.

'호밀밭의 파수꾼'은 세 번 퇴학을 경험하고 성적 불량을 이유로 네 번째 퇴학을 앞두고 있는 펜시고등학교 3학년생 홀든 콜필드가 2박3일 가출 기간 동안 겪은 경험을 의식의 흐름 형식으로 그린 청소년 소설이다.

주인공은 학교에서 나와 뉴욕 시내를 방황하며 겪는 일상을 통해 어른세계의 부조리와 교육계의 가식과 위선을 가차없이 꼬집었다. 그는 세상의 혼돈 속에서 어린 여동생 피비가 깨끗하고 맑은 사랑의 소유자임을 발견하고 현실세계로 돌아온다. 주인공은 넓은 호밀밭에서 놀고 있는 어린이들이 낭떠러지에서 떨어지지 않게 보호해주는 파수꾼의 역할을 하고 싶다고 고백한다.

소설은 거침없는 비속어와 냉소적이고 거친 언어로 가득한데다 줄거리까지 단순해 발간 초기에는 호평을 받지 못했다. 뉴욕타임스의 북리뷰는 "너무 길고 단조롭다"고 평했으며, 저속하고 천박하고 추잡하다는 비판도 적지 않았다. 내용이 청소년의 학교생활 부적응, 음주, 혼전 섹스, 동성애 등으로 이뤄지다 보니 소설을 금서목록에 올리는 학교도 많았다. 소설을 권장한 교사의 사임을 요구하는 학부모도 있었다.

그러나 곧 주인공 홀든의 민감한 감수성과 결벽증을 통해 허위로 가득

찬 사회와 삶의 이면을 조명하는 생생한 장면들이 독자를 사로잡으면서 1950년대 미국 사회에 회의를 품은 청년문화를 대표하는 작품으로 인정받았다. 젊은이들 사이에는 반드시 읽어야 하는 통과의례적인 작품으로 받아들여졌으며 '샐린저 산업'이란 말이 등장할 정도로 빈번하게 연구와 비평의 대상이 되었다.

20세기의 가장 문제적인 미국 작가

1959년 윌리엄 포크너가 "현대문학의 최고봉"이라고 격찬한 덕에 샐린저는 "20세기의 가장 문제적인 미국 작가"라는 명성을 얻었다. 1980년 존 레넌의 살해범이 "내 소망은 모든 사람들이 '호밀밭의 파수꾼'을 읽는 것"이라고 암살 동기를 밝히는가 하면 무라카미 하루키의 대표작 '상실의 시대'에서 주인공이 최고의 작품으로 꼽아 더욱 유명해졌다.

샐린저는 세계적인 명성에도 불구하고 지독한 은둔생활을 고집한 것으로도 유명하다. 1953년 뉴욕 생활을 청산하고 홀연 뉴햄프셔주 코니시에 정착한 후 인터뷰를 철저히 거부하고 외부세계와 담을 쌓은 채 지냈다. 신문과 잡지사 기자들이 수시로 그를 찾았지만 그는 무응답으로 일관했다. 엘리아 카잔 감독의 영화 제의도 거부하고 스티븐 스필버그도 문전박대했다. 그가 쓴 편지 내용을 끼워 제작한 '샐린저 전기'도 출판을 금지시켰으며 그의 사생활을 과장해 소개한 웹사이트도 소송을 통해 문을 닫게 만들었다. 허락 없이 원작을 모티브로 삼아 속편을 쓴 작가를 상대로 판매금지를 요구하는 법정 소송을 벌여 결국 미국과 캐나다에서 소설이 출간되지 못하도록 했다.

그런 가운데에서도 여성 편력은 세간의 이목을 끌었다. 상대는 언제나 젊은 여성이었다. 1955년에는 19살의 하버드대생과 결혼했다가 1968년 이혼하고, 1972년에는 18살의 예일대 여학생과 1년간 동거했다. 작품도 발표하지 않아 1965년 단편소설 '햅워스 16, 1924' 발표를 마지막으로 죽는 날까지 45년 동안 단 한 편의 소설도 세상에 내놓지 않았다. 15권의 소설을 써놓고도 "자신을 위해 쓴 것"이라는 이유로 발표하지 않았다.

한나 아렌트 '전체주의의 기원' 출간

히틀러의 국가사회주의와 스탈린의 공산주의 체제를 동전의 앞뒷면과 같은 현상임을 갈파했다.

한나 아렌트(1906~1975)는 20세기 지성사에 우뚝 솟아 있는 여성 정치철학자다. 독일의 부유한 유대인 가정의 외동딸로 태어난 그녀가 어린 시절 관심을 보인 분야는 철학이었다. 16세에 칸트의 '순수이성비판'을 읽을 정도로 철학적 소양도 뛰어났다. 18세 때 입학한 마르부르크대에서 그녀를 압도하고 매료시킨 것은 35세의 마르틴 하이데거(1889~1976) 교수였다. 그녀에게 하이데거는 저항할 수 없는 매력이자 권력이었다.

하이데거에게도, 수줍어하면서 고독한 눈길을 하고 있는 18세의 아렌트는 군계일학의 제자였다. 이듬해 비밀스러우면서도 열렬한 둘의 연애가 시작되었으나 현실적 장벽이 둘 사이를 가로막았다. 하이데거는 8년 전 결혼한 유부남이었고 아이도 둘이나 있었다. 하이데거는 자신의 교수직과 결혼생활이 위태로워지는 것을 원치 않았다.

결국 아렌트는 하이데거와의 관계가 이루어질 수 없음을 깨닫고 1928년 하이데거의 동의하에 하이데거의 친구인 실존철학자 카를 야스퍼스가 있는 하이델베르크대로 적을 옮겨 1929년 박사학위를 받았다. 그해 아렌트는 하이델베르크대 동급생인 저널리스트와 결혼했다. 그때까지 그녀에게 정치적인 것은 철학의 뒷전에 있었으나 나치의 유대인 탄압을 피해

1933년 파리로 도피하면서 정치에도 관심을 가졌다. 아렌트가 파리에서 시오니즘 운동에 참여하고 있는 동안 하이데거는 히틀러 치하에서 나치당에 입당하고, 프라이부르크대의 총장으로 활동하는 등 친나치 행각을 보였다.

한나 아렌트(1906~1975)

아렌트 개인에게도 큰 변화가 있었다. 1937년 첫 남편과 이혼하고 1940년 파리에서 망명생활을 하던 독일인 남성과 재혼했다. 둘은 이후 30년 가까이 지적 동반자이자 생의 반려자로 지냈다. 1940년 파리가 독일군에 함락되었을 때 아렌트는 잠시 비시 정부하에서 수용소에 갇혔다가 풀려나 1941년 4월 미국으로 건너갔다.

아렌트는 미국에서 나치 문제를 연구하고 전체주의를 세심하게 분석했다. 그래서 나온 저서가 아렌트에게 세계적인 명성을 안겨다준 '전체주의의 기원'(1951)이다. 책에 따르면 나치즘, 파시즘, 볼셰비즘 등의 전체주의는 과거 역사에 있었던 단순한 폭정 및 전제정치와 분명히 구분되는 20세기의 새로운 정치 현상이었다. 아렌트는 히틀러의 국가사회주의와 스탈린의 공산주의 체제를 우파와 좌파의 대립된 철학의 결과라기보다는 동전의 앞뒷면과도 같은 현상임을 갈파했다.

그때 미국은 매카시즘의 광기가 절정이던 시점이었다. 따라서 책이 스탈린의 체제에 직격탄을 날리고 있다는 사실 하나만으로도 아렌트의 저서는 학계의 주목을 끌었다. 냉전의 반공 이데올로기 기류 속에서 전혀 의도하지 않은 방식으로 이름을 내기 시작한 것이다.

2차대전 후 하이데거는 친나치 경력 때문에 교수직을 박탈당하고도 자신의 유죄를 인정하지 않아 손가락질을 받았다. 그런데도 아렌트는 하이데거를 옹호했다. 1952년엔 하이데거를 몰래 만나고 이후에도 계속적으로 편지를 주고받았다. 이렇듯 하이데거가 나치 협력자라는 사실을 알고도 변함없이 사랑과 존경을 바쳤다.

인간은 정치행위를 통해서만 인간답게 살 수 있다고 역설

'전체주의의 기원' 출판 후 정치적 공동체 확립의 문제는 궁극적으로 그것을 이루는 개인들이 어떻게 살아야 개인적·집단적으로 의미 있는 삶을 유지하며 인간답게 살 수 있는가 하는 문제로 귀결되었다. 아렌트는 1958년 '인간의 조건'에서 해답을 제시했다.

그는 인간의 행위를 행동, 작업, 노동으로 분류했다. 그중 적극적으로 행동하는 삶만이, 인간 실존의 완전한 잠재력을 실현할 수 있는 공동체의 밑바탕이 된다고 믿었다. 아렌트는 '인간의 조건'에서 인간은 정치행위를 통해서만 인간답게 살 수 있다고 역설했다. '인간의 조건'은 아렌트를 20세기를 대표하는 정치철학자로 자리 잡게 하는 데 기여했다.

1961년 4월에 시작된 '유대인 절멸의 마지막 해결사' 아돌프 아이히만의 재판은 아렌트의 이름을 대중적으로 알리는 계기가 되었다. 미국 '뉴요커' 잡지의 특파원 자격으로 재판을 참관한 그는 아이히만이 사형을 당한 뒤 1963년 2월부터 '예루살렘의 아이히만'이라는 방청기를 '뉴요커'에 5회 연재해 뜨거운 논란을 불러일으켰다.

신좌파 학생운동이 전 세계적으로 파고를 높이던 1960년대 말 미국의 여러 대학에서 강의한 내용을 정리해 펴낸 '폭력에 대하여'(1970)에서는 폭력과 권력의 관계를 분명히 했다. 아렌트는 책에서 모든 폭력을 부정하지 않았다. 인민의 정당한 분노가 일으키는 폭력은 합리적이라고 본 것이다. 하지만 이 경우에도 "폭력의 위험성은 항상 수단이 목적을 압도하는 결과를 가져올 수 있음을 잊어서는 안 된다"고 경고했다.

구로사와 아키라 영화 '라쇼몽' 베니스 영화제 대상

인간의 이기주의, 존재의 불안, 진리의 상대성을 형상화했다.

구로사와 아키라(1910~1998) 감독의 '라쇼몽'이 개봉된 것은 1950년 8월 26일이었다. 시사회 때 제작사 사장이 "이것도 영화냐"고 거친 소리를 하고 일반의 평도 좋지 않아 구로사와는 의기소침해했다. 당시 구로사와의 영화는 일본의 전통적인 영화와 많이 달랐다. 라쇼몽에서 카메라를 역광에 비춰 촬영한 것도 당시 영화계에선 있을 수 없는 일이었다. 서구 영화와 유사하게 영화를 만드는 취향도 보수적인 일본 영화계에서는 이단으로 받아들여졌다.

구로사와는 라쇼몽의 실패 후 도스토옙스키 원작의 '백치'를 감독해 1951년 5월 23일 개봉했으나 또다시 혹평을 받았다. 흥행 성적도 좋지 않았다. 결국 차기 영화 제작을 맡기기로 한 영화사는 1951년 9월 어느 날 차기작의 제작 의뢰를 취소했다.

그날 구로사와는 낙심하고 근처 강에 낚시하러 갔다가 힘없이 집으로 돌아왔다. 그때 부인이 흥분된 어조로 축하한다는 말을 건네주었다. 라쇼몽이 1951년 9월 10일 베니스 영화제에서 그랑프리 격인 황금사자상 수상작으로 선정되었다는 것이다.

사실 구로사와는 라쇼몽이 베니스 국제영화제에 출품된 사실조차 모르고 있었다. 구로사와는 훗날 자서전에서 라쇼몽의 그랑프리 수상을 "자고 있던 일본 영화계의 귀에다 물을 퍼붓는 사건"이라고 표현했다.

구로사와 아키라(1910~1998)

베니스 영화제 수상 이후 10여 년간 구로사와는 일본에서 또 한 명의 영화감독이 아니라 영화의 전설로 추앙받았다. 당시 세계 영화계에 아시아는 없었고 문도 닫혀 있었다. 그런 상황에서 구로사와가 '라쇼몽'으로 그 문을 열어젖히자 세계 영화계가 일본을 주목하기 시작했다. 세계적 문명비평가이자 국제정치학자인 기 소르망은 "일본인 정신 세계의 또 다른 왕"이라며 구로사와를 칭송했다.

"자고 있던 일본 영화계의 귀에다 물을 퍼붓는 사건"

구로사와는 도쿄에서 태어나 어려서부터 화가를 꿈꾸었으나 형의 자살과 누나의 병사를 겪은 뒤 영화계에 입문했다. 1943년 한 젊은이의 정신적 성장을 다룬 '스가타 산시로'를 통해 영화감독으로 데뷔했다. 아쿠타가와 류노스케의 단편소설 '라쇼몽'과 '숲속에서'를 묶어 영화로 꾸민 '라쇼몽'은 내전으로 피폐한 12세기 헤이안 시대가 배경이다. 숲속에서 살해된 한 무사의 죽음을 둘러싼 네 사람의 서로 다른 증언을 통해 인간의 이기주의, 존재의 불안, 진리의 상대성을 형상화했다.

랴쇼몽 이후 일본 영화는 오즈와 미조구치가 '오하루의 일생'으로 1952년 베니스 영화제에서 본상을 수상하고, 구로사와도 같은 해 '이(生)키루'로 베를린 영화제 은곰상을 차지함으로써 1950년대 최고 황금기를 구가했다. 구로사와는 1954년에도 "세계 최고의 전쟁 서사시"라는 격찬을 받은 '7인의 사무라이'로 베니스 영화제 은사자상을 받아 일본 영화의 예술성을 전 세계에 각인시켰다.

구로사와는 '맥베스'를 일본 중세로 옮겨 소름 돋는 심리묘사로 살려낸 '거미집의 성'(1957), 사무라이를 절묘한 인물 동선과 화면 구도로 담아낸 '요짐보'(1961)를 통해 전성기를 이어갔다. '쓰바키 산주로'(1962)에서는 주인공 사무라이의 칼을 받은 상대편 무사의 몸에서 피가 마구 뿜어나오는 식의 장면을 연출해 한동안 사무라이 검술 영화를 유행시켰다.

구로사와는 서구 영화를 망설임 없이 자신의 영화에 흡수했다. 일본적 소재를 즐겨 다뤘지만 스타일과 화법은 서구적이었다. 사무라이 영화를 찍을 때는 존 포드의 서부극을, 시대극을 찍을 때는 셰익스피어의 희곡을 참조했다. 현대극을 만들 때는 도스토옙스키를 영감의 지주로 삼았다. 이런 이유로 그의 영화는 일본에서는 서구적이라는 평을, 서구에서는 일본적이라는 평을 들었다.

일본적 소재 즐겨 다뤘지만 스타일과 화법은 서구적

구로사와의 침체기가 시작된 것은 1960년대 중반부터였다. 구로사와의 영화가 돈을 벌어들이지 못한다는 제작자들의 불만에 영화산업 전반의 위축까지 겹쳐 구로사와의 명성에 금이 가기 시작한 것이다. 여기에 본인이 큰 관심을 보인 미국 20세기폭스사의 '도라! 도라! 도라!'(1970)를 감독하지 못했다는 실망감, 영화 '도데스카덴'(1970)의 흥행 부진까지 더해져 1971년에는 자살을 기도하기도 했다.

오랫동안 슬럼프에 빠져 있던 그에게 도움의 손길을 준 것은 영화감독 프랜시스 코폴라와 영화제작자 조지 루카스였다. 그들이 제작자로 참여한 덕분에 구로사와는 70세의 나이인 1980년 '카게무샤'를 촬영할 수 있었고 칸 영화제 최고 영예인 황금종려상까지 거머쥐어 자신의 건재를 과시했다. '라쇼몽'과 '7인의 사무라이'는 흔히 '시민 케인', '모던 타임즈'와 함께 영화사상 걸작 10편에 꼽히곤 한다.

'라쇼몽'은 1982년 베니스 영화제 50주년 기념식에서도 역대 황금사자상 수상작 가운데 최고작품으로 선정되었다. 구로사와는 그해 세계 영화사상 가장 위대한 10대 감독에 당당히 뽑히는 영예를 안았다. 1990년 아카데미 시상식에서 구로사와가 동양인 최초로 평생 공로상을 받았을 때

스티븐 스필버그와 조지 루카스가 함께 무대에 올라 마치 팬클럽 회원처럼 열렬히 박수를 치는 모습은 세계 영화 팬들에게 감동을 선사했다.

그의 영화들은 프랑스 누벨바그 감독이나 프랜시스 코폴라, 조지 루카스, 스티븐 스필버그 등 세계적인 거장들에게 영향을 미쳐 그들은 구로사와를 기꺼이 스승으로 모셨다. '일본 영화의 천황', '20세기 일본 영화계의 셰익스피어'라는 찬사 속에서 30여 편의 대작을 만들며 한 시대를 풍미한 구로사와였지만 세월 앞에서만은 어쩔 수 없었다. 1998년 9월 6일, 향년 88세로 사망했을 때 스필버그 감독은 "우리의 스승이 눈을 감았다"며 애도했다.

데이비드 오길비 광고 '해서웨이 셔츠맨' 대성공

뉴욕타임스 첫 페이지에 부고가 쓰인 광고인은 그 전은 물론 그 이후 지금까지 아무도 없다.

데이비드 오길비(1911~1999)에게는 '현대 광고의 아버지', '20세기 광고계의 전설'이라는 수식어가 늘 따라다닌다. 프랑스의 한 경제지는 산업혁명에 크게 이바지한 30명을 거론하면서 에디슨, 아인슈타인, 레닌, 마르크스 등에 이어 7번째로 오길비의 이름을 올리고 '현대 광고의 교황'이라는 찬사를 아끼지 않았다. 1999년 7월 그가 눈을 감았을 때 뉴욕타임스는 부고 기사를 1면에 실었다. 이 신문 첫 페이지에 부고가 쓰인 광고인은 그 전은 물론 그 이후 지금까지 아무도 없다.

오길비는 영국에서 태어나 어린 시절을 가난하게 보냈다. 1929년 입학한 옥스퍼드대를 2년 만에 중퇴하고 1931년 파리로 건너가 호텔 주방에서 실습생으로 일했다. 1년 후에는 스코틀랜드에 소재한 아가(Aga)사의 요리용 스토브를 판매하는 외판원으로 입사해 뛰어난 판매 실적을 보였다. 그러자 회사에서 다른 동료를 위해 판매법 매뉴얼을 만들어달라고 요청했다. 그는 '아가사 요리기구 판매 이론과 실행'이라는 매뉴얼을 만들어 사내에 배포하고 그 중 1부를 형에게 보냈다. 이것이 계기가 되어 형이 카피라이터로 일하는 런던의 광고대행사 '매더 앤드 크로더'에 1935년 취직했다.

데이비드 오길비(1911~1999)

광고에 눈을 뜨게 된 오길비는 1938년 광고의 본고장 미국으로 건너가 여론조사 전문가 조지 갤럽의 '여론조사연구소'에 둥지를 틀었다. 그곳에서 처음 맡은 일은 할리우드 제작자들을 위한 배우 인기도, 관객이 좋아하는 장르, 영화제목 선호도 등의 조사였다.

1939년 2차대전이 발발했을 때는 워싱턴에 있는 영국 대사관에서 영국의 비밀 정보부를 돕는 일을 하고 1945년 종전 후에는 펜실베이니아주 랭카스터의 기독교 공동체 아미시 마을의 농장에서 2~3년 동안 농사를 지었다. 3년 후 다시 광고업계로 돌아와 1948년 뉴욕 맨해튼에 광고대행사 '휴잇, 오길비, 벤슨 앤드 매더'를 창업했으나 공동창업자인 휴잇과 사이가 틀어져 1949년 뉴욕 메디슨가에 '오길비 앤드 매더(O&M)'를 차려 독립했다.

오길비는 여론조사를 광고에 도입하고 기업 이미지 광고 영역을 개척하는 방식으로 당대 광고업계를 선도했다. 그는 사람들의 성향을 파악하는 리서치야말로 가장 확실하고 안정적으로 광고주의 이익을 보장해 준다고 믿었다.

그의 등장 후 광고는 이미지를 창출하는 예술 분야처럼 인식돼

오길비가 먼저 타깃으로 삼은 광고주는 식품회사 제너럴 푸드와 캠벨 수프, 약품회사 브리스톨 마이어스와 레버 브러더스, 석유회사 셸 등 5개 대기업이었다. 이 기업들은 소규모 광고 회사에 광고를 맡기기에는 너무 큰 광고주였지만 오길비는 타고난 광고 감각으로 이 회사들을 광고주로 끌어들였다. 아메리칸 익스프레스, IBM, 모건신용기금, 백화점 재벌 시어스 로벅 등도 곧 고객 명단에 추가되고 인지도가 높지 않았던 해서웨이 셔츠 회사도 오길비에게 광고를 맡겼다.

오길비는 중산층을 대상으로 한 저렴한 가격의 해서웨이 셔츠를 밝고 신비로운 분위기의 광고로 돋보이게 하는 전략을 세웠다. 1949년 노벨 문학상을 수상한 미국의 유명 작가 윌리엄 포크너를 닮은 독특한 남자 모델을 찾아내 한쪽 눈에 검은 안대를 쓰게 하고 광고 사진을 찍었다. 애꾸눈의 '해서웨이 셔츠맨'이 광고에 처음 등장한 것은 1951년 9월이었다.

오길비가 애꾸눈 광고에서 노린 것은 브랜딩, 즉 다른 상표와 확연히 구분되는 제품명을 알리는 작업이었다. 예상은 적중했다. 대중은 이 멋진 사내가 왜 한쪽 눈을 잃었을까 궁금해하면서 광고를 소비했다. 덕분에 평범한 셔츠는 일주일도 안되어 재고가 바닥이 날 정도로 잘 팔렸고, 100여 년간의 무명에서 벗어나 대중에게 자신의 존재를 각인시켰다.

애꾸눈 광고는 상품뿐 아니라 그 상품을 소비하는 사람에게 초점을 맞춘 최초의 광고였다. 이후 광고는 제품에 대한 정보나 슬로건을 내세우는 데 그치지 않고 이미지를 창출하는 예술 분야처럼 인식되었다. 일약 미국의 국민 브랜드로 승격한 '해서웨이 셔츠맨' 광고는 100여 개의 모작이 나올 만큼 전 세계 광고업계에 큰 반향을 불러일으켰다.

오길비는 뒤이어 '슈웹스 중령' 등 광고계의 명작을 남겼다. 1958년의 롤스로이스 광고에서는 "시속 60마일에서 당신이 들을 수 있는 가장 큰

소음은 전자시계 소리입니다"라는 불후의 광고 문구를 탄생시켰다. 롤스로이스 광고는 2개의 신문과 2개의 잡지에만 실렸는데도 엄청난 선풍을 일으켰다. 심지어 이 광고를 본 롤스로이스 엔지니어가 "그 망할 놈의 시계를 손보아야 해!"라고 했다는 후문까지 유명해졌다.

오길비의 대표작 '해서웨이 셔츠맨' 광고

간결한 카피와 그에 부응하는 시각적 이미지를 강조한 오길비의 광고는 종래의 장황한 광고와 이별을 고함으로써 광고사에서 널리 회자되는 사례가 되었다. 존재감이 미미한 도브 비누를 1등 브랜드로 키운 것도, 미국인에게 지저분한 나라로 알려진 푸에르토리코의 이미지를 순식간에 개선한 것도 오길비였다.

"소비자는 멍청이가 아니다. 당신의 아내와 같다" 명언 남겨

오길비는 압축된 문체를 선호했다. 형용사와 부사를 빼고 명사와 동사만 남겨 간결하고 명료한 글을 쓰려고 애썼다. 오길비는 1991년 미국 광고인협회에서 이렇게 연설했다. "나의 성전은 매출을 올리는 광고를 위한 것입니다. 전쟁 구호는 이겁니다. 무조건 팔아라." 이처럼 그에게 의미 있는 건 재미있는 광고나 감동적인 광고가 아니었다. 오로지 상품을 사게 만드는 것만이 50년 동안 흔들리지 않은 그의 광고 철학이었다.

그러나 광고사(史) 측면에서 보자면 고객기업의 양적 성장은 부차적이었다. 광고에 창의성과 여론조사 방법을 도입하고 기업 이미지(브랜드) 광고가 상품 판매 광고 못지않게 중요하다는 것을 인식시켜준 것이야말로 그가 광고업계에 가르쳐준 최대 공로였다. 그는 “소비자는 멍청이가 아니다. 당신의 아내와 같다. 그녀를 속이지 말고 그녀의 지적 능력을 무시하지 말라”는 명언을 남기며 자신의 경험과 메시지를 ‘어느 광고인의 고백’, ‘피와 두뇌, 그리고 맥주’, ‘광고불변의 법칙’ 등 베스트셀러를 통해 세상에 전달했다.

그가 설립한 ‘오길비 앤드 매더’는 소비자 중심주의 광고, 브랜드를 강조하는 광고, 리서치를 통한 과학적 마케팅을 바탕으로 세계적인 광고회사로 성장했다. 1999년 7월 그가 눈을 감았을 때 ‘오길비 앤드 매더’는 100여 개 국가에 359개 사무소를 운영하고 있었다.

1952년

이승만 대통령 '평화선' 선포
일본의 독도 영유권 트집
_ 안용복
부산정치파동과 발췌개헌
_ 서민호
거제도 포로수용소와 프랜시스 도드 소장 피랍
김용환 만화 '코주부 삼국지' 연재
마릴린 먼로 나체 사진 라이프지 게재
조너스 소크 소아마비 백신 개발
엘리자베스 2세 영국 여왕 즉위
존 케이지 작곡 '4분 33초' 초연
르코르뷔지에 설계 '위니테 다비타시옹' 완공
에밀 자토페크 올림픽 사상 첫 장거리 육상 3관왕
앙리 카르티에 브레송 '결정적 순간' 사진집 출판
루퍼트 머독 신문 경영 시작
미 국가안보국(NSA) 설립과 '에셜론'
가말 압델 나세르 쿠데타 성공
성전환자 조지 조겐슨 첫 공식 '커밍아웃'

이승만 대통령 '평화선' 선포

일본 어민들에게는 청천벽력 같은 선언이었다.

1952년 새해가 되자 일본의 어민들은 4월 28일을 손꼽아 기다렸다. 그날은 1951년 9월 8일 일본과 연합국이 체결한 이른바 '샌프란시스코 조약'이 발효되는 날로, 조약이 발효되면 지난 7년 동안 일본 어민의 족쇄로 작용해온 이른바 '맥아더 라인'이 폐지되기 때문이었다.

'맥아더 라인'은 1945년 일본의 패전 후 일본 어민들이 본토 주변의 정해진 선을 벗어나 조업하지 못하도록 1945년 9월 27일 미 극동군 사령관 더글러스 맥아더가 일본 주변에 선포한 조업 한계선이었다. 독도 주변으로도 12해리 이내에는 진입하지 못하도록 했기 때문에 일본 어민들은 맥아더 라인의 폐지와 우리의 동해 진출을 학수고대했다.

그렇다고 일본 어민들이 맥아더 라인을 곧이곧대로 준수한 것은 아니었다. 그들은 앞선 장비와 기술을 이용해 수시로 맥아더 라인을 벗어나 우리 영해를 침범했다. 당시 일본은 첨단장비를 갖춘 어선을 1,000여 척, 200만 톤이나 보유하고 있어 주로 무동력선에다 총선박 규모가 10만 톤에 불과한 우리 어선을 압도했다.

일본 어선은 독도 근처는 물론 제주도 연안과 흑산도 근해에까지 수시로 몰려와 조업을 일삼았다. 이 과정에서 한국에 나포된 일본 어선 수는 1947년 9척, 1948년 18척, 1949년 10척, 1950년 9척, 1951년 37척으로 총 82척에 이르렀다. 이런 상황에서 맥아더 라인까지 폐기되면 우리의 어업이 고사하는 것은 물론 독도까지 일본이 지배하겠다고 나설 것이 뻔해 우리로서는 어떻게든 막아야 할 입장이었다. 그래서 우리 정부는 샌프란시스코 조약 발효 후에도 맥아더 라인의 존속을 요구했으나 일본은 물론 미국도 받아들이지 않았다.

이승만의 외교 역량이 유감없이 발휘된 쾌거

이런 상황에서 이승만 대통령이 초강경책을 들고 나왔다. 1952년 1월 18일, 한국의 해안에서 평균 60마일(약 97km) 이내의 자연자원과 수산물 등에 대해 배타적 권리를 주장한 '대한민국 인접해양에 대한 대통령의 주권선언'을 선포한 것이다. 주권선언과 함께 우리 해안에서 50~100해리 범위가 경계선으로 획정되었다. 당연히 독도도 그 안에 포함되었다.

이 대통령의 해양 주권선언은 독도를 '다케시마'로 부르며 자국의 영토임을 강변하는 일본의 주장에 쐐기를 박기 위한 목적이 1차적이었지만, 북한의 연안 침투를 방어하고 세계 각국의 전관수역이 확대되는 추세에 대응하기 위한 목적까지 감안한 쾌도난마식 선언이었다.

1952년 당시 자국의 바다를 획정해 영해에 대한 권리를 주장한 나라는 미국과 중남미 등 몇 개국이 전부였을 뿐 아시아에서는 어느 나라도 그에 대해 관심을 기울이지 않고 있었다. 그런 점에서 오늘날 배타적 경제수역과 비슷한 개념의 해양 주권선언은 국제법상으로도 혜안이 돋보이는 선언이었다.

이승만(1875~1965)

반면 일본 어민들에게는 맥아더 라인이 폐기되어도 한국의 새로운 해양 주권선언에 의해 또다시 한국 연안 진출이 막혀버린다는 점에서 청천벽력 같은 선언이었다. 다급해진 일본은 1월 24일 반박 성명을 냈다. 1월 28일에는 "한국의 일방적인 영토 침략"이라며 우리 측에 공식적으로 항의서한을 전달했다.

미국과 대만 등 국제여론도 부정적으로 기울자 이 대통령은 2월 8일 "한일 양국의 충돌을 막는 평화 유지에 선언의 목적이 있다"고 해명하며 명칭을 '평화선'으로 바꿔 불렀다. 하지만 일본은 '이승만 라인' 혹은 '이 라인'으로 부르며 불편한 심기를 드러냈다. 평화선 선포 후 일본 어선의 침범조업은 잠시 주춤하는 듯했으나 4월 28일 샌프란시스코 조약이 효력을 발생하자 다시 극성을 부렸다.

"선포 수역에서 조업하는 외국 어선은 모두 나포하라"

이승만 대통령은 7월 18일 "선포 수역에서 조업하는 외국 어선은 국적을 불문하고 나포하라"고 지시를 내렸다. 일본은 1952년 9월 'ABC라인(일본경비구역선)'을 선포하는 것으로 맞불작전을 펼쳤다. 1952년 9월 27일에는 당시 유엔사령관 마크 웨인 클라크가 중공군과 북한군의 잠입을 막고 전시 밀수출입을 봉쇄하기 위해 한반도 주변에 해상방위선 즉 '클라크 라인'을 설정했다. 이 선의 안쪽 수역이 평화선의 안쪽 수역과 거의 겹치다 보니 결과적으로 클라크 라인은 평화선 선포를 간접적으로 지원한 셈이 되었다.

평화선을 국내법으로 뒷받침하기 위해 이승만 정부가 제정한 어업자원보호법은 1953년 12월 1일 국회를 통과했다. 이로써 평화선이 법적 효력을 얻게 되었고, 평화선 내에서 외국 선박의 불법어로 행위를 엄격히 단속할 수 있게 되었다.

일본수산회가 펴낸 '일한어업대책운동사'에는 1947년 2월부터 1964년까지 총 313척의 일본 어선이 나포된 것으로 되어 있다. 이 가운데 126척만 송환되고 나머지는 한국이 압류한 것으로 나타나 있다. 이 과정에서 1953년 2월 4일 제주도 부근에서 불법 조업 중이던 일본 어선 선장이 우리 경비정의 총에 맞아 숨지는 사고가 발생하기도 했다.

정부는 압류 선박을 국내에 유상불하하거나 수산계 학교와 연구기관 등에 무상공여했다. 성능이 우수한 일부 선박은 우리 해양경비대의 경비정으로 쓰였다. 일본 어선을 되돌려주지 않고 우리가 활용한 것을 두고 논란이 적지 않았으나 어쨌든 압류 어선은 변변한 어선 하나 없는 우리나라 수산업 발전에 큰 도움이 되었다.

평화선 선포는 6·25라는 불리한 여건 속에서도 이승만 대통령의 외교 역량이 유감없이 발휘된 쾌거였으나 1965년 6월 한일기본조약이 체결되고 12월 비준서 교환과 함께 사실상 소멸되었다. 평화선이 역사 속으로 사라지던 날 우리 국민은 "얻은 것은 돈이요, 잃은 것은 평화선"이라며 안타까움을 토로했다.

일본의 독도 영유권 트집

1956년 12월부터는 해양경찰대를 상주시켜 사실상 독도에 대한 실효 지배를 본격화했다.

이승만 대통령이 '평화선'을 선포하고 열흘이 지난 1952년 1월 28일, 일본 정부가 "한국이 다케시마(竹島)를 일방적으로 한국 영토로 편입했다"며 항의하는 외교문서를 보내왔다. 이것을 계기로 반박-재반박 논전이 반복되면서 양국 간 독도 분쟁이 점화되었다.

당시 일본 정부가 금과옥조로 여긴 것은 패전국 일본과 48개 연합국이 미국의 샌프란시스코에서 1951년 9월 8일 조인하고 1952년 4월 28일 발효를 앞둔 '샌프란시스코 조약'이었다. 일본은 제2조 (a)항 '일본은 한국의 독립을 인정하고 퀠파트(제주도), 포트 해밀턴(거문도), 다즐레(울릉도)를 포함하는 한국에 대한 모든 권리와 청구권을 포기한다'는 규정을 근거로, "독도가 조약에 포함되어 있지 않으므로 독도가 일본 땅"이라고 자기들 마음대로 주장하면서 실력 행사시기를 저울질했다.

독도 전경

1953년 6월 27일 해상보안청 순시선 2척을 타고 온 30여 명의 일본 관리와 경찰은 독도에 상륙한 뒤 독도 주변에서 해조류와 패류를 채취하고 있는 한국 어민들을 내쫓고 '시마네현 오치군 고카촌 다케시마(島根縣 隱地郡 五箇村 竹島)'라고 쓴 영토 표목을 세우고 돌아갔다.

당시 우리는 6·25전쟁이 아직 끝나지 않은 상태여서 정부 차원에서 대응할 경황도 여력도 없었다. 정부 대신 일본의 실력 행사에 맞선 것은 민간단체였다. 한국산악회가 1953년 10월 15일 독도에 들어가 일본이 박아놓은 영토 표목을 뽑아내고 '대한민국 독도'라고 새긴 영토 표석을 세운 것이다.

정부가 공식적으로 대응에 나선 것은 전쟁이 끝난 후였다. 1954년 8월 15일 독도에 등대를 설치하고 9월 15일 3종의 독도 우표를 발행했다. 1956년 12월부터는 해양경찰대를 상주시켜 사실상 독도에 대한 실효 지배를 본격화했다.

조선정부 1883년 공식적으로 공도정책 포기하고 주민 이주시켜

독도가 우리 영토라는 기록은 헤아릴 수 없이 많다. 삼국사기는 신라 지증왕 13년(512) 이사부 장군이 울릉도에 상륙해 우산국(독도와 울릉도)을 복속시켰다고 기록해 놓았고 '세종실록지리지'(1432)는 독도가 우리 땅이라는 사실을 분명하게 밝혀놓았다.

세종실록지리지에는 '우산과 무릉 2개의 섬이 울진현의 정동(正東) 쪽 바다 가운데 있다. 두 섬은 거리가 멀지 않아 날씨가 맑으면 바라볼 수 있는데 신라 때는 우산국이라 불렀다'고 기록되어 있다. 당시 울릉도는 '무릉', 독도는 '우산'으로 불렸다.

아쉬운 것은 세종 때 잦은 왜구의 침입으로부터 백성을 보호하기 위해 울릉도 주민을 육지로 이주시키는 이른바 공도(空島)정책을 펴는 바람에 한동안 울릉도와 독도가 왜구의 안마당이 되었다는 점이다. 물론 공도정책과 함께 울릉도와 독도를 주기적으로 순찰하는 수토(搜討)정책을 폈기 때문에 영토를 포기한 것은 아니었다. 그런데도 왜구들은 감시가 소홀한 틈을 타 수시로 울릉도와 독도에 드나들었다.

그러나 이런 사태는 안용복이라는 걸출한 인물이 적지인 일본까지 찾아가 "울릉도와 독도는 우리 땅"이라고 항의한 후인 1697년 일본의 막부가 일본 어선의 울릉도·독도 출어를 금지하면서 공식적으로 중단되었다. 울릉도·독도 영유권 문제가 사실상 종결된 것이다.

조선 정부가 공식적으로 공도정책을 포기하고 주민을 이주시킨 것은 개항 이후인 1883년이었다. 조선 정부의 개척령 반포와 함께 1883년 7월 16가구 54명의 농민이 4척의 배를 타고 울릉도로 들어가면서 공도정책은 종지부를 찍었다.

대한제국은 1900년 10월 25일 울릉도를 종래 강원도 울진군 소속에서 '울도군'으로 독립시키고, 울도군수의 관할 범위를 울릉도, 죽도(울릉도 앞바다에 있는 유인도), 석도(독도)로 규정한 칙령 제41호를 공포했다. 1902년엔 대한제국 정부가 울도군수에게 울릉도와 독도에서 일본이 강치, 전복을 잡아 우리나라에 수출한 데 대해 세금을 부과하도록 하는 내용의 '울도군 절목' 공문을 보내고 그 후 일본 부산 영사관에서 세금을 납부했다는 사료가 있다.

독도가 우리 땅임을 입증하는 기록 많아

그 무렵 일본이 독도를 울릉도의 부속도서로 인식하고 있음을 보여주는 일본의 공문서가 있다. 1902년 5월 부산 주재 일본 영사관이 자국 정부에 올린 '부산영사관 보고서'라는 제목의 문서를 보면 독도를 '송도' 또는 '리얀코도(리앙쿠르 록스)' 등으로 부르면서 울릉도를 독도의 본도(本島)로 기록하고 있다. '리앙쿠르 록스'는 1849년 고래를 잡기 위해 동해로 들어온 프랑스 포경선 '리앙쿠르'가 독도를 발견했다고 본국에 보고한 뒤 서양인들이 자기들 편의대로 붙인 이름이다.

독도가 우리 땅임을 분명히 알려주는 최근 기록으로는 1946년 1월 29일 공표된 연합국 최고사령부의 훈령(SCAPIN) 677호 제3조에 명시된 "일본(영토)에는 제주도, 울릉도, 리앙쿠르 록스(독도) 등이 제외된다"는 규정이다. 게다가 연합국 사령부가 1946년 6월 22일, 일본 선박들이 독도 12마일 이내로 진입하지 못하게 한 훈령 제1033호(맥아더 라인)까지 발표하면서 일본에게 독도는 언감생심이었다. 일본이 1951년 2월 13일 공포한 '대장성령 4호'와 6월 6일 공포한 '총리 부령 24호'에도 독도가 일본의 부속 도서에서 제외된 것으로 기록되어 있다.

이처럼 각종 기록이 독도가 우리 땅임을 입증하고 있는데도 일본은 왜 독도를 자기네 땅이라고 우기는 것일까? 일본의 주장은 이렇다. 일본은 조선이 공도정책을 펴고 있던 1618년 일본 어부들이 도쿠가와 막부에 울릉도에 대한 '도해(渡海) 면허'를 요청했을 때 도쿠가와 막부가 도해 면허를 내주었다는 기록을 들어 그때부터 일본이 독도를 실효 지배했다고 주장하고 있다.

그러나 이 주장은 어불성설이다. 1618년 막부로부터 받았다는 '도해 면허'란 것이 외국에 나가 고기잡이를 할 때 발급한 것이므로 오히려 막부가 울릉도·독도를 일본 영토로 인식하지 않았다는 증거가 되기 때문이다. 또 공도정책을 취하긴 했지만 정기적으로 순찰을 해왔기 때문에 영토 포기가 아닌 영토정책의 한 형태인데도 일본이 이 사실을 애써 외면하고 있는 것이다.

일본의 고문헌과 고지도에는 독도가 일본 영토라는 기록 없어

더구나 안용복의 항의로 1697년 막부가 일본인의 울릉도 도항을 금지한 후 일본의 모든 고문헌과 고지도에는 독도가 일본 영토라는 기록이 발견되지 않고 있다. 1877년 메이지 정부 내무성이 지도 작성을 위해 "죽도(울릉도)와 외일도(外一島)를 시마네현에 포함시켜도 되는지"를 물었을 때도 최고기관인 태정관이 "죽도와 외일도는 일본 땅이 아니다"라고 밝힌 내용이 '태정관 지령' 문서에 분명하게 기록되어 있다.

태정관 지령에는 "외일도의 명칭은 송도, 울릉도로 가는 항로, 오키섬으로부터 80리(148km), 나무나 대(竹)는 거의 없고 울릉도와 마찬가지로 물고기와 짐승(바다사자)을 잡을 수 있다"고 명시되어 있다. 송도가 외일도라는 이 설명만으로도 외일도가 독도인 것은 분명하다. 일본에서는 1600년대부터 울릉도를 죽도 혹은 기죽도로, 독도를 송도라고 불렀기 때문이다.

그런데도 일부 학자가 송도는 독도가 아니라는 궤변을 늘어놓았으나 태정관 지령에 첨부된 약도가 나중에 공개되어 외일도가 독도라는 사실이 드러나면서 더 이상 할 말이 없게 되었다. 태정관 지령은 당시 일본 내무성과 태정관이 5개월 이상 신중한 검토를 거쳐 내린 결론이고 그보다 200년 이전의 고문헌 등 방대한 양의 자료를 분석한 결과이기 때문에 일본도 막무가내로 부정하진 못한다.

독도에 대한 일본 최초의 기록인 '은주시청합기'(1667)에도 "죽도(울릉도)와 송도(독도)는 사람이 살지 않는 땅"이라며 "오키섬까지를 일본의 서

북쪽 경계로 삼는다"고 적혀 있다. 일본 정부는 1846년판 '개정 일본여지노정전도'를 일본이 독도를 자국 영토로 인식한 근거로 내세우지만 1779년 초판 등 정식 판본엔 울릉도와 독도가 일본 경위도선 밖에 그려져 있다. 1838년 일본 시마네현의 통치자가 각 어촌에 보낸 문서에도 죽도와 송도(독도)에 일본인들의 출입을 금하는 해금령(海禁令)을 내리고 이를 어긴 한 일본인 어부가 사형을 당했다는 내용이 기록되어 있다.

'시마네현 고시'는 국제고시 하지 않아 무효

그런데도 일본은 독도가 전략적·군사적 가치가 높다는 것을 알고 1904년 "독도가 무주지(無主地)이므로 일본에 편입해야 한다"는 한 상인의 청원을 구실로 삼아 1905년 2월 22일 '시마네현 고시 제40호'로 '리앙쿠르도(島)를 죽도라고 명명하고 그 섬을 시마네현령으로 한다'며 죽도, 즉 다케시마(독도)를 시마네현으로 편입한다는 조례를 만들었다.

그러나 이 '시마네현 고시' 역시 대한제국 정부에 조회하지 않은 것은 물론 일본 중앙정부의 관보에조차 게재하지 않고 국제고시도 안 했기 때문에 당연히 무효다. 한국이 '시마네현 고시'를 알게 된 것도 을사조약으로 외교권을 박탈당한 후인 1906년 3월이기 때문에 '시마네현 고시'는 '몰래 속여 빼앗은 행위'이거나 '제국주의 침략과정의 일환'일 뿐이어서 카이로 협정에 반환을 규정한 '강탈한 영토'에 해당한다.

일본은 "독도가 한국령이었다면 1905년 편입 당시 한국이 이의를 제기했어야 한다"고 주장하기도 한다. 그러나 1905년 독도 편입은 사실상 비밀로 행해졌기 때문에 한국은 이를 알지 못했으며 1년 후인 1906년에 이를 알았을 때는 이미 외교권이 박탈되고 일본 통감부의 지배를 받게 되어 항의도 할 수 없는 상황이었다.

"샌프란시스코 조약(1952)에서 독도가 일본 영토로 인정되었다"는 주장

역시 아전인수식 해석이다. 조약에 독도가 명시되지 않았다고 독도가 한국 땅이 아니라고 우기는 것은 조약에 명시된 3개 섬을 제외한 한국의 모든 섬이 일본의 섬이라고 주장하는 것과 마찬가지이기 때문이다.

더구나 샌프란시스코 조약을 체결할 당시 미국의 1차 초안부터 5차 초안(1949.11.2)까지에는 모두 독도가 한국 영토로 등재되었으나 5차 초안을 입수한 일본이 당시 친일 인사이자 주일 미국 정치고문이던 윌리엄 시볼드를 통해 "독도가 1905년 이래 일본령이었다"고 로비를 벌여 조약의 제6차 초안(1949.12.29)에서 독도가 빠지게 되었다는 점까지 감안하면 일본은 입이 열 개라도 독도 영유권을 주장해서는 안 된다.

안용복 안용복은 한일 간 독도 분쟁사에서 빼놓을 수 없는 인물이다. 경상도 동래부 수군 소속으로 노를 젓던 안용복이 표류 끝에 울릉도에 도착한 것은 숙종 19년(1693) 3월이었다. 안용복은 조선의 공도(空島)정책으로 비어 있는 울릉도에 들어온 일본인들에게 "울릉도는 우리 땅"이라며 맞서다 돗토리번 호키슈(백기주·伯耆州)로 끌려갔다.

당시 안용복은 동래부의 왜관을 자주 출입했던 터라 일본어에 능했다. 안용복은 돗토리번 태수 앞에서도 "울릉도는 우리 땅"이라며 기개를 잃지 않았다. 그해 5월 중앙의 에도 막부로 끌려가서도 주장을 굽히지 않았다. 그러자 막부는 "일본인은 앞으로 울릉도를 침범하지 않겠다"는 서계(書契)를 안용복에게 주며 조선으로 돌아가도록 했다.

막부가 이런 양보를 하게 된 이유는 1607년 시작된 조선통신사의 일본 방문이 정례화되고 있는 마당에 굳이 조선과 분쟁을 일으킬 필요가 없다고 판단한 것으로 추측된다. 그러나 안용복은 귀국길에 들른 쓰시마섬(대마도)에서 도주에게 서계를 빼앗기고 50일 동안 억류되는 봉변을 당했다. 1693년 10월 동래부 왜관에서도 "울릉과 우산을 비우고 접근하지 말라

(공도정책)는 국법을 어겼다"는 이유로 2년 동안 감옥살이를 했다.

부산 수영사적공원의 안용복 동상

1696년 3월 안용복은 승려 5명과 사공 5명을 규합해 울릉도에 다시 찾아갔고, 6월경 또다시 돗토리번으로 들어갔다. 이번에는 조선인 관리인 것처럼 차려입고 거짓으로 울릉도·독도 양 섬으로 도망간 사람을 감시하는 '안동지'라는 이름의 종삼품 신하(朝鬱兩島監稅將臣安同知)를 자칭했다. 그러나 안용복은 호산지라는 호수의 가운데 있는 섬에 유폐되어 50여 일간 갇혀 있다가 8월에 쫓겨났다. 다행히 이번에도 "울릉도를 침범하는 자들은 엄중 처벌하겠다"는 다짐을 받아내고 강원도 양양으로 돌아왔으나 이번에도 안용복을 기다리고 있는 것은 상이 아니라 벌이었다.

한양으로 압송되자 조정에서는 안용복 일행이 불필요한 국경 문제를 야기했다며 참형해야 한다는 목소리가 높았다. 그러나 통신사로 일본을 다녀온 정승 윤지완 덕에 목숨만 부지한 채 1697년 3월 귀양을 갔다. 이후 모든 문헌에서 안용복에 관한 기록은 사라진다.

안용복이 귀양살이를 하던 1697년 일본 막부는 쓰시마 도주를 통해 울릉도와 독도가 조선 영토임을 인정하고 일본 어부들의 출어를 금지하는 내용의 문서와 사신을 보내왔다. 안용복 덕에 그 어떤 통신사도 얻어내지 못한 엄청난 외교적 성과를 거둔 것이다. 조선 대학자 성호 이익은 '성호사설'에서 "미천한 일개 군졸로서 온갖 위험을 무릅쓰고 계책을 내어 국가를 위해 강한 적과 대항했다. 왜인들의 간사한 마음을 꺾고 여러 대를 끌어온 분쟁을 그치게 했으며 한 고을 땅을 회복했다"고 찬사했다.

부산정치파동과 발췌개헌

백골단, 땃벌떼, 민중자결단 등 정체 모를 단체들이 연일 난동을 부리면서 국회 해산을 요구했다.

6·25전쟁이 소강상태로 접어든 1952년 초, 피란지 부산에는 집권연장을 꾀하는 이승만 대통령의 각종 무리수로 연일 공포 분위기가 조성되었다. 당시 정가의 최대 관심사는 국회의원들이 선출하는 간접선거 방식과 국민이 직접 뽑는 직접선거 방식 중 어느 방식으로 차기 대통령을 선출하느냐였다. 헌법은 대통령을 국회에서 간접선거로 선출하게 되어 있었고, 이승만 초대 대통령의 임기는 1952년 7월 23일까지였다.

이승만은 전쟁 중에 터진 국민방위군 사건과 거창 양민학살 사건, 여기에 자신에게 불리한 국회 의석 분포 때문에 국회에서 간접선거를 한다면 대통령에 재선될 가망이 없다고 판단했다. 결국 이승만은 국회 간선제에 의한 재선을 단념하고 무슨 수단을 써서라도 대통령 직선제로 개헌을 해야겠다고 작심했다. 그래서 1951년 11월 대통령 직선제 개헌안을 제출했으나 1952년 1월 18일의 국회 표결에서 찬성 19, 반대 143으로 간단하게 부결되어 망신만 당했다. 그렇다고 포기할 이승만이 아니었다.

이승만은 국회의원 보궐선거가 끝난 후인 1952년 2월 5일 "국회의원이 민의를 깨닫지 못한다면 유권자가 국회의원을 소환할 것"이라는 담화를 발표했다. 그러자 약속이라도 한 듯 각종 유령 단체들이 국회 해산과 야당 의원 소환을 요구하는 구호를 외치며 연일 부산 거리를 누비고 다녔다. 야당 의원들을 겨냥해 '민의를 거역하는 매국노들은 민중의 심판을 받아야 한다'는 내용의 공갈 협박성 벽보가 시내 곳곳에 나붙었고 삐라가 뿌려졌다.

데모대는 '땃벌떼', '백골단'이라고 붉은 글씨로 쓴 수건을 이마에 동여매고 어깨에는 구호가 적힌 띠를 걸친 모습이었다. 이들은 임시 국회의사당으로 사용되던 경남도청 구내 무덕관 앞뜰까지 들어가 의사당을 포위하고 연좌데모를 벌였다. 부산 이외의 지역에서는 원외 자유당 지방당이 주동이 되어 '배신 국회의원 규탄대회'를 열고 직선제 개헌 지지 결의문을 채택했다.

당시 국회에는 야당이 국회에 제출한 내각책임제 개헌안과, 이를 봉쇄하기 위해 정부가 별도로 제출한 대통령 직선제 개헌안 등 2개의 개헌안이 팽팽하게 맞서고 있었다. 1952년 4월 야당의 내각책임제 개헌안이 재적의원 3분의 2를 넘긴 123명의 명의로 제출되자 대통령중심제에 상하양원제를 양념으로 끼워넣은 정부의 직선제 개헌안도 같은 달 제출되었다.

'우의·마의(牛意·馬意)' 해학성 조어 등장해

그 무렵 장택상 부의장이 '개헌 4개 원칙'에 입각한 제3의 개헌안을 들고 나왔다. 개헌 4개 원칙이란 개헌 원칙적 찬성, 개헌안 상정 시기 재고, 개헌 내용 재검토, 대통령과 국무총리 인선 사전 합의 등이었다. 장택상은 곧 20여 명의 의원을 규합, 이것을 모체로 '신라회'라는 원내교섭단체를 발족함으로써 캐스팅 보트를 쥔 주요 인물로 부상했다. 묘하게도 장면 총리가 4월 20일 사표를 제출하자 후임으로 장택상 부의장이 총리로 임명되었다.

이런 상황에서 이승만을 지지하는 원외 자유당이 4월 25일의 시·읍·면 의원 선거와 5월 10일의 도의원 선거 등 첫 지방의회 선거에서 압승을 거두어 이승만을 고무시켰다. 4월 24일에는 서민호 의원의 총격사건이 발생해 이승만에게 더욱 유리한 국면이 전개되었다.

총격사건은 지방의회 선거 감시차 전남 순천에 간 서민호 의원이 술에 취한 대위가 총을 쏘는 것에 응사하다가 대위가 죽어 살인 혐의로 구속된 사건이다. 국회는 "정당방위인데도 서 의원을 구속한 것은 내각책임제 개헌안을 방해하기 위한 것"이라며 서 의원 석방 결의안을 의결했다.

5월 19일 서 의원이 석방되자 백골단, 땃벌떼, 민중자결단 등이 연일 난동을 부리면서 국회 해산을 요구했다. 이들 관제 데모대가 우마차를 타고 상경했다고해서 생겨난 해학성 조어가 '우의·마의(牛意·馬意)'다. 이승만은 공포 분위기를 조성하는 것만으로는 부족했는지 시국 수습을 명분으로 삼아 대구의 이종찬 육군 참모총장에게 부산으로 군대를 파견하라고 긴급명령을 내렸다. 그러나 이 총장은 "전시 중 유엔군의 허가 없이 군대를 움직일 수 없다"며 파병을 거부했다.

이 대통령이 대타로 내세운 인물은 자신의 충복인 원용덕 헌병대 사령관이었다. 이승만이 공비 출몰을 구실로 1952년 5월 25일 0시를 기해 부산은 물론 경남과 전남·북 일대에 비상계엄령을 내린 것은 부산정치파동의 서막이자 장기 독재의 신호탄이었다. 계엄 발령에 앞서 5월 24일에는 초대 국무총리 겸 국방장관이던 족청계의 이범석을 내무장관으로 기용하고 서북청년단 출신을 치안국장으로 임명해 전열을 가다듬었다.

'발췌개헌'은 헌정사상 최초의 헌정 파괴 행위

5월 26일에는 우리 헌정사에 큰 오점을 남긴 중대 사건이 발생했다. 새벽에 정헌주 등 3명의 의원이 구속된 데 이어 47명의 국회의원을 태운 출근버스가 의사당 정문인 경남도청 정문에서 헌병의 불심검문을 거부하다 군용 크레인에 달려 헌병대로 끌려간 것이다. 47명의 의원 중 몇몇 의원은 국제공산당과 결탁했다는 혐의로, 직선제 개헌안을 반대하는 몇몇 의원은 또 다른 이유로 구속되었다. 이렇게 구속된 의원은 모두 11명이나 되었다.

이처럼 공포 분위기 속에서도 국회는 5월 27일 비상계엄 해제 요구 결의안을 가결하고 28일 국회의원 석방 결의안을 통과시켰다. 하지만 정부는 구속 의원들이 현행범이라는 이유로 석방을 거부했다. 김성수 부통령은 이에 격분, 부통령직을 사임(5.29)했다. 6월 20일 각계 중진 77명이 부산의 국제구락부에서 진행하던 '입법부 수호 및 호헌 구국선언대회'도 정체 모를 괴한들의 난입으로 난장판이 되었다. 일부 의원은 타박상을 입었고 조병옥의 얼굴에는 유혈이 낭자했다.

이런 가운데 장택상 국무총리가 주도하는 신라회는 이승만 대통령의 임기가 1개월밖에 남지 않은 1952년 6월 21일 제3의 개헌안을 국회에 제출했다. 정부의 대통령 직선제·양원제 개헌안과 국회의 내각책임제 개헌안 가운데 좋은 점만을 발췌했다 해서 붙여진 '발췌개헌안'이었다. 신라회가 회유와 협박을 섞어가며 발췌개헌안에 찬성 날인을 받은 결과 원외 자유당 63명, 신라회 20명, 원내 자유당 19명 등 재적의원 3분의 2를 확보했다. 그러나 이 개헌안은 국회에 타협할 명분을 주기 위한 치장에 불과했을 뿐 내용은 정부 측 개헌안의 변형에 지나지 않았다.

발췌개헌안을 표결하려면 30일간의 공고 기일이 필요했으나 이승만의 임기 종료가 다가와 초조해진 정부는 이미 공고된 2개의 개헌을 발췌한 것이기 때문에 다시 공고할 필요가 없다는 억지를 부려 표결을 서둘렀다. 그런 가운데 6월 25일 발생한 '이 대통령 암살 미수 사건'에 일부 야당 의원이 범인에게 신분증과 옷을 빌려준 배후세력으로 밝혀져 이승만의 재집권 야욕을 꺾으려던 야당에 치명적인 악재로

의원들이 발췌개헌안에 거수 표결을 하고 있다(1952.7.4).

작용했다.

이승만은 발췌개헌안 통과를 위해 다양한 카드를 동원했다. 구속된 야당 의원들을 석방해 협조를 요청하는가 하면 경찰을 의원들 자택으로 보내 의회 참석을 종용했다. 그 결과 의사당 문이 봉쇄되고 군경들이 삼엄한 감시를 펼치는 가운데 7월 4일 밤 치러진 찬반 투표 결과 163명 찬성, 기권 3명으로 발췌개헌안이 통과되었다.

이승만, 후보 등록 때까지 '번의 쇼' 벌여

정부는 7월 28일 비상계엄을 해제하고 그동안 국제공산당에 관련된 혐의로 군법회의에 회부된 야당 의원들에 대한 기소를 취하하는 것으로 화답했다. 이로써 극도의 불안과 긴장을 조성했던 부산정치파동도 막을 내렸다.

그런데 8월 5일의 정·부통령 선거를 앞두고 갑자기 이승만이 대통령 선거에 나갈 생각이 없다고 말해 국민을 어리둥절하게 했다. 이승만의 불출마 성명이 나오자 기다렸다는 듯 민중자결단의 조작된 민의 시위가 재연되었다. 유령 단체들은 대통령 임시관저 앞에서 연좌데모를 벌이며 출마를 간청했다. 지방의 시·읍·면 의회는 이승만의 재출마를 간청하는 호소문을 채택했다. 이승만이 입후보 마감일인 7월 26일 측근을 시켜 입후보 등록을 마쳤을 때 '번의(飜意) 쇼'로 국민을 우롱했다는 비난이 적지 않았다.

우리나라 헌정사상 처음 실시된 대통령 직접선거에는 이승만·이시영·신흥우·조봉암 등 4명, 부통령에는 이범석·이갑성·조병옥 등 9명이 출마했다. 투표 결과 이승만은 총 703만 표 중 523만 표(74.6%)를 얻어 재선에 성공했다. 조봉암은 79만, 이시영은 76만, 신흥우는 21만 표를 얻고, 부통령에는 294만 표를 얻은 함태영이 당선되었다. 발췌개헌은 이승만이 재집권을 위해 무리하게 통과시킨 헌정사상 최초의 헌정 파괴 행위였으며 전시독재의 정점을 보여주는 사건이었다.

서민호

이른바 '서민호 의원 사건'을 이해하려면 1952년의 정국과 함께 서민호(1904~1974)가 누구인지를 먼저 살펴봐야 한다. 사건의 시작은 이승만 대통령이 1951년 11월 국회에 제출한 대통령 직선제를 골자로 한 개헌안의 압도적 부결(1952.1.18)이었다. 뒤이어 야당인 민국당이 개헌 정족수를 1명 초과하는 123명의 공동서명으로 내각책임제안을 국회에 제출(1952.4.17)함으로써 대통령 직선으로 재선을 꿈꾸는 이승만의 심기를 불편하게 한 것도 사건의 원인(原因)으로 작용했다.

이런 가운데 우리나라 최초의 지방의회 의원 선거가 1952년 4월 25일 치러질 예정이었다. 야당 의원들은 선거를 감시하기 위해 지방의 선거 지역으로 내려갔다. 국회 내무분과위원장이던 서민호 의원 역시 지방선거 감시차 부산을 떠나 4월 24일 전남 순천에 당도했다. 출발에 앞서 "개헌안 반대하면 없다", "국회의원이라고 까불지 말라" 등의 전화나 문서로 괴롭힘을 당한 터라 서민호로서는 조심스러운 지방 시찰이었다.

서민호는 전남 고흥의 대지주 아들로 태어나 10살도 안 된 1912년 "일본에 보내주지 않으면 자살하겠다"고 부모를 졸라 일본으로 유학을 떠날 정도로 어려서부터 배포가 컸다. 1917년 귀국 후에는 중앙학교와 보성고보에서 운동선수와 주먹질로 이름을 날렸다. 15살에 불과하던 1919년 3·1운동 때는 6개월간 옥살이를 하고 1921년 다시 일본으로 유학을 떠나 와세다대 정경과에 적을 두었다. 1923년 미국으로 건너가 웨슬리언대를 거쳐 1927년 뉴욕의 컬럼비아대를 졸업했다.

귀국 후에는 미국 유학 때 알게 된 지인들과 남선무역을 설립, 회사에서 벌어들인 돈 가운데 일부를 조선어학회에 제공했다. 이것이 문제가 되

서민호(1904~1974)

어 1942년 조선어학회 사건 때 일경에 체포되어 한동안 복역하다가 기소유예로 풀려났다. 해방 후에는 광주시장과 전남도지사를 역임하고 1950년 5월 2대 국회에 진출했다. 6·25 때는 거창양민학살 사건과 국민방위군 사건 조사 등을 통해 대정부 공격에 앞장서고 내각책임제 개헌을 적극 추진해 이승만의 미움을 샀다. 이른바 '서민호 의원 사건'은 이런 배경에서 일어났다.

국회의 석방 결의로 풀려났으나 계엄령 선포로 다시 수감돼

당시 검찰 기소장에 따르면 서민호는 자신의 아들(서원룡)과 함께 4월 24일 전남 순천에 도착, 오후 7시 30분부터 지역 유지들과 반주를 겸한 식사를 했다. 밤 8시 50분경 한 장교가 유리창으로 내부를 들여다보는 모습이 보여 서민호의 경호원이 "누구냐"고 물으면서 언쟁으로 비화되었다. 나중에 밝혀졌지만 장교는 31육군병원 소속으로 전남 병사구 사령부에 파견된 서창선 대위였다.

서창선도 일행을 향해 "누구냐"고 묻고, "나는 서민호다. 군인이면 군인이지 왜 요릿집에 와서 떠드느냐"고 질책하는 과정에서 서창선이 언사를 불손하게 한 것에 화가 난 서민호의 아들이 서창선의 얼굴에 박치기를 했다. 그러자 서너 걸음 뒷걸음치던 서창선이 권총을 빼들고 실내로 들어가 방바닥에 공포 1발을 발사한 후 돌아서서 대문을 향해 나가는데 서민호가 후방 3m 지점에서 모제르권총으로 서창선의 뒤를 향해 3발을 발사해 서창선을 현장에서 즉사시켰다.

그러나 서민호는 검찰의 발표와 달리, 서창선이 수차 총을 쏘는 과정에서 생명의 위협을 느껴 그를 사살한 것이라며 정당방위라고 주장했다. 서민호의 주장에 따르면 서창선은 부산에서부터 지프차로 미행한 현역 군인으로, 음식점 내부를 들여다보다가 서민호 경호원이 "누구냐"고 물으면서 시비가 붙었다. 서창선이 방 밖에서 "서민호 나오라"며 서민호에게 욕을 하자 아버지에게 욕하는 것에 화가 난 서민호 아들이 박치기로 한 대 갈겼다.

서창선이 몇 걸음 뒷걸음치더니 권총을 빼들고 서민호를 향해 한 발 쏘길래 서민호는 본능적으로 부엌 옆으로 들어가 숨어 있었는데 서창선이 서민호에게 다가와 2발을 쏘고 또 한 발을 쏘려고 겨누어 본능적으로 호신용 권총으로 3발을 쏘았다는 것이다.

서민호는 사건 이튿날 순천지청에 자진 출두해 구속 수감되었다. 서민호가 정당방위라고 주장하는 가운데 검찰은 5월 10일 서민호를 살인죄, 아들 서원룡은 상해죄로 기소했다. 그러자 국회가 조사위원회를 순천에 파견했고, 조사위는 관련자의 증언을 들은 뒤 사진을 찍으려고 사체를 요청했으나 검찰이 이미 화장했다며 보여주지 않아 촬영하지 못했다.

국회는 조사위의 조사 결과를 토대로 정당방위를 인정, 5월 14일 석방 결의안을 94대 0으로 의결하고 법원에 석방을 요구했다. 서민호는 5월 19일 풀려났으나 이승만 대통령이 5월 25일 0시를 기해 전남북과 경북 등에 비상계엄을 선포하면서 1주일 만에 다시 구속 수감되었다.

손자·손녀 이름을 치이(治李), 치승(治承), 치만(治晚)으로 지어

군사재판은 7월 1일 서민호에게 사형, 아들에게 벌금형을 선고했다. 그러나 130여 명의 국회의원이 재심 청원서를 제출해 다시 시작된 재심 결과 8월 1일 징역 8년으로 감형되었다. 그런데 1953년 5월 계엄이 해제된 후 재판이 군사재판에서 민사재판인 부산지법으로 이관되더니 검찰이 난데없이 배임과 업무상 횡령죄를 추가했다. 부산지법은 1953년 10월 살인과 업무상 횡령에 대해서는 무죄, 배임에 대해서는 징역 10월에 집행유예 2년을 선고했다.

그런데 항소심에서는 대구고법이 업무상 횡령과 배임은 1심과 같은 판결을 내렸으나 살인에 대해서는 면소(免訴) 판결(1954.4)을 내렸다. 이후 대법원의 상고 기각(1955.9)을 거쳐 살인은 면소, 횡령은 무죄, 배임은 징역 10월, 미결구류는 270일로 확정되었다.

이렇게 살인에 대해 면소 판결이 확정됨에 따라 서민호는 1952년 8월 군사재판에서 선고받은 징역 8년의 확정 수형자가 되었고, 미결수로 3년 4개월 동안 10여 차례의 군사재판과 민사재판을 받은 사법사상 희귀한 기록의 주인공이 되었다.

확정선고 후 4년 7개월을 더 감옥에서 보낸 서민호가 햇빛을 본 것은 1960년의 4·19 후였다. 서민호는 옥중 생활을 할 때 태어난 손자와 손녀의 이름을 각각 치이(治李), 치승(治承), 치만(治晩)으로 지어주었다. 이름이라도 '이승만을 다스린다'는 뜻으로 지어 이승만에 대한 울분을 달래려 한 것이다.

서민호는 1960년 7월 고향 고흥에서 무소속으로 출마해 5대 국회에 당선되어 민의원 부의장이 되었다. 박정희 정권 때도 1963년 6대, 1967년 7대 의원으로 당선되어 활발한 의정활동을 펼쳤으나 반혁명 음모사건(1962), 반공법 위반(1966, 1967) 등 3차례나 감옥을 드나들며 반골 정치인으로 활약하다가 1974년 70세를 일기로 눈을 감았다.

거제도 포로수용소와 프랜시스 도드 소장 피랍

포로수용소인데도 유혈과 학살이 난무하는 또 다른 전쟁터였다.

경남 거제도 360만 평 부지에 포로수용소가 세워진 것은 1951년 2월이었다. 이후 수용소엔 많을 땐 10여만 명의 포로가 북적거렸다. 문제는 이곳이 포로수용소인데도 유혈과 학살이 난무하는 또 다른 전쟁터였다는 것이다. 경비병은 국군 1,300명에 미군 1개 대대가 고작이었다. 그러다 보니 28개 수용소마다 포로들이 친공과 반공으로 나뉘어 무력 충돌과 살육전을 벌여도 속수무책이었다.

반공포로들도 '대한반공청년단'이라는 조직을 결성해 자구책을 마련했지만 수용소의 밤을 지배한 것은 '해방동맹'을 중심으로 폭동과 살인을 일삼은 친공포로들이었다. 그들은 드럼통 뚜껑을 떼내 날을 갈고 나무자루를 끼워 창을 만드는가 하면 군화 속 쇠를 갈아 단도를 만들었다. 수용소 경비병과 내통하는 자가 발각되면 가차없이 죽이거나 포섭되지 않은 반공포로들은 반동으로 몰아 린치를 가하거나 살해했다.

북한은 1951년 7월 시작된 휴전회담에서 포로교환 문제가 현안으로 대두되자 박사현 전 황해도 당부위원장과 이학구 전 인민군 총좌(대령급)를 위장 투항시켜 수용소에서 친공포로들을 지휘하도록 했다. 휴전회담에서 북한은 포로 전원 송환을 주장한 반면 유엔 측은 자유송환 방식을 고수했다. 이 때문에 유엔군이 포로들에게 일일이 송환 의사를 묻는 강제 심사를 하자 친공포로들은 "송환 의사 심사 없이 전원 송환하라"며 수시로 폭동을 일으켰다. 이 과정에서 다수의 사상자가 발생했다.

1951년 9월 17일부터 3일 동안 제76, 77, 78수용소 등에서 일어난 이른바 '9·17 폭동'으로 반공포로 300여 명이 집단 학살되고 적기가 게양되는 등 수용소는 살육의 현장이었다. 사태를 진압하기 위해 수용소 안에 들어간 미군과 국군도 5명이 죽었다. 사체는 1주일 후 겨우 수습되었다.

그러나 이것은 시작에 불과했다. 친공포로들은 매일같이 궐기대회를 열고 자아비판을 하고 전투훈련을 하고 인민재판을 벌였다. 기독교 신자, 그들의 뜻을 따르지 않는 민족주의자, 반동적인 경력을 가진 자들은 인민재판 후 살해되었다. 사체는 매장하거나 사지를 찢어 용변통에 넣어 오물을 처리할 때 바다에 내다 버렸다. 그들이 흘린 피는 각종 플래카드의 물감으로 사용했다. 얼마나 많은 사람이 죽었는지는 수용소를 관리하는 미군조차 알지 못했다. 1952년 2월의 폭동 때도 70여 명의 포로가 죽고 140여 명이 부상하는 등 폭동은 3~4월까지 계속되었다.

친공포로, 폭동과 살인 일삼으며 수용소의 밤 지배해

1952년 5월 7일, 제76포로수용소에는 긴장감이 감돌았다. 실제로는 친공포로들만 그랬을 뿐 수용소 경비병들은 전과 다름없는 일상을 보내고 있었다. 사건은 수용소 측이 밥에 독약을 넣었다고 친공포로들이 억지를 쓰면서 시작되었다. 포로들은 단식투쟁을 하며 포로수용소장 프랜시스 도드 준장의 면담을 요청했다.

도드는 철조망을 사이에 두고 포로들과 얘기를 나눴다. 포로들이 슬그머니 수용소문을 열고 나와 도드 준장을 에워싸도 경비병들은 눈치를 채지 못했다. 도드 준장이 면담을 끝내고 돌아서는 순간 포로들은 도드를 철조망 안으로 밀어넣고 문을 닫아버렸다. 수용소장이 졸지에 '포로들의 포로'

거제도 포로수용소

가 되는 어이없는 일이 벌어진 것이다.

포로들은 석방 조건으로 송환 강제 심사 철회, 자유 송환 중지, 포로 대표단 인정 등을 내걸었다. 도드는 후임 소장 찰스 콜슨 준장이 유엔군이 다수의 포로를 살상한 유혈 사건이 있었음을 시인하고 포로들의 송환 강제 심사나 개인 심사는 하지 않겠다는 각서에 서명하고서야 납치 사흘 만인 5월 10일 밤 풀려났다.

콜슨의 굴욕적 태도는 도드가 피살되는 한이 있더라도 무력으로 수용소 질서를 바로잡으려던 유엔군 총사령관 매슈 리지웨이 장군의 뜻에 완전히 배치되는 조치였다. 결국 콜슨은 취임 4일 만에 해임되고 도드와 함께 준장에서 대령으로 강등당하는 수모를 겪었다.

포로수용소장이 졸지에 '포로들의 포로'가 된 것

리지웨이 대장이 나토군 총사령관으로 전출된 후 5월 12일 유엔군 사령관으로 부임한 마크 클라크 대장은 수용소의 질서를 바로잡는 데 강경책을 썼다. 특히 후임 소장 헤이든 보트너 준장은 기세등등하던 포로들의 난동을 제압하고 무릎을 꿇게 하는 데 비상한 능력을 갖고 있었다. 보트너는 총검을 장착한 보병과 탱크를 수용소 안으로 들여보내 10일 만에 포로들을 진압했다. 기가 꺾인 포로들은 작은 규모의 새 수용막사로 분산 수용되었다.

먼저 실행에 옮긴 곳은 가장 저항이 심하고 포로들의 본부 격인 76수용소였다. 6월 10일 새벽 경비병의 기관총과 박격포가 수용소 안을 조준한 가운데 대부분의 포로는 새 숙소로 옮겨졌으나 1,500여 명이 수용막사에 불을 지르며 저항하는 바람에 30여 명이 죽고 130여 명이 다쳤다. 그래도 76수용소의 6,500명 포로들은 500명의 소단위로 나뉘어 새 수용소로 분산 수용되었다. 포로들이 떠난 76, 77수용소 막사에서는 창 3,000여 개,

'가솔린 수류탄' 1,000여 개, 칼 4,500여 자루 등이 발견되었다. 두 수용소를 잇는 지하 터널도 거의 완성 단계에 있었고 수용소 안의 각 막사도 깊은 참호로 연결되어 있었다.

그곳에서 발견된 한 비밀문서에는 1952년 6월 20일 모든 수용소에서 동시 다발적으로 감행할 대탈출 계획이 적혀 있었다. 철조망을 부수고 미군 경비대를 습격하여 거제도를 점령한 다음 남해안에 상륙해 지리산과 태백산의 빨치산과 합류한다는 계획이었다.

보트너 소장은 10일 만에 모든 포로들을 새 막사로 옮긴 뒤 반공과 친공포로들을 심사·분리했다. 반공포로 가운데 일부는 영천, 부평, 마산 , 논산, 가야 등지로 이송되어 공산포로들의 테러 위협으로부터 벗어나게 되었다. 그러나 공산포로들은 거제도 부근의 봉남도에 설치한 새 막사에서도 1952년 12월 14일 폭동을 일으켜 85명이 죽고 113명이 다쳤다. 거제도 수용소는 1953년 6월 18일 반공포로 2만 6,930여 명이 석방되고 7월 27일 휴전협정이 조인되면서 폐쇄되었다.

김용환 만화 '코주부 삼국지' 연재

근대적 만화 형태를 띠었다는 점에서 눈길을 끌었다.

김용환(1912~1998)이 만화가로 한국에서 활동한 기간은 1945년부터 1959년까지 14년에 불과하다. 그런데도 그는 초창기 한국 만화의 기틀을 마련하고 1세대 만화가들에게 많은 영향을 미쳤다. 경남 진해에서 태어나 동래고보를 졸업한 김용환이 일본으로 건너간 것은 1930년이었다. 가와바타 미술학교를 거쳐 1934년 제국 미술학교를 졸업하고 1935년 '일본 소년' 잡지에 '기타고지'라는 필명으로 만화를 그렸다.

두툼하고 큼지막한 코에 둥그스름한 얼굴, 그리고 친근한 미소를 가진 '코주부'가 등장한 것은 1942년 순한글 주간신문 '동경조선민보'였다. 코주부는 이후 한국 현대사의 격랑 속에서도 주어진 삶의 조건을 회피하지 않고 묵묵히 살아가는 서민을 대표하는 캐릭터가 되었다. 1995년 김수정의 '아기공룡 둘리'와 함께 우리나라 첫 만화우표로 발매될 만큼 코주부는 우리 만화의 대표 브랜드로 인정을 받았다.

김용환(1912~1998)

1945년 해방을 수개월 앞둔 시점에 김용환은 일본 고단샤의 서울 편집실 촉탁사원으로 발령받아 '연성지우'라는 일본어 잡지의 한국판을 발행했다. 잡지는 강제 징병된 한국인 청년들에게 일본어를 가르치는 데 목적이 있었기 때문에 당시 활동은 김용환이 일제의 전쟁을 지원·독려했다는 친일의 굴레로 작용했다.

해방이 되자 김용환은 1945년 9월 창간한 영자신문 '서울 타임스'에 코주부와 시사만화를 연재했다. 1945년 11월 창간된 중앙신문에도 정치만화를 그렸는데, 당시 중앙신문은 좌익신문이었기 때문에 김용환의 만화 역시 좌익적 시각을 띠었다.

'코주부'는 서민을 대표하는 캐릭터

김용환은 정밀한 펜 터치의 삽화는 물론 동양화풍의 붓 그림, 만화체 선화 등에 고루 출중한 실력을 보였다. 우리나라 단행본 만화의 효시로 일컬어지는 32쪽짜리 '토끼와 원숭이'(1946), '똘똘이의 모험'(1947) 등도 늘 인기가 높았다. 1947년 한국 최초의 만화잡지인 '만화행진'을 만들고, 1949년 4쪽짜리 주간 만화잡지 '만화뉴스'를 창간했다. '만화뉴스'는 평소

코주부 캐릭터

1만~2만 부가 팔리는 것은 기본이고 잘 나갈 때는 4만 5,000부라는 경이적인 발행부수를 자랑했다.

6·25가 일어나기 전 좌익 검거 선풍이 불었을 때, 김용환은 좌익 전력 때문에 한 차례 체포되었으나 이미 보도연맹에 가입했던 터라 극적으로 풀려났다. 보도연맹은 1949년 좌익운동을 하다 전향한 사람들로 조직된 반공단체다. 6·25 때는 미처 피난을 가지 못했으나 이번에는 남로당 경력 덕분에 살아날 수 있었다. 전쟁 중에는 북한의 문화단체총연합회 산하 미술동맹에 소속되어 이승만 대통령이 김일성에게 쫓겨 부산 앞바다에 빠지는 그림 등 선전만화를 그리는 부역활동을 했다.

서울이 수복되었을 때는 또다시 대한민국 정부에 자수하며 살길을 도모했다. 광복 후 벌써 세 번째 자수였다. 2개월 동안 서대문형무소에서 갇혀 있던 김용환은 다행히 기소유예 처분을 받고 육군본부 작전과에서 반공만화를 그렸다. 이번에는 김일성이 이승만에게 쫓겨 압록강에 빠지는 그림을 그렸다. 운이 좋았는지 눈치가 빨랐는지 어쨌든 김용환은 이렇게 격랑 속을 헤쳐나갔다.

1952년 11월부터 1955년 3월까지는 청소년을 대상으로 한 '학원'지에 '코주부 삼국지'를 연재해 선풍적인 인기를 끌었다. 당시의 역사 소재 만화 대부분이 한 칸을 반으로 나누어 깨알 같은 고어체 지문과 설명으로 채워 넣은 '그림 소설'인데 비해 '코주부 삼국지'는 등장인물이 '말풍선' 속의 대화로 이야기를 전개하는 근대적 만화 형태를 띠었다는 점에서 눈길을 끌었다.

당시 예술인 가운데 가장 돈 많이 벌어

당시 중고생의 대부분은 이처럼 글이 아니라 캐릭터의 표정, 동작, 말투가 이야기의 흐름을 주도한 '코주부 삼국지'를 보며 성장했다. 소설가 황석영이 처음 접한 '삼국지'도, 만화가 허영만이 처음 본 만화도 바로 '코주부 삼국지'였다. 김용환은 1953년 8월 창간된 '코리안 리퍼블릭'에도 코주부 만화와 시사만화를 연재했다.

김용환은 예술인 가운데 가장 많은 돈을 버는 사람이었다. 1955년 발간된 시사월간지 '청춘'지 10월호에 따르면 당시 현역 예술인 500명 중 김용환이 가장 수입이 많은 것으로 조사되었다. 1959년, 김용환은 미 태평양사령부 심리전과의 전속화가가 되어 다시 일본으로 건너갔다. 그곳에서 그는 1972년까지 유엔군 홍보잡지인 '자유의 벗'에 앞뒤 표지화, 내용물 삽화 등을 그리는 것을 비롯해 숱한 삽화와 포스터를 제작했다.

1973년에는 새로 창간된 민단 계열의 통일일보에서 만화와 삽화를 그리는 한편 한국의 역사와 풍속에 관련된 일러스트 작업을 병행했다. '이순신 장군의 귀갑선 해전기'(1973, 도쿄), '한국의 민화'(1980, 도쿄), '그림 한국사'(1987, 계몽사), '한국의 풍속화'(1988, 민문고) 등의 저작물을 출판했다.

김용환은 만화가, 삽화가, 유화가 중 유화가로 불리기를 원했다. 그가 그린 유화 '명량해전도'(1980)가 지금도 해군사관학교 박물관에 걸려있고, 개인전을 두 차례나 연 중견화가인데도 만화가로만 불리는 게 마뜩잖았던 것이다. 1993년 제자 이원수에게 코주부의 창작권을 넘겨주고 1995년 미국으로 이민을 떠났다가 1998년 12월 로스앤젤레스에서 86세로 눈을 감았다.

마릴린 먼로 나체 사진 라이프지 게재

돈을 버는 일이라면 그것이 설사 몸을 이용한 것이라 할지라도 마다하지 않았다.

노마 진은 사실상 사생아였다. 출생 전 생모가 이혼하고 출생 후에는 12일 만에 다른 집으로 입양되었기 때문이다. 6살 때 다시 생모의 손에 넘겨졌으나 생모가 곧 정신분열증으로 입원해 보육원과 고아원을 전전하는 불우한 성장기를 보냈다. 16살이던 1942년, 또래 남자와 도망치듯 결혼했으나 남편은 이듬해 2차대전에 참전하고 노마 진은 군수공장에 취업했다. 그곳에서 그는 뭇 남성의 휘파람 소리를 들으며 자신의 육체적 매력에 눈을 떴다.

누가 보아도 그녀의 최대 자산은 하늘이 내려준 매력적인 몸이었다. 그 덕에 전시산업에 투입된 여성 근로자의 모습을 찍는 한 사진사의 눈에 들어 사진모델이 되었고, 그녀의 사진을 본 20세기폭스사가 계약을 제안했다. 그녀는 남편에게 이혼을 통보한 뒤 1946년 6월 폭스사와 계약을 체결하면서 마릴린 먼로(1926~1962)로 개명했다. 폭스가 붙인 '마릴린'에 생모의 이름인 먼로를 더한 것이다.

1947년 영화 '스쿠다 후! 스쿠다 헤이'에 출연해 "안녕하세요"라고 던진 대사 한마디는 영화 인생의 출발점이었다. 그러나 재능이 없었는지 1년 만에 해고되어 경제적으로 힘든 시절을 보내야 했다. 그녀는 돈을 버는 일이라면 그것이 설사 몸을 이용한 것이라 할지라도 마다하지 않았다.

그러면서도 배우를 향한 꿈은 포기하지 않았다. 무명의 세월을 보내던 그녀에게 마침내 기회가 찾아온 것은 30살 연상의 자니 하이드를 만나고부터였다. 하이드는 그녀의 몸에만 관심이 있던 다른 남자들과 달리 먼로의 비참한 출생과 내면의 고통을 이해해 주었다. 할리우드의 실력자들과 교분이 깊었던 하이드 덕분에 먼로는 20세기폭스사와 다시 계약을 맺게 되었다.

폭스사는 1930년대에 '벗는 배우'의 연기 영역을 개척한 진 할로의 모습을 먼로에게서 재현하고자 했다. 갈색 머리칼을 금발로 물들이고 먼로 특유의 미소와 섹시한 목소리로 가다듬었으며 입술은 반쯤 벌려 성적인 매력을 드러내도록 했다. 굳이 폭스사의 지원이 아니더라도 나르시시즘(자기애)과 노출증, 출세욕이 강한 먼로에게 자신을 드러내는 것쯤은 아무것도 아니었다.

최대 자산은 하늘이 내려준 매력적인 몸

1950년 존 휴스턴 감독의 '아스팔트 정글'에서는 대사가 몇 줄밖에 되지 않는 배역을 맡았지만 나름대로 비중은 있었다. 같은 해 조지프 맨키위츠 감독의 '이브의 모든 것'에서도 큰 배역은 아니지만 존재감을 보여주어 얼굴이 세상에 알려지기 시작했다.

어느덧 남성들이 이 무명배우의 섹시한 모습에 열광했고, 그녀는 핀업사진(핀으로 벽에 붙이는 미인 사진)의 주인공이 되었다. 하지만 하이드가 1950년 12월 심장병으로 죽어 더 이상 도움을 받지 못하게 되자 스스로 길을 개척해야 했다. 1951년 몇 편의 영화에 출연할 때마다 '멍청한 금발미인'이라는 혹평이 따라다니긴 했으나 인기는 꾸준히 올라갔다.

그러던 중 1952년 봄 예기치 않은 장애물이 나타나 먼로의 앞길을 가로막는 듯했다. 실업자 시절이던 1949년에 방값을 벌기 위해 찍었던 누드사진들이 달력으로 만들어져 대량으로 거리에 넘치고 이발관에 나붙었던 것이다. 자칫 천박한 여인으로 몰려 할리우드에서 퇴출될 것 같은 다급한 상황에서, 먼로는 기자들을 찾아가 "방값을 벌기 위해 사진을 찍었다"며 눈물로 호소하고 매달렸다.

그녀의 눈물 어린 호소와 폭스사의 적극적인 해명은 잡지사의 특집기사로 꾸며져 그녀의 과거를 변호해 주었다. 추문이 터져 나올 때마다 애처로운 표정으로 자신의 아픈 과거를 털어놓는 먼로에게 여론은 점점 관대해졌다. 1952년 4월 7일자 '라이프'지는 "가난이 그녀에게 포즈를 취하게 했다"는 제목의 사진 설명과 함께 먼로의 나체 사진을 실었다. 그러자 그녀의 수치스러웠던 과거는 동정심에 가려져 오히려 인기가 올라가는 대반전이 펼쳐졌다.

먼로에게 1953년은 오랫동안 바라던 꿈의 해였다. 1953년 1월 첫 주연 영화 '나이아가라'가 개봉되면서 은막의 스타로 발돋움한 것이다. 당시로서는 파격적인 의상에 터질 듯이 풍만한 엉덩이를 위태롭게 흔들며 걸어가는 뒷모습은 '먼로 워크'란 말을 탄생시키며 미국 남성들의 가슴에 불을 질렀다. '신사는 금발을 좋아해', '백만장자와 사는 법' 등까지 연이어 개봉되면서 먼로의 인기는 하늘 높은 줄 모르고 치솟았다. 1953년 11월 창간된 '플레이보이'지는 먼로의 누드사진을 창간호에 게재한 덕에 창간호인데도 5만 4,000부라는 놀라운 판매부수를 기록했다.

"가난이 그녀에게 포즈를 취하게 했다"

먼로는 금발에 푸른 눈, 풍만한 가슴과 엉덩이, 늘씬한 허리와 긴 다리 등을 무기로 삼아 자신의 영역을 넓혀나갔다. 폭스사 역시 철저한 기획으로 먼로를 백치미의 육체파 여배우로 변신시키는 데 적극적으로 나섰다. 바야흐로 먼로는 만인의 연인이 되었다. 먼로의 등장 이후 섹스는 금기의 울타리와 밀실을 벗어나 대중 사이에서 본격적으로 소비되기 시작했다. '돌아오지 않는 강'(1954), '7년 만의 외출'(1955), '뜨거운 것이 좋아'(1959) 등 먼로의 성적 매력을 맘껏 드러낸 후속 영화들까지 잇따라 흥행에 성공하면서 먼로는 세계 남성의 섹스 심벌이 되었다.

야구 스타 조 디마지오(1954.1), 유명 극작가 아서 밀러(1956.6)와는 각각 두 번째, 세 번째 결혼식을 올렸으나 9개월, 4년 5개월 만에 파국을 맞았다. 이 과정에서 내면은 황폐해지고 만성적인 불면증으로 신경안정제와 술이 없으면 잠을 이루지 못했다. 그토록 간절히 원하던 아이는 10대 때부터 거듭된 낙태수술로 자궁이 엉망이 되는 바람에 번번이 유산으로 끝났다. 결국 황폐해진 마음을 이겨내지 못하고 1962년 8월 4일 스스로 목숨을 끊었다. 스타가 탄생하고 명멸해가는 흥망성쇠의 전 과정을 압축적으로 보여준 36년 인생이었다.

마릴린 먼로(1926~1962)를 표지로 한 라이프지

8월 5일 새벽 자택에서 시신이 발견되었을 때, 옆에는 수면제 약병이 빈 채로 놓여 있었고, 오른손엔 수화기를 들고 벌거벗은 상태로 누워 있었다. 사체 부검 결과 사인은 약물 과다복용으로 밝혀졌으나 케네디 대통령이나 마피아가 개입되었다는 추측이 난무했다.

사실 먼로의 바람기는 거의 편집증적이었다. 충동적으로 나체 상태를 즐기고 속옷 입는 것을 꺼렸으며 수시로 염문을 뿌렸다. 법적인 남편 조 디마지오와 아서 밀러 말고도 이브 몽탕, 프랭크 시내트라, 케네디 대통령 형제 등의 이름이 집중적으로 오르내렸다. 누드사진작가, 음악감독, 잡지기자, 햇병아리 배우도 상대하고 말년에는 택시기사나 식당 종업원 등도 즉흥적인 파트너로 삼았다. FBI 파일에는 영화배우 로버트 미첨, 클라크 게이블, 로널드 레이건 등도 먼로의 연인으로 기록되어 있다. "먼로는 상대가 누구든 그 남성이 자신을 원한다는 사실을 알았을 때에 비로소 안도감을 느낀다"는 지인의 말로 미루어 상대의 지위와 나이에 그다지 구애받지 않았다.

“지성과 육체의 세기적 결합”

스타가 된 후 먼로의 첫 결혼 상대는 야구 스타 조 디마지오였다. 먼로보다 12살이 많은 디마지오는 ‘56경기 연속안타’라는 메이저리그 불멸의 기록을 세운 미 프로야구의 대스타였으나 먼로와 결혼할 때는 은퇴 후였다. 두 사람은 1954년 1월 14일 ‘최고의 결합’이라는 언론의 스포트라이트를 받으며 화려하게 결혼식을 올렸다. 두 사람 모두 두 번째였다.

디마지오의 일정에 따라 도쿄로 신혼여행을 간 먼로는 일본인들의 열렬한 환영에 고무되어 예정에 없던 한국행을 결정, 주한 미군들에게 춤과 노래를 선물해 주었다. 대구 동촌비행장에는 연극배우 백성희와 영화배우 최은희를 포함, 먼로를 보려고 몰려든 수많은 사람들로 일대 소동이 벌어졌다. 결혼생활은 순탄하지 않았다. 보수적이고 완고한 디마지오와 달리 결혼 후에도 자유분방한 먼로의 사생활이 원인이었다. 먼로는 질투심과 소유욕이 강한 디마지오를 견디지 못했고, 결국 두 사람은 9개월 만에 파경을 맞았다.

먼로의 새 남자는 11살이 많은 극작가 아서 밀러였다. 평소 지성 콤플렉스를 갖고 있던 이 백치미 육체파 배우에게 밀러는 자신의 부족한 부분을 메꿔주는 데 더없이 적절한 인물이었다. 두 사람이 결혼을 생각하고 있을 무렵 밀러는 매카시 선풍으로 만들어진 미 하원의 비미활동조사위원회의 조사를 받았다. 밀러에게 출국 금지령이 떨어졌는데도 먼로는 1956년 6월 29일 밀러와 결혼을 감행했다.

결혼을 두고 언론이 “지성과 육체의 세기적 결합”이라고 하자 밀러는 “우리 2세가 먼로의 머리와 나의 육체를 닮는다면 어떻게 되겠느냐”고 농담을 던졌다. 먼로는 밀러의 자상함에 끌렸다. 밀러는 먼로를 성적 대상으로 보지 않았고 지적 수준을 무시하지도 않았다. 두 사람은 부부라기보다 사제에 가까웠다.

그러나 세 번째 결혼 생활 역시 먼로가 두 번째 유산을 한 1958년 11월부터 위기에 빠졌다. 먼로는 그토록 원하던 아이를 잃자 극도로 절망했고 마음의 평정을 잃었다. 결국 두 사람은 1960년 11월에 갈라섰다. 이혼 전 밀러가 시나리오를 쓰고 먼로가 주인공을 맡은 영화 '어울리지 않는 사람들'은 1961년에 개봉되었다.

이혼 후에도 먼로의 주변을 맴돌고 있던 디마지오는 먼로의 이별 소식이 들리자 먼로와의 재결합을 시도했다. 1961년 디마지오는 먼로와 다시 만남의 시간을 가졌으나 이미 마약과 술로 몸이 망가진 먼로가 자살하는 바람에 성사되지 못했다. 먼로에 대한 디마지오의 사랑은 먼로 사후에도 계속되었다. 먼로의 장례식도 직접 주관하고 20년 동안 매주 한 번씩 장미꽃을 무덤에 보냈으며 먼로를 괴롭히던 바람둥이들을 증오했다. 먼로의 장례식 때는 먼로의 시신을 안치할 청동관을 준비하면서 "그 빌어먹을 케네디가(家) 사람들은 절대로 장례식에 들여보내지 마라"라고 장례 담당자에게 당부했다. 1999년 조 디마지오는 숨을 거두기 전 "이젠 먼로를 다시 볼 수 있겠군"이라며 먼로를 향한 그리움을 드러냈다고 한다.

"빌어먹을 케네디家 사람들은 장례식에 들여보내지 마라"

먼로의 남자 중에는 케네디 대통령도 있었다. 1950년대 초부터 만나온 케네디는 1960년 바쁜 선거전의 와중에도 수차례 먼로와 잠자리를 함께 했다. 둘의 만남은 케네디가 대통령에 당선된 후에도 1~2년간 지속되었다. 먼로는 검은 가발과 선글라스로 변장한 뒤 케네디가 묵고 있는 호텔을 드나들었다. 심지어 공군 특별기 안까지 케네디를 만나러 가곤 했다.

당시 먼로는 아서 밀러와 파경 직전이었고 약물 등에 빠져 온전한 정신 상태가 아니었기 때문에 이런 먼로를 만난다는 것은 일국의 대통령에겐 위험천만한 일이었다. 그런데도 케네디는 욕정을 주체하지 못해 위험한 짓을 했다. 케네디는 둘의 밀회 장소가 마피아에 의해 도청되고 있다는 보고를 받고 나서는 1962년 5월 뉴욕에서 만난 것을 마지막으로 더 이상 먼로를 만나지 않았다.

문제는 먼로였다. 케네디와의 관계를 청산하지 못해 계속 대통령에게 전화를 걸어 만나자고 하고 심지어는 언론에 폭로하겠다고 위협까지 했다. 동생 로버트가 이 문제를 해결하기 위해 형 대신 먼로를 만났으나 로버트마저 먼로와 급속하게 가까워졌다. 이런 와중에 1962년 8월 먼로가 사체로 발견된 것이다.

먼로의 죽음에 케네디가가 관련이 있다는 증거는 없지만 분명한 건 먼로가 죽기 전 로버트와 격한 싸움을 벌인 적이 있다는 점이다. 먼로는 로버트에게 "기자들에게 전화를 걸어 당신네 형제가 내게 한 부정하고 부당한 행동을 폭로하겠다"고 으름장을 놓았고, 로버트는 먼로에게 "다시는 나와 형에게 전화를 걸거나 편지를 보내는 일을 삼가라"고 당부했다.

전문가들은 먼로 사후 치밀한 은폐작전이 전개된 것으로 추정하고 있다. 먼로가 죽은 후 그녀의 침대 밑에서 발견된 백악관 전화번호가 적힌 구겨진 종이쪽지, 마릴린과 케네디 형제가 찍은 사진들, 그 밖에 마릴린과 케네디를 잇는 모든 증거나 자료가 감쪽같이 사라졌다는 것이다.

조너스 소크 소아마비 백신 개발

모든 사람이 접종을 받으면 사실상 지구상에서 완전히 멸종시킬 수 있는 질병이기도 하다.

소아마비는 폴리오 바이러스가 사람의 운동 영역을 지배하는 신경 부위에 침범한 뒤 근육기능장애와 사지마비 등을 동반하는 질환이다. 자연계에서 사람만이 유일한 숙주이기 때문에 모든 사람이 접종을 받으면 사실상 지구상에서 완전히 멸종시킬 수 있는 질병이기도 하다.

소아마비의 원인과 증상은 많은 연구자의 노력에 힘입어 20세기 중반까지 대부분 밝혀졌으나 소아마비를 예방하는 백신 개발은 몇몇 장애물이 가로막았다. 그 중에서도 세균과는 달리 값비싼 실험용 영장류의 신경조직에서만 바이러스를 배양해야 한다는 게 가장 큰 장애물이었다.

다행히 1948년 하버드대 의과대 교수 존 엔더스를 비롯해 토머스 웰러, 프레드릭 로빈스 등 3명이 폴리오 바이러스가 신경조직이 아닌 다른 조직에서도 성장·발육한다는 사실을 밝혀내고 시험관 속에서 폴리오 바이러스를 배양하는 데 성공함으로써 백신 개발은 탄력을 받았다. 이들 3명은 인류 역사상 최초로 인공 바이러스 배양법을 개발한 공로를 인정받아 1954년 노벨 생리의학상을 수상했다.

폴리오 바이러스의 배양이 가능해지자 백신 개발은 막대한 연구비와 훌륭한 동물실험실이 없어도 누구나 가능하게 되었다. 당시 백신 연구에 뛰어든 연구자 중에는 조너스 소크(1914~1995)와 앨버트 세이빈(1906~1993)도 있었다. 두 사람은 공통점이 많았다. 러시아에 뿌리를 둔 유대인의 후손이고, 뉴욕대를 졸업하고 임상의사의 길을 걷다가 바이러스 연구로 진로를 바꾼 게 같았다. 차이가 있다면 소크는 미국에서 태어나고 세이빈은 러시아(지금의 폴란드령)에서 태어나 미국에서 성장했다는 정도다.

제너가 처음 천연두 접종법을 발견한 이래 최대 업적

1940년대 말부터 본격적으로 전개된 두 사람의 연구 경쟁은 부작용이 없진 않았지만 백신 개발 시기를 앞당겼다는 점에서 인류에게는 다행이었다. 당시 백신 개발은 사균(死菌) 방식과 약독화한 생균(生菌) 방식의 두 갈래로 진행되었다.

소크는 사균 방식을 선택했다. 폴리오 바이러스를 배양·증식시켜 다량의 바이러스를 확보한 다음, 포르말린을 이용해 바이러스를 불활성화시켜 백신을 제조하는 방법이었다. 소크가 마침내 사균 방식의 소아마비 백신을 개발하는 데 성공한 것은 1952년 3월이었다.

그는 자신을 실험 대상으로 삼아 성공을 확신한 후 공개적으로 지원자를 모집해 효과를 검증했다. 1952년 미국에서만 5만 8,000여 명의 폴리오 감염자가 발생했는데, 이 가운데 3,100여 명이 사망하고 2만 1,200여 명이 마비 증세를 보일 정도로 소아마비가 기승을 부렸다. 희생자들은 대부분 어린이였다.

다급해진 미국의 국립소아마비재단은 소크 백신의 안정성과 유효성을 입증하기 위해 전국의 어린이 1만 여 명에게 소크 백신을 접종했다. 1954년 4월부터는 6~9세의 어린이 180만 명을 대상으로 대대적인 접종을 실시했다. 인류 역사상 가장 규모가 큰 임상실험이었다.

실험 결과는 소아마비를 앓은 루스벨트 대통령의 서거 10주기일인 1955년 4월 12일 발표되었다. 발표에 따르면 효과는 전반적으로 성공적이었다. 일부 백신 제조소에서 잘못 만든 백신 때문에 200명 이상이 폴리오에 걸려 그 중 150명에게 마비 증세가 나타나고 11명이 사망하는 사고가 있었으나 전체적으로는 '안전하면서도 효과가 있다'는 결론이 내려졌다. 언론은 '150년 전 제너가 처음 천연두 접종법을 발견한 이래 최대 업적'이라고 평가했고 소크는 하루아침에 소아마비를 정복한 위대한 영웅 대접을 받았다.

문제는 소크 백신이 사균 방식이어서 면역 효과가 떨어지고 주사 방식이어서 사용이 불편하다는 점이었다. 앨버트 세이빈은 이 문제점을 해결하기 위해 등장한 구원투수 같은 존재였다. 세이빈은 폴리오 바이러스가 입을 통해 들어와 소화 계통으로 침입한다는 기존의 연구성과에 착안해

살아 있는 백신, 즉 생균 백신 개발에 매달렸다.

그 결과 소화 계통을 통해 흡수되는 살아있는 경구용 백신의 면역력이 평생 지속되고 더 강력한 효과를 지닌다는 사실을 알아내 1955년 살아 있는 바이러스의 독성을 약화시킨 '약독화한 생균' 방식으로 새로운 소아마비 백신을 개발했다. '세이빈 백신'은 정기적으로 주사를 접종해야 하는 '소크 백신'과 달리 시럽과 과자 모양의 먹는 백신이어서 사용이 간편하고 면역 효과가 크다는 게 장점이었다. 하지만 이미 소크의 사백신 접종 캠페인이 미국에서 대대적으로 추진 중이었기 때문에 생백신은 설 자리가 없었다. 게다가 생백신은 사백신보다 더 위험해 보였고 미 정부로서는 소크 백신이 준비되어 있으니 급할 것도 없었다.

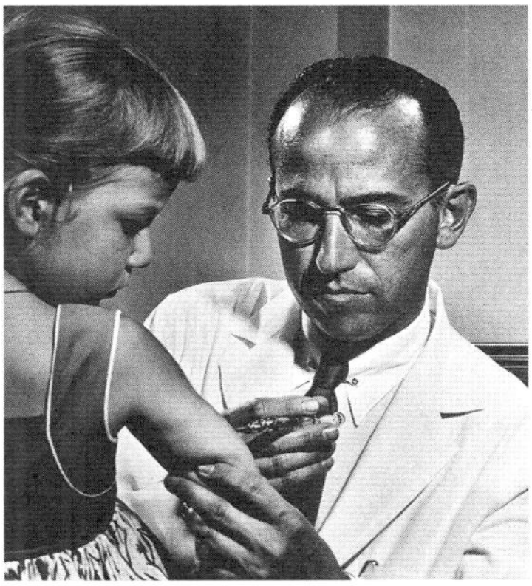

조너스 소크(1914~1995)

생백신도 안전하고 효과가 높은 것으로 밝혀져

세이빈은 1956년 자신이 개발한 백신을 원숭이와 100명이 넘는 지원자를 상대로 실험했다. 그 결과 소아마비 항체가 증가하고 불필요한 감염은 관찰되지 않았다. 1958년에는 소아마비 발병이 심각한 콩고에서 성능실험을 하고, 소련 과학자들의 협조를 얻어 소련에서도 백신의 효능과 안정성을 검증했다. 미국에서는 1960년 신시내티에서 어린이를 상대로 효과 검증을 받았다.

임상실험을 통해 생백신도 안전하고 효과가 높은 것으로 밝혀지자 미 정부는 소크 백신과 세이빈 백신 사이의 우위를 비교해야 하는 고민에 빠졌다. 그런 와중에 2,500여 명(1957)으로 바닥을 친 마비환자가 5,500명

(1959)으로 급증했다. 그러자 편리성과 효과면에서 호평을 받은 세이빈의 백신이 주목을 끌었다.

1961년 세이빈 백신이 소크 백신보다 더 효과적이라는 판정을 받고 1962년 미국 내에서 시판이 허용된 후부터는 가격이 비싸다는 단점에도 불구하고 소크 백신보다 널리 보급되었다. 1970년대에는 국제적 표준으로도 자리를 잡았다. 소크도 세이빈도 최종 승자로 이름을 올리지는 못했지만 두 사람 모두 백신에 대한 특허를 내지 않은 덕에 전 세계 어린이는 백신을 저렴하고 안정적으로 공급받을 수 있게 되었다.

우리나라는 1950년대까지는 매년 2,000여 명의 환자가 발생했으나 백신을 접종하기 시작한 1960년대 후반부터 연간 200명 정도로 감소하다가 1984년부터는 단 한 명의 환자도 발생하지 않아 2000년 10월, 소아마비 종식을 공식 선언했다.

전 세계적으로는 2012년 현재 아프가니스탄, 파키스탄, 나이지리아 세 나라만 제외하고 소아마비가 종식된 상태다. 세 나라에서 완전 접종이 이뤄지고 환자가 더 이상 발생하지 않게 되면 폴리오는 천연두에 이어 지구상에서 인간이 퇴치하는 두 번째 질병이 될 가능성이 높다.

엘리자베스 2세 영국 여왕 즉위

목숨이 다하는 그날까지 영국과 국민을 위해 봉사하겠노라고 신과 국민 앞에 맹세했다.

엘리자베스 2세(1926~)는 왕의 운명을 타고 나지 않았다. 그가 엘리자베스 알렉산드라 메리라는 이름으로 런던에서 태어났을 때, 왕은 할아버지 조지 5세였고 아버지 조지 6세는 조지 5세의 5남 1녀 가운데 둘째였다. 따라서 조지 5세의 다음 왕위 순서는 조지 5세의 맏아들에드워드 8세였고, 그에게서 2세가 태어나면 그 2세가 왕위에 오르는 게 당연한 이치였다.

엘리자베스 2세(1926~)

그러나 1936년 1월 즉위한 에드워드 8세가 미국 출신의 유부녀 심프슨 부인과 결혼을 고집하다 왕실과 국민의 반대로 결혼을 하지 못하게 되자 즉위 1년도 안 되어 스스로 왕위를 포기하면서 엘리자베스의 아버지가 1936년 12월 왕위를 물려받았다. 이것은 앞으로 엘리자베스의 남동생이 태어나지 않는 한 그녀가 왕위를 물려받게 된다는 것을 의미했다.

엘리자베스 알렉산드라 메리는 1939년 13살 나이로 왕위 계승자가 되어 14살 때부터 공식적으로 대외활동에 나섰다. 2차대전이 한창이던 1940년 10월에는 BBC를 통해 영국과 영연방의 어린이들에게 메시지를 발표했으며 1945년 3월에는 자원입대해 일반 병사와 똑같이 군용 트럭을 몰거나 탄약을 관리하는 일을 했다.

엘리자베스의 이런 행동은 어머니 요크 공작부인으로부터 영향을 받은 것이다. 어머니는 검소하고 모범적으로 가정을 꾸렸다. 전쟁 중 독일의 잇따른 런던 공습에도 왕궁을 지켜 윈저공(에드워드 8세)으로 인해 추락한 왕실의 권위를 다시 일으키는 데 크게 기여했다.

어머니는 폭격을 당한 런던은 물론 지방의 공장과 항구, 심지어는 군사 방어 지역까지 방문해 전쟁으로 고통을 겪고 있는 국민을 위로했다. 그녀의 이런 행동은 '영국 왕실은 언제나 백성과 고난을 함께한다'는 숭고한 정신을 확인시켜 주었다.

엘리자베스는 1947년 부모와 함께 남아프리카공화국을 방문하는 것으로 첫 공식적인 해외 방문을 시작하고 그해 11월 20일 필립 마운트배튼

대위와 결혼했다. 필립은 그리스 앤드루 왕자의 아들이자 빅토리아 영국 여왕의 고손자여서 혈통을 따지면 엘리자베스의 사촌오빠 뻘이었다.

군주로는 40번째, 여왕으로는 8번째 즉위

엘리자베스가 5살 연상의 필립을 처음 만난 것은 13살이던 1939년이었다. 그날 이후 마음을 빼앗긴 그녀의 책상 위엔 언제나 필립의 사진이 놓여 있었다. 아버지 조지 6세는 처음에는 필립을 미덥지 않은 인물로 생각해 교제를 반대했다. 하지만 이미 필립에 빠져 있는 엘리자베스는 20살이던 1946년 청혼을 받자마자 부모와 상의조차 하지 않고 그 자리에서 승낙하고 이듬해 결혼을 성사시켰다. 결혼 직후 필립에게는 '에든버러 공' 칭호가 부여되었다.

여왕의 아버지 조지 6세는 1949년 전 세계 50여 개국으로 구성된 영연방의 수장으로 추대되었다. 하지만 건강이 좋지 않아 영연방 국가들을 돌아다니며 결속을 다지는 일은 엘리자베스의 몫이 되었다. 조지 6세가 1952년 2월 6일 암으로 사망했을 때 26살의 엘리자베스는 아프리카 케냐에서 부왕의 부고와 자신의 왕위계승 소식을 들었다. 같은 이름의 엘리자베스 1세가 즉위한 지 394년 만이었고, 영국의 40번째 군주이자 8번째 여왕의 즉위였다.

엘리자베스가 즉위하면서 왕가의 성(姓)을 남편의 가문인 마운트배튼이 아니라 여왕의 아버지를 따라 윈저로 계속 쓰기로 하자 필립이 폭발했다. 그는 친구들 앞에서 "나는 이 나라에서 내 성을 자식들에게 물려줄 수 없는 유일한 남자다", "나는 아메바 같은 존재다"라며 분통을 터뜨렸다고 한다.

여왕의 대관식은 즉위 1년 뒤인 1953년 6월 2일 런던 웨스트민스터 사원에서 거행되었다. 대관식 전야인 6월 1일 밤, 영연방의 일원인 뉴질랜드 출신의 에드먼드 힐러리가 인류 최초로 에베레스트를 등정했다는 사실이 전해져 영국 전역은 열광과 환호의 물결로 넘쳐났다.

영국 역사상 최고령 군주

대관식은 웅장하고 화려했다. 엘리자베스는 1,000년 동안 이어져 내려온 관례에 따라 국가 최고 권력을 상징하는 보검을 들고 "목숨이 다하는 그날까지 영국과 국민을 위해 봉사하겠다"라고 신과 국민 앞에 맹세했다. 대관식에서 캔터베리 대주교가 여왕의 머리에 왕관을 씌워주는 순간, 런던 시내 모든 교회에서는 타종소리가 울려 퍼졌다. 대관식 후 버킹엄 궁으로 향하는 여왕의 마차 행렬은 3km 이상이나 늘어졌고 연도에 선 300여만 명의 시민은 축하의 박수를 보냈다.

대관식이 있기 전, 왕실은 TV로 생중계하자는 BBC의 요청에 대해 "신성한 의식에 웬 상업주의냐"라며 반대했으나 뒤늦게 이 사실을 전해 들은 엘리자베스 여왕이 방송을 허용하도록 함으로써 영연방은 물론 전 세계에 왕위 계승 장면이 생생하게 중계될 수 있었다. 덕분에 여왕의 존재도 더욱 부각되어 마치 영국 여왕이 세계의 여왕인 양 추앙하는 분위기가 연출되었다.

즉위 당시 엘리자베스는 전 세계 수십 개국의 대군주였다. 지금은 이 나라들 대부분이 독립해 엘리자베스는 '군림하되 통치하지 않는' 명목상의 군주로 물러나 있지만 그래도 그의 리더십은 영국을 비롯한 50여 개 영연방 국가들의 구심점일 뿐 아니라 영국의 매력과 호감도를 높이는 '소프트 파워'의 핵심 역할을 하고 있다.

엘리자베스는 즉위 당시의 윈스턴 처칠을 시작으로 2013년 현재 데이비드 캐머런까지 모두 12명의 총리로부터 국정 보고를 받은 영국 역사상 최고령 군주로 기록되고 있다. 그동안은 1901년 1월 81세를 일기로 사망한 빅토리아 여왕이 최고령 군주 기록(81세 243일)을 갖고 있었는데, 2007년 12월 20일 엘리자베스 여왕이 이 기록을 깨뜨린 것이다. 최장 재위 기록은 1837년부터 1901년까지 63년 216일 동안 재위한 빅토리아 여왕이 갖고 있으나 이 기록도 엘리자베스 여왕이 2015년 9월 9일까지 재위하게 되면 바뀌게 된다.

엘리자베스는 슬하에 찰스 왕세자를 비롯해 앤 공주, 앤드루 왕자, 에드워드 왕자 등 3남1녀를 두었다. 이 가운데 찰스를 비롯한 3명의 자녀가 이혼해 왕실의 위엄과 권위는 크게 실추되고 국민에게는 실망감을 안겨주었다. 그에 앞서 여왕의 유일한 동생 마거릿 공주까지 이혼을 했는데 동생의 이혼은 16세기에 이뤄진 헨리 8세의 이혼 이후 최초의 왕족 이혼으로 기록되었다. 엘리자베스 2세는 현재 통용되는 전 세계 화폐에 가장 많이 등장하는 인물로 알려져 있다. 영국은 물론 캐나다, 호주, 뉴질랜드 등 영연방을 포함해 15개 나라 32개 화폐에 등장한다.

존 케이지 작곡 '4분 33초' 초연

'4분 33초'의 메시지는 우연하게 빚어지는 소음도 얼마든지 음악일 수 있다는 인식의 전환이었다.

1952년 8월 29일, 미국 뉴욕주 우드스톡의 매버릭 콘서트홀. 작곡가 겸 피아니스트 데이비드 튜더가 무대에 놓인 피아노 의자에 앉았다. 그런데 그는 피아노는 치지 않고 피아노 뚜껑을 세 차례 열고 닫기만 하다가 정확히 4분 33초 뒤 자리에서 일어났다. 피아노 건반에 손가락 하나 대지 않았으니 당연히 피아노 소리는 없었다. 다만 나무를 스치는 바람소리와 빗방울이 지붕을 두드리는 소리, 청중의 웅성거림과 일부 관객의 짜증 섞인 목소리만이 들렸다. 튜더는 왜 피아노를 치지 않고 그냥 일어선 것일까?

존 케이지(1912~1992)

해답은 존 케이지(1912~1992)가 작곡한 '4분 33초(4′ 33″)'라는 제목의 악보에 있었다. 3악장으로 구성된 악보에는 악장마다 'TACET(침묵)'이라는 표시가 있었고, 악장을 구분하기 위해 33초, 2분 40초, 1분 20초마다 피아노 뚜껑을 열고 닫으라는 지시사항만 적혀 있었다. 따라서 피아니스트는 악보에 적힌 대로 연주를 한 것이고, 관객은 악보의 내용을 알지 못한 상태에서 피아니스트의 연주에 짜증을 낸 것이다. 존 케이지는 누구이고 왜 이런 음악을 작곡한 것일까?

존 케이지는 미국 로스앤젤레스에서 태어나 어려서 바이올린과 피아노를 배웠다. 대학을 중퇴하고 무작정 유럽으로 건너가 1년 6개월 동안 파리·카프리·마드리드·베를린과 북아프리카 등지를 무전으로 돌아다닌 후 1931년 미국으로 돌아왔다.

그에게 새로운 음악세계를 알려준 것은 아르놀트 쇤베르크였다. 쇤베르크는 오스트리아 태생의 유대인으로 유럽 음악을 지배하고 있던 조성음악을 버리고 무조(無調)주의의 12음계 음악을 창시한 사람으로, 1933년 히틀러가 집권하자 오스트리아를 떠나 미국으로 망명했다.

케이지는 미국의 UCLA에서 교수로 재직하던 쇤베르크로부터 2년 동안 대위법, 화성법, 분석법 등을 배웠다. 쇤베르크는 케이지가 수강료를 낼 수 없는 딱한 처지라는 사실을 알고 무료로 가르쳤다. 케이지가 평생의 동지이자 동성 연인이 될 현대무용의 거장 머스 커닝햄을 만난 것도 그 무렵이었다. 케이지는 이후 오랫동안 커닝햄과 작곡가와 무용가로 공동작업을 했다. 1970년부터 눈을 감을 때까지는 동성애자로 커닝햄과 함께 살았다.

"완전한 무음(無音)이란 있을 수 없다"

케이지는 1939년 전통적인 범주를 벗어난 새로운 음악을 작곡했다. 1940년에는 피아노 현 사이에 너트, 볼트, 고무, 털실 등을 끼워 음색과 음정을 왜곡하고 굴절시키면서 타악기 효과까지 내는, 조작된 피아노를 개발했다. 1943년 2월에는 뉴욕현대미술관에서 첫 번째 뉴욕 공연을 열었다. 평론가들은 꽃병, 워낭, 진동자 등으로 구성된 케이지의 절충주의적 악기 조합에 큰 관심을 보였다.

케이지가 1952년 작곡한 '4분 33초'를 통해 알리고자 했던 메시지는, 연주자가 악기를 연주할 때 나는 소리만이 음악이 아니라 우연하게 빚어지는 자연스러운 소음도 얼마든지 음악일 수 있다는 인식의 전환이었다. 따라서 '4분 33초'는 음악에 대한 우리의 오랜 고정관념을 시험하고 도발한 것이며, 그때까지 누구도 들어보지 못한 새로운 유형의 '음악'을 세상에 내놓았다는 데 음악사적 의미가 크다. 일부 음악평론가들은 '4분 33초'가 처음 연주된 순간을 20세기 음악사에 세워진 새 이정표로 간주하기도 한다.

"완전한 무음(無音)이란 있을 수 없다"는 케이지의 믿음은 개인의 경험에서 비롯되었다. 완벽한 방음시설을 갖춘 녹음실에서 자신의 심장 박동과 머릿속 이명(耳鳴)이 어우러져 만들어내는 기묘한 '침묵의 소리'를 듣고부터 완전한 '무음'이란 존재하지 않는다는 결론을 내린 것이다.

케이지는 음악을 연주한다는 의식적 행위가 없더라도 이미 사람들은 끊임없이 소리에 노출되어 있고, 그 소리들의 우연한 조합이 생성시키는 새로운 개념의 음악을 통해 다양한 감정을 느낄 수 있다고 보았다. 케이지는 음악을 '소리의 조직'으로 정의한 뒤 기존의 음악과 소음을 동일한 음악의 영역으로 간주했다. 서양음악이 옥타브라는 제한된 음가를 중심으로 구성되어 있다는 엄연한 사실도 받아들이지 않았다. 따라서 케이지는, 청중은 작곡가나 연주자에 의해 만들어진 완성품으로서의 음악이 아니라 '무음'의 음악을 통해 때와 장소에 맞는 환경적 음을 듣는 것이 더 중요하다고 생각했다.

근대 유럽의 음악관을 정면으로 부정

이런 음악관을 발판으로 케이지는 피아노의 현 사이에 너트, 볼트 등의 금속과 채소, 파이 등을 끼워넣어 피아노의 음을 기괴한 소리로 변조했다. 한 항아리에서 다른 항아리로 물을 쏟아부으며 휘파람을 부는 음악을 작곡하기도 하고 플라스틱이나 심지어 새털, 장난감, 인형 등을 활용해 바이올린이나 피아노를 연주하기도 했다.

이처럼 음의 자연발생 상태 그 자체를 받아들이려는 케이지의 생각은 인간이 음을 지배하고 음을 구축함으로써 음악작품을 꾸려온 근대 유럽의 음악관을 정면으로 부정한 것이다. 케이지는 '4분 33초'의 후속곡으로 '0분 00초'를 1962년에 발표했다. '0분 00초'의 무대에 설치된 여러 대의 스피커에서는 비명 소리, 침 삼키는 소리, 찰칵거리는 소리 등이 증폭되어 나왔다.

세상 사람들은 케이지의 예측할 수 없는 창작들을 받아들이지 못했다. 그럼에도 장르를 넘나들고 전통적 벽을 허물며 현대 예술의 모습을 바꿔간 케이지의 음악은 다른 분야의 전위예술에도 영향을 끼쳤다. 시(詩)에서는 앨런 긴즈버그, 비디오 아트에서는 백남준, 무용에서는 머스 커닝햄 등 다양한 전위예술가들이 케이지의 영향을 받아 전혀 새로운 장르를 개척하는 선구자로 나섰다.

특히 백남준은 "나의 국제적 성공의 70~80%는 케이지 덕분"이라고 말할 정도로 케이지와 밀접한 관계를 이어갔다. 백남준과 케이지의 운명적 만남은 1958년 8월에 이뤄졌다. 당시 독일의 다름슈타트에서는 매년 여름 휴가철이 되면 젊은 작곡가들을 위한 국제 신음악 페스티벌이 열렸는데, 1958년 여름 존 케이지와 데이비드 튜더가 연주회를 연다는 소식을 듣고 백남준이 연주회장을 찾아간 것이다. 연주가 진행되는 동안 발을 구르거나 문을 박차고 나가는 사람, 야유하고 고함치는 사람들로 어수선했으나 백남준은 그 소란 중에도 케이지의 음악 속으로 빠져들었다.

이후 백남준은 케이지의 사고가 서양음악의 전통과 서양음악사를 뒤집는 것이며 그것이 동양의 선불교적 배경에서 창안된 것임을 깨닫고 케이지의 음악적 모험 정신을 자신의 예술적 좌표로 삼았다. 1990년에는 자신의 비디오 예술을 상징하는 9대의 텔레비전 모니터, 케이지를 상징하는 피아노부품, 레코드 등으로 만들어진 '존 케이지'를 제작해 그를 추앙하고 기렸다. 케이지가 1992년 눈을 감았을 때는 추도사를 썼다.

르코르뷔지에 설계 '위니테 다비타시옹' 완공

일체의 허식과 장식을 버리고 간명함과 절대적인 기능을 강조하는 기계시대의 미학을 추구했다.

르코르뷔지에(1887~1965)는 '건축의 피카소', '20세기 건축의 신'으로 추앙받는 근대 건축사상 가장 위대한 인물로 꼽힌다. 그는 건축에서 일체의 허식과 장식을 버리고 간명함과 절대적인 기능을 강조하는 기계시대의 미학을 추구했다. 이 때문에 일부로부터 '현대의 메마른 도시와 건축을 만들어낸 장본인'이라는 비난을 받기도 했으나 전체적으로는 인간의 복잡한 꿈을 주거공간 안에서 간결하게 실현하고자 한 건축계의 선구자로 평가받고 있다.

르코르뷔지에는 스위스에서 태어나 예술학교를 졸업한 뒤 1907년 자신의 첫 건축 작품인 '팔레 하우스'를 고향에 짓는 것으로 건축계에 발을 디었다. 그 무렵 시작된 국외 여행은 1917년까지 간헐적으로 계속되었다. 1914년에는 그리스, 이탈리아, 독일, 오스트리아, 프랑스의 여러 도시를 여행하며 안목을 넓힌 끝에 그 유명한 '현대 건축의 5원칙'을 확립했다.

르코르뷔지에(1887~1965)

1917년 파리에 정착한 그가 한동안 심취한 것은 그림 그리기였다. 화가 오장팡과 함께 작품전을 열고 카탈로그 '큐비즘 이후'를 공동 집필했다. 1920년 10월에는 오장팡과 함께 '새로운 정신'이라는 뜻의 '에스프리 누보'지를 창간, 건축이론가의 이력을 시작했다. 당시 적잖은 논란을 불러일으킨 '주택은 살기 위한 기계'라는 유명한 선언이 1921년 실린 것도 에스프리 누보였다. 에스프리 누보에 실린 글들을 발췌해 발간한 '건축을 향하여'(1923)는 현대 건축의 가장 중요한 이론서로 꼽히고 있으며 아직까지 그것을 극복할 만한 책은 나오지 않고 있다.

'주택은 살기 위한 기계' 선언

르코르뷔지에의 초기 작품 중 최고 걸작은 '빌라 사보아'(1928~1930)다. 파리 근교 푸아시에 지어진 '빌라 사보아'는 오늘날 근대 건축의 대표적인 주택작품으로 평가받고 있다. 그는 '빌라 사보아'를 설계하면서 필로티, 옥상 테라스, 자유로운 평면, 수평창, 자유로운 파사드(건축물의 주된 출입구가 있는 정면부) 등 '현대 건축의 5원칙'을 완벽하게 적용했다.

특히 건물 전체를 기둥으로 떠받쳐 1층은 사람이나 자동차가 자유롭게 오가도록 개방하고 2층부터 주택이나 사무실로 설계한 필로티 구조물은 르코르뷔지에 건축의 대표적인 특징이다. 이는 대지 위에 바로 건물을 세

위니테 다비타시옹

우면 인간은 그만큼 자연으로부터 멀어지게 되고 자연 상태에서 경험할 수 있는 쾌적한 삶을 보장받지 못한다는 르코르뷔지에의 건축철학에 따른 것이다.

르코르뷔지에를 대표하는 건축물 중에는 프랑스 남부의 항구도시 마르세유에 지어진 '위니테 다비타시옹'(주택단지)도 있다. 1947년 시공해 1952년 완공된 이 건물은 현대 아파트의 효시 격이다. 당시 마르세유 지방정부는 설계를 의뢰하면서 "프랑스 건축법과는 상관없이 짓고 싶은 대로 지으라"며 '건축의 신'에 경의를 표시했다.

르코르뷔지에는 길이 130m, 너비 20m, 높이 61m의 '위니테 다비타시옹'을 설계하면서 자연과 조화시키기 위해 건축이 땅과 닿는 부분을 자유공간으로 개방하고 건축으로 점거된 자연을 옥상 정원으로 복원했다. 건물 중간층에는 1,800명의 주민을 위해 슈퍼마켓, 탁아소, 유치원, 술집, 약국, 병원, 체육관 등 공동체 공간을 마련했다. 옥상에 옥외 수영장과 놀이터를 만든 것은 르코르뷔지에가 처음이었다.

건축가로는 '20세기를 빛낸 100인'에 유일하게 선정

집의 구조도 모두 다르게 설계되었다. 단독주택처럼 독립되고 차별화된 주거공간을 한 건물에서 이뤄내기 위해 337가구의 집을 23종의 각기 다른 구조로 만든 것은 당시로서는 혁명적인 발상이었다.

건물에는 르코르뷔지에의 유명한 '모듈' 이론이 적용되었다. 즉 사람의 이상적인 키를 183cm로 잡고 이에 적합한 건물 천장의 높이를 226cm,

사람이 서 있을 때 배꼽의 높이는 113cm 등으로 정한 이론에 따라 천장 높이는 226cm로, 난간은 사람들이 가장 편한 느낌을 갖는다는 배꼽 높이로 설계되었다.

이 고층 고밀도 집합주거안이 처음 발표되었을 때 반대운동도 적지 않았다. 건축사협회에서는 현행법을 어겼다고 항의하고 일부 단체에서는 철거를 요구했다. 피카소까지 나서 반대했으나 르코르뷔지에는 아랑곳하지 않고 공사를 강행해 낙성식 때 레지옹 도뇌르 훈장을 받았다. 건물은 1986년 프랑스 정부에 의해 역사적 기념물로 지정되었다.

프랑스 서부의 작은 도시 롱샹에 지어진 '롱샹 성당'(1953)과 프랑스 남부 리옹시 외곽에 자리잡고 있는 '투레트 수도원'(1960)도 건축가라면 누구나 한 번쯤 찾아보고 싶은 명소로 각광을 받고 있다.

1952년 공사를 시작해 1963년 끝낸 인도 펀자브주의 수도인 '찬디가르 프로젝트'는 2차대전 후 건설된 최대의 계획도시로 꼽힌다. 파리처럼 '비합리적인' 도시를 싫어해 모든 구역을 '합리적인' 선에 따라 다시 만들고자 했던 르코르뷔지에는 곡선은 배제하고 직교체제에 의거해 견고한 직각의 도시를 만들었다. 법원청사(1952~1955), 찬디가르 사무국(1952~1958), 의사당(1952~1962), 주정부청사 등의 설계에는 훗날 한국 현대건축의 초석이 될 김중업도 참여했다. 그러나 이 신도시 프로젝트는 모든 성취가 르코르뷔지에 건축의 완성일 뿐 인도의 특성이 없다는 이유로 비판을 받기도 했다.

생전에 2,700여 개의 건축 계획안(약 40% 완공)과 60여 개의 도시계획 작품을 비롯해 400여 점의 유화, 50여 점의 조각, 50여 권의 저서를 남겼으며 1999년 '타임'지에 의해 건축가로는 '20세기를 빛낸 100인'에 유일하게 선정되었다.

에밀 자토페크 올림픽 사상 첫 장거리 육상 3관왕

올림픽 역사상 마라톤과 트랙을 합쳐 3개의 금메달을 따낸 사람은 자토페크가 처음이었다.

'인간 기관차' 에밀 자토페크(1922~2000)의 달리기 입문은 실로 우연이었다. 체코 동부의 모라비아에서 가난한 목수의 아들로 태어나 구두공장에서 일을 하고 있던 어느날, 공장 사장이 16살의 자토페크에게 1,500m 크로스컨트리 대회에 나가 보라고 등을 떠민 게 달리기의 시작이었다. 사장은 자신이 후원하고 있는 이 육상대회에 직원 중 누군가를 보내야겠는데 적임자가 없어 가장 젊은 자토페크를 내보낸 것이다.

결과는 생각지도 않은 2등이었다. 사장을 비롯한 대회 관계자들도 의외의 결과에 놀랐지만 누구보다 놀란 사람은 자신의 숨겨진 재능을 발견한 자토페크 자신이었다.

이후 자토페크는 달리기에 매진해 1944년 체코 국가대표 선발전에서 2,000m, 3,000m, 5,000m의 국내 기록을 갈아치웠다. 1946년 유럽선수권대회에서도 또다시 자신의 5,000m 기록을 경신했다.

자토페크의 첫 세계 무대 도전은 1948년의 런던 올림픽이었다. 자토페크는 올림픽 1만m와 5,000m에 출전, 각각 금·은메달을 목에 걸었다. 1만m는 그가 생애 두 번째로 뛰어본 거리였는데도 금메달을 차지해 체코 육상계를 놀라게 했다.

자토페크의 생애에서 가장 드라마틱한 장면이 연출된 것은 1952년의 헬싱키 올림픽이었다. 육군 대위로 복무하던 그는 먼저 1만m(7.20)와 5,000m(7.24)에서 2개의 금메달을 목에 걸었다. 자토페크는 내친김에 3일 뒤에 벌어질 마라톤까지 도전했다. 이 마라톤 경기에는 한국에서도 최윤칠(4위)을 비롯 3명의 선수가 참가했다.

자토페크는 마라톤이 처음이었으나 이 천부적인 육상선수에게 마라톤이라고 특별할 것도 없었다. 마라톤에서 또다시 금메달을 따낸 것이다. 올림픽 역사상 마라톤과 트랙을 합쳐 3개의 금메달을 따낸 사람은 자토페크가 처음이었다. 이 기록은 지금까지도 깨지지 않는 난공불락의 대기록으로 남아 있다.

에밀 자토페크(1922~2000)

자토페크가 5,000m에서 우승한 날, 생년월일이 같은 그의 아내도 투창에서 금메달을 목에 걸어 올림픽 사상 첫 부부 우승자가 되었다. 부부가 한 올림픽에 출전해 기록한 4종목 석권은 지금도 깨지지 않는 대기록으로 남아 있고, 앞으로도 좀처럼 깨지지 않을 가능성이 높다.

"새는 날고 물고기는 헤엄치고 사람은 달린다"

1956년 멜버른 올림픽 대회 마라톤에서는 비록 6위에 그쳤지만 그는 실망하지 않았다. 대회를 불과 6일 앞두고 탈장 수술을 받아 회복이 온전하지 않은 상태에서 출전해 얻은 결과였기 때문이다. 자토페크는 올림픽에서만 4개의 금메달을 따고 세계신기록을 18번이나 갈아 치운 뒤 현역에서 물러났다. 특히 1만m에서는 38연승의 대기록을 세우는 위업을 달성했다.

1만m 경기 때마다 출발과 동시에 자토페크가 늘 선두를 달리고 다른 선수들이 그의 뒤를 줄지어 달린다고 해서 붙은 별명이 '인간 기관차'였다. 레이스 도중 늘 턱을 쳐들고 헐떡거리며 고통스럽게 뛰는 그에게 누군가 물었다. "왜 그런 고통스러운 모습으로 뛰냐"고. "나는 달리면서 웃을 수 있는 재주가 없다." 우문현답이었다.

자토페크는 혹독한 연습과 과학적인 훈련방법을 개척한 선수로도 유명했다. 완전군장에 손전등을 들고 캄캄한 연병장을 몇 바퀴씩 도는가 하면 방독면을 쓴 채 다리에 4.4파운드짜리 추를 달고 질주하기도 했다. 심폐 기능을 향상시키기 위해 숨을 멈추고 달리는 연습도 했다. 그가 고안해낸 '인터벌 트레이닝'은 지금까지도 장거리 육상 선수들이 즐겨 이용하는 훈련법이다. 이 훈련법은 1만m를 그냥 뛰는 것이 아니라 200m나 400m씩 구간을 나눠 각 구간을 전력질주한 후 구간 사이마다 '쉬면서 걷거나 천천히 달리는' 방법이다.

자토페크가 오늘날까지 영웅으로 기억되는 것은 달리기 때문만은 아니다. 1968년 이른바 '프라하의 봄' 때 직접 마이크를 들고 소련군 반대를 외쳤고, 그해 6월 각계 인사들의 '2000어(語) 선언'에도 서명함으로써 체코의 자유화와 민주화를 위해 온몸을 던졌기 때문이다. 이로 인해 그는 육상 코치에서 해임되어 1972년 뮌헨 올림픽에 초청받을 때까지 탄광 등 막장을 전전해야 했다.

그가 비로소 복권된 것은 공산 정권이 물러난 1990년이었다. 그러자 이번에는 병마가 찾아와 2000년 11월 78세로 눈을 감았다. "새는 날고 물고기는 헤엄치고 사람은 달린다." 자토페크의 말이다.

앙리 카르티에 브레송 '결정적 순간' 사진집 출판

일체의 기계적 조작을 거부한 사진은 그래서 자연스럽고 사실적이면서 그림처럼 아름답다.

앙리 카르티에 브레송(1908~2004)은 현대 사진의 출발점이자 찰나의 거장이다. 그의 사진은 위대한 역사의 현장도 그늘진 사회의 증언도 아닌 일상의 평범한 풍경들뿐인데도 20세기 사진작가 중 그의 영향을 받지 않은 이가 없을 정도다.

브레송은 프랑스 파리 근교의 부유한 집안에서 태어났다. 바칼로레아(대학입학 자격)에 연거푸 낙방하자 대학 진학을 포기하고 1927년 미술학교에 들어가 당시 막 태동한 초현실주의 화풍에 빠졌다. 1930년부터 사진을 공부하던 그는 1931년 우연히 헝가리의 사진작가 문카치의 사진 '탕가니카 호수의 세 소년'을 보고 사진을 새롭게 인식하게 되었다. 그는 훗날 "영원을 순간에 묶어둘 수 있는 것이 바로 사진이란 사실을 벼락처럼 깨닫게 되었다"고 그 순간을 회고했다.

앙리 카르티에 브레송(1908~2004)

브레송은 "붓보다 빠른 도구", "내 눈의 연장"이라고 예찬하게 될 35mm 라이카 카메라를 구입해 사진에 몰입했다. 라이카는 크기가 작고 기동력이 장점이었기 때문에 거리에서 피사체에 들키지 않은 채 있는 그대로를 마음대로 프레임에 담아낼 수 있었다. 브레송은 세계 각지를 돌아다니며 사진을 찍고, 1932년 뉴욕에서 첫 개인전을 열어 호평을 얻었다. 1936년부터 3년간은 영화감독 장 르누아르의 조감독으로 활동하며 기록영화를 제작하기도 했다.

브레송은 1939년 발발한 2차대전에 참전했다가 1940년 6월 독일군의 포로가 되었으나 세 번째의 탈옥 시도 끝에 1943년 2월 탈출에 성공했다. 1944년에는 독일의 점령과 퇴각을 기록하는 프랑스 레지스탕스의 사진단에 참여하고 1945년에는 석방된 전쟁포로와 추방자들의 프랑스 귀환을 다룬 영화 '귀향'을 만들었다.

'자유로운 영혼'으로 역사 기록하고 독립적인 예술세계 구축

1947년 2월 뉴욕 현대미술관에서 사진전을 열어 세계적인 명성을 얻고 1947년 4월 로버트 카파, 데이비드 시모어, 조지 로저와 함께 사진통신사 '매그넘'을 창립했다. 카파와 시모어는 1936년 봄 파리의 한 신문사 사진기자 입사시험에 낙방한 후 우연히 카페에서 만난 것을 계기로 10여 년간 알고 지내온 사이였다. 세 사람은 나치의 직접 피해자라는 공통점도 있었다. 브레송은 3년 동안 독일군에 포로로 잡혀 있었고, 유대인인 카파는 1933년 히틀러를 피해 프랑스로 망명했으며 시모어는 나치에게 부모를 잃었다.

그들은 특정 매체에 종속되지 않는 독립성을 확보하고 사진이 언론에 보도된 뒤에도 저작권을 작가가 가져야 한다는 것을 매그넘의 설립 목표로 삼았다. 점차 80여 명으로 늘어난 멤버에게 가장 중요한 것은 자신의 작업에 관한 선택과 그 작업에 필요한 시간에 대해 자율성을 갖는 것이었다. 이후 매그넘은 이념과 자본을 떠나 '자유로운 영혼'으로 역사를 기록하며 독립적인 예술세계를 구축했다.

매그넘 창립 후 브레송은 주로 인도와 아시아 지역을 담당했다. 공산혁명 전후의 중국과 마하트마 간디의 장례식 등 숱한 명작이 그때 촬영되었다. 이후에도 1954년 소련의 역동적인 거리, 1968년 5월의 파리학생혁명 현장을 담았으며 조각가 알베르토 자코메티, 소설가 아서 밀러, 지휘자 레너드 번스타인, 철학자 장 폴 사르트르, 희곡작가 사뮈엘 베케트, 소설가 앙드레 말로 등의 인물사진을 다수 남겼다. 1955년에는 사진작가 최초로 루브르 박물관에서 개인전을 여는 영예를 얻었다.

1952년에는 화가 앙리 마티스가 표지를 그리고 126장이 수록된 사진집 '재빠른 이미지'(영어판 제목은 '결정적 순간')를 출간했다. 이 사진집은 사진도 사진이지만 역사상 가장 뛰어난 사진예술론 가운데 하나로 평가받고 있는 '결정적 순간'이라는 제목의 서문으로도 유명하다.

브레송의 예술관을 압축적으로 설명하는 '결정적 순간'은 내용과 구성이 가장 조화로운 순간, 절제된 구성과 기하학적 구도로 귀결되는 최상의 순간을 포착해 이를 촬영하는 것을 말한다. '결정적 순간'은 단순히 시간적인 것이 아니고 대상 자체의 본질이 가장 잘 드러나는 순간이다. "사진가는 촬영 대상을 바라보며 언제 셔터를 누를지 본능적으로 알아야 한다"고 했던 그는 시간의 연속적 흐름을 딛고 선 채 '매복'하고 있다가 삶의 한 순간을 현장에서 '체포'하는 방식으로 사진을 촬영했다.

'결정적 순간'은 대상 자체의 본질이 가장 잘 드러나는 순간

이미지 사냥꾼으로서 그의 감각은 거의 본능적이어서 그가 찍은 '결정적 순간'의 사진들은 의미심장한 내용과 엄격한 기하학적 균형의 완벽한 결합을 보여주고 있다. 비온 뒤 웅덩이를 뛰어넘는 남자를 찍은 대표작 '생 라자르역 뒤에서'(1932)는 '결정적 순간'의 미학을 잘 보여주는 대표 사진이다.

브레송은 평생 소형 라이카 카메라만 사용하고, 가장 아름다운 삶의 정취가 배어나는 표준 렌즈만을 고집했다. 자연의 빛과 찰나의 빛 아래서만 사진을 찍었고, 조명을 거부했으며 흑백사진만 고수했다. 원래의 느낌과 달라지는 어떠한 변형, 조작, 왜곡 행위도 용인하지 않았다. 일체의 기계적 조작을 거부한 채 라이카 카메라로 찍은 그의 사진은 그래서 자연스럽고 사실적이면서 그림처럼 아름답다.

브레송은 세계 전역을 돌아다니며 독특한 사진세계를 선보였으나 매그넘 창립 동인 중 로버트 카파가 1954년 인도차이나 전쟁에서 지뢰를 밟아 폭사하고 데이비드 시모어도 1956년 수에즈 상륙작전을 취재하다가 죽자 사진과 거리를 두었다. 급기야 매그넘 구성원 간에 예술성과 상업성의 조화와 공존에 관한 논란과 갈등이 끊이지 않자 1966년 매그넘을 탈퇴하고 1970년에는 사진작가로서의 활동을 중단한다는 폭탄 선언을 하고 그림에만 전념했다.

96살로 장수한 그의 묘비에는 이런 글이 적혀 있다. "세월은 어김없이 흘러서, 오직 우리의 죽음만이 붙잡을 수 있을 따름이다. 사진은 영원을 밝혀준 바로 그 순간을 영원히 포획하는 단두대이다."

루퍼트 머독 신문 경영 시작

영향력 확대를 위해서라면 좌우를 가리지 않았다.

루퍼트 머독(1931~)에게 가장 잘 어울리는 수식어는 '언론계의 조스'다. 선정성과 권력 유착을 무기로 세계 언론매체를 끊임없이 먹어치우는 사업 확장 방식 때문이다. 머독은 호주 멜버른에서 태어나 대학생이던 1952년 언론 경영에 뛰어들었다. 영국의 옥스퍼드대 재학 중 종군기자 출신 아버지가 죽어 발행부수 7만 5,000부의 호주 지방지 '애들레이드 뉴스'와 라디오 방송국을 물려받은 것이다.

당시 애들레이드 뉴스는 선두지이던 발행부수 15만부의 '애드버타이저'가 "당장 신문을 팔지 않으면 조만간 망할 것"이라며 공공연히 협박성 편지를 보내올 정도로 사세가 약했다. 하지만 머독은 파격적인 방식으로 애드버타이저에 전쟁을 선포했다. 애드버타이저의 인수 제의를 '언론 독점 제안'이라는 제목 아래 편지 사진과 함께 실어 이슈화한 것이다. 이 파격적인 보도 후 두 신문 간에는 10년의 전쟁이 벌어졌고 머독은 승리자가 되었다.

머독은 1964년 호주 최초의 전국 일간지인 '더 오스트레일리안'을 창간하고 1969년 할아버지의 고향인 영국으로 진출해 영국 최대 일요신문 '뉴스 오브 더 월드(NoW)', 점잖으면서 재미와는 거리가 먼 권위지 '더 선'을 인수했다. 이후 머독은 '더 선'을 황색 타블로이드 신문으로 탈바꿈시켜 상반신을 벗은 모델사진을 싣는 등 선정성을 부각시켰다. 1980년대에 다이애나 왕세자비의 낯 뜨거운 사진을 싣고 불륜을 폭로해 찰스 왕세자 부부를 이혼으로 몰고 가는 데 결정적 역할을 한 것도 '더 선'이었다. 머독이 인수한 신문들은 선정성 기사나 범죄 기사의 비중을 높여 급격하게 발행부수를 늘려나갔다.

루퍼트 머독(1931~)

1979년 영국 총선거에서 발휘된 머독의 도박은 머독이 1980년대 영국 언론을 장악하는 계기가 되었다. 총선거 당일인 5월 3일, '더 선'은 '보수당에 투표를'이란 제목의 기사를 1면 톱으로 올렸다. 꼭 이것 때문은 아니지만 선거 결과는 마거릿 대처의 승리로 나타났다. 이를 계기로 대처와 머독의 밀월 시대가 시작되었다.

선정성과 권력 유착을 무기로 세계 언론매체 끊임없이 먹어치워

머독은 1981년 2월, 200년 전통의 최고 권위지 '더 타임스'와 '선데이 타임스'를 인수하는 등 공격적인 경영으로 영국 국민의 36%를 독자로 만들었다. 일요판 발행부수 1위(NoW), 일간지 1위(더 선), 고급지 1위(더 타임스) 신문이 모두 그의 수중에 들어감으로써 머독은 총리보다 센 발언권을 행사했다.

'더 선'과 'NoW' 등 황색 타블로이드는 머독이 싫어하는 정치인의 약점을 물고 늘어지거나 인신공격을 일삼았다. '더 타임스'나 '선데이 타임스'

등 이른바 정론지도 정제된 여론전으로 상대를 압박했다. 영국 정계가 이런 수모를 당하면서도 타블로이드 신문을 규제하지 못한 이유는 굴종의 대가로 주어지는 달콤한 당선 때문이었다.

호주와 영국에서 성공한 머독은 똑같은 전략을 가지고 미국에 상륙했다. 미국 진출은 1973년 텍사스의 3개 지방지를 한꺼번에 인수하면서 본격화되었다. '뉴욕 포스트'(1976), '보스턴 헤럴드 아메리칸'(1982), '시카고 선 타임스'(1984), '월스트리트 저널'(2007) 등까지 장악해 미국 신문업계의 큰손으로 부상했다.

신문에 한정되던 머독의 탐욕은 방송과 영화사로 확대되었다. 1985년 5대 메이저영화사인 '20세기 폭스'를 사들이고, 1986년 6개 대도시의 TV 방송사를 매입했다. 1996년 10월에는 24시간 케이블 뉴스방송인 '폭스 TV'까지 설립했다. '폭스 뉴스'는 자극적인 언어와 애국적이고 맹목적인 논조로 시청자들의 호응을 얻어 시청률이 급등했다. 설립 5년 만인 2002년에는 '케이블 뉴스의 대명사'로 불리던 CNN까지 추월해 '케이블 뉴스의 제왕' 자리까지 꿰찼다.

머독은 철저한 시장주의자나 극우 보수 성향으로 알려져 있지만 자신의 영향력 확대를 위해서라면 좌우를 가리지 않았다. 정치적 지향점도 상황에 따라 달랐다. 대처 시절에는 영국 보수당의 가장 든든한 후원자였지만 블레어나 브라운 총리 시절에는 노동당을 지지했다. 2009년 미국 대선에서는 버락 오바마 대통령을 지지했다.

이런 머독을 향해 "세계 문화를 전 지구적인 차원에서 타락시킨다", "개인적 이익을 위해 언론을 소유해 나치 독일 시대의 히틀러와 다를 바가 없다"는 등 온갖 비난이 쏟아졌지만 "정보를 가진 자가 세계를 지배한다"거나 "용감한 사람만이 부를 거머쥔다"는 신념에는 변함이 없었다.

2013년 현재 머독은 세계적 종합 미디어그룹인 '뉴스 코퍼레이션'을 기반으로 세계 50여 개국 800여 개에 달하는 미디어 관련 기업을 소유하고 있다. 미디어 전문가들은 세계 인구의 64%가 뉴스 코퍼레이션에서 제작한 뉴스, 영화, 방송물을 즐기거나 이 회사의 지상파, 케이블 TV, 위성방송을 통해 세상을 바라보는 것으로 분석하고 있다.

도청은 머독 제국의 일반적 취재 기법

승승장구하던 머독의 탐욕에 제동이 걸린 것은 2005년 11월이었다. 영국의 윌리엄 왕자가 무릎을 다쳤을 때 NoW가 이를 보도하자 영국 왕실이 도청 없이는 불가능하다고 생각해 수사를 의뢰한 것이 시작이었다. 당시 NoW의 왕실 담당 기자와 사설탐정이 이듬해 8월 휴대전화 음성 메지지 도청 혐의로 체포되면서 꼬리가 잡히는 듯 했으나 수사진은 단독 범행일 뿐 조직적 범죄행위는 없었다고 발표했다.

도청 기자가 2007년 4개월의 징역형을 선고받고, 이후에도 도청이 광범위하게 이뤄졌다는 폭로가 이어졌지만 경찰은 미온적 태도를 취했다. 영국의 '가디언'은 2009년 7월 3,000여 명이 피해를 봤을 것이라는 의혹까지 제기했다.

2010년 9월에는 NoW와 더 선에서 연예 기사를 쓰던 호어 기자가 뉴욕타임스와 인터뷰에서 "두 매체에서는 도청이 일반적 취재 기법이었다"고 폭로해 도청 사실을 뒷받침했다. 그 기자는 훗날 NoW의 편집장 앤디 쿨슨이 도청을 독려하고, 자신도 그에게서 도청 취재 지시를 받았다고 증언했다.

결국 2011년 1월 경찰이 본격 수사를 선언하고, NoW의 편집장을 지낸 뒤 캐머런 총리의 공보책임자로 일하던 앤디 쿨슨이 사임하면서 머독의 언론제국에 먹구름이 드리우기 시작했다. 결국 앤디 쿨슨 등 10여 명이 체포되고, 돈과 정보를 맞거래하며 편의를 봐주던 런던경찰청장 등이 무더기로 사임했다. 호어 기자는 2011년 7월 자살했다. 결국 머독은 2011년 7월 10일, 168년 역사의 NoW를 폐간시켜 도마뱀의 꼬리 자르기를 시도하고 7월 19일 영국 의회의 청문회 증언대에 출석해 의원들의 추궁에 머리를 숙였다.

미 국가안보국(NSA) 설립과 '에셜론'

경쟁국들까지 마구 도·감청하고 가맹국의 부당한 이익을 취하는 데 활용하고 있어 폐해가 심각하다.

'누군가 엿듣고 있다'는 제목의 기사가 실린 것은 영국의 월간지 '뉴 스테이츠먼' 1988년 8월호였다. "프로젝트415는 1급 비밀 지구 감시 시스템이다. 영국에서만 연간 10억 통화를 도청할 수 있다"고 폭로한 탐사보도 전문기자 던컨 캠벨의 이 기사를 신호탄으로 전 세계의 통신을 도·감청해온 비밀시스템 '에셜론'에 관한 기사가 봇물처럼 터져나왔다. 캠벨은 몇 달 뒤 구속되었고 함께 기사를 쓴 미국 기자는 영국에서 추방되었다.

1997년 11월 영국의 '데일리 텔리그라프'지는 유럽연합(EU) 의회의 비밀보고서를 인용해 2차대전 후 구축된 에셜론이 냉전 붕괴 후에도 존속하고 있으며 정부, 기업, 개인의 통신을 무차별적으로 도청하고 있다고 폭로했다. 에셜론의 존재가 유럽의회 보고서를 통해 공식적으로 확인된 것이다.

유럽의회는 산하 에셜론위원회가 지난 1년여에 걸쳐 조사한 끝에 제출한 140쪽의 보고서와 암호체계 강화 등 에셜론 방어책으로 권고한 44개 사항을 2001년 9월 5일 압도적인 표차로 통과시켰다. 에셜론위원회의 한 조사위원은 2002년 2월 일본, 한국, 독일, 터키, 노르웨이도 에셜론의 새

가맹국이라고 주장했다. 2000년 2월 영국의 선데이 타임스는 "에셜론은 다이애나 영국 왕세자비를 비롯해 교황, 테레사 수녀, 국제사면위원회, 그린피스 등까지 폭넓게 감청했다"는 미 국가안보국(NSA) 전직 요원의 증언을 보도해 충격을 던져주었다.

각종 언론 보도와 유럽의회의 에셜론위원회 발표를 종합하면 에셜론의 실체는 이랬다. 에셜론은 냉전시대 초기 공산권의 움직임을 감시하기 위해 미국의 주도로 창설된 국제정보 감시망이다. 본격적인 활동은 미국과 영국의 첩보기관이 1946년 3월 5일 서명한 '영미안보협정(UKUSA)'으로 거슬러 올라간다. 이듬해 캐나다, 호주, 뉴질랜드가 가입하면서 5개국으로 확대되었다. 개신교를 믿고 영어를 쓰며 앵글로색슨 백인이라는 게 이들 5개국의 공통점이었다.

5개국 공통점은 개신교, 영어, 앵글로색슨 백인계 국가

소련을 비롯한 공산권을 표적으로 한 초기 시스템은 단순했다. 서로 수집한 정보를 주고받고 이를 중앙정보처리 본부로 보내는 정도였다. 그러나 미 국무성 암호반을 전신으로 한 미 국가안보국(NSA)이 1952년 11월 4일 미국 메릴랜드주의 포트미드에서 창설되면서 양상이 달라졌다.

설립 초기에는 대통령 등 극소수를 제외하고는 NSA의 존재를 알지 못했다. 정부의 공식 발표도 없었고 언론과 의회조차 이 사실을 몰랐다. NSA는 끊임없이 새로운 첩보기술을 개발하고 이 기술을 회원국에 공급했다. 감청시스템은 5개 회원국 10여 개 장소에 배치되었다. 회원국들은 전 세계 모든 종류의 통신 정보를 수집·분석·공유했다.

정보 추출과정 자체는 다소 복잡하긴 했으나 개념도는 단순했다. 도·감청 기지의 슈퍼컴퓨터에 대통령, 테러, 범죄 등 수천 수만 개의 키워드, 전화번호, 팩스번호, 주소 등을 미리 입력해 두면 도·감청으로 확보한 수

영국 요크셔주 맨위드 힐 공군기지에 있는 에셜론 통신 센터

억~수십억 개의 메시지 가운데 이들 키워드가 포함된 메시지를 찾아내고 이를 숙달된 요원들이 분석·판단하는 것이다.

NSA는 오늘날 미 정보기관 중 가장 큰 규모와 막강한 정보 수집력을 자랑한다. 예산은 물론 인력도 미 정보기관 중 최대다. 그런데도 정확한 실상은 미 정보기관 중 가장 두꺼운 베일에 가려져 있다. NSA 설립에 관한 유일한 문건인 트루먼의 결재 사인이 든 7쪽짜리 대통령 메모랜덤을 둘러싼 소송이 1976년 벌어졌지만 공개되지 않았다.

영국의 도·감청 첩보기관은 '국가통신본부(GCHQ)'다. 에셜론 시스템 본부가 있는 것으로 알려져 있는 영국의 '맨위드 힐' 기지에는 1950년대 중반 미국이 소련을 감시하기 위해 건설한 거대한 골프공 모양의 둥근 구조물이 20여 개 서 있고, 위성관리 시스템이 있다. 이곳에서는 미국의 첩보위성이 보내는 정보를 저장하고 유럽, 북아프리카, 서아시아 상공에 떠 있는 상업위성이 중계하는 정보를 취합한다.

캐나다의 첩보기관 '통신안보부(CSE)'는 한국과 일본의 외교통신을 표적으로 하고 있고, 호주의 '방위통신대(DSD)'는 프랑스가 남태평양에서 핵실험을 할 때마다 정보를 수집해 미국에 제공했다. 뉴질랜드의 '국가통신안보국(GCSB)'은 태평양과 인도양 상공의 통신위성을 대상으로 삼고 있다.

오늘날 에셜론 시스템은 첩보위성 100여 개를 이용해 전 세계 모든 종류의 통신을 감청하고 있다. 위성과 각 지역에 설치된 감청시설은 전화,

팩스, 이메일, 휴대폰, 광케이블통신 등 모든 형태의 통신 내용을 시간당 최고 수십억 건씩 감청한다.

수십억 명의 가입자 정보 노출돼

에셜론의 폐해는 심각한 수준이다. 안보에 전혀 위협이 되지 않는 경쟁국들의 통신까지 마구 도·감청하고 자국의 부당한 이익을 취하는 데 이 시스템을 활용하고 있기 때문이다. 테러리스트, 마약 거래, 정치·외교 정보를 수집하는 게 본연의 임무인데도 기업과 국제무역에까지 감청을 서슴지 않고 있다. 특히 미국의 NSA는 자국 내 CIA, FBI, DIA 등 정보기관으로부터 건네받은 내국인 감시명단을 이용해 급진 정치그룹으로부터 반정부 시위에 가담한 일반 시민까지 감시하고 있어 그 심각성을 더해주고 있다.

에셜론은 경쟁국가의 자원을 헐값으로 사들이거나 미국 주도의 세계질서를 거부하는 국가의 정부를 무너뜨리는 데도 사용되고 있다. 1995년 미국의 보잉사와 유럽의 에어버스사가 사우디아라비아를 상대로 경쟁이 붙었을 때 에어버스사의 입찰 가격이 미 NSA의 에셜론에 도청당해 결국 미국의 보잉사가 1998년 60억 달러의 항공기 판매 계약을 성사시킨 것은 한 예에 불과하다.

1991년 한국이 캐나다와 '캔두 원자로 건설'을 협상할 때 캐나다의 통신보안국이 한국 대사관과 외무부 사이의 모든 통신을 도청한 사실은 1998년 2월 28일 캐나다의 '파이낸셜 포스트'지가 CSE 소속 한 작전 담당요원의 폭로를 보도하면서 드러났다.

에셜론 관련 기사는 지금도 끊이지 않고 있다. 영국의 일간지 가디언은 2013년 6월의 한 기사에서 미 워싱턴DC 소재 '해외정보감시법원'이 미국 최대의 통신회사인 버라이즌에 "4월 25일부터 7월 19일까지 미국 내에서 혹은 미국과 다른 국가 사이에서 이뤄지는 고객의 모든 통화 정보를 하루 단위로 NSA에 제공하라"고 명령했다고 보도했다.

6월 7일에는 워싱턴 포스트가 "NSA와 FBI가 구글, 마이크로소프트, 야후, 페이스북, 유튜브 등 인터넷 기업 9곳의 중앙 서버에 직접 접속해 가입자들의 개인정보를 수집하고 있다"고 보도했다. 이 보도가 사실이라면 수십억 명의 가입자 정보가 노출된 것인데도 미 정부는 "통화 기록 수집은 테러 위협으로부터 미국을 보호하기 위해 취한 필수불가결한 조치였다"고만 해명할 뿐 정확한 실체를 밝히지 않고 있다.

가말 압델 나세르 쿠데타 성공

평가는 긍정적 측면에서부터 개발독재, 관료적 권위주의 등 부정적 측면까지 다양하다.

영국의 보호령이 된 1876년부터 줄곧 영국의 통치를 받아오던 이집트가 마침내 영국으로부터 독립한 것은 1922년이었다. 하지만 국왕이 통치하는 허울뿐인 입헌군주제여서 배후에는 여전히 영국의 입김이 작용했다. 영국은 2차대전 중 영국의 적국인 히틀러와 무솔리니의 인기가 이집트에서 높아지는 것에 위기감을 느껴 이집트 국왕을 무력으로 위협, 친영 인사를 총리로 임명했다.

청년 장교 가말 압델 나세르(1918~1970)를 비롯한 젊은 장교들이 이에 분노했으나 그들에게는 아직 힘이 없었다. 2차대전 후인 1946년 영국이 소수의 병력을 제외한 자국 군대 전부를 점차 철수하기로 결정함에 따라 바야흐로 이집트에도 군주제를 몰아내자는 혁명의 기운이 싹텄다.

이집트는 1948년 5월의 제1차 중동전에서 이스라엘에 패했다. 나세르도 이 전쟁에 참전했다가 부상하고 이집트의 굴욕적인 패배를 경험한 뒤 비밀조직 '자유장교단'을 결성했다. 그는 1950년 육군 대령으로 승진하고 왕립군사학교의 교관으로 임명되어 자유장교단의 세를 규합하는 데 유리한 위치에 있었다. 그러나 젊은 장교들로만으로는 국민의 신뢰를 얻는 데 한계가 있다는 판단 아래 혁명의 전면에 내세울 인물로 1차 중동전의 영웅 무함마드 나기브 장군을 포섭했다. 마침 파루크 국왕이 사치와 퇴폐 행각으로 국민의 원성을 한몸에 받고 있어 혁명의 분위기도 무르익었다.

가말 압델 나세르(1918~1970)

나세르가 자유장교단을 이끌고 쿠데타를 일으킨 것은 1952년 7월 23일이었다, 카이로방송이 '이집트 국민에게 고함'으로 시작되는 혁명의 성공을 알리고, 이틀 뒤 파루크 국왕이 해외로 도피함으로써 쿠데타는 무혈로 성공했다.

이슬람교를 공식 종교로 하는 사회주의 아랍국가 표방

당시 자유장교단은 반영·반왕제를 슬로건으로 내세운 다른 민족해방세력들에 비하면 오히려 소규모 존재였다. 수백 명에 불과한 멤버 중 실제 쿠데타에 뛰어든 병력은 90여 명뿐이었다. 가장 큰 세력은 이슬람 근본주의 단체였다. 그런데도 자유장교단이 무혈 쿠데타에 성공할 수 있었던 것은 기층민들의 불만이 극한으로 치닫고 있는 상황에서 과단성 있게 먼저 방아쇠를 당겼기 때문이다.

나세르가 주도하는 혁명평의회는 1953년 6월 18일 공화정을 선언하고 나기브를 대통령 겸 총리로 내세웠다. 나세르 자신은 부총리 겸 내무장관으로 무대 뒤에서 때를 기다렸다. 그러다가 8개월이 지난 1954년 2월 25

일 나기브를 총리직에서 해임하고 가택에 연금함으로써 본색을 드러냈다. 그러나 나기브에 대한 대중적 지지가 만만치 않았기 때문에 이에 반발하는 대규모 시위가 벌어졌다.

나세르는 자칫 쿠데타가 수포로 돌아갈지 모르는 일촉즉발의 상황임을 직감하고 하루 만에 나기브를 다시 대통령 겸 총리로 추대했다. 하지만 이미 종이호랑이로 전락한 나기브는 1954년 11월 대통령직에서 물러났다. 나세르는 총리 겸 혁명평의회 의장으로 실권을 장악했다. 이슬람 근본주의 세력의 암살 기도를 빌미로 무슬림형제단 등도 대거 숙청해 지위를 더욱 공고하게 다졌다.

내치에서는 사회적 차별 철폐, 왕정 폐지, 토지개혁을 실시하는 것으로 새 시대를 제시하고 외교에서는 1955년 4월 개최된 제1차 아시아·아프리카회의(반둥회의)에 참석함으로써 유고의 티토, 인도의 네루, 중국의 주은래, 인도네시아의 수카르노 등과 함께 제3세계 국가의 지도자로 부상했다.

1956년 1월에는 단원제 국회와 강력한 대통령중심제의 정치체제에 이슬람교를 공식 종교로 삼는 사회주의 아랍국가를 표방한 이집트 헌법을 공포했다. 6월 23일에는 신헌법에 의한 이집트 최초의 대통령 선거를 실시, 99.9%의 찬성표를 얻어 6년 임기의 대통령에 당선되었다. 그 후 나세르는 체코로부터 무기를 구입하는 등 반서방 정책을 취했다. 그러자 영국과 미국이 나일강의 아스완댐 건설을 위한 경제 지원을 취소하는 것으로 이집트를 압박했다.

"서방세계에 도전한 첫 아랍인"으로 급부상

나세르는 이에 맞서 1956년 7월 26일 '수에즈운하 국유화'를 선언했다. 아랍세계는 열광한 반면 영국, 프랑스, 이스라엘 연합군은 수에즈 운하로 진격해 제2차 중동전(수에즈전쟁)을 일으켰다. 3개국은 이집트를 무력화했지만 국제사회의 비난 여론에 밀려 결국 수에즈운하에서 철수했다. 이후 수에즈운하는 이집트의 소유가 되었고 외화 획득의 주요 수단이 되었다. 나세르는 비록 전쟁에서는 패했지만 외교에서는 승리를 거둬 단숨에 "서방세계에 도전한 첫 아랍인"으로 급부상했다.

나세르는 여세를 몰아 지리멸렬해 있는 중동 지역에 '아랍 민족주의'라는 새로운 정치 블록을 형성하는 데 박차를 가했다. 1958년 2월 21일 이집트와 사리아를 합병해 수립한 '통일아랍공화국'은 아랍 통일의 꿈을 실현하기 위한 첫걸음이었다. 나세르는 통일아랍공화국의 대통령이 되어 꿈을 펼쳐보려 했으나 1961년 9월 시리아의 탈퇴로 아랍 통합운동은 실패로 돌아갔다.

범아랍주의가 호응을 받지 못하자 나세르는 아랍사회주의 구축에 힘을 쏟았다. 대부분의 기간산업체와 은행은 국유화되고 언론은 검열을 받았으며 유일 집권당만이 존재했다. '나세르주의'로 통칭되는 그의 정치철학은 아랍사회주의와 아랍민족주의를 합친 것이다. 1967년 제3차 중동전(6일전쟁) 패배는 나세르를 정치적으로 반불구 상태로 만들었다. 6일전쟁에서 이집트, 시리아, 요르단은 이스라엘에 철저히 유린당했다. 그런데도 나세르는 아랍을 서방세계로부터 자유롭게 하고 새로운 길을 모색하려한 '아랍 세계의 영웅'으로 추앙받았다.

1970년 9월 갈등하고 있는 요르단의 후세인 국왕과 아라파트 PLO 의장 간에 체결된 휴전협정 서명은 나세르가 아랍 세계에 던져준 마지막 선물이었다. 나세르는 대표단을 전송하고 돌아오는 길에 심장 발작으로 세상을 떠났다. 오늘날 나세르에 대한 평가는 '근대화의 주역', '아랍 통합을 꿈꾼 진정한 지도자' 등 긍정적 측면에서부터 개발독재, 관료적 권위주의 등 부정적 측면까지 다양하다.

성전환자 조지 조겐슨 첫 공식 '커밍아웃'

성전환 사실은 보수적인 1950년대 미국 사회를 강타했다.

1952년 12월 1일자 뉴욕데일리 신문을 펼쳐든 독자들이 큰 충격에 빠졌다. 'EX-GI BECOMES BLONDE BEAUTY-Operations Transform Bronx Youth'(전직 미군 장병이 금발의 미인이 되다-수술이 뉴욕 브롱크스의 젊은이를 바꾸다)라는 굵은 글씨의 제목이 신문 첫 페이지를 크게 장식했기 때문이다. 기사는 의학적인 방법으로 성전환 수술을 했다는 한 청년의 '커밍아웃'을 소개하는 내용이었는데, 소문으로만 듣던 성전환 수술이 언론을 통해 세상에 공개된 것은 그때가 처음이었다.

주인공은 26살의 청년 조지 윌리엄 조겐슨(1926~1989)이었다. 뉴욕에서 태어난 그는 마르고 허약하긴 했으나 행복한 소년 시절을 보냈다. 고교를 졸업하고 군 생활도 충실히 수행했다. 그러나 성인이 되어도 다른 남자들과 달리 가슴, 겨드랑이, 다리 등에서 털이 자라지 않아 자신의 성 정체성에 혼란을 겪기 시작했다. 그 무렵 읽은 성적 호르몬과 불균형에 대한 기사는 자신이 무엇을 선택해야 하는지를 알려주었다.

조겐슨은 1950년 성전환 수술을 위해 배를 탔다. 수술이 불법으로 간주된 미국을 떠나 수술이 가능한 덴마크로 향한 것이다. 조겐슨은 수술을 받기 전까지 2년 동안 여성호르몬을 주입받고 성기와 고환을 제거한 뒤 여성의 질을 만들었다. 얼굴을 깎는 성형수술까지 받으면서 점점 여성으로 변모했다.

세 번의 수술 가운데 두 번째 수술이 있기 전날, 그때까지 비밀에 부쳤던 부모에게 편지를 썼다. "자연이 잘못한 것을 내가 바로잡았습니다. 나는 당신의 딸입니다." 부모는 충격으로 한동안 어쩔 줄 몰라했으나 곧 무사히 돌아오라는 안부를 전했다. 수술을 마치고 1952년 미국으로 돌아왔을 때 조겐슨은 자신의 이름은 조지가 아니라 크리스틴이라고 소개했다.

조겐슨의 성전환 사실은 보수적인 1950년대 미국 사회를 강타했다. 그때까지 성적 관심은 터부시되고 있었고 성은 여전히 숨겨야 할 비밀스러운 영역이었다. 1952년은 수십만 명의 미군이 참전한 6·25전쟁이 아직 진행 중일 때였다. 엘리자베스 2세가 영국 여왕에 오르고 조너스 소크 박사가 소아마비 백신을 개발하는 등 크고 작은 세기적 뉴스들이 연이어 터져나왔지만 조겐슨의 성전환 뉴스만큼 미국인의 관심을 끌지는 못했다.

"자연이 잘못한 것을 내가 바로잡았습니다"

의학적으로 처음이 아닌데도 언론의 선정적인 보도가 더해지면서 조겐슨은 1953년 미국 최고의 화제 인물로 떠올랐다. 6·25전쟁에 참전한 미군들은 그를 '1953년의 미스 중립지역'으로 선정하는 등 화제가 만발했다. 조겐슨은 성전환을 희망하는 사람들의 대변자이자 길잡이로 활동했다. TV 쇼에 출연, '나는 소녀가 된 것을 즐기고 있다'라는 노래를 부르고 영화와 소설의 소재로도 빈번하게 등장했다. 세계 각국도 돌아다니며 성전환의 정당성을 홍보하고 옹호했다.

약혼만 두 번 했을 뿐 결혼은 못했다. 결혼할 기회가 있긴 했으나 거주지인 뉴욕 주정부가 여자임을 입증할 수 없다며 혼인신고를 거부해 혼인은 무산되고 서류상 싱글로 살았다. 1970년 애그뉴 부통령이 당에 충성하지 않는 공화당 소속의 한 상원의원을 가리켜 "조겐슨 같은 남자"라고 힐난했을 때는 애그뉴를 명예훼손 혐의로 고소하기도 했다.

이렇게 성혁명의 파종자요, 미국 내 성적 장벽의 하나를 허문 사람으로 이름을 올린 그는 자서전(1967)에 이렇게 썼다. "나는 나에 대한 뉴스가 전 세계 신문의 1면에 실린 에니웨톡 환초섬의 수소폭탄 실험과 같은 충격적 뉴스였음을 알았다."

CITY EDITION

DAILY NEWS

NEW YORK'S PICTURE NEWSPAPER

4¢

EX-GI BECOMES BLONDE BEAUTY

Operations Transform Bronx Youth

A World of a Difference

조지 조겐슨의 성전환 사실을 보도한 뉴욕데일리 신문(1952.12.1)

통상 트랜스젠더로 불리는 성전환증은 육체의 성과 정신적인 성이 일치하지 않는 경우를 말한다. 본래의 성 주체성은 갖고 있으면서 성행위 대상이 동성인 호모나 레즈비언과는 다르다. 성전환증은 대개 남자가 자신을 여자로 여기는 경우가 그 반대의 경우보다 3배 이상 많은 것으로 알려져 있다.

그들은 사회적 냉대와 가족과의 갈등을 견디지 못해 육체의 성으로 살려고 온갖 노력을 한다. 그러나 대부분 성공하지 못해 결국 성전환 수술을 선택하게 된다. 남자 성기는 모두 제거하고 여성 성기를 인위적으로 만드는 고난도 수술을 받아야 하고 여성호르몬 주사를 평생 맞아야 하지만 그들은 성전환 수술을 통해 마지못해 사는 인생에서 벗어나 자신감 있는 인생을 찾게 된다.

하리수는 '한국의 조겐슨'

한국에서 트랜스젠더가 국민적 관심사로 떠오른 것은 예쁘장한 얼굴에 갸름한 얼굴선, 긴 생머리에 가녀린 몸매를 가진 하리수(1975~)가 도도화장품의 TV 광고에 등장한 2001년 3월이었다. 하리수는 168cm, 48kg의 몸매에 고운 피부를 지니긴 했으나 쟁쟁한 다른 화장품 모델에 비하면 눈에 띌 정도는 아니어서 광고 초기에는 뭇 남성의 시선을 사로잡지는 못했다. 그러나 곧 남성이라는 사실이 알려지면서 남녀노소 할 것 없이 전국민적 관심을 불러일으켰다.

하리수는 고교 졸업 후 1994년 일본으로 건너가 1995년 남성의 상징을 없애고 가슴을 만들었다. 1998년 귀국 후 한동안 유흥업소에서 일하다 연예계를 노크한 뒤에는 연예인으로 철저히 기획되었다. 화장품 모델에 이어 같은 해 6월에는 KBS 2TV의 '인간극장'(5부작)에 등장하고 7월에는 영화 '노랑머리2'에 주인공으로 출연했으며 8월에는 앨범 '템프테이션'을 발표했다. '뜨거운 논란'이라는 뜻의 '핫 이슈'에서 따왔다는 예명(하리수) 역시 치밀하게 계산된 결과였다.

이후 신문, 잡지, 방송을 통해 대중스타로 종횡무진하면서 가슴앓이를 하는 다른 트랜스젠더들이 자신의 존재를 세상 밖으로 표출할 수 있도록 기폭제이자 선구자 역할을 했다. 국내 최초는 아니지만 2002년 12월 법원으로부터 성별 정정을 허가받고 2007년 5월 결혼해 끊임없이 화제를 몰고 다녔다.

1953년

포로교환협정 체결과 반공포로 석방

_ 포로 76명 인도행

6·25전쟁 휴전협정 조인

_ 제네바 회담

한미상호방위조약 조인

제1차 통화개혁

박수근 국전 특선

이매방 첫 개인춤 발표회

왓슨·크릭 DNA 이중나선 구조 제시

에드먼드 힐러리 세계 최초 에베레스트 등정

_ 조지 말로리

_ K2

베리야의 실각과 흐루시초프 시대 개막

로젠버그 부부 간첩 혐의로 사형

_ 베노나 프로젝트

모하마드 모사데크 이란 석유 국유화

사뮈엘 베케트 연극 '고도를 기다리며' 초연

휴 헤프너 '플레이보이' 창간

다그 함마르셸드 유엔 사무총장 선출

포로교환협정 체결과 반공포로 석방

양측은 5개 의제에 합의했으나 예상대로 가장 큰 걸림돌은 포로 송환이었다

6·25전쟁의 휴전이 늦어진 것은 전적으로 포로 송환 문제 때문이었다. 중공군의 1951년 춘계 공세 후 전선이 38선을 경계선으로 교착상태에 빠지자 미국은 전쟁을 명예롭게 마무리할 생각을 했다. 공산 측 역시 무리하게 전쟁을 지속할 생각은 없어 양측은 협상을 모색했다.

양측은 1951년 7월 10일 개성에서 제1차 휴전회담을 시작해 7월 26일 군사분계선 설정, 전투행위와 정전상태 감시기구 설치 등 5개 의제에 합의했다. 예상대로 가장 큰 걸림돌은 포로 송환이었다. 포로 송환 문제는 1951년 10월 처음 협상 의제에 올랐으나 회담 벽두부터 "휴전협정 조인 즉시 양측의 모든 포로를 석방하자"는 북한의 주장에 가로막혀 더 이상의 진전을 보지 못하고 공전을 거듭했다.

포로 송환은 1949년의 제네바 협정 제118조 '전쟁포로는 전쟁이 끝나면 지체 없이 석방되고 송환되어야 한다'는 '자동송환 원칙'을 준수해야 한다는 점에서 공산 측의 주장은 옳았다. 문제는 북한이나 중국으로 돌아가기를 원치 않는 북한군과 중공군 포로들이 많다는 데 있었다. 그들을 억지로 송환하는 것도 인도주의에 어긋나 유엔군은 포로의 '자발적 송환 원칙'을 고수했다. 유엔군 측은 포로의 개별의사를 존중한다는 자발적 송환 원칙으로 도덕적 우위와 이념적 승리를 도모하려 했고, 공산 측은 포로 가운데 북한이나 중국으로 귀환을 거부하는 자가 나올 경우 침략자를 물리쳐 남한을 해방시키겠다는 이른바 '정의의 전쟁'의 가치가 퇴색할 것을 우려했다.

문제는 또 있었다. 공산 측이 제시한 유엔군의 포로 숫자가 지나치게 적었던 것이다. 유엔군이 공산군 포로 13만 2,474명을 공산 측에 통보한 것과 달리 공산 측은 한국군 7,142명과 유엔군 4,417명을 합쳐 고작 1만 1,559명의 포로 숫자만을 유엔군에 통보했다. 이 숫자는 나중에 부상병 포로, 잔류 포로, 시신으로 인도된 경우 등이 추가되어 1만 5,000여 명으로 늘어났다.

그렇더라도 전쟁 중 북한 언론에 보도된 전쟁 발발 후 첫 9개월간 6만 5,000여 명, 1951년 6월 북한군 총사령부가 한국군 등 유엔군 포로가 10만 8,257명이라고 구체적으로 밝힌 것과 비교하면 터무니없이 적은 숫자였다. 물론 전쟁 개시 후 1년간의 통계였기 때문에 휴전까지는 포로가 더 늘어났을 가능성이 높다. 반대로 공산 측이 전투 성과를 과장했을 수도 있다.

유엔군 측은 포로 협상 초기부터 6만 5,000명을 근거로 '사라진 5만 명'에 대한 해명을 요구했다. 그러자 공산군 측은 유엔군의 포로 명단에서 남한 출신 의용군 등 민간인 억류자 4만여 명이 탈락된 것에 대해 항의했다. 또한 공산 포로 중 다수의 송환 거부자가 발생한 것을 두고 유엔군 측에서 이들 포로를 강제로 억류하려 한다고 반발했다. 이 때문에 유엔군 측은 어쩔 수 없이 북한이 제시한 포로 명단을 받아들여야 했다.

공산 측이 통보한 1만 1,559명의 포로는 터무니없이 적은 숫자

양측의 휴전협상 대표는 1952년 5월 7일까지 모든 의제에 합의했다. 그러나 포로 송환 문제만은 합의를 보지 못해 결국 1952년 10월 8일 무기한 휴회에 들어갔다. 그러던 중 양측을 다시 협상 테이블로 끌어들이는 새로운 사태가 미소 양국에서 거의 동시에 일어났다. 휴전을 선거공약으로 내건 드와이트 아이젠하워가 대통령에 취임(1953.1)하고, 전쟁의 배후 주동자인 스탈린이 사망(1953.3)해 양측에서 전쟁을 더 이상 지속할 필요성이 사라진 것이다.

포로교환 본협정이 체결되기 전 먼저 체결된 부상포로 교환협정에 따라 북한에서 석방되어 대한민국으로 돌아오는 부상포로들 (1953.4.22)

양측은 포로 송환 문제를 다시 논의했다. 의제 가운데 부상포로 교환협정은 1953년 4월 11일 먼저 체결되었고, 이에 따라 4월 20일부터 26일까지 부상포로 교환이 이뤄지면서 포로 교환협정에 한 걸음 더 다가갔다. 그런 가운데 1953년 5월 7일 공산 측이 포로 송환 문제에 관한 8개항을 제시했다. "휴전협정 후 2개월 이내에 송환을 원하는 포로들은 송환하되, 송환 반대 포로들은 한국 안에 잔류시키는 데 동의하겠다"는 양보안이었다. 단 조건이 있었다. 북한과 중공의 설득 대표단을 비롯해 폴란드, 체코, 인도, 스위스, 스웨덴으로 구성된 5개 중립국 송환위원회가 한국에서 자유롭게 활동할 수 있어야 한다는 것이었다.

미국은 "송환위원회는 송환 반대 중국인 포로들의 관리만 맡고 한국인 포로들은 휴전과 동시에 북한이든 남한이든 스스로 결정한 자유를 보장한 채 개인 자격으로 석방해야 한다"며 맞섰다. 하지만 공산 측이 난색을 표명하자 5월 25일 "한국인 포로들도 중국인 포로와 마찬가지로 중립국 송환위원회에 넘겨 운명을 결정하도록 하겠다"는 양보안을 내놓았다. 공산군 측은 미국의 '5·25 제안'에 원칙적으로 동의했다. 이로써 포로 송환 문제는 해결의 가닥을 잡아나갔다.

이승만의 반대에도 불구하고 양측은 6월 4일 송환을 원하는 포로는 휴전 조인 후 2개월 내에 송환을 완료하고 잔류를 원하는 포로에 대해서는

90일의 설득 기간을 둔다는 내용에 합의했다. 또 이도저도 아닌 포로는 민간인 신분으로 변경, 중립국 송환위원회에 의해 한국도 북한도 아닌 제3국으로 보내기로 결정했다. 그리고 마침내 1953년 6월 8일 유엔군 수석대표 윌리엄 해리슨과 공산군 수석대표 남일이 포로 송환협정에 조인함으로써 2년간을 끌어온 포로 송환 문제는 일단락되었다.

'자동송환 원칙' '자발송환 원칙' 충돌로 회담 공전

마지막으로 휴전조약만이 남았으나 이 역시 순조롭지는 않았다. 처음부터 휴전회담은 물론 포로 송환에도 반대해온 이승만 대통령이 6월 18일 2만 6,930명의 반공포로를 전격적으로 석방, 세계를 놀라게 한 것이다. 포로 석방 전 포로 송환 원칙이 알려졌을 때 휴전협상 자체를 맹렬히 반대해온 이승만 대통령과 국민의 분노는 절정에 달했다. 유엔군과 공산군이 정한 송환위원회가 친공적인 데다 반공포로들이 수개월 동안 이들의 설득 공작을 받아야 했기 때문이다.

당시 포로수용소는 북으로 돌아가기를 원하는 골수 공산주의자 포로들이 장악하고 있었다. 친공포로들이 그들과 뜻을 달리하는 포로를 학대하거나 죽이기까지 하자 유엔군 사령부는 친공과 반공 포로들을 분리·수용했다. 이에 따라 북한 출신 포로 9만 명 중 40%, 남한 출신 포로 5만 명 중 50%, 중공군 포로 2만 명 중 75%가 반공포로로 분류되어 부산·마산·광주·논산·대구·영천·부평 등 7개 지역에 분산 수용되었다. 북쪽으로 돌아가겠다는 친공포로는 계속 거제도에 남겨두었다.

반공포로 수용소는 주로 한국군이 경비를 맡았다. 이승만은 반공포로를 풀어주어 자신이 요구하는 한미상호방위조약에 대해 미적미적한 반응을 보이는 미국으로부터 분명한 약속을 받아내야겠다고 작심했다. 이승만이 반공포로 석방을 처음 구상한 것은 1953년 초였다. 결심이 서자 원용덕 헌병총사령관을 불러 "반공포로를 자유롭게 하고 싶다"는 자신의 의견을 전했다. 원용덕은 부산 정치파동 때 계엄 업무를 담당하며 정치 탄압의 선봉에 섰던 이승만의 충복이었다.

원용덕은 반공포로 석방과 수용소 접수 두 가지 안 중 처음에는 수용소 접수안을 이승만에 올려 재가를 받았다. 그러나 미군 측이 낌새를 눈치채고 한국군에 대한 경계를 강화하자 수용소 접수 계획을 포기하고 반공포로 석방안을 다시 재가받았다. 원용덕은 원활한 임무 완수를 위해 '각 군 헌병은 헌병총사령관의 지휘를 받는다'는 내용도 대통령의 재가를 받았다. 그 후 계획은 국방장관과 참모총장도 구체적인 내용을 알지 못하는 가운데 극도의 긴장과 비밀 속에서 추진되었다. 명령계통은 대통령→헌병총사령관→육군헌병사령관→포로경비부대로 이어졌다.

반공포로 석방은 세계사에 유례가 없는 엄청난 도박

장맛비가 퍼붓고 있는 6월 18일 새벽 1~2시, 북쪽 송환을 반대하는 반공포로들이 수용되어 있는 7개 포로수용소 하늘에 예광탄이 발사되었다. 뒤이어 3만 5,400여 명의 반공포로가 우리 헌병의 보호를 받으며 포로수용소 철조망을 뚫고 대탈출을 감행했다.

이승만은 오전 11시 미국을 상대로 감행한 세계사에 유례가 없는 엄청난 도박이 자신의 지시로 이뤄졌다는 사실을 대내외에 공표했다. 세계는 이승만 대통령의 대담한 조치에 경악을 금치 못했다. 미군이 탱크와 헬기까지 동원해 붙잡으려 했지만 주민들이 포로들에게 옷을 갈아 입히고 침식을 제공하며 돕는 데는 당해낼 재간이 없었다.

덕분에 3만 5,400여 명의 반공포로 가운데 2만 6,930명이 자유를 찾았다. 하지만 미군이 경비하고 있는 수용소에서는 경비병의 발포로 61명이 사망하고 116명이 부상했다. 8,293명은 탈출에 실패해 다시 철조망에 갇혔다. 이들은 중립지대 인도군 수용소로 옮겨져 90일의 설득 기간을 거친 뒤 1954년 1월 석방되었다. 반공포로 석방 뉴스는 면도를 하고 있던 처칠로 하여금 휴전회담을 깨는 것이 되지 않을까 걱정스러워 얼굴에 생채기를 낼 정도로 세계를 놀라게 한 쾌거였다.

전사편찬위원회 통계에 따르면 휴전 후 한국으로 돌아온 포로는 1만 2,783명(국군 7,870명, 유엔군 4,913명)이고, 북쪽으로 송환된 포로는 7만 6,451명(북한군 7만 371명, 중공군 6,080명)이었다. 남쪽으로의 송환을 거부한 포로는 349명(국군 327명, 유엔군 22명), 북쪽으로의 송환을 거부한 포로는 2만 1,976명(북한군 7,712명, 중공군 1만 4,264명)이었다.

포로 76명 인도행

휴전협정 후 당장 해결해야 할 문제는 포로 송환 문제였다. 송환을 희망하는 포로들은 별 무리 없이 1953년 8월 5일부터 한 달간 판문점에서 교환되었다. 반면 송환을 원치 않는 한국인·중국인 포로 2만 2,000여 명은 포로교환협정에 따라 인도, 스위스, 스웨덴, 폴란드, 체코슬로바키아 5개국으로 구성된 중립국 송환위원회에 넘겨져 인도군이 관리하는 판문점 근처 비무장지대에 수용되었다.

남북한과 중공 대표들은 송환을 원치 않는 포로들의 자국 송환을 위해 3개월 동안 설득작업을 벌였다. 뒤이어 포로수용소에 삼거리가 만들어졌고, 어느 길을 선택하느냐에 따라 남한, 북한, 중립국(인도행)이 결정되었다. 포로들은 1954년 1월 20일부터 3일간 자신의 행로를 선택했다.

1954년 1월 22일자 동아일보·경향신문에 따르면 최종적으로 본국 송환을 거부한 포로는 중공군 1만 4,227명, 북한군 7,582명 등이었다. 이 가운데 마음이 바뀌어 다시 본국행으로 돌아선 포로는 중공군 72명, 북한군 32명 등 총 104명이었다. 200여 명은 중립국행을 원했으나 최종적으로는 88명만이 제3국행(인도행)을 선택했다. 88명 중 12명은 중공군, 76

명(인민군 74명, 국군 2명)은 한국인 포로였다.

이들이 제3국을 선택한 이유는 제각각이었다. "북녘에 부모님이 있어 지척의 거리인 남한에 살면서 부모님을 만날 수 없다는 슬픔을 이겨낼 자신이 없어서", "포로수용소 출신이라는 이유로 남한 땅에서 반공포로로 불리며 사는 게 싫어서", "공산당이 싫어 남한에 남아야 하는데 이제 20살이기 때문에 다시 군대로 끌려갈 게 뻔해서", "초등학교 때부터 미국이 별천지처럼 느껴졌기 때문에 멕시코를 통해 미국으로 갈 수 있을 것 같아서" 등 다양했다.

76명의 한국인 포로들은 1954년 2월 21일 인천항을 떠나는 2만 2,000톤급 오스트리아 선적 여객선 '아스투리아스호'를 타고 16일간의 항해 끝에 인도 남단 마드라스항(현재의 첸나이)에 내렸다. 이들은 인도 정부가 제공한 군 막사에 기거하면서 자신을 받아줄 나라를 기다렸다. 당초 그들이 원했던 목적지는 미국, 캐나다, 스위스, 스웨덴 등이었으나 받아주겠다는 나라가 좀처럼 나타나지 않았다. 미국은 참전국이라 불가능했고 스위스와 스웨덴은 수용을 거부했다. 다행히 멕시코에서 그들을 받아들이겠다는 소식이 왔으나 6개월이나 시간을 끌다가 난색을 표명, 또다시 무작정 기다려야 하는 신세가 되었다.

인도 이송 후 브라질, 아르헨티나, 북한으로 뿔뿔이 흩어져

2년이 다 되도록 받아들이겠다는 나라가 나타나지 않자 기다림에 지친 일부 포로는 이승만 대통령에게 탄원서를 보내 자신을 남쪽에서 받아주기를 요청했다. 그러나 남한 정부로부터도 반응이 없었다. 결국 자포자기한 10여 명은 북한으로 돌아갔다. 나머지 포로들은 유엔에 청원했다. 그러자 브라질과 아르헨티나로부터 전갈이 왔다. 포로들은 인도 잔류, 브라질, 아르헨티나로 갈렸다. 50명이 브라질(1956.2 도착), 11명이 아르헨티나(1957.5)로 떠나고 나머지는 인도에 눌러앉았다.

브라질로 간 포로 중 상당수는 포르투갈어를 배우고 기술을 익혀 자동차 정비공, 재봉공, 선반공장 직공 등으로 진출했다. 신학을 공부해 목사가 된 포로, 살인을 저질러 27년간 정신감호소에 갇힌 포로도 있었다. 아르헨티나로 간 포로들이 주로 터전을 잡은 곳도 공장지대였다. 인도에 남은 포로들은 1962년 우리나라가 인도에 총영사관을 개설할 때 도움을 주었다.

인도행 포로들의 이야기는 최인훈의 소설 '광장'에 그려졌다. 주인공 이명준은 정치보위부 간부로 6·25에 참전해 낙동강 전투에서 포로가 된다. 그는 거제도 포로수용소를 거쳐 판문점 포로송환위원회에서 남북한 대표들의 설득에도 불구하고 자신의 정착지로 인도를 선택한다. 그러나 이명준은 크레파스보다 더 진한 남지나해에서 바다로 뛰어들어 투신자살한다는 내용이다.

6·25전쟁 휴전협정 조인

공산군 측은 남아 있는 모든 포탄을 퍼부었고, 국군은 통일을 이루지 못한 분노의 포격을 계속했다.

6·25전쟁 휴전 논의는 중공군이 서울을 점령하고 한강을 건너 파죽지세로 수원까지 장악한 1951년 1월 영국, 캐나다, 인도 등이 '현위치 휴전안'을 유엔에 제출하면서 시작되었다. '현위치 휴전'이란 수원 이남까지 중공군과 북한군이 진출한 상태의 휴전이므로 이대로 휴전이 성사되면 서울이 공산군 수중에 넘어간다는 것을 의미했다.

미국은 '현위치 휴전안'을 못마땅하게 여겼으나 우방국인 영국이 휴전을 주도해 공개적으로는 반대하지 않았다. 더욱이 남의 나라 전쟁에 뛰어들어 엄청난 전쟁경비를 쓰고 3만여 명의 전사자까지 나와 미국 내 여론도 좋지 않았다. 미국이 마지못해 휴전안을 지지하자 유엔 정전위원회가 1951년 1월 13일 휴전 결의안을 가결했다.

그런데 중공이 4일 뒤 휴전 결의안을 거부하는 사태가 벌어졌다. 승승장구하던 당시 전황에 취해서 미국을 완전히 밀어낼 수 있다고 과신한 나머지 휴전안을 거부한 것으로 분석되고 있다. 결국 휴전안을 제안한 나라들은 미국의 노선으로 복귀해 2월 1일 중공을 침략자로 규정하는 유엔 결의에 동참했다.

이런 가운데 전선이 다시 북상해 38도선을 경계로 교착상태에 빠지자 미국은 1951년 5월 중순 38도선을 경계로 한 휴전선을 공식정책으로 확정했다. 그리고 미국의 소련 문제 전문가 조지 케넌이 1951년 5월 31일 야콥 말리크 주유엔 소련 대사에게 휴전협상을 타진했다. 트뤼그베 리 유엔 사무총장도 조속한 해결을 촉구하면서 휴전 논의에 힘을 실어주었다. 6월 23일 말리크가 교전 당사자 간의 대화를 제안하고, 며칠 뒤 미·중이 지지를 표명하면서 휴전 논의가 성사되었다.

7월 10일 첫 본회담이 열린 곳은 한때 고급 요정이던 개성의 내봉장이었다. 미 극동 해군 사령관 터너 조이 제독을 수석대표로 한 유엔군 측에서는 미군 장성과 백선엽 소장 등 5명이 참석했다. 공산군 측에서는 남일 조선인민군 참모장과 이상조 등 3명의 북한 장성과 중공군 장성 2명이 참석했다.

회담 첫날 공산군 측이 "안전을 이유로 양쪽이 백기를 달고 회담장에 나오자"고 제의해 유엔군 측이 백기를 들고 회담장에 들어서자 공산군 측은 이 모습을 사진으로 찍어 "유엔군이 굴복했다"며 대대적으로 선전했다. 게다가 회담장에서 자기들은 높고 곧은 의자를 사용하면서도 유엔군 측에는 낮은 안락의자를 제공하는 등 유치한 신경전을 벌였다.

회담장에서는 '설전', 전선에서는 '혈전' 벌여

양측은 7월 26일 군사분계선 설정, 전쟁포로 교환, 휴전상태 감시기구 설치 문제 등 5개 의제에 합의했다. 하지만 '군사분계선을 어디로 할 것이냐'를 두고 팽팽하게 대립, 이 문제를 타결하는 데만 4개월이 걸렸다. 공산군 측은 '38도선'을 주장한 반면, 유엔군은 "해·공군 전력의 우세를 반영해 현재의 접촉선보다 북쪽에 설정되어야 한다"고 맞섰다. 우리 국민들도 전쟁 전 상황으로 되돌아가는 '38선 정전'은 결사적으로 반대했다.

회담이 지지부진할 때마다 유엔군 측은 중공과 북한을 협상 테이블로 끌어들이기 위해 군사적 공세를 취했다. 막강한 화력을 바탕으로 특히 중·동부 전선에서 적을 38선 북쪽으로 상당히 밀어 올렸다. 결국 1951년 11월 27일 양측은 현재의 휴전선과 유사한 '접촉선'을 기준으로 군사분계선을 설정한다는 데 합의했다. 이어 양측은 협상의제 제3항 '휴전 실시와 보장', 제4항 '포로 문제', 제5항 '쌍방의 당사국 정부에 대한 건의'를 병행 논의했다.

이승만 대통령은 여전히 북진통일을 주장하며 휴전회담 자체를 반대했다. 누가 보아도 실현이 불가능한 한국군의 단독 북진을 주장한 완고한 노 대통령의 고집 뒤에 '한미상호방위조약'이라는 복선이 깔려 있다는 사실을 알고 있는 사람은 그리 많지 않았다.

2년 넘게 지속된 협상 중에도 유엔군과 공산군은 치열한 전투를 계속했다. 양측은 회담장에서는 '설전(舌戰)'을, 중·동부전선에서는 '혈전(血戰)'을 벌였다. 양측의 이해관계와 계산법이 어긋나면서 곳곳에서 전투가 벌어졌다. 휴전회담도 결렬과 재개를 반복했다. 하지만 양측은 휴전협상 전체를 파국으로 빠뜨리지 않는 선에서 협상을 하거나 방어에 유리한 고지를 선점하기 위한 공격으로 제한했다.

휴전협상이 진행되는 가운데 치러진 대표적인 고지 쟁탈전으로는 펀치볼 전투(1951.7), 피의 능선 전투(1951.8~9), 단장의 능선 전투(1951.9~10), 백마고지 전투(1952.10), 저격능선 전투(1952.10~11) 등이 있다.

이승만의 휴전 반대 목적은 한미상호방위조약 체결

휴전협상 개시 때 유엔군의 접촉선은 임진강 하구~화천 저수지~속초를 연결하는 '캔자스선'이었다. 이 선은 38도선 북방 10~20km 북방을 연결하는 선이었다. 특히 유엔군은 중부전선의 적 전투력 근원지인 철의 삼각지(철원~김화~평강)를 확보하기 위해 이곳 북방에 '와이오밍선'을 설정하고 적을 압박했다. 그래서 휴전이 가까워지면서 이곳에서 전투가 더욱 치열하게 전개되었다.

양측이 내놓은 모든 의제는 1952년 5월 7일까지 합의를 마쳤으나 포로교환 문제만은 합의를 보지 못해 결국 1952년 10월 8일 무기한 휴회에 들어갔다. 그러나 휴전을 공약으로 내건 아이젠하워가 대통령에 취임(1953.1)하고 전쟁의 배후 주동자인 스탈린이 사망(1953.3)하면서 회담 재개 필요성이 양측 모두로부터 제기되어 양측은 다시 협상 테이블에 마주 앉았다.

이승만의 휴전 반대 태도는 여전히 완강했으나 복심의 지향점은 분명했다. 이승만은 전쟁이 끝나면 동아시아 구석에서 잊힌 존재로 돌아갈 이 조그만 나라의 독립과 생존을 확보할 수 있는 확실한 보장이 있어야 한다고 생각했고 '한미상호방위조약'만이 해결책이라고 믿었다. 이런 상황에서 이승만이 사용할 수 있는 유일한 협상 카드는 "휴전을 거부하고 북진통일을 하겠다"고 위협하는 벼랑 끝 전술이었다.

이승만의 반대에도 불구하고 6월 8일 포로교환 협정이 체결되고 마지막으로 휴전조약 조인만이 남았을 때 이승만이 중대 결단을 내렸다. 전국적으로 일어나고 있는 휴전 반대 데모에도 불구하고 미국으로부터 상호방위조약에 대한 구체적인 언급이 없자 최후의 수단으로 6월 18일 반공포로 2만 6,930명을 일방적으로 석방한 것이다.

미국의 아이젠하워는 격분했으나 자칫 휴전협정 조인마저 무산될지 모른다는 우려감에 월터 로버트슨 미 국무부 극동담당 차관보를 한국에 급파했다. 로버트슨은 6월 25일부터 16일 동안 이승만을 14차례 만난 끝에 7월 12일 한미상호방위조약 체결을 약속하는 등의 5개 항에 합의하고 이승만으로부터 휴전조약 동의를 얻어냈다.

휴전협정은 765차례의 산고 끝에 이뤄진 결실

휴전조약은 1953년 7월 27일 오전 10시 체결되었다. 1951년 7월 10일 휴전회담이 처음 시작된 이래 765차례의 산고 끝에 이뤄진 결실이었다. 휴전협정 조인은 유엔 측 대표 윌리엄 해리슨 중장과 북한 대표 남일 대장이 한국어, 영어, 중국어로 쓰인 전문 5조 36항의 협정문서 정본 9통, 부본 9통에 각각 서명한 뒤 자신의 문서를 상대방에 전달하고 다시 상대방의 서명 밑에 자신의 이름을 서명함으로써 이뤄졌다.

두 서명 당사자는 12분 만에 모든 서명 절차를 마치고 관례적인 합동 기념촬영도 없이 곧바로 퇴장했다. 마크 웨인 클라크 유엔군 사령관, 김

윌리엄 해리슨 유엔군사령부 중장(왼쪽)과 남일 북한 인민군 대장(오른쪽)이 판문점 목조 건물에서 각각 휴전협정에 서명하고 있다(1953.7.27).

일성 조선인민군 최고사령관, 팽덕회 중국인민지원군 총사령관은 각각 후방의 사령부에서 협정문서에 서명했다. 휴전조약 조인은 인정했지만 휴전에는 반대한 한국은 서명하지 않았다.

정전협정이 체결된 그날에도 양측은 협정이 발효되는 밤 10시까지 상대방을 향한 공격을 멈추지 않았다. 공산군 측은 마지막 순간까지 남아 있는 모든 포탄을 쏘아댔고, 국군도 통일을 이루지 못하고 휴전이 이뤄진 데 대해 분노의 포격을 계속했다.

양측은 밤 10시부터 72시간 이내에 현 전선에서 후방으로 2㎞ 물러나는 조치를 실행에 옮겼다. 3년 1개월 2일간을 끌며 250만 명의 남북한 한국인, 40만 명의 중공군, 3만 6,900여 명의 미군 등 모두 300만 명에 이르는 사망자를 낸 비극적인 전쟁이 '일시 중지'를 의미하는 '휴전'에 돌입하는 순간이었다.

전쟁은 한반도를 초토화했다. 개인의 재산은 물론이고 미미한 수준이던 국가 기간산업시설과 공공시설조차 대부분 파괴되었다. 320만 명의 피란민, 30만 명의 미망인, 10만 명의 전쟁고아 등으로 우리의 사회적 기반을 뿌리째 흔들어 놓았다.

제네바 회담

휴전협정은 군사적인 문제를 해결하기 위한 협정이었을 뿐 전쟁의 원인이 된 통일 문제 등의 정치적 문제를 해결하지는 못했다. 이 문제를 매듭짓기 위해 휴전협정에 명시한 조문이 제4조 60항이다. '한반도 문제의 평화적 해결을 보장하기 위해 휴전협정이 효력을 발생한 후 3개월 내에 고위 정치회담을 소집하고 한반도로부터 외국군 철수와 한국 문제의 평화적 해결 등의 문제를 협의할 것을 권고한다'는 내용이다.

1953년 8월 28일 개최된 유엔 총회는 휴전협정을 인준하고 한반도 통

제네바 회담 모습

일을 위한 정치회담을 환영한다고 선언했다. 미국, 영국, 프랑스, 소련 등 4대 강국도 독일과 오스트리아 문제를 논의하기 위해 1954년 1월부터 2월까지 베를린에서 개최된 '4개국 외무장관 회담'에서 한국 문제와 인도차이나(베트남) 문제 해결을 위한 정치회담을 제네바에서 개최하기로 합의했다.

그러나 회담은 난항의 연속이었다. 가장 큰 문제는 당사국인 한국의 강력한 반발이었다. 당시 이승만 정부의 입장은 무력에 의한 북진통일이었기 때문에 "무력으로 해결 안 된 것을 정치회의로 해결하겠다는 것은 언어도단"이라며 제네바 회담 자체를 반대했다. 하지만 미국으로부터 군대 증강에 대한 원조 약속과 회담 운영에 관한 몇 가지 언질을 받고 회담 8일 전 참여를 결정했다. 북한은 한국과 달리 회담에 적극적이었다.

한반도의 통일 문제를 다루는 정치회담이 스위스 제네바에서 개막한 것은 1954년 4월 26일이었다. 유엔군 측에서는 미국, 영국, 프랑스를 비롯한 참전 16개국 중 남아공을 제외한 15개국과 한국이 참가하고, 공산 측에서는 소련, 중국, 북한이 참가해 참가국은 모두 19개국이었다. 한국은 수석대표로 변영태 외무장관, 북한은 남일 외무상을 내세웠다.

변영태 장관은 1954년 4월 27일의 기조연설에서 "통일된 정부 수립을 위해 유엔 감시하의 총선거를 실시하되 한국에서는 이미 유엔이 만족하는 총선거가 실시되었으니 유엔 감시하의 총선거는 북한에서만 실시해야 한다"고 주장했다. 공산 측은 즉각 반대했다. 중국의 주은래는 "외세의 간섭 없이", "어느 테러집단의 압력도 없이" 전 한반도에서 총선거가 실시되어야 한다고 목소리를 높였다. 유엔 참전국들 역시 공산 측의 주장이 일리가 있다고 생각해 공산 측의 입장을 두둔했다.

합의 보지 못하고 견해 차이만 확인한 채 결렬

결국 변영태 장관은 자신의 당초 주장을 접고 5월 22일 '통일 14원칙'을 제안했다. 골자는 ▲유엔 감시하에 6개월 이내 남북한 동시 총선거 실시 ▲남북을 포괄하는 전(全) 한국의회의 의원 수는 남북 인구에 비례 ▲중공군은 선거 실시 1개월 전에 철수 완료 ▲유엔군은 선거 전에 점진적인 철수를 시작해 통일정부가 전 한국에 대한 완전한 통치를 달성하고 이를 유엔이 확인할 때 완료 등이었다. 이에 대해 공산 측은 유엔 감시하의 총선거를 거부하고 전(全) 조선국회를 위한 총선거 준비를 위해 남북 동수 대표로 구성되는 '전 조선위원회'를 설치하고 주장했다. 이는 북한이 언제든 총선을 거부할 수 있다는 것을 의미했다.

또 다른 쟁점은 외국군의 철수 문제였다. 북한은 외국군 동시 철수 및 남북한 동시 선거를 주장했다. 이에 대해 변영태 장관은 "유엔군과 중공군의 동시 철수를 주장하는 것은 마치 강도가 경찰더러 그쪽이 무장해제하면 나도 무기를 던지겠다고 말하는 것과 같다"며 반발했다. 유엔 참전국 대표들 역시 중공군은 선거 전에 철수해야 하며 유엔군 일부는 통일될 때까지 한반도에 남아 있어야 한다는 입장을 견지했다.

반면 소련, 중국, 북한은 유엔을 '믿을 수 없는 교전단체'라며 완강히 거부했다. 게다가 공산 측 대표들은 제네바 회담 기간 중에 한반도 통일이라는 핵심 문제보다는 이 문제와 무관한 비생산적인 문제들, 예컨대 전쟁포로 송환 문제나 휴전협정 조항의 준수, 6·25전쟁의 기원이나 미국의 외교정책 등을 끊임없이 거론했다. 이처럼 회담 기간 내내 의견이 엇갈려 결국 회담은 합의를 보지 못하고 서로 견해 차이만 확인한 채 결렬되어 6월 15일 막을 내렸다.

그럼에도 불구하고 제네바 회담은 몇 가지 측면에서 의미가 있는 회담으로 분석되고 있다. 휴전협정 이후 한국 문제를 둘러싼 첫 번째 회의이고 대한민국이 주권국가로 참여한 첫 번째 국제회의라는 것이다. 국제정치사적으로도 의미를 인정받고 있다. 영국이 세계 외교 무대에서 마지막으로 주된 역할을 하고 이 회담을 기점으로 세계가 미국과 소련의 양극 체제로 넘어갔으며 신생국 중국이 처음으로 국제 외교 무대에 등장한 회담이기 때문이다.

한반도 문제와 달리 5월 8일 회의가 시작된 인도차이나 문제는 제네바 협정이라는 문서를 만들어냈다. 이 합의에 따라 베트남의 남북 분단이 17도로 공식화되었다.

한미상호방위조약 조인

남침을 막을 수 있는 최소한의 안전장치가 마련되었다는 것에 안도했다.

유엔군과 공산군 간의 휴전 협상이 막바지 단계에 이르렀을 즈음, 한·미 간에는 상호방위조약을 둘러싼 신경전이 팽팽하게 진행되고 있었다. 이승만 대통령은 휴전 반대, 북진통일 주장을 무기로 삼아 6·25 전쟁을 조속히 종결하려는 미국을 위협함으로써 미국으로부터 확고한 안보 공약을 얻어내려 했다. 이승만이 한미상호방위조약의 체결을 촉구한 배경에는 공산주의의 위협도 위협이었지만 일본의 팽창주의적 군국주의 부활에 대한 경계와 우려도 깔려 있었다.

이승만은 1953년 4월 21일 국회가 자신의 입장을 지지하는 의안을 가결한 것에 힘을 얻어 4월 24일 아이젠하워 미 대통령에게 "중공군이 북한에 그대로 남아 있는 상태에서 휴전이 된다면 1950년 7월 대전협정으로 미국에 건네준 한국군의 작전지휘권을 되찾아 독자적인 작전을 단행하겠다"는 서한을 보내 아이젠하워를 긴장시켰다.

휴전 수락을 설득하기 위해 방문한 유엔군 사령관 마크 웨인 클라크 장군에게는 수락 조건으로 한미상호방위조약 체결, 소련이 침략할 경우 미국의 즉각적인 지원 보장, 한반도에 평화가 정착될 때까지 미 해군과 공군의 계속 지원, 한국군의 증강 실현 등을 제시했다. 안보 공약은 미국도 필요성을 느끼고 있었으나 자칫하면 전쟁 위험이 상존하는 한반도에 발이 묶일 것을 경계했다. 그렇다고 반공의 최전선 보루인 남한의 적화를 팔짱만 끼고 볼 수 없어 숙고에 숙고를 거듭하며, 휴전이 성립되기 전에는 한미상호방위조약을 체결할 수 없다고 거절했다.

미국은 이승만의 북진통일 주장이 대미 협상력을 극대화하기 위한 허세라는 것을 짐작은 하고 있었지만 정말 한국군이 유엔군의 지휘체계에서 이탈해 발생할 만일의 경우를 대비했다. 그래서 6월 6일 아이젠하워가 "한국이 휴전에 협조하고 유엔군의 지휘권 내에 남아 있겠다면 미국은 한국과 상호방위조약에 관해 논의할 준비가 되어 있다"고 이승만에게 통보했다.

반공포로 석방은 미국의 결단을 촉구하기 위한 승부수

이승만은 제안이 충분치 않다고 거절했다. 그리고 6월 18일 반공포로를 전격 석방해 미국은 물론 전 세계에 충격을 주었다. 반공포로 석방은 이승만이 휴전을 거부하고 그것을 파기할 의사와 능력이 있음을 미국에 알린 경고 메시지이자 한미상호방위조약 체결에 대한 미국의 결단을 촉구하기 위한 승부수였다.

반공포로를 전격 석방하는 것으로 미국에 확실히 경고 사인을 보냈다고 판단한 이승만은 6월 22일 "휴전협정 서명에 앞서 상호방위조약을 체결하고 한국에 적절한 군사·경제적 원조를 제공한다면 한국군을 유엔군 사령부로부터 철수시키지 않을 것"이라고 선언했다. 미국은 휴전협정의 원활한 조인을 위해 마지막 정지작업을 담당할 월터 로버트슨 국무부 극동담당 차관보를 급파했다.

로버트슨은 6월 25일부터 7월 12일까지 16일 동안 이승만과 14차례의 회담을 열어 의견을 조율한 뒤 상호방위협정 체결을 포함한 5개 항의 미국 측 제안을 전달했다. 이승만은 "유엔군이 한국의 이익에 배치되는 행동을 하지 않는 한 한국군을 유엔군 휘하에 남겨둘 것이고 휴전에 서명은 않겠지만 그것을 방해하지도 않을 것"이라며 "휴전 후 상호방위조약을 체결하는 것에 동의하겠다"고 화답했다.

이승만과 로버트슨은 7월 12일 휴전 후 한미상호방위조약 체결, 한국군 20개 사단 증강, 장기간의 경제 원조와 2억 달러 원조 제공 등 5개 항에 합의했다. 한미상호방위조약뿐만 아니라 경제 원조와 한국군 증강까지 얻어냈으니 이승만의 승리였다. 휴전조약은 1953년 7월 27일 조인되었다. 이승만의 숙원인 한미상호방위조약은 휴전 후 내한한 존 덜레스 국무장관과 변영태 외무장관이 8월 8일 가조인했다.

사실 상호방위조약은 전쟁 발발 시 미군의 자동 개입을 보장하지는 않았다. 그래도 이승만은 북한의 남침을 막을 수 있는 최소한의 안전장치가 마련되었다는 점에 안도했고, 미국은 한국에 대한 안보공약과 함께 유엔군과는 별개로 미군을 한국에 주둔시킬 수 있는 법적 근거를 마련했다는 점에 만족해 했다.

미국 입장에서 북진통일을 고집해온 이승만이 갑자기 작전지휘권을 되찾아가 무슨 일을 벌일지 모른다는 불안감은 여전했으나 이 점은 가조인과 동시에 작성된 공동성명으로 보완했다. 즉 "방위조약이 발효되는 날까지 한국에 있는 미군과 한국군은 유엔군의 지휘권 아래에서 정전협정에 의거해 행동할 것"이라고 못을 박아 한국군의 단독 북진 가능성에 대해 임시적으로 족쇄 역할을 하도록 했다.

남·북침 예방을 위해 인계철선 도입

한미상호방위조약 정식 조인은 1953년 10월 1일, 미 워싱턴에서 한국의 변영태 외무장관과 덜레스 국무장관 간에 이뤄졌다. 양국 의회는 1954년 1월 15일(한국)과 1월 26일(미국)에 각각 비준안을 통과시켰다. 다만 발효의 기점이 되는 비준서 교환은 양국의 견해 차로 미뤄졌다.

한미상호방위조약의 미진한 부분은 1954년 11월 17일 서울에서 변영태 장관과 브릭스 주한 미 대사 사이에 체결된 '경제 및 군사 문제에 관한 한미합의의사록'에서 보완했다. "유엔군 사령부가 한국의 방위를 책임지는 한 그 군대를 유엔군 사령관의 작전 통제권하에 둔다"고 규정한 합의의사록 제2조가 미국의 고민을 풀어준 해결사였다. 이로써 미국은 상호방위조약으로도 확보하지 못한 한국군에 대한 계속적인 작전권 확보 문제를 의사록 체결로 해결할 수 있었다.

변영태 외무장관(오른쪽)과 존 덜레스 미 국무장관이 워싱턴에서 한미상호방위조약에 서명하고 있다(1953.10.1).

한국 역시 총 72만 명을 넘지 않는 수준에서 병력을 유지하도록 미국이 원조하고, 7억 달러를 미국이 지원한다는 내용의 의사록 부속문서를 통해 상호방위조약에는 없는 군사·경제 지원을 얻어냈다. 의사록이 체결된 같은 날 한미상호방위조약 비준서도 워싱턴에서 교환됨으로써 미국은 한국군에 대한 통제권을 단 하루의 단절도 없이 행사할 수 있었다. 이처럼 미국 입장에서는, 한미상호방위조약으로는 북한에 남침 불가 경고를 보내고 한미합의의사록으로는 한국군의 작전권을 확보했지만 여전히 불안한 구석이 있었다. 그것은 남북간에 혹시 일어날지 모르는 남·북침이었다.

이 문제점은 주한 미군을 서울 북방의 서부전선에 배치해 북한이 남침할 경우 미군을 공격할 수밖에 없도록 만들어 미국이 전쟁에 자동 개입하도록 하기 위한 인계철선 기능으로 보완했다. 인계철선 기능은 한국군의 북침에도 유효했다. 인계철선의 원래 뜻은 폭탄과 연결되어 침투하는 적이 건드리면 자동적으로 폭발하는 가느다란 철선을 말한다.

이 같은 일련의 과정을 통해 한국은 안보를 보장받고 군사·경제적 지원을 받았으나 자국 군대에 대한 작전통제권을 상실함으로써 주권국가의 체면 손상을 감수해야 했다. 이 문제는 지금까지도 현재진행형이나 머지않아 해결될 전망이다. 이처럼 자주권에 일부 손상이 있긴 했지만 거시적 관점에서 이때부터 시작된 군사적 안정과 경제적 지원이 없었다면 1960년대 이후 한국의 급속한 경제성장 역시 생각하기 어려웠다는 점은 부인할 수 없는 사실이다.

제1차 통화개혁

악성 인플레를 막으려면 과잉유동성을 흡수해야 했는데 통화개혁만큼 좋은 것이 없었다.

6·25전쟁이 막바지에 이르자 전시경제를 재건 위주의 경제로 바꿔야 할 필요성이 절실해졌다. 전쟁으로 거의 모든 산업시설이 파괴

되고 생산활동은 정체되었다. 막대한 전비 지출에 따른 통화 증발로 악성 인플레도 팽배했다. 전쟁이 일어나기 하루 전인 1950년 6월 24일 현재 558억 원이던 은행권 발행액은 1952년 말 1조 원을 돌파했다. 물가는 광복 직후보다 18배나 폭등해 경제 질서와 국민 생활이 파국으로 치달을 가능성이 높았다.

악성 인플레를 막으려면 시중의 과잉유동성을 흡수해야 했는데 이를 위한 방법으로 통화개혁만큼 좋은 것이 없었다. 체납된 세금과 대출을 거둬들이는 데도 통화개혁은 필요했다. 백두진 재무장관과 김유택 한국은행 총재는 전쟁으로 누적된 인플레를 정리하고 전쟁 복구와 산업 부흥에 필요한 자금을 조달할 수 있는 근본적이면서도 유일한 방도는 통화개혁뿐이라는 결론에 도달했다.

인플레 막고 전쟁복구 자금 조달할 유일한 방도

백두진과 김유택의 주도로 만들어진 통화개혁안은 1953년 1월에 완성되었다. 하지만 이승만 대통령은 "국민들이 피땀 흘려 모은 재산을 정부가 강제로 2~3년 동안 동결하는 것은 찬성할 수 없다"며 내키지 않아 했다. 그래도 두 사람은 이승만을 설득한 끝에 '가만(可晩)' 사인을 받아냈다. '가(可)'는 허가한다는 뜻이고 '만(晩)'은 이승만이 결재할 때 즐겨 사용하는 자신의 이름 끝자였다.

철저한 보안 속에 마련된 통화개혁안은 1953년 2월 15일 0시를 기해 임시수도 부산에서 대통령령 제13호

시민들에게 교환해 줄 신화폐를 세고 있는 은행원

긴급조치명령으로 공표되었다. 구정 연휴 마지막 날에 공표한 것은 국민들이 설 음식을 많이 장만해 두었기 때문에 통화개혁에 따른 생활상의 불편을 다소나마 줄일 수 있을 것이라는 판단에서였다.

통화개혁안의 주요 골자는 ▲1953년 2월 17일 이후 종전의 모든 화폐는 일절 유통을 금지한다 ▲2월 17일부터 9일간 모든 금융기관 예금의 인출과 지급을 금지한다 ▲새로 발행된 '환' 표시의 한국은행권을 대한민국의 유일한 법정화폐로 한다 ▲'환'화와 기존 '원'화의 교환 비율은 환1에 대해 원100으로 한다 ▲17일부터 25일까지 9일간 구 은행권의 모든 금융기관 채권과 채무를 신고해야 하며 신고하지 않은 것은 무효로 간주한다 ▲금융기관 예금에 대해서는 세대별로 1인당 500환씩만 지급하고 나머지는 별도 조치가 있을 때까지 동결한다는 등의 내용이었다.

루머 난무하고 시장이 혼란에 빠졌으나 소기의 목적 달성해

비록 전시였지만 명절을 맞아 들떠 있던 분위기는 새벽부터 날아든 통화개혁 뉴스에 얼음장처럼 차가워졌다. 2월 15일부터 17일까지 이틀간의 공백도 불안을 더욱 부채질했다. 각종 루머가 난무하고 매점매석, 사재기, 물자 퇴장 등으로 시장도 일시적으로 혼란에 빠졌다. 통화개혁은 자신들의 자금이 하루아침에 휴지 조각이 된 빨치산에게도 날벼락이었다. 이 때문에 전북 정읍에서는 빨치산들이 금융기관을 습격, 새 은행권을 탈취하기도 했다.

신권을 교환하는 과정에서도 신권의 액면단위가 한자로는 '환(圜)', 한글로는 '원', 영어로는 'YEN'으로 표시되어 있어 인쇄가 잘못된 게 아니냐는 항의가 적지 않았다. 이러한 혼란이 야기된 것은 1953년의 통화개혁을 위해 별도로 화폐를 제조하지 않고, 1948년 정부 수립 직전에 미 군정이 미국에서 인쇄해 들여온 예비은행권을 포장도 뜯지 않은 채 조선은행

(한국은행) 금고에 보관하고 있다가 5년 후 그대로 사용했기 때문이다. 예비은행권은 6·25 개전 초기 서울을 점령한 북한군이 다행히 손 대지 않아 1951년 1·4 후퇴 때 부산으로 가져가 당시 조선방직 창고에 보관 중이었다.

1환, 5환, 10환, 100환, 1000환 5종으로 이뤄진 화폐는 미국에서 인쇄되었다고 해서 'US 프린트'로 불렸다. 인쇄가 잘못된 것은 한국인 전문가의 참여 없이 미 군정이 도안 작성에서 인쇄까지 도맡아 하면서 1910년 12월에 발행된 옛 한국은행권을 참고했기 때문이다.

정부는 통화개혁 조치에 이어 인플레 억제를 위한 2단계 조치로 2월 25일 긴급금융조치법안을 국회에 제출했다. 법안의 취지는 예금 동결과 지불 제한을 통해 시중의 과잉유동성을 막는 것이었다. 그러나 자산가이던 국회의원들은 자신에게 불리한 법안을 그냥 통과시켜주지 않았다.

국회는 이틀간에 걸친 난상토론 끝에 지불제한 규정을 대폭 완화한 형태로 법안을 수정해 통과시켰다. 이 때문에 조치 대상 금액 89억 환 가운데 75%에 달하는 67억 환이 이런저런 이유로 지불 제한 대상에서 제외되고 22억 환만이 동결 조치되었다. 과잉유동성을 잡기에는 턱없이 적은 액수였다.

하지만 제1차 통화개혁은 97.4%의 높은 신·구권 교환 실적에 물가도 1년 동안 해방 이후 최저 수준인 약 25%만 상승하게 해 인플레를 잡는 소기의 목적을 달성할 수 있었다. 그런데도 '미완성의 개혁'이라고 평가받는 것은 저인플레의 기간이 짧고 긴급금융조치법처럼 실패로 끝난 경우도 있었기 때문이다.

박수근 국전 특선

사실적 묘사를 거부하고 자신만의 형식을 추구하고 확립했다.

박수근(1914~1965)의 그림에는 소외되고 가난한 이들이 많다. 꾸밈없는 농민과 행상, 빨래나 절구질을 하는 아낙네, 고목나무 아래서 담소를 즐기는 노인네, 놀이에 열중하는 아이 등 모두가 우리네 삶의 현장에서 흔히 볼 수 있는 평범하고 소박한 서민과 시골 풍경들이다. 그 자신도 생전에 "나는 인간의 선함과 진실함을 그려야 한다는, 예술에 대한 대단히 평범한 견해를 가지고 있다. 따라서 내가 그리는 인간상은 단순하고, 다채롭지 않다"고 했다.

박수근의 작품엔 1950년대 한국인의 자화상이 아로새겨져 있다. 특정한 선입견과 목적의식 없이 시대를 생생하게 기록해 그 어떤 자료보다도 정직하고 소박하다. 다만 그가 이런 주제를 사실적인 형식으로 그렸다면 그는 통속적인 화가에 머물렀을지도 모른다. 그러나 그는 사실적 묘사를 거부하고 자신만의 형식을 추구하고 확립했다.

박수근은 강원도 양구에서 태어나 양구공립보통학교에 다녔다. 홀로 산과 들에서 스케치를 하거나 수채화를 그리던 그에게 화가의 길을 안내해준 것은 12살 때 잡지에서 처음 본 밀레의 '만종'이었다. 박수근은 가정 형편이 어려워 중학교에 진학하지 못하고 독학으로 그림을 그렸다. 그런데도 18살이던 1932년 제11회 조선미술전람회(선전)에 처음 출품한 수채화 '봄이 오다'가 입선해 크게 고무되었다. 이후 3년 동안 계속 낙선의 아픔을 겪다가 1936년 '일하는 여인'이 다시 선전에 입선한 것을 시작으로 이후 선전이 끝나는 1943년까지 내리 입선함으로써 작가적 재능을 입증해 보였다.

박수근은 금강산 마을인 강원도 금성에서 이웃집 처녀를 만나 1940년

2월 결혼하고 그해 5월 평남도청 서기로 취직해 평양에 터를 잡았다. 박봉의 고달픈 생활이었지만 인생에서 가장 행복한 시기였다. 해방 후인 1945년 11월에는 도청 서기직을 버리고 공산 치하인 금성의 금성여중 미술교사로 재직하다가 6·25전쟁 발발 후 1·4후퇴 때 홀로 남하했다. 전북 군산에서의 막노동 등을 거쳐 서울 창신동에 살고 있던 1952년 10월 아이들을 데리고 남하한 아내를 2년 만에 극적으로 해후하는 감격을 누렸다.

딸을 안고 있는 박수근(1914~1965)

박수근은 1953년부터 지금의 신세계백화점 부근에 있는 미 8군 PX에서 미군들의 초상화를 그렸다. 당시 PX에서 경리를 보던 아가씨가 소설가 박완서였다. 박완서는 그저 간판쟁이 박씨라고 부르던 박수근에 대한 기억이 훗날 되살아나 자신의 데뷔 소설 '나목'에 당시의 박수근을 미군들의 초상화를 그려주는 '환쟁이' 옥희도로 그렸다.

한국인의 소박한 정서를 독창적이고 한국적인 조형어법으로 표현

박수근은 정식 미술교육을 받지 못해 원근법이나 명암 표현이 서툴렀다. 소재나 색채 표현도 자연스럽지 못했다. 모든 대상은 생략된 선과 조형언어로 처리되었다. 화면의 공간감을 무시하고 대상을 평면화시켜 극도로 단순명료한 형태를 추구했다. 세부 묘사는 하지 않았다. 이런 박수근의 그림에는 한국의 모래와 흙이 뒤범벅이 된 진흙탕 같은 단조로운 색채, 한국의 산천 어디에서나 쉽게 발견되는 화강암처럼 두터운 질감이 느껴지는 마티에르, 완전히 평면화된 구도 등이 공통적으로 나타났다. 박수근은 이렇게 무겁게 가라앉은 화면 안에 가장 한국적인 소재와 소박한 정서를 독창적이고 한국적인 조형어법으로 표현해냈다.

그는 낯선 유화기법을 육화하고 자신의 어법으로 승화했다. 그래서 유화로 그림을 그리면서도 가장 한국적이고 현대적인 회화 세계를 이룬 작가로 평가받았다. 박수근은 50 평생에 400여 점의 작품을 남겼으나 단 한 점도 자신의 주관적 감정을 적극적으로 표출하지 않았다.

그는 마음이 따뜻한 사람이었다. 친절하고 겸손하고 진지하고 과묵했다. 남을 하대하거나 화도 내지 않았다. 평남도청 말단 직원일 때는 아기를 업고 뜨거운 뙤약볕 속을 그냥 다니는 아내의 모습이 안쓰러워 일본인 양품점에서 양산을 훔쳤다가 아내의 질책을 듣고 돌려줄 만큼 아내를 사랑했으며, 길가의 목판장수에게 과일을 살 때도 "한 군데서만 사면 딴 아주머니들이 섭섭해 한다"며 여러 군데서 조금씩 사는 마음씩 착한 면모를 보였다. 이런 성품 탓에 한 미술평론가의 말처럼 천재들에게서 흔히 목격되는 정열과 광기, 드라마틱한 삶의 역정을 찾아볼 수가 없다.

독학의 박수근이 선호한 것은 추천이 아니라 자유로운 경쟁이었다. 그래서 일제 때는 선전에 집착했고 6·25 후에는 국전(대한민국 미술대전)에 몰두했다. 박수근은 전쟁으로 중단되었다가 속개된 1953년 11월의 제2회 국전에 '집'과 '노상에서'를 출품해 각각 특선과 입선을 차지했다. 박수근은 이후 1956년까지 3년 동안 국전에서 연속 입선해 실력 있는 화가로 인정을 받긴 했으나 그의 그림을 사는 한국인은 별로 없었고 외국인 여행자나 주한 미군이 주 고객이었다.

박수근은 1957년 제6회 국전에 100호 대작의 '세 여인'을 출품했다가 낙선했다. 이에 따른 실망으로 폭음하는 일이 잦아졌다. 이듬해 국전에는 아예 출품조차 하지 않았다. 다행히 1959년 국전 추천작가로 초대되고 1962년에는 국전 심사위원이 되어 자존심을 되찾았다. 조선일보 주최 현대작가 초대전(1959) 등 각종 주요 전시회마다 그의 작품이 등장했지만 가난은 좀처럼 그로부터 떨어지지 않았다.

1963년 과음으로 인한 백내장으로 왼쪽 눈을 수술했으나 시신경이 끊어져 한쪽 눈을 실명했다. 1965년 5월 6일 새벽 1시, "천당이 가까운 줄 알았는데 멀어, 멀어"라는 말을 남기고 세상을 떠났다. 생전에 제대로 된 개인전 한번 열지 못하고 궁핍과 싸우다 생애를 마친 그가 작고하자 세상은 공모라도 한 것처럼 '박수근 신화'를 재창조해냈다. 오늘날 그의 사후 명성은 이중섭의 그것과 같은 위치에 서 있다.

이매방 첫 개인춤 발표회

그의 욕설은 어렵게 지켜온 춤 세계에 대한 고집이었고 국내 전통 무용계를 향한 질타였다.

이매방(1927~)은 '한국 전통춤의 자존심'이다. 그는 '구한말 이래 변질되지 않은 우리 춤의 원형'으로 불리며 전통춤을 오롯이 지켜왔다. 이매방은 전남 목포에서 태어나 어릴 적부터 경대 앞에서 춤을 추거나 화장하는 흉내를 내곤 했다. 7살 때 집에 세들어 살던 목포 권번장 함국향에게서 춤을 배우고, 권번(노래와 춤을 가르치는 기생 양성기관) 선생이던 집안의 할아버지뻘인 이대조로부터 승무, 검무, 장구춤 등을 배웠다.

초등학교 2학년이던 1935년 가족을 따라 형이 사업을 하는 중국 대련으로 이사했다. 북경에서 중국의 경극 스타 매란방이 양귀비로 변장해 춤을 추고 연기하는 것을 보고 매료되어 수개월간 매란방의 조교에게서 장검무와 등불춤 등을 배웠다. 1939년에는 대련으로 무용 공연을 온 배구자의 눈에 띄어 생애 처음 무대에서 춤을 추었다.

이매방이 춤의 세계에 본격 입문한 것은 1939년 중국에서 돌아온 뒤였

'승무'를 추고 있는 이매방(1927~)

다. 박영구로부터 승무와 북을 배우고 검무 등은 이창조를 사사했다. 14살이던 1941년 목포역전 가설무대에서 열린 당대 명창 임방울의 명인명창대회 공연 때 광주에서 오기로 한 박봉선(명창 박초선의 언니)이 오지 않아 대타로 무대에 오르면서 임방울과 인연을 맺었다. 이후 이매방은 전국을 순회하는 임방울의 명인명창대회를 따라다녔다.

아버지의 권유대로 목포공립공업학교에 진학하기는 했지만 마음은 늘 춤판에 가 있었다. 해방 전 신무용계에는 김진걸, 조택원 등 여러 명이 있었지만 전통춤을 추는 남자는 이매방 한 명뿐이었다. 일제 말 일본 해군에 입대했으나 탈영 후 이 섬 저 섬에 숨어 있다가 해방을 맞았고, 6·25 때는 피란을 떠나지 못해 무용동맹의 일을 보는 부역을 하기도 했다. 그때까지 이규태(본명)로 활동하던 그는 매란방의 이름에서 '란'자를 빼고 아예 '이매방'으로 개명했다.

그는 어느 한곳에 정착하지 못하고 광주, 군산, 부산 등을 떠돌며 무용을 하다가 1955년 서울로 올라왔다. 그의 춤에 매료된 민주당 대통령 후보 신익희의 딸이 무용연구소를 차려주어 서울에 정착하는 듯했으나 1956년 신익희의 급서로 다시 광주로 내려갔다. 그 후 부산에서 무용소를 운영하며 부산 무용계에서 이름을 떨치다가 50살이던 1977년 서울에 정착, 명인 소리를 듣기 시작했다. 그해 7월 '승무' 첫 발표 무대를 열고 1978년 세종문화회관 개관 기념 공연에서 그동안 연마한 춤 세계를 펼쳐 보였다.

서울에 정착하기 전까지 춤의 외길은 험난했다. 부친이 "넌 내 아들이 아니다"라며 아들의 춤 세계를 인정하지 않은 것은 물론 먹고살기 위해 창극단과 악극단을 따라다니면서 몸부림치는 그를 향해 무용계에선 '무당춤', '기생춤'이라며 경멸하고 심지어 무용계에서 축출하려고까지 했다. 그럴수록 이매방은 전통춤을 원형 그대로 보존하고 새로운 무용을 창작하는 데 열정을 쏟아부었다.

구한말 이래 변질되지 않은 우리 춤의 원형을 보존

평소 북 하나만 놓고 '승무'를 추다가 1948년 북 3개짜리 창작춤을 만든 것을 시작으로 5고(鼓), 7고, 9고, 11고, 13고 등 다고무(多鼓舞)로 발전시킨 것도 이매방의 창작 활동의 소산이었다. 이매방은 1953년 광주에서 제1회 개인발표회를 열었다. 이후에도 부산(1956)과 서울(1959) 등을 오가며 개인발표회를 계속했다.

그의 춤은 서양인에게도 주목을 받았다. 1978년 세종문화회관 개관 기념 내한공연을 펼친 20세기 최고의 발레리나 마고 폰테인은 그의 '승무'를 보고 "이 춤이야말로 한국의 춤이다. 발 디딤과 곡선이 기가 막히다"라며 극찬을 아끼지 않았다. 1979년 프랑스 렌에서 열린 세계민속예술제에 한국 대표로 참가했을 때는 세 번이나 앙코르를 받았다.

뒤늦게 이매방의 진가를 인정한 무용계는 '승무'(1987.7)와 '살풀이춤'(1990.10)의 명인인 그를 중요무형문화재 보유자로 지정했다. 두 종목이 인간문화재에 오른 것은 이매방이 유일하다. 이매방은 바느질 솜씨도 일품이다. 무용발표회가 있을 때마다 복색 일체를 손수 지어입을 정도로 수준급이다.

별명은 따발총, 욕 대장, 술고래, 골초, 직사포 다섯 개나 된다. 비위가 틀리면 어른이고 제자고 눈에 보이는 것이 없었으며, 주춤거리거나 남의 눈치를 보지 않았다. 한번 입을 떼면 몇 시간이건 쉬지 않고 속사포처럼 쏘아댔으며 세상의 욕이란 욕은 모두 그의 입에서 나왔다. 그의 욕설은 전통예술이 푸대접받던 시절, 사내 몸으로 어렵게 지켜온 춤 세계에 대한 고집이었고, 국내 전통무용계를 향한 질타였다. "대한민국 무용인의 70%가 내 제자"라고 말할 정도로 제자가 많은 것도 큰 자랑거리다.

왓슨·크릭 DNA 이중나선 구조 제시

DNA가 유전에 관여한다는 생명 현상의 가장 핵심적인 원리가 밝혀졌다

1953년 4월 25일 세계적인 과학전문지 '네이처'지에 '핵산의 구조: 디옥시리보핵산(DNA)의 구조'라는 제목의 짧은 논문이 발표되었다. 20대의 제임스 왓슨(1928~)과 30대의 프랜시스 크릭(1916~2004)의 이름으로 발표된 논문의 요지는 "유전 정보를 담은 디옥시리보핵산은 두 가닥의 핵산이 서로 꼬여 있는 이중나선형 사다리 구조를 이루고 있고, DNA 속 염기들은 서로 짝을 지어 연결되어 있다"는 것이다.

무엇보다 이 논문을 생물학 분야에서 가장 중요하고 유명하게 만든 구절은 논문의 끝 부분이었다. "그것은 우리가 가정했던 특정 염색체 쌍이 유전 물질의 복제 메커니즘을 시사한다는 것을 알 수 있다." 이로써 DNA라는 한 생체분자의 구조가 규명되고 DNA가 유전에 관여한다는 생명 현상의 가장 핵심적인 원리가 밝혀졌다.

논문은 900 단어에 불과하고 128줄로 짧았다. 그런데도 "DNA 혁명의 방아쇠를 당겼다"는 평가가 쏟아지고 다윈의 진화론과 멘델의 유전법칙에 필적할 만한 생물학적 성과라는 격찬이 이어졌다. 관련 학자들은 "굵기가 2㎚(나노미터·10억 분의 1미터) 정도로 가는 DNA가 인류와 과학의 운명을 결정짓는다"는 사실에 흥분했다.

점차 전 세계에 DNA 연구 붐이 일어나 생명과학은 폭발적인 발전을

거듭했다. 각종 생명 현상의 비밀이 하나씩 풀렸으며 인간이 신의 영역에 도전하는 유전공학과 생명공학의 시대가 열렸다. 유전 정보의 흐름을 제시하는 이론인 센트럴 도그마, 돌연변이설, 인간 염색체의 모든 염기서열을 밝히는 게놈 프로젝트 등이 현대 생물학의 중요한 개념과 사건으로 자리를 잡았다.

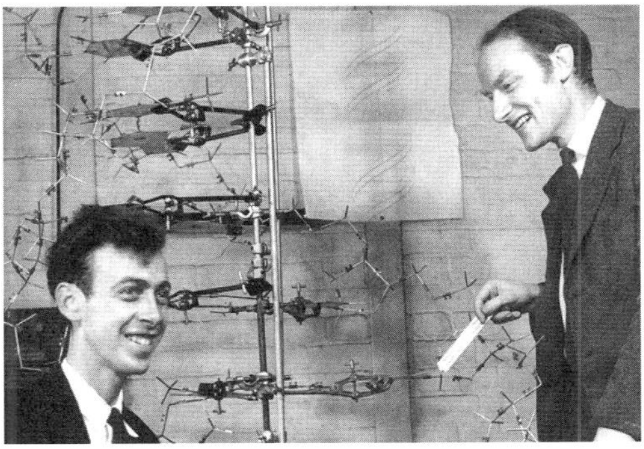

DNA 모형 유전자에 대해 설명하고 있는 왓슨(왼쪽)과 크릭

크릭과 왓슨의 논문이 발표되기 전, 염색체는 단백질과 2종의 핵산 즉 RNA(리보핵산)와 DNA(디옥시리보핵산)로 구성되어 있고 DNA가 유전의 비밀을 풀 수 있는 열쇠라는 사실은 확인되어 있었다. 하지만 DNA의 구조가 알려지지 않아 구체적으로 어떤 메커니즘을 통해 유전에 영향을 주는지는 아무도 설명하지 못했다. 일부 과학자는 DNA처럼 단순한 물질이 어떻게 복잡한 유전형질을 전달하겠느냐며 반신반의했다.

따라서 이 의문을 풀려면 DNA가 어떤 구조인가를 밝혀내야 했기 때문에 DNA 구조 연구는 당시 과학계의 핫이슈였다. 연구자 중에는 당대 최고의 화학자 라이너스 폴링(1901~1994), 영국 런던대 킹스칼리지의 모리스 윌킨스(1916~2004)와 로절린드 프랭클린(1920~1958)이 선두 그룹을 형성했다.

다윈의 진화론과 멘델의 유전법칙에 필적할 만한 생물학적 성과

왓슨과 크릭도 연구 대열에 끼어들긴 했지만 후발주자인데다 연구 실적도 변변치 않았다. 왓슨은 박사학위를 받은 지 1년밖에 안 된 앳된 청년이었고 크릭은 박사학위가 없었을 뿐더러 경력도 신통치 않았다. 하지만 왓슨은 미국 시카고대에서 조류학을 전공하고 1950년 22살의 나이로 인디애나대에서 바이러스 연구로 박사학위를 받은 수재형 연구자였다.

그가 연구지로 선택한 곳은 영국의 케임브리지대가 자랑하는 캐번디시 연구소였다. 당시 연구소는 X선 사진을 이용해 생물 분자의 3차원 구조를 밝혀내는 최고의 기술을 갖고 있었다. 1951년 10월 왓슨이 캐번디시 연구소로 갔을 때 그곳에는 크릭이 있었다. 크릭은 런던대에서 물리학을 전공하고 박사학위를 받을 무렵 2차대전 발발로 학업을 중단했다가 전쟁 후 생물학으로 전공을 바꿔 1949년부터 캐번디시 연구소에서 박사 논문을 준비하고 있었다.

두 사람은 12살이나 나이 차가 나고 전공도 달랐지만 곧 의기투합해 당시 과학계의 가장 큰 관심거리인 DNA의 구조 규명에 매달렸다. 팀워크도 좋았고 직관력도 뛰어났으나 두 사람 모두 이 분야에 햇병아리였던 터라 한동안은 고전의 연속이었다. 그런 그들을 도운 것은 이미 발표되었거나 발표되고 있는 다른 연구자들의 연구 결과였다. 프랭클린의 DNA X선 회절 사진, 세포 내 단백질의 모양이 나선일 수 있다는 폴링의 가설, DNA의 네 가지 염기성분이 쌍을 이루고 있다는 샤가프의 법칙 등이 그것이었다.

그 중에서도 결정적으로 힌트가 된 것은 1952년 5월 프랭클린이 찍은 DNA의 X선 회절 사진이었다. 프랭클린이 DNA의 샘플에서 촬영하는 데 성공한 X선 회절 사진에서 DNA는 나선 모양의 특징인 X(엑스)자 형태를 하고 있었다. DNA의 구조를 규명할 수 있는 퍼즐의 한 조각이 만들어진 것인데도 정작 프랭클린은 사진의 중요성을 간파하지 못했다.

당시 왓슨은 프랭클린의 연구실이 있는 킹스칼리지를 자주 방문했다. 왓슨에게 운명적인 일이 일어난 것은 1953년 2월 어느 날이었다. 킹스

칼리지를 방문했다가 프랭클린이 연구실에서 시선을 집중하고 있는 X선 사진을 발견한 것이다. 하늘이 도우려 했는지 프랭클린의 동료 윌킨스는 “프랭클린이 DNA의 3차원 구조를 밝혀줄 새로운 증거를 갖고 있다”면서 프랭클린의 X선 사진을 왓슨에게 보여주기도 했다.

프랭클린·폴링, 연구 앞섰지만 불운의 주인공

왓슨과 크릭은 X선 사진을 면밀히 검토하고 에르빈 샤가프의 연구 결과를 참고한 끝에 DNA가 이중나선구조로 이뤄져 있을 것이라는 결론에 도달했다. 샤가프는 서로 다른 생명체들은 다른 양의 DNA를 갖고 있지만 아데닌(A)과 티민(T), 구아닌(G)과 시토신(C)은 항상 같은 양으로 존재한다는 사실을 실험을 통해 증명했다. ‘염기동량설’로 알려진 이 정보 역시 왓슨과 크릭이 아데닌-티민, 시토신-구아닌이 서로 결합한다는 염기쌍의 원리를 밝히는 데 결정적인 단서를 제공했다.

왓슨과 크릭은 염기의 금속 모형을 재구성하고 부수기를 반복했다. 그리고 마침내 DNA는 두 가닥의 핵산이 서로 꼬인 나선형의 사다리 구조를 이루고 있음을 밝혀냄으로써 유전의 비밀을 풀 수 있는 열쇠를 찾아냈다. 두 사람은 180cm가 넘는 DNA 분자 모형을 완성한 뒤 1953년 4월 2일 논문을 네이처에 보냈고, 논문은 전 세계 생명과학계에 혁명적인 변화를 불러왔다. 왓슨과 크릭은 DNA의 이중나선 구조를 발견한 공로로 1962년 윌킨스와 함께 노벨 생리의학상을 공동 수상했다.

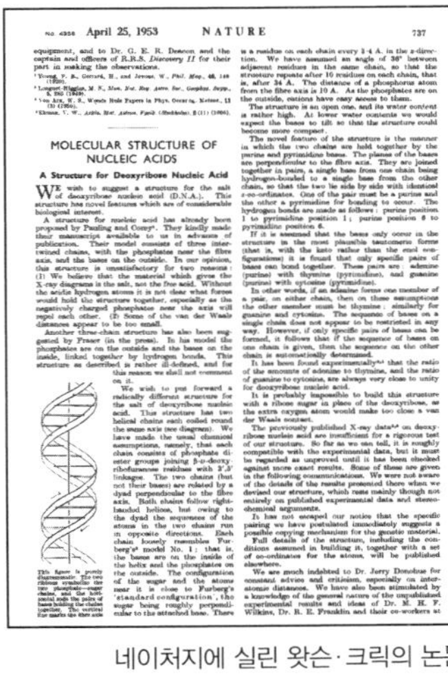
No. 4356 April 25, 1953 NATURE 737

equipment, and to Dr. G. E. R. Deacon and the captain and officers of R.R.S. *Discovery II* for their part in making the observations.

MOLECULAR STRUCTURE OF NUCLEIC ACIDS

A Structure for Deoxyribose Nucleic Acid

WE wish to suggest a structure for the salt of deoxyribose nucleic acid (D.N.A.). This structure has novel features which are of considerable biological interest.

A structure for nucleic acid has already been proposed by Pauling and Corey[1]. They kindly made their manuscript available to us in advance of publication. Their model consists of three intertwined chains, with the phosphates near the fibre axis, and the bases on the outside. In our opinion, this structure is unsatisfactory for two reasons: (1) We believe that the material which gives the X-ray diagrams is the salt, not the free acid. Without the acidic hydrogen atoms it is not clear what forces would hold the structure together, especially as the negatively charged phosphates near the axis will repel each other. (2) Some of the van der Waals distances appear to be too small.

Another three-chain structure has also been suggested by Fraser (in the press). In his model the phosphates are on the outside and the bases on the inside, linked together by hydrogen bonds. This structure as described is rather ill-defined, and for this reason we shall not comment on it.

We wish to put forward a radically different structure for the salt of deoxyribose nucleic acid. This structure has two helical chains each coiled round the same axis (see diagram). We have made the usual chemical assumptions, namely, that each chain consists of phosphate di-ester groups joining β-D-deoxy-ribofuranose residues with 3',5' linkages. The two chains (but not their bases) are related by a dyad perpendicular to the fibre axis. Both chains follow right-handed helices, but owing to the dyad the sequences of the atoms in the two chains run in opposite directions. Each chain loosely resembles Furberg's[2] model No. 1; that is, the bases are on the inside of the helix and the phosphates on the outside. The configuration of the sugar and the atoms near it is close to Furberg's 'standard configuration', the sugar being roughly perpendicular to the attached base. There is a residue on each chain every 3·4 A. in the z-direction. We have assumed an angle of 36° between adjacent residues in the same chain, so that the structure repeats after 10 residues on each chain, that is, after 34 A. The distance of a phosphorus atom from the fibre axis is 10 A. As the phosphates are on the outside, cations have easy access to them.

This figure is purely diagrammatic. The two ribbons symbolize the two phosphate—sugar chains, and the horizontal rods the pairs of bases holding the chains together. The vertical line marks the fibre axis

The structure is an open one, and its water content is rather high. At lower water contents we would expect the bases to tilt so that the structure could become more compact.

The novel feature of the structure is the manner in which the two chains are held together by the purine and pyrimidine bases. The planes of the bases are perpendicular to the fibre axis. They are joined together in pairs, a single base from one chain being hydrogen-bonded to a single base from the other chain, so that the two lie side by side with identical z-co-ordinates. One of the pair must be a purine and the other a pyrimidine for bonding to occur. The hydrogen bonds are made as follows: purine position 1 to pyrimidine position 1; purine position 6 to pyrimidine position 6.

If it is assumed that the bases only occur in the structure in the most plausible tautomeric forms (that is, with the keto rather than the enol configurations) it is found that only specific pairs of bases can bond together. These pairs are: adenine (purine) with thymine (pyrimidine), and guanine (purine) with cytosine (pyrimidine).

In other words, if an adenine forms one member of a pair, on either chain, then on these assumptions the other member must be thymine; similarly for guanine and cytosine. The sequence of bases on a single chain does not appear to be restricted in any way. However, if only specific pairs of bases can be formed, it follows that if the sequence of bases on one chain is given, then the sequence on the other chain is automatically determined.

It has been found experimentally[3,4] that the ratio of the amounts of adenine to thymine, and the ratio of guanine to cytosine, are always very close to unity for deoxyribose nucleic acid.

It is probably impossible to build this structure with a ribose sugar in place of the deoxyribose, as the extra oxygen atom would make too close a van der Waals contact.

The previously published X-ray data[5,6] on deoxyribose nucleic acid are insufficient for a rigorous test of our structure. So far as we can tell, it is roughly compatible with the experimental data, but it must be regarded as unproved until it has been checked against more exact results. Some of these are given in the following communications. We were not aware of the details of the results presented there when we devised our structure, which rests mainly though not entirely on published experimental data and stereo-chemical arguments.

It has not escaped our notice that the specific pairing we have postulated immediately suggests a possible copying mechanism for the genetic material.

Full details of the structure, including the conditions assumed in building it, together with a set of co-ordinates for the atoms, will be published elsewhere.

We are much indebted to Dr. Jerry Donohue for constant advice and criticism, especially on inter-atomic distances. We have also been stimulated by a knowledge of the general nature of the unpublished experimental results and ideas of Dr. M. H. F. Wilkins, Dr. R. E. Franklin and their co-workers at

네이처지에 실린 왓슨·크릭의 논문

이 과정에서 가장 불행한 사람은 1958

년 38살의 젊은 나이에 백혈병으로 세상을 떠나 노벨상 후보에서 제외된 프랭클린이었다. 이 때문에 왓슨과 크릭은 프랭클린의 X선 사진을 도용했다는 이유로 한동안 비난에 시달렸다. 또한 결과적으로는 왓슨과 크릭이 DNA 구조를 먼저 규명한 연구자로 각광을 받았지만 당시 두 사람보다 연구에 앞선 인물은 폴링이었다. 그러나 폴링은 1953년 2월 발표한 논문에서 DNA를 "각 사슬이 나선을 이룬 세 가닥의 사슬구조"라고 설명해 영광의 주인공이 되지 못했다.

폴링의 연구 성과가 빗나간 데는 또 다른 이유가 있었다. 당시 폴링은 반핵 운동가로도 활동하고 있었는데 1952년 영국왕립학회의 DNA 심포지엄에 연사로 초대받았으나 미 정부가 여권 발급을 거부해 참석하지 못했다. 만일 폴링이 심포지엄에 참석해 프랭클린의 X선 회절 사진을 보았다면 왓슨과 크릭보다 먼저 DNA 구조를 밝혀냈을 것이라고 주장하는 학자도 있다. 폴링은 DNA 구조의 위대한 발견을 크릭과 왓슨에게 넘겨주고 이 때문에 1962년의 노벨 생리의학상도 놓쳤으나 DNA와는 별개의 업적으로 노벨 화학상(1954)과 노벨 평화상(1962)을 수상함으로써 과학과 사회 전반에 걸쳐 다양한 관심과 능력이 있음을 보여주었다.

에드먼드 힐러리 세계 최초 에베레스트 등정

두 사람은 서로를 연결한 로프를 풀지도 않은 채 감격의 악수를 나누고 힘차게 끌어안았다.

1953년 5월 29일 오전 11시 30분, 전인미답의 세계 최고봉 에베레스트에 마침내 인간이 첫발을 내디뎠다. 역사적 순간의 주인공은 뉴질랜드 출신의 에드먼드 힐러리(1919~2008)와 셰르파 텐징 노르가이(1914~1986)였다.

더 이상 오를 곳이 없음을 확인한 두 사람은 서로를 연결한 로프를 풀지도 않은 채 감격의 악수를 나누고 힘차게 끌어안았다. 힐러리는 작은 십자가를, 텐징은 초콜릿과 비스킷과 딸의 연필을 눈 속에 묻고 하산했다. 하산에 앞서, 힐러리는 29년 전인 1924년 에베레스트의 북동쪽(노스콜)으로 등정하다 실종된 조지 말로리의 흔적을 눈으로 살펴보았으나 아무것도 보이지 않았다.

힐러리는 나중에 본인과 텐징 두 사람 중 누가 먼저 정상에 발을 내디뎠느냐는 논쟁이 벌어졌을 때 "둘이 동시에 발을 내디뎠다"며 셰르파를 배려했다. 텐징이 훗날 자신의 저서에서 "힐러리가 몇 발 앞섰다"고 밝혔지만 힐러리는 침묵으로 일관하다가 1986년 텐징이 죽은 뒤 1999년 저서 '정상에서'에서 이를 인정했다. 또한 자신의 책에서 "미천한 신분을 딛고 정상에 선 텐징이야말로 진정한 영웅"이라며 텐징에 대한 고마움을 잊지 않았다.

힐러리의 등정 사실이 영국에 알려진 것은 엘리자베스 영국 여왕의 대관식 전야인 6월 1일 밤이었다. 곧 영국 전역에 열광과 환호의 물결이 넘쳐났다. 영국은 그동안 대영제국을 자부하면서도 북극은 미국의 피어리에게, 남극은 노르웨이의 아문센에게 '최초' 자리를 내주어 자존심이 상할 대로 상해 있었다.

따라서 영국인에게 에베레스트는 구겨진 자존심을 세워줄 지구상에 마지막 남은 유일한 극지였다. 영국 정부는 '제3의 극지'라는 신조어를 만들면서까지 국가적으로 지원을 아끼지 않았다. 영국이 초등(初登)의 꿈을 꾸기 시작한 것은 1921년 봄이었다. 제1차 영국 등반대는 네팔이 아닌 티베트 쪽을 선택했다. 쇄국정책을 펴오던 두 나라 중 먼저 문을 연 나라가 티베트였기 때문이다. 1차 등반대에 부여된 임무는 사전 답사와 코스 확인이었다. 등반대는 10주 동안 동면과 북면을 정찰한 끝에 정상으로 올라가는 노스콜 루트의 가능성을 확인하고 내려왔다.

"에베레스트는 자랄 대로 자랐지만 내 꿈은 계속 자라고 있다"

제2차 영국 등반대는 1922년 8,326m까지 올라가 인류 최초로 8,000m 도달에 성공했으나 셰르파 7명이 희생되는 비극을 겪었다. 1924년에도 제3차 영국 등반대의 초등 도전이 있었으나 8,572m까지 올라갔다가 대원 중 조지 말로리와 앤드루 어빙이 실종되어 발걸음을 되돌려야 했다. 계속된 영국 등반대의 노스콜 루트 등정은 1938년 제7차 도전을 마지막으로 중단되었다.

1950년 중국의 침략으로 티베트의 문이 닫히고 네팔의 문이 열리자 영국 등반대는 네팔 쪽 남동릉(사우스콜) 루트를 개척했다. 1951년 8차 등반대가 사우스콜에 처음 도전했으나 결과는 역시 참담한 실패로 끝이 났다. 이 등정에 참가했던 힐러리는 실패 후 이렇게 말했다. "에베레스트산은 이미 자랄 대로 자랐지만 내 꿈은 아직도 계속 자라고 있다."

영국은 1952년에도 네팔 정부에 등정 허가를 신청했으나 1년에 1개국만 허락한다는 네팔 정부의 방침에 밀려 먼저 신청한 스위스에 등정의 기회를 내주어야 했다. 1952년 봄 스위스 등반대가 사우스콜 루트로 8,595m까지 도달해 1924년 영국의 제3차 등반대가 기록한 8,572m의 기록을 갱신하자 영국의 초조감은 극에 달했다.

에베레스트 정상에 오른 에드먼드 힐러리(왼쪽)와 셰르파 텐징 노르가이

1953년 제9차 영국 등반대가

구성되었다. 힐러리와 텐징도 동참했다. 등정을 지원하기 위해 네팔의 수도 카트만두 부근의 바크타푸르에 모인 짐꾼만 1,200명이나 되었다. 길도 자동차도 비행기도 없어 이들 모두는 그곳에서부터 에베레스트 산행 루트가 시작되는 남체까지 16일 동안 걸어갔다.

힐러리는 영국령 뉴질랜드에서 태어나 1939년 뉴질랜드 남알프스의 올리버산 등정을 시작으로 본격적인 탐험가의 길을 걸었다. 셰르파로 기용된 텐징 노르가이만큼 산을 잘 알고 높이 올라가본 인물은 없었다. 텐징은 영국의 5, 6, 7차 등반과 1년 전 스위스 등반 등 모두 6차례나 에베레스트를 등반했던 당대 최고의 셰르파였다.

"미천한 신분을 딛고 정상에 선 텐징이야말로 진정한 영웅"

1953년 5월 26일 제1차 공격조가 정상을 향해 올라갔으나 남봉(8,770m) 지점에서 강풍에다 시간과 산소 부족 등으로 등반을 포기했다. 제2차 공격조로 구성된 힐러리와 텐징은 5월 29일 오전 6시반, 8,537m에 친 제9캠프를 출발했다. 날씨는 바람도 없고 유난히 맑았다.

오전 9시 정각, 남봉 정상을 거쳐 칼날 설릉을 가던 중 12m 높이의 빙벽이 가로막았다. 옆은 천 길 낭떠러지였다. 힐러리는 오늘날 '힐러리 스텝'으로 불리는 빙벽 틈새에 피켈을 꽂아 한 발씩 정상을 향해 올라갔다. 그리고 마침내 정상에 다다랐다. 그날이 있기까지 지난 32년 동안 모두 14명의 셰르파와 대원이 목숨을 잃었다. 1990년에는 아들 피터 힐러리가 아버지가 37년 전 오른 남동릉을 타고 정상을 밟아 최초의 부자 등정기록을 세웠다. 그토록 문을 열어주지 않던 북동릉(노스콜) 루트 초등은 1960년 중국 팀에 의해 깨졌고, 지금은 사우스콜, 노스콜을 포함해 에베레스트 정상으로 올라가는 루트만 모두 15개에 이른다.

최근에는 에베레스트 정상으로 올라가는 마지막 난코스이자 상습 병목

구간인 힐러리 스텝에 사다리를 설치하는 안이 검토되고 있다. 정상 공격조가 매년 수백 명으로 늘어나면서 등정자들이 앞사람 때문에 산을 오르지 못하고 3~4시간 동안 위험한 설산에 방치되는 일이 많아졌기 때문이다. 물론 사다리는 등정이 아닌 하산에만 이용된다.

각종 장비 지원으로 등정이 쉬워지면서 1953년 이후 2011년까지 에베레스트는 횟수로는 5,104번, 사람 수로는 3,142명에게 등정을 허용했다. 1,962명이 2번 이상 등정하고 219명이 등정 도중 사망했다. 등정자 수는 2006년 처음으로 400명을 돌파한 이후 계속 그 이상을 유지하고 있으며 2007년에는 정상 등정자가 600명을 넘기도 했다.

2013년에도 6월 현재 540명이 등정했다. 그 중에는 80대 노인, 한쪽 다리를 잃은 여성, 두 팔을 잃은 남성, 아랍 출신의 첫 여성도 있다. 네팔과 인도가 치운 쓰레기만도 2013년 시즌(6월 현재) 4톤이 넘는다.

에베레스트를 세계 최고봉으로 처음 인정한 것은 1852년 영국의 인도 측량국이었다. 오랫동안 P15란 기호로 불리다가 1865년, 세계 최고임을 처음 확인할 당시의 측량국 장관 조지 에베레스트의 이름을 따 마운트 에베레스트로 명명되었다. 티베트 이름 '초모룽마'(대지의 여신)와 네팔 이름 '사가르마타'(세계의 정상)라는 이름이 있지만 영국인에게는 오로지 에베레스트일 뿐이었다.

오늘날 에베레스트의 공인 높이는 1954년 인도 정부가 발표한 8,848.10m이지만 새로운 높이가 속속 발표되고 있어 정확한 높이는 여전히 논란에 쌓여 있다. 8,848.13m(중국 1975), 8,846.10m(프랑스·이탈리아 합동조사팀 1993), 8,850m(내셔널지오그래픽 1999)에 이어 2005년에는 중국 정부가 8,844.43m라고 발표한 바 있다.

▶ 에베레스트 등정 관련 각종 기록

연도	기록	이름(국적)
1953	세계 최초	에드먼드 힐러리(뉴질랜드)
1975	여성 최초	다베이 준코(일본)
1978	한국인 최초 (세계 8번째)	고상돈
1978	최초 무산소	라인홀트 메스너(이탈리아)
1980	최초 단독	라인홀트 메스너(이탈리아)
1993	한국 여성 최초	지현옥, 최오순, 김순주
1993	한국인 최초 무산소	박영석
2007	한국인 최고령 (66세)	김선봉
2010	최연소 (13세)	조던 로메로(미국)
2012	여성 최고령 (73세)	와타나베 다마에(일본)
2012	세계 최다 (21회)	아파 셰르파(네팔)
2013	최고령 (80세)	미우라 유이치로(일본)

조지 말로리

조지 말로리(1886~1924)가 등반 비용을 마련하기 위해 미국에서 모금 강연을 하고 있던 1923년 어느날 미국의 한 신문기자가 "왜 에베레스트에 오르는가"라고 물었다. 수없이 들었던 질문에 짜증이 난 말로리가 별 생각 없이 "산이 거기에 있어 오른다(Because it is there)"고 퉁명스럽게 대답했다. 그러나 이 선문답은 말로리의 명성과 더불어 철학적인 대답으로 해석되어 오늘날까지도 산사나이의 가장 멋진 말로 회자되고 있다.

말로리는 1924년 제3차 영국 등반대에 참가했다가 산에서 실종되어 더욱 유명해진 인물이다. 1차, 2차 등반대에도 참가해 '에베레스트의 사나이'로 불리던 말로리의 실종 소식에 영국인들은 망연자실하며 슬픔에 잠겼다. 처음 말로리가 제3차 등반대에 참가한다고 했을 때 다른 대원들은 탐탁지 않게 여겼다. 지난 두 차례의 등반에서 보인 강한 개성에다 도무지 명령 따위가 먹혀들지 않는 고집불통의 말로리가 불편했던 것이다. 그러나 영국인들은 말로리의 불참을 받아들일 수 없었고, 말로리는 이런 국

조지 말로리(1886~1924)

민의 성원 덕에 등반대에 합류할 수 있었다.

말로리가 앤드루 어빙과 함께 8,220m의 제6캠프를 출발한 것은 1924년 6월 8일이었다. 그러나 두 사람은 제2 스텝이라 불리는 암벽에서 목격된 것을 마지막으로 소식이 끊겼다. 사람들은 두 사람이 정상에 오르다가 실종된 것인지 아니면 정상에서 내려오는 길에 실종된 것인지를 궁금해 했다.

1933년 제4차 영국 등반대가 제1스텝에서 약 200여m 떨어진 해발 8,460m 지점에서 실종된 어빙의 피켈을 발견했어도 두 사람이 과연 정상에 올랐느냐는 의문은 여전히 해소되지 않았다. 더욱이 "말로리가 정상 공격을 할 때 자신의 휴대용 코닥 카메라를 빌려갔다"고 말한 한 대원의 진술이 더해지면서 정상 등정 여부는 해가 갈수록 증폭되었다.

"산이 거기에 있어 오른다"

카메라는 정상 등정 여부를 확인해 줄 수 있는 분명한 열쇠였다. 1980년대 초 코닥사가 "빛에 노출되지만 않았다면, 건조한 공기와 낮은 기온 덕에 필름이 잘 보존되어 있을 것이고 충분히 재생할 수 있다"는 주장을 펴자 미국의 톰 홀젤이 문제의 카메라를 찾기 위해 1986년 원정대를 꾸렸다. 그러나 그 역시 악천후로 참담한 실패를 맛봤다. 1995년에는 말로리의 손자가 할아버지의 발자취를 따라 에베레스트 정상을 밟은 뒤 할아버지의 사진을 묻어 70여 년에 걸친 가족의 비원을 풀었으나 실종과 관련된 단서는 여전히 오리무중이었다.

1999년에는 영국 BBC의 다큐멘터리팀이 '말로리·어빙 수색대'를 꾸려 말로리의 뒤를 추적했다. 수색대가 단서로 삼은 것은 중국 산악인 왕홍바오의 언급이었다. 왕은 1979년 중·일 합동정찰대에 참가해 "1975년 에베레스트 북동릉 등반 당시 제6캠프 부근 해발 8,100m 지점에서 옛날 복장의 영국 산악인 시신을 목격했다"는 이야기를 일본인 산악인에게 전하고 이튿날 눈사태로 사망했다.

더 이상의 정보는 없었으나 BBC 수색대는 왕의 진술을 사실로 믿고 수색에 나선 끝에 1999년 5월 1일 8,150m 지점에서 마침내 말로리의 시신을 발견했다. 에베레스트의 유령, 혹은 신화로 불리던 역사 속의 사나이가 무려 75년 만에 자신의 모습을 세상에 공개한 것이다.

등산복은 이미 삭아 없어진 상태였지만 허리에는 자일을 두르고 있었고 피부는 눈과 햇볕에 바래 하얀 대리석 같은 모습이었다. 그러나 등정 여부를 판가름할 결정적인 증거물인 카메라는 보이지 않았다. 수색대는 유족의 뜻에 따라 시신을 에베레스트 북쪽 능선에 안장하고 위치는 비밀에 부쳤다. 이렇게 말로리는 영원한 산사나이가 되었다.

K2 K2봉은 파키스탄 북쪽에 있는 카라코람 산맥의 최고봉이다. 높이(8,611m)는 세계 최고봉 에베레스트(8,848m)에 이어 두 번째로 높은 고봉이지만 정상에 오르는 데는 가장 힘든 산이면서 또한 가장 아름다운 산으로 정평이 나 있다.

히말라야 8,000m 이상 14좌

세계 최초로 히말라야 8,000m급 14좌를 완등한 라인홀트 메스너가 "에베레스트는 K2 등반에 비하면 산책과 같다"고 평할 만큼 K2봉은 최고의 난코스를 자랑하고 있다. 산악인 엄홍길은 "이 산은 목숨을 걸지 않으면 오르지 못한다"고 했고, 박영석은 "작은 실수도 결코 용납하지 않는 산"이라고 했다. 날카로운 피라미드 형태의 K2는 경사부터 남다르다. 에베레스트와 달리 연봉(連峰)들보다 1,000~2,000m 높이 치솟아 악천후도 잦다. 이 때문에 등반 사망률은 30%로 최고다.

'K2'라는 명칭은 1856년 영국의 인도측량장교 몽고메리가 카슈미르에서 바라본 카라코람의 고봉을 순차적으로 K1, K2…K32까지 기록한 데서 유래한다. 1861년 영국의 고드윈 오스틴이 K2봉에 이르는 '발토로 빙하'를 발견한 것을 기념해 영국왕립지질학회가 K2봉의 이름을 '고드윈 오스틴봉'으로 명명했으나 이미 굳어진 K2의 이름을 바꾸지는 못했다. 현지 주민은 '큰 산'이라는 뜻의 '초고리'라고 부른다.

K2 정상에 오르기 위한 산악인들의 각축전은 20세기 들어 본격적으로 시작되었다. 1902년 영국의 에켄슈타인 탐험대가 6,700m 등정에 성공한 이래 이탈리아 아브리치 원정대의 7,500m(1909), 미국 휴스턴 탐험대의 7,925m(1938), 미국의 위스너 탐험대의 8,380m 등의 실패사를 딛고 K2봉에 인간이 첫발을 내디딘 것은 1954년이었다.

7월 31일 아브리치 능선을 타고 마침내 K2봉에 오른 주인공은 아르디토 데시오가 이끄는 이탈리아 원정대였다. 몽블랑의 4,000m 고지대에서 군대식 훈련을 하며 흘린 땀과 눈물의 결실이었다. 군대식 팀답게 처음에는 정상을 처음 밟은 대원의 이름을 공표하지 않았다. 모든 대원이 똑같은 대접을 받아야 한다는 게 이들의 생각이었다. 그러나 귀국 후 곧 첫 등정대원이 리노 라체델리, 아칠레 콤파뇨인 것으로 밝혀졌다.

국내 원정대는 1986년 8월 3일 김병준 대장이 이끄는 원정대가 처음 등정에 성공했다. 장봉완, 김창선, 장병호 등 3명도 함께 정상을 밟았다.

베리야의 실각과 흐루시초프 시대 개막

흐루시초프의 취임은 '동토의 땅' 소련에 불어닥칠 대변화의 서곡이었다.

1953년 3월 5일, 소련 공산당 서기장 이오시프 스탈린(1879~1953)이 한마디 유언도 없이 눈을 감았다. 2,000여만 명의 목숨을 앗아간 '공포정치의 화신', '전대미문의 독재자'가 마침내 74세로 죽은 것이다. 공식 발표된 사인은 뇌일혈이었다. 스탈린 사후 뒤를 이을 후보군으로 몇몇이 거론되었으나 외형상으로는 게오르기 말렌코프가 가장 유력했다. 스탈린이 죽기 2~3년 전부터 당과 정부의 엄연한 제2인자였고 스탈린의 공포정치를 집행한 라브렌티 베리야(1899~1953)와도 관계가 밀접했기 때문이다. 예상대로 말렌코프는 스탈린 사후 소집된 당 중앙위 간부회의에서 각료회의 의장 겸 총리로 선출되었다.

그러나 '철의 장막' 밖에서의 예측과 달리 크렘린 내부에서는 팽팽한 긴장감이 감돌았다. 그것은 그동안 실질적으로 스탈린 다음의 권력을 쥐락펴락해온 베리야가 건재하는 한 누구도 자신의 지위와 안전을 보장받을 수 없다는 두려움 때문이었다.

베리야는 체카(KGB 전신) 요원 때부터 반소비에트 인사를 고문·처형하는 잔인성을 유감없이 발휘해 스탈린의 신임을 얻었다. 비밀경찰을 총괄하고 국경감시 군부대 등을 산하에 거느린 내무부 장관으로 승격한 뒤에는 무소불위의 권력을 행사했다. 미국의 원폭 성공 후 구성한 '소련 원자폭탄에 관한 특별위원회' 위원장직도 겸하면서 1949년 8월 원폭 실험을 성공시키는 놀라운 추진력을 과시해 과학적 리더십도 인정받았다.

하지만 역사적으로 절대권력하의 제2인자 운명이 그러하듯 스탈린의 생래적인 의심증과 잔인성이 도지면서 베리야의 운명도 한 치 앞을 내다볼 수 없게 되었다. 스탈린이 베리야를 견제하기 위해 내세운 인물은 니

라브렌티 베리야(1899~1953)

키타 흐루시초프(1894~1971)였다. 스탈린은 흐루시초프가 소련 공산당 정치국 위원과 중앙위 비서를 겸하면서 중앙과 지방 전반에 걸쳐 큰 영향력을 행사할 수 있도록 배려했다.

스탈린은 1951년 11월 베리야의 측근을 체포하는 외곽 때리기로 날을 세운 뒤 다음 수순으로 베리야를 겨냥했으나 그 자신이 갑작스럽게 죽어 베리야를 죽음의 구렁텅이로 떨어뜨리진 못했다.

힘의 공백 상태에서 선수를 치고 나온 것은 베리야

베리야는 가슴을 쓸어내린 뒤 지난 10년 동안 제휴해온 말렌코프와의 협력관계를 더욱 돈독히 하면서 자신의 권력을 강화했다. 스탈린 사후 열린 당 중앙위 간부회의에서 말렌코프를 각료회의 의장 겸 총리로 관철한 것도 베리야였다. 말렌코프가 베리야를 제1부총리로 지명하는 것으로 화답함으로써 베리야는 내무부 장관과 제1부총리를 겸임하는 막강한 실세가 되었다.

말렌코프가 제1인자인 것은 분명하지만 소심하고 겁이 많아 베리야의 눈에는 언제든지 자신이 제압할 수 있는 무력한 1인자일 뿐이었다. 베리야는 스탈린의 장례식 안전을 구실로 비밀경찰 부대를 모스크바로 끌어들여 모든 간부를 긴장시켰다. 각 세력은 이심전심으로 베리야를 제거해야 한다는 생각에는 동의했으나 누구도 감히 나서지는 못했다. 그렇다고 과거 베리야가 저지른 참혹하고 무자비한 행위들을 생각하면 언제 자신들을 향해 칼날을 세울지 몰라 마냥 손을 놓고만 있을 수도 없었다.

그래서 그들은 다루기 쉬운 말렌코프부터 견제했다. 말렌코프를 중앙위 비서국 비서직에서 해임하고 총리직만 맡게 한 것이다. 이로써 비서국에는 흐루시초프를 비롯해 4명의 비서만이 남게 되었다. 이후 크렘린의 권력투쟁은 당을 대표하는 흐루시초프와 정부기관을 대표하는 말렌코프·베리야 연합의 승부로 압축되었다.

선수를 치고 나온 것은 베리야였다. 그것은 개혁 이미지를 통해 국민의 신뢰를 받겠다는 계산이었다. 베리야는 정치범 100만 명의 석방을 관철하고 고문을 금지하는 문서에 서명했다. 우크라이나, 벨라루스, 발트해 3국 등에 정치적 자유를 주는 것에도 관심을 보여 비러시아인의 이익을 수호하는 인물로 자신의 이미지를 탈색했다.

소련과 거리를 두고 있는 유고의 티토와도 비밀회담을 추진하고, 최고회의와 간부회의에서는 급진적인 대 동독정책을 수용하라고 촉구했다. 이러한 베리야의 태도는 동독 대중의 과잉 기대를 불러일으켜 6월 17일의 봉기를 비롯한 잇따른 폭동을 발생시켜 동독 공산당 지도부를 붕괴 직전으로 몰고갔다.

흐루시초프는 이 같은 상황을 반베리야 세력을 결집하는 호기로 삼았다. 먼저 유약한 말렌코프, 외무장관 몰로토프, 국방장관 불가닌 등을 설득해 자기편으로 끌어들였다. 2차대전의 영웅 게오르기 주코프 원수 등까지 합세시켜 만반의 준비를 갖췄다.

흐루시초프는 책모적 기질과 정치적 감각을 갖춘 인물

각본이 모두 짜인 상태에서 6월 28일 말렌코프 총리가 주재하는 소련 중앙위 간부회의가 소집되었다. 베리야는 영문도 모른 채 회의에 참석했다. 이윽고 개회가 선언되자 흐루시초프가 일어나 스탈린 사후 베리야가 보여준 일련의 의문스러운 행동과 발언의 문제점을 지적했다. 뒤이어 "베리야의 각료회의 제1부총리와 내무부 장관직을 비롯한 모든 공직을 박탈

니키타 흐루시초프(1894~1971)

하기를 제안합니다"라며 포문을 열었다.

다른 위원들까지 나서 베리야를 몰아세우고 있을 때 말렌코프가 떨리는 가슴을 진정시키며 비밀 버튼을 눌렀다. 순간 옆방에 대기하고 있던 주코프 등 5명의 군 장성이 들이닥쳤다. 말렌코프는 기어들어가는 목소리로 주코프에게 말했다. "소련 각료회의 의장의 이름으로 베리야를 체포할 것을 요청합니다."

말이 떨어지기가 무섭게 주코프는 하얗게 질려 있는 베리야를 체포해 군형무소 지하벙커에 감금했다. 권력투쟁의 결과는 7월 10일자 프라우다지 보도를 통해 서방 세계에 알려졌다. 베리야는 12월에 진행된 재판에서 모든 혐의를 인정하며 단지 살려주기만을 간청했으나 결국 12월 23일 사형 선고를 받고 그날 밤 총살되었다.

흐루시초프는 1953년 9월 12일 소련 공산당 서기장에 취임했다. 스탈린 사망 후 6개월 만에, 베리야 체포 후 3개월 만에 비로소 권력의 정상에 올라선 것이다. 당시는 누구도 예상하지 못했지만 흐루시초프의 취임은 곧 '동토의 땅' 소련에 불어닥칠 대변화의 서곡이었다.

흐루시초프보다 직제상 더 높은 자리에 있던 말렌코프 총리는 1955년 발전소 장관으로 좌천된 것에 불만을 품고 1957년 6월 몰로토프, 불가닌 등과 함께 흐루시초프의 추방을 획책하다 반당분자로 몰려 실각했다. 이는 오히려 흐루시초프의 위상만 강화해주는 결과를 낳았다.

초등교육밖에 받지 않은 광산 노동자 출신에, 말이 장황하고 두서가 없어 사람을 매료시킬 만한 요소를 거의 갖추고 있지 않은데도 불구하고 흐루시초프가 제1서기에 올랐다는 것은 그만큼 조직관리에 뛰어나고 결단력을 갖췄다는 것을 의미했다. 정적을 가차 없이 숙청한 스탈린의 테러 정치에서 살아남은 것만 보더라도 그는 예사롭지 않은 책모적 기질과 정치적 감각을 갖춘 인물이었다.

재임 시 그의 최대 공적은 1956년 2월의 당 대회에서 독재자 스탈린을 비판해 소련을 지탱해온 전체주의에 결정적인 타격을 가한 일이다. 그의 결단으로 동서 관계에는 해빙이 찾아왔으나 그 자신은 소련 사회주의의 비합리성과 관료주의를 극복하지 못하고 실정을 거듭해 실각의 운명에 놓였다.

의욕적이기는 했어도 대내적으로는 비스탈린화 정책과 계속된 경제정책 실패, 대외적으로는 평화공존 노선과 중소 대립, 지나친 대미 양보 등이 당내 반발을 불렀다. 군부가 국방비 삭감 정책에 반감을 품고 그와 등진 것도 실각의 주요 원인이 되었다. 흐루시초프는 흑해 연안의 휴양도시 크리미아에서 여름휴가를 즐기던 중 영문도 모른 채 1964년 10월 14일 소련 공산당 중앙위 회의에 소환되어 축출되었다.

스탈린 격하운동, 고르바초프의 개혁·개방을 가능케 한 밑거름

소련 공산당이 전과 달라졌음을 보여준 것은 흐루시초프가 전임자와 달리 목숨을 유지한 채 권력의 정점에서 물러나고, 또 물러나서도 당으로부터 직접적인 위해를 받지 않았다는 점이다. 실각 사실은 "흐루시초프가 고령과 건강 악화로 총리와 당 제1서기를 사임했다"는 10월 16일자 타스통신의 코뮈니케를 통해 세상에 알려졌다.

이로써 소련을 11년간 지배해온 흐루시초프의 시대는 막을 내렸고 브레즈네프 시대가 개막되었다. 흐루시초프는 실각했지만 그가 주도한 스탈린 격하운동은 21년 뒤 소련 공산당 서기장 고르바초프의 개혁·개방을 가능케 한 밑거름이 되었다.

1960년 가을 유엔총회에서 구두로 책상을 내리쳐 서방 세계에 거칠고 세련되지 못한 인상을 심어주긴 했어도 전국의 강제수용소에서 수백만 명의 정치범을 석방하고, 1957년 세계 최초의 인공위성 '스푸트니크'를 쏘아올려 소련을 군사 초강대국으로 올려놓은 것은 간과할 수 없는 그의 최대 공적이었다.

비록 생산물의 질은 떨어졌지만 그의 재임 중 경제성장률이 세계에서 일본 다음으로 높았다는 것도 지나쳐서는 안 될 대목이다. 스탈린의 전쟁 불가피론을 물리치고 평화공존 노선을 제기했다는 점에서도 흐루시초프의 외교 성과가 후세에 미친 파급효과는 컸다. 1959년 9월 가족을 동반하고 소련 지도자로서는 처음으로 미국을 방문한 것도 그에 대한 서방 세계의 경계심을 누그러뜨리는 데 작용했다.

실각한 흐루시초프는 자유로운 분위기의 연금 상태에서 1971년 사망할 때까지 공산당에 소극적으로 투쟁했다. 공산당이 협박, 도청, 수색 등으로 방해하는 중에도 비밀리에 회고록을 썼고, 회고록은 흐루시초프 자신도 모르게 미국으로 넘어가 '타임'지에서 출판되었다.

사후에는 상반된 평가를 받고 있다. 소련 사회를 분별없이 어설프게 건드린 무능력하고 거만하며 성과도 거두지 못하는 파괴적인 어릿광대로 묘사하는 평가가 있는가 하면, 해빙의 물꼬를 터 세계 역사에 중대한 전환점을 마련했다며 높게 평가하는 사람들도 있다.

30년 뒤 고르바초프는 흐루시초프를 이렇게 평가했다. "흐루시초프는 역사의 과오를 대면하고 이해한 최초의 사람이었으며… 사회주의에 대한, 그리고 민주주의와 사회주의의 관계에 대한 비판적 사고가 시작된 것은 그로부터였다."

로젠버그 부부 간첩 혐의로 사형

세계 여론이 들끓었다. 원폭 독점이 무너진 냉전기의 정치적 반동으로 조작 의혹이 짙다는 것이다.

1949년 8월 소련이 원자폭탄 실험에 성공하자 미국은 원폭을 독점하려 한 계획에 차질이 생긴 것을 우려하며 당혹감을 감추지 못했다. 미국과 영국의 정보기관이 소련 원폭 기술의 뒤를 캐고 있던 1950년 1월 클라우스 푹스가 영국의 정보기관 MI5에 체포되었다. 푹스는 1933년 나치를 피해 영국으로 망명하고 미국의 '맨해튼 프로젝트'에 참여한 독일 태생의 유대인 핵물리학자였다. 푹스의 체포에는 미국의 대규모 암호 해독 작전인 '베노나 프로젝트'가 결정적으로 작용했다.

푹스는 레이먼드라는 가명의 미국인으로부터 원폭 개발 관련 자료를 넘겨받아, 영국에서 활동 중인 KGB 요원 알렉산데르 페클리소프에게 건네주는 중간 역할을 했다고 자백했다. 곧 레이먼드도 페클리소프가 미국에서 근무할 때 포섭한 소련 출신의 유대인 화학자 해리 골드라는 사실이 밝혀져 1950년 5월 체포되었다.

해리 골드는 감형을 약속받고 미국 내 또 다른 스파이의 이름을 댔다. 그의 자백에 따라 로스앨러모스 연구소에서 전기기사로 일했던 데이비드 그린글래스라는 이름의 유대계 소련 스파이도 1950년 6월 체포되었다. 그린글래스 역시 FBI의 감형 회유를 받고, 1944년 자신의 매형인 줄리어스 로젠버그와 누나 에셀 로젠버그에게 원폭 기밀을 제공했다고 실토했다. 줄리어스 로젠버그는 1950년 7월 17일, 에셀 로젠버그는 3주

로젠버그 부부

후 체포되었다.

조사 결과 줄리어스는 뉴욕에서 가난한 유대계 이민자의 아들로 태어나 뉴욕시립대에서 전자공학을 전공하며 좌익운동에 뛰어들었고, 에셀 로젠버그는 뉴욕의 회사에 근무할 때 파업 주동자로 해고된 전력이 있다는 사실이 밝혀졌다.

두 사람은 1939년 결혼했다. 줄리어스는 1939년 12월 미국 공산당에 가입한 사실을 숨긴 채 1940년 민간인으로 육군 통신대에 취업했고 에셀은 정식 공산당원은 아니었지만 남편의 정치활동을 지지했다. 줄리어스의 처남 그린글래스도 열혈 공산당 지지자였다.

전 세계 유명 인사 미 대통령에 항의서한 보내

부부가 체포될 당시는 매카시즘이 기승을 부리고, 6·25전쟁이 한창일 때였다. 재판은 1951년 3월 6일 뉴욕 맨해튼에서 시작되었다. 로젠버그 부부는 모든 혐의 사실을 부인하고 그 어떤 협력도 거부했지만 검찰과 밀약한 처남 그린글래스의 불리한 증언으로 재판 내내 고전을 면치 못했다. 그린글래스는 법정에서 줄리어스를 주모자로 지목하고 누나 에셀이 기밀문서를 타이핑했다고 진술했다. 부부는 사실대로 자백하면 사면해 주겠다는 검찰의 제안을 거부했다.

1951년 3월 29일 배심원단이 피고인 모두에게 유죄 평결을 내렸고 재판부는 4월 5일 부부에게 사형을 선고했다. 변호인단의 항소가 있었으나 항소심에서는 법률의 적법성 여부만을 심사했기 때문에 최종 판단은 연방대법원으로 넘어갔다.

그러는 사이 세계 여론이 들끓었다. 증거가 부족하고 원폭 독점이 무너진 냉전기의 정치적 반동으로 조작 의혹이 짙다는 것이었다. 공산주의 동조자인 사르트르와 피카소는 물론이고 철저한 반공주의자인 교황 피우스

12세까지도 이들의 구명을 위해 발벗고 나섰다. 아인슈타인, 러셀, 콕토, 리베라 등 세계의 저명한 학자, 작가, 예술가들도 미 대통령에게 항의서한을 보내 구명운동을 벌였다.

간첩으로 체포된 사람 대부분이 유대인이다 보니 “유대인 탄압”, “제2의 드레퓌스 사건”이라는 주장도 제기되었다. 공교롭게도 재판에 직접 관련된 판사, 검사, 변호인단 모두 유대인이었다.

소련 몰락 후 간첩 역할을 했다는 증거 나와

아이젠하워 대통령이 각종 탄원을 거부한 가운데 연방대법원이 1953년 6월 13일 로젠버그 부부의 사형집행 연기와 재심에 관한 피고의 청원을 기각했다. 이로써 로젠버그 부부는 사형이 확정되었다. 해리 골드와 그린글래스 등에게는 징역 10년에서 17년까지 선고되었다. 사형 집행이 예정된 6월 19일 부부는 최후의 면회를 허가받아 이승에서의 마지막 2시간을 함께 보냈다.

줄리어스가 뉴욕주 싱싱형무소 전기의자에 앉은 것은 그날 오후 8시쯤이었다. 세 번의 전기 충격 끝에 줄리어스는 2분 30초 만에 숨이 끊어졌으나 뒤이어 전기의자에 앉은 에셀은 5분 동안 다섯 번의 전기 충격을 받고서야 숨이 끊어졌다. 이 사실을 전해 들은 백악관 앞의 반공 시위대는 “공산주의자 쥐새끼들에게 죽음을”이라고 적힌 피켓을 들어올리며 함성을 지르고 박수를 쳤다. 같은 시각 뉴욕에서는 수천 명의 시위대가 이들의 죽음을 애도했다.

드레퓌스 사건 이후 서방 세계를 가장 들끓게 한 사건인 만큼 논란은 지금까지도 가라앉지 않고 있다. 줄리어스가 간첩 행위를 했다는 사실은 이후 드러난 여러 정황상 이론의 여지가 없었다. 하지만 당시만 해도 그린글래스와 일부 공범의 구두 증언을 제외하고는 사형을 선고할 만한 결정적인 물증이 없었다.

부부가 빼돌렸다는 원폭 기밀이 핵심적인 내용이 아니기 때문에 사형이 지나치다는 주장, 죄상이 더 무거운 푹스나 그린글래스와 비교해 형량이 형평에 어긋난다는 지적, 간첩 행위를 하지 않은 에셀 로젠버그에게까지 사형을 선고한 것은 지나치다는 항변도 있었다.

그러나 소련의 몰락 후 부부가 간첩 역할을 했다는 증거가 속속 드러났다. 1990년에는 흐루시초프가 "로젠버그 부부의 도움"을 언급한 녹음 내역이 공개되고, 1995년 7월 '베노나 프로젝트'에 의해 파악된 교신 내용이 공개되었을 때 줄리어스가 실제로 소련의 스파이였다는 사실도 밝혀졌다.

베노나 프로젝트

'베노나 프로젝트'는 2차대전이 한창이던 1943년 2월부터 전쟁이 끝난 1946년까지 런던, 뉴욕, 워싱턴 등에 파견된 소련의 외교부서와 모스크바 간에 오고 간 전신망을 미국이 가로채 육군 첩보 분석가들이 해독하고 번역한 암호해독 작전명이었다. 1995년 7월 11일부터 2년 동안 NSA(미 국가보안국)가 비밀해제한 베노나 파일 양만 해도 5,000쪽에 달할 정도로 분량이 방대했다.

베노나 작전은 스탈린에 대한 불신에서 비롯되었다. 독일의 히틀러가 1939년 8월 체결한 독소 불가침조약을 일방적으로 파기하고 1941년 6월 소련을 침공한 것에 분노한 소련의 스탈린이 연합군과 손을 잡긴 했지만 미 육군 정보참모부(G-2)는 스탈린을 믿지 못했다. 1943년 2월 육군 신호정보국(SIS)으로 하여금 미국과 소련 사이에 오간 약 3,000여 개의 교신 기록을 해독·분석하는 비밀 프로젝트를 가동하도록 지시한 것도 소련에 대한 불신 때문이었다.

프로젝트는 핀란드에서 일부 소실된 채로 입수된 소련의 암호책자를 복구하는 것으로 시작되었다. 작업은 더디게 진행되었다. 특히 KGB의 교신기록이 2중 암호로 되어 있었기 때문에 그 뜻을 부분적으로나마 알아내는 데만 2년 이상 걸렸다. 실마리는 1947년 5월 한 수사분석관이 KGB 교신기록 2개를 해독하면서 풀리기 시작했다. 1948년 영국 정보부와 FBI가 합류한 뒤 해독작업은 조금씩 진전되었다.

초창기에 밝혀진 몇 가지 암시들은 깜짝 놀랄 만한 것들이었다. 해독에 따르면 소련은 미국과 영국에 수백 명의 비밀 첩보요원을 침투시켰다. 이 사실을 안 미국의 암호해독 요원들은 원폭 개발계획에 관한 정보를 빼돌리려는 소련 공작원을 색출하는 데 전력을 기울였다. 이 과정에서 밝혀진 대표적 인물이 클라우스 푹스였다.

1940년대 말에서 1950년 초 사이에 간첩 혐의를 받았던 앨저 히스, 줄리어스 로젠버그, 해리 덱스터 화이트도 모두 소련의 간첩이었음이 확인되었다. 다만 에셀 로젠버그에 관한 것은 아무것도 없었다.

흥미로운 것은 베노나 작전에도 소련의 스파이가 침투했다는 것이다. 첩보계의 전설 킴 필비가 주인공이었는데 그는 1949년 007로 유명한 영국 해외정보국(MI6)의 워싱턴 책임자로 발령받아 그곳에서 근무하던 중 1944년 영국의 외교관으로 워싱턴에서 활동한 KGB 요원 도널드 매클린이 베노나 작전에 의해 노출된 것을 알아내 매클린을 소련으로 빼돌렸다. 그러나 이 과정에서 자신도 의심을 사 미국에서 쫓겨났다가 1963년 레바논의 베이루트에서 소련으로 망명했다.

모하마드 모사데크 이란 석유 국유화

석유를 국유화하자 영국은 즉각 기술자들을 철수시키고 경제 봉쇄정책을 폈다.

이란의 팔레비 왕조는 레자 칸(1877~1944)이 1921년 쿠데타를 일으키고 1925년 카자르 왕조의 마지막 샤(국왕)를 퇴위시킨 뒤 자신이 새로운 샤로 즉위하면서 시작된다. 레자 칸은 정치적으로는 전제주의적 중앙집권정치를 추구하고, 외교적으로는 영국과 소련의 영향력 확대를 경계하면서 독일의 자본과 기술을 끌어들였다.

당시 영국은 이란에 '앵글로·이란 석유회사(AIOC)'를 운영하며 이란의 석유산업을 좌지우지하고 있어 레자 칸의 이런 외교 정책에 불안감을 느끼긴 했으나 결정적인 반대에 부딪히지는 않았다. 하지만 1939년 2차대전이 발발하고 레자 칸이 중립을 선포하면서 내연하던 갈등이 폭발했다. 영국은 적국인 독일인들을 이란에서 추방할 것을 레자 칸에게 요구했다. 소련 역시 영국·소련 연합국이 이란 내 철도를 이용할 수 있도록 요구했다. 레자 칸이 이를 거부하자 영국·소련 연합군은 1941년 8월 25일 이란을 침공해 레자 칸을 아프리카로 추방하고 그의 아들인 모하마드 레자 팔레비(1919~1980)를 국왕으로 내세웠다.

영국·소련의 영향권 아래 들어간 레자 팔레비는 결국 독일인, 이탈리아인, 루마니아인, 헝가리인들을 이란에서 추방하고 이들 국가와 외교관계를 단절했다. 1943년 9월에는 중립을 파기하고 독일·이탈리아 추축국에 선전포고를 하며 연합국으로 기울었다. 그 무렵 미국도 석유시설을 안전하게 관리하고 소련으로 이어지는 무기 수송로를 확보한다며 이란에 군대를 파병했다.

하지만 이란은 미국·영국·소련과 협상 끝에 "2차대전 종전 후 6개월 이내에 3개국의 군대를 철수한다'는 합의를 끌어냈다. 1943년 11월의 테헤란회담에서도 이를 재확인했다. 1945년 2차대전 종전 후 영국과 미국은 약속대로 철군했으나 이란 북부에 주둔 중인 소련군은 한동안 철군을 거부하다가 1946년 철군했다.

모사데크, 국왕·의회를 회유·협박해 비상대권 장악

2차대전 종전 후 제3세계에서 민족주의가 고양되었다. 이란에서도 잠복해 있던 앵글로·이란 석유회사의 처리 문제가 수면 위로 부상했다. 이란 의회는 이란 내 석유시설을 국유화해야 한다고 주장했으나 레자 팔레비는 현실적인 이유를 들어 국유화를 반대했다.

팔레비가 우려한 건 석유시설을 관리할 줄 아는 이란인 전문가의 부족과 서구 강대국의 경제봉쇄였다. 하지만 이란 의회와 공산당 등 좌익 그룹은 석유 국유화를 추진해야 한다며 목소리를 높였다. 특히 강성 민족주의자 모하마드 모사데크(1880~1967) 의원의 반발이 격렬했다. 모사데크를 총리로 임명하라는 각계 요구가 빗발치자 팔레비는 1951년 4월 28일 모사데크를 총리로 앉혔다.

모사데크는 취임 후 첫 조치로 앵글로·이란 석유회사 국유화를 전격적으로 단행했다. 예상대로 영국은 영국인 기술자 전원을 즉각 철수시키고 경제봉쇄 정책을 폈다. 군함도 걸프만에 출동시키고 군부대를 이라크 국경에 배치해 이란은 석유를 팔려고 해도 팔 수 없었다.

영국의 조치는 석유를 정제할 능력이 거의 없는 이란 경제에 치명적인 타격을 주었다. 미·영 양국의 이란 석유 불매운동과 경제봉쇄 조치로 경제가 심각한 타격을 입게 되자 이란 내에서도 아무런 준비 없이 단행한 석유 국유화 조치에 대한 불만의 목소리가 터져나왔다. 모사데크의 지지자 중에서도 모사데크에게 등을 돌리는 사람이 늘어났다.

모사데크는 정치적 위기에서 탈출하기 위해 1952년 7월 총선거를 단행했다. 그러나 결과는 모사데크 반대파가 더 많이 당선된 것으로 나타났다. 모사데크는 특단의 대책을 강구했다. 팔레비 국왕에게 군사·정치·경제적 전권을 행사할 수 있는 강력한 비상대권을 요구한 것이다. 팔레비가 거절하자 모사데크는 총리직에서 사임하고 국민 대중에게 직접 호소했다. 모사데크를 지지하는 반정부 투쟁, 폭동, 총파업 등이 격렬하게 전개되자 팔레비는 결국 모사데크를 다시 총리 자리에 앉혀야 했다.

미·영의 사주 받은 군부 쿠데타로 실각

모사데크는 더욱 기세등등했다. 국왕과 의회를 회유·협박해 비상대권을 손에 쥐자 서방의 강대국들과 더욱 첨예하게 대립각을 세우고 정적은 탄압했다. 비상대권의 기간도 무기한 연장해줄 것을 의회에 요청했다. 의회가 협조하지 않을 뜻을 내비치자 의회를 해산하고 1953년 8월 임의로 국민투표를 실시했다.

투표는 비밀투표 원칙이 완전히 무시된 채 공개투표하듯이 진행되어 모사데크는 압도적인 지지를 끌어냈다. 모사데크는 이를 기반으로 자신에게 걸림돌이 되는 의회의 기능을 무기한 정지시켰다. 팔레비에게는 협조하지 않으면 제거될 수도 있음을 경고했다. 팔레비는 8월 16일 이탈리아 로마로 탈출했다.

영국은 1951년의 석유 국유화 조치 이후 이란 정부와 몇 차례 물밑 협상을 벌였으나 좀처럼 성과가 없자 쿠데타를 기획했다. 영국은 미국의 트루먼 대통령에게 쿠데타를 제안했으나 미국이 거절하자 직접 개입을 포기했다.

그러나 1951년 10월 영국 보수당의 처칠이 다시 총리에 오르고 1952년 11월 미국 공화당의 아이젠하워가 대통령에 당선되면서 상황이 급변했다. 이란이 소련의 수중에 떨어지는 상황을 우려한 아이젠하워는 1953

년 1월 취임 후 쿠데타(에이잭스 작전)를 준비하도록 CIA에 지시했다.

모하마드 모사데크(1880~1967)

미국의 CIA와 영국의 정보기관 MI6은 쿠데타에 앞서 이란 정부의 관료, 의회 지도자, 언론인을 매수하고 모사데크 정부를 비난하는 유언비어를 유포했다. 민심 혼란을 유도하기 위해 테헤란 시내에 방화하고 청부업자들로 하여금 반정부 시위를 벌이도록 했다. 이란의 종교 지도자들에게도 "공산주의자인 모사데크 정부가 이슬람교를 탄압할 것"이라는 유언비어를 퍼뜨렸다.

CIA의 사주를 받은 이란의 군부가 마침내 쿠데타를 일으켜 모사데크를 체포한 것은 1953년 8월 19일이었다. 이 과정에서 300여 명이 사망한 것으로 알려졌다. 팔레비는 6일간의 망명 생활을 접고 8월 22일 다시 이란 땅으로 돌아왔다. 이로써 이란의 탈제국주의 몸부림은 2년 만에 종지부를 찍었다. 국유화된 이란의 석유회사는 영국이 50%, 미국이 40%를 차지하는 컨소시엄으로 넘어갔다. 모사데크는 3년간 투옥되었다가 석방되었으나 연금 상태로 있다가 1967년 87세로 죽었다.

사뮈엘 베케트 연극 '고도를 기다리며' 초연

시간의 흐름도 없고 공간의 이동도 없다. 난삽한 대화와 나무 한 그루밖에 없는 무대만 있을 뿐.

"가자" "안 돼" "왜?" "고도를 기다려야지" "참, 그렇지". 극중 이 대사만 열 번 넘게 되풀이하며 에스트라공(애칭 고고)과 그의 친구 블라디미르(애칭 디디)가 '고도(Godot)'를 기다려보지만 '고도'는 끝내 나

사뮈엘 베케트(1906~1989)

타나지 않는다. 결국 극은 기다림으로 시작해 기다림으로 끝난다. 극 중에는 시간의 흐름도 없고 공간의 이동도 없다. 외마디 말로만 주고받는 난삽한 대화와 나무 한 그루밖에 없는 무대만 있을 뿐 전통적인 의미의 줄거리도 없다. 2명의 주인공 역시 직업도 주소도 분명치 않은 늙은 부랑자들이다. 그들은 작은 무대 안에서 끊임없이 말을 주고받으며 '고도'를 기다린다.

더욱 이해할 수 없는 것은 자신들이 정확한 시간에 약속 장소에서 기다리고 있는지도 확실히 모른다는 것이다. 그들은 기다림을 포기하지 않고 초조함과 낭패감을 떨치기 위해 끊임없이 지껄이고 장난치며 논다. 관객은 한없이 지루한 연극을 보면서도 좀처럼 자리를 뜨지 못하고 도무지 이해가 되지 않는데도 깊은 인간의 심연을 느끼는 표정이다.

1953년 1월 5일, 20세기 최대 문제작 중 하나인 '고도를 기다리며'(이하 '고도')가 거의 폐관 직전에 있는 파리의 바빌론 극장에서 초연되었다. 관객의 반응은 막연하고 야릇했다. 무엇을 보러 왔는지, 또 무엇을 어떻게 이해해야 하는지를 모르는데도 공연은 연일 성황을 이뤄 400회나 장기공연을 했다. 초연 이후 사뮈엘 베케트(1906~1989)는 '부조리 연극'으로 명명될 20세기 연극의 새로운 조류를 대표하는 극작가로 불리고 "현대 연극은 베케트 전과 후로 나뉜다"는 극찬을 들었다.

"현대 연극은 베케트 전과 후로 나뉜다" 극찬 들어

'부조리'의 개념은 2차대전을 전후한 서구의 총체적인 위기상황 속에서 '실존적 인간'을 응시하려는 철학적 성찰과 함께 싹이 텄다. 문제를 먼저 제기한 것은 장 폴 사르트르나 알베르 카뮈 등이었지만 다른 작가들도 이 부조리를 어떻게 다뤄야 진짜 부조리답게 보여줄 것인가를 고민했다. 부조리를 논리적으로 보여준다면 그건 이미 부조리가 아니라는 게 이들의 생각이었다.

부조리 철학에 따르면 전통적 형식은 당연히 파괴되어야 한다. 이성의 명령으로 짜인 모든 고전적 규범과 기법들도 거부해야 한다. 따라서 기승전결도 논리적 인과관계도 있어서는 안 된다. 기승전결식으로 정형화된 이야기 구조야말로 인간과 세계를 '의도된' 의미에 맞춰 '조리있게' 구성하는 장치이기 때문이다. 이런 고민에서 촉발된 베케트의 시도는 '혼돈에 적합한 형태'를 창조하는 것이었다. 온갖 좌절과 고통에도 불구하고 두 사내의 하염없는 기다림을 그린 부조리극이 베케트의 '고도'였다.

베케트는 아일랜드의 더블린 근교에서 태어났다. 1927년 더블린의 트리니티 칼리지를 졸업하고 잠시 교편을 잡다가 1928년 프랑스 파리고등사범학교에서 영어 강사로 일했다. 파리에서 평생의 스승이자 친구가 될 제임스 조이스를 만나 조이스에게 헌정하는 글을 쓰고 조이스와 같은 위대한 소설가가 되고 싶다는 열망에 사로잡혔다.

베케트는 소설뿐 아니라 시, 드라마, 평론, 희곡 등 다양한 영역의 글쓰기에 관심이 많았다. 마르셀 프루스트에 대한 비평서와 시집을 출판하고, 트리스탄 차라와 같은 초현실주의자와 교유하며 다양한 예술적 세계를 경험했다. 한동안 영국, 독일, 이탈리아를 정처 없이 여행하다가 1937년 파리에 정착했다.

2차대전으로 파리가 독일에 점령된 후 지하 저항단체의 일원으로 활동하다가 프랑스 '비시 정부'가 통치하고 있는 남프랑스의 농가에서 숨어 지내며 소설 '와트'(1945)를 썼다. 1950년대 초반에는 중요 저작 세 권을 쏟아냈다. 3부작으로 불리는 '몰로이(1951)' '말론 죽다(1951)' '이름 붙일 수 없는 것'(1953)이 그것이다. '고도'가 쓰인 것도 그 무렵이었다.

'고도'에는 작가의 체험이 깔려 있다. 2차대전 당시 남프랑스의 농가에서 숨어 지낼 때 전쟁이 끝나기를 하염없이 기다리며 다른 피란민들과 끝없이 이 얘기 저 얘기를 하는 것으로 시간을 때우던 그 체험이었다. 에스트라공과 블라디미르가 고도라는 미지의 인물을 기다리며 지루함과 허무감을 견디기 위해 온갖 잡담과 슬랩스틱을 하는 것은 여기에서 유래했다. 그렇다고 고도가 2차대전의 종전을 의미하는 것은 아니었다.

"연극에서 신을 찾지 말라"며 섣부른 해석 거부해

혹자는 고도(Godot)라는 말이 영어의 'God'과 프랑스어의 같은 말 'Dieu'의 합성이며, 고도는 신, 간절히 기다려도 오지 않는 구세주라고 해석하지만 베케트는 이 연극이 특정 종교와 별 상관없다며 선을 그었다. 그러면 대체 고도가 누구냐는 질문에 베케트는 "내가 그걸 알면 작품에 썼지"라고 대꾸했다. '고도'는 1952년 프랑스 미뉘 출판사에서 출판되었다. 로제 블랭이 연출한 '고도'는 1953년 공연 후 피가로지로부터 '광대들에 의해 공연된 파스칼의 명상록'이라는 호평을 받았다. 관객은 고도를 '신'으로 해석했으나 베케트는 "연극에서 신을 찾지 말라"며 섣부른 해석을 경계했다.

'고도' 초연 후 베케트는 세계적인 명성을 얻고, 여러 희곡들을 잇달아 발표함으로써 실존주의 시대의 부조리극을 이끈 대표 인물로 부각되었다. 그러나 베케트는 자신에게 명성을 안겨준 첫 희곡 '고도'보다 3부작 소설을 자신의 대표작으로 꼽는다. 1969년 노벨 문학상 수상자로 선정되었으나 대중과 언론의 접촉이 싫어 시상식에는 불참했다.

국내 초연은 1961년 12월 8일 현대연기학원에 의해 서울 충무로 소극장에서 펼쳐졌다. 그러나 대한민국에서 '고도'를 얘기할 때 임영웅을 빼놓을 수는 없다. 임영웅은 1969년 12월 17일부터 23일까지 '고도'를 한국일보사 소극장 무대에 올린 이래 2012년까지 43년 동안 거의 매년 '고도'를 무대에 올려 그 역시 오지 않는 고도를 기다리고 있다.

휴 헤프너 '플레이보이' 창간

여성을 상품으로 내걸고 양성평등 논쟁의 주축 구실을 한 것은 아이러니였다.

기혼 여성 4명 가운데 1명이 혼외정사 경험이 있다는 킨제이의 두 번째 보고서가 1953년 9월에 공개되어 미국 사회에 충격을 던져주고 있을 때, 휴 헤프너(1926~)는 미국인들의 가슴 속에 웅크리고 있는 일탈에 대한 갈망을 채워줄 '플레이보이'지 창간에 여념이 없었다. 그것은 당시 미국인들의 '위장된 모럴'과 '성을 둘러싼 위선'을 풀어헤치겠다는 역발상이었다.

헤프너는 엄격한 규범을 중시하는 청교도적인 집안에서 태어나 음주, 욕설, 성적 호기심을 멀리 해야 하는 분위기에서 성장했다. 고교 시절에는 학업보다는 글쓰기, 연기, 만화 같은 창조적 활동에 많은 시간을 보냈으며 자신의 일상을 그림으로 기록하는 '만화 자서전'을 시작했다. 1946년 9월 일리노이대에 입학해서도 각종 출판물에 만화와 기사를 기고했다. 이런 헤프너에게 신선한 충격이자

플레이보이지 모델에 둘러싸여 있는 휴 헤프너(1926~)

자극으로 다가온 것은 1948년 발간된 킨제이의 첫 번째 보고서 '남성의 성적 행동양식'이었다.

1949년 대학을 졸업하고 결혼한 후 백화점 카피라이터와 잡지사 편집자 등으로 경험을 쌓고 있을 무렵 헤프너는 표현의 자유, 성적 자유, 개인 자유를 우선하는 개인주의적이고 해방주의적인 사고에 젖어 있었다. 헤프너의 상상은 머릿속에만 머무르지 않고 각종 성적 일탈에 탐닉하는 쪽으로 발전했다. 별 죄의식 없이 젊은 부부 모임에서 옷을 벗는 게임을 하는가 하면 남동생 부부와 스와핑을 하고 포르노 영화를 만들고 혼외정사와 동성애를 경험했다.

헤프너가 8,000달러를 종잣돈 삼아 '플레이보이'지를 창간한 것은 1953년 11월 첫째주였다. 창간호에서 남성 독자들의 눈길을 사로잡은 것은 '이 달의 스위트 하트'(2호부터는 '이 달의 플레이메이트') 코너에 실린 여성의 누드 사진이었다. 헤프너가 지방의 인쇄업자로부터 500달러를 주고 구입한 사진의 주인공은 영화 '나이아가라'로 폭발적인 인기를 얻고 있는 마릴린 먼로였다. 표지에는 먼로가 미소를 머금은 채 손을 흔들고 있고 센터폴드(가운데에 접어 넣은 페이지)에는 먼로의 관능적인 컬러 누드 사진이 실린 전혀 새로운 잡지의 등장에 뭇 남성들은 야릇한 미소를 지었다. 헤프너는 바니(토끼)가 동물계의 플레이보이라는 데 착안, '바니걸'을 '플레이보이'지의 심벌로 삼았다.

섹스 자체가 아니라 섹스 심벌을 팔겠다는 발상은 획기적

헤프너는 개인적으로 매우 의미 있는 창간호를 발간하고도 누드 사진에 관한 법적인 문제, 독자들의 반발, 2호 발간에 대한 확신이 서지 않아 자신을 발행인으로 내세우지 않고 몇 월호인지도 표시하지 않았다. 그런데도 50센트짜리 44쪽 분량의 창간호는 단숨에 5만 4,000부가 팔려나가는 대성공을 거뒀다. 자신감을 얻은 헤프너는 12월 초에 발행된 2호에는 자신의 이름을 발행인으로 올렸다.

'플레이보이'는 전후 미국 사회에 나타난 두 가지의 강력한 흐름을 완벽하게 포착했다. 그것은 성적 해방과 소비의 풍요였다. '플레이보이'는 갈수록 속박을 싫어하는 사회를 향해 육체적·물질적 쾌락이 넘치는 매혹적인 꿈의 세계를 펼쳐 보였다. 매력적이면서도 도발적인 여자들을 등장시키고 성적 쾌락을 거침없이 부각해 물질적 풍요 속에 사는 젊은 독신 남성들의 상상력을 자극했다. 중년 남자들에게는 성적 모험의 환상을 제공했다. 여성을 상품화한다는 비난이 적지 않았으나 섹스 자체가 아니라 섹스 심벌을 팔겠다는 발상은 획기적이었다.

헤프너와 '플레이보이'는 2차대전 후 미국 사회의 가치를 반영하는 데 그치지 않고 그것을 형성하는 데도 선도적인 역할을 했다. '플레이보이'는 점차 개인적 해방, 성적 자유, 물질적 풍요를 뼈대로 하는 미국식 가치관을 새롭게 제시하고 세계 각국에 퍼뜨리는 역할을 했다. '플레이보이'는 청교도 사상을 정면으로 반박하면서 새로운 성문화의 전파자로 확고한 지위를 굳혀나갔고, 헤프너는 먹는 피임약, 로큰롤과 함께 미국 사회의 '성 혁명'을 이끈 '개방된 성의 선구자'라는 평을 들었다. 전 세계에 퍼진 토끼 모양의 로고는 미국 문화의 국제적 상징 가운데 하나가 되었고, 헤프너는 미디어의 총아로 군림했다.

플레이보이 제국은 클럽, 리조트, 음악, 영화, 텔레비전 쇼를 비롯해 다양한 영역으로 뻗어나갔다. TV 프로그램인 '플레이보이 펜트하우스'를 시작하고, 독신 생활의 자유와 풍요로운 삶을 실제로 추구할 환상의 집 '플레이보이 맨션'을 선보였으며 독자를 환상 속으로 끌어들이는 '플레이보이 클럽'을 열었다. 사업 확장과 더불어 헤프너의 인생도 완전히 바뀌었다. 잡지에 담아내기만 하던 독신 남성생활의 환상을 자신의 일상을 통해 구현함으로써 그 자신이 확실한 '미스터 플레이보이'가 된 것이다.

도색잡지이면서도 도색만을 추구하지 않아

'플레이보이'는 한 달에 한 명씩 여성 모델의 누드 사진을 싣는 '이 달의 플레이메이트'로 남성 독자들의 시선을 사로잡았다. 알몸으로 등장한 스타의 면면은 소피아 로렌, 브리지트 바르도, 파멜라 앤더슨, 드루 배리모어, 킴 베신저, 벌린다 칼라일, 대니 미노그 등 다양했다. 하지만 대부분은 항공기 승무원, 전화 교환수, 여대생처럼 참신하고 건강한 평범한 젊은 여성이었다. 그는 평생 동안 이 모델 중 일부 여성과 사랑을 나눴다.

'플레이보이'가 도색잡지이면서도 다른 취급을 받을 수 있었던 것은 도색만을 추구하지 않았기 때문이다. 플레이보이와는 도저히 어울릴 것 같지 않은 파격적인 기사와 문학작품을 매호 실어 잡지에 쏟아지는 고정된 편견을 거부했다. 존 스타인벡, 앨릭스 헤일리, 아서 클라크, 이언 플레밍, 헨리 밀러 등의 문학작품을 싣거나 장 폴 사르트르, 마틴 루터 킹, 피델 카스트로, 밥 딜런, 랠프 네이더, 허버트 마르쿠제, 말콤 엑스 등 당대의 진보적인 인사들을 인터뷰해 결코 허리 아래만을 다루는 잡지가 아님을 분명히 했다.

단편소설, SF소설로도 인기를 모았고 논쟁적인 시사 기획도 늘 화제였다. 지미 카터 전 미국 대통령이 1976년 대선 전 "수많은 여자에게 정욕을 느꼈다. 마음의 간음도 여러 차례 저질렀다"고 털어놓은 곳도 플레이보이지와의 인터뷰였다.

헤프너는 자신의 꿈을 위해 플레이보이를 만들었지만 그 꿈은 시대적 욕망과 호흡하며 상당한 공명을 불러일으켰다. 성 모럴의 빠른 변화를 읽어낸 헤프너의 천부적인 감각이 적중한 것에 힘입어 '플레이보이'는 눈부시게 성장했다. 창간 1년 만에 18만 부, 1955년 50만 부, 1959년 110만

부를 기록하고 1968년에는 550만 독자를 거느린 연간 매출 9,600만 달러의 기업으로 성장했다. 이는 미국 출판 역사상 유례없는 대성공이었다.

'플레이보이'는 표현의 자유를 강력하게 옹호하고 검열 반대를 분명히 했다. 정치적으로는 1960년대 좌파 자유주의의 요새를 자임했다. 미국의 기본적 사회 경제 체제까지 문제 삼지는 않았으나 성생활을 포함한 개인 선택을 옹호하는 자유주의에 서서 흑인의 인권을 옹호하고 반전운동을 펼쳤으며 마리화나와 LSD 같은 기분 전환 약물의 사용을 옹호했다.

막 싹트던 페미니즘 운동까지 거들었는데 여성을 상품으로 내건 '플레이보이'가 여성의 자유로운 직업 선택과 양성평등 논쟁의 주축 구실을 한 것은 아이러니였다. 하지만 결국에는 1960년대 말 여성해방운동가들이 헤프너와 잡지에 이념의 조준경을 맞추고 방아쇠를 당기기 시작했으며, 헤프너가 여성을 비윤리적으로 착취한다고 비난했다.

성적 해방과 소비의 풍요 완벽하게 포착

성적으로 방종했던 그는 결혼을 세 번 했다. 고교 시절부터 사귄 여성과의 첫 결혼(1949)은 10년 만에 끝이 났다. 이후 30년 동안 독신으로 지내다 63살 때인 1989년 '올해의 플레이메이트'와 두 번째 결혼을 했으나 이 역시 7년 만에 별거에 들어가 2009년 이혼했다. 2012년 12월에는 자신보다 60살이 어린 플레이보이 모델과 결혼했다. 2013년 3월 헤프너는 남성 패션잡지 '에스콰이어'와의 인터뷰에서 "수십 년간 자신이 잠자리를 가진 여성이 1,000명이 넘는다"고 고백했다.

'플레이보이'는 1972년 700만 부라는 최고기록을 세우며 성장가도를 달렸다. 하지만 점차 아류 잡지들이 쏟아져 나오면서 판매부수가 감소했다. 먼저 포문을 연 것은 1969년 9월 '우린 토끼 사냥을 나간다'고 창간 광고를 낸 '펜트하우스'였다. '펜트하우스'의 여성 나체 묘사는 대담했다. 미국

누드 잡지계에서 금기시하던 음모까지 드러냈다. 또 다른 도색잡지 '허슬러'는 노골적인 음란 사진들로 잡지를 도배했다.

'펜트하우스'는 200만 부(1972), 400만 부(1973)로 승승장구했다. 1976년에는 450만~500만 부를 발간, 그해 500만~600만 부를 기록한 '플레이보이'와 호각지세를 형성했다.

1980년대는 더 어려워졌다. 에이즈로 인한 성문화의 위축, 레이건 정부로 대표되는 보수주의 확산으로 수세에 몰렸다. 1990년대 들어서는 인터넷의 급속한 보급, 넘쳐나는 포르노 사진과 영상 등으로 하향 추세가 뚜렷하게 나타났다.

1982년 헤프너로부터 경영권을 넘겨받은 장녀 크리스티 헤프너가 수익성 없는 사업은 매각하고 포르노 프로그램을 전문적으로 방송하는 플레이보이 채널과 스파이스 채널로 사업의 다각화를 꾀했으나 몰락의 수순을 피하지는 못했다. 315만 부(2006), 245만 부(2009)로 줄어든 판매부수는 2010년 150만 부로 급감하고 지금도 하염없이 추락하고 있다. 결국 크리스티 헤프너마저 2008년 12월 최고경영자 자리에서 물러나고 2009년부터는 매각 협상이 진행되고 있다는 뉴스가 심심치 않게 들리고 있다.

다그 함마르셸드 유엔 사무총장 선출

20세기 중반의 혼돈 속에서 성직자와 같은 자세로 평화를 위해 헌신했다.

다그 함마르셸드(1905~1961)는 유엔 사무총장직의 이정표를 확실하게 정립한 인물이다. 유엔 역사상 가장 강력한 리더십을 토대로 전후 질서가 미소 간의 냉전체제로 재편되는 격동기에 유엔이 독립된 도덕적 권위를 갖는 데 결정적으로 기여했으며, 신생국의 혼란과 강대국의 탐욕이 어우러진 20세기 중반의 혼돈 속에서 성직자와 같은 자세로 평화를 위해 헌신했다. 국제사회에 분쟁이 생기면 세계 언론이 "다 그에게 맡겨라(Let it to Dag)"라고 공공연히 촉구할 정도로 강대국 사이에서 균형추의 역할을 당당히 수행했다.

다그 함마르셸드(1905~1961)

함마르셸드는 스웨덴의 귀족 가문에서 태어났다. 아버지는 1차대전 당시 스웨덴의 총리와 노벨재단 이사회 의장을 지낸 명사였다. 그는 아버지에게서는 이타적 봉사가 인생의 가장 값진 덕목이라는 것을 배웠으며 성직자 가문 출신인 어머니에게서는 기독교의 근본이념인 '모든 사람은 하나님의 자녀로 평등하다'는 정신을 물려받았다.

웁살라대에서 법학과 정치경제학을 공부하고 스톡홀름대에서 경제학 박사학위를 받았으며 스웨덴 중앙은행에서 사회생활을 시작했다. 일찌감치 능력을 인정받아 1941년 36세 나이로 중앙은행 총재가 되고 외교부 차관을 거쳐 1951년 외교부 장관으로 발탁되어 국제관계 업무에 관여했다. 같은 해 유엔에 파견된 스웨덴 대표단의 부단장으로 유엔에 입성하고 1년 뒤 단장으로 승격했다. 그는 사민당 정권의 각료였는데도 사민당에 입당하지 않고 철저하게 중립 노선을 유지했다.

그가 유엔을 무대로 활동하던 1952년 초대 유엔 사무총장 트뤼그베 리가 임기를 다 채우지 못하고 사임하는 일이 벌어졌다. 그의 사임에는 6·25전쟁이 원인으로 작용했다. 당시 그는 6·25전쟁을 북한의 무력도발로 규정한 뒤 안보리 회의를 통해 유엔군의 참전을 이끌어냈다.

이 공로를 인정받아 유엔 총회가 그의 임기를 3년 연장했으나 소련을 비롯한 공산권 국가들은 트뤼그베 리 때문에 남침이 실패했다고 분석하고 그를 유엔 사무총장으로 인정하지 않았다. 각종 회의와 공식석상에서 도 철저히 무시했다. 결국 트뤼그베 리는 정상적인 업무 수행이 어려워지자 연장된 3년의 임기를 다 채우지 않고 1952년 자진 사퇴했다.

"다그에게 맡겨라(Let it to Dag)"

안보리는 차기 사무총장을 물색했다. 캐나다와 인도 등 4개국에서 사무총장에 도전장을 냈지만 미국과 소련의 엇박자 때문에 안보리의 벽을 넘지 못했다. 그때 영국과 프랑스가 내민 타협 카드가 함마르셸드였다. 유엔 안보리는 성격이 조용한 그가 강대국의 비위를 거스르지 않고 동서 양 진영 어느 쪽도 편들지 않을 것이라고 생각해 1953년 3월 함마르셸드를 총회에 추천했다.

4월 10일 열린 총회는 60개국 중 57개국의 찬성으로 그를 제2대 유엔 사무총장으로 승인했다. 강대국들이 그들의 기대와는 달리 함마르셸드가 결코 호락호락한 인물이 아니라는 것을 깨닫는 데는 그리 오랜 시간이 필요하지 않았다. 그가 유엔 정신의 확고한 신념을 바탕으로 사무총장직을 강력히 수행하자 안보리 상임이사국들은 예상치 못한 사무총장의 등장에 당혹스러워했다.

그는 취임 후 '빈 공간이 있으면 채우라'는 논리를 폈다. 유엔이 추구하는 평화와 안보를 지켜나가는 데 어떤 공백이 생기면 유엔 사무총장이 그 공백을 메우도록 행동하는 것이 유엔 헌장의 정신이라는 논리였다.

그가 사무총장으로 활동하던 시기는 세계가 미국과 소련을 중심으로 양분되어 있던 냉전시대였고 세계 곳곳에서 식민지 독립과 내전으로 총성이 끊이지 않던 분쟁시대였다. 그는 총성이 울리는 곳이면 주저하지 않고 날아가 중재했다. 재임 중에 일어난 이스라엘과 아랍 분쟁, 수에즈 운하 위기, 아프리카 국가들의 독립, 콩고 분쟁 등 다양한 문제에도 적극적으로 관여했다.

그는 열강의 그늘에서 벗어나 제3세계 국가의 대변인이 되고자 했다. 유엔의 주요 목적을 평화 유지로 보고 사안마다 안보리의 허가를 얻는 대신 사무총장의 재량을 늘려 독립적인 활동을 전개했다. 그의 노력에 힘입어 유엔은 전보다 강한 조직으로 탈바꿈했다. 식민지 국가들의 잇따른 독립으로 유엔의 회원국이 증가하고부터는 무게중심도 미국, 소련, 영국, 중국, 프랑스로 구성된 영구 상임이사국에서 유엔 총회로 이동했다.

열강의 그늘에서 벗어난 제3세계의 대변인 꿈 꿔

함마르셸드의 적극적인 활동은 안보리 국가들의 반발을 샀다. 소련의 흐루시초프 공산당 서기장은 사무총장직을 서방국가, 공산국가, 중립국가의 대표로 구성된 3두체제로 대체할 것을 주장했다. 하지만 제3세계 국가들은 치우치지 않는 태도와 열성에 힘입어 함마르셸드를 성원하고 지지했다.

1956년 수에즈 운하 사태가 벌어지고 상임이사국(영국·프랑스)이 직접 관련된 것을 의식해 안보리가 소극적으로 대처할 때는 자신에 대한 재신임 투표를 요청하면서 유엔 헌장의 원칙에 입각한 평화 유지 노력에 동참할 것을 공개적으로 요구하고 유엔 최초의 평화유지군을 수에즈 운하로 파견했다.

헝가리 국민의 반소 봉기를 진압하기 위해 소련 군대가 헝가리에 주둔한 1956년의 헝가리 사태 때는 자신의 현지 방문을 포함한 유엔 감시단의 파견을 시도했으나 소련의 반대로 실패했다. 훗날 유엔 사무총장이 될 12살의 반기문이 한국의 초등학생 대표로 뽑혀 '자유와 민주주의를 위해 투쟁 중인 헝가리 국민을 도와 달라'는 내용의 서한을 함마르셸드에게 보낸 것도 헝가리 사태 때였다.

1957년 9월 재선된 함마르셸드는 1960년의 콩고 분쟁에도 팔을 걷어붙였다. 콩고는 1960년 9월 벨기에로부터 독립하면서 내전이 시작되자 유엔에 군사적 지원을 요청했다. 유엔 총회와 안보리는 함마르셸드에게 콩고 정부와 협의해 내전을 종식시키기 위한 가능한 모든 수단을 시행하라는 결의안을 통과시켰다.

함마르셸드는 내전을 종식시키기 위해 콩고로 날아갔다. 그러나 1961년 9월 18일 그를 태운 비행기가 북로디지아(지금의 잠비아)의 밀림에 추락해 그를 비롯한 15명이 목숨을 잃었다. 그의 운명 소식을 들은 외교관들은 "이젠 유엔의 미래도 끝났다"고 탄식했다. 한동안 미국 배후설, 소련 배후설, 군수업체 배후설 등 각종 음모론이 난무해 3번이나 사고 원인을 조사했지만 정확한 원인은 밝혀지지 않았다. 노벨위원회는 그가 숨진 뒤 그의 공적을 기려 그해 12월 노벨 평화상을 수여했다.

1954년

사사오입 개헌 파동
이승만 대통령 비구승·대처승 불교 분규 담화
이승만 대통령 한글 간소화 담화와 논쟁
정비석 소설 '자유부인' 논쟁
역도산 일본 프로레슬링계 석권
문선명 '통일교' 창교
남인수 '이별의 부산 정거장' 발표
한국 월드컵 첫 출전과 스위스 월드컵
_ 북한의 월드컵 8강 신화
김용기 가나안농장 설립
미 공립학교 흑인 차별 위헌 판결과 '리틀록 사태'
_ 미 흑인 노예 변천사
디엔비엔푸 함락과 제1차 인도차이나 전쟁 종결
_ 보응우옌잡
세계 최초 신장이식 성공
로버트 카파 지뢰 밟고 폭사
피터 드러커 '경영의 실제' 출간
카를로스 클라이버 지휘자 데뷔

사사오입 개헌 파동

개헌 가능 의석을 확보하기 위해 무소속 의원을 상대로 집요하게 포섭·매수 공작을 벌였다.

1954년 5월 20일로 다가온 제3대 민의원 선거는 반드시 개헌을 성사시키기 위한 이승만 정부의 전초전이었다. 자유당은 전에 없던 후보 공천제를 도입해 국회의원 출마자가 공천권을 쥔 당 지도부에 충성하도록 하고, "총선 후 추진할 개헌에 찬성한다"는 공천 조건에 후보자가 서명하도록 강요했다.

선거 결과, 자유당은 전국 203개 의석 중 개헌 추진 가능 의석 수 136석에는 미치지 못했지만 과반수인 114석을 차지하는 성과를 거두었다. 제1야당인 민국당은 무소속이 67명이나 당선되었는데도 15석밖에 확보하지 못해 원내교섭단체조차 구성하지 못했다. 이승만이 갖고 있는 국부적 이미지가 여전히 확고한데다 민국당이 근대 정당의 체계와 조직력을 제대로 갖추지 못한 결과였다.

선거 후 자유당은 개헌 가능 의석을 확보하기 위해 무소속 의원을 상대로 집요하게 포섭·매수 공작을 벌였다. 그 결과 1954년 6월의 3대 국회 개원 무렵에는 의원 수가 모두 136명으로 늘어나 개헌선을 넘어서게 되었다. 자유당에 포섭되지 않은 무소속 의원 가운데 31명은 '무소속 동지회'를 결성해 세를 결집하고 나머지 20명은 그대로 무소속을 유지했다. 민국당은 여전히 15석에 머물렀다.

136명의 의원이 서명한 자유당의 개헌안이 국회에 제출된 것은 1954년 9월 8일이었다. 핵심은 '이 헌법 공포 당시의 대통령에 대하여는 제55조 제1항(재선에 의하여 1차 중임할 수 있다) 단서의 제한을 적용하지 아니한다'

는 부칙 제3항이었다. 따라서 개헌안이 통과되면 중임 제한의 고리가 풀려 이승만의 장기집권도 가능했다.

'대통령의 궐위 때는 부통령이 승계하여 잔여 임기를 채운다'는 제55조 제2항 역시 자유당으로서는 양보할 수 없는 조항이었다. 이것은 1956년으로 예정된 정·부통령 선거에서 자유당이 이승만과 이기붕을 동반 당선시키고 연로한 이승만에게 변고가 생길 경우 이기붕이 자동승계하도록 하기 위한 포석이었다.

헌정사상 전대미문의 오점 남겨

개헌안은 11월 27일 재적 203석 중 202명이 참석한 가운데 표결에 부쳐졌다. 오후 5시 10분쯤 최순주 국회 부의장이 "재석 202명 가운데 가 135표, 부 60표, 기권 7표로 개헌안이 부결되었다"고 발표했다. 헌법 개정에 필요한 재적의원 203명의 3분의 2인 136표에서 1표가 부족하자 부결로 발표한 것이다. 그 순간 야당 의석에서는 만세 소리가 터져나왔고 자유당 의석에선 한숨 소리가 흘러나왔다.

그러나 자유당의 침통한 분위기는 이틀을 넘기지 않았다. 자유당 인사들과 머리를 맞대고 대책을 마련한 최순주 부의장이 11월 29일 "재적의원 203명의 3분의 2는 사사오입(四捨五入)에 의해 135명"이라는 해괴한 논리를 내세워 헌법 개정안이 통과되었다고 선포한 것이다. 즉 재적의원 203명의 3분의 2는 정확히

최순주 부의장이 부결된 개헌안을 번복해 기습적으로 가결 선포하자 이철승 의원이 단상에 뛰어올라 멱살을 붙잡고 거세게 항의하고 있다(1954.11.29).

135.333…인데 자연인을 소수로 나눌 수 없으므로 사사오입의 수학적 원리에 의해 가장 근사치의 정수인 135명이 3분의 2라는 것이다.

순간 이철승 의원이 단상으로 뛰어올라 최 부의장의 멱살을 잡았고, 곽상훈 부의장은 "나도 부의장이다. 최 부의장의 선포는 잘못된 것이므로 개헌안은 부결되었다"며 의사봉을 두들겼다. 하지만 이미 모든 게 끝난 뒤였다.

사사오입 개헌으로 불린 제2차 개헌은 이처럼 절차상으로는 정족수에 미달하고, 이승만 개인에 대한 중임 제한을 철폐함으로써 평등의 원칙을 위배했다는 점에서 위헌적이었다. 1인의 종신집권을 보장했다는 점에서도 우리 헌정사상 전대미문의 오점을 남겼다. 사사오입 개헌안은 '현직 대통령에 한해 중임 제한 규정을 적용하지 않는다'는 조항이 핵심이지만 이 조항 말고도 몇 가지 중요한 내용이 더 있었다.

주권 제약과 영토 변경에 대한 국민투표제가 도입되고 국무원에 대한 연대책임제가 폐지되었다. 민의원은 개별 국무위원에 대한 불신임권만 갖게 되어 의회의 대정부 견제기능이 약화되었다. 국무총리제를 폐지한다는 내용도 추가되었는데, 명목상의 목적은 강력한 대통령중심제를 확립하겠다는 것이었으나 실제로는 국무총리 직책을 없앰으로써 부통령으로 당선될 가능성이 높은 이기붕이 실질적인 2인자 역할을 할 수 있게 하고 더 나아가 자유당의 영향력을 확대하기 위한 것이었다.

무리한 개헌으로 권력 연장했으나 큰 대가 치러

경제조항에도 큰 변화가 있었다. 1948년 제정된 제헌 헌법의 경제조항은 놀라울 정도로 사회주의적이거나 국가 통제적이어서 시장경제 원칙을 훼손할 소지가 있는 내용이 일부 들어 있었다. 사사오입 개헌을 통해 국가 통제적인 내용은 상당히 완화되었다. 주요 지하자원이나 수자원에 대한 국유 원칙은 폐기하고 외국 무역에 대한 국가 통제도 법률의 제한을 받도록 했다.

이승만 정권은 이렇게 무리하게 추진한 사사오입 개헌으로 권력을 연장했으나 대신 큰 대가를 치러야 했다. 정권의 정당성에 큰 손실을 입은 것은 물론 자유당 자체에도 내분이 생기고 반이승만 세력이 호헌의 이름 아래 단일 야당인 민주당을 창당했기 때문이다. 자유당의 내분 중 가장 심각한 문제는 1954년 12월 김영삼, 민관식 등 자유당 소장파 의원 14명이 무리한 개헌에 반대하며 결행한 탈당이었다.

약체를 면치 못하던 민국당은 무소속 의원들과 힘을 합쳐 61명으로 결성한 '호헌동지회'를 원내교섭단체로 등록(12.4)하고 여기에 범야당 세력을 규합해 신당 추진운동을 벌였다. 신당 추진운동에는 민국당 계열을 비롯해 무소속 의원, 과거 원내 자유당세력, 자유당 탈당파 의원, 혁신계 등 원내외의 광범위한 반이승만 세력이 모두 참여했다.

하지만 이승만의 전횡에 반대하는 것을 빼고는 어떤 이념적 공통 기반도 없었다. 결국 신당 추진운동은 출발부터 파벌 간에 의견 충돌이 잦을 수밖에 없었고, 보수 진영의 자유민주파와 혁신계의 민주대동파로 분열되어 전자는 민주당, 후자는 진보당이란 별개의 정당으로 분가했다. 민주당은 1955년 11월 19일 33명으로 창당했으나 61명인 호헌동지회와 비교하면 거의 반으로 줄어들었다. 이는 신당 구성을 둘러싼 갈등이 그만큼 심각했다는 것을 말해주는 것이다.

무리한 개헌으로 인해 이승만의 국부적 이미지도 상당한 타격을 받고 정권의 정당성도 심각한 손상을 입었다. 결국 이승만 정권으로부터 민심 이반이 시작되었고 1956년의 제3대 정·부통령 선거는 그것이 집약적으로 나타난 선거였다.

이승만 대통령 비구승·대처승 불교 분규 담화

"사찰은 독신승만이 지켜야 하며 일제 잔재인 대처승은 사찰에서 물러나라"

비구승과 대처승 간에 벌어진 불교 분교의 역사적 연원은 일제시대로 거슬러 올라간다. 일제는 1911년 6월 '사찰령'을 제정해 전국의 사찰을 31개 본사와 이에 딸린 말사 체제로 바꾸고 총독부가 임명한 주지를 통해 사찰 재산 등 사찰의 모든 것을 관리했다. 1926년에는 승려의 자격에서 비구계 조항을 삭제해 대처승도 본·말사의 주지가 될 수 있도록 함으로써 사찰을 급속히 세속화시켰다.

교리상으로도 우리 전통의 화엄불교보다 일본식 불교가 기승을 부렸다. 물론 대처승은 근대 이전에도 있었다. 하지만 불교계 모순의 밑바닥에 자리 잡고 있는 한국 전통불교의 정신과 계율마저 마비시킬 정도로 심화된 것은 개항 이래 일본 불교가 한국에 침투하고 일제의 식민통치를 받으면서부터였다. 대처승도 주지를 할 수 있게 되자 청정도량이던 사찰은 대처승의 가정생활처로 전락하고 고기를 먹는 승려까지 생겨났다. 심지어 술과 고기를 파는 사찰도 있었다. 일제 말 이런 대처승은 7,000여 명이나 된 반면 우리 고유의 비구 선승은 수백 명 정도에 불과했다.

해방이 되자 그동안 수도할 도량조차 갖지 못했던 비구승들은 불교계 내의 친일 잔재를 척결하고 자주적인 불교를 되찾자고 목소리를 높였다. 주요 목표 대상은 온갖 기득권을 향유하고 있는 대처승이었다. 그러나 대처승이 이를 순순히 받아들일 리 없어 불교계는 대립과 반목과 갈등의 양상을 보였다. 여기에 해방공간의 좌우 이념 대립까지 가세하면서 불교계의 일제 잔재 청산은 혼돈 속에 빠졌다.

그런 가운데 1947년 10월 성철 스님을 비롯한 일군의 젊은 스님이 경북 문경 희양산 남쪽 기슭의 봉암사에 모여 "오직 부처님 법대로 살자"며 왜

색을 벗겨내고 변질된 한국 불교의 전통을 되살려 수행 기풍을 높이자는 취지의 '봉암사 결사'를 했다. 오늘날 조계종에서 행해지는 의식, 의례, 규칙 등 대부분은 이 '봉암사 결사'의 산물이다.

6·25전쟁으로 잠시 주춤하던 비구승의 '불교정화운동'(태고종에서는 '법난'으로 규정)은 휴전 후 재점화되어 비구·대처 간의 정면승부가 펼쳐졌다. 하지만 비구승으로서는 역부족이었다. 바로 그런 무렵이던 1954년 5월 21일 이승만 대통령이 "사찰은 독신승만이 지켜야 하며 일제 잔재인 대처승은 사찰에서 물러나라"는 담화를 발표해 비구승에게 천군만마의 힘을 실어주었다.

비구승 측은 이에 고무되어 적극적으로 절 뺏기에 나섰다. 대처승은 사태의 불리함을 깨닫고 수행승(비구승)과 교화승(대처승)이 공존하는 방식으로 종헌을 개정하고, 그동안 외면해온 비구승 전용 수행공간을 갖춘 사찰을 제공하겠다며 화해 제스처를 보였다. 그러나 이미 유리한 위치를 확보했다고 판단한 비구승 측은 불교정화운동의 고삐를 더욱 강하게 죄었다. 9월 28일에는 전국비구승대회를 열어 비구승 중심의 교단 수립과 대처승의 신도 전환을 주요 내용으로 하는 새로운 종헌을 만드는 등 대처승을 더욱 압박했다.

비구·대처의 절 뺏기 싸움으로 유혈사태 벌어져

이승만 대통령이 발표한 총 8차례의 담화 중 '불교의 전통을 살리라'는 제2차 담화가 11월 4일 발표되자 비구승 측은 11월 5일 사무 인계를 받겠다며 태고사(조계사)에 진입했다. 이 과정에서 유혈사태가 벌어졌다. 밀고 당기는 신경전과 무력 충돌이 한동안 계속되었으나 대처승 측은 결국 이승만의 압력과 여론에 밀려 1955년 2월 4일 '승려 자격 8대 원칙'에 합의했다.

'8대 원칙'이란 독신자, 삭발·염의자(染衣者), 비불구자, 백치가 아닌 자, 살(殺)·도(盜)·음(淫)·망(妄)의 4가지 계율을 깨뜨리지 않은 자, 음주·식육·흡연을 하지 않는 자, 승려 3인 이상과 단체생활을 하는 자, 25세 이상인 자로 승려의 자격을 제한한다는 원칙이었다. 대처승으로서는 처자식을 버리고 새로운 삶을 살아야 하는 천지가 개벽하는 변화였지만 이미 대세가 기울고 있는 터에 달리 방도가 없었다.

전국승려대회 후 조계사에서 대법원까지 거리행진을 하는 비구승들(1960.11.19)

비구승 측은 여세를 몰아 1955년 8월 초 약 800명의 비구·비구니가 참석한 전국승려대회를 조계사에서 열어 종정·총무원장·종회의원 선출, 종헌 제정 및 반포, 새 집행부 선출, 신임 주지 선출 등을 처리했다. 뒤이어 개별 사찰들까지 접수하기 시작하자 대처승도 더 이상은 밀릴 수 없다고 판단했는지 전국승려대회의 적법성 여부를 사법부에 의뢰하는 한편 절 사수를 위해 비구승 측에 물리력으로 맞섰다. 이 과정에서 수많은 폭력배가 동원되고 이때 동원된 주먹패거리들 일부는 머리를 깎고 승복을 입은 채 그대로 절에 눌러앉았다. 한동안 계속된 불교와 '주먹'의 뗄 수 없는 인연이 시작된 것이다.

이처럼 대처승이 일방적으로 밀리고 있을 때 일어난 1960년의 4·19혁명은 이승만 정권하에서 억눌리던 대처승에게 반격의 기회를 제공했다. 조계사의 탈환을 시도하는 등 또다시 비구·대처 간의 종권 쟁탈전이 벌어지고 해인사, 통도사, 화엄사 등 주요 사찰이 다시 대처 측에 넘어가는 등 상황은 대처 측에 유리하게 돌아갔다.

게다가 비구 측 총무원의 직무집행정지 청구에 대해 1960년 11월 24일 대법원이 "1955년 8월의 전국승려대회에서 결의한 종헌과 종단의 구성이 잘못되었다"며 비구승 측에 패소 판결을 내려 대처 측의 손을 들어주었다. 그러자 비구 측 500여 명은 5~6년간 피땀 흘려 정화한 것이 하루아침에 백지로 돌아간다며 판결이 있던 날 대법원에 진입해 그 가운데 6명이 "순교하겠다"며 배를 갈랐다.

8년 동안의 대립과 분규 끝에 조계종 발족

이런 가운데 1961년 5·16쿠데타라는 새로운 변수가 생겼다. 1962년 1월 12일 국가재건최고회의 박정희 의장이 "불교 분쟁이 계속된다면 묵과하지 않겠다"며 거듭 불교 분규의 수습을 촉구하는 강도 높은 경고 담화를 발표해 불교 분규는 새로운 분수령을 맞았다. 이후 정부의 적극적인 중재와 비등하는 비판 여론에 밀린 비구·대처 양측은 '불교재건비상종회'를 구성해 대한불교 조계종을 발족하기로 합의했다.

비상종회는 종명과 종지 등에는 합의를 보았으나 과거에 합의한 '승려자격 8대 원칙'에 대해서는 대처 측의 거부로 합의를 보지 못했다. 그런데도 비구 쪽에 기운 비상종회는 일방적으로 8대 원칙을 통과시켰다. 대처승 측은 비상종회의 의결이 무효라며 거세게 반발했다.

이후 협상이 다시 시작되어 1962년 4월 비구승 측 효봉 스님을 종정으로, 대처승 측 임석진을 총무원장으로 선출하고 각 50%의 비율로 간부들을 구성한 뒤 1962년 4월 11일 통합종단 '대한불교 조계종'을 발족시켰다. 불교계는 이를 "8년 동안의 대립과 분규를 일거에 제거한 기념비적인 사건"으로 평가하고 있다.

그러나 문교부가 통합종단의 중앙종회 의원을 비구승 측 32명, 대처승 측 18명으로 선출하도록 하고 비구승 측이 8월 20일 이 인원 그대로 종회 의원을 선출하자 대처승은 크게 반발하며 통합종단을 뛰쳐나왔다. 그리고 1962년 10월 4일 통합종단의 종헌 무효 및 이효봉 종정이 통합종단의 종정이 아님을 확인하는 소송을 제기함으로써 불교 분규는 다시 법정으로 넘어갔다.

재판은 1969년 10월 23일 대법원이 '종헌 결의 및 종정 추대 무효확인' 소송을 이유 없다고 기각함으로써 대처 측의 완전 패소로 끝났다. 더 이상 어쩔수 없게 된 대처 측은 1970년 5월 8일 '한국불교 태고종'이란 이름으로 독자노선을 표방, 통합종단은 분종의 길로 들어섰다.

이승만 대통령 한글 간소화 담화와 논쟁

이승만은 20세기 초에 미국으로 건너가 수십 년 동안 변화된 한글을 접할 기회가 거의 없었다.

한글날인 1948년 10월 9일 이승만 대통령이 한글 사용과 관련된 담화를 발표했다. "철자법이 어려우니 국민이 쉽게 쓸 수 있도록 하자"는 담화였는데 세상은 이 담화를 별로 주목하지 않았다. 이승만은 1년 후 한글날 하루 전인 1949년 10월 8일 또다시 한글날 담화에서 좀 더 강한 어조로 맞춤법 개정을 요청했다. "현재 국문이 개량된 것이라고는 하나 도리어 쓰기 더디고 보기도 괴상하게 만들어 놓아 퇴보했다"며 한글 맞춤법 개정의 필요성을 제기한 것이다. 이른바 '한글 간소화 파동'의 시작이었다.

이승만은 1949년 11월 27일에도 "쉬운 한글을 쓰도록 하자"는 담화를 통해 구한말에 사용하던 방식대로 고칠 것을 재차 강조했다. 이승만이 당시의 한글을 불편하게 생각한 데는 개인적인 이유가 있었다. 소리나는 대

받침을 十個로 制限
雙받침은 세個만 許容
國務會議通過한 한글簡素化原則

정부의 한글 간소화 원칙을 보도한 조선일보(1954.7.4)

로 표기하던 20세기 초 미국으로 건너가 수십 년 동안 변화된 한글을 제대로 숙지할 기회가 거의 없었기 때문이다. 그래서 1933년의 '한글맞춤법 통일안'을 따르는 당시의 한글 표기방식이 불편하고 번거로웠던 것이다.

이승만이 1904년 미국으로 건너갈 때까지만 해도 아직 철자법이 정립되지 않았고, 표음식과 표의식 철자가 반쯤 섞인 성경식 철자가 널리 통용되고 있었다. 이승만이 그때 익힌 철자법은 미국 생활에서도 계속 이어져 몸에 배고 굳어졌다. 이런 그에게 표의주의(형태주의)를 채용한 통일안은 너무 복잡하고 난해했다. 무엇보다 통일안의 '소리나는 대로 적되 어법에 맞도록 한다'는 '형태음소적 원리'를 이해하지 못했다.

1950년 2월 3일 이승만은 "바침에 있어 'ㅅ'을 둘씩이나 쓰는 아무 소용없는 바침을 하고 있으니 이것은 고쳐야 할 것"이라며 실례로 "'잇다'와 '있다'가 무엇이 다른가?"라고 물었다. 그러면서 민간에서 따르지 않을 경우 "우선 정부만이라도 정부 뜻대로 시행하겠다"고 언명함으로써 맞춤법 통일안 개정의 뜻을 분명히 했다.

"옛 철자법은 어법을 무시하고 제멋대로 쓰자는 것"

한글 간소화 파동은 6·25전쟁이 끝나갈 무렵인 1953년 4월 11일 이승만이 참석한 국무회의에서 정부 문서와 교과서에서 옛 철자법 사용을 결의하고, 이를 반영한 국무총리 훈령(제8호)이 4월 27일 공포되면서 본격적으로 전개되었다. 교육계, 문화계, 언론계 등 지식인은 거세게 반발했다. 그러자 정부는 이를 무마하기 위해 7월 7일 50명의 전문가들로 구성된 '국어심의회'를 구성했다. 심의회에는 한글, 한자, 학술어, 외래어, 국어정화 등 5개 분과위원회가 설치되었다.

그런데 정부가 구성한 한글분과위원회에서조차 "옛 철자법은 어법을 무시하고 제멋대로 쓰자는 것"이라는 의견이 우세했다. 결국 2개월에 걸친 회의 끝에 국어심의회는 기존의 철자법 유지를 결정했다. 그런데도 정부가 국어심의회에서 내린 결론을 수용하지 않고 개정의 뜻을 굽히지 않자 문교부 편수국장 최현배(1954.1)와 문교부 장관 김법린(1954.2)이 사임하며 반발했다.

그래도 이승만은 한글 간소화 의지를 꺾지 않았다. 1954년 3월 27일 "3개월 이내에 현행 한글 맞춤법을 버리고 구한말 성경 맞춤법으로 돌아가라"는 특별담화를 발표하고, 7월 3일엔 정부가 한글 간소화 3원칙을 발표했다. ▲바침은 끗소리에서 발음되는 것만 쓴다. 종래 사용하던 받침 가운데 ㄱ,ㄴ,ㄹ,ㅁ,ㅂ,ㅅ,ㅇ,ㄺ,ㄻ,ㄼ 등 10개만을 허용한다. 바침으로 사용될 때의 'ㅅ'의 음가는 'ㄷ'의 음가를 가지는 것으로 하고 'ㄷ'은 바침으로 쓰지 않는다. ▲명사나 어간이 다른 말과 어울려서 딴 독립된 말이 되거나 뜻이 변할 때 그 원사 또는 어원을 발키어 적지 아니한다. 예를 들어 '굶주리다'의 경우 종래에는 '굶'을 살리기 위해 '굶주리다'라고 썼으나 그 어원에 구애됨이 없이 '굼주리다'라고 쓴다. ▲종래 인정되던 표준말 가운데 이미 쓰이지 않거나 또는 말이 바뀐 것은 그 변화된 대로 적도록 한다는 것이 시안의 골자였다. 예를 들면 '있었다'를 '잇섯다', '앉았다'를 '안잣다', '좋지 않다'를 '조치 안다'로 표기하자는 것이다.

한글 간소화 정부안 지지는 2%에 불과해

그러나 정부 발표는 문제가 한두 가지가 아니었다. 발음대로 표기하기 때문에 편리할지는 몰라도 어간과 어미가 구별되지 않아 어원이 드러나지 않고, 일정한 원리를 찾는 데도 어려움이 있었다. 또한 '잇다'(계승하다)와 '있다'(존재하다)의 경우, 받침을 'ㅅ' 하나만 쓸 경우 둘 다 '잇다'라고 표기함으로써 '잇다'와 '있다'가 갖는 글자의 표의성이 사라지는 문제가 있다. 'ㄷ' 소리가 나는 'ㄷ ㅅ ㅈ' 등을 모두 'ㅅ'으로 쓸 경우에도 "'곧' 도착할 '곳'이 동해에서 가장 아름다운 '곳'입니다"(기존 맞춤법)가 "'곳' 도착할 '곳'이 동해에서 가장 아름다운 '곳'입니다"(간소화안)로 바뀌어야 한다.

정부안에 대해 한글학회 등은 "일정한 원리가 없어 학술적 문자가 될 수 없고 청각적인 동시에 시각적이어야 하는 문자의 생명을 아주 잃게 된다"고 비판했다. 당시 서울대 학보인 대학신문에서 행한 여론조사 결과도 정부안 지지 2%, 기타 6%, 현행 철자법 지지 92%로 나타나 정부의 간소화 안에 대한 부정적 의견이 압도적으로 높았다.

그래도 정부는 정부안을 지지하는 사람들을 규합해 1954년 8월 1일 새로운 어문단체인 '대한어문연구회'를 발족했다. 하지만 연구회도 태생적 어용성으로 인해 발족한 지 수일 만에 문을 닫았다. 국회와 정부가 함께 구성한 특별대책위원회에서는 8월 11일 정부의 간소화안을 심의대상에서 제외한다는 2차회의 결정을 내렸는데도 정부는 어떤 움직임도 보이지 않았다.

하지만 이승만은 이미 기세가 꺾여 1955년 9월 19일 "우리나라 사람들이 총명이 특수한 만큼 폐단이 되거나 불편한 장애를 주게 될 때는 다 깨닫고 다시 교정할 줄 믿는 바이므로 내 자신 여기 대해서는 다시 이론을 부치지 않을 것이다"라며 물러났다.

정비석 소설 '자유부인' 논쟁

춤바람 등 전후 세태의 성도덕 문란 등이 큰 호응을 얻어 폭발적인 인기를 끌었다.

정비석(1911~1991)의 소설 '자유부인'이 서울신문에 연재된 것은 1954년 1월 1일부터 8월 6일까지 총 215일이다. 소설은 국어학자 장태연 교수 부부가 벌이는 일탈의 감정과 애정 행각, 그리고 춤바람 등 전후 세태의 성도덕 문란 등이 큰 호응을 얻어 폭발적인 인기를 끌었다. 당시의 전통적인 부부상에도 일대 충격을 던져주었다. 연재 기간 동안 서울신문의 부수가 수만 부 늘어나다가 연재가 끝난 후 다시 수만 부가 격감한 데서 알 수 있듯 당시 '자유부인'이 누린 인기는 대단했다. 내용도 내용이지만 무엇보다 세인의 관심을 끈 것은 소설을 둘러싼 당대 저명인사들 간의 논쟁이었다.

첫 포문의 주인공은 황산덕 서울법대 교수였다. 1954년 3월 1일자 대학신문(서울대 학보)을 통해 "대학교수를 모욕했다"고 비난한 것이 시작이었다. "대학교수를 양공주 앞에 굴복시키고 대학교수 부인을 대학생의 희생물로 삼으려 하고 있다"며 "대학교수를 사실도 아닌 허구를 써가면서 무의미하게 망신을 준다는 것은 결코 예술이라는 말만을 가지고는 변명이 아니될 것"이라고 비난했다.

이에 대해 정비석은 3월 11일자 서울신문에 실린 '탈선적 시비를 박(駁)함'이라는 제목의 글을 통해 "거의 대부분의 비난이 문학을 이해하지 못하는 데서 오는 일종의 사적 흥분에 불과하다"고 밝히며 황 교수의 '문학적 몰이해'를 지적했다.

그러자 황 교수가 3월 14일자 서울신문을 통해 또 반박했다. "문학정신 없이 성적 흥분을 돋우는 표현은 문학이 아니다"라며 "인기욕 때문에 저속한 작문을 쓰는 문학의 파괴자요, 중공군 50만 명에 해당하는 적"이라고 격렬하게 정비석을 성토했다. 휴전한 지 1년도 채 안 되어 전쟁의 상흔이 고스란히 남아 있고 전 국민의 가슴 속에 중공군에 대한 적개심이 가득한 가운데 황 교수가 '중공군 50만 명에 해당하는 적'이라고 거론한 것은 당시의 분위기상으로는 가장 끔찍한 비난 가운데 하나였다.

관심을 끈 것은 당대 저명인사들 간의 논쟁

논쟁이 이처럼 격렬해지자 변호사 홍순엽과 문학평론가 백철까지 논쟁에 뛰어들었다. 홍순엽은 3월 21일자 서울신문의 '자유부인 작가를 변호함'이라는 글을 통해 "학자가 그의 과학적 지성이 지침하는 방향에 따라 자유로이 학문적 저작을 할 수 있듯이 작가는 상상의 세계에서 양식이 명하는 대로 자유분방하게 붓대를 구사할 수 있다"며 "'소설 내용이 대학의 위신과 민족문화의 권위를 훼손한다'는 황 교수의 주장에 문제가 있다"고 지적했다.

문학평론가 백철은 3월 29일자 대학신문에서 "양씨의 논쟁은 문학과 사회, 신문 연재소설의 성격 등에 중점을 두고 있다며 중공군 등을 내세워 공격하는 황 교수의 주장에도 문제가 있지만 '자유부인'도 근본적인 약점을 갖고 있다"며 양비론적인 태도를 취했다. 그는 특히 "우리나라 신문소설은 모두가 필요 이상으로 후진적인 대중 취미에 신경을 써야 하는 문학 환경에서 쓰이기 때문에 일반적으로 저속한 작품으로 된 경우가 많다"며 연재소설이 갖는 한계를 지적했다.

정비석(1911~1991)

논쟁이 마무리될 즈음, 소설이 또다시 화제에 오른 것은 "전체 공무원들의 위신을 손상케 하는 의외의 결과를 초래케 되었사와 심히 죄송스럽기에…"라는 작가의 석명서가 6월 24일자 서울신문 광고란에 실리면서였다. 이 난데없는 광고가 실린 것은 6월 21일자 소설에 표현된 "국록을 먹는 공무원이 도장 하나 찍어 주고도 수천만금의 뇌물을 예사로 받아먹는 이 세상에서…"라는 대목이 공무원의 비위를 건드려 연재 중단 압력을 받았기 때문이다.

논란은 이뿐만이 아니었다. 정비석에 따르면, 한 여성단체가 '여성 모독죄'로 자신을 고소하는 바람에 경찰서에 불려 다니고 치안국에서도 "남한의 부패상을 소설로 폭로해 공산도배들에게 이적행위를 했다"며 연행·취조했다는 것이다. 소설이 단행본으로 출간될 때는 권력의 입김으로 '공무원 뇌물' 부분이 빠진 채 인쇄되었지만 우리나라 출판사상 최초의 10만 부 베스트셀러를 기록하고 3차례나 영화로 만들어져 흥행에서도 큰 성공을 거뒀다.

역도산 일본 프로레슬링계 석권

거구의 백인을 압도하는 모습에 일본인들의 입에서는 절로 환호와 탄성이 터져나왔다.

1938년 단오절, 김신락(1924~1963)은 큰형 항락과 함께 함경남도 용원군 고향에서 열린 씨름대회에 출전했다. 형은 우승을 하고 신락은 3위를 차지했다. 형은 워낙 이름난 씨름꾼이었기 때문에 구경꾼들은 형의 우승을 으레 그러려니 하면서도 14살의 김신락이 3위를 차지한 것에 놀랍다는 반응을 보였다.

구경꾼들 틈에는 일본 경찰이 있었고 그는 김신락에게 스모를 권했다. 김신락은 병든 아버지를 돌봐야 한다는 형의 반대로 바로 일본으로 떠나지는 않았다. 그러다가 1939년 아버지가 세상을 뜨자 1940년 초 일본으로 건너가 그해 2월 스모계에 입문했다. 당시 김신락은 16살인데도 키 175cm, 몸무게 84kg의 당당한 청년의 모습이었다.

역도산(리키도잔)으로 이름을 바꾼 그는 1940년 5월 첫 시합을 치른 후 일취월장했다. 1950년 5월 요코즈나(최고급)와 오제키(2등급) 다음인 세키와케에까지 올라갔으나 민족적 차별 때문에 요코즈나가 될 수 없다는 사실을 알고 1950년 8월 25일 새벽 스모 선수의 상징인 마게(상투)를 자른 뒤 스모계를 떠났다. 공사판 현장감독을 하던 1951년 2월 정식으로 일본 호적을 취득하고 이름을 모모타 마쓰히로로 개명했다. 역도산은 다시 요코즈나를 꿈꾸며 스모계 복귀를 원했으나 스모계는 돌출행동으로 자주 눈 밖에 나는 그를 받아들이지 않았다.

역도산이 방황하고 있던 1951년 몇 명의 미국 레슬러가 일본을 방문했다. 역도산은 우연히 술집에서 미국인 프로레슬러를 만나 프로레슬링 입문을 권유받았다. 역도산은 방일한 미국의 프로레슬러 보비 브란스를 상대로 1951년 10월 국기관에서 데뷔전을 치렀다. 4개월 후에는 본격적인 레슬링 연마를 위해 미국으로 건너갔다. 출발에 앞서 스모의 하리테(손바닥으로 얼굴치기)와 가라테를 접목한 '가라테 촙'을 개발했다. 1952년 2월 미국으로 건너간 역도산은 1년 1개월 동안 200여 회의 시합을 치르면서도 5번밖에 지지 않는 놀라운 실력을 발휘했다.

유도와 스모의 승자를 가리는 대결에서도 승리해

역도산은 전미레슬링협회(NWA)로부터 프로레슬링에 관한 전권을 위임받은 뒤 1953년 3월 일본으로 돌아와 그해 7월 '일본프로레슬링협회'를 결성했다. 월드 태그팀 챔피언인 거구의 샤프 형제도 초대해 1954년 2월 19일 일본 최초의 국제 프로레슬링 경기를 열었다. 역도산은 '일본 유

역도산(1924~1963)

도의 귀신'으로 불리던 기무라 마사히코와 태그매치 조를 이뤄 샤프 형제를 상대했다. 역도산이 주특기인 가라테 촙으로 2m 가까운 거구의 백인을 압도하는 모습에 일본인들의 입에서는 절로 환호와 탄성이 터져나왔다.

당시는 TV 본방송이 시작된 지 6개월밖에 안 된 때여서 사람들은 길거리 전파상에 설치된 220여 대의 TV를 보며 역도산을 응원했다. 신바시역 앞에 설치된 TV 앞에는 2만여 명이 운집했다. 그들은 길거리 TV를 보며 때로는 탄식하고 때로는 환호하며 역도산을 응원했다. 일본의 TV 보급은 프로레슬링의 인기에 힘입어 폭발적인 증가세를 보였다.

기무라가 첫판에서 패하자 사람들은 역도산이 대신 복수해 주기를 원했다. 그들에게 샤프 형제는 적이었고 역도산은 적을 응징할 영웅이었다. 역도산의 가라테 촙이 동생 샤프를 난타하며 승부를 결정짓자 환성과 함성이 일본 열도를 뒤덮었다. 그러나 며칠 후 기무라가 "역도산의 레슬링은 쇼"라고 폭로해 막 달궈지기 시작한 레슬링 열기에 찬물을 끼얹었다. 기무라는 역도산과 별개로 '국제프로레슬링단'을 설립한 뒤 "정식으로 경기를 하면 내가 역도산을 이길 수 있다"고 큰소리를 쳤다.

역도산이 기무라의 도전을 받아들여 열린 경기는 1954년 12월 22일 1만 3,000여 명의 관중이 지켜보는 가운데 도쿄의 국기관에서 열렸다. 기무라는 전일본유도선수권을 10년 연속 제패한 유도의 달인이었다. 양측은 이왕 경기를 벌이는 김에 경기를 제1회 일본선수권시합으로 격상하고 양측에서 4명을 더 출전시켜 일본 프로레슬링의 최강자를 가리기로 했다. 따라서 이날의 대결은 역도산과 기무라의 대결을 넘어서 양측 레슬링 협회 간 자존심을 건 대결이었으며, 유도와 스모의 진정한 승자를 가리는 대결이기도 했다.

4회전까지 역도산 측이 2승 2무의 전적을 기록, 승부는 이미 갈려 있었다. 역도산과 기무라의 마지막 결전은 소강상태로 진행되었다. 그러나 기무라의 왼발이 역도산의 복부를 때리면서 상황이 일변했다. 역도산이 가라테 촙으로 기무라를 무차별 난타하자 심판이 시합 속행 불가능 선언을 했다. 61분 게임은 15분 49초 만에 끝났고 기무라는 병원으로 실려가 이후 잊힌 존재가 되었다.

수술 잘못이 부른 39살의 어이없는 죽음

이날 이후 일본의 프로레슬링계는 사실상 역도산의 독주 체제로 굳어졌다. 악랄한 반칙 공격을 일삼는 악역들이 연이어 미국에서 일본으로 건너올 때마다 역도산은 가라테 촙으로 그들을 물리쳐 영웅다운 면모를 과시했다. 그의 인기에 힘입어 1955년 역도산을 주인공으로 한 전기영화 '노도의 사나이'가 개봉되었다. 역도산은 1956년 10월 일본으로 밀항했다가 체포되어 감옥에 수감된 김일을 1957년 2월 석방시켜 자신의 문하생 제1기 제자로 받아들였다.

역도산의 최종 목표는 세계 최강 루테즈였다. 수차례의 도전에도 번번이 졌던 역도산은 1958년 8월 미국 LA에서 당시 NWA(전미레슬링협회) 챔피언인 루테즈를 마침내 쓰러뜨려 NWA 인터내셔널 선수권을 차지했다.

1963년 1월 역도산은 전격적으로 서울을 방문했다. 북한도 방문을 요청하고 있어 북한을 고향으로 둔 그로서는 민감한 방한이었다. 역도산은 판문점에서 외투와 셔츠를 벗어버리고 "형님" 하고 울부짖었다. 북에는 1942년 늦봄 고향을 방문했을 때 부부의 연을 맺은 부인과 딸이 있었다.

역도산은 프로레슬러와 프로모터로도 뛰어난 활약을 펼쳤지만 사업에서도 발군의 수완을 보였다. 1963년 6월 스튜어디스 출신의 일본 여성과 세 번째 결혼했을 때는 일본 총리를 비롯 3,000여 명의 하객이 모이고 피로연 비용만 1억 엔을 쓰는 통큰 면모를 과시했다.

1963년 12월 8일 밤, 도쿄 아카사카의 신일본호텔 나이트클럽에서 역도산은 20대 야쿠자 청년과 시비가 붙었다. 역도산이 먼저 주먹을 휘둘렀고 청년은 품속의 칼을 꺼내 역도산의 배를 찔렀다. 다행히 상처는 경미해 외과병원이 아닌 부근의 산부인과 병원에서 간단한 봉합수술을 받았다. 그러나 12월 15일 상태가 악화되어 재수술을 받았다. 하지만 이 수술이 어이없게도 잘못되는 바람에 그날 오후 9시 50분 숨을 거뒀다. 39살의 허망한 죽음이었다.

문선명 '통일교' 창교

기독교계의 집중 공격을 받아 '음란하기 짝이 없는 사이비 종교'로 치부되었다.

"나는 이름 석 자만 말해도 세상이 와글와글 시끄러워지는 문제 인물이다." 문선명(1920~2012)은 2009년 펴낸 자서전 '평화를 사랑하는 세계인으로' 서문에서 자신을 이렇게 소개했다. 스스로 자신의 삶이 '문제적'이라고 인정한 것이다. 문선명은 자신을 '재림 메시아'로 주장, 기독교계에서 '이단 교주'라는 꼬리표가 평생 따라다녔다.

자서전에 따르면, 문선명은 15살 되던 1935년 부활절(4월 17일) 전야에 마을 뒤 묘두산에 올라 밤새 기도하다가 이튿날 신새벽에 "특별한 사명을 맡아 달라"는 예수의 음성을 들었다. 19년 뒤 태어날 통일교의 씨앗이 뿌려지는 순간이었다.

문선명(1920~2012)

문선명은 평북 정주에서 8남매 중 차남으로 태어나 일찍이 기독교에 심취했다고 자서전에 썼다. 한학을 배우던 14살 때 오산학교 3학년으로 편입하고 이듬해 부활절 신비체험을 했다. 정주공립보통학교를 거쳐 1938년 봄부터 서울의 경성상공실무학교에 다니면서 신비주의적 색채가 짙은 흑석동 명수대예수교회에서 열성적으로 신앙생활을 했다.

1941년 4월 일본으로 건너가 와세다대 부설 고등공학교 전기공학과에 입학하고 유학생들로 구성된 지하독립운동에 참여했다가 일본 경찰로부터 심한 고문과 매질을 당했다. 1943년 9월 서울로 돌아와 전기기사로 일하고 있던 1944년 10월에도 또다시 일경에 체포되어 4개월 동안 수감되었다.

해방 후인 1946년 6월에는 하나님의 인도대로 월북을 감행해 평양에서 새로운 해석의 성경 원리를 가르치며 교회를 이끌었다. 그러던 중 1947년 2월 '남한의 스파이'란 죄명으로 평양내무서에 끌려가 3개월간 구속되었다가 풀려났다. 1948년 2월에도 같은 죄목으로 체포되어 징역 5년의 실형을 선고받고 그해 5월 흥남감옥으로 이감되었다. 1950년 6·25전쟁이 발발하고 그해 10월 중순 유엔군의 흥남 진주로 2년 8개월 만에 자유의 몸이 되어 1951년 1월 부산에 정착했다. 장차 통일교의 경전이 될 '원리강론'을 집필·완성한 것은 부산 피란시절이었다.

"나는 이름 석 자만 말해도 세상이 시끄러워지는 문제 인물"

문선명은 1954년 5월 1일 서울 성동구 북학동의 한 판잣집에 '세계기독교통일신령협회'(세칭 통일교)란 간판을 내걸고 통일교를 공식 출범시켰다. 기성 교회에 염증을 느끼던 기독교 신자들을 주로 흡수하면서도 그가 주요 전도 대상으로 삼은 곳은 기독교 학교인 이화여대와 연세대였다.

얼마 지나지 않아 교회는 두 학교 학생들로 북적거렸다. 이화여대의 음악과 교수까지 입교하자 조바심이 난 이화여대 측은 교수들을 통일교와 학생들에게 보내 통일교가 사교(邪敎)라는 사실을 알리고 학생들이 발을 빼도록 종용했다. 그런데 파견된 교수마저 통일교의 성서 해석에 빠지는 기이한 일이 벌어졌다. 이화여대는 극단적인 결정을 했다. 1955년 5월 14일 5명의 교수를 해임하고 14명의 학생을 퇴학시킨 것이다. 연세대에서도 교수 1명이 해임되고 2명의 학생이 퇴학을 당했다.

언론은 대체로 "이화여대 측의 퇴학 처분에 문제가 있다"는 입장을 취했으나 통일교가 겪은 피해는 컸다. 기독교계가 통일교를 '이단'과 '사이비'로 규정, 당시 사회적으로 문제가 되고 있는 신흥종교의 온갖 나쁜 소문들이 모두 통일교의 소행이 되어버린 것이다. 그런 와중에 7월 4일 문선명을 비롯해 4명의 교인이 구속되었다. 병역기피와 불법감금, 여기에 다수의 여인을 농락하고 온갖 문란한 행위로 사회기강을 어지럽혔다는 혐의였다.

그러나 문선명은 10월 4일 재판에서 무죄를 선고받고 3개월 만에 석방되었다. 다른 교인들은 풍기문란이 아닌 병역법 위반으로 벌금형과 징역형을 선고받았다. 재판이 진행되는 동안 통일교는 기독교계의 집중 공격을 받아 '음란하기 짝이 없는 사이비 종교'로 치부되었다. 이로 인해 문선명은 독실한 기독교 신자인 첫 부인과 헤어지고 1960년 23살 연하의 두 번째 부인과 재혼해 슬하에 14명의 자녀를 두었다.

기독교는 왜 통일교를 사이비 종교로 규정한 것일까? 통일교 역시 기독교와 같은 하나님을 믿지만 경전과 교리가 다르다는 게 1차 이유다. 통일교에 따르면 하나님은 당신의 섭리를 완성할 수많은 선지자를 이 땅에 보냈다. 예수 역시 그러한 사명을 가지고 세상에 왔으나 십자가에 못 박혀 죽는 바람에 구원의 완성을 보지 못했다. 그래서 하나님이 다시 보낸 선지자가 문선명이라는 것이다. 이것은 예수만을 인정하는 기성 기독교 입장에선 도저히 묵과할 수 없는 교리였다.

구원의 개념도 통일교와 기독교는 판이하다. 기독교에서는 믿음이 구원의 필요충분조건인 반면 통일교에서는 믿음은 구원받기 위한 필요조건일 뿐, '지상에서 참사랑을 실천하는 완전하게 평화로운 삶'이라는 충분조건을 갖춰야 구원받는다고 해석한다.

'이단 교주' 꼬리표 평생 따라다녀

문선명은 국내에서 기성 개신교단과 갈등을 빚자 해외로 눈을 돌렸다. 1958년 일본에 선교사를 밀항시키고 1959년 미국에도 선교사를 보내 전 세계를 상대로 한 선교 대장정을 시작했다. 1965년에는 직접 세계 선교에 나서 10개월 동안 일본, 미국, 유럽의 40개 나라를 순방하고 돌아왔다. 1970년대에는 세계 각지에 선교사를 파견하고 미국 뉴욕의 매디슨스퀘어가든(1974), 서울 여의도광장(1975), 미국 워싱턴의 모뉴먼트 광장(1976) 등에서 수만~수십만 명이 운집한 대규모 집회를 열어 통일교의 나팔소리가 전 세계에 울려퍼지게 했다.

특히 미국에서의 성장이 두드러졌다. 베트남 전쟁 이후 새로운 종교를 갈망하는 미국 사회의 분위기와 맞물려 교세를 확장하고 1976년 뉴욕의 42층짜리 호텔 건물을 사들여 통일교 세계본부로 사용할 만큼 교회 덩치를 키우자 미국의 언론으로부터 호기심 섞인 비판 기사가 쏟아졌다.

1980년대에는 이른바 '피갈음 논쟁'에 휘말려 또 한 번의 타격을 받았다. "하와의 몸 속에 뱀(사탄)의 피가 흘러들었으며 교주 문선명과 성교하면 그러한 사탄의 피를 씻어낼 수 있다"는 이야기가 기독교계에 공공연히 나돌아 또다시 사악하고 음란한 종교로 대중에게 인식되기 시작한 것이다. 급기야 한 목사가 그 같은 내용의 글을 잡지에 싣자 통일교 측은 법정 소송을 제기했다. 소송 결과는 근거 없는 낭설로 판명되었지만 통일교가 입은 상처는 컸다.

문선명은 1984년 7월 탈세 혐의로 13개월 동안 코네티컷주의 댄버리 연방교도소에 수감되었다. 그러자 수천 명의 미국 종교인이 구명에 앞장서고 오린 해치 연방 상원의원은 "정치적 음모의 희생자"라고 옹호했다.

일반 대중에게 통일교의 이미지를 깊이 새긴 사건은 국제합동 결혼식이다. 세계기독교통일신령협회 명칭을 1997년 4월 세계평화통일가정연합으로 바꾼 데서 알 수 있듯 통일교에서 가정은 '구원의 최소 단위이자 하나님의 섭리가 이루어지는 기본 단위'이다. 그들은 "가족 구성원의 통일을 통해 세계의 평화가 이루어진다"고 믿는다. 국경과 종교를 뛰어넘은 국제간의 교차결혼을 추구하는 것은 세계 평화를 이루는 시발점이고 통일의 길이라고 믿기 때문이다.

문선명은 1961년 자신의 주례로 36쌍의 부부를 맺어준 이래 72쌍, 124쌍, 777쌍, 1,800쌍, 6,000쌍, 6,500쌍, 3만 쌍(1992)의 결혼 주례를 맡아 수많은 국제부부를 탄생시켰다. 1995년 8월 25일에는 36만 쌍의 국제합동 결혼식을 열어 세계적으로 큰 화제를 불러 일으켰다. 160개국이 참가한 결혼식은 한국의 잠실 메인스타디움을 비롯해 전 세계 545개소에서 같은 시각에 치러졌다. 각국에서 선발된 3만 6,000쌍이 참가한 서울의 잠실 메인스타디움 결혼식에는 신랑·신부의 일가·친지 등 10만 명이 참석해 대성황을 이뤘다.

통일교의 이미지를 깊이 새긴 것은 국제합동 결혼식

통일교는 이런 과정을 거쳐 전성기 때는 세계 190여 개국에 지부를 둘

정도로 성장했다. 통일교가 일반 종교와 다른 점은 각종 사회·문화·언론 기관을 비롯 수백 개에 달하는 기업을 보유하고 있다는 점이다. 통일교가 종교인지 혹은 글로벌 차원의 사회운동인지 혹은 문어발식 재벌인지 모르겠다는 이야기가 나오는 것도 이 때문이다.

문화적으로는 1963년 설립한 리틀엔젤스를 비롯해 유니버설발레단, 뉴욕시티심포니 오케스트라, 새소망합창단을 운영하고 있으며 교육적으로는 미국에 통일신학대학원과 브리지포트대가 있고 한국에는 경복초등학교, 선화예술중학교, 선정여중, 선화예고, 선정고, 청심국제중고, 선문대가 있다.

언론 분야에도 활발하게 진출해 일간지로는 한국의 세계일보, 자매지인 미국·일본의 세계일보, 미국의 워싱턴타임스, 히스패닉 계열의 노티시아스 델문도, 우루과이의 울티마 노티시아스, 중동 지역의 미들이스트타임스를 발행하고 있다. 일화, 통일중공업, 한국티타늄 등 기업도 수십 개나 되지만 정확한 실상과 규모는 알려지지 않고 있다.

문선명은 탄탄한 재력을 바탕으로 아프리카·아시아 국가 지도급 인물들과 돈독한 친분을 쌓았다. 냉전이 끝나가던 1990년 4월 각국의 전·현직 행정수반급 40여 명과 언론인 등 600여 명을 이끌고 모스크바를 방문해 소련의 고르바초프 대통령과 단독으로 회동했다. 1991년 12월 첫 평양 방문을 비롯해 모두 2차례 방북, 김일성과 의형제를 맺기도 했다. 1999년 5월 민간예술단으로는 분단 이후 처음 이뤄진 리틀엔젤스 예술단의 평양 공연, 2000년 5월 평양학생소년예술단의 서울 공연을 성사시킨 것도 문선명이었다.

통일교는 정치에도 눈을 돌렸다. 2008년에는 '평화통일가정당'을 창당해 전국 245개 전 지역구에 후보를 냈지만 단 한 명도 당선시키지 못하고 정당투표 득표율도 1.1%에 그쳤다. 2012년 문선명이 사망했을 때 통일교 측은 세계 194개국에 300만 명의 신자가 있다고 주장했지만 반대 측은 "전 세계를 통틀어 10만 명도 안 된다"며 반박했다.

남인수 '이별의 부산정거장' 발표

전후 피폐한 여건 속에서 10만 장도 넘게 팔려 제2기 전성기를 안겨주었다.

남인수(1918~1962)는 타고난 미성, 세 옥타브를 거침없이 넘나드는 발성, 폭발적이고 정열적인 창법으로 당대를 풍미한 '서정가요의 황제'이자 '가요계의 거성'이었다. '일본 엔카의 대부' 고가 마사오가 남인수를 가리켜 "일본에서는 이런 가수가 왜 나오지 않는지 통한할 노릇"이라고 자조할 정도로 그는 일제하 한국인의 자랑이었다.

남인수는 일제하에서는 유랑과 향수, 청춘의 애틋한 사랑을 노래하고 해방 후에는 전쟁과 분단의 고통 속에 신음하는 서민들의 상처를 노래로 위무했다. 이렇게 부른 노래가 어림잡아 1,000곡 정도인 것으로 알려졌다. 남인수가 이런 목소리를 갖게 된 것은 어려서 혹독한 가난을 겪고 타국 땅에서 소년 노동자로 갖은 천대와 멸시를 겪은 체험이 삶과 노래에 육화되었기 때문이다.

남인수를 들으며 자란 고은은 시집 '만인보'에서 남인수를 '반도(半島)의 목소리'라고 헌사하고, 시인 이동순은 '단단하지만 딱딱하지 않고, 카랑카랑하지만 애수와 정감으로 둘러싸인 목소리가 핵심'이라고 했다. 소설가 김훈은 남인수 노래에서 영감을 얻어 단편 '고향의 그림자'를 썼다.

남인수가 경남 진주에서 태어날 때의 이름은 최창수였다. 하지만 어려서 부친을 잃고 모친이 강씨 성을 가진 남자에게 재가하면서 강문수가 되었다. 지독한 가난과 구박이 싫어 무작정 일본으로 건너갔으나 딱히 할 수 있는 일이 없어 전구공장과 제철공장 등을 전전했다. 중노동을 하는 중에도 일본 가수들의 노래를 멋들어지게 따라 불러 주변 노동자들로부터 '가수'로 불렸다. 그는 노래도 잘했지만 하모니카를 불고 장구와 북을 치는 솜씨도 걸출했다.

강문수가 진짜 가수의 꿈을 안고 서울로 올라와 시에론레코드사의 문을 두드린 것은 17살이던 1935년 5월이었다. 당시 시에론레코드사의 문예부장은 극작가 겸 작사가 박영호였다. 그는 강문수의 자질을 금세 알아보고 작곡가 박시춘에게 소개했다. 박시춘은 강문수가 "100년에 한 명 나올까 말까 한 가수"라는 것을 알고 자신이 작곡한 '눈물의 해협'을 가르쳐 1936년 7월 음반을 취입하게 했다. 그러나 대중은 망향의 한을 담은 강문수의 데뷔곡에 싸늘한 반응을 보였다.

그래도 노래 덕에 작사가 강사랑의 눈에 든 것은 미처 생각치 못한 수확이었다. 강문수는 강사랑의 후원을 받아 메이저 레코드사인 OK레코드로 소속을 바꾸고 남인수라는 예명으로 1936년 10월 '돈도 싫소 사랑도 싫소'(손목인 작곡) 등을 취입했다. 하지만 이 노래 역시 참패했다.

"일본에서는 이런 가수가 왜 나오지 않는지 통한할 노릇"

박시춘은 '눈물의 해협'이 실패한 후 작곡에서 손을 떼고 악극단 '낭랑좌'의 밴드 마스터로 전국을 유랑했다. 그러던 어느 날 OK레코드로부터 연락이 와 전속 계약을 맺었다. 박시춘은 '눈물의 해협'에 미련을 버리지 못했다. 곡은 그대로 살리되 가사는 이부풍에게 구슬픈 내용으로 다시 쓰게 해 '애수의 소야곡'을 완성했다.

'운다고 옛사랑이 오리오만은…'으로 시작하는 '애수의 소야곡'은 1937년 12월 남인수의 목소리에 실려 발표되었다. 이번에는 음반이 날개 돋친 듯 팔려나갔다. 음반 판매점에서는 가게 앞에 유성기를 내다 놓고 남인수의 노래를 틀고 또 틀었다. 이렇게 폭발적인 인기 덕에 남인수는 같은 OK레코드사 소속 이난영과 함께 가요계 최고 스타로 급부상하고 이후 30년 동안 전성기를 구가할 박시춘·남인수 콤비의 문을 열었다. '애수의 소야곡'은 '애수의 세레나데'라는 제목의 일본어로도 출반되어 큰 인기를 끌었다.

남인수(1918~1962)

남인수는 일제하에서 '꼬집힌 풋사랑', '낙화유수' 등 800여 곡을 부른 뒤 해방을 맞았다. 해방 직전에 앓기 시작한 폐병은 평생 동안 그를 괴롭혔다. 폐병은 그를 '돈인수'로 불리도록 했다. 폐병으로 쓰러질 때를 대비해 인색하게 살다 보니 붙은 별명이었다. 해방 후 38선이 굳어질 무렵인 1947년 9월, 남인수는 '아~ 아~ 산이 막혀 못 오시나요?…'로 시작되는 '가거라 삼팔선'(작사 이부풍, 작곡 박시춘)을 취입해 또다시 공전의 히트를 기록했다. 노래는 분단의 아픔을 겪고 있는 대중에게 처절한 감정을 불러일으켰다.

수십 년 후 불거진 친일가요 논란으로 명예에 큰 상처 입어

휴전 후 남인수는 피란지 수도의 고단함을 뒤로하고 부산역을 떠나는 심정을 노래한, '보슬비가 소리도 없이…'로 시작하는 '이별의 부산정거장'을 발표해 명불허전 가수임을 증명해 보였다. 호동아가 작사하고 박시춘이 작곡한 '이별의 부산정거장'은 유니버셜레코드를 통해 1954년 8월 발표되었다. 전후 어수선한 분위기와 피폐한 사회적 여건 속에서 노래는 놀랍게도 10만 장이 넘게 팔려 남인수에게 제2기 전성기를 안겨주었다. 또한 1980년대까지 이미자, 나훈아, 조영남, 심수봉, 김연자, 은방울자매, 윤수일, 들고양이들, 박일남, 손인호 등 무수한 가수에 의해 무수하게 리메이크되었다.

남인수는 폐병을 앓으면서도 '추억의 소야곡'(1955), '무너진 사랑탑'(1960) 등의 히트곡을 부르며 인기를 이어갔다. 당시 가요계는 또 다른 스타 현인이 있었다. 두 사람이 가요계의 양대산맥을 이루자 두 가수를 한 무대에 올리라는 주문이 쇄도했다. 빗발치는 팬들의 요구에 밀려 1959년 두 사람은 한 무대에 섰다. 서울을 비롯해 부산, 대구, 대전, 광주, 인천 등지에서 화려한 경연이 펼쳐졌다.

그 무렵 남인수는, 전쟁 중에 남편을 잃고 전쟁 후엔 세 딸로 구성된 '김시스터즈'를 미국으로 떠나보내 외롭고 힘든 나날을 보내는 이난영을 물심양면으로 돕다가 연인이 되었다. 폐병을 앓고 있는 그를 위해 이난영이 헌신적으로 간호했으나 1962년 6월 26일 결국 44세의 나이로 세상을 떠나고 말았다. 장례는 가요계 최초의 연예협회장으로 엄수되었다.

남인수는 이처럼 서민의 애환을 노래하다 요절했으나 수십 년 후 불거진 친일가요 논란에 휩싸여 명예에 큰 상처를 입었다. 일제시대 말기 발표한 '감격시대'(1939), '강남의 나팔수'(1942), '남쪽의 달밤'(1942), '혈서지원'(1943) 등이 친일가요라는 사실이 밝혀져 2008년 친일인명사전에 그의 이름이 오른 것이다. 경남 진주의 '남인수 가요제' 명칭도 일부 단체의 압력에 밀려 '진주가요제'로 바뀌었다.

박시춘이 작곡하고 남인수가 부른 '거리는 부른다. 환희에 빛나는…'으로 시작하는 '감격시대'는 친일가요인데도 한동안 광복의 기쁨을 노래한 것으로 잘못 알려져 광복절 때마다 방송국이 '감격시대'를 방송하는 해프닝이 있었다.

한국 월드컵 첫 출전과 스위스 월드컵

몇 차례의 중간 기착지를 거쳐야 하는 54시간의 장도 끝에 현지에 도착했다.

한국이 월드컵 본선 무대를 처음 밟은 것은 1954년 스위스 월드컵이었다. 축구가 아직은 세계적으로 인기 있는 종목이 아니고, 스위스 월드컵부터 본선 참가국이 16개국으로 늘어난 덕에 대회에 참가할 수 있었다. 그렇다고 지역별 예선을 거치지 않은 무임승차는 아니었다. 당초 아시아 지역 예선에 출전하겠다고 신청서를 낸 국가는 한국, 중국, 일본 3개국이었으나 중국이 기권해 한·일 대결로 압축되었다.

홈 앤드 어웨이 방식인데도 이승만 대통령이 국민감정을 이유로 일본 팀의 입국을 허가하지 않아, 한국은 불리함을 무릅쓰고 예선 두 경기 모두 일본에서 치러야 했다. 예선전은 해방 후 최초의 한·일 간 축구 대결이라는 점에서 국민적인 관심을 불러일으켰다. 1차전은 한국이 5-1로 완승하고 2차전은 2-2로 비겨 우리나라가 종합전적 1승1무로 본선 티켓을 따냈다.

문제는 스위스까지 가는 길이었다. 직항노선이 없던 때라 22명의 선수단은 1954년 6월 9일 여의도비행장에서 KNA 항공 소속 24인승 비행기를 타고 일본으로 건너갔다. 그러나 선수단 모두를 태울 수 있는 항공편이 없어 김용식 감독과 주전선수 16명으로 구성된 1진이 먼저 일본을 출발하고 나머지 2진은 다음 비행기를 이용했다. 1진은 로마 등 몇 차례의 중

경기 시작 전 나란히 운동장으로 입장하는 한국과 헝가리 대표팀

간 기착지를 거쳐야 하는 54시간의 장도 끝에 6월 14일 스위스 현지에 도착하고 2진은 대회가 개막된 6월 16일 가까스로 스위스 땅을 밟았다.

제5회 대회인 스위스 월드컵은 6월 16일부터 7월 4일까지 스위스의 베른, 취리히, 제네바, 로잔 등 6개 도시에서 치러졌다. 대회는 4개 조로 나뉜 각 조의 상위 2개 팀이 토너먼트로 8강전을 벌여 패권을 가리는 방식으로 진행되었다.

한국은 2조에 소속되어 6월 17일 스위스 취리히의 그라스 호퍼 운동장에서 헝가리와 첫 경기를 펼쳤다. 헝가리는 2년 전 헬싱키 올림픽에서 우승하고 국제대회 30전 전승 무패를 자랑하는 세계 최강팀이었다. 한국은 전반 0–4, 후반 0–5 도합 0–9로 대패했다. 지금까지도 깨지지 않는 월드컵 사상 최다 점수 차 패배였다. 한국은 6월 20일의 터키전에서도 0–7로 대패하는 수모를 당했다. 마지막으로 같은 2조에 속한 서독과의 경기가 남았으나 서독의 8강 토너먼트 진출과 한국의 탈락이 이미 확정된 상태여서 경기는 치러지지 않았다.

한국의 월드컵 도전사는 실패와 영광으로 점철된 도전의 역사

조별 리그를 거쳐 8강전에 진출한 팀은 1조의 브라질과 유고, 2조의 헝가리와 서독, 3조의 우루과이와 오스트리아, 4조의 영국과 이탈리아 등 8개 팀이었다. 한국을 9–0으로 대파한 헝가리는 최강팀답게 승승장구했다. 조별 리그에서는 강호 서독을 8–3이라는 큰 점수 차로 눌러 8강 대열에 합류하고, 8강전에서는 강호 브라질을 4–2로 물리치고 4강전에 진출했다.

헝가리의 4강전 상대는 그동안 월드컵을 두 번이나 차지한 우루과이였다. 하지만 헝가리는 2–2 무승부 후 연장전에서 두 골을 넣어 4–2로 우루과이를 물리치고 힘겹게 결승에 진출했다. 결승전 상대는 8강전에서 유고를, 4강전에서 오스트리아를 누르고 결승에 진출한 서독이었다. 조별 리그에서 헝가리가 서독을 상대로 대승한 터라 누구나 헝가리의 낙승을 예상했다. 하지만 7월 4일의 결승전에서 헝가리는 서독에 2-3으로 역전패해 분루를 삼켜야 했다.

스위스 월드컵 이후 한국의 월드컵 도전사는 실패와 영광으로 점철된 도전의 역사였다. 1958년 스웨덴 월드컵에는 대한축구협회 실무자가 신청서를 분실, 지역 예선에도 출전하지 못했고, 1962년 칠레 월드컵 때는 예선에서 일본을 꺾어 첫 관문을 무사히 넘겼으나 엉뚱하게도 국제축구연맹(FIFA)이 아시아 예선에 편입시킨 동유럽의 유고슬라비아에 2연패해 본선 무대에 서지 못했다. 1966년 런던 월드컵 때는 당시 막강한 전력의 북한에 패할 것이 두려워 예선 불참을 선언했다.

1970년 멕시코 월드컵과 1974년 서독 월드컵 예선에서는 연거푸 호주에 발목이 잡혀 본선 출전 기회가 무산되었으며 1978년 아르헨티나 월드컵 때는 오일달러로 무장한 이란과 쿠웨이트에 밀려 본선 진출이 막혔고, 1982년 스페인 월드컵 때는 콜롬비아 주심의 편파 판정에 희생되어 본선 무대를 밟지 못했다.

이렇게 32년간 월드컵 본선 무대조차 밟지 못하다가 비로소 출전 기회를 얻은 것은 1986년의 멕시코 월드컵 때였다. 본선 조별 리그 첫 상대는 축구 신동 마라도나가 버티고 있는 아르헨티나였다. 한국은 이 경기에서 1-3으로 패해 세계 축구의 벽이 높다는 것을 실감했다. 그나마 박창선이 후반 28분 중거리슛을 성공시켜 월드컵 본선 무대 첫 골을 기록한 것을 위안으로 삼아야 했다. 한국은 뒤이어 벌어진 조별 리그 두 경기에서 불가리아에 1-1 무승부, 이탈리아에 2-3으로 패해 결국 결선 토너먼트에 진출하지 못했다.

멕시코(1986), 이탈리아(1990), 미국(1994) 월드컵을 거쳐 1998년까지 총 5회 출전에 4무10패의 초라한 본선 성적으로 단 한 차례도 승리의 기쁨을 맛보지 못한 한국이 세계 축구의 화려한 스포트라이트를 받은 것은 2002년 한일 월드컵 때였다. 4강 신화. 마침내 꿈(★)이 이루어진 것이다. 2010년 남아공 월드컵에서는 1승1무1패의 성적으로 16강에 올라 한국 축구사상 첫 해외 원정 16강 진출의 꿈을 이뤄냈다. 8강의 꿈은 우루과이에 가로막혀 다음 대회로 연기해야 했다.

▶ 한국팀의 월드컵 역대 전적

연도	개최지	종합성적	전적
1954	스위스	2패 (16위)	헝가리 0–9, 터키 0–7
1986	멕시코	1무2패 (20위)	아르헨티나 1–3, 불가리아 1–1, 이탈리아 2–3
1990	이탈리아	3패 (22위)	벨기에 0–2, 스페인 1–3, 우루과이 0–1
1994	미국	2무1패 (24위)	스페인 2–2, 볼리비아 0–0, 독일 2–3
1998	프랑스	1무2패 (30위)	멕시코 1–3, 네덜란드 0–5, 벨기에 1–1
2002	한국 일본	3승2무2패 (4위)	조별리그 2승1무 : 폴란드 2–0, 미국 1–1, 포르투갈 1–0 / 16강전 : 이탈리아 2–1 / 8강전 : 스페인 0–0 (승부차기 5–3) / 4강전 : 독일 0–1 / 3·4위전 : 터키 2–3
2006	독일	1승1무1패 (17위)	토고 2–1, 프랑스 1–1, 스위스 0–2
2010	남아공	1승1무2패 (15위)	조별리그 1승1무1패 : 그리스 2–0, 아르헨티나 1–4, 나이지리아 2–2 / 16강전 : 우루과이 1–2

북한의 월드컵 8강 신화

2010년 CNN이 역대 월드컵 '10대 이변'을 발표했을 때, 1966년 영국 월드컵에서 북한이 이탈리아를 1–0으로 물리친 경기가 첫 번째 이변으로 선정되었다. 공교롭게도 2002년 한일 월드컵 16강전에서 이탈리아가 한국에 2–1로 패한 경기도 10대 이변에 포함되어 이탈리아는 축구에 관한 한 코리아에 대해 좋지 않은 기억을 갖고 있다.

1966년의 영국 월드컵 당시 국제축구연맹(FIFA)은 아시아, 아프리카, 오세아니아를 하나로 묶어서 단 한 장의 본선 티켓을 배정했다. 아프리카는 이에 반발해 예선 참가를 거부했고, 한국은 당시 아시아 최강의 전력을 자랑하는 북한과의 맞대결이 부담스러워 출전을 포기했다. 결국 북한과 호주가 런던행 티켓을 놓고 1965년 11월 캄보디아의 프놈펜에서 예선전을 벌인 결과, 두 차례 경기 모두 6-1, 3-1로 승리한 북한이 본선 진출 자격을 얻었다.

북한 축구대표팀의 '사다리 전법'

북한은 16개 본선 진출국 가운데 가장 먼저 영국에 도착했다. 영국 언론은 22명의 선수를 비롯한 66명의 대규모 선수단에 '수수께끼팀'이라는 별명을 붙여주었다. 북한은 소련, 칠레, 이탈리아와 함께 4조에 소속되어 조별 리그 3경기 모두 영국 북서부에 위치한 작은 도시 미들즈브러에서 경기를 치렀다.

1966년 7월 12일 벌어진 소련과의 첫 경기에서는 전문가들의 예상대로 북한이 3-0으로 완패했다. 당시 소련의 골키퍼는 당대 최고의 수문장으로 알려진 레프 야신이었다. 스코어만 보면 북한의 완패였지만 실제론 북한 선수들이 엄청난 신장의 열세에도 불구하고 소련의 공격을 인상적으로 막아낸 경기였다.

소련이 이 경기에서 고전했다는 것은 경기 중 29개의 반칙을 범한 것으로 확인되고 있다. 북한도 9개의 반칙을 범해 이 경기는 8회 월드컵 대회에서 가장 난폭한 경기라는 오명을 뒤집어썼다.

북한의 두 번째 상대는 4년 전 칠레 월드컵에서 3위를 차지한 칠레였다. 그런데도 북한은 주눅 들지 않고 칠레와 1-1 무승부 선전을 펼쳤다. 슈팅 수만 보면 16-9로 북한이 오히려 우세했다. 후반 43분 골을 넣은 박승진은 아시아 선수 최초의 월드컵 본선 득점자로 기록되었다. 북한이 이처럼 선전을 펼치자 미들즈브러 시민들은 숙소까지 찾아가 사인을 받는 등 적성국에서 온 북한 선수들에 대한 편견을 깨고 점점 북한 축구의 매력에 빠져들었다.

이탈리아전 승리, 역대 월드컵 '10대 이변' 첫 번째로 꼽혀

조별 리그 마지막 상대는 이탈리아였다. 칠레를 2-0으로 이기고 소련에 0-1로 패해 1승1패를 기록한 이탈리아는 북한을 8강 진출의 제물 정도로 생각했다. 7월 19일의 경기에서 이탈리아는 게임 초반부터 북한을 거세게 몰아붙였다. 하지만 그것은 잠시뿐이었다. 전반 35분쯤 북한의 박승진과 충돌한 이탈리아 선수가 부상으로 들것에 실려나가자 북한은 기다렸다는 듯 상대편 문전을 집중공략했다. 당시 규정은 선수 교체 자체를 허용하지 않았다. 선수가 경기 도중 부상을 당해 플레이가 불가능하면 해당 팀은 선수가 부족한 대로 싸워야 했다.

북한은 이른바 '사다리 전법'으로 이탈리아 수비진을 끈질기게 괴롭혔다. 5명이 순식간에 이탈리아 문전으로 쇄도, 일렬로 앞사람 허리를 잡고 들어주는 사다리꼴 대형을 만들어 상대 골문을 공략하는 전법이었다. 북한은 상대 문전에서 공격할 때나 자기 진영에서 공중 볼을 걷어낼 때 사다리 전법을 유용하게 활용했다.

북한이 천금 같은 골을 터뜨린 것은 전반 42분이었다. 골 문전으로 날아온 공을 북한의 공격수 박두익이 강슛을 날려 이탈리아 골네트를 흔든 것이다. 선취골을 내준 이탈리아는 후반 들어 총공세를 펼쳤으나 북한의 골문을 뚫지 못해 결국 0-1로 패배했다. 이 한 게임의 결과로 북한은 1승

1무1패를 기록, 아시아 최초 8강 신화의 주인공이 되었다.

북한이 이탈리아를 잡았다는 소식은 전 세계 축구팬들을 경악시켰다. 이탈리아 선수단은 한밤중에 공항으로 몰래 들어가다 토마토 폭탄 세례를 받았다. 미들즈브러 시민들은 리버풀에서 열린 북한과 포르투갈의 8강전에도 3,000여 명이 원정응원을 떠나는 감동적인 장면을 연출했다.

북한의 돌풍은 7월 23일 펼쳐진 8강전에서도 계속되었다. 북한은 전반 25분까지 세 골을 터뜨리며 3-0으로 앞서나가 또다시 세계를 놀라게 했다. 그러나 포르투갈에는 '검은 표범' 에우제비오가 있었다. 에우제비오는 아프리카 초원을 달리는 표범처럼 그라운드를 질주하더니 전반에만 2골을 성공시켰다. 후반에도 내리 2골을 터뜨려 경기 결과를 역전시켰다.

결국 북한은 후반 33분 1골을 더 허용해 3-5로 무릎을 꿇었다. 그래도 최선을 다하고 그라운드를 떠나는 북한 선수들 뒤로 뜨거운 박수갈채가 쏟아졌다.

영국 월드컵은 영국 우승, 서독 2위, 포르투갈 3위, 소련 4위로 막을 내렸다. 스탠리 라우스 당시 FIFA 회장은 월드컵이 끝난 뒤 "공격에 에우제비오, 수비에 북한의 신영규, 골키퍼에 소련의 야신이 있다면 세계 최강팀"이라고 평가했다.

김용기 가나안농장 설립

'김용기 정신'은 수료생들을 통해 온 사회로 퍼져 대한민국을 일으켜 세우는 큰 힘이 되었다.

김용기(1909~1988)는 생전에 다른 사람보다 부족하거나 다른 점이 12가지나 있다면서 되레 자랑스러워했다. 얼굴이 못생기고, 키가 작고, 구두를 신지 않고, 커피·술·담배를 하지 않고, 늦잠을 자본 적

김용기(1909~1988)

이 없다는 것 등이 그의 자랑거리였다. 무슨 재미로 사느냐고 물어보면 한결같이 "하나님 말씀대로 일하는 재미"라고 반응했다.

공로를 인정받아 1966년 막사이사이상(사회봉사 부문)과 1973년 제1회 인촌문화상을 수상하고, 1980년 영국의 케임브리지 출판사가 선정한 세계 정신지도자 1,000명 가운데 한 명으로 뽑혔다. 1985년에는 우리나라 기독교 100주년 기념사업회가 선정한 '기독교인 100명'의 민족계몽가 부문에서 안창호, 이상재, 이승훈, 조만식 등과 함께 7명 중 한 명으로 뽑히기도 했다.

김용기는 경기도 양주군 와부면 능내리 봉안촌에서 태어났다. 한학자이면서 농사꾼인 부친은 스승이자 멘토였다. 김용기가 철들 무렵 "이 세상에서 가장 부끄러워해야 할 일은 일을 하지 않고 앉아서 먹는 것이다. 땀을 흘려서 먹는 것이야말로 가장 떳떳한 일"이라며 농사를 권유한 것도 부친이었다.

김용기는 서당에 다니다가 전문과정인 양주의 광동학교에 다녔을 뿐 가정형편상 정규교육을 받지 못했다. 하지만 광동학교 교장을 통해 정신교육이 얼마나 위대한 교육인지를 깨달았고 이후 잊지 않고 살았다.

김용기는 이상촌을 꿈꿨다. 자금 마련을 위해 그가 처음 시작한 것은 중앙선 철도공사 현장의 잡화상과 이발소였다. 200원을 빌려 시작한 사업은 3,500원까지 불어났으나 더 큰돈을 벌게 해주겠다는 꾐에 빠져 금광에 투자했다가 모든 것을 날려버려 무일푼의 신세가 되었다. 3년 반의 노력도 헛수고로 돌아갔다. 이 과정에서 김용기가 깨달은 것은, 이상촌 건설은 돈으로만 되는 게 아니라 피와 땀으로 이뤄진다는 사실이었다.

"가장 부끄러워해야 할 일은 일을 하지 않고 앉아서 먹는 것"

김용기는 다시 돈을 빌려 고향의 비탈진 산 3,000여 평을 매입, 막 결혼한 아내와 개간에 착수했다. 황무지는 3년 만에 비옥한 과수원으로 바뀌었고 큰 소득을 안겨주었다. 김용기는 과수원을 당초 투자 금액의 10배 값을 받고 팔아 마련한 돈으로 고향 마을 앞의 산야 수천 평을 매입, 1933년 봉안 이상촌 건설에 착수했다.

이상촌에는 10여 가구가 동참했다. 함께 농사를 짓고 환경을 개선하고 각종 협동조합 운영을 도모했다. 먹거리는 잡곡과 고구마 등으로 해결하고 옷은 활동에 편리한 의복으로 개조했다. 가래와 쟁기 등 자주 사용하지 않는 농기구는 마을 공동으로 돌려가며 쓰고 마을의 공동자금을 비축했다. 봉안 이상촌은 눈부시게 발전했다. 주민은 5년 후 64명으로 불어나고 밭은 1만 3,700여 평, 과수원은 1만 2,000여 평으로 각각 늘어났다.

그러나 개인적으로는 창씨개명을 거부하고 신사참배를 하지 않아 일제로부터 갖은 고초를 겪었다. 큰아들은 학교에서 퇴학을 당하고 김용기는 경찰서로 불려가 구타를 당했다. 이상촌은 일제하 지도자들의 피신처 역할을 하기도 했다. 1943년 미치광이로 가장한 독립투사들은 물론 학병 탈주자들까지 숨어 살게 하고 여운형과 가족을 해방 때까지 3년간 거주하도록 했다.

해방 후에는 "소련놈 물러가라 미국놈 물러가라"는 내용의 신탁통치를 반대하는 유인물을 배포했다가 미군정 군사재판에서 5년형을 선고받았다. 여운형, 이시영, 신익희, 김규식 등의 지도자가 단식을 하는 그를 위해 탄원한 덕분에 감옥에서 풀려났다. 김용기는 이상촌을 더욱 확대했다. 1946년 경기 고양군 은평면 구기리(현 구기동)에 두 번째 농장인 삼각산 농장과 삼각교회를 개척하고, 1952년 경기 용인군 원삼면 사암리의 5만 평 위에 에덴향이란 이름의 세 번째 농장을 세웠다.

오늘날 가나안 농군학교의 뿌리가 되는 네 번째 농장을 설립한 것은 1954년 11월이었다. 경기도 광주군 동부읍 풍산리(현 하남시 풍산동) 황무지 1만 3,000여 평에 세워진 농장은 '가나안농장'으로 명명되었고, 쓸모없는 땅은 '젖과 꿀이 흐르는 땅' 가나안으로 개간되었다.

'농군'은 육·해·공군에 이어 땅을 지키는 제4의 군인

김용기가 이 농장에 가나안농군학교의 문을 연 것은 1962년 2월 1일이었다. 나라를 지키는 육·해·공군처럼 땅을 지키는 제4의 군인인 농군이 있어야 하고, 또 이들을 체계적으로 교육하는 곳이 필요하다는 판단의 결과였다. 학생들은 절약·근로·봉사·희생이라는 학교 모토에 따라 음식 한 끼에 4시간 노동을 생활화했다. 밥알을 남겨서도 안 되고 설거지나 샤워를 하며 물을 계속 틀어서도 안 되었다. 자식들도 일을 하지 않으면 밥을 먹을 수 없고 용돈도 받지 못했다.

가나안농군학교가 문을 연 지 8일이 지난 2월 9일 박정희 국가재건최고회의 의장이 농촌 개척의 새 바람을 일으키는 현장을 눈으로 확인하기 위해 가나안농군학교를 찾아왔다. 간식으로 감자와 빵이 나오자 박 의장은 무심코 빵 한 조각을 입으로 가져갔다. 그러자 김용기 교장이 손을 내저으며 "여기서는 식사 전에 꼭 '일하기 싫으면 먹지도 말자'고 외쳐야 합니다."라고 말했다. 박 의장은 물었던 빵을 내려놓고 일행과 함께 구호를 외쳤다.

1960년대 중반에는 총리실 사람들이 한 달간 농군학교에 파견되었다. 이후 '하면 된다', '가난을 싸워 이겨야 한다' 등 농군학교에서 쓰던 말은 1970년 시작된 새마을운동의 구호가 되었다. 새벽 5시에 울리는 농군학교의 '개척종(鐘)'은 "새벽종이 울렸네"로 시작하는 노래가 되었다.

다섯 번째 농장은 1973년 강원도 원성군 신림면 용암리의 치악산 중턱

15만 평 위에 세워졌다. 제2가나안농군학교도 이곳에서 개교했다. 정치인, 경제인, 연예인, 직장인, 학생 등이 농군학교에서 3~15일간 머물며 교육을 받았다. 태국·우간다 등 외국 관리들도 찾아왔다. 이렇게 교육받은 사람이 2013년 현재 70만 명에 달한다. '김용기 정신'은 이들을 통해 온 사회로 퍼져 대한민국을 일으켜 세우는 큰 힘이 되었다. 김용기의 '가나안'은 오늘날 그의 아들인 김종일 가나안복민회 이사장, 김평일 제1가나안농군학교장, 김범일 제2가나안농군학교장 등이 이끌고 있다.

미 공립학교 흑인 차별 위헌 판결과 '리틀록 사태'

'플레시 대 퍼거슨 판결'은 58년 만에 뒤집히고 공립학교에서의 인종 분리는 금지되었다.

19세기 말부터 미국 남부의 주들은 흑인 차별법을 통칭하는 '짐 크로 법'(1876), "분리하되 평등하면 된다"며 이를 합법화해 준 연방대법원의 '플레시 대 퍼거슨 판결'(1896)을 근거로 모든 공공장소를 'Colored'와 'White Only'로 분리하는 정책을 폈다. 그러나 1954년 5월 17일, 미 연방대법원이 '브라운 대 캔자스주 토피카 교육위원회 간의 인종차별에 의한 학교분리 소송'에서 "분리된 시설은 본질적으로 불평등하다"고 전원일치 위헌 판결을 내림으로써 '플레시 대 퍼거슨 판결'은 58년 만에 뒤집히고 공립학교에서의 인종 분리는 금지되었다.

'브라운 판결'을 이끌어낸 일등 공신은 '전미 유색인종지위향상협회(NAACP)'였다. NAACP가 "인종 분리는 본질적으로 불평등하고 흑인 학생에게 손해를 끼친다"며 5개 주 5건의 소송을 연방대법원에 상고한 것은 1952년이었다. 사건 명칭은 5건의 사건 중 캔자스주의 '브라운 대 토피카 교육위원회 사건' 번호가 다른 4개 주의 사건보다 앞섰기 때문에 통상 '브

"All the News That's Fit to Print"

The New York Times.

LATE CITY EDITION

NEW YORK, TUESDAY, MAY 18, 1954.

HIGH COURT BANS SCHOOL SEGREGATION;

9-TO-0 DECISION GRANTS TIME TO COMPLY

McCarthy Hearing Off a Week as Eisenhower Bars Repor

Communist Arms Unloaded in Guatemala By Vessel From Polish Port, U. S. Learns

REACTION OF SOUTH

'Breathing Spell' for Adjustment Tempers Region's Feelings

SOVIET BIDS VIENNA CEASE 'INTRIGUES'

City Colleges' Board Can't Pick Chairman

2 TAX PROJECTS DIE IN ESTIMATE BOARD

'공립학교의 흑백분리가 불평등하다'는 연방대법관 전원일치 판결을 보도한 뉴욕타임스(1954.5.18)

라운 판결'로 불렸다.

브라운 사건의 발원지는 1951년 캔자스주 토피카에 살고 있는 8살 흑인 소녀 린다 브라운이었다. 초등학교 3학년생인 브라운은 피부색이 다르다는 이유로 집에서 가까운 학교를 놔두고 1마일이나 떨어진 흑인학교를 매일 걸어서 다녀야 했다. 보다 못한 린다의 아버지가 집에서 가까운 백인들만 다니는 초등학교로 전학을 신청했으나 교장은 피부색이 다르다는 이유로 거절했다.

아버지는 소송을 냈으나 1심과 2심 모두 패소하자 상고했다. 연방대법원은 1952년 12월부터 비슷한 5개 사건을 병합 심리했다. 운이 좋으려니 재판이 한창 진행 중이던 1953년 9월 얼 워런 캘리포니아 주지사가 대법원장으로 지명되었다. 워런은 선고에 앞서 수개월 동안 연방대법관들을 설득했다.

그 결과 1954년 5월 17일 "공립학교의 흑백 분리가 불평등하다"는 연방대법관 전원일치 판결을 끌어냈다. 연방대법원은 공립학교 흑백 통합의 구체적 방식에 대해서는 추후 다시 선고하기로 했다. 다수의 미국인은 이 판결을 새로운 민권운동의 시작이자 '짐 크로 법'을 끝내는 제2의 해방 선언으로 인식했다. 하지만 남부지역의 주민들은 판결에 분노하고 저항했다.

5번의 '브라운 판결' 중 2번째 판결이 선고된 것은 1955년 5월 31일이었다. 이 판결은 흑백 분리가 위헌이라고 선언한 첫 번째 판결 후 공립학교의 흑백 통합 작업을 어떤 방식과 절차로 실행할 것인가를 결정하는 판결이었다.

연방대법원은 판결에서 모든 당사자를 인종적으로 차별하지 않고 '충분히 신속한 속도로' 공립학교로 받아들이기 위해 필요한 적절한 지침을 마련하도록 연방지법에 위임했다. 이것은 연방대법원이 공립학교의 흑백 통합 시기를 일률적으로 못을 박지 않고 각지 사정에 따라 이행 시기를 조절할 수 있는 재량을 부여한 것이다. 그러나 연방대법원은 대법원의 판결에 정면으로 도전하는 세력까지 포용하지는 않았다. 대표적인 사건이 1958년의 '리틀록 사건'이다.

"분리된 시설은 본질적으로 불평등하다"

1955년 2차 브라운 판결이 선고된 후 아칸소주의 리틀록 교육위원회는 1957년 9월부터 명문 센트럴 고등학교에 흑인 학생들을 입학시키는 것을 시발로 향후 10년간의 단계적인 통합안을 마련했다. 그러나 NAACP 아칸소주 지부는 통합 절차가 너무 느리다며 1956년 2월 연방지법에 소송을 제기했다. 1심과 2심은 리틀록 교육위원회의 10개년 장기 통합계획을 승인했다.

그런 상황에서 리틀록 교육위원회가 당초 발표한 대로 흑인 학생들이 센트럴 고등학교에 입학하는 1957년 9월 3일이 다가왔다. 일부 백인 우월주의자들은 과거 남부연맹의 깃발을 흔들면서 흑인 학생들의 등교를 막겠다고 으름장을 놓았다. 등교 전날에는 주지사까지 나서 "흑인 학생들이 등교하면 거리는 피로 넘칠 것"이라며 수백 명의 주방위군이 흑인 학생들의 등교를 막도록 지시했다.

마침내 다가온 등교일 아침, 9명 중 8명의 흑인 학생은 NAACP 아칸소주 지부의 회장 집 부근에 모여 함께 학교로 갔다. 그러나 15살의 엘리자베스 엑퍼드는 집결장소를 미리 통보받지 못해 홀로 학교로 갔다. 엑퍼드는 학교 앞에서 그녀를 에워싼 백인들이 욕설을 하고 위협을 해도 머리를 곧추세워 등교를 시도했다. 그러나 그녀의 등교를 가로막는 무장 군인들만은 뚫지 못했다. 8명의 다른 흑인 학생들도 백인들의 야유와 저주, 주방위군의 저지를 뚫지 못하고 발길을 되돌렸다.

TV로 이 광경을 지켜본 미국인들은 어린 소녀의 당당한 태도와 위엄에 깊은 감명을 받았다. 또한 백인 어른들의 맹목적인 야유와 이유 없는 적개심에 놀라고 당황해했다. 1957년 9월 20일 연방지법의 판사가 주지사에게 주방위군의 철수를 명하고서야 흑인 학생들은 경찰의 호위를 받으며 등교할 수 있었다. 그러나 폭도들 때문에 흑인 학생들은 더 이상 학교에 있지 못했다.

평소 흑인 민권운동에 관심이 없던 아이젠하워 대통령은 그때서야 1,000여 명의 공수부대 군인을 학교로 급파해 학생들의 등교를 도왔다. 흑인 학생들은 겨우 등교에 성공했으나 이번에는 학교 내 백인 학생들의 집단 괴롭힘과 교사들의 외면을 감내해야 했다.

이 같은 혼란 속에서 1958년 5월 리틀록 교육위원회가 연방지법에 1961년 1월까지 통합작업을 연기할 수 있게 해달라고 요청했다. 연방지법과 항소심이 2년 동안의 연기를 허용하자 NAACP가 연방대법원에 상고했다. 이 싸움도 워런 대법원장을 비롯한 대법관들의 전원 일치로 하급심 판결이 뒤집히고, 오랜 싸움에 지친 리틀록의 유권자들이 새 위원회를 선출하여 법원의 명령에 따르기로 결정하고서야 일단락되었다. 그래

군인들이 리틀록의 흑인 학생 9명을 백인 학교인 센트럴 고교로 에스코트하고 있다(1957.9).

도 흑백 통합은 더디게 진행되었다. '브라운 판결'의 선고 후 실제로 남부의 공립학교에서 흑백 통합이 완전히 이루어지기까지는 20년 이상의 시간이 소요되었다.

미 흑인 노예 변천사 1619년 8월 어느 날, 아메리카 서인도제도 도밍고 섬의 사탕수수 농장에서 일하던 흑인 20여 명이 네덜란드 배에 실려 어디론가 떠났다. 그들이 도착한 곳은 1607년 미국 버지니아주에 세워진 미 최초의 식민도시 제임스타운이었다.

선장이 제임스타운 정착민들에게 팔아넘긴 이들은 미국에 처음 발을 디딘 흑인은 아니었지만 영국이 미국에 건설한 식민지 정착촌에 최초로 거주하게 된 흑인들이었다.

'흑인은 곧 노예'라는 오늘날의 고정관념과는 달리 당시는 "흑인이라도 세례를 받으면 노예가 아니다"라는 영국법에 따라 이들은 노예가 아니라 자유민이었다. 그래도 일정 기간 주인을 위해 일해야 했기 때문에 '계약하인'의 성격을 띠었다. 계약하인 중에는 백인도 있었으나 머지않아 노예로 전락한 것은 흑인 계약하인뿐이었다.

1640년 1명의 흑인과 2명의 백인 계약하인이 주인집에서 도망치다가 붙잡히는 일이 벌어졌다. 법원이 백인에게는 의무기한을 4년 연장한 것과 달리 흑인에게는 "목숨이 붙어 있는 한 언제 어디서든 주인을 섬겨야 한다"고 판결한 것을 계기로 흑인 계약하인은 사실상 노예 신분으로 전락했다. 1654년 존 케이서라는 흑인에 대해 백인 당국이 '주인의 영구적인 재산'이라고 선언, 그는 최초의 공인 노예로 기록되었다.

'노예'라는 단어가 처음 등장한 것은 1662년 버지니아주법이었다. 이 법은 노예 어머니의 자녀는 아버지가 누구든 노예 신분이 된다고 규정했다. 당시에는 이 규정 말고도 '한 방울 규칙'이라는 게 있었다. 흰 피부색,

푸른 눈, 금발인 사람이라도 조상 중에 흑인의 피가 조금이라도 섞여 있으면 흑인으로 간주한다는 규칙이었다.

버지니아주의 담배산업이 번창하고 값싼 흑인 노동력에 대한 수요가 급증하자 1680년대부터는 아프리카에서 흑인들을 직접 데려오는 이른바 '삼각무역'이 본격적으로 이뤄졌다. 미국에 건너온 흑인들은 대부분 서아프리카 해안 지방 출신이었다. 유럽의 무역상이 아프리카로 가서 직접 흑인을 납치해 강제로 끌어오기도 했지만 흑인 부족이 총과 탄환을 얻기 위해 상대 부족을 백인 무역상에게 넘기는 경우도 많았다.

백인이라도 조상 중에 흑인 피가 조금이라도 섞여 있으면 흑인

이렇게 끌어모은 흑인들은 배에 실려 미국으로 건너가 사탕수수, 담배, 목화 등과 교환되었다. 흑인 노예무역은 1808년 미국 법으로 해상 노예무역이 금지될 때까지 계속되었다. 흑인 노예의 상당수가 거주한 버지니아주의 경우 1680년에 흑인의 비율은 7%에 불과했으나 1750년에는 44%로 급증했다. 흑인이 많아질수록 흑인 통제법은 더욱 강화되었다. 3명 이상의 흑인은 한곳에 모이는 것이 금지되었다. 흑인에게 읽고 쓰는 교육을 금지하는 주도 있었다.

1775~1783년 영국과의 독립전쟁은 흑인에게는 신분 변화의 중대 전환점이었다. 당시 미국의 전체 인구 중 북부는 4.4%, 남부는 39.7%가 흑인이었다. 전국적으로는 21.4%였다. 전쟁 초기, 흑인들은 흑인의 참전을 환영한 영국 쪽을 선호했다. 흑인 노예 수만 명이 영국군에 입대하자 영국은 1779년 6월 노예해방 선언으로 화답했다. 그러나 전쟁이 막바지에 이르렀을 때 미국도 참전 흑인에게 종전 후 자유를 준다고 발표하자 다수 흑인이 미국 쪽을 선택했다. 전쟁 기간 중 약 10만 명의 흑인 노예가 자유를 얻었으나 이들 중 대부분은 종전 후 다시 노예 상태로 돌아갔다.

독립전쟁 후 노예가 많지 않은 북부 지역은 노예 폐지에 적극적이었다. 1777년 버몬트주가 최초로 노예제를 금지한 것을 시작으로 이후 25년간 델라웨어강 이북의 모든 주에서 노예제도가 폐지되었다. 19세기 초에는 북부의 모든 주들이 노예해방법을 통과시켰다.

모든 노예가 자유인의 신분을 획득한 것은 아니었지만 분명 북부는 노예들의 해방구였다. 반면 대다수 흑인 노예를 소유하고 있는 남부 주에서 노예제 폐지는 언감생심이었다. 1857년에는 미 연방대법원이 미 역사상 가장 논쟁적이고 수치스러운 판결을 내렸다. 흑인 노예 드레드 스콧이 백인 주인을 상대로 제기한 '드레드 스콧 대 샌퍼드' 사건에서 "흑인은 노예든 자유인이든 미국의 시민이 될 수 없으며 연방의회는 노예제를 금지할 권한이 없다"고 판결한 것이다.

독립전쟁은 흑인 노예 신분 변화의 전환점

1861년의 남북전쟁은 노예해방사에 찬연히 빛날 역사적인 사건이었다. 흑인들에게 남북전쟁은 자유를 위한 성전과도 같았으나 처음부터 그렇지는 않았다. 오늘날 노예해방은 마치 링컨 대통령의 트레이드 마크처럼 알려져 있으나 기실 링컨은 적극적인 노예해방론자가 아니었다. 남북전쟁이 발발했을 때도 노예 폐지를 주장하지 않고 있다가 전황이 유리해질 때쯤인 1862년 9월에야 '노예해방 예비선언'을 발표했다. 남부의 아킬레스건인 노예를 남부에서 이탈시킴으로써 전쟁을 조기에 종식시킬 목적에서였다.

링컨은 "반란 중에 있는 남부가 90일 안에 연방으로 돌아오지 않으면 노예들을 자유민으로 풀어주겠다"고 발표했다. 바꿔 말하면 "남부의 반란 주가 연방으로 돌아오면 노예제는 그대로 존속된다"는 의미가 된다. 이처럼 링컨은 노예제 폐지보다 연방 보존에 더 관심을 쏟은 내셔널리스트였다.

결국 남부가 연방으로 복귀하지 않자 링컨은 장기간 계속되는 전쟁을 빨리 끝내기 위해 1863년 1월 1일 노예해방을 선언했다. 남북전쟁 기간 중 북부 연방군 전 병력의 9~10%인 약 18만 명의 흑인이 참전하고 이 가운데 3만 7,000여 명이 전사했다. 종전 후 '민권법'을 제정해 노예해방을 구체화한 북부와 달리 남부에서는 소멸한 '노예법' 대신 '흑인단속법'을 새로 제정·강화했다.

흑인단속법은 흑인들에게 자유 시민과 노예의 중간 정도의 지위를 부여한 법으로 흑인들의 투표권, 직업 선택의 자유, 소유권 등을 제한했다. 그러자 북부를 중심으로 한 연방의회 의원들은 흑인들의 인권 개선을 위한 수정헌법 제정에 팔을 걷어붙였다.

1865년 12월 18일 의회를 통과한 '수정헌법 제13조(노예제도 폐지)'는 "노예제도 또는 강제 노역제도는 당사자가 정당하게 유죄 판결을 받은 범죄에 대한 처벌이 아니면 미국 또는 그 관할에 속하는 어느 장소에서도 존재할 수 없다"고 규정함으로써 1857년의 '드레드 스콧 대 샌퍼드' 사건 판결을 공식적으로 폐기했다.

또한 1870년 2월 비준된 '수정헌법 제15조'는 "미국 시민의 투표권은 인종, 피부색 또는 과거의 예속 상태 때문에 미국이나 주에 의하여 거부되거나 제한되지 아니한다"고 규정해 비로소 흑인 남성의 투표권을 인정했다. 이런 일련의 조치들 덕분에 남부 흑인들의 인권이 한동안 개선되었으나 1877년의 '틸든·헤이스 타협안'을 계기로 다시 과거로 회귀했다.

유색인종 차별법, '플레시 대 퍼거슨 판결' 후 다시 날개 달아

'틸든·헤이스 타협'은 1876년 10월 치러진 대통령 선거의 산물이었다. 당시 민주당은 개혁정치가로 이름이 높은 뉴욕주의 주지사 새뮤얼 틸든을 대통령 후보로 내세웠다. 공화당은 청렴한 정치인으로 널리 알려진 오하이오 주지사 출신의 러더퍼드 헤이스로 민주당에 맞섰다. 개표 초기 결과만 보면 민주당 소속 틸든의 승리가 확정적이었다. 일반투표에서 25만 표 정도 헤이스를 앞지르고 선거인단 경쟁에서도 과반수에서 1표 모자라는 184표를 얻어 165표의 헤이스를 크게 앞질렀기 때문이다.

문제가 된 것은 개표가 끝나지 않은 남부의 플로리다(4표), 루이지애나(8표), 사우스 캐롤라이나주(7표), 북서부 오리건주(3표 중 1표) 등 4개 주의 선거인단 20표였다. 개표 후 양당 모두 이 20표를 자기네가 획득했다고 주장하면서 당선자를 결정하지 못하는 초유의 사태가 벌어졌다. 양당은 서로 자기의 승리를 주장하며 각기 다른 선거인단 개표 결과를 공표했다.

이런 결과에 대해 정권교체를 의심치 않았던 남부의 민주당원들은 곳곳에서 폭동을 일으키며 격렬하게 저항했다. 연방의회는 사태 해결을 위해 1877년 1월 15명의 특별선거관리위원회를 구성했다. 위원회는 1877년 3월 4일의 대통령 취임식을 이틀 남겨둔 시점에서 공화당의 헤이스가 185표, 민주당의 틸든이 184표를 얻어 헤이스가 1표 차로 승리했다고 선언했다.

그런데 이상하게 이번에는 남부에서 폭동이 일어나지 않았다. 남부에서 헤이스의 대통령 당선을 인정하면 연방정부가 남부에 주둔하고 있는 연방군을 모두 철수시키고 남부의 일에 연방이 간섭하지 않는다고 공화당과 남부 민주당이 타협했기 때문이다. 이 타협안은 남부에서의 헌정 질서 파괴 방지와 남북간의 화해라는 긍정적 결과도 가져왔지만 다른 한편으로는 남부 흑인들의 생명과 자유와 권리를 인종적 편견에 사로잡힌 백인우월주의자 단체의 폭력적인 손에 맡긴 꼴이 되고 말았다.

타협안에 따라 헤이스는 대통령 취임 후 연방군을 남부에서 철수시켰다. 그러자 남부 각 주는 기다렸다는 듯 이른바 '짐 크로 법'으로 통칭되는 각종 악법들을 본격적으로 시행하고, 흑인들의 투표권을 제한하기 시작했다. '짐 크로 법'은 1876년에 제정된, 학교·기차·버스 등 공공시설에서 흑인을 비롯한 유색인종들을 백인들로부터 분리함으로써 유색인종을 차별하는 남부 각 주의 주법을 일괄해서 일컫는 명칭이다.

유색인종 차별법이 다시 날개를 단 것은 1896년 연방대법원이 짐 크로 법이 합헌이고 "분리하되 평등하면 된다"는 이른바 '플레시 대 퍼거슨 판결'을 선고하고부터였다. 이로써 남부에서는 각종 공공시설에서 흑백을 분리하는 시설 설치가 합법화되었다. 이후 수십 년간 흑인들의 족쇄가 된 '짐 크로 법'은 1954년의 '브라운 대 토피카 교육위원회 판결' 이후 사라졌다.

디엔비엔푸 함락과 제1차 인도차이나 전쟁 종결

"싸우면 반드시 이긴다"라고 쓰인 베트남군의 군기가 포연 가득한 디엔비엔푸 계곡에 펄럭였다.

베트남전은 태평양전쟁 때 일본에 베트남을 빼앗긴 프랑스가 1945년 종전 후 옛 식민지를 되찾기 위해 무리하게 욕심을 낸 것이 발단이었다. 종전 후 프랑스는 베트남에 다시 군대를 진주시켰고 호찌민(1890~1969)의 베트남민주공화국은 이에 맞서 싸웠다. 제1차 인도차이나 전쟁으로 불린 프랑스와 베트남 간의 전쟁이 본격적으로 전개된 것은 1946년 11월이었다.

전쟁 전 상황은 호찌민이 "코끼리와 메뚜기의 힘 겨루기"라고 규정했을 만큼 베트남에 절대적으로 불리했다. 그런데도 프랑스는 베트남을 장악하기는커녕 베트남군의 선전에 밀려 1953년까지 7만 4,000여 명의 전사자와 19만 명의 부상자를 내며 악전고투했다. 베트남군은 프랑스군을 베트남에서 완전히 쫓아내기 위해 1953년 4월 프랑스의 점령 지역인 라오스를 침공했다.

그러자 프랑스군 총사령관 앙리 나바르는 "결정적인 계기가 마련되지 않는 한 프랑스는 패할 수밖에 없다"며 전황 타개를 위해 승부수를 띄웠다. "프랑스군에 절대적으로 불리한 정글 전투를 피해 어느 한정된 장소에서 전투를 하면 경험이 많은 베트남군이라도 섬멸할 수 있을 것"이라는 판단에 근거한 전술이었다. 나바르는 베트남에서 라오스로 통하는 베트남군의 주요 보급로를 차단하면 베트남군의 대응이 있을 것이고 그 때 베트남군을 섬멸하는 것이 유리하다고 판단했다. 나바르가 선택한 곳은 라오스의 국경선에서 30km 정도 떨어진 곳에 있는 베트남의 소읍 디엔비엔푸였다. 그곳은 울창한 숲으로 둘러싸인 분지를 이루고 있어 천혜의 전략적 요충지였다.

디엔비엔푸로 낙하하는 프랑스 외인부대

나바르는 1953년 11월 20일 3,000여 명의 공수부대를 디엔비엔푸로 낙하시킨 것을 시작으로 3일 동안 9,000여 명을 낙하시켜 요새를 구축했다. 부대원은 점차 늘어나 1만 6,000여 명이나 되었다. 말이 프랑스군이지 절반은 베트남인과 알제리인들로 구성된 외인 용병부대였다.

현지 전투군 사령관으로 임명된 크리스티앙 드 카스트리 대령은 중앙 활주로를 중심으로 주변 언덕에 주요 거점과 수십 개 초소로 방어선을 구축하고, 50km 밖 주변마다 견고한 방어진지로 둘러쌌다. 각 거점에는 대포, 박격포, 기관총을 갖추고 거점과 거점 사이에는 베트남군이 침투할 수 없도록 교차 포격이 가능하도록 했다. 문제는 병력이든 장비든 모든 것을 공중 수송에 의존해야 한다는 데 있었다. 그런데도 나바르와 카스트리는 곧 베트남군이 대규모 인해전술로 공격해 올 것이고 그 정도의 공격은 프랑스군의 화력으로 충분히 분쇄할 수 있다고 자신했다.

"코끼리와 메뚜기의 힘 겨루기"

베트남군 총사령관 보응우옌잡(1911~2013)은 프랑스의 도박을 지켜보면서 조심스럽게 승전을 점쳤다. 그는 "프랑스군이 진지를 완전하게 구축하기 전에 프랑스군을 공격하자"는 베트남군 지휘관들의 의견, "인해전술로 제압하자"는 중국 군사고문단의 권유에도 불구하고 "우리는 이기러 온 것이지 싸우러 온 게 아니다"라며 때를 기다렸다. 보응우옌잡 전략의 원칙은 ▲작은 것(小)으로 큰 것(大)을 이긴다 ▲적음(少)으로 많음(多)과 맞선다 ▲질(質)로 양(量)을 이긴다 세 가지였다. 보응우옌잡은 실천전술로 3불(不) 작전을 내렸다. ▲적이 원하는 시간을 피하고 ▲적에게 낯익은 장소를 멀리하고 ▲적이 익숙한 방법으로 싸우지 않는다였다.

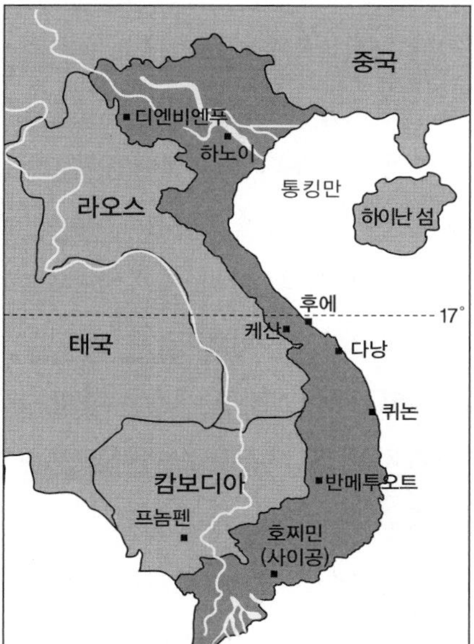

디엔비엔푸 위치

보응우옌잡은 베트남군을 크게 2개로 나누어 전투에 대비했다. 하나는 군수품과 무기를 수송할 농민군이고, 다른 하나는 산악 지역을 하루에 30km씩 행군하는 정규군이었다. 농민군은 1인당 5kg의 쌀을 지고 정글을 헤쳐나갔다. 정규군은 200문이 넘는 105mm 곡사포를 분해한 뒤 몸에 연결한 채 정글을 뚫었다. 하루에 800m밖에 전진하지 못하는 3개월의 고행길이었으나 이런 고행의 결과 베트남군은 병력과 화력에서 프랑스군에 우위를 차지했다. 프랑스군은 병력이 부족하다는 것을 뒤늦게 깨닫긴 했으나 베트남군이 중화기를 주변의 험한 산 위에까지 갖고 올라올 것이라고는 전혀 생각하지 못하고 사태를 낙관했다.

보응우옌잡은 미·소·영·불 등 4대 강국이 인도차이나 문제를 토의하기 위해 1954년 4월 말 제네바에서 회담을 연다는 것을 알고 공격 시점을 앞당겼다. 5만 명의 베트남군은 언덕 위까지 은밀히 깊게 판 참호를 통해 언덕 위 요새 벽까지 접근했다. 베트남군은 디엔비엔푸 인근의 도로들을 장악한 뒤 1954년 2월 초 대포와 박격포로 비행장을 포격하기 시작했다. 프랑스 수송기의 접근은 대공포로 막았다. 다급해진 프랑스군이 믿을 거라곤 미군의 대대적인 폭격이었으나 이마저도 미 의회의 반대로 좌절되었다.

"우리는 이기러 온 것이지 싸우러 온 게 아니다"

베트남군의 1차 공세는 프랑스군이 진지를 구축하고 5개월이 지난 1954년 3월 13일 오전부터 이튿날 밤까지 계속되었다. 이 공격으로 프랑스군은 500여 명이 전사했다. 15~16일에는 주요 거점인 가브리엘 진지가 베트남군의 집중 포격과 공격으로 함락되었다. 베트남군은 다른 주요 진지까지 함락한 후 활주로 바로 앞에 대공포를 설치했다. 이로써 비행기 공수에 쓰려고 닦아놓은 활주로는 무용지물이 되었고 프랑스군은 외부 세계와 단절되었다.

보응우옌잡은 전투가 장기화할 것을 예상해 계곡 중앙으로 연결되는 참호를 파는 데 모든 병력을 투입했다. 참호는 프랑스군 지휘소에서 수백 미터 지점까지 이어졌다. 베트남군은 5월 5일 밤 마지막 전투를 재개해 1954년 5월 7일 오후 5시 30분 디엔비엔푸를 함락했다. 이로써 56일간의 사투도 막을 내렸다. “싸우면 반드시 이긴다”라고 쓰인 베트남군의 군기가 포연 가득한 디엔비엔푸 계곡에 펄럭였다.

이 전투로 프랑스군은 2,200여 명이 죽고 5,000여 명이 다쳤으며 1만여 명이 포로가 되었다. 베트남군도 전사 8,000여 명에 부상자가 1만여 명이나 되었다. 프랑스군 포로들은 동쪽으로 480km 떨어진 포로수용소까지 60일간 죽음의 행진을 하고, 또 3개월간의 수용소 생활을 견디지 못해 또다시 수천 명이 사망했다.

제1차 인도차이나 전쟁의 종결을 논의하는 제네바 회담이 본격적으로 열리기 시작한 것은 디엔비엔푸가 함락된 다음날인 5월 8일이었다. 미국, 소련, 영국, 중국, 프랑스, 라오스, 캄보디아, 남베트남, 북베트남 등 9개국 정부 대표들이 참석해 열띤 논쟁을 벌이는 과정에서 전쟁 당사국이 아닌 4대 강대국 중 미국은 베트남의 일시적인 분리안에 반대했으나 영국, 소련, 중국이 분리안을 받아들여 결국 1954년 7월 21일 제네바 협정이 조인되었다.

조인 때도 미국과 남베트남은 서명을 거부한 반면 전쟁 당사국인 프랑스, 북베트남, 라오스, 캄보디아가 협정에 조인, 100년에 걸친 프랑스의 인도차이나 지배에 종지부를 찍었다. 조인 전 북베트남 대표는 베트남의 즉각 독립, 모든 외국군 철수, 통일선거 실시 등 8개 항을 주장했으나 강대국의 중재로 프랑스 안이 채택되었다.

협정에 따라 북위 17도선을 군사경계선으로 획정

협정에 따라 북위 17도선을 잠정 군사경계선으로 북베트남은 호찌민, 남베트남은 프랑스가 지원하는 바오다이가 통치하고, 2년 뒤인 1956년 7월 국제 감시하에 남북총선거를 실시하기로 했다. 또한 거의 한 세기 동안 베트남을 점령해온 프랑스는 1년 내에 모든 병력을 철수하고 북위 17

도선을 기준으로 남북 베트남이 분리되기 전까지 3개월 동안 남북 간 합법적인 교류를 인정했다. 이에 따라 북베트남에서는 지주와 가톨릭 신자 등 85만 명이 내려오고, 남쪽에서는 베트민 병사 가족들이 주축을 이룬 8만 명이 북쪽으로 올라갔다. 자진 월북한 이들 가운데 상당수는 나중에 다시 내려와 지하 세포로 활동했다.

베트남은 1954년 10월 11일 마침내 남북으로 갈라진 분단국이 되었다. 당시 미 정부는 종국에는 호찌민이 통일 베트남의 실력자가 될 것으로 예상하면서 '도미노 이론'을 우려했다. 하노이가 중국의 동남아시아 진출의 관문이 될 것이라는 워싱턴의 우려는 미국을 베트남이라는 수렁 속으로 빠뜨렸다.

북베트남은 협정에 따라 1956년으로 예정된 국제감시 하의 선거를 논의하자며 남베트남에 공식 회담을 촉구했으나 남베트남은 구체적인 확답을 주지 않고 있다가 1955년 5월 고 딘 디엠 총리가 바오다이 왕을 폐위하고 1955년 10월의 국민투표에서 대통령에 당선된 뒤 북베트남의 총선 논의를 거부했다.

고 딘 디엠은 남북 통일보다 권력 강화에 더 혈안이었다. 그의 동생 고 딘 누는 비밀경찰을 조직해 반정부 인사를 탄압하고 국민투표를 조작했다. 비밀경찰들은 베트민의 전략촌으로 알려진 1만 6,000여 개 마을을 소개(疏開)하고 공산주의자로 의심되는 7만 5,000명을 살해하고 5만 명을 투옥했다. 북베트남은 이에 맞서 1957년 10월 사이공에 있는 미국의 시설물을 파괴하고 1958년 1월 사이공 북쪽의 농장을 공격했다. 이때 디엠이 베트남 공산주의자들을 경멸하며 꺼낸 말이 '베트콩(Viet Cong)'이다. 우리로 치면 '빨갱이' 격인 베트콩은 그전까지 표현해온 '베트민'이라는 말을 대신해 세계적으로 널리 퍼져나가 대명사가 되었다.

보응우옌잡

보응우옌잡(1911~2013)은 호찌민(1890~1969)과 더불어 베트남 현대사의 양대 산맥으로 추앙받는 거인으로 '아시아의 나폴레옹', '베트남 독립전쟁의 영웅', '베트남의 국보' 등으로 불렸다. 보응우옌잡은 북베트남 꽝빈에서 부농의 아들로 태어나 중학교 때 프랑스 식민주의에 반대하는 민족주의 활동을 펴다가 퇴학을 당했다. 19살 때에는 지방의 소규모 신문사에서 기자 생활을 하며 가명으로 프랑스 식민주의를 비판하는 기사를 썼다. 1930년 농민 봉기를 선동하고 1931년 베트남공산당에 가입한 사실이 드러나 13개월 동안 감옥생활을 했다.

출옥 후 하노이로 가 5년 동안 역사와 문학을 가르치는 교사로 활동하는 한편 하노이대에서 법학을 공부했다. 1936년 '젊은 혼'이란 베트남어 신문을 창간했다가 프랑스 당국에 의해 폐간되자 프랑스 공산당 기관지 '르트라바이(노동)' 기자로 들어가 3년 동안 활동했다.

1939년 프랑스 식민정부가 공산당 활동을 불법화했을 때는 중국으로 도피해 그곳에서 1940년 호찌민을 만나 공산당 활동을 전개했다. 두 사람은 공산주의보다 민족주의 색채를 띠었다. 보응우옌잡이 베트남을 떠난 사이 독립투사인 아내는 1941년 프랑스 식민당국에 체포되어 고문을 받다가 목숨을 잃었다. 처형까지 프랑스군에 총살되는 아픔을 겪었다.

보응우옌잡(1911~2013)

2차대전이 막바지로 접어든 1944년 베트남으로 돌아온 보응우옌잡은 그해 12월 34명의 게릴라 대원으로 '베트민(베트남독립동맹)'의 무장게릴라조직인 베트남 해방군 무장선전대를 결성, 베트남 인민군의 기초를 닦았다. 보응우옌잡은 1945년 9월 호찌민의 베트남민주공화국 수립 후 총사령관으로 임명되어 재식민지화를 기도하는 프랑스군을 상대로 치열한 독립전쟁을 펼쳤다.

“우리는 적을 섬멸할 수 없지만 전쟁 의지를 꺾을 수는 있다”

1954년 5월 디엔비엔푸 전투에서 승리하고 프랑스를 쫓아냈다고 해서 전쟁이 끝난 것은 아니었다. 미국과의 20년 전쟁이 기다리고 있었기 때문이다. 미국은 사상 최대 규모의 군대와 첨단무기를 베트남에 파병·파송했다. 보응우옌잡은 이에 맞서 국민총력전을 입안했다. 그는 “무기도 중요하나 인적 요소, 정치적 요소가 결정적 역할을 한다”고 주장했다. 보응우옌잡은 승리의 요체를 전쟁의지의 관리에 두었다. 그것은 상대방의 전의를 꺾어 패배감이 적 진영에 전염병처럼 번지도록 하는 것이었다.

1968년 1월의 ‘테트(구정) 공세’는 보응우옌잡식 전쟁 방식의 구현이었다. 보응우옌잡의 군대는 베트남의 주요 시설을 동시에 공격했다. 사이공의 미국 대사관도 일시 점령했다. 하지만 미군의 반격으로 전세가 역전되어 보응우옌잡의 작전은 실패하는 듯했다.

그러나 ‘테트 공세’의 진정한 의미는 단기간 전투의 승패에 있지 않았다. TV에 비친 ‘테트 공세’의 참상은 미국 사회에 충격을 주었다. 미국의 지식인들부터 심리전에 말려들어 흔들리기 시작했다. TV 앵커 월터 크롱카이트는 “도대체 무슨 일이 벌어지고 있나”라고 의문을 던졌다. 존슨 행정부의 전쟁 의지도 약해졌다. 국론 분열이 삽시간에 미국 전역에 번졌다.

보응우옌잡은 ‘테트 공세’를 이렇게 규정했다. “테트 공세를 군사적 측면에서만 거론하는 것은 틀렸다. 정치적이고 동시에 외교적인 공세다. 우리는 적을 섬멸할 수 없다. 하지만 미군의 전쟁 의지를 꺾을 수는 있다고 판단했다. 그게 ‘테트 공세’의 목표이자 이유다.”

1975년 베트남이 통일된 후 군 최고사령관이자 국방장관이던 보응우옌잡은 1979년 2월 중국이 베트남을 침공할 때도 중국을 패퇴시켜 베트남의 자존심을 지켰다. 지압이 대불·대미 항전에서 구사한 인내와 끈기, 그리고 적의 예봉을 무디게 하는 장기전술은 세계 주요 군사학교에서 하나의 교범이 되고 있다.

세계 최초 신장이식 성공

신장이식은 크게 두 가지 이유 때문에 늘 난관에 부닥쳤다.

사람의 신장은 간이나 심장 등에 비해 적출과 이식이 상대적으로 용이하다. 사람마다 신장이 두 개여서 장기 제공자를 얻기 쉽고 위치도 내장의 뒤에 있어 비교적 쉽게 떼낼 수 있기 때문이다. 이런 이유로 신장이식은 장기이식의 길고 긴 역사에서 늘 선도자 역할을 했다. 신장이식은 1900년대 초부터 시도되었다. 초기에는 개의 신장을 염소에 이식하거나 죽은 신생아의 신장을 개코원숭이에게 이식하는 방식으로 이뤄졌다. 하지만 그럴 때마다 신장이식은 크게 두 가지 이유 때문에 늘 난관에 부닥쳤다.

첫째는 혈관 봉합 기술이었다. 다행히 혈관 봉합은 1910년 프랑스 출신의 미국 의학자 알렉시스 캐럴이 삼각봉합법을 개발해 해결되었다. 캐럴은 잘린 각각의 혈관 양끝 둘레에 일정한 간격으로 세 번의 바느질을 했다. 이 세 개의 바느질 땀을 잡아당기면 혈관이 커지고 끝은 삼각형 모양이 되었다. 이로써 혈관의 한쪽 끝을 다른 쪽 끝과 연결하는 것이 상대적으로 쉬워졌다. 캐럴은 매우 가는 실과 바셀린을 입힌 날카로우면서 구부러진 바늘을 이용해 잘린 혈관을 봉합하는 데 성공했다. 캐럴은 이 공로로 1912년 노벨 생리의학상을 받았다.

다음 난제는 신장이식 후 환자의 신체가 외부에서 이식된 조직을 자기 것으로 받아들이려 하지 않는 면역 거부반응이었다. 세계 각 병원의 의사들이 신장이식의 외과적 문제들을 대부분 해결했는데도 번번이 실패한 것은 면역 거부반응 때문이었다.

조지프 머리(1919~2012)

신장이식 수술은 미국 보스턴에 있는 피터 벤트 브리검 병원에서도 활발했다. 1946년 이 병원의 데이비드 흄이 신장 이상으로 죽음을 목전에 둔 환자를 상대로 이식 수술을 했다. 신장은 며칠 동안 제대로 기능했으나 결국 면역 거부반응 때문에 실패로 돌아갔다. 흄은 이후에도 같은 병원의 존 메릴과 함께 신장이식을 시도했다. 1951년에는 환자의 허벅지에 다른 사람의 건강한 신장을 이식하는 수술을 수차례 했다. 하지만 그때도 단 한 차례만 6개월 동안 별 문제가 없었을 뿐 나머지는 모두 모체(환자의 신체)가 이식된 신장을 거부했다. 이런 경험들은 차곡차곡 병원의 자산으로 쌓였다.

신장이식 수술이 번번이 실패한 것은 면역 거부반응 때문

신부전증 말기 환자인 23살의 청년 리처드 헤릭이 브리검 병원에 입원한 것은 1954년 10월 26일이었다. 피부는 흙빛이었고 소화기관은 엉망이었다. 신장이 망가져 배설을 못하는 탓에 몸 안에는 물이 가득 찼다. 결국 신체 조직에 퍼져 있는 세포 속 불순물을 흡수하지 못해 몇 주밖에 살지 못한다는 진단이 내려졌다.

하지만 병원의 존 메릴과 조지프 머리(1919~2012)는 한 가닥 가능성에 희망을 걸었다. 그것은 청년의 일란성 쌍둥이 형제였다. 머리는 그동안 100마리도 넘는 개에게 신장이식을 시행해 수술 테크닉 면에서는 누구에게도 뒤지지 않는 베테랑이었다.

당시 의료계에서 모체의 거부반응을 완화하기 위한 연구는 크게 두 갈래로 진행되었다. 하나는 혈액형이나 DNA 구조에 따라 거부반응이 달라진다는 사실에 착안한 연구방법으로 이것은 상황에 따라서는 거부반응을 일으키지 않을 수도 있다는 것을 의미했다. 일란성 쌍둥이 간에 피부이식 수술을 했는데 거부반응이 나타나지 않았다는 몇 편의 논문은 이 사실을 뒷받침했다. 이 사례를 통해 확인된 사실은 모체가 외부에서 이식된 조직을 외부 조직이라고 인식하지 않는 한 공격하지 않는다는 것이다.

다른 하나는 거부반응을 일으키는 모체의 면역체계를 약화시키면 이식된 신장이 쉽게 자리 잡을 수 있지 않을까 하는 가설을 기초로 한 연구였다. 당시는 토끼를 대상으로, 이식 수술을 하기 전에 방사선을 이용해 면역반응을 억제하는 방법이 개발되어 있었다.

병원 측이 리처드 헤릭(환자)과 쌍둥이 형제인 로널드 헤릭의 유전자를 검사한 결과 생물학적 요인이 신장이식을 하는 데 장애가 되지 않을 수 있다는 게 확인되었다. 메릴은 로널드의 오른쪽 신장을 떼어내는 수술을 하고 머리는 신장을 리처드(환자)의 신체 속에 접합하는 이식수술을 맡았다. 이미 정상적인 기능을 상실한 환자의 신장 2개는 당분간 그 자리에 계속 두기로 했기 때문에 머리는 로널드의 신장을 리처드의 복부에 이식했다.

"묶었던 동맥을 풀자마자 새로 이식한 신장이 분홍색으로 부풀어 올랐다"

수술은 1954년 12월 23일 오전에 시작되어 3시간 만에 끝났다. 머리는 당시 상황을 보고서에 이렇게 기록했다. "묶었던 동맥을 풀자마자 새로 이식한 신장이 분홍색으로 부풀어 올랐다. 신장은 새로운 보금자리에 얌전하고 편안하게 자리를 잡았다. 인공 요도관을 통해서 오줌이 콸콸 흘러나왔다."

신장을 기증한 로널드 헤릭은 2주일 후 퇴원했다. 신장을 제공받은 리처드 헤릭은 그로부터 5주일 뒤 거의 회복한 상태로 퇴원했다. 리처드 헤릭은 다시 몇 달 뒤 더 이상 쓸모가 없어진 신장을 제거하는 수술을 받고 이후 8년 동안 건강하게 살았다. 병원에서 그를 돌보아준 간호사와 결혼, 자식까지 낳았으나 사구체에 이상이 생겨 1962년 심장마비로 사망했다. 신장 기증자인 로널드는 79세까지 살았다.

수술은 이처럼 성공한 것처럼 보였으나 엄밀히 말하면 절반의 성공이었다. 일란성 쌍둥이가 아닌 일반인 간에 이식 수술을 했을 때 면역 거부반응이라는 장애물을 완전히 해결하지 못했기 때문이다. 그 뒤로 10년간의 암흑기가 이어졌다. 이 기간 일란성 쌍둥이 사이에 28회의 이식수술이 진행되고 이 가운데 21명이 살아남았지만 일란성 쌍둥이가 아닌 경우에는 성과를 보지 못했다. 91명의 환자가 혈족으로부터 신장을 제공받았지만 5명만이 1년 동안 살아남았다. 막 죽은 사체로부터 떼어낸 신장을 이식받은 120명 중에서도 겨우 1명만이 1년 이상 생명을 유지했다.

이 문제는 면역억제제 분야에서 놀라운 연구 결과가 속속 발표되면서 해결되었다. 1959년 강력한 면역억제제 '아자티오프린', 1972년 강력하면서도 부작용이 적은 획기적인 면역억제제 '사이클로스포린'이 개발되어 장기이식의 새 장을 열었다. 머리가 수술하기 전인 1948년에도 '코르티손'이 면역체계를 억제한다는 사실이 밝혀진 상태였으나 코르티손은 증상을 억제할 뿐 재발하기 때문에 치료약은 아니었다. 머리는 1962년 세계 최초로 비 쌍둥이 간 장기이식, 시신에서 적출한 신장이식에도 성공했다. 1990년에는 신장이식 분야의 공로를 인정받아 노벨 의학상을 받았다.

우리나라 최초의 신장이식은 1969년 3월 25일 서울 명동 성모병원 수술실에서 이뤄졌다. 신장이식을 받은 사람은 33살의 재미동포였고 신장을 제공한 사람은 그의 어머니였다. 마침 의료진이 미국에서 첨단 인공

투석기를 들여와 가동 중이었다. 집도의 이용각과 임수길 교수가 이끄는 7명의 의료진은 오후 6시에 수술을 시작해 3시간 28분 만에 끝냈다. 환자는 수술 후 5년을 더 생존한 것으로 알려졌다.

로버트 카파 지뢰 밟고 폭사

"만약 당신의 사진이 만족스럽게 느껴지지 않는다면 그것은 너무 멀리서 찍었기 때문이다."

1932년 11월 어느 날, 한때 레닌의 후계자를 자처하다가 스탈린과의 권력투쟁에서 밀려나 유럽을 떠돌던 레온 트로츠키가 덴마크의 코펜하겐에서 대중연설회를 열었다. 그러나 독일 베를린의 사진통신사 데포트에는 사진기자 모두가 취재를 나가고 없어 할 수 없이 19세의 사진 보조원을 연설회장으로 보내야 했다. 보조원은 연설에 몰입하고 있는 트로츠키, 그의 연설에 열광하는 청중의 모습을 부지런히 사진기에 담았다. 사진은 '슈피겔'지에 실렸고 그 덕에 정식 사진기자로 채용된 보조원의 이름은 앙드레 프리드먼(1913~1954)이었다.

그는 헝가리의 부다페스트에서 유대인으로 태어나 좌익학생운동에 참여했다가 반유대주의를 내건 우익의 호르티 정권을 피해 1931년 독일로 망명, 베를린의 사진통신사 데포트의 암실 보조로 일했다. 어깨 너머로 사진을 배워 마침내 사진기자가 되었으나 1933년 1월 히틀러가 집권하자 다시 독일을 떠나 파리에 정착했다.

그곳에서 그는 첫사랑 게르다 타로를 만났다. 당시 그는 주머니 사정도 좋지 않아 낙담과 실의에 빠져 있었다. 아무리 멋진 사진을 찍어도 파리의 편집장들이 헝가리 출신 떠돌이 유대인 기자의 사진에 제값을 쳐주지 않았던 것이다.

프리드먼은 꾀를 냈다. 미국 출신의 '로버트 카파'라는 가공의 인물로 자신을 탈바꿈한 것이다. 대리인을 통해 '미국의 저명한 사진가 로버트 카파의 작품'이라고 소개하고부터 사진 값은 갑절로 뛰었다. '20세기 최고의 종군기자' 로버트 카파가 세상에 모습을 드러내는 순간이었다.

로버트 카파(1913~1954)

이후 카파는 1936년 발발한 스페인 내전을 비롯 중일전쟁, 2차대전의 북아프리카 전투, 노르망디 상륙작전, 이스라엘 독립전쟁, 인도차이나전쟁 등 전쟁이 있는 곳이면 어디든 달려갔다. 카파의 이름을 널리 알려준 첫 전쟁터는 스페인 내전이었다. 인민전선 측의 사진기자로 종군한 카파는 1936년 9월 코르도바 전선에서 취재하던 중 인민전선 병사가 참호에서 뛰쳐나와 돌격하는 순간 머리에 총탄을 맞고 뒤로 쓰러지는 찰나의 장면을 카메라에 잡았다.

사진이 '병사의 죽음'이라는 제목으로 미국의 '라이프'지에 실리면서 "가장 위대한 전쟁사진", "게르니카와 견줄 만한 힘을 가진 사진"이라는 극찬이 쏟아졌다. 20세기의 전쟁 기록사진 중 최고의 걸작 사진으로 평가받고 있는 이 한 장의 사진으로 카파는 일약 최고의 전쟁 사진기자로 명성을 떨쳤다. 헤밍웨이를 비롯해 피카소, 마티스 등과 우정을 나눈 것도 스페인 내전 시절이었다.

"삶과 죽음의 확률이 반반이라면 낙하산을 타고 뛰어내려 사진을 찍겠네"

그가 전쟁터를 떠나 잠깐 파리에 가 있는 동안 '작은 빨간 여우'로 불리며 함께 스페인 내전을 취재한 그의 연인 게르다 타로는 1937년 취재 도

중 공화파의 탱크에 치어 즉사했다. 절망의 나날을 보내던 카파는 이후 전장을 오가며 더욱 사진에 몰두했다. 1938년에는 중일전쟁 취재를 위해 6개월간 중국 대륙을 누비며 일본군의 만행과 잔학상을 세계에 고발했다.

그에게 1944년의 노르망디 상륙작전은 종군기자 카파의 명성을 전 세계에 확인시켜 준 또 다른 전쟁이었다. 카파는 오마하 해변에 상륙하는 미군 부대와 함께 제1상륙정에서 뛰어내려 독일군의 총탄이 빗발치는 가운데서 필사적으로 셔터를 눌렀다.

역사적인 순간을 담은 필름은 곧바로 런던에 보내졌다. 하지만 흥분한 암실 조수가 현상된 필름을 말리다 과열로 망쳐버리는 바람에 100여 장의 사진 가운데 겨우 10여 장만 건질 수 있었다. 그 가운데 피사체가 흔들려 정상적인 경우라면 폐기해야 할 1장의 사진을 라이프지가 게재하면서 그 사진은 노르망디 상륙작전을 상징하는 대표 사진이 되었다. 상륙작전의 긴박감을 살린다며 라이프지가 붙인 사진설명은 "그때 카파의 손은 떨리고 있었다"였다.

전쟁이 끝난 1945년 카파는 파리의 한 카페에서 연합군 장병을 위문하기 위해 파리를 방문한 스웨덴 여배우 잉그리드 버그먼을 만나 사랑에 빠졌다. 미국으로 건너가 1946년 버그먼의 제의로 할리우드 영화 사업에 돈을 댔으나 지나친 상업성에 염증을 느껴 곧 포기했다. 둘의 관계는 1946년에 끝이 났다. 카파는 1947년 4월 뉴욕에서 카르티에 브레송, 데이비드 시모어 등과 함께 보도사진 통신사 '매그넘'을 설립했다.

카파가 전쟁이 한창인 베트남으로 날아간 것은 1954년이었다. 친구들이 만류했으나 카파는 "삶과 죽음의 확률이 반반이라면 나는 낙하산을 타고 뛰어내려 사진을 찍겠네"라는 말을 남기고 인도차이나 전쟁에 뛰어들었다. 하지만 결국 1954년 5월 24일 지뢰를 밟고 폭사했다. 죽는 순간에도 왼손에는 카메라가 쥐어져 있었다.

마지막 순간까지 위험을 무릅쓰고 전장을 누빈 기자정신은 그의 이름을 딴 '카파이즘'으로 불리며 지금까지도 종군기자의 중요한 지침이 되고 있다. 카파가 후배들에게 남기고 간 말은 이랬다. "만약 당신의 사진이 만족스럽게 느껴지지 않는다면 그것은 너무 멀리서 찍었기 때문이다."

피터 드러커 '경영의 실제' 출간

기업 간의 경쟁이 치열해지고 마케팅의 중요성이 대두되면서 드러커의 이론이 각광을 받기 시작했다.

피터 드러커(1909~2005)는 '현대 경영학의 아버지', '경영학의 구루'로 불린다. 그는 법학자이자 역사학자이면서도 때로는 정치학자이자 경영학자로 학문의 경계와 틀을 허물며 "기업이 잘 살아야 사회가 부유해지고 개인이 잘살 수 있다"는 논리로 각국의 반기업 정서를 무너뜨리는 데 기여했다.

말년에도 "내 인생에 은퇴는 없다"며 저술가, 교수, 컨설턴트로 자신의 일과 삶에서 최선을 다하는 진정한 혁신가의 모습을 보여주었다. 대표 저서가 무엇이냐는 물음엔 늘 "다음에 나올 책"이라며 미래를 중시했던 그는 평생 36권의 저서와 수천 편의 논문을 쓰는 왕성한 저술욕을 과시했다.

경영학을 "인간을 잘살도록 만드는 학문"이라고 정의한 드러커 경영학의 지향점은 언제나 인간이었다. 드러커의 이런 휴머니즘적 사상은 그가 20세기 초반에 목격한 유럽식 전체주의의 참상과 연관이 깊다. 생애 첫 저서인 '경제인의 종말'(1939)에서는 파시즘에 대항하는 자유세계의 의지를 설파했으며 '산업인의 미래'(1942)에서는 절대개념이나 전체주의적 사고에 대한 거부의식을 분명히 했다.

오늘날 일상적으로 쓰이는 '혁신', '자기관리', '기업가 정신' 등의 용어들

피터 드러커(1909~2005)

이 모두 드러커의 머릿속에서 나왔다는 점에서도 변화와 혁신을 추구하는 드러커의 특질을 엿볼 수 있다. '목표관리', '기업의 사회적 책임', '민영화', '지식경영', '지식근로자' 등의 용어도 드러커가 만든 신조어들이다.

드러커는 오스트리아의 명문가에서 태어났으나 실무와 경험을 쌓기 위해 고교 졸업 후 바로 대학에 진학하지 않고 상점의 견습사원으로 취직했다. 이후에도 증권사 애널리스트를 거쳐 신문사에서 글을 쓰며 세상을 보는 시야를 넓혔다.

대학의 문턱을 밟고 법학박사 학위(1931)를 받은 것도 신문사에 적을 두고 있을 때였다. 히틀러가 집권한 1933년부터는 영국에서 저널리스트로 활동하고 1937년부터는 미국의 대학에서 학생들을 가르쳤다. 시간강사로 전전하던 그가 뉴욕대에서 경영학을 가르치며 '최초의 경영학 교수'라는 타이틀을 얻은 것은 1949년이었다.

경영학자 드러커의 평생 화두는 '조직'이었다. 드러커 이전에 조직을 보는 관점은 생산, 판매, 회계, 기술, 관리 등 각각의 기능별로 조각조각 갈라져 있었다. 이런 요소들보다 조직이 더 중요하다는 것을 처음으로 깨우쳐준 이가 드러커였다.

그가 특히 조직에 관심을 갖게 된 것은 대기업의 내부를 연구할 필요성을 절감하고 있던 1943년 가을 GM에서 걸려온 한 통의 전화가 계기가 되었다. 드러커는 "GM의 정책과 구조를 한번 연구해볼 의향이 없느냐"는 제안을 받고 18개월 동안 GM의 내부를 들여다보았다. 그 결과물이 대기업 경영에 대한 최초의 기념비적 분석서 '기업의 개념'(1946)이다.

주저이자 경영학의 고전으로 불리는 '경영의 실제'(1954)에서는 명확한 목표와 공통의 사명이 있어야 조직의 성과를 올릴 수 있다며, 당시로서는 생소한 '목표관리'를 제기했다. 그가 말하는 목표관리란 조직을 구성하는 이질적인 지식의 융합과 소통을 촉진하는 행위다. '경영의 실제'에서 드러커는 "우리의 사업은 무엇인가, 그리고 무엇이어야만 하는가?"라는 질문에 대해 끊임없이 고민해야 한다고 경영자들에게 충고했다.

드러커 경영학의 지향점은 언제나 인간

드러커에 의하면 기업의 존재 이유는 고객이고, 기업의 목적은 시장을 창조하는 것이다. 고객은 거창한 구호가 아니라 기업의 본질과 직결되는 핵심 개념이다. 고객이야말로 기업의 제품이나 서비스의 가치를 말하고 경제적 자원을 부로, 자원을 제품으로 바꾸는 유일한 객체다. 이런 고객을 만족시키려면 사업의 모든 국면에서 혁신이 수행되어야 하며 시장에 철저히 초점을 맞춰야 한다. 마케팅 개념은 바로 여기에서 출발한다.

수많은 기업이 마케팅에 온갖 노력을 기울이는데도 대부분 실패로 돌아가는 이유는 사업의 목적과 내용에 대해 경영자들이 분명한 생각을 갖고 있지 않기 때문이다. 경영학은 초기에는 테일러나 포드처럼 생산 중심의 관리론에 집중했다. 이는 당시 수요가 공급을 초과하는 상태에서 생산량 증대가 기업의 최대 목표였기 때문이다. 그러나 기업 간의 경쟁이 치열해져 생산이 증대되고 공급 초과 상태가 발생하면서 마케팅의 중요성이 대두되고 이 때문에 드러커의 이론이 각광을 받기 시작했다.

드러커는 지식사회와 지식노동자들의 중요성을 처음 강조한 학자로도 유명하다. 대표 저작 중 하나인 '단절의 시대'(1968)에서 처음 사용한 '지식근로자'는 근육에 의존하는 육체노동자와 달리 자신이 지닌 지식을 통해 아이디어, 디자인, 창의성을 발휘하는 근로자다. 지식사회에서 요구되는 리더십은 카리스마형 리더십이나 명령통제형 리더십이 아니라 당시에는 낯선 팀제형 리더십이나 관계형 리더십이다.

드러커에게 한국은 '기업가 정신'이 가장 충만하고 교육으로 성공한 나라다. 1954년과 1977년 한국을 두 차례 방문한 드러커에게 한국은 현대 사회와 경제의 핵심 자원이 '지식'이라는 통찰력을 사실로 보인 나라다.

2006년 파이낸셜타임스가 세계 1,000명의 최고경영자에게 "당신의 비즈니스에 가장 큰 영향을 끼친 사람은 누구인가"라는 질문을 던졌을 때 가장 많은 경영자가 피터 드러커를 지목했다. 빌 게이츠 마이크로소프트 회장과 잭 웰치 GE 회장조차 그 뒤에 있었다.

카를로스 클라이버 지휘자 데뷔

특정 연주단체의 상임 지휘자나 음악감독이 되는 것을 극도로 싫어하고 활동도 거의 하지 않았다.

2011년 4월 영국의 한 음악 전문지가 현역 유명 지휘자 100명에게 "시대를 막론하고 당신에게 가장 큰 영향을 끼친 지휘자를 3명만 뽑아 달라"고 물었다. 1위로는 놀랍게도 카를로스 클라이버(1930~2004)가 선정되었다. 레너드 번스타인(2위), 헤르베르트 폰 카라얀(4위)에 비하면 대중적 인지도가 낮은 클라이버가 쟁쟁한 대가들을 제치고 최고 영예를 차지한 것은 누가 보아도 '이변'이었다.

클라이버는 오스트리아인으로 독일 베를린에서 태어났다. 아버지 에리히 클라이버는 1923년부터 12년간 베를린 국립오페라극장의 음악 총감독으로 활동한 유명 지휘자였다. 에리히가 빈 필하모닉과 녹음한 '피가로의 결혼'은 음악 전문지 '그라모폰'이 선정한 '역사상 가장 위대한 음반 100선'에 들 정도로 명반 대접을 받고 있다.

1925년 12월 알반 베르크의 오페라 '보체크'의 초연은 에리히 음악 경력의 정점이었다. 이후 에리히는 나치 정권이 알반 베르크의 오페라 '룰루'를 '퇴폐 음악'이라고 낙인을 찍자 이에 항의하는 뜻으로 1935년 1월 '탄호이저' 지휘를 마지막으로 나치 독일을 등졌다. 에리히가 밀라노, 런던, 프라하, 암스테르담 등지를 거쳐 1936년 정착한 곳은 아르헨티나였다. 국적까지 아르헨티나로 바꾼 그는 아들의 이름도 독일식 '칼'에서 남미식 '카를로스'로 개명했다. 1936년부터 부에노스아이레스의 콜론 극장 지휘자로 활동하다가 전쟁이 끝난 후인 1949년 독일로 돌아왔지만 이미 그의 시대는 저물고 있었다. 카라얀의 시대가 만개하고 있었기 때문이다.

카를로스 클라이버(1930~2004)

에리히는 아들이 음악을 하는 것을 한사코 반대해 정규 음악교육을 시키지 않았다. 아들이 1949년 스위스 취리히대에서 화학을 전공하게 된 것도 아버지의 강권 때문이었다. 그러나 카를로스 클라이버는 타고난 음악적 재능을 주체하지 못해 1950년 아르헨티나로 돌아가 아버지 몰래 지휘를 배워 1952년 라 플라타 극장에서 첫 지휘 경험을 쌓았다.

1953년 독일로 돌아와 뮌헨의 오페라극장에서 무급 견습 지휘자로 활동하다가 24세 때인 1954년 동독 포츠담의 오페라극장에서 아버지가 지켜보는 가운데 지휘자로 정식 데뷔했다. 이후 그는 뒤셀도르프 오페라극장을 거쳐 1964년 취리히 오페라극장 지휘자, 1966년 슈투트가르트의 유서 깊은 뷔르템베르크 오페라극장의 지휘자 겸 제1악장으로 활동했다.

1968년 1월 이후로는 뮌헨의 바이에른 국립오페라극장을 중심으로 지휘를 하거나 간혹 빈필하모닉 등의 객원지휘자로 활동했으나 어느 곳과도 전속 계약은 맺지 않았다. 1974년에는 바그너 음악의 성지로 꼽히는 바이로이트 페스티벌에서 바그너의 '트리스탄과 이졸데'를 지휘함으로써 세계적 지휘자의 명성을 얻었다.

'천재적인 아웃사이더', '은총을 받은 은둔자'로 불려

그는 강하게 몰아붙이는 힘, 깊이 있는 해석력, 유연하고 다이내믹한 지휘력 등으로 청중을 몰고 다녔다. 그러나 '천재적인 아웃사이더', '은총을 받은 은둔자'라는 꼬리표에서 알 수 있듯 특정 연주단체의 상임 지휘자나 음악감독이 되는 것을 극도로 싫어하고 활동도 거의 하지 않았다. 그런데도 자신이 원할 때는 어느 오케스트라든 지휘했다.

그의 음반은 손에 꼽을 정도로 드물다. 그나마도 일부만 스튜디오 녹음일 뿐 대부분은 연주회장의 라이브 녹음이다. 1973년 독일 드레스덴에서 녹음한, 사실상 데뷔 음반인 베버의 오페라 '마탄의 사수'는 지금까지도 최고의 명연·명반으로 꼽히고 있다. 이후 녹음한 슈트라우스의 '장미의 기사', 바그너의 '트리스탄과 이졸데', 비제의 '카르멘', 베르크의 '보체크' 등의 오페라는 물론 '브람스 교향곡 4번', '베토벤 교향곡 5번·7번' 역시 걸작으로 꼽히고 있다. 그의 음반들은 희소가치가 더해지면서 음반마다 명반의 반열에 오르고 음악팬들의 광적인 지지를 받고 있다.

그는 조금이라도 빈틈이 생기면 녹음은 물론 실황 연주마저 취소하는 완벽주의자였다. 언론과의 인터뷰나 음반 사업자와의 만남도 철저하게 피했다. 종종 충동적인 행동으로 정해진 연주 스케줄을 펑크내 '기인' 혹은 '은둔자'의 이미지가 강하게 박혔다. 1986년 서울 아시안게임에 맞춰 내한 공연을 연다고 발표했다가 공연 며칠 전 내한을 포기한 적도 있었다.

1989년 카라얀이 사망했을 때 베를린 필하모닉의 후임으로 거론되었지만 그는 조금도 관심을 보이지 않고 여전히 세상과 거리를 두었다. 연락이 두절되기 일쑤이고 거처도 일정하지 않았다. 2004년 사망했을 때 이 사실이 보름 후에나 세상에 알려진 까닭도 이와 무관치 않다.

1955년

조립승용차 '시-바ㄹ' 생산과 새나라자동차의 부침
이중섭 첫 개인전
조남철 바둑교재 '위기개론' 출간
최홍희 '태권도' 명칭 제정
김성환 만화 '고바우 영감' 동아일보에 연재
 _ *가짜 이강석 사건*
'한국판 카사노바' 박인수 1심 무죄 판결
통합 야당 민주당 창당
미 몽고메리 '버스 보이콧 운동'
클로드 레비스트로스 '슬픈 열대' 출간
 _ *구조주의*
제임스 딘의 화려한 등장과 허무한 죽음
헤르베르트 폰 카라얀 베를린 필 종신 지휘자 취임
블라디미르 나보코프 '롤리타' 출간
레몽 아롱 '지식인의 아편' 출간
글렌 굴드 '골드베르크 변주곡' 녹음
레이 크록 맥도널드 1호점 개점

조립승용차 '시-바ㄹ' 생산과 새나라자동차의 부침

자동차공업보호법도 '시발'의 몰락을 가속화했다.

6·25전쟁 후, 거리를 달리는 차들은 주로 미군이 불하한 지프나 트럭을 개조한 것들이었다. 한국의 자동차 산업은 아예 존재하지 않았다. 그러나 1955년 8월 서울에서 국제차량공업사를 운영하던 최무성 3형제가 엔진(4기통)과 변속기는 미군 차량에서 떼어 내고, 차체는 드럼통을 펴서 만든 2도어 지프형 승용차를 생산하면서 조악하긴 하나 우리도 비로소 자동차 생산국으로 명함을 내밀 수 있게 되었다.

'첫 출발'의 의미로 명명된 '시-바ㄹ(始發) 승용차'는 그러나 수공업으로 제작되었기 때문에 우리나라 자동차 산업의 태동으로 보는 데는 무리가 있다. 다만 순수 국내 인력이 직접 조립한 자동차였다는 점에서, 그리고 8년 동안 3,000여 대가 도로를 질주했다는 점에서는 의미가 있다.

생산 초기에는 가격이 비싼 데다 모양이 촌스럽고 차를 주문해도 몇 개월이나 걸려 시발차를 찾는 사람이 많지 않았다. 그러나 1955년 10~12월 경복궁에서 열린 산업박람회 때 최우수 상품으로 선정되고부터는 판매가 호조를 띠었다. "시발 시발 우리의 시발"이라는 후렴이 붙은 국내 최초의 자동차 CM송도 시발의 인기를 끌어올리는 데 큰 역할을 했다.

그러던 중 급증하는 휘발유 소비를 억제하기 위해 1957년 5월 8일부터 차량의 수를 동결하겠다는 이른바 '차량유류 절약안'을 정부가 발표하면서 된서리를 맞았다. '절약안'에 따라 차량 1대를 등록하거나 수입할 때는 반드시 노후 차량 1대를 폐차해야 하고, 폐차 시 받은 '황색 딱지'가 있어야 새 차를 구입할 수 있었다. 생산량이 제한되었으니 시발차의 쇠퇴는 불을 보듯 뻔했다. 외화가 부족한 나라에서 휘발유를 절약하기 위한 고육지책이긴 했으나 자동차산업 측면에서는 암흑기였다.

1950년대 말의 시발택시

1962년 5월 21일 국가재건최고회의를 통과한 '자동차공업보호법'도 시발의 몰락을 가속화했다. 자동차공업보호법은 이름 그대로 한국의 자동차공업을 보호한다는 취지로 제정된 것이었으나 사실은 특정기업에 특혜를 주기 위한 악법이었다.

법에 따라, 상공부가 인가한 자동차 회사는 1967년 말까지 자동차의 제조 및 조립에 필요한 시설재와 부품에 대해 면세 혜택을 받았다. 자동차를 구입한 사람들도 자동차세와 취득세를 감면받았고 난립해 있는 자동차 조립공장은 수가 제한되었다. 당시 자동차 조립공장은 약 150개나 되었는데 대부분 5~6명의 보디공들이 천막을 쳐놓고 손으로 두들겨 만드는 영세한 공장들이었다. 정부는 이들 업체 중 7개 업체만 선정해 자동차의 조립·생산을 허가해 주었다.

'시-바ㄹ' 덕에 자동차 생산국으로 명함 내밀어

그런데 상공부의 허가 절차도 받지 않고 자동차를 조립·생산한 회사가 있었다. 1962년 1월에 설립된 새나라자동차였다. 재일동포 실업가로 5·16쿠데타에 자금을 댄 남상옥, 김종필 중앙정보부장의 형 김종락, 김종필의 육사 8기 동기인 석정선 등 당대의 실세들이 발기인으로 참여해 출발부터 구린내가 강하게 풍겼다.

새나라자동차는 1962년 4월 일본의 닛산과 기술제휴하고 8월에 근대적 생산라인을 갖춘 조립공장을 준공했다. 닛산의 '블루 버드'를 일본에서 분해해 들여와 공장에서 조립한 뒤 '새나라자동차'(1,200cc)라는 이름으로 시장에 내놓았다. 생산이라기보다는 일본에서 'SKD(Semi Knock Down)' 부품을 들여와 조립하는 수준이었다. '녹다운(Knock Down)'이 분해한다는 의미이므로 SKD는 반만 분해한다는 뜻이다. 공장에서 볼트나 너트만 조여서 완성차를 만들었기 때문에 엄밀히 말하면 공업이랄 것도 없었다. 그래도 근대적 생산라인을 갖춘 대규모 조립공장이라는 점에서 자동차사(史)는 중요한 의미를 부여하고 있다.

새나라자동차는 사실상 완제품이나 다름없는 SKD 제품을 면세로 들여와 자동차세와 취득세까지 면세 혜택을 받고 성능도 우수해 시발차보다 비싸긴 했어도 경쟁력이 있었다. 휘발유가 적게 들고 외관이 세련되고 엔진 소리가 조용한 것도 강점이었다. 특히 2~3일마다 손을 보아야 하는 시발차와 달리 6~10개월 동안 수리를 하지 않아도 되어 큰 인기를 끌었다. 시발차는 결국 문을 닫았고, 1963년 8월 무렵엔 길거리에서도 사라졌다. 상공부로부터 자동차 조립공장 허가를 받은 다른 7개 공장도 기지개를 펴기도 전에 새나라자동차의 독주에 밀려 개점휴업 상태가 되었다.

새나라자동차, 정권 실세들의 구린내 풍겨

새나라차도 운이 다했는지 곧 문을 닫아야 하는 처지에 놓였다. 1963년 중순께 우리나라 외화가 고갈되어 자동차 부품을 수입할 외화가 더 이상 없었던 것이다. 1963년 6월 부품 수입이 중단되고 1963년 7월 무기한 휴업에 들어갔다. 사실상의 폐업이었다. 여기에 증권파동, 워커힐, 빠찡꼬 사건 등과 함께 군사정부가 벌인 '4대 의혹'의 하나로 언론의 표적이 되면서 회생의 기회조차 얻지 못했다.

새나라자동차는 1962년 1,710대, 1963년 1,063대 등 총 2,773대가 팔려나갔다. 수입 가격이 13만 원인 새나라자동차가 국내 업자들에게 25만 원으로 넘겨지는 과정에서 얻어진 약 2억 5,000만 원의 부당이득은 공화당의 창당 자금으로 사용되었다.

이후에도 한국의 자동차산업은 국산화를 위한 노력은 하지 않고 외국 업체와의 기술제휴로 연명하는 방식을 취했다. 신진자동차는 1966년 1월 새나라차와 똑같은 방식으로 일본 도요타자동차로부터 부품을 들여와 1968년부터 승용차 '코로나'를 생산했다. 현대는 1968년부터 미국 포드자동차의 '코티나'를, 아세아자동차는 1970년부터 피아트의 '피아트124'를 조립·생산해 국내 승용차 시장은 3파전으로 전개되었다.

한국의 자동차산업에 새로운 전기가 마련된 것은 1973년 박정희 대통령이 발표한 중화학공업 육성정책이었다. 이를 계기로 기아산업은 최초로 일관공정 시스템을 갖춘 소하리 공장을 준공, 1974년 10월부터 '브리사'를 생산했다. 브리사는 일본 마쓰다의 패밀리보디를 기초로 국산엔진을 얹어 조립한 소형차로 내구성과 주파성이 좋아 시판되자마자 큰 인기를 끌었다. 1975년 국산화율이 80%로 향상되면서 한 해 동안 1만여 대가 팔리는 등 베스트 셀링카로 기록되었다. 그러나 1976년 2월부터 생산된 국내 첫 고유모델 '포니'에 시장의 주도권을 빼앗기면서 전성기를 마감했다.

이중섭 첫 개인전

예술에 대한 이해가 척박한 시대인데도 그림을 보려고 몰려든 사람들로 대성황을 이뤘다.

이중섭(1916~1956)의 삶은 6·25를 전후해 둘로 나뉜다. 부농의 막내아들로 태어나 유복하게 자란 젊은 시절과 1950년 12월 피란

이후 겪은 일련의 비극적인 삶이 극명하게 구분되기 때문이다. 따라서 그가 '비운의 화가'로 불리는 기간은 1950년 6·25부터 1956년 40세 나이로 요절할 때까지의 6년 동안이다.

이중섭(1916~1956)

이중섭은 평남 평원에서 태어나 평북 정주의 오산고보에 입학했다. 오산학교 시절 이중섭은 하루 종일 들판에 나가 풀을 뜯는 소를 바라보며 그림을 그렸다. 이런 그를 친구들은 "소에 미친 녀석"이라고 놀렸다. 이중섭은 오산학교를 졸업한 후 1935년 일본으로 유학을 떠났다. 처음에는 도쿄제국미술대에 입학했으나 스케이트를 타다가 크게 다쳐 요양 후 1936년 도쿄문화학원(분카가쿠인)으로 학적을 옮겼다. 그곳에서 그의 별명은 '동방의 루오'였다. 조르주 루오는 예수를 주제로 그린 연작이 세계적으로 주목을 받은 프랑스 화가였다. 이중섭의 그림은 루오의 그림처럼 선이 굵고 힘찬 율동으로 꿈틀거렸다.

이중섭은 권투, 철봉, 달리기 등 못하는 운동이 없었다. 노래 실력도 뛰어났다. 1938년 이런 이중섭을 한 일본인 여성이 흠모했다. 도쿄문화학원 2년 후배 야마모토 마사코였다. 그녀는 부유한 가톨릭 집안에서 태어나 자유롭고 개방적인 분위기에서 자란 화가 지망생이었다.

이중섭은 1940년 3월 도쿄문화학원을 졸업하고 그해 10월 서울 부민회관에서 개최된 제4회 자유미술가협회전(자유전)에 주로 소를 소재로 한 그림을 출품해 협회상을 받았다. 1943년의 제7회 자유전에서는 '망월'로 태양상을 수상했다. 자유미술가협회는 1937년 7월 일본에서 창립된 화가들의 모임으로 우리나라 화가 중에는 김환기, 문학수, 유영국, 이중섭 등이 참여했다.

당시는 태평양전쟁이 한창일 때였다. 일본 전역이 점차 포화에 휩싸이자 이중섭은 1944년 귀국, 가족이 살고 있는 함남 원산에 화실을 마련했다. 원산에서도 이중섭은 하루 종일 들판에 나가 소를 그렸다. 그러나 머릿속은 온통 일본에 있는 마사코 생각뿐이어서 틈만 나면 그리움의 편지를 썼다. 전쟁이 막바지에 다다를 무렵인 1945년 4월 마사코가 홀로 현해탄을 건너 서울로 왔다. 이중섭은 서울로 달려가 마사코를 데리고 원산으로 돌아와 한 달 후 결혼식을 올렸다. 아내 이름은 따뜻한 남쪽 나라의 덕이 많은 여자라는 뜻의 '이남덕'으로 지어주었다.

인생의 화두는 황소였고 출발은 쇠불알

1945년 8월 일본의 패망에 따른 남북 분단은 이중섭에게 지울 수 없는 상처를 남겼다. 원산에서 나름대로 규모가 있는 백화점을 운영하며 사업가로 승승장구하던 12살 위의 형이 1946년 원산 내무서로 끌려가 소식이 끊긴 것이다. 실종으로 처리되었지만 누가 보아도 반동으로 몰린 처형이었다. 북한의 미술평론가들도 "사상에 투철한 그림을 그리지 않는다"면서 이중섭의 소 그림을 '인민의 적'으로 취급했다. 일본 여자와 산다고 친일파라며 욕을 하는 사람들도 있었다.

결국 이중섭은 6·25전쟁이 한창이던 1950년 12월 6일 아내와 두 아들, 조카과 함께 원산발 부산행 수송선에 몸을 실었다. 이중섭의 가족은 한동안 부산의 피란민 수용소에 머물다가 1951년 4월 제주 서귀포로 옮겨 8개월 동안 그곳에서 살았다. 한 평 남짓한 방에서 가족과 함께 살며 대표작 '황소'를 비롯, '서귀포가 보이는 풍경', '해변의 가족' 등의 작품을 그렸다. 짧지만 행복한 시절이었다. 그러나 그것도 잠시뿐, 이중섭의 가족은 다시 부산으로 나왔고, 이중섭은 부두 노동이나 운수회사의 인부 노릇을 하며 가족을 부양했다.

그러던 중 폐결핵에 걸려 각혈을 시작한 부인이 1952년 7월 두 아들을 데리고 일본으로 떠나 이중섭은 가족과 생이별을 했다. 이중섭은 부산에 홀로 남아 낮에는 미군 부대에서 하역 작업을 하고 저녁에는 예술가 친구들과 술을 마셨다. 그러면서도 틈만 나면 붓을 잡았다. 늦은 밤 판잣집 골방에서도 그리고, 부두에서도 짐을 부리다 짬이 나면 그렸다. 다방 한구석에 웅크리고 앉아서도 그렸고 대폿집 목로판에서도 그렸다. 종이가 없으면 담뱃갑 은박지에 송곳, 못, 나무 꼬챙이로 그렸다. 때로는 부산을 벗어나 대구, 부산, 통영 등지를 오가며 구상이나 김광균 등 시인 친구들의 집을 전전했다.

이중섭의 소 사랑은 각별했다. 그는 암소는 그리지 않고 힘찬 율동의 굵은 선으로 강조된 황소 그림만 그렸다. 어느날 이중섭의 그림을 본 시인 유치환이 "당신은 쇠불알을 그리고 싶어 소를 그리는 거 아니요?"라고 농담 삼아 물었다. 이중섭은 이렇게 대꾸했다. "쇠불알 때문에 소를 그리지요. 쇠불알은 우주예요. 그 안에 소도 들어 있고 사람도 들어 있고 삼라만상이 다 들어 있지요. 그 말랑말랑하고 통통한 것 안에 말이외다." 이른바 이중섭이 말하는 '쇠불알의 철학'이었다. 이처럼 이중섭의 인생 화두는 황소였고 그 출발은 쇠불알이었다.

"슬프다 못해 웃음을 자아내는 그림이 의젓하게 보여 괴로울 지경"

이중섭은 가족이 너무 보고 싶어 1953년 7월 일본으로 건너가 가족을 만났다. 그러나 장모의 냉대를 견디기 힘든데다 비자가 없어 1주일 만에 쫓기듯이 다시 돌아왔다. 이후 죽는 날까지 가족을 만나지 못했다. 이중섭은 다시 과음과 무절제한 생활로 빠져들었고 몸과 마음은 더욱 황폐해졌다. 그래도 일본에서 가족과 함께 살 돈을 벌기 위해 서울로 올라와 개인전을 준비했다.

1955년 1월 18일부터 27일까지 미도파 화랑에서 연 첫 개인전은 예술에 대한 이해가 척박하고 극도로 궁핍한 시대인데도 그의 그림 45점을 보려고 몰려든 사람들로 대성황을 이뤘다. 조선일보는 1월 29일자 기사에서 "슬프다 못해 웃음을 자아내는 그림이 의젓하게 보여 오히려 괴로울 지경"이라고 평했다. 격찬 속에서 이중섭의 그림은 26점이 팔려나갔다. 하지만 주로 외상으로 팔린 그림은 수금이 잘 되지 않아 드문드문 푼돈으로 들어왔다. 그 돈은 또다시 친구들과 술을 마시는 데 탕진되었다.

이중섭은 1955년 5월 대구에서 두 번째 개인전을 열었다. 돈과는 여전히 인연이 없었지만 은지화 3점을 구입한 당시 대구 미국문화원장이 뉴욕현대미술관에 그림을 기증해 한국 화가 최초로 뉴욕현대미술관에 영구 소장되는 영예를 누리게 되었다.

그 무렵 이중섭의 상태는 몸과 마음 모두 정상이 아니었다. 일정한 거처없이 떠돌기 일쑤였고 폭음과 영양실조로 몸은 망가졌다. 황달, 영양실조, 간염이 계속 이어지고 우울증과 정신분열 증세가 나타났다. 지인들은 이런 이중섭을 대구 성가병원, 서울의 수도육군병원, 삼선교의 성베드로병원, 청량리의 뇌병원 등으로 옮겨가며 병을 치료하려 했으나 병은 더욱 악화했다.

이중섭이 마지막으로 옮겨간 곳은 1956년 7월 서대문 적십자병원이었다. 친구들이 무더위에 지쳐 이중섭을 잠시 잊고 있던 1956년 9월 6일, 결국 그곳에서 40세로 눈을 감았다. 침대에는 밀린 18만 환의 입원비 계산서만 덩그러니 놓여 있었다. 시신은 무연고자로 처리되어 3일 동안 영안실에 방치되어 있다가 뒤늦게 이 사실을 알게 된 지인들에 의해 화장터로 보내졌다. 유골의 반은 망우리 공동묘지에 묻히고 반은 일본의 아내에게 보내졌다.

조남철 바둑교재 '위기개론' 출간

'끊으면 뻗어라', '붙이면 젖혀라' 등의 공식이 부동의 바둑 용어로 자리잡았다.

조남철(1923~2006)은 한국기원 설립의 산파였다. 프로제도 마련, 바둑서적 출판, 신문기전 창설 등을 주도한 한국 현대 바둑의 개척자였다. 조남철은 전북 부안군에서 태어나 9살 때 부친에게 바둑을 배웠다. 바둑 인생에 전환점이 된 것은 서울 교동보통학교 3학년 때 우리나라를 방문한 일본의 프로기사 기타니 미노루(1909~1975)에게 받은 지도대국이었다.

기타니는 훗날 일본 최대의 바둑도장을 이끈 인물로, 그의 도장에는 일본기원 소속의 주역 스타들이 즐비했다. 조치훈도 1962년 그의 문하생이 되었다. 오늘날 일본 바둑의 몰락을 기타니 도장이 문을 닫으면서부터라고 해석하는 사람들이 적지 않을 정도로 당시 기타니 미노루의 영향력은 막강했다.

조남철은 11살 때 기타니 6단에게 7점을 깔고 졌으나 기타니는 즉석에서 조남철을 제자로 삼겠다는 뜻을 부모에게 전달했다. 조남철은 보통학교를 졸업한 후 1937년 14세에 일본으로 유학을 떠나 기타니의 문하생이 되었다. 1941년에는 일본기원 프로 등용문인 입단 대회를 통과해 한국인 최초로 일본기원 전문기사가 되었다. 그 과정에서 나라 없는 설움과 차별을 겪게 되자 일본기원 화장실에서 울며 '기도보국(棋道報國)'을 평생의 좌우명으로 삼았다.

조남철은 도일 7년 만인 1944년 귀국했다. 해방 후 1945년 11월에는 서울 남산동에 한국기원의 전신인 한성기원의 간판을 내걸어 현대 한국 바둑의 씨앗을 뿌렸다. 당시 그는 ▲순장바둑(일명 조선바둑)을 폐지하고 현대바둑으로 대체할 것 ▲내기바둑을 금하고 건전한 국민오락으로 보급

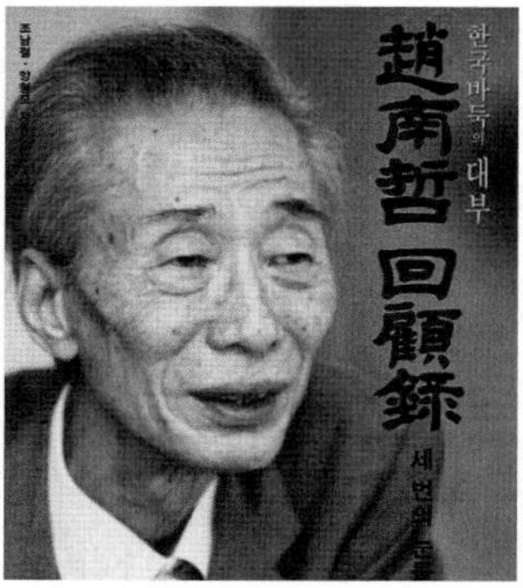

조남철(1923~2006)

할 것 ▲한성기원을 장차 일본기원 못지않게 발전시킬 것 등 3가지를 원칙으로 삼았다.

순장바둑은 흑돌 9개와 백돌 8개 등 17개를 깔아놓고 백선수로 시작하는데 귀와 변, 중앙에 고루 돌이 놓여 있어 포석 없이 곧바로 전투에 돌입하는 게 특징이다. 진행은 현대식 바둑과 같으나 계가에는 차이가 있다. 바둑이 끝난 후 잡은 돌과 공배를 모두 들어내고 오직 집 계산만으로 승부를 가린다. 한성기원은 조선기원(1948.4), 대한기원(1949.7)으로 개칭되었다가 1954년 1월 한국기원으로 확정되어 오늘에 이르고 있다.

'기도보국(棋道報國)' 평생의 좌우명 삼아

조남철은 1950년 한국 최초의 단위(段位) 결정대회를 개최했다. 6월 20일부터 서울 낙원동의 대한기원에서 열린 첫 단위 결정 경기 결과 조남철은 3단이 되고 민중식과 이석홍 등 13명은 초단이 되었다. 대한민국 첫 프로기사 14명이 탄생한 것이다. 대회는 도중에 6·25전쟁이 발발했는데도 6월 27일까지 계속 진행되었다.

조남철은 대회를 마친 후 피란을 가려 했으나 그 사이 한강다리가 끊겨 어쩔 수 없이 집으로 되돌아왔다. 며칠 후 기원의 사정이 궁금해 찾아갔다가 무참히 버려진 바둑판과 잿더미에 던져진 바둑알을 발견하고 오열했다. 1951년 1월 뒤늦게 입대했으나 어깨와 다리에 관통상을 입고 명예제대했다. 1955년 3월 우리나라 최초의 국제시합인 제1회 한중(대만) 바둑교류전 때 민영현·김봉선 등과 함께 대만에 원정, 16대 8로 압승을 거두고 귀국했다.

조남철은 1955년 12월 국내 최초의 바둑교재 '위기개론'을 출판했다. '위기(圍棋)'라는 일본어가 바둑이라는 우리말과 함께 사용될 때였다. 조남철은 '위기개론' 외에도 '행마의 정석', '포석의 요령' 등 주요 바둑 저서 27권을 남겼다.

이런 저술활동 과정에서 그가 남긴 업적은 우리말 바둑 용어의 정립이었다. 먼저 그는 바둑, 바둘, 바독 등 지역마다 달리 불리고 '위기'라고도 표기되던 것을 바둑으로 통일했다. '아다리', '웃데가에시' 등 일본어 일색이던 바둑 용어는 '단수', '환격', '빵때림', '끝내기' 등 우리식 용어로 바꿨다. 그가 제시한 '끊으면 뻗어라', '붙이면 젖혀라', '좌우동형은 중앙이 급소', '두점머리는 두들겨라', '상대방 급소가 나의 급소' 등의 공식은 부동의 바둑 용어로 자리잡았다.

조카 조치훈을 일본에 보내 일본 바둑계 평정케 해

1956년에는 동아일보와 손잡고 국내 최초의 기전이자 '국수전'의 전신인 '국수 제1위전' 창립에도 참여했다. 첫 '국수 1위전'은 15명의 기사가 참여한 가운데 1956년 4월 15일 개막해 9월 26일 조남철 5단이 우승하는 것으로 막을 내렸다. 이후 김인, 이창세, 윤기현 등 젊은 기사들의 도전에도 불구하고 국수전 9연패를 달성하며 1950~1960년대 무적시대를 구가했다. 또한 최고위전 7연패, 초대 명인 등 통산 30회 우승을 기록하며 한국 바둑을 주도했다.

김인 4단은 1962년 국수전 도전기에서 조남철에게 패한 뒤 실력 부족을 절감하며 일본 유학을 떠났다가 돌아와 1966년 2월 조남철 국수를 3-1로 누르고 타이틀을 따내 조남철 국수전 9연패의 대장정을 끝냈다. 조남철은 김인, 윤기현, 하찬석, 조훈현의 일본 유학을 주선하고 자신의 조카인 조치훈 9단은 1962년 8월 자신이 직접 일본으로 데려가 일본 바둑계를 평정하게 했다.

자신은 1972년 5월 서봉수 2단에게 명인위를 빼앗긴 뒤 다시는 타이틀을 획득하지 못했다. 그러나 바둑 발전을 주도한 공로를 인정받아 1983년 9월 명예 9단으로 추대되고 1994년에는 71세의 나이로 국기전 본선에 올라 최고령 본선 진출 기록을 세우는 등 현장을 향한 열정을 멈추지 않았다.

조남철은 직계 중에 프로기사가 없다. 하지만 친형인 조남석은 두 아들을 프로기사로 키웠다. 조상연 7단이 큰 아들이고 조치훈 9단이 막내아들이다. 조남석은 두 아들을 일본으로 보낸 데 이어 외손자들에게도 바둑을 가르쳐 프로기사의 길을 걷도록 했다. 이종사촌간인 최규병 9단과 이성재 9단이 조남석의 외손자들이다.

2013년에는 최규병 9단의 아들인 최영찬도 입단에 성공, 조남철·조치훈 가문에서만 6명의 프로기사가 탄생했다.

최홍희 '태권도' 명칭 제정

뛰고 차고 밟는다는 뜻의 '태(跆)'자에 '주먹 권(拳)'자를 붙여 '태권도'라는 명칭을 작명했다.

태권도가 올림픽의 정식 종목으로 채택되는 데 기여한 일등 공신이 김운용(1931~)이라면, 최홍희(1918~2002)는 당수도나 공수도 등으로 불리던 명칭을 '태권도'로 통일하고 태권도를 동남아와 미국 등에 보급한 초창기 태권도 정착의 선구자였다.

최홍희는 함경북도 명천군에서 태어나 학창시절 동맹휴학을 주도하다 무기정학을 받고 1939년 일본으로 건너갔다. 그곳에서 공수도(가라테)를 연마하던 중 1944년 1월 학도지원병으로 징집되어 평양의 군부대에 배속되었다. 1945년 부대를 탈출했다가 일본 헌병에 게 체포되어 7년형을 선고받고 복역 중 해방과 함께 풀려났다.

해방공간에서는 미군정이 설립한 군사영어 학교를 졸업하고 1946년 1월 조선경비대 소위로 임관해 전남 광주에서 군 생활을 시작했다. 1953년 9월 제주도에 창설된 보병 제29사단의 사단장으로 부임한 후에는 남태희 중위와 한차교 하사를 사범으로 내세워 전 장병에게 당수도를 가르쳤다. 1954년 제3군단에 배속되어 동해안을 포함한 동부전선 일대의 작전 책임을 맡았을 때는 남태희와 한차교 사범을 불러 제3군단의 강원도 용대리 본부에 오도관을 창설했다.

최홍희(1918~2002)

최홍희는 1954년 9월 중순, 제1군 창설 4주년 기념식 때 이승만 대통령 앞에서 당수도 시범을 선보였다. 최홍희는 자신의 회고록에서 "남태희가 기왓장 13개를 겹쳐놓고 일격에 박살내는 것을 보고 이승만 대통령이 박수를 치면서 '저것은 예로부터 전해오는 태껸이야. 앞으로 전 군에 보급해야 해'라고 했다"며 당시 상황을 전했다.

최홍희는 남태희와 함께 당수도를 대신할 명칭을 연구했다. 그러다가 태껸의 '태(跆)'자가 뛰고 차고 밟는다는 뜻을 담고 있어 이를 그대로 받아들이고, '주먹 권(拳)'자를 사용, '태권도(跆拳道)'라는 명칭을 지었다. 최홍희는 1955년 4월 11일 사회 저명인사들로 구성된 명칭제정위원회에서 명칭을 '태권도'로 제정할 것을 제안하고 1956년 1월 이승만 대통령으로부터 '태권도 우남'이라고 쓰인 친필 휘호를 받았다고 회고록에 기록했다. 우남은 이승만 대통령의 호다.

그런데 이와 다른 주장도 있다. 즉 태권도의 명칭 제정은 1955년 4월

11일이 아니라 그해 12월 19일 대한당수도 청도관 제1회 고문회 회의에서 최홍희의 제안으로 이뤄졌고 이승만 대통령이 친필 휘호를 하사하지 않았다는 것이다. 그러나 시기는 알 수 없지만 이 대통령이 친필 휘호를 하사한 것은 사실로 보인다. 1956년 7월 26일자 조선일보에 실린 '태권도 연무대회' 기사에 "대통령으로부터 태권도로 개명하라는 친필 휘호를 받아 이번에 개명 기념으로 대회를 열게 된 것"이라는 대목이 있기 때문이다.

"저것은 예로부터 전해오는 태껸이야"

대한태권도협회는 청도관, 오도관, 송무관, 창무관 등 당시 당수도 무술인들을 통합해 1959년 9월 3일 창립되었다. 1962년 대한태수도협회로 이름이 바뀌었다가 1965년 6월 다시 대한태권도협회로 돌아왔다. 최홍희는 1962년 6월 제6군단장(소장)으로 예편한 뒤 1965년까지 말레이시아 대사로 활동했다. 귀국 후 1965년 1월 대한태수도협회장(5개월 뒤 대한태권도협회로 개칭)에 취임했으나 공수도와 당수도 명칭을 고집하는 관장들과의 마찰, 박정희 대통령과의 정치적 불화로 인해 1966년 1월 대한태권도협회장에서 불명에 퇴진했다.

그 대신 1966년 3월 22일 한국, 미국, 서독, 이탈리아, 베트남 등 9개국이 참가한 '국제태권도연맹(ITF)'을 창설해 자신의 지지 기반으로 삼았다. 그러다가 1972년 1월 돌연 캐나다로 망명했다. 망명 이유에 대해서는 "3선 개헌에 반대하고 박정희 정권과 대립하는 과정에서 망명을 택할 수밖에 없었다", "말레이시아 대사 시절 공금 유용 혐의를 받았고 1971년 1월 대한태권도협회 회장에 취임한 김운용과의 파워 게임에서 밀린 것에 위기의식을 느껴 망명했다"는 설이 분분하지만 정확한 내막은 밝혀지지 않고 있다.

국제태권도연맹 본부까지 캐나다로 옮긴 최홍희는 이후 캐나다를 거점으로 삼아 남미와 유럽 등지에 태권도를 보급하는 한편 정치적으로는 해외 동포들을 규합해 반정부활동을 펼쳐 유신정부와 완전히 등을 돌렸다. 국제태권도연맹의 위상마저 1973년 김운용이 주도한 '세계태권도연맹'이 창설되고부터 급전직하하자 최홍희는 북한을 선택했다.

1980년 9월, 16명으로 구성된 시범단을 이끌고 방북한 것을 시작으로 이후 수차례 북한을 방문하며 태권도를 보급했다. 2002년 사망 당시에도 최홍희는 북한에 있었다. 그가 결정적으로 친북 인사로 낙인찍힌 것은 그의 아들 최중화가 캐나다인 2명과 함께 1982년 캐나다를 방문할 예정인 전두환 대통령을 암살하려던 계획이 1982년 2월 캐나다 경찰에게 발각되어 최중화가 북으로 도피한 사건 이후부터였다. 2002년 6월 최홍희가 평양에서 사망한 후 ITF는 최중화가 이끄는 그룹과 북한의 IOC 위원 장웅이 이끄는 그룹으로 분열되었다.

태권도, 외래문화와 자생문화가 만나 창조적으로 발전된 것

태권도는 언제부터 이 땅에 뿌리를 내렸을까. 세계태권도연맹(WTF)은 태권도가 4,000여 년 전부터 이어져 내려왔다고 말한다. 고대에 야생동물의 공격에 대응하기 위한 자기방어 수단으로 태권도의 기본형인 막기-차기-지르기 등이 나왔다는 것이다. 이 형태가 삼국시대에 이르러 무술 형태로 변화하고 고려시대 때 태껸이 되었다는 것이다. 그러나 이 주장에는 한계가 있다. 즉 고대의 우리 무술이 어떤 과정을 거쳐 현대의 태권도로 이어졌는지에 대한 구체적인 설명이 없기 때문이다.

이러다 보니 일제 때 국내에 들어온 공수도(가라테)를 태권도의 원류로 보아야 한다는 주장이 설득력을 얻고 있다. 즉 공수도를 받아들여 우리 고유의 무도로 만들고 확대재생산한 것이 태권도라는 것이다. 실제로 초기 태권도의 고수들은 모두 가라테를 연마한 무도인들이다. 다만 태권도가 가라테의 영향을 받긴 했으나 가라테 역시 본래 일본의 무술이 아니고, 오늘날 태권도의 형식도 가라테와 너무 다르기 때문에 태권도의 원류가 가라테라는 주장에 자존심이 상할 이유가 없다고 주장한다. 가라테는 1897년 일본에 복속된 오키나와의 당수도에서 출발한 것이고, 이 당수도 역시 중국에서 전래했을 가능성이 크다는 것이다.

당수도는 오키나와가 일본에 점령되었을 때, 공수(空手)로 일본과 대적하기 위해 생존적 몸부림으로 발전시킨 무술이고, 태권도는 공수도의 손기술 중심을 손·발을 이용한 발기술 중심으로 이동시킨 전혀 새로운 무술이다. 따라서 태권도는 전통의 계승이라기보다는 외래문화와 자생문화가 만나 창조적으로 발전된 것으로 보아도 무방하다.

인간의 몸을 기초로 한 무술은 세계 어디에나 있고 인간의 몸이 구현해낼 수 있는 동작 역시 한계가 있어 나라별 무술을 구별하는 것조차 무의미하다는 주장이 그래서 설득력이 있다. 따라서 무술을 어떻게 규격화·보급했느냐가 중요한 것이지 세세하게 뿌리를 찾는 것에 연연할 필요가 없다는 것이다.

태권도의 진정한 가치는 한국의 어떤 문화도 해내지 못한 세계화와 국제표준화를 만들었다는 데 있다. 태권도의 보급은 해외로 뻗어나간 우리 동포들의 이민사와 궤를 같이한다. 1960년대만 해도 전 세계적으로 동양 무술의 대표는 가라테였다. 가라테의 그늘에 가려 있던 태권도가 세계적으로 발돋움하게 된 일차적 계기는 월남 파병이었다. '한국=태권도' 등식은 월남에서 그치지 않고 미국으로 상륙했다. 일본의 가라테는 곧 한국의 태권도로 급속히 대체되었고 오늘날 태권도는 세계에서 가장 유력한 무도로 인정받고 있다.

태권 사범들이 1960년대 후반부터 유럽과 미주 지역은 물론 아프리카

오지까지 누비면서 흘린 땀은 태권도가 2000년 시드니 올림픽의 정식 종목으로 채택되는 원동력이 되었다.

태권도 경기 용어는 한국어다. 세계 태권도인들은 한국어를 어느 정도 하지 않으면 안 된다. 그런 점에서 태권도는 광복 후 한국을 대표하는 최고 브랜드라는 자부심을 갖고 있다.

김성환 만화 '고바우 영감' 동아일보에 연재

유머 만화에서 독자들의 취향에 맞춰 시사적인 내용으로 바뀌었다.

'고바우 영감'은 6·25전쟁 후 전개된 격동기에 신문 독자와 함께 울고 웃은 한국 시사만화의 대명사였다. '고바우'를 탄생시킨 주인공은 18세 소년 김성환(1932~)이었다. 그는 경기 개성에서 태어나 경복중(6년제)에서 미술반장을 지낼 정도로 미술에 재능이 있었다. 하지만 만화에 더 관심이 많아 경복중 시절이던 1949년 '멍텅구리'라는 제목의 4컷 만화를 '연합신문'에 연재(15회)하면서 시사만화가로 첫발을 내디뎠다.

6·25전쟁 때는 피난을 가지 못해 9·28 서울 수복이 될 때까지 숨어지내야 했다. 그때 정릉 다락방에서 만화 주인공 200여 명을 그렸는데 훗날 여기서 골라낸 인물이 '고바우 영감', '고사리군', '박참봉', '허박사', '꺼꾸리군 장다리군' 등이다.

'고바우 영감'은 전쟁이 한창이던 1950년 11월 초 대구에서 발행하던 '만화신보'에서 첫선을 보였으나 전쟁 중이라 계속 등장하지는 못했다. 김성환은 1950년 말 국방부 정훈국 미술대의 군속 신분으로 편입되어 계몽 포스터와 삐라를 그리면서도 군 신문 '승리일보'의 부록인 주간 '만화승리'에 '김멍텅구리'를 연재했다.

김성환(1932~)

김성환은 포탄이 떨어지는 최전방 전투부대 참호에서도 전쟁기록화를 105점 남겼다. 이 그림들은 2009년 국립현대미술관이 처음 소장한 만화라는 점에서 화제가 되었다. 당시 군 미술대에는 미대 교수 등 40여 명이 등록되어 있었지만 최전방에서 그림을 그린 사람은 김성환이 유일했다.

1953년에는 '꺼꾸리군 장다리군'을 학생잡지 '학원'에 연재해 인기를 끌었으며 1955년에는 장차 그의 분신이 될 '고바우 영감'의 활동 무대를 동아일보로 옮겨 1955년 2월 1일부터 연재했다. 고바우가 인기를 끌자 당초 신문에 만화를 연재하는 것에 대해 부정적이던 다른 신문들도 너도나도 시사만화를 연재했다. 연재 초기 '고바우'는 가정과 직장생활을 담은 순수한 유머 만화였으나 독자들의 취향에 맞춰 시사적인 내용으로 바뀌었다. 그것은 한편으로는 가시밭길의 시작이었고 다른 한편으로는 한국 시사만화의 대부로 올라서는 출발점이었다.

고바우가 현실정치를 아프게 꼬집을 때는 여지없이 권력으로부터 반응이 왔다. 대표적인 것이 과잉충성하고 아첨하는 세도가들의 이면을 풍자한 '경무대 똥통 사건'(1958.1.23) 만화였다. 경무대에서 똥을 치는 사람들에게까지 깍듯이 인사하는 당시 행태를 그린 이 만화는 가짜 이강석 사건에서 알 수 있듯 경무대의 '경'자만 들어도 사족을 못 쓰는 관리들의 꼴불견을 꼬집은 것이다.

고바우 영감 머리의 한 올 털은 세태를 읽어내는 이심전심 안테나

이 만화로 김성환은 4일 동안 문초를 당했지만 사실 김성환은 그런 사태가 오기를 내심 기대하며 만화를 그렸다. 외국 만화들도 필화 사건을 겪은 후 유명해졌다는 사실을 알고 이승만 정권을 상대로 함정을 판 것인데 이승만 정부가 걸려든 것이다. '고바우 영감'은 5·16 후인 1961년 5월 21일자에서도 국권을 마음대로 주무르는 사람들의 '엿장수 마음'을 꼬집었다가 지면에서 1주일 동안 사라졌다.

'경무대 똥통 사건' 만화
(1958.1.23 동아일보)

김성환은 그 후 계엄의 암울한 터널 속에서도 박정희 군사정부와 만화로 신경전을 벌이다가 1963년 봄부터 8개월간 스스로 펜을 놓았다. 이후 박정희 정권에서만 검찰에 2번, 중앙정보부에 2번 끌려갔다. 그의 만화가 신문에서 사라질 때는 어김없이 해외 언론이 반응을 보였다. 1963년 AP통신은 '말을 함부로 못하게 된 한국인'이라는 제목으로 군사정부의 언론탄압 소식과 함께 고바우 만화를 소개했고, 1973년 산케이신문은 고바우가 신문에 실리지 않았다는 소식을 토픽으로 전하기도 했다.

'고바우 영감'이 1955년 처음 등장했을 때는 당시 중류층인 두루마기에 중절모자 차림이었다. 1950년대 후반에는 세태에 맞춰 양복으로 갈아입었고 전쟁 탓에 수척했다. 1980년대 들어서는 살도 오르고 담배도 곧잘 피웠으며 술집도 자주 드나들었다.

독자들은 고바우 영감 머리에 나 있는 한 올의 털 모양으로도 풍자내용을 파악했다. 털이 낚시바늘처럼 굽었느냐, 빳빳이 섰느냐, 아니면 나선형으로 구불구불하느냐에 따라 세태를 읽어낸 속칭 이심전심 안테나였던 것이다. '고바우 영감'은 이처럼 권력에 대한 통렬한 비판과 해학으로 전국민의 사랑을 받았다. '고바우 영감이 고개를 넘다가 고개를 다쳐서 고약을 발랐더니 고만 낫더래'라는 작자 미상의 동요 '고바우 영감'이 고무줄놀이에까지 퍼질 정도였다.

김성환은 1980년 8월 9일자 동아일보에 게재된 7,971회를 끝으로 정든 지면을 떠났다. 신군부의 '언론계 대량 해직'이란 철퇴를 맞은 33명 속에 끼여 타의에 의해 폐업을 선언한 것이다. 해직은 곧 취소되었지만 동아일보 내부 사정 등으로 복직이 지연되자 조선일보에 둥지를 틀고 그해 9월 11일부터 다시 촌철살인의 풍자와 해학으로 점철된 고바우 영감을 선보였다.

조선일보에서 1987년 1만 회를 돌파하고 정년퇴직한 뒤에는 1992년 9월 문화일보로 옮겨 연재했다가 2000년 9월 29일 영영 독자 곁을 떠났다. 그동안 연재한 횟수만 1만 4,139회에 달해 일간신문에 연재된 단일 작가의 4컷짜리 시사만화 창작물로는 세계 최장의 기록을 수립했다.

'고바우 영감'은 세계적인 정치시사만화로도 주목을 받았다. 1977년 '고바우의 언어'라는 제목의 박사학위 논문이 하버드대에서 나왔고 2006년 '고바우 작가'를 연구한 박사학위 논문이 일본에서도 등장했다. 2005년에는 고바우 탄생 50주년을 기념한 우표도 발행되었다. 김성환은 세계적인 우표 수집가로도 정평이 나 있으며 화가로서도 재능이 많아 동양화와 서양화 개인전을 10여 차례나 열었다.

가짜 이강석 사건

"나 이강석인데…" 1957년 8월 30일 밤 8시쯤, 경주 경찰서장에게 자신이 이강석이라는 청년으로부터 한 통의 전화가 걸려왔다. 국회의장 이기붕의 장남이자 이승만 대통령의 양자인 이강석의 갑작스런 출현에 서장은 화들짝 놀라 청년이 있다는 다방으로 급히 달려갔다. 청년은 어찌할 바를 모르는 서장에게 "아버지의 밀명으로 풍수해 상황을 시찰하고 공무원의 비리를 내사하러 왔다"며 능청스럽게 말했다. 열흘 전 몰아친 태풍 아그네스가 영호남 일대를 강타해 경북 동해 연안 일대가 그야말로 쑥대밭을 이룰 때였다.

자유당 정권이 무소불위의 권세를 누리고 있던 때에 이강석은 대낮에 헌병을 구타하고 파출소 기물을 부숴도 아무도 제지하지 못하는 거리의 무법자였다. 이강석의 암행순시 사실을 전해 듣고 달려온 경주시장의 첫 마디가 가관이었다. "귀하신 몸이 어떻게 혼자 오셨습니까." '귀하신 몸'이란 유행어를 낳아 두고두고 구설에 오른 '가짜 이강석 사건'은 이렇게 시작되었다.

가짜 이강석의 본명은 강성병이었다. 몇몇 대학의 문을 두드렸으나 모두 실패하고 실직 청년으로 실의에 빠져 있을 때 "이강석이 명동에서 행패를 부려도 누구 하나 제지하지 못했다"는 신문기사가 눈에 띄자 자신이 이강석과 외모가 비슷한 점을 이용해 금품 사취를 결심했다.

경주에서 하룻밤을 보낸 강성병은 이튿날 불국사 관광과 영천경찰서장 접견 후 안동으로 이동했다. 그곳에서 안동군수, 안동읍장, 조흥은행 안동지점장으로부터 수재민을 돕는다는 명목으로 거액의 뇌물을 챙겼다. 9월 1일에는 봉화에서 농업은행 봉화지점장으로부터 다시 20만 환을 받는 등 그때까지 그가 챙긴 금액은 47만 환에 달했다.

그러나 강성병의 동궁마마 행세는 거기까지였다. 9월 1일 저녁 경북 도지사의 둘째 아들이 진짜 이강석의 서울고 동기동창이라는 사실도 모른 채 아들이 있는 도지사 관사에 여장을 푼 게 화근이었다. 결국 아들의 확인으로 가짜임이 밝혀져 '3일 천하'의 사기 행각은 진수성찬에 입도 대지 못한 채 막을 내렸다.

10월 1일 시작된 첫 재판은 몰려든 방청객으로 일대 혼란을 일으켰다. 쇄도하는 방청객 때문에 의자가 부서지는 등 그야말로 아수라장이었다. 강성병은 "용돈이 궁해서 꾸민 연극인데 그렇게 굽실거리고 쩔쩔맬 줄 몰랐다"고 둘러대면서도 "할리우드 같으면 내 연기로 많은 연기료를 받았을 텐데 연기료 대신 벌을 받게 되었다"며 농담하는 여유를 보였다.

무료 변호를 자청한 변호사는 변론 기회를 자유당 정권의 부패상을 공격하는 데 이용했다. 게다가 무성영화 변사 빰치는 명연기로 마치 자신이 이승만 대통령인 것처럼 일인칭 화법을 써서 경찰서장, 시장을 가리지 않고 힐난해 방청객들이 시종 배꼽을 잡게 했고 결국 판·검사까지 웃음을 참지 못하게 했다. "이승만 대통령이 아시면 이렇게 말씀하셨을 겁니다. 이놈들! 이 죽일놈들!" 하는 식이었다.

그러나 두 변호사의 열정적인 변론과 논리적인 항변에도 결국 강성병은 1심에서 징역 10개월을 선고받고 항소심에서 기각되어 형을 살았다. 4·19 후 진짜 이강석이 자살하고 3년이 지난 1963년 8월에 가짜 이강석도 자살을 선택함으로써 죽음까지도 진짜를 따라하는 기이한 인연을 맺었다.

'한국판 카사노바' 박인수 1심 무죄 판결

"…법은 정숙한 여인의 건전하고 순결한 정조만을 보호할 수 있는 것을 밝혀두는 바이다."

박인수는 6·25 종전 무렵 해병대 대위였다. 자신의 약혼녀가 다른 장교와 결혼한 것에 충격을 받아 그녀를 찾아 해매는 과정에서 1953년 8월 부대를 무단이탈하고 이 때문에 불명예 제대를 했다. 제대 후에는 군 재직 시 해군장교구락부, 국일관, 낙원장 등 고급 댄스홀을 드나들며 익힌 사교춤을 기반으로 댄스홀을 기웃거렸다. 훤칠한 키와 떡 벌어진 어깨, 세련된 매너까지 갖춘 데다 제대할 때 반납하지 않은 군 장교 신분증까지 갖고 있어 쉽게 뭇 여성의 호감을 샀다.

그가 본격적으로 여성 편력을 보인 것은 1954년 4월경이었다. 박인수에 따르면 능숙한 춤과 뛰어난 화술로 여성의 혼을 빼놓은 뒤 여성을 꼬드겨 여관으로 직행해도 여성들은 거부하지 않았다. 1년여 동안 계속되던 엽색 행각에 제동이 걸린 것은 1955년 5월이었다. 그와 관계를 맺은 한 여성의 오빠가 경찰이었는데 혹시라도 결혼한 여동생에게 해가 될까 봐 박인수를 잡아들여 뒤를 캐묻는 과정에서 박인수의 정체가 드러난 것이다.

'한국판 카사노바' 박인수

경찰은 박인수를 관명 사칭으로 구류를 살게 하면서 여성 관계를 추궁한 끝에 박인수에게 농락당한 여성이 14개월 동안 70여 명에 이른다는 사실을 알게 되었다. 여성 대부분이 대학생이고 상류층 출신이 많다는 점에 또 한 번 놀란 경찰이 박인수를 법정에 세우려 했으나 애로점이 많았다. 혼인빙자간음죄는 친고죄였기 때문에 피해자의 고소가 있어야 하는데 한동안 고소자로 나서는 여성이 없던 데다 고관 집에서는 수사조차 허락하지 않았기 때문이다.

결국 공판 기소장에는 6명의 이름만 올라갔다. 공교롭게도 1명만 미용사였을 뿐 1명은 여고 졸업생, 4명은 이화여대생이었다. 이 때문에 재판을 배당받은 권순영 판사가 "이화여대가 박인수의 처가냐"라고 말했다는 얘기가 돌았고, 또 "장가를 가려면 권 판사의 리스트에 상대 여성이 들어있는지 물어보고 가라"는 우스갯소리도 있었다.

1955년 6월 17일 제1차 공판이 열리자 '색마'로 낙인찍힌 박인수의 얼굴을 보기 위해 수많은 방청객이 몰려들었다. 요정의 마담까지 고위층 인사를 통해 방청권을 요구하는 바람에 권 판사는 한동안 자리를 피해다녀야 할 정도였다. 방청석이 주로 여성들로 초만원을 이룬 가운데 열린 첫 공판에서 박인수는 여대생, 미용사 등과 정을 통한 사실을 시인했다. 게다가 자신이 상대한 여성 중 미용사만 처녀라고 털어놓아 여대생 딸을 둔 전국의 어머니를 경악케 했다. 또 "그들과 결코 결혼을 약속한 사실이 없고, 약속할 필요도 없었다"며 "댄스홀에서 춤을 춘 후에는 여관으로 가는 것이 상례였기 때문에 구태여 결혼을 빙자할 필요가 없었다"고 주장했다.

1950년대 웃지 못할 풍속도

첫 공판 후 사회와 대학에서는 문란해진 성도덕에 충격을 감추지 못했다. 이화여대는 학생 풍기 확립책을 마련하라며 문교부로부터 경고를 받았다. 7월 9일의 2회 공판 때는 1회 때보다 더 많은 사람이 몰려들어 '해방 후 법정 신기록'이라는 법원의 발표가 있었다. 방청객들은 "처녀들의 신세를 망친 박인수를 엄벌해야 한다"는 사람들과 "그런 남자를 따라다닌 여자의 책임이 더 크다"는 쪽으로 갈려 언쟁을 벌였다.

2회 공판에서 박인수에게 1년 6개월의 구형이 내려진 가운데 7월 22일의 1심 선고일이 다가왔다. 사람들 대부분은 한국판 카사노바에 대해 유죄를 예상했다. 그러나 권 판사는 "…법은 정숙한 여인의 건전하고 순결한 정조만을 보호할 수 있는 것을 밝혀두는 바이다"라며 공무원 자격 사칭에 대해서만 2만 환의 벌금을 부과했을 뿐 혼인빙자간음죄에 대해서는 무죄를 선고했다. "댄스홀에서 만난 정도의 일시적 기분으로 성관계가 있었을 경우 혼인이라는 언사를 믿었다기보다 여자 자신이 택한 향락의 길이라고 인정하는 것이 타당하다"는 게 무죄 판결의 이유였다.

그러나 박인수는 10월 14일의 2심 판결에서 징역 1년형을 선고받아 결국 다시 수감되었다. 박인수는 상고했으나 대법원의 상고 기각으로 유죄가 확정되었다.

'박인수 사건'은 전쟁의 참화에서 벗어나던 1950년대 한국의 웃지 못할 풍속도였다. 자유로워진 성풍속도, 여성의 정조와 순결을 강조하는 윤리의 이중 잣대, 미군 문화를 통해 전파된 춤바람과 댄스홀…. 이 모든 것들이 한데 어우러져 응축된 것이 1950년대의 '박인수 사건'이었다.

통합 야당 민주당 창당

창당 후에도 신파와 구파로 갈려 주도권을 잡는 데 여념이 없었다.

반이승만 세력이 통합야당 결성에 뜻을 모은 것은 1954년 11월의 사사오입 개헌 후였다. 먼저 시동을 건 것은 야당인 민국당과 무소속 의원들이었다. 61명이나 되는 이들은 '호헌동지회'를 결성하고 12월 초 원내교섭단체로 등록해 대항마로서의 모습을 갖췄다. 통합야당 추진 운동에는 민국당과 무소속 의원들을 비롯해 과거 원내 자유당 세력, 자유당 탈당파 의원들, 혁신계 등 원내외에 포진한 대부분의 반이승만 세력이 참여했다.

하지만 이승만의 전횡에 반대하는 것을 빼고는 어떤 이념적 공통기반도 없어 신당 추진은 출발부터 파벌 간에 의견 충돌이 잦았다. 특히 보수세력과 혁신세력 간의 충돌이 심해 신당 추진운동은 보수 진영의 자유민주파와 혁신계의 민주대동파로 분열되었다. 결국 혁신계 세력은 민주당 창당에 참여하지 않고 떨어져나가 진보당을 창당했다.

이런 우여곡절 끝에 민주당이 창당된 것은 1955년 9월 19일이었다. 창당 멤버로 참여한 의원은 33명이었다. 61명이던 호헌동지회에 비하면 한참 못 미치는 숫자였고, 이는 그만큼 대립과 갈등이 심했다는 것을 의미했다. 자유당은 여전히 120석의 공룡정당이었고, 무소속은 40여 명이나

민주당 발기인 대회(1955.9.19)

되었다. 민주당 창당은 비로소 야당다운 야당의 진용을 갖췄다고도 볼 수 있겠지만 '통합야당'을 표방했는데도 40여 명의 무소속 의원을 끌어들이지 못한 것은 야당의 분열상이 그만큼 심각했다는 증거이자, 민주당의 포용력이 그만큼 부족했다는 것을 보여주는 것이다.

민주당은 창당 후에도 신파와 구파로 갈려 주도권을 잡는 데 여념이 없었다. 구파는 주로 한민당과 민국당에 뿌리를 둔 '구세력'이었고, 신파는 원내 자유당이나 자유당 탈당파에서 민주당으로 합류한 '신세력'이었다. 구파의 중심인물은 신익희와 조병옥이었다. 신파에는 장면을 정점으로 정일형, 주요한 등이 포진했다. 구파는 주로 지주 집안 출신에 독립운동가나 지사형이고 보수적인 데 반해 신파는 관료, 법관, 금융계 출신의 테크노크라트가 주류를 차지했다. 정치 행태에서도 구파는 비조직적이고 점잖은 반면 신파는 조직적이고 투쟁적이었다. 이처럼 이질적인 요소가 강한데도 두 세력이 결집할 수 있었던 것은 '이승만 정권 타도'라는 공동의 목표가 있었기 때문이다.

'반이승만' 빼고는 어떤 이념적 공통기반도 없어

신구파의 격돌은 창당 이튿날 진행된 최고위원 선거에서부터 본격화했다. 대표최고위원에는 신익희(구파)가 선출된 가운데 최고위원에는 조병옥(구), 장면(신), 곽상훈(신), 백남훈(구) 순서로 뽑혔다. 중앙상무위 의장은 신파여서 숫자상으로는 팽팽한 균형을 이뤘다. 민주당 창당 후 처음 맞은 큰 이슈는 1956년 출마할 제3대 정·부통령 후보를 뽑는 일이었다. 이때도 신구파는 접전을 벌였다. 당시 민주당에서 대통령 후보로 거론될 만한 인물은 구파의 신익희와 조병옥, 신파의 장면 세 사람 정도였는데 신익희가 대통령 후보로, 장면이 부통령 후보로 결정되었다.

1956년 정·부통령 선거에서는 민주당이 이승만 정권을 누르고 평화적인 정권교체를 이룰 가능성이 그 어느 때보다 높았다. 1952년의 발췌개헌과 1954년의 사사오입 개헌으로 이어진 이승만의 영구집권 음모와 자유당의 폭정에 이미 많은 국민이 염증을 느끼고 있었기 때문이다. 게다가 신익희와 장면의 인기는 하늘을 찔렀고 민주당의 선거 구호 '못 살겠다 갈아보자'도 돌풍을 일으켰다.

그러나 정권교체를 꿈꾸던 민주당의 바람은 신익희의 급서로 물거품이 되고 말았다. 장면은 대통령 후보 부재에도 불구하고 유력 후보 이기붕을 누르고 부통령에 당선되었다. 이로써 민주당은 창당 9개월 만에 수권 능력을 가진 야당으로 당당히 자리를 잡았다. 기세가 오른 민주당은 1958년의 제4대 국회의원 선거에서도 78석을 확보해 제1야당의 면모를 갖췄다. 창당 때 33석에 비하면 일취월장한 숫자였다. 그러나 민주당의 집권 가능성이 높아질수록 신구파의 갈등과 대립도 함께 증폭되었다.

1959년 11월, 민주당은 1960년 3월 치러질 제4대 정·부통령 선거에 출마할 정·부통령 후보를 뽑을 예정이었다. 그러나 전당대회를 몇 개월 앞두고부터 각종 추태가 난무하면서 양쪽의 경쟁은 도를 넘어서기 시작했다. "조병옥이 대통령이 되면 안 된다"며 인신공격한 '결격 사유 10개조'라는 괴문서가 전국 지구당에 배포되는가 하면, 신·구파 당원 간에 난투극이 벌어지기도 했다.

신·구파의 격한 대립 속에서도 민주당은 조병옥을 대통령 후보로, 장면을 부통령 후보 겸 당 대표최고위원으로 뽑아 1960년을 준비했다. 4

년 전 신익희의 급서로 무산된 정권교체의 꿈을 반드시 이루겠다는 각오가 대단했으나 이번에도 조병옥이 병으로 숨지는 불운이 겹치고 장면마저 3·15부정선거로 이기붕에게 부통령 자리를 내주면서 민주당의 꿈이 물거품이 되는 듯했다. 다행히 4·19로 자유당 정권이 무너지고 뒤이은 7·29총선에서 마침내 정권을 잡았으나 그것은 신구파의 완전한 결별을 위한 시작이기도 했다.

미 몽고메리 '버스 보이콧 운동'

버스 안에서의 흑백 차별은 사라지고 버스 보이콧 운동은 382일 만에 종료되었다.

미국 앨라배마주 몽고메리시의 한 흑인 여성이 퇴근길 버스에 오른 것은 1955년 12월 1일 오후 6시였다. 그녀는 백화점에서 옷을 수선하는 일을 하면서 '전미유색인종지위향상협회(NAACP)' 활동에도 적극적인 42세의 로자 파크스(1913~2005)였다.

당시 몽고메리시는 버스에 흑백 좌석을 분리하는 조례를 채택하고 있었다. 앞좌석 네 줄은 백인 전용석이고 뒷자리는 흑인을 위한 좌석이기 때문에 그녀는 백인 전용석 바로 뒷자리에 앉았다. 흑인 좌석이 시작되는 줄에는 '유색인종'이라는 팻말이 붙어 있었다. 그런데도 백인 버스기사들은 백인 손님이 많을 경우 팻말을 뒷좌석으로 옮기고 흑인에게 그 뒤로 가도록 요구했다. 그것은 시 조례가 아니고 관행이었다.

그 날도 앞줄의 백인 전용석이 다 차고 2~3명의 백인이 서 있게 되자 백인 기사가 팻말을 뒤로 옮기면서 흑인들에게 뒷자리로 갈 것을 요구했다. 4명의 흑인 승객 중 3명은 자리를 양보했지만 파크스는 일어서지 않았다. 미 인종차별사의 한 획을 그은 '버스 보이콧 운동'이 발화하는 순간이었다. 기사는 경찰을 불렀고 그녀는 유치장에 수감되었다. 사실 그녀는 시의 조례를 어긴 것이 아니기 때문에 처벌을 받을 상황이 아니었다. 그런데도 경찰은 질서를 교란한 혐의로 10달러의 벌금을 부과했다. 파크스는 화가 났지만 일단 보석금을 내고 이튿날 석방되었다.

로자 파크스(1913~2005)

NAACP의 몽고메리 지부장 에드거 닉슨은 이 사실을 전해 듣고 동지들과 함께 버스 흑백분리 조례에 도전하기로 뜻을 모았다. 그들은 연방 법정으로까지 사건을 끌고가 시 조례의 위헌성을 밝힌다는 목표를 세웠다. 첫 단계로 로자 파크스의 재판이 열리는 12월 5일 '버스 보이콧 운동'을 전개하기로 했다. '흑인 승객을 정중하게 대할 것', '흑인이 많이 타는 노선에는 흑인 운전기사를 배치할 것' 등 요구조건은 온건했다.

흑인들 매일 95%의 참여율 보여

사실 로자 파크스는 남부 지역의 버스 흑백분리 정책에 도전한 첫 번째 흑인은 아니었다. 1944년 텍사스주의 포트후드에서도, 9개월 전 몽고메리시에서도 파크스와 같은 이유로 경찰에 체포되거나 법원에 간 흑인들이 있었다. 그런데도 몽고메리의 흑인 운동가들이 파크스를 민권운동의 전면에 내세워 '버스 보이콧 운동'을 전개하기로 한 것은 파크스가 운동을 추진하는 데 가장 적합한 인물이라고 판단했기 때문이다. 기혼여성이고 안정된 직장이 있고 성품까지 온화해 누가 보더라도 흠잡을 데 없는 모범 시민이었다. 당시 백인들이 흑인에 대해 갖고 있는 이미지는 시끄럽고 폭력적이고 직업도 없고 무책임하다는 것이었다.

몽고메리시의 12만 명 주민 중 흑인은 5만 명이었다. 시내버스 승객의

70%가 흑인이었으나 운전기사는 전부 백인이었다. 12월 5일, 90% 이상의 흑인이 버스 보이콧에 참여한 가운데 열린 재판에서 파크스는 10달러의 벌금과 4달러의 재판 비용을 물라는 유죄 판결을 받았다. 파크스는 항소했다.

그날 밤 흑인운동가들은 '버스 보이콧 운동'을 지속하기로 하고 '몽고메리지위향상협회(MIA)'를 발족해 마틴 루터 킹 목사를 회장으로 추대했다. 킹은 1954년 보스턴대에서 신학박사 과정을 마치고 1955년 9월 몽고메리로 갓 부임해온 26세의 풋내기 목사였다.

버스 보이콧 운동이 진행되는 동안 흑인이 운영하는 택시회사들은 버스 요금만을 받고 흑인을 태워주거나 카풀을 조직해 흑인을 목적지로 이동시켰다. 흑인들도 웬만하면 걷는 것으로 운동에 동참했다. 전국의 흑인 교회에서도 보이콧을 지지하는 성금과 신발을 보내 격려했다.

연방지법 "버스에서의 분리를 지속하려는 태도는 위헌"

흑인들이 매일 95%의 참여율을 보이고 이 때문에 버스 수입이 65%나 급감하자 보이콧 운동을 저지하려는 백인들의 저항도 만만치 않았다. 흑인 지도자들을 분열시키려 하고, 사소한 교통법규 위반에도 흑인들을 체포하거나 엄벌에 처했다. 직장에서 쫓겨난 흑인도 있었으며 불에 탄 흑인 교회도 있었다. 킹 목사와 닉슨 지부장의 집에서는 폭발물이 터졌다. 그래도 킹의 의지는 꺾이지 않았고 버스 보이콧 운동은 활화산처럼 몽고메리 전역으로 퍼져나갔다.

그런 상황에서 항소심을 맡은 몽고메리 지법이 파크스에게 무죄를 선고했다. 그러자 몽고메리시는 킹 목사 등 '몽고메리지위향상협회' 간부들을 분풀이 대상으로 삼았다. 흑인들의 카풀 운동은 불법이고 무허가 영업이라는 이유를 들어 사실상 유명무실한 '반노동법'을 위반했다는 혐의로 킹 목사 등 '몽고메리지위향상협회' 간부들을 제소한 것이다. 킹은 1956년 3월 22일의 판결에서 유죄를 선고받았으나 바로 항소했다.

그 무렵 킹과는 별개의 재판이 진행되고 있었다. 1956년 2월 1일 브라우더 등 4명의 흑인 여성이 버스에서의 인종차별이 잘못되었다며 몽고메리시의 게일 시장을 연방재판소에 제소해 시작된 재판이었다. '브라우더 대 게일'로 불린 이 사건에 대해 연방지법은 6월 4일 "버스에서의 분리를 지속하려는 시 당국의 태도는 위헌"이라고 판결했다. 그러자 게일 시장은 연방대법원에 상고했고 선고는 11월 13일로 예정되었다.

공교롭게도 그날은 킹의 항소심 재판 선고가 있는 날이었다. 킹은 유죄 선고를 받아 기분이 언짢았다. 이런 그에게 조금 전 연방대법원이 '브라우더 대 게일' 사건에 대해 "버스에서의 인종차별을 규정한 앨라배마 주법 및 지방 조례를 위헌으로 판결한 연방지법 판사의 판결을 지지한다"고 선고했다는 소식이 전해졌다. 킹은 환한 미소를 지었다. 연방대법원의 명령은 1956년 12월 20일 몽고메리시에 접수되었다. 이로써 버스 안에서의 흑백 차별은 사라지고 버스 보이콧 운동은 운동을 시작한 지 382일 만인 12월 21일 종료되었다.

클로드 레비스트로스 '슬픈 열대' 출간

20세기의 가장 위대한 저서 중 하나로 평가받고 '가장 문학적인 비문학'으로 불렸다.

클로드 레비스트로스(1908~2009)는 '구조주의 인류학'의 개척자다. 구조주의 인류학이란 문화나 문명은 열등과 우등, 현대와 야만이라는 가치가 개입된 기준에 의해 나눠지는 것이 아니라 높음과 낮음, 안과 밖, 사람과 동물, 삶과 죽음, 남과 여 같은 '이항(二項) 대립'으로 이뤄

클로드 레비스트로스(1908~2009)

져 있다고 보는 철학 사조다.

구조주의는 "인간이 역사의 창조자이며, 의미의 창출원"이라는 현상학과 실존주의의 주장을 의심스러운 눈으로 바라본다. 또한 인간은 표면적인 문화의 차이 밑바탕에 깔려 있는 보편적이고 심층적인 구조의 산물이며, 인간의 능동성과 자율성은 허구에 지나지 않는다고 본다. 레비스트로스는 실존주의를 점심시간에 여점원들이 지껄이는 '여점원의 철학'이라고까지 혹평하며 실존주의와 논쟁을 전개했다.

레비스트로스는 벨기에 브뤼셀에서 태어나 프랑스 국적의 유대인 부모를 따라 생후 2개월 때 파리로 이주했다. 젊은 시절 프랑스 사회당의 전신 단체에서 열혈당원으로 활동하는 한편 파리대에서 법학과 철학을 전공해 1931년 23세의 나이에 최연소 철학강사 자격을 획득했다. 1933년 로버트 로위의 '미개 사유'에 감명을 받고 인류학과 민족학에 관심을 가졌다. 1935년 브라질 상파울루대의 사회학 교수로 부임하고 1937~1938년 주말과 방학을 이용해 아마존강 오지의 4개 원시 부족을 찾아다니며 문화인류학에 눈을 떴다. 1939년 귀국했으나 2차대전으로 파리가 함락되자 1941년 미국으로 건너가 전쟁이 끝날 때까지 그곳에 머물렀다.

미국에서 만난 러시아 태생의 유대인 언어학자 로만 야콥슨은 레비스트로스가 구조주의의 기본 틀을 익히고 이를 문화 분석에 적용하는 데 큰 영향을 미쳤다. 두 사람은 파리의 자크 라캉을 알게 되었고 세 사람은 구조주의의 시대를 열어젖힌 20세기 지성사의 거목으로 이름을 올렸다.

1948년 레비스트로스가 파리로 돌아왔을 때 그곳에는 실존주의가 풍미하고 있었다. 사르트르, 카뮈, 메를로 퐁티 등의 철학자들은 전후의 정신적 공황과 폐허 속에서 인간 존재의 한계상황과 부조리, 자유를 설파했다. 하지만 레비스트로스가 보기에 실존철학은 지나친 인간중심주의와 과도한 의식 의존이라는 약점이 있었다. 주체의 의식적 선택과 결단을 지나치게 강조하는 주의적 입장으로도 한계를 드러내고 있었다. 이 틈새를 파고든 사상적 조류가 구조주의 인류학이었고 레비스트로스는 그 개척자였다.

인간을 중심에 두는 '실존주의' 비판

레비스트로스는 1948년 구조주의 방법론을 결혼과 친족 관계 분석에 적용한 논문 '친족의 기본구조'로 박사학위를 취득했다. 논문은 1949년 레비스트로스의 첫 저서로 출판되어 학계와 사상계에 큰 반향을 불러일으켰다. 레비스트로스는 새로운 철학적 흐름의 주역으로 부상하고 인류학자로서의 지위를 확고히 다졌다.

1955년에는 1930년대에 탐구했던 아마존강 오지 부족들을 중심으로 자신의 사상적 편력 등을 담은 철학적 기행문 '슬픈 열대'를 출간, 세계 지성사에 큰 충격을 던져 주었다. 1958년에는 사회현상을 구조와 틀 안에서 이해한 '구조주의 인류학'을 간행해 철학, 미학, 언어학, 문학 등 많은 분야에 영향을 미쳤다.

레비스트로스는 이 책들을 토대로 삼아 실존주의에 대립하는 구조주의 진영을 구축했다. 이로써 그때까지 독일이 갖고 있던 유럽의 철학적 주도권이 프랑스로 넘어왔다. 20세기의 가장 위대한 저서 중 하나로 평가받고 있고 '가장 문학적인 비문학'으로 불리는 '슬픈 열대'에 나타난 레비스트로스의 사상은 "문명에 우월이란 게 있는가"라는 물음으로 요약된다.

그는 원시부족 문화에도 나름대로 고도의 질서와 조화가 있고, 서구에서 야만이라고 매도하는 원시사회 의식인 풍습에는 영혼과 육신의 일체화라는 종교적 의미가 담겨 있다고 주장했다. 따라서 문명과 문명 사이엔 '좋고 나쁨'이나 '우월과 열등'이 아니라 '다름'만이 있을 뿐이다. 그가 보기에 서구인들은 자신들의 문화를 문명의 유일한 기준으로 내세워 그것을 척도화한다. 오랫동안 '문명=서구적인 것'이라는 공식은 서로 다른 문화 사이에 '문명과 야만(미개)'이라는 우열관계를 형성시켜왔으며 문명화라는 이름으로 비서구적인 것을 서구화해 원주민들의 삶의 균형을 깨뜨렸다. 그가 말하는 '열대'가 '슬픈' 건 바로 이 때문이다.

유럽인들은 합리성을 미개인과 유럽인을 가르는 기준으로 삼았으나 레비스트로스는 미개인의 삶 역시 철저하게 합리주의적인 토대 위에서 전개되고 있다고 주장했다. 정확히 말하면 미개인이 합리적이라기보다는 인류의 무의식 구조가 모두 같다는 데서 출발한다. 그는 문화 형성의 원리를 의식과 무의식의 대립관계에서 이해했다. 문화의 다양성도 의식-무의식 대립 과정에서 나온 다양한 결과물의 하나로 이해했다. '슬픈 열대'의 출간 후 그전까지 길들여져야 할 대상으로 인식되고 야만으로 치부되던 원주민들도 서양인처럼 인격을 지닌 존재로 인식되었고 서양 우월주의에도 제동이 걸렸다.

"문명에 우월이란 게 있는가"

1962년 출간한 '야생의 사고'에서는 전통적인 서구의 미개인관을 근본부터 비판했다. '야생의 사고'는 문명적 사고와 야만적 사고가 따로 존재한다는 이분법의 해체를 주장했다. 서구인들은 전통적으로 문명인의 사고는 과학적이고 논리적이며, 미개인의 사고는 주술적이고 비논리적이서 사물을 객관화하는 지적 활동이 불가능하다고 여겨왔다.

레비스트로스는 '야생의 사고'를 통해 문명인의 사고와 미개인의 신화적 사고는 사물을 범주화하는 방법과 관심 영역이 다를 뿐 어느 것이 더

과학적이라거나 논리적이라고 주장할 수 없다는 점을 분명히 했다. 책의 마지막 장에서는 미개사회의 사람들이 이성적으로 사고할 수 없다고 여기는 사르트르의 무지를 비판하며 맹공격을 가했다. 인간을 중심에 두는 '실존주의'와 체계·시스템의 작동 원리를 밝히는 '구조주의' 사이에서 일어날 수밖에 없는 필연적인 충돌이었다.

레비스트로스가 사르트르의 인간중심주의를 비판하면서 시작된 논쟁은 사르트르가 구조주의 일반의 정태성과 비역사성을 맹공하면서 확산되었다. 사르트르는 구조주의가 사회적 주체 형성의 문제를 설명하지 못하고 비판적 역사의식이 결여되어 있기 때문에 부르주아 사회의 현존 질서를 옹호하게 된다고 주장했다. 반면 구조주의자들은 실존주의가 매우 엉성하고 비과학적인 주관주의 철학의 왜곡된 형태에 지나지 않는다고 보았다.

이후 서구 사상계는 점차 실존주의의 몰락과 함께 구조주의의 붐을 불러왔다. 구조주의의 등장은 미셸 푸코가 말했듯 "데카르트 이래 인류가 자부해온 주체의 존엄성을 영원히 사라지게 만든 혁명적 사건"이었다. 철학의 역사를 근본적으로 바꾸어놓은 '구조주의적 사고'는 19세기 이래 진행되어온 서구 사유의 한계를 한 차원 뛰어넘고 사유의 새로운 실마리를 제공했다는 점에서, 레비스트로스의 구조주의가 현대 사회의 초석을 이루고 있다는 평가에 힘이 실리고 있다.

구조주의 구조주의는 1950~1960년대 프랑스 지성계를 풍미한 뒤 전세계적으로 확산된, 근대 이후 이성의 확실성에 바탕을 둔 모든 인식체계를 뒤엎은 지성사적 운동이었다. 그런데도 구조주의자로 꼽히는 사상가들마다 "나는 구조주의자가 아니다"라고 말해, 한마디로 규정하거나 공통의 주제를 찾기 힘든 특징이 있다. 구조주의는 인간 의식

페르디낭 드 소쉬르(1857~1913)

외부구조의 중요성을 강조한 페르디낭 드 소쉬르의 언어학에 그 연원을 두고 있다. 소쉬르의 언어학은 다시 트루베츠코이, 야콥슨, 옐름슬레우 등에 의해 계승·발전되었고, 언어학자 야콥슨은 레비스트로스에게 영향을 미쳤다.

구조주의 시대의 문은 인간의 주체와 의식을 지나치게 강조한 사르트르의 실존주의에 환멸을 느낀 신세대 학자들이 열었다. 그들은 주체의 체험, 시간과 역사성, 의식과 자유 등을 강조한 종래 프랑스 철학의 흐름을 전면적으로 거부하며 '주체 바깥의 사고'를 통해 주체의 행위와 인식을 규정하는 객관적 체계들을 정면에 내세웠다.

객관적인 장(場) 구조를 논할 때 구조주의가 구사한 건 관계의 사유였다. A, B, C 각각에 내재하는 의미가 있는 것이 아니라 A와 B의 관계, B와 C의 관계에서 의미가 나온다는 시각이다. 이런 식의 법칙성은 표면에 드러나 있는 것이 아니라 자신도 모르게 그에 이끌려 사는 심층적 법칙성이다. 이 때문에 구조주의는 자연히 '무의식'을 중시하며 무의식의 층위를 파고들게 된다.

이성의 확실성에 바탕을 둔 모든 인식체계를 뒤엎은 지성사적 운동

구조주의자들 눈에 근대철학이 인간의 실체로 여겼던 주체는 착시 효과로 만들어진 허구일 뿐이다. 그들이 보기에 주체의 자유를 극단적으로 강조하는 사르트르의 관점에서는 주체가 자신, 타인, 사회, 역사를 자유롭고 의식적으로 선택한다. 반면 구조주의는 주체를 구조의 산물로 본다. 주체의 선택과 자유는 허상일 뿐이다.

구조주의 인류학의 지평을 연 것으로 유명한 레비스트로스는 자신의 기념비적 저작인 '친족 체계의 기본구조'(1949)에서 친족 체계를 기호 체계로 해명했다. 개인들은 친족 체계가 구성하는 기호 체계와 호칭 체계에 의해 자신의 자리와 이름을 부여받고 그 역할과 의미가 규정된다. 이때 개인들은 구조를 창조하는 주체나 구조의 원인이 아니라 구조의 산물, 구조의 효과일 뿐이다.

자크 라캉은 언어학적 틀로 무의식을 설명하고, 루이 알튀세르는 구조주의적 틀로 마르크스주의를 재해석했다. 결국 2차대전 후 프랑스를 대표하던 실존주의와 현상학 등은 구조조의의 거대한 흐름에 흡수되는 결과를 낳았다.

'포스트 구조주의'는 구조주의가 제기한 문제들을 일정하게 공유하면서도 보편적 구조를 해체하는 데 더욱 급진적인 흐름을 보였다. 푸코, 들뢰즈, 데리다 등에서 알 수 있듯 포스트 구조주의는 구조주의의 '주체와 역사 부정'을 공유하면서 보편적 구조, 이성, 진리에 대해 회의했다.

구조주의에서 포스트 구조주의로 넘어가는 지점에 있는 인물이 미셸 푸코다. 그는 정상과 광기, 병과 건강, 범죄와 법, 성적 관계 등을 통해 "서구의 주체는 어떻게 구성되는가"를 질문한다. 자크 데리다는 서구의 전통적 형이상학의 틀을 해체했다. 그러나 구조주의로 대표되는 전후 프랑스 철학 역시 오늘날에는 종말을 고한 상태다. 구조주의의 문제의식이 일반화되어 독특성을 주장할 수 없게 된 데다 지나치게 사변적, 형이상학적이라는 불평과 비판이 많았기 때문이다.

제임스 딘의 화려한 등장과 허무한 죽음

그의 등장에 허무와 저항과 냉소에 빠져 있던 젊은이들은 환호하고 열광했다

제임스 딘(1931~1955)은 처음 주연을 맡은 영화 '에덴의 동쪽'(1955.3.9 개봉)에 출연한 후 일약 스타덤에 올라 10대의 우상이 되었다. 존 웨인으로 대표되는 강인한 남성상과 아이젠하워 대통령의 엄격한 아버지상에 처음으로 반기를 든 그의 등장에 허무와 저항과 냉소에 빠져 있던 젊은이들은 환호하고 열광했다. 그러나 꽃을 피운 지 6개월 만에 그것도 24세라는 젊은 나이에 갑작스럽게 세상을 떠나 팬들의 가슴에 진한 슬픔과 아쉬움을 남겨주었다.

제임스 딘은 9세 때 어머니가 죽고 뒤이어 아버지가 재혼해 자칫 불우한 어린 시절을 보낼 수도 있었으나 다행히 조부모와 고모 덕에 소박하고 행복한 시절을 보냈다. 그래도 어려서 겪은 개인사는 청년기의 고독과 우수로 남아 영화 속에 그대로 투영되었다.

그를 연기자로 이끈 것은 고교 때 시작한 연극이었다. 대학 때도 전공을 접어둔 채 연극에만 매달리다가 뉴욕의 연극학교 '액터스 스튜디오'에서 연기의 지평을 넓혔다. 연극 '재규어를 보라'로 호평을 받고 '배덕자'(1954)로 토니상 신인배우상과 남우조연상을 차지했다. 이때 명감독 엘리아 카잔의 눈에 띄어 존 스타인벡의 동명소설을 원작으로 한 영화 '에덴의 동쪽'에서 첫 주연을 맡았다. 제임스 딘은 성서에 등장하는 카인처럼 혼란에 빠진 동생 역을 멋지게 연기했다. 남성들은 반항적인 모습에 동질감을 느꼈고 여성들은 고독한 모습에 모성애를 느꼈다.

스크린 밖에서는 속도광이었다. 영화 촬영 때도 틈틈이 자동차 경주에 출전해 스피드를 즐겼다. 때로는 우승할 정도로 실력도 뛰어났다. 그는 평소 "연기보다 자동차 경주가 더 좋다. 연기 생활에 피해가 가더라도 결

코 자동차 경주를 포기하지 않겠다"고 공언했다. 이 때문에 죽기 바로 전 촬영을 끝낸 3번째 영화 '자이언트'에 출연할 때는 영화감독의 요청을 받아들여 "촬영 중 차를 몰지 않겠다"고 약속을 해야 했다.

제임스 딘(1931~1955)

제임스 딘은 '자이언트' 촬영이 끝날 때를 기다리며 1955년 9월 초 은색 포르셰 스파이더 550을 구입했다. 촬영이 끝나자 1955년 9월 30일 '리틀 바스터드(Little Bastard)'로 부른 애차를 몰고 나갔다. 그것으로 육신의 인생은 끝이었다. 캘리포니아 교외 도로를 달리다 마주 오는 트럭과 충돌하는 사고로 현장에서 즉사했을 때 손목시계는 오후 5시 59분을 가리키고 있었다.

"더 살았더라면 평생 가도 이런 명성 얻지 못했을 것"

제임스 딘의 죽음은 20세기의 가장 화려한 죽음으로 기록되고 곧 전설이 되었다. 다행히 그가 출연한 두 편의 영화 중 한 편은 개봉을 앞두고 있었고 또 한 편은 촬영을 마친 뒤였다. '이유 없는 반항'은 10월 27일, '자이언트'는 1956년 11월 24일 개봉되었다.

'이유 없는 반항'이 개봉되기 전, 영화사 사장은 "누가 죽은 사람이 나오는 영화를 보러 오겠냐"라면서 흥행을 냉소적으로 예상했으나 결과는 정반대로 나타났다. 죽기 전 촬영이 예정된 로버트 와이즈 감독의 '상처뿐인 영광'(1956)에는 폴 뉴먼이 대신 출연해 새로운 스타로 각광받는 행운을 얻었다.

제임스 딘은 물질적 풍요를 거부하고 기성세대와 마찰을 빚는 10대들의 고민과 가치관을 그린 '이유 없는 반항'을 통해 고독한 청춘상의 화신으로 각인되었다. '자이언트'에서는 대지주(록 허드슨)의 부인(엘리자베스 테일러)과 이루어질 수 없는 사랑에 빠진 고독한 반항아로 변신했다. 그때서야 팬들은 제임스 딘이 죽었을 때 영화배우 험프리 보가트가 말했다는 "제때 죽었다. 더 살았더라면 평생 가도 이런 명성을 얻지 못했을 것"이라는 말의 뜻을 이해했다.

불만에 가득 찬 찌푸린 얼굴, 꾸부정한 어깨, 여기에 붉은 점퍼와 리바이스 청바지로 제임스 딘은 역사상 처음 어른도 아니고 어린이도 아닌, '틴에이저'란 개념을 탄생시켰다. 생전에 '에덴의 동쪽'으로 아카데미 남우주연상 후보에 올랐던 그는 사후에도 '이유 없는 반항', '자이언트' 등 2편의 영화로 남우주연상 후보에 올라 영화사에 새로운 기록을 남겼다.

그의 등장은 1950년대 중반 '비트족' 태동의 출발점이기도 했다. 기존의 관습을 거부하고 현실 생활의 굴레로부터 초연하려 한 비트족은 오토바이를 몰고 다니며 자신들의 즉흥적인 감정을 폭발시켜 사회질서의 파괴를 즐겼다. 그 발원지에 제임스 딘이 있었다.

헤르베르트 폰 카라얀 베를린 필 종신 지휘자 취임

카라얀만큼 대중적으로 널리 알려지거나 권세와 명성을 누린 음악인은 없었다.

20세기 클래식 음악사에서 대중적으로 가장 널리 알려지고 권세와 명성을 누린 음악인을 꼽으라면 단연 헤르베르트 폰 카라얀(1908~1989)이다. 그는 세계 최정상의 오케스트라 '베를린 필'을 34년 동안 이끌며 세계 지휘계의 황제로 군림한 클래식계의 대스타였다.

카라얀은 오스트리아 잘츠부르크에서 태어나 열 살이 되기도 전에 피아노 연주회를 연 음악의 신동이었다. 피아니스트의 꿈을 접고 지휘자의 꿈을 키운 것은 1927년 빈 음악원에 진학하고부터였다. 1929년 독일 울름의 오페라극장 지휘자로 데뷔하고 울름 극장의 상임지휘자로 활동하던 1933년 나치당에 입당, 권력과 밀착하는 태도를 보였다.

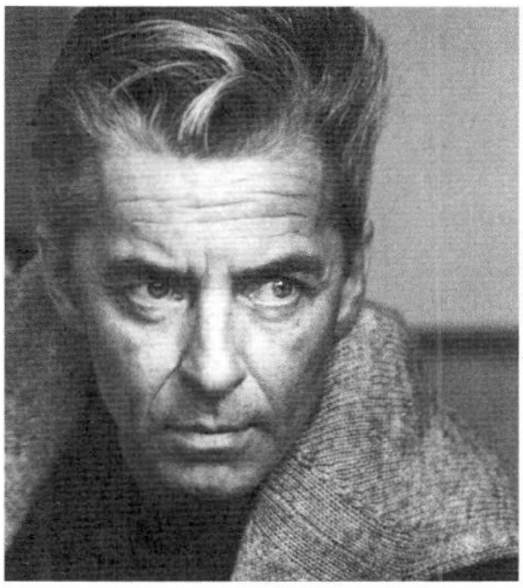
헤르베르트 폰 카라얀(1908~1989)

나치당의 환심을 사기 위해 고위 관료들을 위한 정기연주회를 열고 나치당가를 연주 프로그램에 빠뜨리지 않았다. 이런 공로를 인정받아 1935년 아헨 오페라극장의 최연소 음악감독으로 발탁되었다. 이후 빈 오페라극장(1937), 베를린 필(1938), 베를린 오페라극장(1938) 등의 오케스트라를 지휘하며 나치 정권하에서 탄탄대로를 달렸다. 하지만 2차대전이 나치의 패망으로 끝나자 이탈리아 밀라노에서 오스트리아로 송환되어 2년 동안 연주활동이 금지되었다.

그 무렵 유명 프로듀서 월터 레그가 '필하모니아'라는 레코딩 전문 오케스트라를 영국에서 창단한 뒤 지휘자를 물색하고 있었다. 당시는 레코드 산업이 SP에서 LP로 넘어갈 때였다. 그런데도 대부분의 지휘자들은 음반 녹음에 무관심하거나 "레코딩은 죽은 음악"이라며 음반 녹음을 거부했다. 카라얀은 청중이 굳이 공연장에 오지 않고도 집에서 편하게 음악을 즐기는 시대가 올 것으로 내다보았다. 카라얀은 필하모니아의 초대 수석지휘자가 되었다. 필하모니아가 녹음한 클래식 음반 시리즈는 날개 돋친 듯 팔려나갔다. 카라얀은 레코딩의 체험을 통해 연주상의 조그만 결점도 제거할 수 있는 현대 스테레오 사운드 편집기술의 위력을 깨달았다.

카라얀은 음반의 제작·판매의 성공을 발판으로 베를린 필하모닉 오케스트라의 상임지휘자 자리를 노렸다. 그러나 베를린 필의 상임지휘자 빌헬름 푸르트뱅글러는 나치하에서 활동한 카라얀이 "박쥐 같다"며 지휘대를 넘겨주려 하지 않았다. 좀처럼 올 것 같지 않던 기회는 1954년 11월 푸르트뱅글러가 세상을 떠나면서 찾아왔다.

베를린 필은 차기 지휘자로 카라얀을 내정한 상태에서 푸르트뱅글러 때 이미 예정되어 있는 전미 순회공연을 맡겼다. 카라얀은 대담하게도 "전미 순회공연을 성공시키면 베를린 필의 종신지휘자 계약을 성사시켜 달라"는 조건을 내걸었다. 전미 순회공연은 큰 성공을 거뒀고, 카라얀은 1955년 4월 5일 베를린 필의 음악감독 겸 종신지휘자로 임명되었다. 1957~1964년에는 빈 필하모닉의 음악감독도 겸했다.

카라얀의 등장 후 클래식이 대중적 음악으로 변모해

카라얀은 절대음감을 갖춘 완벽한 귀, 단원들을 몰아세우는 조련사적 기질, 무대와 화면에서 빛나는 카리스마 등을 총동원해 베를린 필을 세계 최고의 교향악단으로 키웠다. 1957년 시작된 스테레오 녹음 시대를 맞아서는 매끄럽고 세련된 사운드의 음반을 잇따라 발표해 베를린 필의 성가를 높였다.

그는 오페라와 콘서트 두 방면을 자유자재로 넘나든 거의 유일한 지휘자였다. 고전, 낭만, 현대에 이르는 순수 오케스트라곡은 물론 종교음악, 발레음악 등 다양한 장르에 걸쳐 누구보다 폭넓은 레퍼토리를 소화했다. 일부 상류층이나 고급 취향을 가진 이들의 전유물인 클래식은 카라얀의 등장을 기점으로 대중적 음악으로 변모했다.

카라얀은 비즈니스 감각도 탁월했다. 생전에 팔린 앨범이 900여 종 2억 장에 이를 정도로 상업적으로도 크게 성공했다. 자신의 이미지를 관리하는 데도 철두철미했다. 기본적으로 비디오 시대인 20세기에 가장 잘 어울림직한 미남형의 얼굴을 가진데다 무대에서는 백발을 휘날리며 눈을 감은 채 지휘에 몰두하는 마에스트로의 카리스마를 과시했다. 촬영 때는 카메라의 각도나 자신의 얼굴이 클로즈업되는 순간과 횟수까지 자신의 결정에 따르도록 꼼꼼히 계산했다.

반면 나치당을 위해 연주활동을 했는데도 종전 후 크게 제재를 받지 않았다는 것, 연주를 영화나 비디오로도 제작해 파는 것으로도 부족해 인터뷰나 스냅 사진 촬영에도 돈을 요구하는 등 상업적인 기질이 너무 강하다는 것 등에 대해서는 비판이 끊이지 않았다.

임기 후반기에는 까다롭기로 유명한 베를린 필 단원과 괴팍한 성미의 카라얀 사이에 마찰이 잦았다. 그럴 때마다 베를린 필 운영자가 손을 들어준 것은 카라얀이었다. 대중적 카리스마로 연주회 때마다 매표수입을 올려주고 레코딩 작업으로 적지 않은 부수입까지 안겨주는 카라얀을 외면할 수 없었던 것이다. 카라얀이 베를린 필의 지휘봉을 손에서 놓은 것은 81세인 1989년 5월이었다.

카라얀은 그해 여름에 있을 잘츠부르크 페스티벌을 준비했다. 매년 여름에 진행되는 이 페스티벌은 카라얀의 비즈니스 감각이 발휘된 덕에 세계 음악팬들의 열렬한 환영을 받고 있었다. 그해 여름 공연에는 플라시도 도밍고와 조수미가 참여할 예정이었다. 그러나 카라얀은 7월 16일 리허설을 마친 뒤 자신의 별장에서 급사했다. 죽는 날까지도 지휘봉을 놓지 않은 것이다.

블라디미르 나보코프 '롤리타' 출간

유명 소설가 그레이엄 그린의 호평 덕에 베스트셀러의 반열에 올랐다.

블라디미르 나보코프(1899~1977)는 러시아 상트페테르부르크의 명문가에서 태어났다. 할아버지는 법무장관을 지낸 엘리트였고 할

블라디미르 나보코프(1899~1977)

머니는 유서 깊은 독일의 귀족 출신이었으며 아버지는 국회의원 출신의 법학자였다. 러시아어, 영어, 불어를 공용어로 사용한 집안의 전통에 따라 나보코프 역시 어려서부터 가정교사를 통해 영어와 프랑스어를 익혔다. 그 덕에 3개 국어에 능통했으나 공교롭게도 구사할 줄 아는 외국어만큼 여러 나라를 떠돌아다니는 신세가 되었다.

첫 망명지는 러시아혁명(1917)을 피해 1919년 부모를 따라 이주한 독일의 베를린이었다. 나보코프는 다시 영국으로 건너가 케임브리지대 트리니티 칼리지에서 문학을 공부했다. 베를린으로 돌아와 있던 1922년 5월 아버지가 우익계 러시아인 파시스트에게 살해되는 비극을 겪었다.

나보코프는 생계를 위해 테니스 코치와 영어 가정교사를 하면서 러시아어와 영어로 소설과 시를 써 베를린 내 망명 러시아인 사이에 촉망받는 젊은 작가로 주목을 받았다. 1937년 나치의 박해를 피해 유대계 러시아인 부인과 함께 파리로 이주, '시린'이라는 필명으로 몇 편의 소설을 출간했으나 파리마저 독일군에 함락되자 1940년 5월 미국으로 건너갔다. 1941년 최초의 영어소설 '세바스찬 나이트의 진짜 인생'을 출간하고 웰즐리대에서 문학을 강의했다.

곤충 전문가이기도 한 그는 하버드대 비교동물학 박물관의 특별연구원으로 활동하며 1942년 수편의 논문을 곤충 전문지에 발표했다. 특히 나비 채집에 일가견이 있어 오늘날 나보코프 퍼그나방, 나보코프 블루, 나보코프 표범나비, 나보코프 브라운 등 여러 나비에 그의 이름이 남아 있다.

나보코프가 장편 영어소설 '롤리타'를 완성한 것은 1953년이었다. 그러나 출판사들의 거부로 미국에서는 출판되지 못하고 1955년 9월 파리의 영세한 출판사에서 펴냈다. 40대 중년 남자와 12살 미성년 소녀의 사랑을 다루고 있다는 이유에서였다. 소설은 초기에는 전혀 주목을 끌지 못했다. 그러다가 영국의 유명 소설가 그레이엄 그린의 호평이 있고 나서 베스트셀러의 반열에 올랐다. 소설이 알려져 좋긴 했으나 내용을 알게 된 프랑스 정부가 판매금지 처분을 내려 '금서'로 지정되었다. 다행히 미국에서는 1958년 출판되어 3주일 만에 10만 권이 판매되는 대기록을 세웠다. 하지만 나보코프에게는 "늙은 유럽이 어린 미국을 욕보였다"는 등의 비난이 쏟아졌다.

"프루스트와 조이스 이래 가장 독창적이며 주목할 만한 작가"

줄거리는 단순하다. 유럽에서 미국으로 건너온 중년의 영문학자이자 작가인 험버트는 자신이 세들어 사는 주인 여자 샬롯의 12살 난 딸 롤리타에게 강렬하게 이끌린다. 마침 샬럿이 험버트에게 청혼하자 험버트는 롤리타와 함께 있을 수 있다는 이유로 수락한다. 어느날 샬럿이 교통사고로 죽자 험버트는 롤리타를 데리고 수개월간 미국 전역을 떠돌아다닌다. 하지만 롤리타는 험버트의 감시와 감금을 피해 퀼티라는 중년의 극작가와 달아난다. 3년 후 험버트가 퀼티를 찾아내 살해한 후 경찰에 체포되었으나 재판에 회부되기 전 갑자기 감옥에서 병사한다. 험버트가 죽기 전, 배심원들을 위해 변론서 형식으로 쓰인 것이 '롤리타'다.

'롤리타'는 1998년 미국의 랜덤하우스 출판사가 선정한 '20세기 100대 영문소설' 중 4위에 오르고, 20세기 문학의 한 페이지를 장식한 소설로 인정받았다. 나보코프에게는 "마르셀 프루스트와 제임스 조이스 이래 가장 독창적이며 주목할 만한 작가"라는 찬사가 이어졌다.

대체 '롤리타'의 무엇이 평론가들의 관심을 끈 것일까? 이유는 변태적이거나 도색적이지 않고 진지한 문학적 성찰과 심오한 예술적 탐색이 짙게 깔려 있기 때문이다. 실제로 험버트와 롤리타 두 사람의 설정을 제외하면 외설스러운 표현이 단 한 군데도 없다. 섹스에 대한 묘사도 생략되어 있다.

'롤리타'는 인간의 무한한 욕망을 들여다보면서 현실적으로 불가능한 것들을 구원케 하는 예술의 지평을 확산시켰다는 평가를 듣고 있다. 험버트가 그렇게도 간절히 소유하고 싶어한 롤리타는 모든 작가가 평생을 두고 추구하는 지고의 예술과 완벽한 언어를 상징한다는 해석도 있다. 볼셰비키 혁명을 피해 일찍 망명길에 오른 나보코프에게 롤리타는 빼앗긴 청소년기에 대한 강렬한 향수의 상징이자 잊을 수도 돌아갈 수도 없는 고향을 의미하기도 한다는 것이다.

'롤리타'가 베스트셀러에 오르자 나보코프는 1948년부터 재직해온 코넬대를 떠나 글쓰기에 전념했다. 1967년에는 모국어로 재창작해 러시아판 '롤리타'를 펴냈다. 어린 소녀에 대한 중년 남성의 성적 집착을 가리키는 '롤리타 콤플렉스'는 소설 '롤리타'에서 나온 말이다.

레몽 아롱 '지식인의 아편' 출간

책을 통해 프랑스 좌파 지성인들의 무조건적인 소련 지지 태도를 통렬하게 비판했다.

레몽 아롱(1905~1983)은 사르트르, 카뮈와 더불어 20세기 프랑스의 3대 지성으로 꼽힌다. 무엇보다 사회주의적 전통이 강한 프랑스 지식인 사회에서 소련 경제체제를 비판하고 종언을 진단한 용기 있는 학자로 정평이 나 있다. 그는 20대 말에 '역사철학 입문'이라는 명저를 남긴 역사학자였고 막스 베버를 프랑스에 소개한 사회학자였다. 또한 '산업사회의 18개 교훈'을 출간한 경제학자였으며 그가 쓴 '국가 간의 전쟁과 평화'는 지금까지도 국제정치학의 고전으로 평가받고 있다. 이처럼 다양한 분야에 족적을 남겼지만 생전에 그 자신은 언론인이나 교수로 불리기를 원했다.

레몽 아롱(1905~1983)

아롱은 프랑스 파리의 유대인 가정에서 태어나 파리고등사범학교와 파리대를 졸업했다. 2차대전 중인 1940년에는 영국 런던에 자리를 잡은 드골 임시정부의 대변지 '자유프랑스'지 편집주간을 맡았으며, 종전 후인 1947년부터는 일간지 '르피가로'지의 칼럼니스트로 활약했다. 1955년부터는 소르본대의 사회학 교수로 활동했다.

아롱이 열정적으로 활동하던 1940~1960년대에 그와 대비되는 인물이 장 폴 사르트르였다. 두 사람은 같은 해에 태어나 엘리트 코스인 파리고등사범학교 동기동창이다. 아롱은 1928년, 사르트르는 1929년 고등사범을 각각 수석으로 졸업했다. 아롱은 1945년 10월 사르트르, 메를로퐁티와 더불어 앙가주망(참여)을 표방한 '현대'지를 창간했다. 그러나 아롱과 사르트르는 곧 노선을 달리했다.

전후 프랑스는 부르주아 우익세력이 정권을 담당했지만 지식층의 헤게모니는 마르크시즘 진영이 잡고 있었다. 사르트르는 '마르크시즘의 지적 대변자'로 불리며 프랑스 좌파 지성을 이끌었다. 아롱은 이에 맞서 우파 지성을 이끈 사상가로 활동했다. 마르크시즘의 영향이 강하게 지배하고 있는 프랑스 지식인 사회에서 마르크시즘에 대한 비판이 하나의 자살 행위로까지 여겨지는 풍토에서도 아롱은 과감하게 소련 사회를 비판했다.

아롱의 이러한 노선은 사르트르를 비롯한 많은 프랑스 지식인들으로부터 비판과 성토의 대상이 되었다. 다른 지식인들은 아롱이 이렇게 일방적으로 몰리는 것을 보고도 추악한 보수반동이라는 낙인이 찍힐 것이 두려워 자신이 우익임을 표방하지 못했다.

모든 독재를 배격한 철저한 자유주의자

사르트르가 30여 년간 프랑스 지식계의 교황으로 군림하는 동안, 아롱은 좌파들로부터 철저하게 따돌림을 받았다. 1955년 소르본대 교수로 부임할 때는 우익 인사이고 우익 신문인 르피가로의 논설위원이라는 이유로 대대적인 반대 캠페인에 부닥치기도 했다. 그러나 아롱은 의연히 자신의 길을 걸어가며 학자와 언론인 역할을 병행했다.

아롱은 이데올로기 색깔을 떠나 모든 독재를 배격한 철저한 자유주의자였다. 정치에는 개입하지 않았지만 그의 논평 대상에 오르지 않은 정치 사건이나 사회문제는 거의 없었다. 아롱 자신의 표현을 빌리면 그는 '참여하는 관객'이었다. 현실에 접근하되 끝내 현실에 발을 들여놓지는 않고 현실을 냉철하게 분석·비판하는 일종의 심판관 역할을 했다.

아롱은 1955년 출간한 '지식인의 아편'을 통해 프랑스 좌파 지성인들의 무조건적인 소련 지지 태도를 통렬하게 비판했다. 이때부터 사르트르와 본격적인 논쟁을 전개했다. 둘은 저서, 논문, 강연 등으로 논쟁을 했고 1979년까지 만나지 않았다.

1962년 출간한 '산업사회의 18개 교훈'은 산업사회에 대한 사회학적 진단서다. 책에 따르면 산업사회의 성장 유형은 민주와 평등의 상대적 함량을 조정하려는 결과로 나타난 현상이다. 사유제와 시장경제의 결합은 '평등'을, 국유화와 계획경제의 결합은 '민주'를 희생시켰다는 점에서 어느 일방의 우월성을 주장할 수는 없다. 아롱은 결국 민주와 평등을 동시에 실현하는 것은 불가능하다고 진단했다. 그러면서도 근대 문명을 이끌어온 정신의 요체인 합리성이 자본주의 내부의 독소를 꾸준히 정화한다는 사실을 들며 비교적 낙관적인 해석을 내렸다.

프랑스 지식 사회에서 거의 30여 년간 사실상 '왕따'를 당한 아롱에 대해 재평가가 이뤄진 것은 1970년대 중반이었다. 그를 비판하던 젊은이들이 점차 마르크시즘의 한계와 소련의 죄악상을 깨달으면서 아롱을 새롭게 발견한 것이다. 심지어는 좌파 지성인들까지 공산주의의 위험성을 깨우쳐준 위대한 선각자라고 칭송했다. 1983년 펴낸 회고록이 1개월 만에 30만 부가 팔려나간 것도 좌우익을 막론하고 그를 새롭게 바라보는 시대 분위기의 산물이었다. 아롱은 죽음을 예견이라도 한 듯 회고록을 발간하고 1개월 뒤 세상을 떠났다.

글렌 굴드 '골드베르크 변주곡' 녹음

출반되자마자 곧바로 베스트셀러에 오르고 지금까지도 절판되지 않고 계속 팔리고 있다.

음악가 중에는 괴팍한 성격의 소유자가 한둘이 아니다. 그 중에서도 기행과 기벽으로 일관한 피아니스트를 꼽으라면 단연 글렌 굴드(1932~1982)다. 굴드는 캐나다 토론토에서 태어나 3살 때 악보를 읽고 5살 때 작곡을 할 정도로 음악적 재능이 뛰어났다. 10살 때 토론토의 로열음악원에 들어가 음악의 기초를 닦았으며 14살 때인 1946년 토론토 교향악단과 협연하고 1947년 첫 연주회를 열었다. 1955년 1월 워싱턴과 뉴욕 데뷔 연주를 성공리에 끝내고 컬럼비아 음반과 계약을 체결해 바흐의 '골드베르크 변주곡'을 녹음했다.

1955년 6월 10일부터 16일까지 뉴욕의 컬럼비아 스튜디오(CBS 스튜디오)에서 진행된 녹음은 굴드의 기인적 풍모가 그대로 드러나 지금까지도 화제가 되고 있다. 당시 굴드는 6월의 더운 날씨였는데도 외투에 목도리

글렌 굴드(1932~1982)

를 두르고 장갑까지 끼고 나타났다. '굴드 의자'로 불리는 접이용 의자도 갖고 왔는데 그는 평소 연습이든 실제 연주든 높이가 낮은 이 접이용 의자에 앉아 연주했다. 굴드 의자는 다리가 모두 고무로 만들어져 연주할 때 몸의 각도에 따라 자유롭게 움직였다.

녹음에 앞서 굴드는 두 손을 20여 분간 더운 물에 데운 후 연주를 시작했다. 연주 동안에는 몸을 앞뒤로 구부렸다 폈다를 반복하고 때로는 도취된 상태에서 콧노래로 흥얼거렸다. 녹음 엔지니어들은 이 콧소리와 삐걱대는 의자 소리가 녹음되지 않게 하려고 진땀을 빼야 했다. 굴드는 '골드베르크 변주곡' 원곡에서 반복되는 부분을 과감히 빼 1시간 정도의 분량을 38분 만에 끝냈다.

'골드베르크 변주곡' 음반은 1956년 1월 출반되자마자 곧바로 베스트셀러에 오르고 지금까지도 계속 팔리고 있다. 당시만 해도 '골드베르크 변주곡'은 지루하고 변화 없는 음악으로 알려져 있었다. 따라서 아무도 이 음악을 연주하려 하지 않았다. 그러나 굴드의 음반이 나온 후 새롭게 각광을 받기 시작해 지금은 바흐의 대표작으로 꼽히고 있다.

굴드는 1957년 뉴욕에서 레너드 번스타인이 지휘하는 뉴욕 필하모닉과 협연할 때도 두터운 외투와 스웨터를 입고 나타났다. 따뜻한 물에 거의 한 시간가량 손을 담그고 있다가 연주회 시작 2분 전 대기실로 들어왔다. 연주 중에는 입을 벌린 채 무대 천장에 시선을 고정하고 때로는 거의 뒤로 쓰러질 것 같은 자세로 피아노를 쳤다. 굴드는 노이로제와 우울증을 앓고 평생을 독신으로 살며 사람들과 어울리지 않았다. 고기는 물론 채소도 즐겨 먹지 않았고 주로 크래커와 오렌지 주스 같은 것들로 끼니를 때웠다. 에어컨이 켜진 식당에도 가지 않았다.

"콘서트는 고통으로 가득 찬 속임수"

굴드는 자신의 기행을 이렇게 해명했다. 접이의자에 대해서는 "내 연주 스타일이 다른 피아니스트보다 20cm는 낮게 앉아서 연주하기 때문"이라고 설명했고, 장갑을 끼거나 따뜻한 물에 손을 담그는 까닭은 "연주회장이 냉방으로 북극처럼 추워지는 경우가 있어 혈액순환에 좋지 않기 때문"이라고 대답했다. 혼자 지내는 것은 "예술가가 창조자로 작업하기 위해 머리를 쓰기 바란다면 사회로부터 자신을 차단할 필요가 있기 때문"이라고 잘라 말했다.

굴드의 음악적 취향 역시 독특했다. 쇼팽과 슈베트르는 아예 연주하지 않고 모차르트와 베토벤은 소홀히 했다. 간혹 아르놀트 쇤베르크나 리하르트 슈트라우스 등을 연주하긴 했지만 그가 한결같이 몰입한 음악은 바흐뿐이었다. 문제는 당시의 청중에게 바흐는 낡고 지루한 음악의 대명사이고, 바흐를 듣는다는 것은 마치 골동품 취미와 같은 것으로 취급되었다는 것이다. 따라서 이런 풍토에서 바흐를 연주한다는 것은 당대의 음악적인 분위기를 거부하는 것이었다. 그런데도 그는 바흐를 고집했고 결과적으로 바흐 음악에 새로운 활력을 불어넣어 주었다.

굴드는 32살이던 1964년 4월 10일 LA 연주회를 마지막으로 더 이상 공개적인 콘서트에 나타나지 않았다. 그때부터 그의 음악활동은 오로지 방송국과 음반사의 스튜디오에서만 이뤄졌다. 굴드가 무대에 서지 않는 이유를 공식적으로 밝힌 적은 없지만 평소 그가 지인들에게 했던 얘기를 종합해보면 그 이유의 일단을 읽을 수는 있다.

굴드는 어느 날 공연장에서 녹음한 곡을 들어보니 공연장의 꼭대기층 관객도 들을 수 있도록 자신이 곡을 과장해 연주하고 있는 것을 알게 되었다. 그는 자신의 이런 과장된 소리도 싫었지만 청중의 기침 소리와 박수 소리에도 거부감을 느꼈다. 평소 "콘서트를 할 때면 희극배우처럼 느껴진다"거나 "콘서트는 고통으로 가득 찬 속임수일 뿐"이라고 생각했다.

그의 공개 연주 거부에 대해 비판적 견해도 적지 않다. 연주자 본연의 사명이라 할 실황 연주는 제쳐두고 녹음 기술로 짜깁기한 음반 제작에만 주력한다는 것이다. 또한 그의 음반은 합성한 것이기 때문에 '실제로는 존재하지 않는 음악'이라는 비판도 있다.

하지만 굴드는 자신의 짜깁기 음악을 전혀 거북해 하지 않았다. 그는 같은 음악을 되풀이해서 녹음하고 편집하는 과정에서 최상의 음악을 만들어낼 수 있다고 생각했다. 따라서 연주의 좋은 부분만을 샘플링해 최고의 완성도를 가진 음악을 만들어내는 것도 창조적 행위라는 것이다. 자신이 한 번 녹음한 음악은 다시 녹음하지 않는다는 원칙을 깨고 '골드베르크 변주곡'을 1981년 다시 녹음한 것도 26년 동안 축적된 녹음 기술의 놀라운 발전을 기대했기 때문이다. '골드베르크 변주곡'을 하나의 '역사'로 남겨놓고 1982년 10월 영면했다.

레이 크록 맥도널드 1호점 개점

크록은 맥도널드 형제에게 프랜차이즈 사업을 하자고 제안했고 형제는 받아들였다.

맥도널드는 20세기 후반까지만 해도 코카콜라와 더불어 미국을 대표하는 상징이자 미국 자본이 외국 현지에 진출하기 전 먼저 시장을 척후하는 첨병 역할을 했다. 한때 "미국의 정보원들이 뚫지 못하는 나라에도 맥도널드 영업사원들을 보내면 모든 일이 성사된다"는 말이 있을 정도로 지구촌 구석구석을 파고들었다.

레이 크록(1902~1984)

맥도널드의 창업주는 모리스와 리처드 맥도널드 형제다. 두 사람이 캘리포니아주 아케이디아에 작은 드라이브인 식당을 연 것은 1937년이었다. 드라이브인 식당은 손님들이 주차장에 차를 세워 놓으면 종업원들이 찾아와서 주문을 받고 음식을 배달하는 식당으로, 비교적 저렴하고 간편하게 구입할 수 있어 1930년대 공황기에 호황을 누렸다. 형제의 식당 역시 한동안 인기를 끌었다. 하지만 2차대전 후에는 드라이브인 식당 경기가 예전과 같지 않았다. 형제는 고민 끝에 드라이브인 식당과는 완전히 다른 새로운 방식의 맥도널드 가게를 1948년 캘리포니아주 샌버너디노에 개업했다.

메뉴는 수십 가지나 되는 다른 가게와 달리 햄버거, 치즈버거, 프렌치프라이, 밀크셰이크, 커피 등 몇 개 품목으로 간소화했다. 공정도 햄버거를 굽는 사람, 드레싱을 바르는 사람, 주문을 받는 사람 등으로 세분화하고 단순화했다. 나이프와 포크는 없애고 접시와 유리컵은 종이접시와 종이컵으로 대체했다. 손님이 음식을 직접 가져가게 하는 셀프서비스를 도입한 대신 가격은 낮추고 음식의 질은 높였다. 결과는 대성공이었다. 맥도널드 가게는 곧 그 근방에서 최고의 즉석 음식점으로 꼽히고 장사는 번창했다.

형제가 맥도널드 가게로 한참 재미를 보고 있던 1954년 어느 날, 50대 초반의 레이 크록(1902~1984)이 찾아왔다. 그는 20살 때 종이컵을 파는 회사에 입사해 17년 후에는 회사 내 영업 부문 최고 자리에 오르고, 40대에는 한꺼번에 6잔의 밀크셰이크를 만들 수 있는 다목적 믹서기 회사에 동업자로 참여한 베테랑 영업사원이었다. 크록이 맥도널드를 찾아간 것은 언젠가부터 수시로 걸려오는 "캘리포니아주 샌버너디노의 맥도널드 가게에서 쓰는 것과 똑같은 믹서를 사고 싶다"는 전화 때문이었다.

크록이 특히 신경을 쓴 것은 '매뉴얼화'

크록은 호기심에 맥도널드 가게를 방문했다. 가보니 햄버거와 밀크셰이크를 사는 손님들로 문전성시를 이루고 있었다. 다목적 믹서기도 8대나 있었다. 가게가 성업 중인 것을 직접 눈으로 확인한 크록의 머리에 순간 떠오른 것은 맥도널드의 전국 체인화였다. 크록은 프랜차이즈 사업을 하자고 제안했고 형제는 받아들였다. 양측은 프랜차이즈료로 가게 하나에 950달러, 로열티는 매출액의 1.9%를 받는 것으로 원칙을 정했다. 로열티 가운데 1.4%는 크록, 0.5%는 맥도널드 형제 몫으로 정했다.

계약에 따라 1955년 3월 프랜차이즈 판매회사인 맥도널드 시스템사가 설립되고, 1955년 4월 15일 시카고의 데스플레인스에 제1호점이 개장되었다. 엄밀히 말하면 맥도널드 형제가 1937년에 처음 세운 드라이브인 식당이 맥도널드의 최초 매장이고 이미 맥도널드 형제가 허가한 10여 개의 맥도널드 프랜차이즈 지점이 따로 있었기 때문에 데스플레인스 1호점은 맥도널드 최초가 아니었다. 하지만 오늘날 맥도널드 본사는 맥도널드가 프랜차이즈점으로 본격 성장하는 데 토대가 된 1955년의 데스플레인스 지점을 제1호점으로 공식화하고 있다.

맥도널드 1호점

크록은 프랜차이즈 사업을 확장하면서 품질, 서비스, 청결, 가치(QSC&V)를 4

대 원칙으로 정해 자신의 경영철학을 구체화했다. 크록이 특히 신경을 쓴 것은 '매뉴얼화'였다. 먼저 햄버거 재료로 사용되는 쇠고기의 크기, 무게, 모양을 정확하게 통일했다. 고기를 어느 정도 두께로 자를 것인지에서부터 몇 도에서 몇 분 동안 익힐 것이며 감자를 써는 요령과 두께까지 꼼꼼하게 매뉴얼로 기록했다. 매뉴얼화의 목적은 전국의 어느 맥도널드에 가도 똑같은 맛을 내려는 데 있었다. 높은 이윤을 보장하고 한 지역에 단 한 개의 가게만을 허용하는 크록의 영업 방침이 입소문을 타면서 가맹점 신청이 전국에서 쇄도했다.

지점 수가 200개를 돌파할 정도로 번창하고 있던 1961년, 맥도널드 형제가 0.5%의 로열티를 포기하고 '맥도널드'라는 상표권까지도 모두 넘기는 대가로 크록에게 현금 270만 달러를 요구했다. 적지 않은 돈이었지만 크록은 돈을 빌려 270만 달러를 모두 지급하고 맥도널드를 자기 소유로 만들었다. 맥도널드를 인수한 1961년 크록은 일명 '햄버거 대학'을 만들어 전국 각지의 점주들을 불러모아 서비스 교육을 했다. 1963년에는 맥도널드의 마스코트인 어릿광대 '로널드 맥도널드'를 선보여 아동 고객을 겨냥하는 발 빠른 행보를 보였다.

'제1의 스티로폼 소비 회사' '정크 푸드' 비난도 들어

크록이 일군 또 다른 성장의 키워드는 부동산이었다. 체인점의 매출은 급증한 반면 낮은 로열티로 본사의 수익률이 낮은 것을 고민하던 끝에 파이낸싱을 이용한 프랜차이즈 부동산임대업을 생각해낸 것이다. 금융기관에서 돈을 빌려 프랜차이즈 업체들이 입주할 땅을 미리 싸게 사둔 뒤, 이를 임대해 주고 임대 차익을 거둔다는 발상이었다. 이렇게 사들인 땅은 매출액의 1%를 받는 조건으로 프랜차이즈 희망자들에게 20년간 장기 임대했다. 부동산임대업으로 맥도널드는 일거에 만성적 재정난에서 벗어나게 되었지만 "햄버거를 파는 게 아니라 햄버거 파는 가게를 임대하는 부동산 사업자"라는 소리를 들어야 했다.

크록은 이른바 '세 다리 의자'론을 강조했다. 하나의 의자를 지탱하는 세 개의 다리처럼 서로 의지해야 더욱 크게 성장한다는 것이다. 세 다리는 공급업체·가맹점주·임직원이다. 크록은 1971년 독일과 일본 진출을 시작으로 세계화 전략을 구사했다. 1977년에는 패스트푸드의 종주국을 자부하는 영국에 진출하고 한국에는 1988년 진출했다. 1983년 12월 미국의 '에스콰이어'지는 20세기 미국인의 생활 방식에 위대한 기여를 한 50명 중 한 명으로 레이 크록을 선정하면서 "콜럼버스는 미국을 발견했고, 제퍼슨은 미국을 세웠으며, 레이 크록은 미국을 '맥도널드화'했다"고 경의를 표했다.

1984년 1월 크록이 심장 발작으로 불귀의 객이 되었을 때 맥도널드는 전 세계 44개국에 7,500여 가맹점을 거느리고 100억 달러에 가까운 매출을 올려 미국 패스트푸드 시장의 3분의 1을 장악한 거대 기업으로 성장해 있었다. 2013년 현재 세계 120여 개국에 3만 1,000개 이상의 매장이 있고 전 세계에서 하루에 5,400만 명이 맥도널드를 소비하고 있다.

이렇게 성장하기까지 모든 게 순탄한 것은 아니었다. 10대 직원의 급료를 최저임금보다 더 낮게 지급해도 된다는 이른바 '맥도널드 법안'이 의회를 통과해 구설수에 오르고, 햄버거에 쓰이는 쇠고기의 안정성 문제와 제3세계의 노동력 착취 등도 맥도널드의 이미지를 깎아내렸다. '제1의 스티로폼 소비 회사'라는 비난의 목소리도 있었고, 칼로리는 높지만 영양가가 낮은 쓰레기 같은 음식이라는 뜻의 '정크 푸드'라는 비아냥도 있었다. 심지어 환경단체들이 맥도널드가 인류의 건강을 해친다며 '맥도널드 반대 행동의 날'을 정하기도 했다. 그래도 맥도널드는 꿋꿋히 버티며 세계 페스트푸드 시장의 선두주자 역할을 하고 있다.

1956년

박춘석 작곡 '비 내리는 호남선' 발표
이태영 '여성법률상담소' 개소
김일성의 대숙청 '8월 종파 사건'
박헌영 처형
엘비스 프레슬리 '로큰롤의 황제'로 부상
　_ *로큰롤*
　_ *에드 설리번 쇼*
유진 오닐 희곡 '밤으로의 긴 여로' 초연
미나마타병 발병 첫 공식 보고
　_ *이타이이타이병과 요카이치 천식*
니키타 흐루시초프, 스탈린 비판
헝가리 반소 봉기
수에즈운하 국유화 선언과 제2차 중동전쟁

박춘석 작곡 '비 내리는 호남선' 발표

가수가 훌륭한 작곡가를 만나야 하듯이 작곡가 또한 좋은 가수를 만나는 것이 중요하다고 생각했다.

박춘석(1930~2010)은 '한국 가요계의 모차르트', '한국 대중가요의 총설계사'로 불린다. 6·25전쟁 후의 폐허 속에서는 국민을 위로하는 친구였으며 1960~70년대에는 당대의 인기 가수치고 그의 노래를 부르지 않은 가수가 없을 정도로 한국 트로트 음악의 중심이었다.

서울의 부잣집에서 태어난 덕에 어린 시절 그의 집에는 피아노, 오르간, 유성기 등이 있었다. 이런 집안 환경에 음악적 재능까지 뛰어나 4살 때부터 오르간을 자유자재로 연주하고, 초등학교 때는 단조와 장조를 구분하고 멜로디에 화성을 넣을 정도로 실력이 출중했다.

인생에 큰 전기가 찾아온 것은 1946년이었다. 서울대 치대에 다니던 길옥윤 등이 대학생 그룹을 만들면서 경기중 4학년인 그에게 피아노 연주를 요청한 것이다. 이렇게 결성된 그룹 '핫 팟'은 명동의 미군 전용업소인 '황금클럽' 무대에서 연주를 시작했다. 피아니스트 박춘석이 프로 음악계에 정식으로 데뷔하는 순간이었다. 까까머리 중학생 신분을 숨기려고 벙거지 모자를 쓰고 클럽 안으로 들어가야 하는 번거로움이 있었으나 집에 있는 피아노를 클럽으로 옮겨다 놓고 피아노를 칠 정도로 연주에 열심이었다. 당시 그가 주로 연주한 곡은 재즈, 팝송, 샹송 등이었다.

박춘석은 1949년 서울대 음대 기악과에 입학했으나 1년 만에 중퇴하고 신흥대(경희대) 영문과에 편입했다. 1950년 6·25가 터져 부친이 인민군에 끌려가 목숨을 잃는 바람에 박춘석은 알거지 신세가 되었다. 이 때문에 취미이던 피아노 연주는 생계 수단이 되었다.

박춘석이 12인조 악단을 결성한 것은 1950년 9·28 수복 직후였다. 악단 이름은 충무로 2가 '은성살롱'의 전속밴드로 들어간 것에 착안해 '은성 경음악단'으로 지었다. 박춘석은 악단을 이끌면서 팝송을 편곡한 번안 가요를 많이 만들었다. 은성 경음악단은 곧 실력을 인정받아 중앙방송(현 KBS) 라디오 전속 경음악단이 되었다.

음악에도 우리 정서에 적합한 게 있다는 걸 깨달아

박춘석이 팝과 재즈에서 벗어나 트로트에 흥미를 느끼기 시작한 것은 그 무렵이었다. 방송국에서 남인수, 이난영 등 원로 가수를 만나고 우리 전통 가요를 반주하면서 음악에도 우리 정서에 적합한 게 있다는 걸 깨달은 것이다. 1954년 박춘석은 미군 부대에서 만난 가수 백일희에게 자신이 작곡한 '황혼의 엘레지'를 건넸다. 박춘석은 백일희를 사랑했으나 백일희는 미군 장교와 결혼한 후 미국으로 떠나버렸다. 이후 박춘석은 평생을 독신으로 살았다.

작곡가 박춘석의 이름을 세상에 알린 노래는 1956년 손인호가 부른 '비 내리는 호남선'이었다. 이 노래 덕에 26세의 젊은 신예는 천재성을 주목받기 시작했다. 그러나 박춘석은 이 노래 때문에 한동안 고초를 겪어야 했다. 제3대 대통령 선거전에 나선 신익희가 1956년 5월 5일 지방 유세를 위해 호남선을 타고 내려가다 열차 안에서 심장마비로 타계하고 이 때문에 노래를 담은 음반이 날개 돋친 듯 팔려나간 게 화근이었다.

박춘석은 경찰서로 불려가 신문을 받았다. 경찰은 "신익희의 죽음을 애도하는 뜻에서 만들지 않았느냐", "고인의 미망인이 가사를 붙이지 않았느냐"며 집요하게 캐물었다. 조사 결과 '비 내리는 호남선'은 신익희가 타계하기 3개월 전에 만들어졌다는 사실이 밝혀져 오해는 풀렸지만 작사가 손노원은 계속 괴로움을 당해야 했다.

박춘석은 가수가 훌륭한 작곡가를 만나야 하듯이 작곡가 또한 좋은 가수를 만나는 것이 중요하다고 생각했다. 자신의 곡이 빛을 발할 수 있었던 것도 이미자, 패티김, 문주란, 남진, 나훈아, 하춘화, 은방울자매, 김상진 등 당대 최고의 가수들을 만난 덕분이라며 겸손해 했다. 훗날 그 최고의 가수들은 '박춘석 사단'으로 불렸다.

박춘석(1930~2010)과 이미자

박춘석이 패티김을 만난 것은 1959년이었다. 미 8군 무대에서 활동하던 패티김은 1959년 박춘석의 번안곡 '틸(사랑의 맹세)'과 '파드레'가 수록된 첫 독집음반을 낸 뒤 유명해졌다. 뒤이어 박춘석이 작곡한 '초우'로 가요계에 정식 데뷔하고 '가을을 남기고 간 사랑', '가시나무 새', '못잊어' 등 주옥같은 노래를 잇따라 히트시키며 전성기를 구가했다.

박춘석과 이미자의 만남은 트로트 황금시대의 개막

주로 팝 싱어들과 호흡을 맞추던 박춘석의 음악세계에 큰 변화가 생긴 것은 1965년 이미자를 만난 후였다. 스스로 '음악인생 2기'라고 말하는 트로트 황금시대의 개막이었다. 1964년 '동백 아가씨'로 유명해진 이미자는 박춘석에게 기대주였다. 박춘석은 순전히 이미자의 노래를 작곡하겠다는 생각으로 1965년 이미자의 소속 회사인 지구레코드로 전속을 옮겼다. 이미자를 만난 후 그의 음악세계는 트로트로 급선회했다. 스윙, 탱고 등 경쾌한 노래들도 부르던 이미자의 노래 역시 애가(哀歌) 전문 트로트로 바뀌었다.

박춘석이 이미자를 위해 처음 작곡한 곡은 1965년 KBS 라디오 드라마

주제가인 '진도 아리랑'이었다. 이후 이미자는 '섬마을 선생님', '그리움은 가슴마다', '흑산도 아가씨', '기러기 아빠', '황혼의 블루스' 등 박춘석이 작곡한 700여 곡을 불렀다. 박춘석이 작곡한 노래가 모두 2,700여 곡이었으니 4분의 1이나 되는 노래를 이미자에게만 준 것이다.

그는 가수들의 이름을 리듬감 있게 고쳐주기도 했다. 문필연에게는 문주란을, 김남진에게는 남진이라는 새 이름을 만들어 주었다. '누가 이 사람을 모르시나요'(1965 · 곽순옥), '가슴 아프게'(1967 · 남진), '마포종점'(1969 · 은방울자매), '하동포구 아가씨'(1971 · 하춘화), '공항의 이별'(1972 · 문주란), '물레방아 도는데'(1972 · 나훈아) 등도 모두 박춘석의 작품들이다.

국내 히트 작곡가로서의 명성은 일본으로까지 이어져 1978년 12월 일본 최고의 여가수 미소라 히바리에게 '가제사카바(風酒場)' 곡을 취입시켜 미소라에게 외국인 최초로 신곡을 써준 인물로 기록되었다. 1994년 8월, 밤새워 곡을 쓰다가 뇌졸중으로 쓰러져 이후 16년 동안 투병생활을 하다가 2010년 3월 14일 숨졌다. 현재 한국음악저작권협회에 등록된 1,152곡은 개인 최다로 기록되어 있다.

이태영 '여성법률상담소' 개소

멸시와 냉대 속에 살아가는 여성들을 어루만져준 시대의 어머니였다.

이태영(1914~1998)에게는 한국 최초의 여성 사법고시 합격, 최초의 여성 변호사, 최초의 여성 법대학장, 최초의 여성 법학박사 등 '최초' 수식어가 여럿 따라다닌다. '최초'라는 수식어가 추가될 때마다 몸은 더욱 고달파졌으나 하늘이 부여한 소명으로 알고 감내했다.

그는 한평생 가족법 개정 운동을 벌인 여성운동의 대모였다. 멸시와 냉대 속에 살아가는 여성들을 어루만져준 시대의 어머니였다. 어느 누구도 거들떠보지 않는 여성 문제에 처음 눈을 뜬 행동하는 지식인이었으며 반독재 민주화투쟁에 앞장선 여성운동가였다. 축첩 반대, 가족법 개정, 동성동본 금혼제 폐지 운동 등 그가 앞장서 일궈낸 결실은 한국 여성운동사의 중요 궤적으로 기록되어 있다.

서울대 법학박사 학위 수여식(1969)에서 남편 정일형과 함께한 이태영(1914~1998)

이태영은 평북 운산군에서 태어나 평양의 정의여고를 졸업했다. 1년 동안 초등학교 교사로 근무하다 1932년 학비를 면제받는 특대생으로 이화여전 가사과에 입학했다. 4학년 때인 1935년 전국여자전문학교 웅변대회에서 당당히 1등을 하고, 1936년 2월 졸업 때는 공부도 잘하고 재주도 많다며 동아일보에 크게 보도되었다. 이화여전 졸업 후 평양에서 교사 생활을 하다가 정일형을 만나 결혼한 것은 1936년 12월이었다.

정일형(1904~1982)은 황해도 안악군에서 태어나 10대 때부터 일제에 저항하며 경찰서를 들락날락거렸다. 평양의 광성고보 3학년이던 1919년 3월에는 3·1운동에 맞춰 평양에서 "대한독립 만세"를 부르다 1주일간 구금되고, 몇 개월 후에는 상해임시정부가 발행한 독립신문을 배달하다 또다시 1개월간 경찰서에 갇혔다. 이처럼 그는 10대에 이미 요시찰 인물로 낙인찍혀 경찰의 감시를 받았다. 연희전문에 들어가서도 학생들의 독립사상을 비난하는 교수의 배척 운동에 나섰다가 1년간 정학을 당했으며 그 기간 야학 활동을 하다가 또다시 1개월간 구류를 살았다.

정일형이 비교적 자유로운 시기는 미국 유학 기간뿐이었다. 1927년 연희전문을 졸업하고 1929년 3월 미국으로 유학을 떠나 오하이오 웨슬리언대에서 학사학위, 1933년 시러큐스대에서 종교교육학 석사학위, 1935년 드류대에서 사회학 박사학위를 받고 1935년 11월 귀국했다. 연희전문 교수직 제안을 뿌리치고 그가 시작한 것은 1936년 4월 평양 공장지대의 빈 창고에서 문을 연 개척교회였다.

그러나 정일형은 1937년 수양동우회 사건으로 3개월간 형을 살고 1940년 창씨개명과 신사참배를 하지 않았다는 이유로 또다시 경찰서에 끌려가 고문을 당했다. 이태영 역시 남편의 옥바라지를 하고 여성의 수치심을 유발하는 고문까지 당하는 등 일제하에서 간난의 세월을 보냈다.

학생과 며느리, 아내와 세 자녀의 어머니로 고군분투

광복 후인 1946년 이태영은 32살이라는 만학의 나이에 여성 최초로 서울대 법과대에 입학했다. 이태영이 학생으로, 며느리로, 세 자녀의 어머니로, 남편을 뒷바라지하는 아내로 고군분투하는 동안 정일형은 광복 후 과도정부 인사행정처장 및 물자행정처장을 지내고 1948년 대한민국 초대 특사단 부사로 구미 각국을 예방했다. 유엔총회 한국대표로도 활약했다.

정일형이 1950년 서울 중구에서 2대 국회의원에 당선되어 활동하는 동안 이태영은 1950년 서울대 법대를 졸업하고 1952년 1월 제2회 고등고시 사법과에 여성 최초로 합격했다. 그러나 이승만 정부가 야당 의원의 부인이라는 이유로 판사 임용을 거부해 결국 1954년 변호사가 되어 불우한 여성과 소외받는 이웃을 위한 삶을 시작했다.

1956년 8월 25일에는 18명의 교수·변호사들이 상담위원으로 참가한 한국가정법률상담소의 전신인 여성법률상담소를 설립, 소장으로 활동했다. 이를 계기로 가족법 개정 운동에 본격적으로 뛰어들어 1963년 가정법원을 설치하는 데 핵심적인 역할을 하고 1976년 국내 여성 100명의 힘을 모아 서울 여의도에 한국 여성운동의 산실인 여성백인회관을 세웠다.

변호사로는 국제변호사 1호인 사위 김흥한이 미국 유학을 마치고 돌아와 1958년 함께 설립한 '이&김' 소속으로 활동했다. 이는 국내 로펌의 원조였는데 5·16 직후 장대영 변호사가 합류해 고시 합격순서대로 '김·장·리'라고 이름을 바꿨다.

남편, 아들, 손자 3대가 14선 기록

학문적으로는 1957년 서울대 대학원에서 법학석사를 받고 1957년부터 1958년까지는 미국 서던메소디스트대 대학원에서 법학을 수학했으며 1969년 55살의 나이로 서울대에서 법학박사 학위를 취득했다. 이렇게 쌓은 지식으로 1963년부터 1971년까지 이화여대 법정대 학장을 지냈다.

정일형은 1960년 4·19혁명 후 장면 내각의 외무부 장관이 되었다가 5·16으로 물러난 뒤에는 국회의원으로 활동하면서 민주회복 운동에 앞장섰다. 내리 8선을 기록했으나 1977년 3월 명동성당 구국선언사건으로 유죄 판결을 받고 국회의원직을 박탈당했다. 아들 정대철은 아버지의 지역구에서 당선, 5선 경력을 쌓았다. 2012년에는 정대철의 아들 정호준까지 서울 중구에서 당선되어 3대가 도합 14선을 기록하고 있다.

정일형이 반독재 민주화투쟁에 앞장설 때마다 그 옆에는 언제나 이태영이 있었다. 부부는 1974년 11월 민주회복 국민선언, 1976년 3·1 민주구국선언(3·1절 명동사건) 등 민주화운동과 인권운동에 적극 참여했다. 이태영은 1975년 막사이사이상을 수상하고 1984년 제1회 국제법률봉사상을 받는 등 국제적인 여성지도자로도 이름을 떨쳤다.

김일성의 대숙청 '8월 종파 사건'

소련과 중국의 입김에서 벗어나 자주노선을 걷고 유일 지도체제의 발판을 마련할 수 있었다.

김일성에게 1950년대는 죽느냐 사느냐의 갈림길이었다. 자신의 오판으로 6·25전쟁을 일으켰으나 유엔군의 참전으로 압록강까지 쫓겨났다가 중공군의 참전 덕에 겨우 기사회생한 그로서는 자리 보전을 위해 누군가에게 전쟁 실패의 책임을 전가해야 했다. 그래서 시작한 것이 1차 대숙청이었다.

6·25 개전 당시 북한의 최고 지위는 김일성이 차지하고 있었지만 빨치산파(갑산파), 국내파, 소련파, 연안파 등이 여전히 건재해 네 파벌이 적당히 균형을 이루고 있었다. 빨치산파는 김일성을 포함한 항일유격대 출신이었고, 국내파는 남로당계가 주축이었다. 소련파는 소련 공산당의 지원을 받았으며 연안파는 중국 공산당과 함께 항일투쟁에 참여한 공산주의자들이었다.

김일성의 1차 표적은 연안파의 거두 무정이었다. 무정은 중공군의 참전으로 한숨을 돌리기 시작한 1950년 12월 평양을 방어하지 못했다는 이유로 군복을 벗어야 했다. 다음 표적은 소련파의 대표적 인물인 당중앙위 비서 허가이였다. 그는 전선이 교착 상태에 빠져 있던 1951년 11월 당중앙위 제4차 전원회의에서 집중적인 비판을 받아 비서직에서 해임되고 농업담당 부수상으로 물러났다가 1953년 7월 당 정치위 출석 요구를 거부하고 자살을 선택했다.

김일성(1912~1994)

전쟁 막바지에는 이승엽과 이강국 등 남로당 출신 핵심 간부 12명이 반국가·반혁명 간첩 혐의로 체포되어 그중 10명이 1953년 8월 사형선고를 받고 처형되었다. '비운의 혁명가' 박헌영 역시 '미제의 스파이' 혐의로 체포되어 1955년 12월 재판을 받고 1956년 7월 19일 처형되었다.

북한 역사에서 유일한 조직적인 반김일성 운동

이처럼 1차 대숙청을 성공시켜 권력의 주도권을 장악한 김일성은 입지를 더욱 굳히기 위해 1956년 2차 대숙청을 감행했다. 2차 대숙청은 김일성이 먼저 시동을 걸진 않았다. 위기를 감지한 소련파와 연안파가 먼저 도전해옴으로써 자연스럽게 권력투쟁과 대숙청으로 이어졌다. 2차 대숙청은 이른바 '8월 종파 사건'에서 비롯되었다. 북한에서 '종파'란 '정치적 야심을 가지고 당에 도전하여 당의 노선과 정책을 무턱대고 반대하는 무리'를 가리킨다.

1956년 2월 흐루시초프가 스탈린을 공개적으로 비판하고 동유럽에서 민주주의에 대한 요구가 확산되자 여파가 북한에까지 미쳤다. 김일성이 전후 복구를 위해 중공업 우선론과 농업 집단화를 펼쳤을 때 연안파와 소련파는 "인민의 생활을 향상시키기 위해 경공업을 중시하고 사회주의 개조는 천천히 하자"며 반대했다. 또한 "권력구조와 정책결정 과정이 민주적이어야 하며 인민의 의사를 존중해야 한다"고 주장했다.

이들은 김일성이 국내에 없는 틈을 타 김일성을 권좌에서 밀어내기 위해 음모를 꾸몄다. 평양 주재 소련 대사도 연안파의 실력자 최창익을 불러 거사를 부추겼다. 거사는 김일성이 1956년 6월부터 50여 일간 경제원조를 요청하기 위해 소련과 동구권을 방문할 때 추진되었다. 김일성은 쿠데타 시도 음모를 전해 듣고 급거 귀국해 반격을 준비했다.

8월 30일 당중앙위 전원회의가 평양예술극장에서 열렸을 때 연안파의 최창익과 윤공흠, 소련파의 박창옥 등이 나서 "개인 독재를 버리고 모든 당 기관을 집체적 지도체제로 개편해야 한다"며 김일성을 강하게 비판했다. 그러나 중앙위원 대부분이 이미 김일성 세력으로 채워진 상태에서 이들의 발언은 김일성파의 조직적인 반격을 자초했다. 윤공흠은 발언이 끝나기도 전에 단상에서 체포되었고 최창익과 박창옥 등은 당직을 박탈당했다. 윤공흠은 감시 소홀을 틈타 중국으로 달아났다.

반대파의 섣부른 도전, 김일성의 권력만 강화해준 꼴

1라운드는 이렇게 김일성의 승리로 끝났으나 소련과 중국이 각각 미코얀 부수상과 팽덕회 국방부장을 평양에 파견, 김일성에게 8월 전원회의 결정을 취소하라고 압력을 가하면서 2라운드가 시작되었다. 김일성은 9월에 당중앙위 전원회의를 다시 소집해 '8월 결정'이 신중치 않았음을 시인하고 출당자들을 복당시켰다. 김일성에게는 두 번째 위기였다.

그러나 미코얀과 팽덕회가 평양을 떠나는 순간 김일성이 또다시 역습을 감행했다. 당시 소련과 중국은 자국 내 문제로 평양 문제에 간섭할 수 있는 상황이 아니었다. 또 중국과 소련 사이에 갈등이 깊어지면서 양국은 서로 김일성을 자기편으로 끌어들이려 했다.

김일성은 이 같은 국제정세를 이용해 반대파들을 반당·반혁명 등으로 몰아세워 1958년 초까지 대대적인 숙청 작업을 벌였다. 최창익과 박창옥 등은 국가반란음모죄라는 죄목을 씌워 1957년 숙청하고 사건에 직접 가담하지 않은 연안파의 거두 김두봉은 1958년 쫓아냈다.

'8월 종파 사건'이 이처럼 김일성의 완벽한 승리로 끝날 수 있었던 것은 김일성의 권력 기반이 탄탄했기 때문이기도 하지만 충분한 사전 준비 없이 외세의 도움을 빌려 권력에 도전하려 한 반대파의 무모함도 주요 원인이었다. 결국 반대파의 섣부른 도전으로 오히려 김일성의 권력만 강화해 준 꼴이 되었다.

1958년 3월, 김일성이 제1회 당대표자회의에서 "조선노동당에서 종파가 완전히 청산되었다"고 선언함으로써 '8월 종파 사건'은 일단락되었다. 이로써 김일성은 소련과 중국의 입김에서 벗어나 자주노선을 걸을 수 있게 되었고 유일 지도체제의 발판을 마련할 수 있었다.

김일성과 함께 1930년대 무장투쟁을 전개한 빨치산파(갑산파)는 '8월 종파 사건' 때는 위기를 넘겼으나 1967년 김일성 개인숭배가 노골화하고 1인 절대권력 체제가 확립되는 일대 소용돌이 속에서 모두 숙청되었다. '8월 종파 사건'은 김일성 집권사에서 최대 위기로 일컬어지는 권력투쟁 사건이었고 북한 역사에서 유일한 조직적인 반김일성 운동이었다.

박헌영 처형

미국을 위한 스파이 활동, 남한 내 민주세력의 파괴, 북한 정부의 전복이란 세 가지 죄목이 씌워졌다.

1945년 8월 해방 직후 박헌영(1900~1956)이 전남 광주에서 서울로 올라왔을 때 길거리에는 "위대한 박헌영 선생이여, 어서 나오시오. 우리는 박 동지를 기다립니다"라는 벽보가 붙어 있었다. 박헌영이 1939년 김삼룡 등과 함께 결성한 경성콤그룹 회원들이 전략적으로 써붙인 벽보였다. 박헌영은 1941년 공산주의자에 대한 일제의 검거 선풍이 불자 광주로 내려가 벽돌공장에서 인부로 위장·은신해 있으면서 일제 패망에 대비하고 있었다.

서울로 올라온 박헌영은 발 빠르게 움직였다. 8월 20일 경성콤그룹을 중심으로 조선공산당 재건준비위를 발족하고, 9월 11일 조선공산당 재건을 선언한 뒤 책임비서가 되었다. 그는 장차 서울이 통일정부의 중심이 될 것이라는 판단하에 평양으로 가지 않고 서울을 본거지로 삼아 미 군

박헌영(1900~1956)

정을 상대로 투쟁을 전개했다. 그러나 미·소가 점령 지역을 자기 입맛대로 요리하는 상황에서 한반도 전체의 주도권을 장악하려 한 박헌영의 기대는 어느 것 하나 들어맞지 않았다. 소련의 지원을 받아 김일성이 급부상한 북쪽은 물론 미 군정이 장악하고 있는 남쪽 모두 박헌영이 헤집고 들어갈 공간은 없었다.

박헌영은 충남 예산에서 태어나 1919년 경성고보를 졸업했다. 1920년 9월 중국 상해로 망명, 한인공산당에 입당하고 이르쿠츠크파 고려공산당 산하 고려공산청년회 중앙총국 책임비서가 되어 본격적으로 공산주의자의 길을 걸었다. 1922년 1~2월 모스크바에서 열린 극동인민대표자대회에 여운형 등과 함께 참석한 뒤 국내에 고려공산청년회를 조직하기 위해 잠입하다가 일경에 체포되어 1년 6개월 동안 징역을 살았다. 1924년 1월 출옥 후 사회주의자이자 독립운동가인 주세죽과 결혼하고 그해 4월부터 1925년 10월까지 동아일보·조선일보 기자로 활동했다.

남북 어디에도 박헌영이 헤집고 들어갈 공간 없어

1925년 4월 17일 결성된 조선공산당 창당 멤버로 참여하고 이튿날 결성된 조선공산당의 청년전위조직인 고려공산청년회 초대 책임비서 직책을 맡아 조선공산당의 핵심 역할을 담당했으나 1925년 11월의 제1차 조선공산당 사건으로 또다시 구속되었다. 재판 과정에서 그는 미친 사람 행세를 하고 감방에서는 자살 소동을 벌이며 자기가 싸놓은 똥을 먹기도 했다. 그 덕에 정신병자로 인정되어 1927년 11월 병보석으로 풀려났다.

출감할 때 그는 처참한 몰골을 하고 있었다. 그와 경성고보 동창이자 기자로 함께 근무한 심훈은 그의 모습을 보고 '박군의 얼굴'(조선일보 1927.12.2)이라는 시를 지어 울분을 토로했다. 심훈은 1930년 10월 박헌영을 모델로 삼아 상해에서 혁명의 열정을 불태우는 젊은이를 그린 소설 '동방의 애인'을 조선일보에 39회 연재하기도 했다.

1928년 8월 박헌영은 임신 중인 주세죽과 함께 함흥에서 블라디보스토크로 탈출했다. 주세죽은 모스크바로 가던 중 시베리아 횡단열차 안에서 딸을 낳았다. 박헌영은 1928년 11월부터 1931년 말까지 코민테른이 운영하는 모스크바의 국제레닌학교를 다니며 호찌민 등 각국에서 온 청년 공산주의자들과 교유했다.

주세죽이 서울에서 온 조선 남성과 눈이 맞아 1931년 사랑의 도피행을 선택하는 바람에 박헌영은 딸을 고아원에 맡겨둔 채 1932년 1월 홀로 모스크바를 떠났다. 1933년 7월 상해에서 일경에게 또다시 검거되어 경성의 감옥에 6년 동안 갇혀 있다가 1939년 만기출소했다.

그 후 지하로 잠적해 국내 조선공산주의운동 사상 마지막 조직인 경성콤그룹을 새롭게 출범시켰으나 경성콤그룹마저 1941년 일경의 탄압으로 와해되자 전남 광주로 피신, 일제 패망에 대비했다. 박헌영을 시중들던 정순년이라는 여성이 훗날 원경 스님이 될 박헌영의 아들을 낳은 것도 1941년이었다.

해방 후 박헌영은 조선공산당을 대표하는 인물로 급부상했다. 하지만 소련의 비호를 받는 김일성과 세력관계가 곧 역전되었다. 첫 번째 계기는 1945년 10월 13일 '조선공산당 북조선분국'의 설립이었다. 박헌영이 북조선 분국을 승인한 것은 한국 공산주의 운동의 지도권이 김일성에게 넘어가는 전주곡이자 자신의 비극적 운명에 대한 자필서명이었다.

그렇다고 달리 대안도 없었다. 찬반탁 정국에서 박헌영은 소련의 지시에 따라 찬탁으로 돌아섰다. 이 때문에 대중의 신뢰까지 잃어 남한 내 기반이 흔들린 반면 김일성은 소련군의 든든한 지원을 받아 지위를 더욱 확고히 했다.

박헌영 처형은 광신적 개인숭배에 입각한 사이비 공산주의의 승리

1946년 2월 북한만을 단위로 하는 사실상의 북한 단독정권인 북조선임시인민위원회의 발족도 박헌영을 남한 정국의 많은 정치 지도자 가운데 한 사람으로 격하시켰다. 결정적으로는 조선공산당이 위조지폐를 만들다 발각된 '조선정판사 위조사건'으로 체포령이 떨어지고 1946년 10월 월북을 선택함으로써 남한 내 지지 기반까지 송두리째 잃는 결과를 낳았다. 그가 서울에 없는 동안 조선공산당은 1946년 11월 23일 남조선노동당으로 격하되었다.

박헌영은 1948년 9월 9일 수립된 조선민주주의인민공화국에서 김일성 수상 아래의 부수상 겸 외무상의 지위를 차지했다. 1949년 6월 북로당이 남로당을 흡수통합해 창당한 조선노동당에서는 김일성 위원장에 뒤이은 부위원장이 됨으로써 공식적으로 북한의 2인자가 되었다.

북에서 박헌영은 김일성과 함께 남침전쟁을 준비했다. 1949년 3월 김일성과 함께 모스크바를 방문해 스탈린에게 6·25전쟁 지원을 요청하고, 1950년 4월에도 김일성과 함께 또다시 모스크바를 방문해 스탈린에게 "일단 공격을 개시하면 지하에 잠복해 있는 20만 명의 남로당원들이 호응할 것"이라고 장담했다. 남침이 시작되었을 때 박헌영은 평양방송에 자주 나와 '남조선 인민들의 봉기'를 선동했으나 그의 호언장담과 달리 남로당원들의 호응 봉기는 거의 없다시피했다.

휴전이 가까워지면서 김일성은 패전에 대한 속죄양이 필요했고, 자신이 늘 거북스럽게 여겨온 박헌영을 중심으로 한 남로당파를 지목했다. 박헌영에게는 미국을 위한 스파이 활동, 남한 내 민주세력의 파괴, 북한

정부의 전복이란 세 가지 죄목이 씌워졌다. 남로당 20만 봉기설 역시 주요 죄목 가운데 하나였다.

박헌영의 사망 일자는 훗날 북한의 전직 고위인사가 박헌영의 아들 원경 스님에게 증언하면서 알려졌다. 김일성의 지시로 1956년 7월 19일 밤 처형되었다는 것이다. 이는 북한에서 마르크스 레닌주의에 토대를 둔 정통 공산주의가 막을 내리고 광신적 개인숭배에 입각한 사이비 공산주의가 승리함으로써 봉건세습 전체주의가 권력의 역사를 이어가게 된 계기가 되었다.

엘비스 프레슬리 '로큰롤의 황제'로 부상

낯설고 외설적인 춤을 본 어른들이 TV를 향해 비난을 퍼부었다.

갓 21세가 된 엘비스 프레슬리(1935~1977)에게 1956년은 잊을 수 없는 해였다. 2년 전 데뷔 이후 미국 대중음악계에 조금씩 이름이 알려지다가 1956년 1월 발매한 앨범 '하트브레이크 호텔'이 대히트를 치고 같은 달 TV 프로그램 '스테이지 쇼'에 출연, 연초부터 독주 채비를 갖춰나갔기 때문이다.

엘비스는 TV 방송국에서 경련 든 사람처럼 노골적으로 엉덩이와 다리를 흔들며 '하트브레이트 호텔'과 '셰이크 래틀 앤드 롤'을 불렀다. 프로그램이 끝났을 때 낯설고 외설적인 엘비스의 허리 아래 춤에 항의하는 전화가 방송국에 빗발쳤다. 하지만 기성세대와 달리 젊은이들은 새로운 스타일의 춤에 환호로 화답했다.

'하트브레이크 호텔'은 "록의 역사를 시작했다"는 찬사와 함께 4월 21일부터 8주 연속 전미 인기 차트 1위에 올랐다. 그해 8월과 11월 각각 발

엘비스 프레슬리(1935~1977)

매된 '돈트 비 크루얼 / 하운드 독'과 '러브 미 텐더'까지 인기를 이어가면서 1956년은 명실상부한 '엘비스의 해'가 되었다.

엘비스 프레슬리는 미국 미시시피주 투펄로의 가난한 집안에서 태어나 1948년 부모를 따라 테네시주 멤피스의 빈민가로 이사했다. 고교 졸업 후 트럭 운전을 하던 그는 '4달러만 내면 어떤 노래든 녹음해드립니다'라는 선 레코드 스튜디오의 광고를 보고 평소 어머니가 좋아하는 노래를 녹음해 그것을 엄마의 생일 선물로 주기 위해 1954년 7월 어느 날 스튜디오 문을 두드렸다.

그는 컨트리 음악과 발라드곡을 불렀다. 하지만 녹음 관계자들은 노래를 잘한다는 느낌만 받았을 뿐 특징적인 인상을 받지는 못했다. 녹음 작업이 거의 끝나갈 무렵 엘비스는 잠시 휴식 시간을 보낸 후 평소 스타일대로 다른 가수의 노래 '댓츠 올 라이트(마마)'를 불렀다. 순간 녹음 관계자들의 눈빛이 달라졌다. 흑인과 백인이 비슷하게 공존하는 멤피스에서 자라, 백인이면서도 흑인의 감성과 음감을 자연스레 익힌 엘비스의 창법이 그들의 관심을 끈 것이다.

"노래를 부른 가수가 누구냐" 전화 폭주해

이튿날 녹음 작업이 다시 시작되었다. 엘비스는 "마음대로 노래하라"는 녹음 제작진의 지시대로 편안하게 노래를 불렀고, 제작진은 비로소 스타 탄생을 예감했다. 곧 스튜디오 직원이 엘비스의 재능을 알아보고 선레코드 사장에게 엘비스를 소개했다. 사장은 그의 노래를 듣고 음반 녹음을 결정했다.

선레코드는 '댓츠 올 라이트(마마)'가 수록된 앨범을 제작하기 전, 데모 싱글을 멤피스의 지역 라디오 방송국에 건네주고 반응을 타진했다. 7월 10일 밤 9시 30분께 엘비스의 노래가 방송되자 "노래를 다시 틀어달라", "노래를 부른 가수가 누구냐"라는 등의 전화가 방송국으로 폭주했다. 새로운 스타가 탄생한 것이다.

엘비스는 1955년 11월 RCA 레코드사에 둥지를 틀었다. 1956년 1월 RCA에서 발매한 '하트브레이크 호텔'로 엘비스는 미국 남부 출신의 촉망받는 가수에서 미 전역을 휘어잡는 '로큰롤의 황제'로 재탄생했다. 뒤이어 발매된 '돈트 비 크루얼 / 하운드 독'까지 8월 18일 미국 차트 정상에 오르면서 엘비스의 인기는 대폭발했다. 이때부터 11주 동안 계속된 1위 기록은 1992년 R&B음악의 선풍을 일으킨 보이즈 투멘이 13주 동안 1위를 기록할 때까지 '가장 오랫동안 차트 1위를 지킨 노래'로 기록되었다.

'돈트 비 크루얼 / 하운드 독'은 11주 만에 왕좌에서 내려왔으나 11월에 발매된 '러브 미 텐더'가 재빠르게 왕관을 낚아챘다. 이 노래는 엘비스의 동명 영화 데뷔작의 사운드 트랙으로 탄생되었다. 영화는 1956년 11월 16일 전미 550개 영화관에서 동시에 개봉되었다.

엘비스는 개봉 전인 9월 9일 '에드 설리번 쇼'를 통해 먼저 노래를 소개했다. 82.6%라는 공전의 시청률을 기록한 '에드 설리번 쇼'에서 엘비스는 열광적으로 몸을 흔들어댔고, 5,400만 명의 시청자는 그에게서 눈을 떼지 못했다. 이 여파로 영화가 개봉되기도 전에 이례적으로 사운드트랙이 먼저 발매되었다. 엘비스는 이 영화를 시작으로 1969년까지 모두 31편의 영화에 출연했다.

"그 이전에 아무도 없었다"

빙 크로즈비, 프랭크 시내트라 등의 감미로운 스탠더드 팝이 오랫동안 지배하던 음악계에 끈적거리면서도 격렬한 샤우트 창법을 구사하는 엘비스의 등장은 충격이었다. 엘비스에 앞서 점잖은 노래로 전성기를 구가한 선배 가수들은 엉덩이와 다리를 흔들어대며 팬들의 정신을 빼앗는 엘비스를 혹평했다.

시내트라는 "로큰롤은 거칠고 추하고 무모하고 사악하다"라는 혹평을 마다하지 않았고, 일부 여성단체는 "젊은이들을 타락시킬 위험한 존재"라며 그를 내쫓으라고 압력을 가했다.

그래도 젊은이들은 매력적인 목소리에 무대 매너와 외모까지 갖춘 엘비스에 환호하고 열광했다. 훗날 비틀스의 존 레넌은 "그 이전에 아무도 없었다"고 잘라 말했고, 폴 매카트니는 "구세주가 나타났다"고 찬사했다.

엘비스는 인기 절정이던 1958년 3월 일반 전투병으로 군에 입대해 서독의 미군 기지에서 근무하다 1960년 3월 전역했다. 이후 엘비스는 데뷔 초기의 빠른 템포에서 벗어나 스탠더드 팝 계열의 곡으로 변신을 꾀했다. 반응은 다르게 나타났다. 기성세대가 새롭게 관심을 보인 것과 달리 젊은 팬들의 반응은 전만큼 열광적이지 않았다.

이후 엘비스는 음악보다 영화 쪽에 전념했다. 촬영이 없을 때는 멤피스의 저택에 은거했다. 1968년 컴백 공연을 통해 재기에 성공하고 1973년 세계 최초의 인공위성 생중계인 하와이 공연에서 다시 한 번 슈퍼스타로서의 면모를 유감없이 보여주었다. 1977년 8월 16일 강박과 외로움을 잊기 위해 약물을 과다복용하다 42세로 숨졌을 때 멤피스의 한 일간지 1면 톱 제목은 '왕은 죽었다'였다.

생전에 엘비스는 빌보드 차트 10위권 안에 36곡, 1위에 17곡을 올리고 미국 내에서만 1억 장 이상, 전 세계 10억 장 이상의 음반을 판매했다. 이 기록에 버금가는 음악인은 비틀스와 마이클 잭슨뿐, 누구도 이 기록을 추월하지 못했다.

로큰롤 로큰롤이 탄생하기 전, 미국에서 유행한 것은 '리듬&블루스(R&B)'와 '컨트리&웨스턴'이었다. '리듬&블루스'는 블루스가 남부 미시시피에서 북부 시카고로 올라오면서 비트와 리듬이 첨가된 흑인들의 음악이었다. 유럽의 민요에서 발전한 '컨트리&웨스턴'은 흑인음악의 영향을 받아 조금씩 변형되긴 했으나 밋밋하고 반복적인 느낌 때문에 재미와 깊이가 없었다. 그래서 일부 백인 가수들이 흑인의 R&B 창법을 모방하고, 여기에 가스펠과 재즈를 가미해 강약이 있고 끈끈한 새로운 스타일의 음악을 만들어낸 것이 1950년대 후반 젊은이들의 통속적인 언어가 된 '로큰롤(Rock'n'Roll)'이다.

로큰롤의 등장을 본격적으로 알린 대표적 곡은 1954년 4월 '빌 헤일리와 혜성들'이 발표한 '셰이크 래틀 앤드 롤'과 '록 어라운드 더 클락(Rock around the clock)'이다. 특히 '록 어라운드 더 클락'은 국내 CF에도 자주 등장해 우리에게도 익숙하다. 듣다 보면 자신도 모르게 손뼉을 치거나 춤을 추게 하는 노래이지만 당시 젊은이들로부터는 큰 반응을 끌어내지 못했다. 그러다가 1955년 3월 영화 '폭력교실'(원제는 블랙보드 정글)의 사운드트랙으로 실리면서 급속도로 젊은이들 속으로 파고들어 갔다.

일반적으로 인정하는 로큰롤의 원년은 1955년이다. 이유는 '록 어라운드 더 클락'이 영화(폭력교실) 개봉과 함께 그해 7월 9일부터 8주 동안 빌보트 차트 정상을 차지했기 때문이다. 영화 개봉이 로큰롤을 하나의 음악 장르로 자리 잡게 하는 데 도움을 준 것은 사실이다. 그러나 영화 주인공(말런 브랜도 주연)의 행동과 결합되어 로큰롤이 젊은이들의 반항과 비행, 그리고 폭력과 관계된 음악이라는 이미지로 굳어졌다는 점에서

빌 헤일리(1925~1981)

는 영화 개봉이 꼭 반가운 것만도 아니었다.

로큰롤은 '록 어라운드 더 클락'의 노래 가사에 "Rock, Rock, Rock Everybody, Roll Roll Roll"이 반복되는 것에 착안한 한 라디오 DJ가 '로큰롤(Rock'n'Roll)'이라고 부르면서 용어가 일반화되었다. 다만 '록 어라운드 더 클락'을 세상에 내놓은 빌 헤일리는 로큰롤의 영웅이 되지 못했다. 늘 히죽히죽 웃는 표정을 짓던 그는 다섯 아이를 가진 맘씨 좋은 아저씨 인상이었지 신선하고 충격적인 로큰롤의 이미지와는 어울리지 않았다.

바야흐로 새로운 문화 싹터

젊은이들이 근사하고 멋진 로큰롤의 등장을 갈망하고 있을 때 등장한 것이 엘비스 프레슬리다. 로큰롤 역시 자신을 표현해줄 최고의 가수를 찾았다는 점에서 엘비스를 환영했다. 빌 헤일리와 비슷한 시기에 미 전역을 상대로 본격적인 활동에 돌입한 엘비스는 1956년 1월 '하트브레이크 호텔'을 히트시키면서 로큰롤 확산에 불을 질렀다. 이 때문에 엘비스 프레슬리는 '로큰롤의 황제', 빌 헤일리는 '로큰롤의 아버지'로 불린다.

로큰롤의 등장으로 레코드 판매와 라디오 방송 선호도에서 뒤지게 된 기성 팝 가수들은 로큰롤을 향해 공격적인 태도를 취했다. 프랭크 시내트라는 라디오 방송에서 "로큰롤 가수들은 노래하는 게 아니라 목을 조르고 소리만 지른다. 그들은 가수가 아니다!"라고 소리치기도 했다.

부모들은 다리를 떨고 엉덩이를 돌리며 노래하는 엘비스 프레슬리의 모습에 경악했다. "낯 뜨거운 성적 환상을 심어주어 새로운 세대들의 정서에 좋지 않은 영향을 미칠 것"이라는 게 이들의 생각이었다. 젊은이들에게는 경쾌하고 신나는 음악이었지만 기성세대에게는 음악으로 보이지 않았던 것이다. 기성 세대들은 폭력영화 속에 흐르는 저질 음악이라며 비난의 화살을 록 음악 전체에 돌려버렸으나 젊은 세대에게는 비난이 들리지 않았다. 바야흐로 새로운 문화가 미국에서 싹트기 시작한 것이다.

에드 설리번 쇼

엘비스 프레슬리나 비틀스의 인기를 거론할 때 예외 없이 등장하는 게 '에드 설리번 쇼'다. 1950~60년대 대중의 인기를 끌며 그 시대 미국의 보편적 문화를 상징한 토요일 밤의 대표적 이벤트였기 때문이다. 1948년 6월 20일에 시작된 쇼의 첫날에는 가수 겸 영화배우 딘 마틴과 코미디언 제리 루이스가 출연해 뮤지컬 '남태평양'의 작곡가 리처드 로저스와 노래말·대본을 쓴 오스카 해머스타인 2세와 함께 공연했다. 이후 24년간 매주 토요일 밤 8시만 되면 약간 어색한 듯한 표정의 한 사내가 CBS TV에 등장했는데 그가 바로 쇼 진행자 에드 설리번이었다.

신문에 브로드웨이나 흥밋거리 위주의 글을 써온 스포츠 기자 겸 영화 칼럼니스트였던 그는 아직 버라이어티쇼가 생소하던 때에 오페라 가수, 록스타, 코미디언, 발레리나 등 다양한 인물을 출연시켜 노래, 춤, 만담 등을 자유롭게 선보이도록 함으로써 인기몰이를 시작했다.

설리번은 무표정한 모습으로 쇼를 진행하는 경우가 많아 '오래된 돌 얼굴'이라는 별명이 붙었고, 이 때문에 코미디언들이 그를 코미디 소재로 삼기도 했다. 쇼의 첫 이름은 '유명 인사(Toast of the Town)'였으나 사람들이 편의상 '에드 설리번 쇼'라고 부르면서 1955년부터는 공식 명칭이 되었다. 인기도 점차 높아져 스타덤을 보장하는 프로그램으로 인정받았다.

에드 설리번(1901~1974)

대부분의 쇼는 주로 뉴욕의 CBS TV 스튜디오에서 생방송으로 진행되었지만 때로는 영국, 호주, 일본 등지에서 녹화방송으로 진행되기도 했다. 유색인종 차별이 여전하고 제작진이 반대하는데도 설리번이 고집을 피워 다이앤 캐럴, 냇 킹 콜, 보 디들리 등 흑인 가수들도 다수 출연했다.

그러다가 1960년대 후반으로 접어들어 인기가 시들해지고 시청률도 20위권 밖으로 밀려나자 CBS가 폐지를 결정했다. 설리번은 기분이 상해 1971년 6월 6일의 마지막 방송은 진행을 거부했다. 그러나 3년 뒤인 1974년 10월 13일 암으로 죽을 때까지 CBS의 몇몇 특별 프로그램에 출연하고 1973년에는 25년째 '에드 설리번 쇼'를 기념하는 프로그램에 출연하는 등 마지막까지 CBS와 인연을 이어갔다.

우리나라 최초 보컬그룹 김시스터즈도 출연

1956년 엘비스가 음란하게 엉덩이를 흔들며 노래한 것이나, 1964년 비틀스가 출연해 소녀들의 광적인 반응을 끌어낸 것은 에드 설리번 쇼가 남긴 대표적인 명장면일 뿐만 아니라 20세기 로큰롤의 결정적 장면들이다. 설리번은 당초 엘비스의 쇼 출연을 반대했다. 엘비스가 1956년 6월 5일 한 TV쇼에 출연, 노래 '하운드 독'을 부르며 당시로서는 이해할 수 없는 반항적 기질을 보였기 때문이다.

쇼를 지켜본 설리번은 자신의 쇼에는 절대로 엘비스를 출연시키지 않겠다고 단언했다. 하지만 당시 설리번의 경쟁자로 NBC TV에서 쇼를 진행하던 스티브 앨런의 적극적인 섭외로 엘비스가 턱시도 차림에 신사모를 쓴 하운드 개를 옆에 앉혀놓고 노래 '하운드 독'을 불러 높은 시청률을 올리자 에드 설리번 쇼 제작진도 할 수 없이 엘비스를 쇼에 출연시켜야 했다.

엘비스가 처음 출연한 1956년 9월 9일의 설리번 쇼는 엘비스가 노래 '러브 미 텐더'와 같은 제목의 영화를 할리우드에서 촬영하고 있어 제작진이 LA까지 날아가 진행했다. 마침 교통사고를 당한 설리번 대신 영화배우 찰스 로턴이 진행을 맡아 설리번의 체면을 세워주었다. 설리번이 진행하지 않았어도 엘비스의 인기에 힘입어 첫날 쇼는 전국에서 5,400만 명이 시청하고 미 TV 사상 가장 높은 82.6%의 시청률을 기록했다.

이후에도 엘비스는 간간이 쇼에 출연, 인기 행진을 이어갔다. 전문가들은 엘비스의 '에드 설리번 쇼' 출연이야말로 대공황과 2차대전을 겪은 구세대와 베이비붐 신세대 간의 커다란 갭을 이어주는 데 큰 역할을 했다고 설명한다. 비틀스는 1964년 2월 9일의 첫 출연을 포함해 생방송 2번, 녹화 1번, 라이브공연 녹화 1번 등 모두 4번 출연했다. 7,300만 명이 시청하고 시청률 60%를 기록한 비틀스의 첫 방송은 미국에 대한 영국 음악의 선전포고였다.

한국 가수 중 가장 먼저 출연한 가수는 1953년 결성된 우리나라 최초의 보컬그룹 김시스터즈다. 이들은 6·25전쟁 후 미 8군 무대에서 활동하다 미국인 흥행사의 눈에 띄어 1959년 도미한 후 '에드 설리번 쇼'에 20여 차례나 출연해 미국인의 눈과 귀를 매혹시켰다. 아시아인이 미국 가요를 부르는 이색적인 무대는 큰 호기심을 불러일으켰다. 동포들은 김시스터즈의 민요 가락에 눈물을 쏟아냈다. 쇼 출연이 계기가 되어 설리번은 김시스터즈 음반에 발문을 써주기도 했다.

유진 오닐 희곡 '밤으로의 긴 여로' 초연

직선적이지만 가족 관계가 혼란스러울 정도로 복잡하게 묘사되었다.

유진 오닐(1888~1953)은 상업적 수준에 머물러 있던 미국의 연극을 예술적으로 승화시킨 '미국 근대극의 아버지'다. 오닐이 있었기

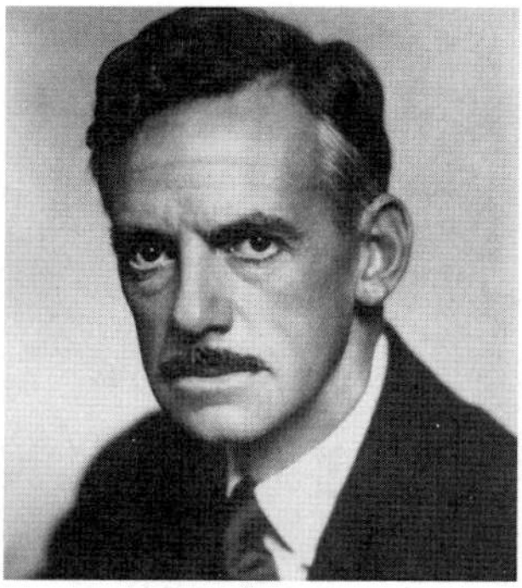

유진 오닐(1888~1953)

에 1920년대에 아직 꽃을 피우지 못한 연극도 한창 만개하고 있는 문학, 미술, 음악들과 어깨를 견줄 수 있는 문화적 수단으로 격상되었다. 그러나 오닐이 이런 위대한 성과를 거두기까지는 고통스러운 젊은 시절을 보내야 했고, 그 고통은 훗날 그의 연극에 자서전이나 자화상처럼 투영되었다.

오닐의 부친 제임스 오닐은 아일랜드에서 미국으로 이주한 유랑극단 배우였다. 부친은 자그마치 35년 동안 '몽테크리스토 백작'을 연기한 돈으로 가족을 부양했다. 지독한 구두쇠 아버지가 가족에게 끼친 가장 큰 실수는 출산 후유증으로 고생하는 아내를 돌팔이 의사에게 맡긴 일이었다. 돌팔이는 당장의 통증을 해결하기 위해 모르핀을 주사했고 이 때문에 어머니는 마약중독자로 살다가 1922년 세상을 떠났다.

평탄치 않기로는 자식들의 삶도 마찬가지였다. 큰아들은 술과 여자에 빠져 지내다 병으로 죽었고 둘째는 생후 2년 만에 홍역으로 죽었으며 셋째 아들 유진 오닐은 떠돌이 생활로 온갖 고생을 하다가 결핵에 걸려 요양원에 입원했다.

오닐은 직업 때문에 늘 유랑해야 하는 아버지의 임시 거처인 가족용 호텔에서 태어나 유년 시절을 호텔방, 열차, 무대 뒤에서 보냈다. 7살 때 부모의 곁을 떠나 기숙학교에서 지내고 1906년 프린스턴대에 입학했다. 6개월 만에 대학을 중퇴한 뒤로는 그가 훗날 진정한 교육이었다고 술회한 '인생 체험'을 시작했다. 1909년 10월 홀로 중미의 온두라스 등지로 금광을 찾아 나섰다가 말라리아에 걸려 1910년 5월 무일푼으로 귀국한 적도 있었다.

한동안 뉴욕의 허드슨강 하류에 있는 부둣가 살롱에 거처하며 폭음으로 날을 지새다가 또다시 아르헨티나 부에노스아이레스로 떠나 날품팔이, 부두 노동자, 임시 선원 등의 직업들을 전전하며 폐인처럼 일상을 보냈다. 1911년 다시 뉴욕으로 돌아와서도 부둣가의 빈민가 선술집에서 방탕한 생활로 하루하루를 보내다가 자살을 기도하고, 1912년 12월에는 결핵에 걸려 6개월 동안 요양원 신세를 졌다.

상업적 수준에 머물러 있던 미국의 연극을 예술적으로 승화시켜

요양은 인생의 중요한 전환점이었다. 처음으로 자신을 있는 그대로 냉정하게 직면하게 되었고 명상과 사색의 시간을 통해 비로소 과거의 체험을 희곡으로 표현하고 싶은 충동을 느꼈다. 오닐은 요양원에서 스트린드베리와 입센의 책을 읽으며 단막극 희곡을 썼다. 요양원을 떠나서는 매사추세츠주 프로빈스타운의 조용한 어촌에서 극작가로 등단했다. 그곳에서 실험극 운동을 전개하고 있는 젊은 작가·화가들과 함께 1916년 여름 조그만 극장 무대에 올린 단막 해양극 '카디프를 향하여 동쪽으로'가 데뷔작이었다.

화산처럼 폭발하는 오닐의 천재성은 1920년 2월 2일 브로드웨이에서 초연된 자신의 첫 장편극 '지평선 너머'에서 유감없이 발휘되었다. '지평선 너머'는 오닐에게 희곡 부문의 첫 퓰리처상을 안겨 주었다. 오닐은 이 작품 외에도 '안나 크리스티'(1922), '기묘한 막간극'(1928), '밤으로의 긴 여로'(1957) 등으로 모두 4차례 퓰리처상을 수상했다.

오닐의 이름을 연극계에 널리 알려준 것은 '느릅나무 밑의 욕망'이다. 1924년 11월부터 1925년 1월까지 뉴욕의 그리니치 빌리지 극장에서 초연된 이 작품은 미국의 전통적 청교도 윤리로는 용납할 수 없는 근친상간과 유아 살해라는 소재들로 인해 센세이션을 일으켰다. 1936년 오닐은 미국 문인으로는 싱클레어 루이스에 이어 두 번째, 극작가로는 세계 최초로 노벨 문학상을 수상했다.

오닐이 대표작 '밤으로의 긴 여로'를 쓰기 시작한 것은 1939년이었다. 어두운 가족사를 그대로 드러내는 것이 결코 쉽지 않은 결단이었으나 오닐은 자신의 아픈 가족사를 희곡으로 써, 결혼 12주년을 맞은 1941년 7월 세 번째 부인 칼로타 몬터레이에게 헌정했다. 오닐은 스스로 "해묵은 슬픔을 피와 눈물로 썼다"고 고백한 '밤으로…'에 한 편의 장엄한 비극과도 같은 자신의 고통스러운 가족사를 고스란히 담아냈다.

미국 문인으로는 두 번째, 극작가로는 세계 최초로 노벨문학상 수상

1912년 8월 어느 날 아침부터 자정까지 하루 동안 전개되는 이 비극적인 자전적 희곡은 4막으로 구성되었다. 문체는 직선적이지만 내용은 부모와 두 아들의 괴로운 관계가 혼란스러울 정도로 복잡하게 묘사되었다. 아버지 타이론은 유년 시절 가난에 허덕이며 갖은 고생을 하다가 순회 연극배우로 성공했으나, 자린고비식 가치관을 고집하며 살아간다. 아내 메리는 싸구려 호텔방을 전전하며 세 아이를 낳고 모르핀 치료를 잘못 받은 것이 화근이 되어 약물중독자가 되었다.

맏아들은 어머니의 마약 현장을 목격한 충격으로 꿈을 잃어버린 무정부주의자가 되고, 둘째는 집을 떠나 방탕한 삶을 살다 폐결핵을 얻어 돌아왔다. 어려서 죽은 아이 유진에 대한 죄책감으로 고통받던 메리는 둘째 아들의 병을 계기로 다시 마약에 손을 댄다. 가족은 서로를 향해 끊임없이 비난의 칼날을 꽂는다. 불행의 근원인 아버지를 향해, 가족에게 수치심을 준 어머니를 향해, 기대를 저버리고 낙오자가 되어버린 아들을 향해. 분노와 연민, 자랑스러움과 수치심, 기쁨과 배신, 고독과 연대, 증오와 사랑의 숱한 감정이 숨 가쁘게 오르내린다.

'밤으로의 긴 여로'에서도 드러나듯 오닐의 부모와 형제 사이에는 큰 아픔이 있었다. 그에 못지않게 오닐을 괴롭힌 것은 세 번의 결혼을 통해 낳은 세 자녀의 운명이었다. 장남은 40살에 자살하고 둘째 아들은 마약중독에 시달렸으며 18살의 딸 우나는 자신보다 36살이나 많은 54세의 찰리 채플린과 결혼, 아버지를 격노케 했다. 결국 오닐은 딸 우나와 부녀 관계를 끊었다.

오닐은 '밤으로의 긴 여로'를 완성한 뒤 "내가 죽은 뒤 25년 동안 출판과 무대 공연을 하지 말라"고 부인에게 당부한 뒤 말년을 깊은 좌절감 속에서 쓸쓸히 지내다 1953년 11월 27일 보스턴의 한 호텔에서 삶을 마감했다. 그러나 오닐의 부인은 오닐이 죽은 지 2년째 되는 1955년 '밤으로의 긴 여로'를 출판하고 이듬해 무대에 올렸다. 초연은 1956년 2월 2일 오닐이 평소 존경하던 아우구스트 스트린드베리의 나라 스웨덴의 스톡홀름 왕립극장에서 이뤄졌다.

미나마타병 발병 첫 공식 보고

원인도 모른 채 고통을 호소하는 사람이 많아지자 공포에 휩싸이고 민심이 흉흉해졌다.

1950년대 초반 일본 구마모토현 미나마타시의 작은 어촌에서는 손발이 뒤틀리고 혀가 마비되고 몸을 가누지 못하는 괴질 현상이 빈발했다. 날지 못하는 새, 땅에 코를 박고 물구나무서기를 반복하다 죽는 고양이도 곳곳에서 눈에 띄었다. 닭과 돼지는 발작을 일으켜 불속이나 바다로 뛰어들고 검붉게 변한 바다 위로는 죽은 물고기가 떠올랐다. 비슷한 증세가 10여 년 전부터 간간이 있긴 했으나 이처럼 집단적인 증상을 보인 것은 처음이었다. 원인도 모른 채 고통을 호소하는 사람이 많아지자 미나

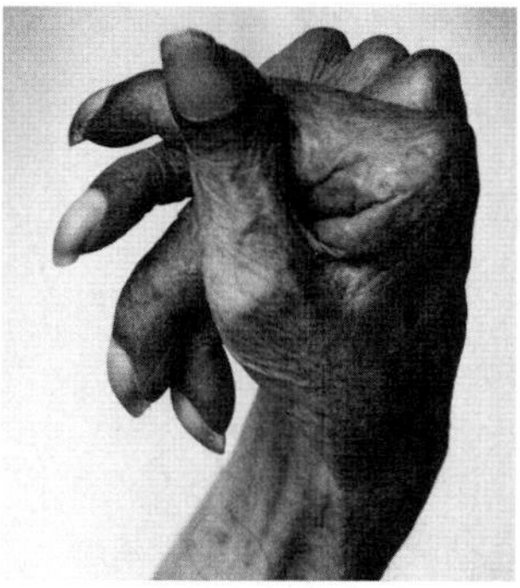
미나마타병에 걸린 한 어부의 손

마타는 공포에 휩싸이고 민심이 흉흉해졌다.

의사조차 원인을 알지 못해 막연히 '광사(狂死)'로만 기록되던 괴질은 1956년 5월 1일 미나마타 내 신일본질소비료 부속병원 원장이 "정체를 알 수 없지만 중추신경계를 파괴하는 병이 퍼지고 있다"는 보고서를 시 공중보건소에 제출함으로써 세상에 알려졌다. 도시 이름에 병명을 붙인 미나마타병(水俣病)의 첫 공식 보고였다. 1956년 한 해에만 52명이 발병한 것으로 집계될 만큼 상황이 심각해지자 미나마타시는 '기병(奇病) 대책위'를 구성해 본격적으로 조사에 착수했다.

구마모토현의 조사 의뢰를 받은 구마모토대 연구팀은 1956년 11월 이 원인불명 중추신경 질환의 원인에 대해 "어패류에서 비롯된 중금속 중독일 가능성이 높다"는 중간보고서를 냈다. 그러나 폐수 배출의 의혹을 사고 있는 신일본질소비료는 자사의 연루 사실을 완강히 부인하며 생산공정을 비밀로 하고 진상 규명을 방해했다. 주민들도 미나마타시 경제에 막강한 영향력을 행사하고 있는 신일본질소비료에 대항할 엄두를 내지 못했다.

1908년 설립된 신일본질소비료는 1927년 5월 우리나라 흥남에 조선질소비료를 설립해 미나마타병과 유사한 증세를 보이는 '흥남병'이라는 공해병을 일으키면서 식민지 침략의 주요 역할을 담당한 신흥 재벌이었다.

생산공정 비밀로 하고 진상규명 방해해

구마모토대 연구팀은 1959년 7월 "오염 원인은 유기수은"이라는 한 단계 더 진전된 보고서를 제출했다. 그해 10월 신일본질소비료에서 배출한 폐수 성분을 먹은 고양이 400마리가 2개월여 만에 미나마타병과 똑같은 증상을 보인다는 실험 결과도 나왔다. 그런데도 구마모토현은 실험 사실을 공표하지 않고 정부 후생성에 처리 방침을 문의했다. 후생성은 "공장 폐수에 문제가 있는 것은 확실하지만 원인 물질이 규명되지 않는 한 폐수 배출 금지는 불가능하다"는 유권해석을 내렸다. 인과관계가 명확하게 해명되지 않은 상황에서 기업에 책임을 추궁할 수 없다는 논리였다. 이유는 그럴듯했으나 실은 고도 경제성장의 주역인 기업의 발을 공해 문제로 묶을 수 없다는 발상이었다.

신일본질소비료 측은 자사를 지역경제의 버팀목으로 인정하고 있는 여론을 이용해 1959년 12월 '위로금 30만 엔 지급 계약'을 환자들과 체결했다. 계약서에는 위로금이 신일본질소비료의 '후의'라는 점이 강조되었고 앞으로 신일본질소가 원인자로 판명되더라도 새로운 보상을 요구하지 않는다는 일방적인 조항을 포함했다. 이후 생산은 계속되었고 피해는 확산되었다. 결국 미나마타 주민은 고향을 등지고 일본 전역으로 흩어졌다. 미나마타 출신이라는 이유로 취직은 물론 결혼도 할 수 없게 되자 고향을 숨기고 살았다.

조사를 계속해온 구마모토대 연구팀은 1963년 2월 "신일본질소비료에서 강으로 흘려보낸 유기수은이 바닷속 어패류에 축적되어 그것을 먹은 주민들의 뇌세포를 파괴했다"는 최종 결론을 내렸다. 그런데도 일본 정부가 차일피일 대책을 미뤄 환자와 사망자가 속출했다.

그런 가운데 1965년 6월 니가타현에서 원인 불명의 수은중독자가 발생했다. '제2 미나마타병'으로 명명된 병의 원인이 하천 상류의 쇼와전공 공장에서 중금속 폐수를 배출했기 때문인 것으로 밝혀지자 '제2 미나마타병' 환자 가족들은 1967년 쇼와전공을 상대로 일본 최초의 공해소송을 제기했다. 이 소송을 계기로 1967년 요카이치 천식 소송, 1968년 이타이이타이병 소송도 제기되었다.

이처럼 공해병 관련 소송이 줄을 잇자 일본 정부도 더는 어쩔 수 없어 1968년 9월 "미나마타병은 짓소공장(1965년 신일본질소비료가 개명)에서 배출된 메틸수은 화합물이 원인"이라며 미나마타병을 공해병으로 공식 발표했다.

한 피해자가 동맥을 끊은 뒤에야 보상 이뤄져

미나마타병 환자 가족 29 가구 112명은 1969년 6월 짓소를 상대로 6억 4,000만 엔의 손해배상 청구소송을 제기했다. 미나마타병으로 인정해 달라는 요구도 급증했다. 1969년 0건이던 미나마타병 확인 요청 신청자는 1970년 102건, 1971년 167건, 1972년 439건으로 늘어났다. 급기야 1심에서 승소한 1973년에는 1,915건으로 급증했다. 이렇게 미나마타병 발병 확인을 신청한 환자 수는 2만 명에 육박했다.

일본 정부는 미나마타병의 인정 기준을 까다롭게 만들어 신청 대부분을 기각 처분하면서도 여론을 의식해 환경기준과 법체계를 정비하고 1971년 환경청을 설립했다. 1973년 3월엔 이미 1,000명 이상이 고통스럽게 죽어나간 상황에서 미나마타병 환자의 손을 들어주는 최초의 판결이 내려졌다.

그런데도 짓소는 보상을 거부했다. 한 피해자가 "보상금 없이는 살 수 없다"며 동맥을 끊은 뒤에야 비로소 보상이 이뤄졌다. 짓소는 2,000명에게 6억 엔을 지불했다. 유사 증세를 보여도 환자로 인정받지 못한 미인정 환자들은 보상을 받지 못했다. 이들은 1980년 5월 국가를 상대로 소송을 제기했고, 1987년 3월 구마모토 지방법원은 국가와 지방정부의 책임을 인정하는 원고 승소 판결을 내렸다.

그동안 공해병 인정 판정을 받지 못해 소송을 제기한 사람들은 1996년

5월 사회당 정부의 중재로 각각 260만 엔이라는 헐값으로 회사 측과 합의한 뒤 소송을 취하했다. 갈수록 보상받아야 할 생존자들이 줄어드는 데다 보수정권인 자민당 정권이 또 들어서면 이마저도 화해가 불가능하다고 판단해 양보해야 했던 고육지책이었다.

2012년 현재 미나마타병으로 공식 확인된 사람은 2,200명이 넘는다. 이 중 절반 이상은 이미 세상을 떠났다.

이타이이타이병과 요카이치 천식

원인을 알 수 없는 공해병은 1920년대에 도야마현 진즈강에서도 발생했다. 기침만 해도 뼈가 부러질 정도로 뼈가 약하고 뼈의 위축으로 키도 20cm나 작으며 피부가 검게 변하는 병이었다. 그런데도 사람들은 원인도 모른 채 단순한 풍토병이려니 생각하며 참고 살았다. 그러다가 미나마타병이 논란을 불러일으키던 1957년, 현지의 한 젊은 개업의가 이 병과 싸우기로 결심하면서 세상에 알려지게 되었다.

의사는 병명을 '이타이이타이병'(아프다 아프다)으로 짓고 정밀 조사에 착수했다. 조사 결과 진즈강 상류의 미쓰이금속광업이 원인 제공자로 밝혀졌다. 미쓰이금속광업이 배출한 폐광석 속의 카드뮴이 광산폐수와 함께 흘러들어가 농작물, 어패류, 상수원 등을 오염시킨 것이 원인이었다. 오염된 곳에서 생산된 쌀의 카드뮴 농도는 다른 지역보다 10배 이상 높은 것으로 나타났다.

제2 미나마타병 환자들이 1967년 쇼와전공을 상대로 소송을 제기하자 참다 못한 이타이이타이병 환자와 가족 28명도 미쓰이를 상대로 1968년 3월 총액 6,000만 엔의 손해배상을 청구하는 소송을 냈다. 이미 119명이 죽은 뒤였다. 7차에 걸친 소송 끝에 1971년 6월 "미쓰이금속광업 가미오카광업소에서 배출된 카드뮴이 원인"이라는 재판부의 판결을 끌어내고,

1972년 8월 나고야법원이 회사 측의 항소를 기각하고 원고 승소 판결을 확정함으로써 피해자들은 뒤늦게나마 억울함을 달랬다.

요카이치 천식은 미나마타병, 이타이이타이병, 제2 미나마타병과 함께 일본의 4대 공해병으로 분류되고 있다. 요카이치 천식은 석유화학단지가 들어선 미에현 요카이치시에서 1960년대부터 호흡곤란, 천식 환자가 급증하면서 사회적으로 이슈화되었다. 주민들이 공단 입주 기업을 상대로 소송을 제기한 것은 1967년이었다.

환자들은 수은중독에 의한 미나마타병, 카드뮴에 의한 이타이이타이병 등 특정 질병보다 천식, 만성기관지염 등 인과관계를 입증하기 어려운 병으로 더 많은 고통을 받았다. 이 때문에 승소가 불투명했지만 그래도 다행히 1972년 승소해 일본 대기오염 재판의 선구로 불린다. 이 재판을 계기로 1973년 '건강피해보상법'이 만들어지고, 환자들의 의료비와 생활비를 기업들로부터 걷는 등 공해 피해자들의 구제가 이뤄졌다.

니키타 흐루시초프, 스탈린 비판

"스탈린이 광기를 부릴 때 당신은 무얼하고 있었습니까?" "나는 동지처럼 침묵을 지켰습니다."

제20차 소련 공산당대회 마지막 날인 1956년 2월 25일 저녁, 니키타 흐루시초프(1894~1971)가 비밀보고서 '개인숭배와 그 모든 결과에 대해'를 들고 연단에 섰다. 대회장을 가득 메운 1,400여 명의 대의원 얼굴에는 긴장감이 감돌았다. 2월 14일부터 시작된 공식적인 공산당대회를 그날 모두 마치고 돌아갔는데 오후 6시에 다시 모이라는 긴급 지시를 받고 크렘린궁으로 돌아왔기 때문이다. 내빈으로 대회에 참석한 외국 공산당 대표들은 연락을 받지 못해 참석하지 못했다. 그만큼 극비리에 진행된 소집이었다.

대의원들이 곰곰 생각해보니 대회 첫날인 2월 14일의 회의 내용을 보도한 소련 공산당 기관지 프라우다 1면에 평소와 달리 레닌의 얼굴 사진만 실린 것부터 이상했다. 20년 이상 레닌의 옆에 나란히 실려있던 스탈린의 사진은 빠져 있었다. 신문을 본 국민들은 프라우다의 이런 변화를 통해 어렴풋이 20차 당대회의 기본 노선이 무엇인지를 알 수 있었다.

니키타 흐루시초프(1894~1971)

대회 첫날 흐루시초프는 장장 6시간에 걸친 공산당 중앙위원회 활동 보고를 통해 '제국주의가 존재하는 한 전쟁은 불가피하다'는 종래의 마르크스·레닌주의의 명제 대신 '제국주의가 존재하고 있어도 전쟁은 숙명적으로 불가피한 것이 아니다'라는 새로운 테제를 내세웠다. 이튿날 제1부수상 미코얀이 스탈린을 비판하기 시작하면서 오랫동안 '오류 없는 인간'이자 신격화된 스탈린의 권위가 곤두박질쳤다. 스탈린의 후광을 입은 말렌코프까지 나서 개인독재는 당과 국가 지도에 큰 손해를 주는 것이라고 지적했다.

이처럼 대회 전 기간을 통해 스탈린에 대한 비판이 터져나온 터라 대의원들은 2월 25일 저녁의 갑작스런 소집에 촉각을 곤두세웠다. 그러나 당 간부들은 흐루시초프의 발표 내용이 어떤 것인지를 대충 짐작하고 있었다. 1년 전 흐루시초프가 '스탈린 시대 조사위원회'를 발족해 스탈린의 과오를 정리한 보고서를 이미 검토했다는 사실을 알고 있었기 때문이다.

스탈린은 비판하되 레닌은 옹호해

흐루시초프는 조사위원회 책임자로 스탈린의 전기를 쓴 친스탈린주의자를 임명해 정확성과 신뢰성을 담보했다. 조사위가 작성한 70쪽 보고서에는 '1935~1940년에 192만 명이 국가반역 혐의로 체포되어 그 가운데 68만 8,000여 명이 총살되었다'는 충격적인 내용도 담겨 있었다. 보고서를 놓고 정치국원 간에 격론이 벌어졌으나 흐루시초프의 적극적인 개입으로 스탈린 격하가 당의 공식 입장으로 채택되었다. 이런 일련의 과정을 거쳐 대회 마지막 날 저녁에 흐루시초프가 연단에 오른 것이다.

흐루시초프가 먼저 스탈린의 권력욕과 포악한 성격을 경계한 레닌의 '유서'를 읽어나가자 대회장 곳곳이 술렁거렸다. 단 한 차례만 짧은 휴식이 있었을 뿐 연설은 4시간 동안 이어졌다. 흐루시초프는 스탈린의 권력 남용과 집단체포, 그리고 재판도 거치지 않은 집단처형을 조목조목 들어가며 신랄하게 비판했다. 1937년 제17차 당대회 때 선출된 당중앙위원 139명 중 98명이 총살되었다는 비밀도 공개했다.

연설이 거의 끝나갈 무렵 뒤편에서 누군가 큰소리로 물었다. "스탈린이 광기를 부릴 때 당 고급간부였던 당신은 무얼하고 있었습니까?" 흐루시초프는 연설을 중단하고 물었다. "누가 말했습니까?" 그러나 아무도 대답을 않았다. 1분가량이 지났을 무렵 흐루시초프가 입을 열었다. "스탈린이 범죄를 저지르고 있을 때 나는 동지처럼 침묵을 지켰습니다."

연설을 계속한 흐루시초프는 "개인숭배는 비판하고 근절해야 한다"며 레닌적 집단지도 원칙을 강조했다. 즉 스탈린은 비판하되 레닌은 옹호한 것이다. 참석자들의 얼굴에 역력하던 충격과 동요는 늦은 밤 연설이 끝날 무렵 죽음과 같은 침묵으로 변해 있었다. 흐루시초프는 연설 내용을 비밀에 부치자고 제안했지만 내심 밖으로 알려지기를 바랐다.

"권위주의 체제에 첫 타격을 가한 역사적인 사건"

보고 내용이 대의원들을 통해 출신 지역이나 직장의 당 조직에 전달되자 엄청난 충격과 반발이 뒤따랐다. 스탈린의 고향인 그루지아(현 조지아)에서는 스탈린 비판에 반대하는 데모가 벌어져 당 중앙위 건물이 점거되고 흐루시초프와 미코얀의 초상이 닥치는 대로 끌어내려졌다. 스탈린상을 받았던 한 작가는 정신적 혼돈 상태에 빠져 자살하기도 했다.

비밀에 부쳐진 연설 내용은 1956년 6월 4일자 뉴욕타임스 특종으로 보도되어 전 세계에 알려졌다. 연설을 맨 처음 입수한 이스라엘 정보기관 모사드가 미국의 CIA에 전달하고, 다시 미 국무성이 연설문을 뉴욕타임스에 제공한 것이다.

그동안 스탈린을 무오류의 지도자로 인식해온 각국의 공산당은 충격에 휩싸였다. 특히 동구권의 충격이 커 폴란드에서는 정변이 일어나고 헝가리에서는 반소 봉기가 폭발했다. 유고의 티토와도 화해가 이뤄져 1956년 6월 티토가 개선장군처럼 모스크바를 방문하고, 9월에는 흐루시초프가 유고로 사죄의 여행을 가 유고의 자주독립 노선을 승인하는 공동선언을 발표했다.

소련에서도 스탈린 시대에 수용소 군도로 보내졌던 약 800만 명의 정치범이 풀려나고 숙청된 희생자들에 대한 명예회복도 이뤄졌다. 솔제니친도 유형지에서 자유의 몸이 되었다. 훗날 고르바초프는 흐루시초프를 "역사의 과오를 대면하고 이해했던 최초의 사람"으로 평가했으며, 이 사건을 "권위주의 체제에 첫 타격을 가한 역사적인 사건"으로 회고했다. 하지만 흐루시초프가 정한 '착한 레닌, 나쁜 스탈린'이라는 등식에는 한계가 분명했고, 공산주의의 몰락을 원하지 않은 그의 입장은 어정쩡했다. 그의 '정신적인 제자' 고르바초프처럼.

헝가리 반소 봉기

2,000~3,000명이 죽고 1만 3,000여 명이 부상한 것으로 추산되고 있다.

1953년 3월 소련의 스탈린이 죽었을 때 헝가리의 최고 권력자는 '작은 스탈린'으로 불리던 헝가리 공산당의 총서기 겸 총리인 라코시 마차시였다. 하지만 그는 스탈린 사후 권력을 장악한 흐루시초프가 1953년 7월 개혁주의자 너지 임레를 총리로 앉히고 라코시를 당무에만 전념토록 함으로써 막강한 권력을 빼앗겼다. 너지는 취임 즉시 라코시의 철권통치를 완화하는 정책을 폈다. 중공업 위주의 정책을 수정해 소비재의 생산을 늘리고 농업집단화의 속도를 늦췄다. 치안경찰의 힘은 약화시키고 정치범은 석방했다. 문제는 좀처럼 나아지지 않는 경제였다.

라코시는 이를 구실로 삼아 1955년 3월 너지를 '우익 편향'으로 몰아세워 총리에서 해임하고 공산당에서 추방했다. 너지의 후임에는 자신의 심복을 앉혀 다시 철권통치를 행사했다. 그러자 헝가리의 지식인과 노동자들이 반발했다. 이번에도 해결사는 흐루시초프였다. 1955년 7월 라코시를 총서기직에서 물러나게 하고 게뢰 에르노를 후임 총서기로 앉혔다.

소련 탱크 위에 올라선 헝가리 반소 시위대

게뢰는 너지를 당에 복귀시키고 악명 높은 치안경찰대장을 당에서 제명하는 등 나름대로 개혁정책을 폈다. 하지만 민심의 기대에는 미치지 못했다. 그러던 중 1956년 2월 스탈린에 대한 흐루시초프의 공개적인 비판이 있었고 이를 계기로 동구권 국가들에서 자유화와 민주화를 요구하는 민심이 요동을 쳤다. 폴란드에서도 1956년 10월 반소 폭동이 일어나 민족주의 성향의 브와디스와프 고무우카가 폴란드 공산당 총서기가 되었다.

폴란드의 봉기 여파는 인근 동구권 국가로 번져 1956년 10월 23일 헝가리에서도 대대적인 반소 폭동이 일어났다. 시위대는 복수정당에 의한 총선거 실시, 헝가리 주둔 소련군 철수, 표현과 사상의 자유 보장, 정치범 석방 등을 요구했다. 방송국으로도 몰려가 자신들의 주장을 방송하도록 요구했다. 공산당기는 찢기고 스탈린 동상은 끌어내려졌다. 경찰차가 불에 타고 군 무기고에 보관 중이던 총기와 탄약이 시위대 손에 들어갔다. 헝가리의 반소 봉기는 이렇게 들불처럼 타올랐다.

10월 24일 게뢰 총서기가 너지를 총리로 임명해 소요를 진정시키도록 했다. 너지는 계엄령을 선포하면서 "모든 폭동과 교사 행위, 적의가 있는 데모, 살인 방화 및 총기 소지, 약탈 등에 대해서는 엄중 처벌하겠다"고 발표했다. 시민과 일부 헝가리군은 여전히 수도 부다페스트 시내에 배치된 소련군에 대해 격렬한 반소 운동을 펼쳤다. 시민군은 소련군의 전차에 화염병을 던지고 노동자들은 무기한 총파업으로 시위에 동참했다.

유럽의 친소 지성인들도 비로소 소련의 실체 깨달아

사태가 심상치 않게 돌아가자 게뢰는 10월 25일 총서기에서 물러나 모스크바로 망명했다. 소련은 게뢰의 후임 총서기로 카다르 야노시를 임명했다. 카다르는 과거 라코시 정권 아래서 내무장관으로 활동했으나 그의 급부상을 우려한 라코시가 1951년 간첩죄와 반역죄를 씌우는 바람에 수감되었다가 라코시가 실각한 후 1954년 감옥에서 풀려나 복권된 인물이었다.

한편 너지 총리는 10월 27일 라코시파와 친소파로 분류된 간부들을 모두 물러나게 하고 새로운 내각을 구성했다. 소련군도 헝가리에서 철수하도록 요청했다. 소련군은 너지의 요구를 받아들여 10월 30일 헝가리에서 철수했으나 소련군을 주축으로 한 바르샤바조약기구 동맹국들의 군대는 헝가리 국경에서 사태를 관망했다.

이런 상황에서 너지가 방송을 통해 바르샤바조약기구에서 탈퇴하고 일당독재를 폐지하고 복수정당제를 도입하겠다고 발표했다. 이 사실을 전해 들은 소련은 15만 명의 동맹국 군대를 동원해 11월 1일 다시 헝가리를 침공하고 부다페스트로 향하는 주요 도로망을 모두 장악했다. 카다르가 어디론가 사라진 상황에서 너지는 고립무원의 신세가 되었다. 마침내 부다페스트 시내로 진입한 소련군이 포격을 시작한 것은 11월 4일 새벽이었다.

너지가 방송을 통해 자신의 건재를 알리고 헝가리 작가동맹이 외국에 도움을 호소했으나 미국은 대통령 선거전이 한창일 때였고 유엔은 영국과 프랑스의 수에즈운하 점령에만 신경을 곤두세우고 있었다. 결국 부다페스트 방송과 의사당은 소련군에 점령되었다. 무장한 시민군도 진압되었다. 10월 23일부터 11월 4일까지 13일간의 무장봉기 과정에서 발생한 반소 봉기로 인해 2,000~3,000명이 죽고 1만 3,000여 명이 부상한 것으로 추산되고 있다. 너지는 유고 대사관으로 피신했다가 곧 체포되어 1958년 6월 처형되었다.

봉기 실패 후 소련의 꼭두각시가 된 카다르가 숙청 작업을 혹독하게 전개했다. 수만 명이 투옥되거나 러시아로 유형을 떠났다. 헝가리 봉기는 유럽의 친소 지성인들이 비로소 소련의 실체를 깨닫고 소련과 등지는 결정적인 계기가 되었다. 한동안 마르크시즘의 미몽에서 벗어나지 못하고 있던 장 폴 사르트르를 깨어나게 한 것도 헝가리 봉기였다.

소련군의 헝가리 침공은 한국의 지식인과 어린 학생에게도 충격을 주었다. 34살의 젊은 시인 김춘수는 피를 토하듯 시 '부다페스트에서의 소녀의 죽음'을 썼다. '다늅강에 살얼음이 지는 동구의 첫겨울 / 가로수 잎이 하나 둘 떨어져 딩구는 황혼 무렵 / 느닷없이 날아온 수발의 쏘련제 탄환은 / 땅바닥에 쥐새끼보다도 초라한 모양으로 너를 쓰러뜨렸다.(후략)' 훗날 유엔 사무총장이 될 12살의 반기문 어린이도 한국의 초등학생 대표로 뽑혀 '자유와 민주주의를 위해 투쟁 중인 헝가리 국민을 도와달라'는 내용의 서한을 함마르셸드 유엔 사무총장에게 보냈다.

수에즈운하 국유화 선언과 제2차 중동전쟁

영국과 프랑스는 이스라엘과의 각본대로 수에즈운하 연변의 도시에 폭격을 가하기 시작했다.

1956년 7월 26일, 서구 식민주의의 종말을 예고하는 폭탄 선언이 발표되었다. 가말 압델 나세르(1918~1970) 이집트 대통령이 알렉산드리아의 한 광장에 운집한 5만여 군중 앞에서 "수에즈운하는 이집트의 희생으로 세워진 것인데도 이제까지 외국의 부당한 지배로 착취를 당해왔다"며 '수에즈운하 국유화'를 선언한 것이다.

같은 시각, 30여 명의 이집트 군인이 알렉산드리아에서 멀리 떨어진 수에즈운하 관리사무소 부근에서 라디오방송으로 중계되고 있는 나세르의 연설을 들으며

수에즈 운하를 침공하는 프랑스군 공수부대

무언가를 기다렸다. 연설 도중 나세르가 수에즈운하를 건설한 '페르디낭 드 레셉스'의 이름을 거명하자 그들은 그것을 신호탄 삼아 수에즈운하 사무소를 급습, 운하를 점령했다.

수에즈운하는 오랫동안 프랑스와 영국이 소유·관리해 왔고, 조차권도 12년이나 남아 있어 사실상 영국과 프랑스의 소유였다. 하지만 평소 서구의 자본 수탈을 고깝게 생각해오던 나세르는 운하를 되찾겠다며 수개월 전부터 운하 국유화를 준비했다. 그러던 중 나세르의 거사 시기를 앞당기도록 부추기는 일이 벌어졌다. 미국과 영국이 이집트에 아스완 하이댐 건설을 재정 지원하기로 한 당초의 약속을 뒤집고 국유화 선언 1주일 전인 7월 19일에 지원을 중단하겠다고 발표한 것이다.

아스완 하이댐을 통해 산업 전력을 확보하고 또 관개용수를 이용해 경작지를 25%가량 늘릴 계획을 갖고 있던 나세르는 자신의 계획이 무산된 것에 크게 실망하고 어차피 한번은 치를 진통이라는 마음으로 국유화를 결심했다. 미국과 영국이 자금 지원을 거부한 것도 나름대로 이유는 있었다. 나세르가 집단안보체제인 '바그다드조약기구' 가입을 거부하고, 소련의 지원을 받아 체코로부터 무기를 구입하는 등 반서방 정책을 취해 자칫 지원금을 무기 구입으로 빼돌릴지 모른다는 의구심 때문이었다.

"서구 제국주의에 대한 반대 투쟁의 금자탑"

이유가 무엇이든 아랍 전역으로 방송된 '국유화 선언'은, 장기간에 걸친 영국·프랑스의 제국주의 지배에서 벗어나고 싶어하던 아랍 민중을 고무했다. 국유화 선언은 1951년 이란의 모사데크 총리가 추진하다 실패한 '석유 국유화'에 버금가는 획기적인 사건이자 서구 제국주의에 대한 반대 투쟁의 금자탑으로 평가되었다.

반면 오랫동안 운하의 이권을 양분해온 영국과 프랑스에게는 충격이었다. 윈스턴 처칠 전 영국 총리는 "우리는 사악한 돼지가 우리의 교통망을 가로막게 할 수는 없다"는 반응을 보였고, 프랑스는 인도차이나와 튀니지를 잃고 모로코마저 위태로운 상황에서 알제리 반란을 부추기는 나세르의 붕괴를 원했다.

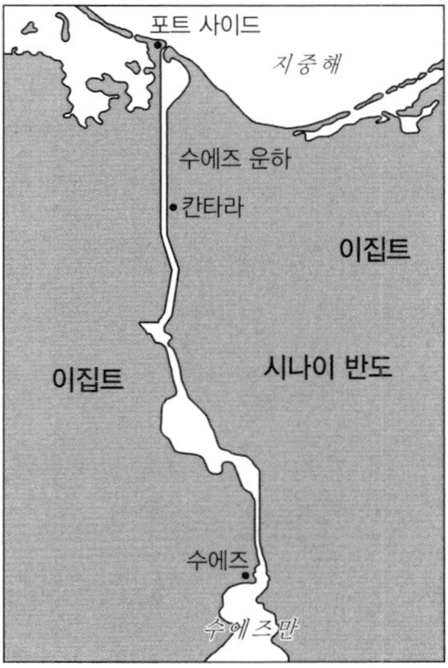

수에즈운하

영국과 프랑스는 무력을 행사하기로 뜻을 모은 뒤 이스라엘에 동참 의사를 물었다. 당시 이스라엘은 인도양으로 진출할 수 있는 티란해협을 이집트가 봉쇄하고 있어 사실상 이집트와 준전시 상태에 놓여 있었다. 미국의 아이젠하워 대통령은 "무력을 사용하지 말라"며 "전쟁을 일으키면 반드시 기대에 반하는 결과를 불러올 것"이라고 단호하게 경고했다.

이런 상황에서 이집트가 이스라엘과 국경을 접하고 있는 시리아·요르단과 군사외교 동맹을 체결하려는 움직임을 보이자 이스라엘은 자칫 포위당하는 최악의 상황을 면하기 위해 이집트에 대한 선제공격을 결정했다. 영국, 프랑스, 이스라엘 3국은 파리에서 비밀 회동을 갖고, 이스라엘이 이집트를 선제공격하면 프랑스와 영국이 뒤따라 참전하기로 합의했다.

영국·프랑스의 중동 지역 지배 종전과 함께 마침표 찍어

1956년 10월 29일 밤, 이스라엘군이 이집트 영내 시나이반도를 침공함으로써 제2차 중동전, 이른바 수에즈 전쟁이 개막되었다. 이튿날, 영국과 프랑스는 사전 각본대로 수에즈운하의 안전운행 확보를 이유로 이집트와 이스라엘 양군에게 24시간 내 운하에서 각각 16km씩 철수하라고 최후통

첩을 보냈다.

이집트가 거부하자 영국과 프랑스는 24시간의 철수 시한이 채 끝나기도 전인 10월 31일, 수에즈운하 입구에 있는 포트사이드 항구 등 운하 연변의 도시에 폭격을 가하기 시작했다. 나세르는 50척이 넘는 화물선 밑창에 구멍을 뚫어 운하 입구에 침몰시키는 운하 봉쇄로 제국주의에 맞섰다. 소련은 “무력 행사도 불사하겠다”며 3국의 침공 중단을 요구했다. 아이젠하워는 “소련이 그들에게 폭탄을 투하해도 그대로 방치할 것”이라며 분노했다.

11월 2일 유엔이 긴급 특별총회를 열어 미국이 제안한 수에즈운하 정전 결의안을 가결하고 11월 5일 유엔 중동평화군 제1진을 이집트로 파견했다. 미국이 주도한 정전 결의는 냉전 기간 중 미국이 동맹들에 반대표를 던진 유일한 사례였다. 이스라엘과 이집트는 11월 5일과 6일 각각 정전안을 수락했으나 영국과 프랑스는 정전안을 거부하며 포트사이드 등을 점령했다. 하지만 두 나라도 결국에는 국제 여론의 압력에 밀려 11월 7일 정전안을 수락했다.

1주일밖에 안 되는 전투에서 침략 3국의 희생자는 200명이 채 안 되었지만 이집트에서는 거의 3,000여 명에 달하는 사상자가 났다. 12월 22일 영국·프랑스 양군이 철군을 완료함으로써 전쟁은 47일 만에 종결되었다. 100여 년에 걸친 영국·프랑스의 중동 지역 지배 시대도 종전과 함께 마침표를 찍었다. 아랍 세계는 냉전의 틈바구니 속에서 이뤄낸 아랍 민족주의의 승리에 열광했고, 나세르는 “서방 세계에 도전한 첫 아랍인”, “아랍 세계의 영웅”으로 급부상했다.

1957년

'조선말 큰사전' 전 6권 완간

_ *북한 '조선말 대사전'*

김승호 출연 영화 '시집가는 날' 개봉

김지미 영화배우 데뷔

한국일보 제1회 미스코리아 대회 개최

_ *미스 유니버스와 세계 미인대회*

국내 첫 저작권법 제정

스푸트니크 1호 발사

_ *익스플로러 1호*

_ *인공위성*

놈 촘스키 '통사구조론' 출간

콰메 은크루마와 가나의 독립

‘조선말 큰사전’ 전 6권 완간

서울역의 조선통운 창고에서 ‘사전 원고’가 발견되어 사전 편찬을 위한 작업에 시동을 걸 수 있었다.

조선어학회 사건으로 1942년 10월부터 수감 중이던 이극로, 최현배, 이희승, 정인승이 해방과 함께 풀려나 조선어학회의 재건 문제를 논의했다. 무엇보다 당장 급한 일은 감옥에 있을 때 사라진 ‘사전 원고’의 행방을 찾는 일이었다. 사전 원고란 조선어연구회와 조선어사전편찬회가 우리말 사전을 펴내기 위해 1929년부터 작업해온 2만 6,500여 장 분량의 원고로, 사전 발간을 앞두고 터진 1942년 10월의 조선어학회 사건 때 일본 경찰에 압수되어 행방을 알 수 없었다. 따라서 원고를 찾지 못하면 13년 동안 기울여온 모든 노력도 물거품이 될 수밖에 없었다.

그러나 정말 다행하게도 1945년 9월 8일 서울역의 조선통운 창고에서 사전 원고가 발견됨으로써 사전 편찬을 위한 작업에 다시 시동을 걸 수 있었다. 그러나 원고를 찾았다고 바로 출판할 수 있는 건 아니었다. 3년 전 거의 완성 단계에 이른 원고였지만 그동안 세상이 바뀐 만큼 맞춤법도 개정하고 수록 어휘와 뜻풀이도 전면적으로 손질해야 했다. 사실상 새 사전을 만드는 것이나 다름없었다.

사전 편찬의 종합 책임은 1929년 조선어사전편찬회를 결성할 때 주도적인 역할을 한 이극로에게 맡겨졌다. 조선어학회 사건으로 2년의 실형을 살고 나온 정태진, 역시 조선어학회 사건으로 옥사한 이윤재의 사위 김병제는 실무를 맡아 분주하게 움직였다.

첫 난관은 종이 부족이었다. 당시는 종이 배급제를 실시할 때여서 상업성이 거의 없는 조선어사전을 출판하겠다는 출판사가 나타나지 않는 것

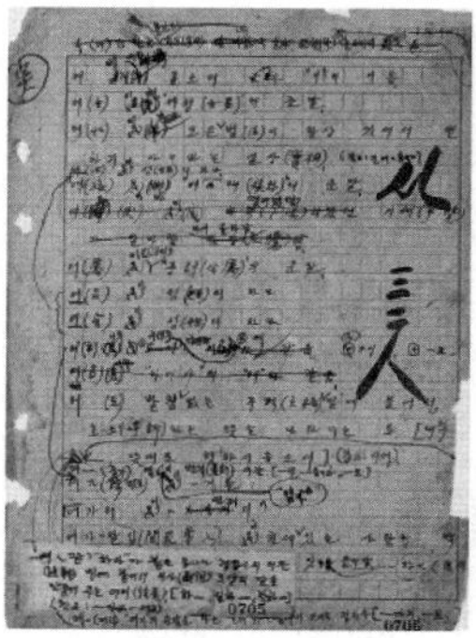

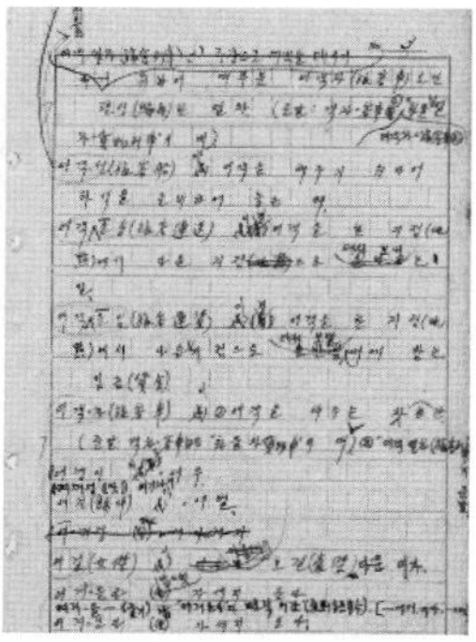

'조선말 큰사전' 최종 수정본 원고

은 당연한 결과였다. '매사에 물불을 가리지 않는다'고 해 별명이 '물불'이던 이극로가 답답한 심사를 달래기 위해 찾아간 곳은 을유문화사 정진숙 사장이었다. 이극로가 원고 뭉치로 정진숙의 책상을 두드리며 "일본놈들한테 찾아가서 사정해야 옳단 말이냐?"라며 울분을 터뜨리자 정진숙이 1권만이라도 낼 요량으로 출판에 응하여 1947년 10월 9일 '조선어학회 지은 조선말 큰사전' 제1권(ㄱ~깊)이 출판되었다.

하지만 당장 급한 것은 학생과 일반인을 위한 소사전이었다. 김병제는 조선어학회 사건으로 옥사한 장인 이윤재가 미처 완성하지 못한 사전 원고를 재정리해 1948년 4월 '표준 조선말 사전'을 발간했다. 이 사전은 '큰사전'이 완성되기 전까지 실질적인 규범 역할을 했다. 1957년 10월 전 6권의 큰사전이 완간될 때까지 우리나라의 표준적인 언어생활이 어느 정도 가능했던 것도 순전히 이 사전 덕분이었다.

그럭저럭 '조선말 큰사전' 1권이 출판되기는 했지만 2권, 3권을 출판하기에는 여전히 종이가 부족했다. 다행히 1948년 12월, 록펠러 재단이 6권의 사전을 2만 권씩 출판할 수 있는 4만 5,000달러 상당의 종이와 잉크를 배편으로 보낸 덕에 2권(1949.5.5)과 3권(1950.6.1)을 연이어 출판할 수 있었다. 조선어학회가 1949년 9월 한글학회로 이름을 바꾸었기 때문에 3권부터는 '조선어학회 지은 조선말 큰사전'에서 '한글학회 지은 큰사전'으로 이름이 바뀌었다.

6·25 후 중단된 4권 발간을 서둘렀으나 이번에는 정부의 방해가 출판

을 가로막았다. 1953년 이승만 대통령이 당시의 철자법을 폐지하는 것을 골자로 한 한글간소화 담화를 발표했기 때문이다. 이는 '큰사전'에 적용된 형태 중심의 '한글맞춤법 통일안'(1933년 제정)을 버리고 소리 나는 대로 적는 표음주의 표기법을 채택하라는 것인데 이것은 큰사전 1~3권의 맞춤법 원칙과 배치될 뿐만 아니라 1930년대 조선어학회가 치열한 논쟁 끝에 확정한 한글 맞춤법의 전면적 손질을 의미했다.

광복 12년만에 진정한 '문화의 광복' 이뤄내

한글단체는 물론 교육계와 문화계까지 나서 거세게 반발했으나 이승만은 1954년 3월 "3개월 이내에 현행 한글 맞춤법을 버리고 구한말 성경 맞춤법으로 돌아가라"는 특별담화를 발표했다. 7월에도 정부가 '한글 간소화 방안'을 발표하며 뜻을 굽히지 않아 사전 편찬은 사실상 중단되었다.

발음 위주가 아닌 형태 중심의 한글맞춤법으로는 한글을 정확하게 쓰기가 불편하고 어렵다는 점에서 이승만 대통령의 주장에도 일리가 없지는 않았으나 전체적으로는 많은 문제를 안고 있었다. 따라서 한글학회를 비롯 문화·교육계 전반이 '한글간소화' 발표에 조직적으로 저항했다. 이 대통령은 1955년 9월에야 자신의 뜻을 굽혔다.

사전 출간은 록펠러 재단의 도움을 받아 계속되었다. 1957년 4권, 5권에 이어 10월 9일 마지막 6권을 출판함으로써 광복 12년 만에 진정한 '문화의 광복'을 이뤄낼 수 있었다. '큰사전'은 1942년에 출간하려다 좌절한 조선어학회의 사전 원고를 바탕으로 출판하긴 했지만 완간 후의 모습은 질적·양적으로 많은 차이가 있었다. 맞춤법의 세부 내용이 바뀌었을 뿐만 아니라 많은 어휘들이 추가되어 수록된 어휘만 16만 4,125개나 되었다.

'큰사전' 이후 대대적으로 어휘를 수집해 발간한 것이 이희승의 '국어대사전'이다. 1962년 23만여 개의 어휘를 수록한 초판, 1982년 42만여 개의 어휘가 수록된 증보판은 국어사전이면서도 백과사전이나 각종 전문사전의 역할까지 했다. 그러나 새 말의 수용이나 전문어가 확대된 측면도 있었지만 어휘 증가분 중 상당 부분이 외래어나 한자어라는 점에서는 비판을 받았다.

1975년 신기철·신용철 형제가 편찬한 '새 우리말 큰사전'이 나오고 1992년 '우리말 큰사전'이 출간되었으며 1999년엔 가장 방대한 규모인 국립국어연구원의 '표준국어대사전'이 발간되었다. '표준국어대사전'은 국가 기관이 만든 최초의 사전이라는 점에서 남한의 사전 출판계에 많은 변화를 가져왔으나 다른 사전의 출판을 가로막았다는 비판도 받았다.

북한 '조선말 대사전' 오랜 분단에도 불구하고 남북 간 언어의 이질성이 크지 않은 것은 왜일까? 이는 일제하에서 한글맞춤법 통일안을 함께 연구하고 해방 후에도 '큰사전' 1권을 발간하는 데 함께 힘을 모았던 주요 한글학자들이 북한의 국어사전을 편찬하는 데 핵심 역할을 담당했기 때문이다.

한글학자들의 북행길은 주로 해방공간 때 이뤄졌다. 1929년 10월 조선어사전편찬회를 발족시키고 1947년 10월 '큰사전' 제1권을 출판하는 데 중추 역할을 한 이극로는 1948년 4월 김구가 남북연석회의에 참석할 때 함께 북으로 갔다가 돌아오지 않았다. 그는 북한 정부의 첫 내각 무임소 장관으로 조선어문연구회 책임을 맡아 북한의 국어학 연구와 언어정책의 초석을 닦았다.

주시경과 함께 최초의 한글사전 '말모이'를 준비했던 김두봉은 3·1운동 후 중국에서 독립운동을 하다가 북한 정권 수립 후 내각 부수상을 역임하며 북한 언어정책의 뼈대를 세우고 틀을 잡았다. 조선어학회 1세대 중 대표적인 월북 인사는 이만규와 정열모였다. 이만규는 의사 출신으로 교사

생활을 하면서 조선어학회에 가입하고 조선어사전편찬회 위원으로 활동했다. 정열모는 주시경의 가르침을 받은 문법학자로 일본 와세다대에서 언어 이론을 체계적으로 습득하고 이를 기반으로 자신의 독자적인 문법 체계를 수립했다. 김일성대 교수와 사회과학원 언어학연구원 등으로 활동하면서 북한 국어학의 기초를 닦았다.

이윤재의 사위 김병제는 '큰사전' 1권을 발간한 후 월북해 북한 조선어문연구회의 사전 편찬사업에 참여했다. 그의 책임하에 1960~1962년 전 6권으로 완간된 것이 '조선말 대사전'이다. 북한은 한글학회의 '큰사전'이 완간된 1957년 편찬사업을 시작해 1960년 1권, 1961년 2·3권을 발간하고 1962년에 4~6권을 한꺼번에 냈다. '조선말 대사전'은 약 18만 7,000 단어를 표제어로 수록하고 총 면수가 5,054쪽이나 될 정도로 방대했다. 가장 큰 특징은 실제 작품에 쓰인 용례가 출전과 함께 기록된 최초의 우리말 사전이라는 점이다.

표제어를 늘리고 내용을 보완한 '조선말 대사전' 증보판은 1992년 4월에 발간되었다. 표제어는 약 33만 단어로 늘어났는데도 총 면수는 3,818쪽으로 줄어들었다. 1962년 사전이 쪽당 20자 50줄 2단(2,000자)으로 조판한 것과 달리 1992년 대사전은 35자 80줄 2단(5,600자)으로 조판했기 때문이다.

1992년판 '조선말 대사전'의 특징은 당시로서는 생소한 '단어의 사용 빈도'를 올림말의 뜻풀이 끝에 표시했다는 점이다. 북한은 100만여 개의 자료를 조사해서 2번 이상 나온 단어의 빈도 수를 표제어 풀이 설명이 끝난 말미에 주기했다. 북한의 언어 데이터베이스인 '말뭉치(corpus)'가 소규모인데도 이런 방식으로 사전을 만들었다는 것은 남한 국어학계에 충격을 주었다. 남한에서 언어 데이터베이스를 이용한 최초의 사전은 1998년 발간된 5만 단어 규모의 '연세 한국어 사전'이다.

김승호 출연 영화 '시집가는 날' 개봉

주로 서민적 체취와 삶의 애환이 물씬 풍기는 그 시대의 전형적인 아버지상을 그려냈다.

김승호(1918~1968)는 영화 전문가들을 대상으로 설문조사를 할 때마다 '20세기 최고 배우'로 꼽히는 연기자다. "한 세기를 장식하고도 남을 독보적인 배우", "50년에 한 번 나올까 말까 한 천재 배우" 등 쏟아지는 찬사들도 그가 왜 최고 배우인가를 설명해준다.

그는 투박하면서도 정겨운 인간미를 지닌 월급쟁이, 힘겨운 생활에 쫓기는 인력거꾼, 하루 벌어 하루 사는 지게꾼 등의 연기를 통해 주로 서민적인 체취와 삶의 애환이 물씬 풍기는 그 시대의 전형적인 아버지상을 그려냈다.

그는 영화에 대한 집착이 강하고 연기를 향한 욕심이 많아 단역을 맡더라도 미리 촬영장에 나가 현장을 둘러보고 자신이 등장해야 할 자리와 퇴장해야 할 자리를 머릿속에 그려넣었다. 좋은 작품이 있으면 캐스팅이 안 되더라도 촬영장을 돌아다니다 단역으로라도 출연해야 직성이 풀리는 영락없는 배우였다. 절름발이 역할을 맡으면 실제 똑같은 장애를 가진 사람을 일주일이고 열흘이고 따라다니며 걸음걸이를 익히고, 촬영장에서는 자신이 맡은 배역에 철저히 몰입하기 위해 다른 사람들과 말도 섞지 않았다.

당시는 동시녹음이 아니기 때문에 대사를 다 외우지 않고 옆에서 스태프가 읽어주는 대로 따라하면 되는데도 "대사를 완벽하게 외워야 감정이 끊기지 않고 살아난다"며 모든 대사를 외워서 했다. 촬영이 끝난 뒤 성우들이 따로 더빙하는 것이 일반적이었는데도 본인이 직접 더빙했다.

김승호는 강원도 철원에서 외아들로 태어나 네 살 되던 해에 서울 청진동으로 이사와 죽는 날까지 청진동에서 살았다. 보성고보 시절 연극에 빠져 1939년 동양극장의 연구생으로 들어가, 동양극장의 전속 극단인 '청춘좌'에 소속되어 그해 이명우가 감독을 맡고 청춘좌 소속 배우들이 출연한 영화 '사랑에 속고 돈에 울고'에 단역으로 출연했다.

김승호(1918~1968)

1945년 광복 후에는 극단 자유극장의 창립 단원으로 활동하면서 연기력을 다지고 극단 '대지'를 창단했다. 최인규 감독의 '자유만세'(1946)에 단역으로 출연하고 '밤의 태양'(1948)에 조연으로 출연하는 등 영화로도 영역을 넓혔으나 그래도 그의 주무대는 연극이었지 영화는 아니었다.

'한국의 아버지'에서 '아시아의 아버지'로 발돋움해

김승호가 영화배우로 이름이 널리 알려지게 된 것은 오영진의 희곡 '맹진사댁 경사'를 원작으로 한 이병일 감독의 '시집가는 날'이 1957년 2월 11일에 개봉되면서였다. 각종 자료와 인터넷에 기록되어 있는 개봉일 1956년 11월 27일은 잘못 알려진 것이다.

김승호는 이 영화에서 주인공인 맹진사 역을 맡아 사실적인 연기를 선보이며 성격배우로서의 진면목을 과시했다. '시집가는 날'은 1957년 5월 도쿄에서 열린 제4회 아시아영화제에서 '특별희극상'을 수상, 한국 영화사상 첫 해외 영화제 수상작이라는 영예를 안았다. 김승호는 이 영화를 통해 일약 톱스타 대열에 오르고 한국 영화계를 대표하는 영화배우로 자리매김했다.

해를 거듭하고 출연 편수가 늘어날수록 김승호의 연기력은 원숙해지고 인기는 올라갔다. 신상옥이 감독하고 신성일이 데뷔한 '로맨스 빠빠'(1960.1)에서도 특유의 사실적인 연기력을 선보여 1960년 4월 제7회 아시아 영화제에서 남우주연상을 거머쥐었다. 이 영화는 이후 그가 자주 선보이게 되는 소시민 아버지 캐릭터의 원형을 제시했다는 평가를 받고 있다.

김승호는 강대진 감독의 '박서방'(1960.10 개봉)으로도 1961년 3월 제8회 아시아 영화제 남우주연상을 또다시 수상하며 '한국의 아버지'에서 '아시아의 아버지'로 발돋움했다. 당시 아시아 영화제의 명성과 권위는 지금과 달리 대단했다. 그런 영화제에서 거푸 주연상을 받았다는 것은 김승호 개인적 명예의 차원을 넘어 한국 영화의 위상을 높이는 계기가 되었다는 점에서 영화사적 의미가 크다. 이 영화에서 김승호가 그려낸 아버지는 이듬해 개봉되는 영화 '마부'의 아버지로 이어졌다.

1961년 2월 15일 서울 국제극장에서 개봉된 강대진 감독의 '마부'는 영화배우 김승호의 이미지가 가장 잘 드러난 영화로 기록되고 있다. 고시 공부하는 큰아들, 싸움질로만 소일하는 작은아들, 벙어리 딸 이렇게 3남매를 고달프게 키우는 홀아비 마부의 삶을 통해 김승호는 서민의 애환과 전후 급격한 근대화 과정에서 흔들리는 그 시대 아버지의 모습을 담담하게 보여주었다는 평가를 받았다. '마부'는 1961년 7월 제11회 베를린 영화제에서 '특별 은곰상'을 수상했다. 김승호는 1963년 제10회 아시아 영화제에서도 '로맨스 그레이'로 3번째 남우주연상을 차지해 아시아 최고 배우로 입지를 굳혔다.

영화 제작자로 나선 후 영화 인생에 먹구름 껴

이처럼 최고의 전성기를 구가하던 김승호에게 위기가 찾아온 것은 1960년대 중반이었다. 이만희 감독의 '돌아오지 않는 해병'(1963) 이후 전쟁·액션영화가 유행하고, '맨발의 청춘'(1964)으로 점화된 신성일·엄앵란 콤비의 청춘영화가 붐을 일으키면서 김승호가 그동안 활약한 홈드라마가 쇠퇴하기 시작한 것이다.

김승호는 급변하는 영화계의 흐름에 적응해보려 했으나 액션영화의 개성파로 자리잡은 장동휘나 허장강을 대신할 수 없었다. 청춘의 사랑과 고뇌를 소재로 한 청춘·멜로영화에서도 단지 아버지일 뿐 이전에 보인 주인공 아버지의 모습을 보여주지 못했다.

순탄하고 화려하던 김승호의 영화 인생에 먹구름이 끼기 시작한 것은 직접 영화 제작에 나선 1967년이었다. 자신이 처음 제작하고 정창화가 감독한 '돌무지'는 김승호를 비롯 신성일·남정임·윤정희·허장강·남궁원 등 기라성 같은 호화판 캐스팅에, 제작비도 다른 영화보다 훨씬 많이 투입한 덕분에 그런대로 수지를 맞췄다.

단성사에서 1967년 9월 9일 개봉된 '돌무지'는 단성사에서만 9만 명 이상의 관객을 끌어들이고 그해 12월 대종상의 최우수 반공영화 작품상에 뽑혔다. 자신감이 생긴 김승호는 빚을 져가며 과다한 제작비를 쏟아부어 '육체의 길', '영원한 모정', '딸', '7인의 밀사' 등을 연이어 제작했다. 하지만 결과는 흥행 부진으로 나타났다.

결국 눈덩이처럼 불어난 빚 때문에 1968년 10월 15일, 2,200만 원의 부도수표 남발 혐의로 구속되고 이 때문에 30년 동안 살아온 서울 청진동 집을 헐값에 팔아야 했다. 보름 만에 풀려나긴 했지만 30여 년간 130여 편의 연극, 250여 편의 영화에 출연한 당대 최고의 배우 김승호는 그렇게 내리막길을 걸었다.

1968년 12월 1일 세수를 하다 뇌일혈로 쓰러져 병원으로 옮기는 택시 속에서 아내에게 "아아 억울하다. 꼭 살아야겠어…"라는 마지막 말을 남기고 그날 밤 숨을 거두었다. 12월 5일의 장례는 유례가 없는 영화·연극인 합동장으로 치러졌다. 개성파 배우 김희라가 그의 아들이다.

김지미 영화배우 데뷔

김지미의 등장은 여배우들이 도시적이고 현대적인 여성상으로 탈바꿈하는 계기가 되었다.

한국 영화계에서 김지미(1940~)의 존재는 각별하다. 타고난 미모와 영화적인 마스크로 1960년대를 풍미한 이 최고의 여배우는 800여 편의 영화에 출연하고, 4번의 결혼과 이혼 등으로 화제를 몰고다닌 은막의 스타였다. 아름다움과 도도함은 그녀를 단순한 연기자가 아니라 카리스마 넘치는 스타로 군림하게 한 원동력이었다.

김지미는 여고 2학년이던 1957년 10월 31일 개봉된 김기영 감독의 '황혼열차'를 통해 영화계에 데뷔했다. 안성기도 '황혼열차'에 아역으로 데뷔했기 때문에 김지미와 안성기는 데뷔 동기인 셈이다. 김지미의 등장은 한국의 여배우상이 바뀌는 분기점이었다. 그전까지 한복을 입은 고전적인 여인상이 멜로영화 여주인공의 전형이었다면, 한복 대신 양장을 입은 김지미의 등장은 여배우들이 도시적이고 현대적인 여성상으로 탈바꿈하는 계기가 되었다.

그녀의 데뷔 후 한국 영화 제작 편수가 급격하게 늘어났다는 점에서 김지미는 행운아였다. 1955년 15편, 1956년 30편, 1957년 37편이던 영화 제작 편수는 1958년 74편, 1959년 111편으로 급증했다. 이는 1958년 이승만 정권이 발표한 '국산 영화 제작 및 영화 오락 순화를 위한 보상 특혜조치'에 따라 외화 수입을 쿼터제로 만들어 국산 영화 제작을 장려했기 때문이다. 여기에 전쟁 직후 혼란스럽고 황폐한 시대에 마음의 위안을 얻기 위해 많은 국민이 극장을 찾기 시작한 것도 영화 중흥의 밑거름

김지미(1940~)

이 되었다.

이런 시대적 배경에서 한국 영화가 1958~1964년의 중흥기를 거쳐 1965~1970년의 황금기를 맞게 된 것이지만, 어쨌든 김지미는 한국 영화가 막 비상할 무렵 데뷔해 영화 붐을 타고 한국 영화의 전성기를 이끌었다.

첫 영화 출연 후 시나리오가 김지미에게 산더미처럼 몰려왔다. 전국의 극장마다 김지미가 출연한 영화에 목을 매고 영화사 감독마다 출연을 사정했다. 결국 김지미는 숱한 영화에 얼굴을 내밀었다. 한꺼번에 37편이나 되는 영화에 겹치기로 출연한 때도 있었다.

1959년 김지미는 여배우로 치명적인 부상을 겪었다. 정창화 감독의 '사랑이 가기 전에'를 촬영하던 중 오토바이가 전차 레일에 걸려 넘어지면서 뒷좌석에 있던 김지미의 얼굴이 아스팔트에 부딪힌 뒤 15m 이상 미끄러진 것이다. 얼굴과 코가 완전히 뭉그러진 중상이었다. 여배우로 다시 활동하는 게 사실상 힘들어 보였으나 국내에서 몇 차례 수술을 받고 다시 일본으로 건너가 재수술을 받고서야 '사랑이 가기 전에'를 완성했다.

한국의 여배우상이 바뀌는 분기점

1961년은 김지미의 전성기였다. 이때 촬영한 영화들이 '춘향전', '에밀레종', '마부의 딸', '장희빈', '바보온달과 평강공주' 등인데, 그 중에서 '춘향전'은 김지미에게 아픈 기억으로 남아 있다. 자신이 출연하고 남편 홍성기 감독이 연출한 '춘향전'과, 최은희가 출연하고 신상옥 감독이 메가폰을 잡은 '성춘향'이 같은 시기에 맞대결을 펼친 결과 김지미의 '춘향전'이 패한 것이다.

'춘향전(戰)'으로까지 불렸던 두 감독의 자존심 대결은 결국 홍성기의 몰락과 홍성기·김지미 커플의 이혼으로 이어진 반면, 신상옥 감독은 자신의 영화사 '신필름'의 산업적 토대를 마련하는 계기를 만들었다. '춘향전'에서 쓴맛을 보긴 했지만 그래도 김지미는 늘 최고의 인기 배우였고, 왕성한 활동을 펼치며 1960년대를 풍미했다. 다만 그 많은 영화 출연에도 불구하고 한국 영화사에 두루 기억될 대표적인 영화가 없다는 점에서 영화배우로는 큰 아쉬움이 남는다.

1970년대 들어 토속물과 에로물이 번창했는데도 김지미의 작품은 줄어들었다. 심지어 1976년부터 1983년까지는 단 한 편의 작품에도 출연하지 못했다. 그나마 '길소뜸'(1985)과 '티켓'(1986)을 통해 1960년대의 스타에서 1980년대의 연기자로 변모했다는 평가를 받았다는 게 다행이라면 다행이었다.

1992년 '명자, 아끼꼬, 쏘냐'를 마지막으로 김지미의 모습은 영화에서 자취를 감췄다. 불러주는 영화사도 없었지만 그 무렵 김지미의 활동 영역도 이미 영화배우의 범주를 벗어나 있었다. 지미필름의 대표로, 한국영화인협회 이사장(1995~2000)으로 부지런히 활동하며 예의 여장부로서의 면모를 과시했다.

김지미는 한국의 다양한 남성들과 살아본 것으로도 유명하다. 20살이던 1960년 홍성기 감독과 결혼하고, 22살에는 유부남이던 최무룡과 스캔들을 벌여 1962년 10월 간통죄로 구속되었으며, 1963년 최무룡과 재혼했다가 최무룡의 영화 제작 실패로 1969년 "사랑해서 헤어진다"는 유명한 말을 남기고 이혼했다.

그 후 8살 젊은 가수 나훈아와 1976년 동거에 들어갔다가 1981년에 헤어졌으며, 다시 내과 의사 이종구 박사와 1991년 결혼했다가 2001년 이혼하는 등 결혼과 이혼을 반복했다. 그래도 그의 팬들은 김지미를 손가락질하기보다는 "역시 김지미답다"라는 식으로 이해했다.

한국일보 제1회 미스코리아 대회 개최

'길거리 캐스팅'까지 동원했으나 응모자가 부족해 두 번이나 대회가 연기되었다.

1957년 4월 6일자 한국일보 1면 한복판에 '롱비취 미인대회에 파견할 미스코리아 선발요강'이라고 제목을 크게 쓴 신문 사고(社告)가 실렸다. 2000년대 초반까지 공전의 인기를 누린 제1회 미스코리아 선발대회를 개최한다는 사고였다. 주최 측은 '만 18세 이상 28세까지의 한국 여성으로 흥행단체나 접객업에 종사한 일이 없어야 한다'는 조건을 참가자격으로 달았다.

예선은 5월 2일부터 3일간, 본선은 5월 5일에 치른다고 사고에 명시되었으나 처음 열리는 대회가 제대로 치러질지는 누구도 자신하지 못했다. 우려한 대로 2주일이 지나도 반응이 신통치 않아 행사 담당자가 발로 뛰어야 했다. 관청의 타이피스트나 비서를 찾아가 응모를 권하고 미장원의 종업원을 구슬리는 방식으로 참가를 유도했다.

그래도 호응이 없어 결국 예선과 본선 대회 일자를 각각 5월 12일과 19일로 연기했다. 주최 측은 어떻게든 대회를 예정대로 치러야 한다는 다급한 마음에 '길거리 캐스팅'까지 동원해 어렵게 본인의 동의를 얻어냈다. 하지만 밤새 마음이 바뀐 응모 여성이 이튿날 새벽 득달같이 달려와 자신의 이름을 빼달라고 사정하는가 하면 "남의 혼인길을 막으려는 수작이냐"라며 따지는 여성의 부모도 있어

본선에 진출한 미스코리아 출전자들의 수영복 심사 광경. 왼쪽에서 다섯 번째가 제1회 미스코리아 박현옥

주최 측을 난감하게 했다.

응모가 확정된 여성은 얼굴 사진과 함께 "'화장은 짙어야 하나요' 하는 수줍음", "'춘희(椿姬)' 애독한 문학소녀", "가냘프면서도 만만한 건강체" 등의 제목을 단 기사로 소개되었다. 고희동(화가), 모윤숙(시인), 박화성(소설가), 이해랑(연극인), 장발(화가) 등 쟁쟁한 심사위원이 발표되면서 점차 응모자가 늘어나긴 했으나 대회를 치르기에는 여전히 응모자가 부족해 대회는 또다시 연기되었다.

"남의 혼인길을 막으려는 수작이냐"

예선은 결국 5월 14일 서울 북창동의 공보관에서 치러졌다. 57명의 신청자 가운데 미리 서류 심사로 뽑힌 20명을 대상으로 몸매 심사와 개별·집단 심사를 한 결과 7명이 본선에 진출했다. 본선은 1957년 5월 19일 오전 9시 명동 시립극장에서 개최되었다.

후보가 3명으로 압축된 후 심사위원 채선엽(성악가)이 박현옥을 당선자로 호명하는 순간 장내 열기는 최고조에 달했다. 준미스코리아에는 홍인방과 김정옥이 뽑혔다. 서울 태생으로 이화여고를 졸업한 23세의 박현옥에게는 상금 30만 환과 양단 저고리, 양복지, 은수저 등 12가지의 부상이 주어졌다. 박현옥은 그해 7월 11일 미국 캘리포니아주 롱비치에서 열린 '미스 유니버스'에 참가하는 특전까지 손에 쥐었다.

미스코리아 대회는 1972년부터 MBC TV를 통해 생중계되며 30년 동안 최고의 인기를 구가했으나 2002년 MBC가 중계를 포기한 이후 사람들의 관심에서 멀어졌다. 2004년부터는 본선 심사의 하이라이트인 수영복 심사까지 폐지되었다. 주최 측은 진정한 미의 민간 외교사절을 뽑는 경연장으로 새롭게 자리매김하기 위한 것이라고 해명했지만 사실은 '안티 미스코리아'의 압력 때문이었다. 페미니스트 저널 '이프' 등 여성계가 1999

년부터 '안티 대회'를 열어 "미스코리아 대회가 여성 상품화와 외모지상주의를 조장한다"며 반발한 것에 결국 MBC가 무릎을 꿇은 것이다. '안티 대회'도 목적한 바를 달성했다고 판단해 2004년 6회 대회를 마지막으로 막을 내렸다.

월간지 '삼천리'가 개최한 지상(誌上) 미인대회가 최초

우리나라 최초의 미인대회는 1931년으로 거슬러 올라간다. 시인 김동환이 창간한 월간지 '삼천리'에서 개최한 지상(誌上) 미인대회가 그것이다. 삼천리는 1931년 5월호에 "고상전아하고 아름다운 미모에다가 균제된 체격, 만신이 예지와 총명에 찬 듯한 근대적 려인을 뽑겠다"고 광고를 냈다. 독자들로부터 상반신 사진을 받아 미인을 뽑았는데 이들의 사진이 실릴 때면 잡지가 동이 날 정도로 인기가 있었다. "18세 이상의 조선 여성, 3년 이내의 사진"이 응모 자격 조건으로 제시되고, 심사는 이광수, 염상섭, 김억, 안석주, 허영숙, 나혜석, 김원주, 최승희 등이 맡았다.

그해 10월 총 326명의 응모 사진 중 14명의 입상자를 선정해 발표했는데 특선은 최정원이 차지했다. 최정원은 문인 최정희의 동생으로, 해방 직후 남편과 월북해 국내에는 많이 알려져 있지는 않지만 당시는 여자고보를 졸업하고 간호사로 활동한 인텔리 여성이었다. 1934년 결혼한 남편이 카프 맹원들에 대한 일제의 검거 사건으로 체포되었을 때도 실의에 빠지지 않고 소설 '낙동강'을 발표한 당찬 면모를 지닌 신여성이었다. '낙동강'은 가난한 소작인들의 비극적 삶과 그들의 연대와 투쟁을 사실적으로 묘사한 수준급의 작품으로 평가받고 있다.

1949년에는 월간 '신태양'이 '미스 대한 인기투표'를 열어 예비심사를 통과한 미인 후보의 사진을 덕수궁에 전시했다. 일반인이 사진을 보고 최고 미인을 뽑는 방식이었다. 얼굴과 몸매를 직접 보여주는 최초의 실물 미인대회는 1953년 5월 중앙신문사가 부산에서 연 '미인 경연대회'였다.

키는 다섯 자 정도일 것, 얼굴은 둥그스름하고 복스러울 것, 이는 반듯하고 하얗게 반짝거릴 것, 현모양처감으로 부족함이 없을 것 등이 참가 조건이었다. 이런 조건을 충족해 영예의 대상을 수상한 사람은 숙명여대 영문학과 2학년생 강귀옥이었다. 대회를 구경하러 갔다가 대회 관계자들과 기자들의 강요로 예선에 나갔는데 덜컥 미스코리아로 뽑혔다는 게 그녀의 설명이다.

미스 유니버스와 세계 미인대회

'미스 유니버스'(1921), '미스 월드'(1951), '미스 인터내셔널'(1960)은 세계 3대 미인대회로 꼽힌다. 그중에서도 '미스 유니버스'는 미인대회의 원조 격으로 숱한 화제를 뿌리며 오늘에 이르고 있다. 1921년 9월 7일 미 뉴저지주 애틀랜틱시티에서 사람들의 눈길을 끄는 조그만 이벤트가 열렸다. 관광객을 끌어들이려는 한 지방신문사 간부의 아이디어로 시작된 이벤트였는데 주최측이 9명의 여성을 내세워 해변가에서 '수영복 미인대회'를 연 것이다.

대회인 만큼 순위가 매겨졌다. 영예의 1위는 워싱턴DC 대표로 출전한 16세의 마거릿 고먼에게 돌아갔다. 키 155cm, 몸무게 49kg의 자그마한 체구였다. '미스 아메리카'가 처음 탄생하는 순간이었고, 얼굴만이 아니라 몸매까지도 미인의 기준이 되는 새로운 시대의 개막이었다. 그러나 생소한 수영복 심사에 대한 반감과 출전자들의 교양 미달로 급기야 1927년 대회가 중단되는 사태로까지 이어졌다.

대회는 결국 출전자들의 재능을 심사 분야에 포함하고서야 1935년 부활했다. 대회가 점차 인기를 더해가자 주최 측은 1952년 롱비치 해변에서 각국 미녀 29명을 초청한 제1회 '미스 유니버스'를 개최했다. 국내용인 '미스 아메리카'와 국제용인 '미스 유니버스'를 분리한 것이다.

1957년 5월 개최된 제1회 '미스코리아 대회'도 실은 '미스 유니버스'에 출전하기 위한 한국 대표를 선발하는 대회였다. 미인대회가 인기를 끌수록 여권운동가들의 반발도 거세져 1968년에는 대회장 밖에 양을 끌고 와 시위를 벌이기도 했다. "대회 참가자들이 온순하고 어리석은 양과도 같다"는 메시지였다.

제1회 미스 유니버스대회 출전자들
왼쪽에서 3번째가 우승자 마거릿 고먼

국내 첫 저작권법 제정

베른협약은 오늘날 국제적인 저작권 보호의 표준으로 인정받고 있다.

1707년 영국 런던의 서적상조합이 "저작물의 무단복제로 인한 피해가 너무 크다"며 의회에 청원서를 냈다. 의회는 이 문제를 더 이상 방치할 수 없다고 판단해 1709년 1월 인쇄 복제물에 대한 권리를 보장하는 법안을 상정하고 1710년 4월 10일 확정했다. 이른바 '앤 여왕법'으로 저작자에게 14년 동안 배타적인 복제권을 보장한다는 게 요지였다. 이는 출판물의 보호를 위해 개인의 권리를 최초로 인정한 근대적 의미의 첫 저작권법이다. 이후 미국, 프랑스, 독일 등에서도 저작권에 관한 법률이 만들어졌다.

시대가 바뀌고 외국과 무역 거래가 확대되는 등 국가 사이의 교류가 활발해지면서 저작물을 둘러싼 무단복제 시비가 국가 간에 자주 발생했다.

그러자 충돌을 미연에 방지하고 교류를 확대하기 위해 국가 간 저작권을 보호하는 방안이 강구되었다. 그 결과가 1866년 9월 9일 10개국 대표가 스위스의 베른에서 체결한 '문학·미술 저작물의 보호에 관한 베른협약'이다. 1887년 12월 5일에 발효된 베른협약은 이후 1908년 베를린, 1914년 베른, 1928년 로마, 1948년 브뤼셀, 1967년 스톡홀름, 1971년 파리에서 회의를 열어 부족한 내용은 보충하고 미비한 규정은 보완했다.

베른협약은 몇 가지 원칙이 있었다. ▲저작권은 저작물이 완성되는 순간 자동적인 보호를 받으며 등록이나 납본 등의 별도 절차를 필요로 하지 않는다는 무방식주의 원칙 ▲체약국에서 최초로 발생된 저작물은 모든 체약국에서 그 국가의 국민과 똑같은 보호를 받는다는 내국민 대우의 원칙 ▲체약국 저작물에 대한 저작권을 소급해 인정해주는 소급주의 원칙 ▲저작권의 보호 기간을 최소한 저작자의 사후 50년 이상으로 해야 하는 원칙 등이었다.

베른협약은 오늘날 국제적인 저작권 보호의 표준으로 인정받고 있으나 한동안은 지나치게 선진국 위주로 운영되고 있다는 비난을 받았다. 2차 대전 후에는 미국과 소련을 비롯한 유엔의 다수 회원 국가가 가입하지 않은 것도 문제점으로 부각되었다. 그러자 유네스코가 베른협약에 저촉되지 않는 범위 내에서 모든 국가의 가맹을 가능하게 하는 새로운 조약을 추진했다. 그 결과물이 1952년 9월 6일 세계 50개국 대표들이 제네바에 모여 체결한 '세계저작권협약(UCC)'이다.

저작권법 개정안 공청회(1986.3.8)

베른협약이나 UCC 등 국

제협약은 대체로 지적소유권 보호를 각국의 국내법에 위임했기 때문에 권리 침해에 대한 국제적인 벌칙 규정과 제재 수단이 미흡했다. 이에 국제적인 규모의 새로운 지적소유권 보호 장치가 필요하다는 각국의 이해관계에 따라 1995년 WTO 출범에 맞춰 지적소유권에 관한 협정(WTO/TRIPs)이 체결되어 오늘에 이르고 있다.

정부 수립 후 독자적으로 처음 제정한 법

우리나라에서 근대적 의미의 저작권령이 처음 공포된 것은 1908년 8월 16일이다. 엄밀히 말하면 일본의 저작권법을 의용(依用)한 것에 불과했다. 1910년 한일합방 후에는 일본의 저작권법을 그대로 적용했다. 해방 후에는 '미 군정청 법령 제21호'에 명시된 '과거 일제가 만든 칙령은 그대로 계승되어 법적 효력을 가진다'는 조항에 따라 일본의 저작권법이 폐지되지 않고 그대로 유지되었다. 1948년 대한민국 정부 수립 후에도 '현행 법령은 이 헌법에 저촉되지 아니하는 한 효력을 가진다'(제헌헌법 제10장 부칙 100조)는 경과규정에 의거해 일본 저작권법은 그대로 유효했다.

그러나 1950년대 들어 방송, 음반, 영화 등에서 저작권 분쟁이 확대되고 표절의 범위와 기준에 대한 논란이 사회적으로 확산하면서 저작권법의 손질이 불가피해졌다. 그래서 만들어진 저작권법이 1957년 1월 18일 국회를 통과하고 1월 30일 대통령에 의해 법률 제432호로 공포되었다.

1957년의 저작권법은 대한민국 정부 수립 후 독자적으로 처음 제정한 법이라는 데 그 의미가 있다. 총 5장, 전문 75개조, 부칙 4개조로 구성된 저작권법에서 저작재산권은 30년, 번역권은 5년, 사진저작권은 10년 보호로 규정했다. 외국인의 저작권(제46조)은 '조약에 별단의 규정이 있는 것을 제외하고는 본법의 규정을 적용한다'고 명시했다.

1957년 법은 처음 제정한 것이니만큼 부족한 점이 많았다. 그중에서도 저작권 위반의 판정이 어렵고, 저작권법 위반에 대한 고발이 친고죄이다 보니 위반 사례의 적발과 고소를 거의 개인에게 맡긴 게 가장 큰 문제였다. 적발해도 저작권자들이 소송의 번거로움과 사회적 체면을 생각해 적극적으로 대응하지 않는 경우가 많았다.

그러다 보니 다양한 저작권 침해 사례가 자주 발생했다. 출판물의 무단 양도, 학술지·신문·잡지에 발표된 글을 모아 저자의 동의 없이 단행본으로 발행하는 행위, 번역자·감수자 명의 도용, 참고서·학습교재의 무단 도용 등이 대표적인 사례였다. 외국인 저작권의 보호에 대해서도 매우 소극적인 태도를 취했다. 컴퓨터와 프로그램의 발전은 1957년 법이 미처 예상하지 못한 새로운 사태였다.

전면 개정은 1986년과 2006년 두 차례 이뤄져

1957년 저작권법에 대해 1970년대부터 개정 노력이 있었으나 그때마다 무산되었다. 하지만 가중되는 국제적인 통상 압력에 밀려 1986년 7월 21일 미국과 지적소유권을 포함한 한미 통상 현안을 일괄적으로 타결하면서 저작권법 개정과 국제조약 가입을 미국에 약속해 주었다. 이에 따라 저작권법 개정은 피할 수 없는 과제가 되었다.

저작권법 개정안은 1986년 12월 17일 국회를 통과했다. 외국인 저작물의 보호규정 강화, 저작권자의 보호 강화, 지적재산권을 제한할 수 있는 경우가 구체적으로 적시되었다. 컴퓨터 프로그램 복제 방지는 별도의 '컴퓨터 프로그램 보호법'으로 대체했다. 이로써 우리나라는 저작권에 대한 실질적 보호 환경을 마련하고 국제적 수준에 걸맞은 저작권법을 보유하게 되었다. 이런 의미에서 1986년의 개정은 개정이라기보다 사실상 제정에 가까웠다. 1987년 10월 1일 우리나라가 UCC에 가입한 후부터는 외국 저작물도 국내 저작물과 똑같이 저작권의 보호를 받았다.

1990년대의 저작권법 개정은 WTO/TRIPs와 베른협약의 가입을 전제조건으로 추진되었다. TRIPs는 1995년 1월 출범한 WTO(세계무역기구)가 주관하는 '무역관련 지적재산권협정'이다. 우리나라는 1994년 12월 31일 WTO/TRIPs에 가입했다. WTO의 회원국이 된 이상 베른협약의 가입 여부에 관계없이 저작권에 관해서는 베른협약 수준의 보호를 의무적으로 실시해야 했기 때문에 우리나라는 1996년 8월 21일 베른협약에도 가입했다.

저작권법은 이후 수차례의 부분 개정을 거쳐 2006년 12월 또다시 전면 개정이 이뤄졌다. 1957년 제정 이래 잦은 개정으로 흐트러진 법체계를 바로 잡고, 인터넷상 저작권 침해를 방지하고, 우리 저작물의 해외 진출을 돕고, 저작물의 원활한 이용을 도모하기 위해서였다. 저작권법은 1957년 제정 후 2013년 현재 총 20차례 개정되었다. 이 가운데 법명 정비 등의 내용을 담고 있는 8회를 제외하면 실질적으로 내용을 변경한 것은 12회다. 이 가운데 전면 개정은 1986년과 2006년 두 차례 이뤄졌다.

스푸트니크 1호 발사

"그게 정말로 올라갔어!" 기자가 말한 '그거'란 인공위성 '스푸트니크 1호'였다.

1957년 10월 4일 전 세계 라디오와 TV에서 원인을 알 수 없는 "삐익" 하는 전자음이 흘러나왔다. 이유는 소련 모스크바 방송의 긴급뉴스로 곧 밝혀졌다. 인류 최초의 인공위성 스푸트니크 1호가 그날 오전 10시 28분 바이코누르 우주발사 기지에서 발사되었다는 것이다. 소련으로서는 미·소간 우주 경쟁에서 비로소 우위를 차지하는 감격적인 순간이었고, 인류에게는 우주 탐사를 향한 대장정의 첫걸음이었다. "삐익" 하

스푸트니크 1호

는 잡음은 스푸트니크 1호가 우주 공간을 날면서 관측한 내용을 부호화해 보낸 메시지였다.

러시아어로 '길동무'를 뜻하는 스푸트니크 1호는 농구공보다 약간 큰 지름 58cm, 무게 83.6kg의 알루미늄 구형 위성으로 만들어졌다. 겉에는 2.4~2.9m의 안테나 4개가 연결되었다. 소련의 발표에 따르면 스푸트니크 1호는 고도 940km에 도달한 후 원지점 947km, 근지점 227km의 지구궤도를 96.2분마다 한 바퀴씩 하루에 모두 16번 돌았다.

소련이 세계 최초로 인공위성을 쏘아 올릴 수 있었던 것은 2차대전 때 독일이 개발한 V2 로켓 기술 덕분이었다. 소련은 2차대전이 끝난 후 V2 로켓을 개발한 독일 우주센터의 소재지 페네뮌데를 점령했다. 그러나 그곳에서 로켓을 개발한 베르너 폰 브라운을 비롯한 주요 과학자들이 이미 미국으로 투항하는 바람에 일부 로켓 부품과 몇몇 로켓 과학자를 확보하는 것에 만족해야 했다. 소련은 이 부품과 인력을 토대로 로켓을 개발해 1947년 10월 V2 로켓을 발사하는 데 성공했다.

우주 탐사를 향한 대장정의 첫걸음

미국에 베르너 폰 브라운이 있다면 소련에는 세르게이 코롤료프가 있었다. 코롤료프는 길이 16.9m, 사거리 278km인 R1 로켓과 사거리가 556km인 R2 로켓을 개발한 소련 최고의 로켓 전문가였다. 1955년과 1957년에는 사거리가 각각 1,204km, 1,800km인 중거리탄도미사일(ARBM) 발사를 성공시킨 로켓도 개발했다.

인공위성 개발의 꿈을 꾸던 코롤료프에게 기회가 찾아온 것은 1957년이었다. 국제과학연합위원회가 지구의 표면을 지도로 그리기 위한 관측위성을 쏘아 올려 지구환경을 더욱 정확히 알아보자며 1952년에 정한 '국제지구물리 관측년(IYG)'이 1957년 7월 시작되었기 때문이다. 미국은 1955년 7월에 이미 아이젠하워 대통령이 "국제지구물리 관측년(1957.7~1958.12)에 세계 최초로 인공위성을 발사하겠다"고 공표해 놓고 있었다. 미국이 최초의 인공위성인 뱅가드(선구자) 위성을 쏘아 올리기로 한 날도 몇 달 앞으로 다가왔다.

코롤료프는 미국에 선수를 빼앗길지 모른다는 조바심에 인공위성을 발사하자고 소련 정부를 설득해 허가를 받아냈다. 코롤료프는 인공위성 발사에 앞서 대륙간탄도미사일(ICBM) 발사를 먼저 추진했다. 첫 번째 발사는 로켓이 폭발해 실패했으나 이후 두 차례의 시험발사에서는 로켓을 태평양까지 보내는 데 성공했다. 1957년 8월의 4번째 발사 때는 6,500km나 떨어진 캄차카반도의 목표물에 명중시켰다. 그리고 마침내 스푸트니크 1호를 성공시켰다.

소련이 스푸트니크 1호 발사 후 환호하고 있을 때 미국인들은 구겨진 자존심을 속으로 삭여야 했다. 더욱이 소련의 한 과학자가 "미국인들은 자기의 자동차, 냉장고, 집은 사랑하지만 자기의 조국은 사랑하지 않는다"고 비아냥거려 미국인들의 부아를 돋우었다. 아이젠하워는 "단지 한 조각의 쇳덩이를 하늘로 쏘아 올린 것뿐"이라며 애써 외면했으나 속으로는 사태의 중대성을 심각하게 인식했다.

美 20세기 들어 처음 열등감에 빠져

소련은 한 달 후인 11월 3일에도 1호보다 6배나 무거운 2호를 발사하는 데 성공했다. 무게가 508kg인 2호에는 라이카 품종의 '쿠드랴프카'라는 이름의 개를 우주로 실어 보내 사상 최초로 생물체를 우주궤도에 진입시키는 두 번째 쾌거를 이뤄냈다. 쿠드랴프카는 우주 공간에서 맥박, 호흡, 체온, 생리적 반응 등 여러 데이터를 제공한 뒤 발사 일주일 후 자동장치에 의해 약물주사를 맞고 우주선 안에서 죽었다. 스푸트니크 2호는 대기권 재돌입이 불가능하게 설계되었기 때문에 쿠드랴프카는 어차피 우주에서 죽을 운명이었다. 소련은 쿠드랴프카 덕분에 사람도 우주로 날아갈 수 있다는 자신감을 갖게 되었다.

소련이 스푸트니크 2호까지 발사하자 미국은 더욱 깊은 충격에 빠졌다. 기술에 뒤졌다는 국민적 자존심 때문만은 아니었다. 더 큰 문제는 소련이 1949년에 개발한 원자폭탄을 미사일에 실어 미국 상공에 떨어뜨리지 않을까 하는 두려움이었다. 미국은 그동안 확신해오던 몇 가지 사실에 의문을 품기 시작했다. 과학은 세계에서 가장 우수하고, 교육은 가장 우수한 시민을 배출하며, 무엇이든 할 수 있다는 기존의 자신감에 큰 구멍이 뚫렸다는 사실을 비로소 깨닫게 된 것이다.

미국은 20세기 들어 처음으로 열등감에 빠졌다. 언론은 2차대전 후 처음으로 소련의 능력을 인정하는 기사를 연이어 내보냈다. 이후 미국은 스푸트니크 1호 발사를 제2의 진주만 폭격으로 생각하고 항공우주 분야에 대대적으로 투자했다. 미 항공우주국(NASA)도 1958년 10월 1일에 설립했다.

소련은 스푸트니크호 발사 후에도 미국이 쫓아올라치면 이를 비웃기라도 하듯 늘 한 발 앞서나갔다. 1965년 12월 미국의 제미니 6호와 7호의 랑데부 성공이 있기 전까지 소련은 모든 면에서 늘 미국에 앞서 있었다. 그때까지 최초의 인공위성 발사, 최초의 우주비행사, 최초의 여성 우주비행사, 최초의 우주 유영 등은 모두 소련의 차지였다.

그러나 결정적으로 랑데부 단계에서 뒤지는 바람에 소련은 더 이상 미소를 짓지 못했다. 1969년 7월 닐 암스트롱이 달에 첫발을 내디면서 우주는 미국의 영역으로 바뀌었다. 스푸트니크 1호와 2호는 각각 이듬해 1월 4일과 4월 14일 우주에서 소멸되었고 '길동무'는 모두 8차례 발사되었다.

익스플로러 1호

2차대전 후 미국은 독일의 V2 로켓 기술을 고스란히 빼오고 베르너 폰 브라운을 비롯해 120여 명의 독일 로켓 과학자들까지 미국으로 데려와 로켓 기술에 관한 한 소련보다 한 발 앞선 것처럼 자만하고 있었다. 이런 미국에게 소련의 스푸트니크 1호 발사는 충격 그 이상이었다.

사실 미국이 로켓 개발을 등한시한 것은 아니었다. 그런데도 소련보다 늦은 이유는 로켓 개발 임무를 한곳에서 수행하지 않고 육·해·공군이 따로 개발을 추진했기 때문이다. 해군은 로켓 개발팀을 순수 미국의 과학자들로 꾸리고, 육군은 브라운 등 독일 과학자들을 주축으로 팀을 구성했다.

미 정부는 국가 체면을 생각해 미국인들로 구성된 해군을 먼저 지원했으나 결과적으로 이 결정은 로켓 발사를 더디게 했다. 당시 해군은 '뱅가드 계획'을 추진하고, 육군은 V2 로켓을 개량한 '레드스톤'과 이를 개량한 '주피터 C로켓' 개발에 총력을 기울였다. 공군은 애틀러스, 타이탄 등과 같은 대륙간탄도미사일 개발에 주력했다.

미국은 1957년 12월 6일 해군이 개발한 뱅가드 로켓을 발사했으나 발사 2초 만에 1단 로켓이 발사대에 주저앉으며 폭발하는 처참한 실패를 맛보았다. 언론에서는 '땅에 주저앉은 스푸트니크'라는 뜻으로 '스테이푸트니크'라고 비아냥거렸다. 1958년 1월 25일에도 두 번째 뱅가드 로켓을 발사했으나 이것 역시 점화 후 14초 만에 폭발했다. 결국 미국은 브라운 등 독일 과학자들이 개발한 육군의 주피터 C로켓을 이용해 최초의 인공위성을 쏘아 올리는 쪽으로 방향을 바꿔야 했다.

실물 크기의 익스플로러 1호 모형을 들고 기자회견을 하는 3명의 연구자들. 가장 오른쪽이 베르너 폰 브라운

미 최초의 인공위성 익스플로러 1호가 주피터 C로켓에 실려 우주 궤도에 진입한 것은 1958년 1월 31일이었다. 무게 13.97kg, 직경 15cm 크기의 인공위성은 지구를 한 바퀴 도는 데 115분이 걸리고 궤도의 근지점 350km, 원지점 2,539km를 돌았다. 흐루시초프는 익스플로러의 무게가 스푸트니크 1호의 6분의 1에 불과하다는 것을 알고 "작은 오렌지"라며 비웃었다. 발사는 소련보다 늦었지만 미국의 위성은 지구 주위에 양성자와 전자로 이뤄진 방사능대(밴앨런대)가 우주 공간을 향해 6만 4,000km나 뻗어 있음을 발견하는 개가를 올렸다. 이는 우주 경쟁을 통해 미국이 얻은 최초의 과학적 발견이었다.

인공위성 인공위성은 목적에 따라 군사, 방송통신, 우주관측, 기상관측 등으로 나뉜다. 궤도를 기준으로 하면 고도 500~1,500km에 있는 저궤도 위성, 5,000~2만km 사이의 중궤도 위성, 3만 6,000km의 정지궤도 위성으로 나뉜다. 저궤도 위성은 원격탐사나 기상위성에 쓰이고, 중궤도 위성은 지구 대기 바깥쪽에 위치해 안정적으로 돈다. 적도 상공에서 지구 자전 속도와 같은 속도로 돌기 때문에 지상에서 보면 하늘에 고정된 것처럼 보이는 정지궤도 위성은 지구상의 넓은 지역에 전파를 보낼 수 있어 주로 방송·통신용으로 사용된다.

인공위성을 지구상 궤도에 진입시키려면 속도가 선결 조건이다. 공기가 없는 우주를 비행할 수 있는 동력장치를 가진 비행체를 로켓이라 하는데, 로켓이 발사될 때 지구의 중력을 이기고 날아오를 수 있는 우주속도를 내면 인공위성이 된다. 우주속도를 내지 못해 떨어질 경우 낙하지점을 의도적으로 맞추고 폭탄을 얹어놓으면 미사일이라는 대량 살상무기가 된다. 미사일도 발사 후 관성의 법칙에 따라 포물선 궤도를 그리며 비행한 뒤 목표물에 떨어지는 탄도미사일, 발사 후 일정 고도를 유지하며 비행한 뒤 떨어지는 순항미사일로 나뉜다.

우주속도에는 세 가지가 있다. 제1우주속도는 인공위성을 지구 상공에 띄워 올리는 속도로 초속 7.8km 정도이다. 제2우주속도는 지구를 탈출해 달에 갈 수 있는 속도로 초속 11.2km 정도이다. 제3우주속도는 태양계를 벗어나서 다른 별세계로 이동할 수 있는 속도인데 초속 42km가 필요하다. 그러나 이 속도는 현실적으로 불가능하므로 지구의 공전속도 초속 30km를 이용해야 태양계를 벗어날 수 있다.

인공위성을 지구상 궤도에 진입시키려면 속도가 선결 조건

로켓의 속도도 어떻게 발사하느냐에 따라 차이가 난다. 달리는 차 안에서 주행 방향으로 공을 던지면 멈춰서 던질 때보다 공의 속도가 빨라지는 것처럼 지구가 자전하는 쪽으로 인공위성을 실은 로켓이 발사되면 자전이라는 막강한 추진력을 얻어 더 빨라질 수 있다. 즉 추가로 공짜속도를 얻을 수 있는 것이다. 지구의 자전속도는 초속 500m 남짓, 시속으로는 1,600km 정도이므로 지구의 자전 방향으로 우주선을 발사하면 그만큼 유리하다.

발사 지점도 중요하다. 지구는 자전축을 중심으로 회전하므로 축으로부터 가장 먼 지점 즉 적도 부근이 자전속도가 가장 빠르다. 따라서 극지방보다는 적도 쪽의 자전속도가 빨라 가급적 적도 근방에서 로켓을 발사하면 그만큼 속도가 빨라진다. 미국이 플로리다 반도에, 프랑스가 남미 프랑스령 기아나에 우주 발사 기지를 둔 것도 적도가 갖는 이점 때문이다. 그러나 러시아는 위도가 높은 곳에서도 성공적으로 쏘아 올려 발사체 기술은 세계 으뜸으로 평가받고 있다. 적도 부근에 발사지가 없으면 우주선을 항공모함 같은 대형선박에 싣고 적도 지역으로 이동해 우주선을 쏘아 올리기도 한다.

2013년 1월 30일 나로호 발사가 성공한 우리나라의 외나로도는 위도 34.3도에 위치해 공짜속도를 얻는 데는 불리하지만 비슷한 위도에 있는 미국의 반덴버그 공군기지에서 수백 회 발사에 성공한 것으로 미루어 발사에는 별 문제가 없는 곳이다. 참고로 위도 5.2도에 위치한 기아나의 공짜속도는 초속 460m인데 비해 외나로도의 공짜속도는 초속 380m이다.

놈 촘스키 '통사구조론' 출간

뛰어난 학문적 업적에도 불구하고 주로 급진적 현실 참여 지식인의 이미지가 강하다.

놈 촘스키(1928~)의 삶은 언어학자와 실천적 지식인이라는 두 개의 기둥을 축으로 하고 있다. 언어학자로서는 현대 언어학에 지각변동을 일으키고, 행동하는 지성으로는 무정부주의에 가까운 급진적 성향을 보이며 미국 정부를 곤혹스럽게 만들고 있다.

촘스키는 미국의 필라델피아에서 태어났다. 부모는 러시아계 유대인이었다. 아버지 윌리엄 촘스키(1896~1977)는 뉴욕타임스의 부고란에 소개될 만큼 유명한 히브리어 학자였다. 놈 촘스키에게 반골기질이 싹튼 데는 어린 시절의 경험도 작용했다. 주로 가톨릭 신자들이 거주하는 곳에서 성장해 어려서부터 반유대주의의 차별을 받으며 자랐고, 삼촌으로부터는 무정부주의와 좌파 세례를 받았다.

놈 촘스키(1928~)

펜실베이니아대 시절 언어학 교수인 젤리그 해리스의 영향을 받아 언어학에 발을 들여놓았으며 1955년 같은 대학에서 '변형 분석'이라는 제목의 논문으로 언어학 박사학위를 취득했다. 1957년 MIT대 교수로 부임한 후 뛰어난 연구 업적을 인정받아 32세에 정교수, 37세에 석좌교수가 되었고 47세에 가장 탁월한 교수에게 주어지는 인스티튜트 프로페서에 임명되는 영광을 누렸다.

박사논문의 이론적 관점인 '변형생성문법' 이론은 1957년 '통사구조론' 이라는 제목의 학술서로 출간되어 1950~1960년대 언어학을 크게 바꿔 놓아, 이 분야를 연구하는 학자 중에 그에게서 빚을 지지 않은 학자가 없을 정도로 명성이 자자했다.

'통사구조론'에 따르면 언어를 사용하는 우리의 능력은 습득된 것이 아니라 유전적으로 타고난 것이다. 수많은 언어가 겉으로는 서로 다른 것처럼 보이지만 실상은 그것들 모두 보편적 속성을 공유하고 있다. '통사구조론'은 당시까지 인문사회학계에 풍미하던 행동주의 이론, 즉 인간의 언어 습득이나 교육은 비둘기 훈련처럼 상과 벌을 줌으로써 효율적으로 이뤄진다는 이론을 부정하며 '언어 보편설'과 '언어 생득설' 이론의 기틀을 마련했다는 평가를 받았다.

그가 맞서 싸운 것은 모든 전체주의와 권위주의

그는 성인과 어린아이의 언어 습득을 예로 들었다. 성인은 외국어를 배우려고 많은 시간과 에너지를 쏟아도 잘 안 되는 데 비해 어린아이는 의식적 노력이나 훈련 없이도 주어진 언어를 완벽하게 구사한다는 것이다. 이처럼 기존의 언어학 방법론을 일거에 뒤집은 그의 '변형생성문법'은 전 세계 언어학계에 일대 파란을 불러일으키고 심리학과 교육학에 큰 영향을 미쳤다.

이런 뛰어난 학문적 업적에도 불구하고 오늘날 촘스키의 이름은 주로 급진적 현실 참여 지식인의 앞자리에서 쉽게 찾을 수 있다. 그가 비판적 지식인의 면모를 보인 출발점은 1966년 뉴욕타임스에 기고한 '지식인의 책무'라는 글이었다. "지식인은 정부의 거짓말을 세상에 알려야 하며, 정부의 명분과 동기 이면에 감추어진 의도들을 파악하고 비판해야 한다"고 했던 그의 글처럼 그는 미국의 패권적 대외정책과 거대 기업에 유착된 언론 · 지식인들의 '조작된 동의'에 의한 권력구조를 폭로하고 비판했다.

실천적 지식인으로서의 모습은 베트남전 반대운동에서부터 본격화했다. 직접 베트남전 전장을 돌아보고 민간인 마을에 대한 미군의 무자비한 폭격을 고발했으며 반전 데모를 벌이다 투옥되기도 했다. 유대인이면서도 이스라엘의 건국을 반대하고 이스라엘의 정책을 비판했다.

그는 흔히 '무정부주의적 자유주의자'로 불린다. 국가권력과 억압적 제도에 저항한다는 점에서는 전형적인 무정부주의자이지만 정부 자체를 부정하지 않는 점에서는 무정부주의자가 아니기 때문이다. 마르크스주의에 대해서도 비판정신과 사회분석의 틀을 제공받았을 뿐 추종하지는 않았다. 그가 맞서 싸운 것은 스탈린주의를 포함한 모든 전체주의와 권위주의였다.

그러다 보니 좌충우돌하기만 할 뿐 행동을 뒷받침할 만한 그럴듯한 이데올로기가 없다는 지적을 받기도 한다. 그러나 촘스키의 철학을 신뢰하는 사람들은 '인간의 존엄을 보장하는 좋은 사회의 건설'이 촘스키의 투쟁을 관통하는 키워드라고 주장한다.

"처벌의 두려움 없이 자신의 의견을 표현할 수 있는 자유를 허용하라"

1978년 프랑스의 로베르 포리송 교수가 나치 독일의 유대인 대학살을 의문시하는 글을 발표해 법정에 피소되었을 때, 그는 "처벌의 두려움 없이 자신의 의견을 표현할 수 있는 자유를 허용하라"는 청원서에 서명했다. 이 때문에 한동안 나치의 지지자라는 비판을 받기도 했으나 "누군가의 신념을 지지한다는 것과 그것을 표현할 권리를 지지한다는 것의 차이점을 혼동하지 말라"고 반박했다.

미국에 대한 그의 비난은 신랄했다. 미국은 자본가와 군대가 움직이는 '불량배 국가'이고 미 행정부는 '정신분열증 환자'라는 것이다. 2001년 9·11테러의 책임은 원인을 제공한 미 정부에 있으며, 테러를 명분으로 전쟁을 일으킨다면 미국이 테러 집단이라고 주장했다. 이처럼 노골적인 의사 표명과 직설적인 행동으로 그는 늘 논란에 휩싸였고 추종자들로부터 우상화되었다.

그에 대한 평가는 찬사와 비판 양극단으로 갈렸다. 한 조사에서는, 언어학은 물론 정치학·철학·인지과학·심리학 등 다방면에서 70여 권의 저서와 1,000여 편의 논문을 발표한 그를 "인류 역사상 가장 자주 인용되는 8번째 인물"이라고 소개하고, 뉴욕타임스는 "생존 지식인 중 가장 중요한 인물"로 칭했다. 2005년 미국·영국의 잡지가 세계 지성인 100명을 대상으로 벌인 '가장 중요한 생존 지식인' 조사에서도 1등에 꼽혔다.

반면 비판론자들은 "거짓말을 일삼는 병적 위선론자"라고 꼬집는다. 입으로는 미국 기업을 "사적 독재자", 자본주의를 "거대한 재앙"이라고 욕하면서 주식투자를 하고 강연료와 인세 수입으로 호화 주택과 별장을 소유한 부자라는 것이다. 그래서 붙은 별명이 '귀족 좌파'다. "학문적 성공을 이용해 대중을 상대로 자신이 문외한인 사안에 대해서도 영향력을 미치려 한다"거나 "언어학적 성취와 정치적 담론에서 근거가 의심스러운 주장들을 과장된 수사로 포장해 양산한다"는 비판도 있다. 이 같은 극단의 옹호와 비난에도 아랑곳하지 않고 그는 지금도 특유의 직설과 독설로 주류 세력들을 긴장시키고 있다.

콰메 은크루마와 가나의 독립

가나의 독립은 백인 정부인 남아공을 제외하면 사하라 사막 남쪽의 검은 아프리카 중 최초였다.

서아프리카의 골드코스트(황금해안)가 '가나'라는 이름의 독립국으로 첫발을 뗀 것은 1957년 3월 6일이었다. 영국의 식민통치를 받은 지 장장 113년 만이었다. 가나의 독립은 백인 정부인 남아공을 제외하면 사하라 사막 남쪽의 검은 아프리카 중 최초였다. 독립을 꿈꾸고 있는 아프리카 각국에는 이상적인 모델로 간주되었다.

가나 독립의 아버지는 젊고 잘생기고 변설이 뛰어난 콰메 은크루마(1909~1972)였다. 가난한 집안에서 태어나 수도 아크라의 사범학교를 겨우 졸업한 그가 1935년 미국의 흑인대학인 링컨대에 입학할 수 있었던 것은 주변의 도움도 도움이었지만 무엇보다 더 넓은 세계를 경험하고 싶다는 개인적 꿈이 컸기 때문이다. 은크루마는 장학금으로 학비는 해결할 수 있었으나 생활비는 구두닦이, 비누공장 직원, 접시닦이 등 온갖 허드렛일을 하면서 스스로 해결해야 했다.

주경야독으로 링컨대를 졸업하고 펜실베이니아대 대학원에서 철학석사 학위를 취득하는 과정에서 그가 깨달은 것은 식민지 조국이 처한 비참한 현실이었다. 여기에 미국에서 경험한 풍요 속의 빈곤과 고생, 그곳에서 목도한 흑인들의 차별, 공산주의자들과의 만남은 그를 아프리카의 독립과 범아프리카주의에 헌신하는 인물로 탈바꿈시켰다.

조국의 독립을 위해 실천할 때라고 판단한 그는 미국 생활 10년 만인 1945년 5월 가나의 식민종주국 영국으로 건너갔다. 당시 아프리카 식민지 엘리트들은 장차 그들의 조국을 해방시키고 그 해방된 조국의 장래를 어떻게 이끌어갈 것인가를 두고 런던에서 활발하게 활동하고 있었다. 은크루마는 아프리카 해방운동가들의 정치집회를 부지런히 쫓아다니다가 1945년 10월 영국의 맨체스터에서 열린 제5차 범아프리카회의 집행위 사무국장으로 선임되었다.

콰메 은크루마(1909~1972)

범아프리카주의는 트리니다드토바고 출신 헨리 실베스터 윌리엄스 변호사의 주도로 1900년 7월 런던에서 결성된 범아프리카회의에서 점화한 전 세계의 흑인 통합 운동이었다. 초기에는 미국과 서인도제도 출신 흑인들이 운동을 이끌다가 1945년 맨체스터 대회 이후 은크루마의 지도력 아래 명실상부한 아프리카 독립의 동력이 되었다.

아프리카의 식민지가 투쟁에 의해 독립을 얻어낸 최초의 사례

은크루마는 1947년 11월 골드코스트의 독립운동단체인 통일골드코스트회의(UGCC)의 사무총장으로 발탁되었다. 본국에서 활동하고 있는 골드코스트의 흑인 인텔리들이 범아프리카주의의 젊은 기수로 이름을 날리고 있는 은크루마의 명성을 활용하기 위해 그를 끌어들인 것이다. UGCC는 골드코스트 입법의원인 조지프 단쿠아 박사가 주도하는 단체로 실업가, 지식인, 변호사들이 주요 구성원이었다. 대중적 기반은 약했고 노선은 온건했다.

은크루마는 UGCC와 노선이 맞지 않았으나 이 단체를 통해 자신의 기반을 구축할 수 있다는 계산을 하고 사무국장 자리를 받아들였다. 예상대로 과격한 은크루마와 온건한 UGCC 간의 밀월은 오래가지 못했다. 1948년 UGCC가 과격한 은크루마를 해임하고 은크루마가 1949년 6월 독자적으로 골드코스트 회의인민당(CPP)을 창당함으로써 UGCC와 은크루마는 완전히 결별했다.

은크루마는 '즉각적인 자치' 슬로건을 내걸고 전국을 순회했다. 영국 제품의 보이콧과 총파업을 국민에게 호소하며 골드코스트 전역을 소요와 혼란으로 몰고 갔다. 식민정부는 1950년 1월 비상사태를 선포하고 은크루마를 체포해 3년형을 선고했다.

영국은 이와 별개로 골드코스트의 자치를 위한 준비를 차근차근 진행했다. 1951년 2월의 총선거는 그 일환이었다. 총선에서 은크루마의 CPP는 38석의 의석 중 34석을 차지하는 압승으로 제1당이 되었다. 은크루마는 옥중 출마에도 불구하고 전국 최고 득표율로 당선되어 복역 14개월 만에 풀려나 식민정부의 행정 수반이 되었다. 1952년 3월 헌법이 개정된 뒤에는 식민정부의 행정 수반에서 정식 총리가 되고, 1953년에는 CPP의 종신 총재로 추대되었다.

골드코스트는 이런 과정을 거쳐 1957년 3월 6일 마침내 영연방 내 자치국으로 독립했다. 국명은 유럽 식민제국주의 국가들이 일방적으로 부르던 골드코스트 대신 고대 아프리카의 강대한 나라 가나왕국에서 땄다. 가나의 독립은 아프리카의 식민지가 스스로의 투쟁에 의해 독립을 얻어낸 최초의 사례였으며 은크루마는 일약 국제적으로 명성을 얻었다.

은크루마는 아프리카 합중국을 꿈꾸며 국제무대에서 왕성한 활동을 펼쳤다. 이를 위해 아프리카 통합정부, 공동시장, 범아프리카 화폐, 아프리카 통화구역, 중앙은행, 아프리카 전체의 통신체제, 공동의 외교정책 등을 제안했다. 1958년 12월에는 전 아프리카 인민회의를 개최하기도 했다. 은크루마는 1960년 4월의 대통령 선거에서 90%의 지지를 얻어 가나의 초대 대통령에 당선되고 가나는 1960년 7월 1일 공화국 출범을 대내외에 선포했다.

권력을 손에 쥐자 독재자로 돌변

1940~1950년대 신생 독립국의 지도자 대부분이 그렇듯 은크루마 역시 막강한 권력을 손에 쥐자 강력한 1인 독재체제를 꿈꿨다. 1961년 4월 분파운동을 추방한다는 명분 아래 여러 사회단체를 자신의 사당(私黨)이나 다름없는 CPP로 강제 흡수한 것은 독재자로 가기 위한 첫 조치였다. 뒤이어 오랜 독립운동 동지들을 해임하고 재산을 몰수하는 대숙청을 대대적으로 전개하고 예방구금법을 마련해 정적인 단쿠아 박사를 비롯한 수십 명의 야당 인사를 국가 파괴 혐의로 구금했다. 가나는 급격하게 독재국가로 바뀌었다.

은크루마는 1962년 야당의원들이 추방되어 사실상 거수기로 전락한 의회에서 만장일치로 종신 대통령에 선출되었다. 1964년 1월에는 CPP를 가나의 유일 합법정당으로 하는 일당지배 국가로 만들어 독재체제를 강화했다. 대통령에게 법관의 파면과 판결의 번복 권한을 부여하는 헌법 개정안도 만들어 강압적 수단과 부정개표를 통해 99%의 지지표를 얻어냈다. 점차 전국 도처에는 은크루마의 초상과 동상이 세워지고 신문은 온갖 찬사와 업적을 쏟아냈으며 추종자들은 그를 '구세주'로 추앙했다.

결국 일이 터진 것은 1966년 2월 24일이었다. 호찌민의 초대를 받아 북베트남을 친선 방문하기 위해 비행기로 중간 경유지인 북경으로 가던 중 평소 개인 경호대에 비해 푸대접을 받아온 것에 불만을 품은 군과 경찰이 들고 일어난 것이다. 은크루마는 북경과 하노이를 예정대로 방문했으나 가나로 돌아갈 수 없어 이웃 기니로 망명했다. 기니의 좌경 대통령이자 범아프리카주의 신봉자 아메드 세쿠 투레는 은크루마를 명예 대통령으로 추대했다. 망명 중에는 엘리트 독재자답게 '혁명전쟁 소고'(1966), '아프리카에서의 계급투쟁'(1970) 등 수 권의 책을 집필하며 소일하다가 1972년 4월 루마니아를 여행하던 중 병사했다.

1958년

신국가보안법 파동

_ *국가보안법 변천사*

_ *KNA 여객기 피랍*

김동진 교성곡 '승리의 길' 발표

해방 후 최초 아파트 '종암아파트' 준공

샤를 드골과 프랑스 5공화국 출범

펠레의 화려한 등장과 스웨덴 월드컵

_ *레프 야신*

모택동의 대약진운동 비극

중국의 금문도 포격과 최병우 기자 순직

보리스 파스테르나크 노벨 문학상 수상 거부

일본 세계 최초 라면 시판과 한국의 라면

신국가보안법 파동

국가보안법이 제정된 후 이뤄진 굵직한 8차례의 개정 중 가장 악명 높은 개악법으로 비난받고 있다.

1958년 5월 2일 치러진 제4대 총선 결과 자유당은 민주당의 79석, 무소속의 27석에 비해 압도적으로 많은 126석을 확보했다. 그런데도 자유당은 만족하지 않았다. 의석 수가 개헌 가능선인 원내의석 3분의 2에 한참 부족했기 때문이다. 무소속을 포섭해 137석으로 의석을 늘렸지만 여전히 개헌 가능선과는 거리가 멀었다.

자유당은 개헌 추진에 앞서 야당과 언론의 비판을 봉쇄하기 위해 국가보안법 개정을 추진했다. 자유당이 그해 2월 16일 발생한 KNA 여객기 피랍 등의 이유를 들어 간첩 색출, 반공체제 강화를 명분으로 국가보안법을 대폭 강화한 개정안을 국회에 제출한 것은 1958년 8월 11일이었다. 야당과 언론이 반발하긴 했으나 법안 심의를 거부할 정도로 강경하지는 않았다.

그런데도 자유당은 이미 제출한 개정안을 돌연 철회하더니 11월 18일 언론규제 조항을 새롭게 추가한 '신국가보안법'을 다시 제출해 정국을 꽁꽁 얼어붙게 만들었다. 신국가보안법이 기본인권을 침해하는 악법 중의 악법으로 알려지자 민주당 소속 81명과 무소속 10명 등 91명은 '국가보안법 개폐 반대투위'를 구성하고 공청회와 옥외집회로 정부를 압박했다. 신문편집인협회도 반대 의사를 분명히 했다.

그러나 자유당은 아랑곳하지 않고 12월 2일 반공투쟁위를 발족하면서 야당의 반대투위 지도위원인 무소속의 장택상 의원을 위원장으로 추대해 범야 연합전선의 붕괴를 기도했다.

국가보안법 통과 저지를 위해 국회에서 농성하고 있는 야당 의원들(1958.12.20)

12월 19일 신국가보안법을 논의하던 국회 법사위는 여야의 타협으로 오후 3시부터 질의를 계속하기로 하고 점심시간 휴회에 들어갔다. 그러나 오후 2시 57분, 먼저 법사위에 출석한 자유당 의원들이 3분 만에 신국가보안법을 날치기로 통과시켜 정국을 혼란에 빠뜨렸다. 야당 의원이 욕설을 퍼붓고 책상을 뒤엎으며 강하게 반발했지만 이미 물은 엎질러진 뒤였다.

야당 의원들은 본회의 통과를 어떻게든 저지하기 위해 신국가보안법이 변칙 통과된 그날 밤부터 법사위 통과 무효를 주장하며 의사당 안에서 농성 투쟁을 벌였다. 그러나 12월 24일 오전 10시, 한희석 국회 부의장이 동원한 300여 국회 무술경위들에 의해 구내식당과 휴게실로 한 사람씩 끌려갔고, 그 사이 자유당이 자당 의원만으로 30분 만에 신국가보안법을 전격 통과시켰다. 헌정사는 이날의 사건을 '2·4 보안법 파동'으로 기록하고 있다.

대표적인 독소조항은 '인심혹란죄'

2·4 보안법 파동은 1948년 12월 국가보안법이 처음 제정된 후 2013년 현재까지 이뤄진 굵직한 8차례의 개정 중 가장 악명 높은 개악법으로 비난받고 있다. 1948년 12월 제정 때 6개 조문으로 구성된 보안법은 신국가보안법 때 무려 40개 조문으로 늘어났다.

2·4 보안법 파동 즉 3차 개정의 가장 대표적인 독소조항은 이른바 '인

심혹란죄'를 규정한 제17조(약속·협의·선동·선전 등)였다. 이 조항은 '(스스로 정부라고 일컫거나 정부를 변란할 목적을 지닌) 단체 등의 지령을 받고 그 목적한 사항의 시행을 약속, 협의, 선동 또는 선전한 자'나 이를 위해 '문서, 음반, 도서 등의 표현물을 제작·복사·반포한 자'를 처벌하도록 한 것으로, 현행 국가보안법의 제7조(찬양·고무)와 제8조(회합·통신)의 근간이 되었다.

특히 '허위 사실을 유포해 인심을 혹란케 하여 적을 이롭게 한 자'를 5년 이하의 징역에 처벌하도록 한 제17조 5항(언론조항)은 국민의 입을 틀어막는다는 점에서 당시 야당과 언론의 집중적인 비판을 받았다. 북한과의 왕래·접촉을 막은 제19조(왕래·잠입·은닉), 이를 위해 장소·교통 등을 돕는 것을 금지한 제21조(편의제공)는 현행 보안법의 제6조(잠입·탈출), 제8조(회합·통신), 제9조(편의 제공)로 명맥을 유지하고 있다. 반국가단체로부터 금품을 받는 것을 처벌하도록 한 현행 보안법 제5조(금품 수수)도 3차 개정 때 제9조(금품 수수·관여·권유)로 규정되었다.

국가보안법에 가려 크게 주목을 받지는 못했지만 국가보안법과 함께 통과된 지방자치법 개정안도 이승만과 자유당의 정권 유지를 위해 만들어진 법이었다. 2년 뒤로 다가온 1960년의 정·부통령 선거에서 행정력을 최대한 동원하려면 자치단체장의 도움이 필요한데, 일부 지역에서 민주당 계열의 자치단체장이 자리를 차지하고 있어 선거에 방해되는 것으로 판단되자 시·읍·면장을 선거로 뽑지 않고 중앙정부가 임명하는 식으로 법 개정안을 통과시켜 민주당 계열의 자치단체장을 모두 쫓아낸 것이다.

자유당 입장에서는 자치단체장들을 자신들의 충복으로 앉히고 지방조직을 선거에 동원할 수 있게 되었다는 점에서 지방자치법 개정은 크게 반길 일이었지만 이는 자동차에서 브레이크를 뗀 것이나 다름없어 언제든 대형사고가 일어날 가능성을 내포하고 있었다. 결국 자유당 정부는 질주의

속도감을 만끽하다 멈출 줄을 몰라 1960년의 4·19에서 파국을 맞았다.

국가보안법 변천사 해방 후 일제하의 치안유지법을 계승한 '내란행위특별조치법'이 국회에 제출된 것은 1948년 9월 20일이었다. 그러나 기존 형법상의 내란죄와 중복된다는 지적에 따라 '국가보안법'으로 명칭이 바뀌어 1948년 12월 1일 법률 제10호로 공포되었다.

전문 6조에 불과했지만 1949년 한 해 동안 기소된 약 10만 건 중 국가보안법으로 구속된 건수가 80%를 차지할 정도로 위세가 대단했다. 골수 공산주의자들을 제거하는 데도 유용했다. 하지만 좌우가 불분명하고 좌우 갈등이 극심하던 때라 진짜 공산주의자들만을 솎아내지 못해 무고한 많은 국민까지 보안법 사슬에 묶여 고통을 당하는 경우가 많았다. 그런데도 이승만 정부는 무기징역이 최고이던 처벌 규정을 사형으로 올리고 단심제를 적용한 제1차 개정법을 1949년 12월 공포했다. 하지만 국내외의 거센 반발에 밀려 단심제와 소급효력 인정 등 독소조항을 삭제한 제2차 개정법을 1950년 4월 다시 공포했다.

1958년 12월의 제3차 개정법(신국가보안법)은 주로 언론과 국민의 입에 재갈을 물리고 귀를 틀어막을 목적으로 만들어졌다. 1959년 경향신문의 폐간은 국가보안법을 악용한 대표적인 사건이었다. 경향신문 기사 때문에 간첩과 접선하려던 또 다른 간첩을 놓쳤다는 이유로 경향신문을 폐간시키고 기사를 취재한 기자를 국가보안법 혐의로 구속한 것이다. 제3차 개정안의 독소조항은 4·19 후인 1960년 6월 제4차 개정 때 대부분 삭제되었으나 이번에는 전에 없던 '불고지죄'가 신설되었다.

5·16쿠데타 후인 1961년 7월에는 국가보안법과 반공법을 분리하는 제5차 개정이 이뤄졌다. 국가보안법이 일반적인 반국가행위에 대한 처벌법이었다면 7월 3일 공포된 반공법은 그 가운데 공산 계열의 활동에 대한

처벌법이었다. 국가보안법과 반공법 형제는 3공화국 내내 무소불위의 법으로 군림했다. 그러다 보니 '막걸리 보안법'이란 말까지 유행했다. 술을 마시면서 취중에 대통령에게 욕설을 퍼부으면 국가보안법에 저촉되어 붙잡혀가는 것을 일컫는 유행어였다.

1962년 9월 제6차 개정에서는 반국가적 범죄를 범해 유죄판결을 받은 자가 5년 이내에 다시 본법에 규정된 죄를 범한 때에는 법정형을 최고 사형까지 할 수 있도록 해 형법보다 더 가혹한 누범 가중처벌 조항을 설치했다.

'막걸리 보안법'이란 말도 유행

전두환 정권은 1980년 12월 반공법의 주요 조항을 국가보안법으로 흡수·통합하고 반공법을 폐지하는 제7차 개정을 실시했다. 국가보안법은 전두환 정권의 5공화국 때도 여전히 맹위를 떨쳤다. 투망식의 법 적용에는 몇 권의 책을 소지한 것만으로도 여지없이 걸려들었다. 현재까지 국가보안법 처벌 조항 중 가장 논란이 되고 있는 조항은 제7조 찬양·고무 금지 조항이다. 처벌 조항이 너무 모호해 죄형법정주의에 어긋난다는 항의가 잇따랐지만 헌법재판소는 1990년 4월 한정합헌 결정을 내렸다.

헌재는 국가보안법 7조 1항과 5항은 위헌법률은 아니지만 위헌적 요소가 많으므로 국가의 안전과 존립을 위태롭게 하거나 자유민주적 기본질서에 위해를 줄 경우에 한해 엄격히 적용해야 한다고 결정했다. 그러면서 "이 조항들이 위헌의 소지가 있다 하더라도 전면 위헌 선언으로 완전 무효화할 경우 남북이 대치하는 상황에서 이 법을 폐기함으로써 오는 국가적 불이익이 폐기해서 얻는 이익보다 크고, 국가의 존립 안전을 희생하면서까지 표현의 자유를 보호할 수는 없다"고 했다.

국회는 헌재의 결정을 받아들여 1991년 5월 국가보안법 제7조를 개정하는 제8차 개정을 단행했다. 이 개정법이 현재 국가보안법의 근간을 이루고 있다. 제8차 개정의 주요 골자를 보면 국가보안법을 해석·적용할 때 국민의 기본적 인권을 최대한 보장해야 한다는 원칙 아래 금품 수수·잠입 탈출·찬양 고무 등의 죄에 대해서 행위자가 자유민주적 기본질서를 위태롭게 한다는 정(情)을 알면서 행한 경우에만 벌할 수 있도록 하고, 불고지죄의 성립 범위를 반국가단체 구성·목적 수행·자진 지원 등의 죄로만 한정했다. 과거에는 단순히 반국가단체를 찬양·고무하기만 해도 처벌되던 것이 이적의 목적이 입증되어야만 국가보안법으로 처벌할 수 있게 된 것이다.

가장 논란이 된 것은 제7조 찬양·고무 금지 조항

국가보안법 논란은 여전히 현재진행형이다. 폐지, 개정, 존속을 둘러싸고 보수와 진보 양측에서 첨예하게 대립하고 있기 때문이다. 유엔을 비롯한 국제사회는 국가보안법이 국제사회의 인권보호 규정에 어긋난다며 국가보안법의 단계적 폐지를 권고하고 있다. 폐지론자들은 "간첩과 좌익분자를 처벌하기 위한 법이 독재권력하에서 민주 인사들을 탄압하는 도구로 악용되었다"며 국가보안법을 폐지하는 대신 형법상 내란죄 부분을 보완해 국가 안보에 현실적으로 위해를 끼칠 '내란목적 단체 조직' 조항을 신설하면 충분하다는 입장이다.

반면 존속론자들은 북한이 대남적화 전략을 포기하지 않고 있는 상황에서 폐지는 시기상조라고 주장한다. 국보법이 과거 정권 안보에 악용되어 온 것은 사실이지만 그것은 권위적인 군사정권 시대의 일이고 지금은 민주화가 되었으니 법 적용을 철저히 하면 된다는 것이다. 존속론자들은 민주화·자유화가 이뤄진 지금의 상황에서 폐지를 주장하는 것은 인권이나 기본권을 지렛대 삼아 온갖 종북행위를 보호하려는 의도라고 목소리를 높이고 있다.

국가보안법의 존속 여부는 분단이라는 특수 상황과 북한이라는 비상식적인 정권 구조, 그리고 이를 바라보는 국민의 인식이 어떻게 바뀌느냐에 따라 결정될 것으로 전망된다.

KNA 여객기 피랍

1958년 2월 16일 오후 12시 40분경, KNA(대한국민항공사) 소속 DC-3기 '창랑호'가 경기도 평택 상공에서 북으로 피랍되었다. 우리나라에서 일어난 최초의 하이재킹이었다. 창랑호는 오전 11시 30분 부산 수영비행장을 이륙한 후 서울 여의도공항으로 향하던 중이었다. 비행기에는 승무원 4명을 포함, 34명이 탑승해 있었으나 이 가운데 7명은 무장한 북한의 무장간첩들이어서 순수 탑승객은 23명이었다.

탑승객 중에는 유봉순 당시 민의원과 공군 정훈감 김기완 대령도 있었다. 김기완은 훗날 중앙정보부 요원으로 김대중 납치사건(1973.8) 때 도쿄 주일대사관에 근무하며 김재권 공사 직함으로 활동한 인물이다. 김기완은 납치사건의 여파로 공직을 그만두고 가족과 함께 미국으로 이민을 떠났는데 그 아들이 2011년 주한 미 대사로 부임한 성 김(김성용)이다.

납치범들은 탑승객 중 군인 2명의 머리를 망치로 내리쳐 실신시킨 뒤 카빈총과 엽총을 기내 앞뒤에서 발사하면서 조종사를 협박해 기수를 평양으로 돌리도록 했다. 창랑호는 휴전선을 넘어 오후 2시경 평남 순안비행장에 강제 착륙했다. 피랍 초기 아무런 반응을 보이지 않고 있던 북한은 때마침 평양을 방문하

피랍된 KNA기

고 있던 중국 총리 주은래에게 KNA가 의거 월북한 것처럼 보이기 위해 대대적으로 선전을 펼쳤다.

우리 정부는 미국 적십자사와 군사정전위를 통해 탑승객 송환과 기체 반환을 강력히 요구했다. 2월 20일부터는 서울을 비롯한 전국 각지에서 규탄대회를 열어 수십만 명이 참가했다. 결국 북한은 자유세계의 여론에 굴복, 피랍 18일 만인 3월 6일 북한 간첩 7명과 (간첩의) 유아 1명을 제외한 26명을 남쪽으로 돌려보냈다.

당초 탑승객은 오전에 송환될 예정이었으나 판문점 회의에서 북한의 국호 문제로 우리 정부 내에서 옥신각신하다가 그날 밤 7시로 늦춰졌다. 북한이 '조선민주주의인민공화국' 적십자사 총재 앞으로 인수증을 쓰라고 요구하자 북한 자체를 인정하지 않아 북한의 국호를 받아들일 수 없었던 우리 정부가 이승만 대통령으로부터 재가를 받는 데 시간이 걸렸기 때문이다. 당시만 해도 북한은 조선민주주의인민공화국이 아니고 단순히 '공산 괴뢰'일 뿐이었다.

우리 정부가 입장 정리를 못하고 우왕좌왕하자 미국은 "왜 호칭을 가지고 고집 부리느냐"며 한국인은 빼고 북한과 협상하겠다는 입장을 보여 우리 정부는 할 수 없이 북한의 국호를 인정해야 했다. 납치된 탑승객 가운데는 미국 조종사 1명을 포함해 미국인이 2명, 독일인이 2명 있었다. 검찰은 사건 배후자로 기덕영 등 3명을 간첩죄 등으로 구속했으나 대법원은 1959년 4월 기덕영만 무기징역을 선고했을 뿐 다른 2명에게는 무죄를 선고했다.

김동진 교성곡 '승리의 길' 발표

양악은 우월하고 국악은 미개한 음악이라는 생각이 팽배한 음악계에 센세이션을 불러일으켰다.

김동진(1913~2009)은 가곡, 교성곡(칸타타), 군가 등에 큰 족적을 남긴 '한국 가곡의 거목'이었다. 서양의 발성법을 토대로 우리의 판소리 기법을 접목한 '신창악'은 김동진 평생의 화두였다. 김동진은 평남 안주에서 태어나 조부와 부친 모두 목사인 집안 환경 덕에 어려서부터 음악과 친숙했다. 1927년 입학한 평양 숭실중학에서는 미국인 선교사로부터 피아노 화성악과 대위법을 배워 작곡에 눈을 뜨고 바이올린과 성악을 공부했다.

숭실중학 5학년 때인 1931년 전 국민의 애창곡 '봄이 오면'(김동환 시)을 작곡하고, 숭실전문 2학년 때인 1933년 불후의 가곡 '가고파'를 작곡했다. "내 고향 남쪽 바다 그 파란 물 눈에 보이네…"로 시작하는 '가고파'는 이은상이 1932년 발표한 시조로, 김동진은 양주동의 문학강의 때 '가고파'를 배우면서 작곡에 충동을 느껴 총 10수(首) 가운데 처음 4수만으로 '가고파'를 완성했다.

그로부터 꼭 40년 후인 1973년 이은상의 고희 기념 음악회에 맞춰 '가고파'의 나머지 6수에 곡을 붙여 일생의 염원이던 '가고파' 전·후 편을 완성했다. 가고파는 일제 때는 대중화되지 못하다가 해방 후 교과서에 소개되면서 널리 불리기 시작했고, 6·25 때는 전 국민의 애창곡이 되었다.

김동진(1913~2009)

김동진에게 운명과도 같은 '우리 음악 찾기'는 숭실전문 4학년이던 1935년부터 이뤄졌다. 그해 이동백 명창이 평양에서 공연한 창극 '심청전'과 '춘향전'을 보고 "우리의 창극을 반드시 오페라로 만들겠다"고 결심한 게 시작이었다. 김동진은 숭실전문 문과를 졸업한 1936년, 본격적인 음악공부를 위해 일본고등음악학교 바이올린과에 입학했다. 1938년 졸업 후 돌아와서는 조선일보사의 제1회 신인음악회에서 자신이 작곡한 '바이올린 협주곡 1번'의 1악장을 연주해 호평을 받았다. 당시 그는 판소리의 오페라를 실현하기 위해 판소리의 명창 김소희를 매일 찾아가 1년 동안 판소리를 공부했다.

'국악과 양악의 만남'이라는 새로운 음악적 시도

1939년에는 만주 신경에 소재한 '신경교향악단'에 제1바이올리니스트 겸 작곡가로 입단하고, 1942년 만주국 수립 10주년 기념 경축회에서 '양산도'를 주제로 한 바이올린 협주곡을 작곡·지휘했다. 이 때의 활동은 훗날 친일 경력의 빌미가 되었다. 신경교향악단 시절 그는 우리 민요의 관현악곡인 '제례악'과 '만가'를 비롯해 "내 마음은 호수요…"로 시작하는 가곡 '내 마음'(김동명 시)과 '수선화' 등을 작곡했다.

당시 그가 각별히 관심을 쏟은 것은 판소리를 오선보로 채보하는 일이었다. 'OK레코드' 판에서 '심청가'를 채보하는 작업은 1943년부터 꼬박 2년이 걸렸다. 김동진 이전에도 국악의 몇몇 작품이 일부 음악인에 의해 채보되긴 했지만 판소리 한 작품 전체를 오선보로 채보한 것은 김동진이 처음이었다.

1945년 일본의 패망을 직감한 김동진은 만주를 떠나 8월 15일 평양에 도착했다. 평양음악대 교수로 재직하면서 평양교향악단의 전신인 중앙교향악단을 창단하고 합창단의 지휘자로 활동했다. 그러나 기독교 집안이라는 이유로 1년 만에 쫓겨났다. 그가 남쪽으로 내려온 것은 6·25전쟁이 한창이던 1950년 12월이었다.

그는 육군 종군작가 단원, 해군정훈음악대 창작부장 겸 지휘자로 활동하며 군가 보급에 힘을 썼다. "아아 잊으랴 어찌 우리 이날을…"로 시작하는 '6·25의 노래'(박두진 작사)를 비롯해 '내 조국', '칠월의 노래', '샘가에서' 등 수십 곡의 군가가 그때 만들어졌다. 군대를 다녀온 남자라면 누구나 알고 있는 "동이 트는 새벽꿈에 고향을 본 후…"로 시작하는 '행군의 아침'도 그 시절 서울에서 부산으로 내려가는 찻간에서 만든 군가다. 이런 활약에도 불구하고 그는 '월남 작곡가'라는 이유로 새로운 노래를 발표할 때마다 "빨갱이식 노래", "김순남의 '적기가'와 유사하다" 는 등의 비난과 텃세에 시달렸다.

'신창악 운동'의 결정체는 오페라 '심청전'

1958년 김동진은 정부 수립 10주년을 기념하는 교성곡(칸타타) '승리의 길'을 작곡해 8월 15일의 기념식에서 직접 지휘했다. '승리의 길'은 모윤숙의 시 '국군은 죽어서 말한다'에 바탕한 것으로, 서곡에서 우리나라 최초로 국악기인 가야금을 양악기와 함께 연주하게 함으로써 국악과 양악의 만남이라는 새로운 음악적 시도를 보여주었다.

1959년에는 단가 '천하태평'을 피아노 반주로 편곡해 명창 김소희와 함께 연주했다. 김동진의 이런 시도는 양악은 우월하고 국악은 미개한 음악이라는 생각이 팽배하던 음악계에 센세이션을 불러일으켰다. 김동진은 자신의 이런 작업을 '신창악 운동'이라고 명명했다.

1963년 서라벌예대에서 경희대로 자리를 옮긴 김동진은 1969년 교성곡 '경희'를 작곡해 개교 20주년 기념 연주회에서 초연했다. 이 교성곡은 오케스트라, 독창, 합창, 그리고 무용까지 포함되는 대곡이다. 그 가운데서도 특히 "오 내 사랑 목련화야…"로 시작하는 '목련화'는 따로 가곡으로 만들어져 지금까지 폭넓은 사랑을 받고 있다.

신창악 운동의 결정체는 만주 시절부터 틈틈이 작곡해온 오페라 '심청전'이었다. 이 곡은 '김자경 오페라단'에 의해 1978년 4월 세종문화회관에서 초연되었다. 심청전은 이후 수정을 거쳐 1993년 최종 완성되었다. 1997년 11월에는 84세의 노구를 이끌고 또 하나의 신창악 오페라 '춘향전'을 예술의전당 무대에 올렸다. '춘향전'이 오페라로 무대에 올려진 것은 현제명의 '춘향전', 장일남의 '춘향전' 등에 이어 다섯 번째였지만 김동진의 춘향전은 신창악에 근거한 한국적 오페라라는 점에서 성격이 달랐다.

2009년 7월 96세로 타계한 그를 가리켜 언론은 "낭만 가곡의 선구자", "최고의 다양성을 지닌 작곡가"라는 표현으로 애도했다. 2000년 3월 월간조선이 100여 명의 작곡가와 성악가를 대상으로 "우리 시대 최고의 작곡가 3명, 가곡 3편"을 물었을 때 각각 1위에 오른 것이 김동진과 그가 작곡한 '가고파'였다.

해방 후 최초 아파트 '종암아파트' 준공

수세식 변기를 통해 집 안에서 생리적인 욕구를 해결하는 '문명의 진보'를 맛보게 되었다.

전문가들이 인정하는 우리나라 최초 아파트는 1935년 5월에 준공된 서울 종로구 내자동의 미쿠니(三國)아파트다. 4층짜리 본관(59호)과 3층짜리 별관(10호)으로 구성된 아파트는 주거용 건물로는 당시 최대 규모를 자랑했다. 준공 당시의 용도는 미쿠니 석탄회사의 사원 숙소였다. 광복 후에는 '내자아파트'로 불리며 미군의 숙소로 쓰이다가 6·25 발발 후부터 1955년까지는 각국의 종군기자를 위한 '외신기자클럽'으로 사용되었다. 이후 1958년까지는 유엔 한국통일부흥위원회(언커크), 1961년까지는 미 대사관 경제조정관실, 1970년 6월까지는 미 8군 문관 숙소로 사용되었다.

내자아파트가 '내자호텔'로 용도가 변경된 것은 1972년 4월이었다. 미 8군이 2년 동안 호텔 전용시설로 개보수를 마

준공 당시의 종암아파트. 사진 속 학교는 서울 숭례초등학교

친 뒤 내자호텔로 이름을 바꾸어 문을 연 것이다. 그러나 내자호텔이 인근 사직동의 교통체증을 야기한다는 지적이 잇따르자 서울시가 1990년 4월 시설 이전비를 부담하고 용산 미 8군 영내에 미군 전용호텔 신축 허가를 내주는 조건으로 주한 미군으로부터 양도받아 그해 9월 도로확장을 위해 철거했다. 한국 근현대사의 주요 건축물은 이렇게 허무하게 사라졌다.

1956년에는 을지로4가~청계천4가 사이에 중앙산업의 사원 숙소용 목적으로 '중앙아파트'가 세워졌다. 이 아파트를 해방 후 우리 손으로 지은 최초의 아파트로 꼽는 사람이 있으나, 3층짜리 한 동(12가구)에 불과해 아파트라고 부르기에는 다소 무리가 있다. 일부 논란이 있긴 하지만 전문가들은 1958년 9월 서울 종암동에 세워진 '종암아파트'를 해방 후 최초의 아파트로 꼽는다. 1957년 착공해 1년 만에 세워진 종암아파트는 미국이 자본을 대고 독일 회사가 설계했으며 중앙산업이 시공을 하고 주택영단이 분양·관리했다.

본격적인 아파트 시대를 연 것은 마포아파트

17평 규모의 4~5층짜리 3개동 152가구로 구성된 종암아파트는 방 2칸에 거실, 주방, 창고, 여기에 발코니까지 딸려 있어 준공 당시만 해도 고급주택으로 인식되었다. 종암아파트가 특히 관심을 끈 것은 집 안으로 처음 들어온 수세식 변기 때문이었다. 집 안의 쾌적한 공간에서 생리적인

욕구를 해결하는 '문명의 진보'를 맛볼 수 있게 되었다는 점에서 그것은 획기적인 변화였다.

하지만 문제가 한두 가지가 아니었다. 연탄 보일러에 사용되는 연통 하나를 10가구가 공동으로 쓰다 보니 연기가 잘 빠지지 않았고, 수세식 화장실도 하루에 10분씩 두 번밖에 물이 나오지 않아 여간 불편한 게 아니었다. 5층에 사는 사람들은 수돗물이 나오지 않는다고 고충을 토로하기도 했다.

그런데 종암아파트가 해방 후 최초의 아파트라면 준공 당시 큰 화제가 되었을 법도 한데 당시 신문 어디에도 준공 기사가 없다는 점이 의아스럽다. 단지 1958년 1월 초 이승만 대통령이 종암아파트의 건축 현장을 시찰했다는 정도의 기사만 소개되고 있다. 종암아파트는 1993년 철거되고 1995년 그 자리에 들어선 것이 현재의 종암선경아파트다.

본격적으로 이 땅에 아파트 시대를 연 것으로 평가되는 아파트는 1962년 12월 1일 준공된 서울 마포구 도화동의 마포아파트였다. 9~15평 크기에 Y자형으로 지어진 마포아파트는 당시로서는 최대 규모인 6층짜리 6개동 450가구로 지어져 '맘모스 아파트'로도 불렸다.

마포아파트는 박정희 당시 최고회의 의장이 아파트 준공식에 참석해 생활 혁명을 강조하는 축사를 할 정도로 관심이 높았으나, 준공 당시만 해도 입주 희망자가 적어 3분의 2 정도가 빈 상태로 입주를 시작했다. 그러다가 아파트에 대한 평판이 좋아지면서 곧 웃돈이 붙어 거래되었다.

마포아파트가 1960년대 전반기를 대표하는 아파트라면 1960년대 후반기를 대표하는 아파트는 서울 용산구 동부이촌동에 형성된 대규모 아파트 단지다. 동부이촌동 단지는 1968년 공무원아파트단지, 1970년 한강맨션아파트 단지 및 외국인아파트 단지가 건립되면서 확장되었다. 12~25평의 34동 1,300여 가구로 지어진 공무원아파트는 당시로서는 비교적 큰

평수인데다 학교, 상가, 은행, 동사무소 등까지 갖추고 있어 인기가 높았다. 1970년에는 27~55평 규모의 한강맨션아파트 23동 700여 가구와 외국인아파트 18동 500여 가구가 건립되어 바야흐로 동부이촌동 시대가 개막되었다.

와우아파트 붕괴 후 시민아파트 하나둘 사라져

한국의 아파트 역사에서 빼놓을 수 없는 것이 1968~1971년에 지어진 시민아파트다. 시민아파트는 한때 세운상가, 청계고가, 3·1빌딩과 더불어 박정희 대통령의 근대화를 상징하는 기념물로 각광받았다. 1966년 서울시가 벌인 전수조사에 따르면 당시 서울에는 13만 6,650동의 무허가 건물이 있었다. 서울시는 무허가 건물을 허물고 철거민 가운데 일부를 시민아파트로 입주시키기 위해 1968년 10월 회현동 시민아파트를 시작으로 1969년 4월 금화아파트 등 총 32개 지구에 434동, 1만 7,365가구의 아파트를 지었다.

그러나 1970년 4월 8일 와우아파트의 붕괴로 시민아파트는 부정해야 할 '과거'로 전락하고 말았다. 이후 시민아파트는 더 이상 지어지지 않고 개·보수와 철거를 거쳐 하나둘 사라졌다. 가장 최근에 철거된 것은 1969년 12월 30일 준공해 36년간을 버티던 서울 종로구 창신·숭인동의 삼일아파트였다. 현재는 서울 중구 회현동 제2시민아파트 가운데 한 개 동만이 유일하게 시민아파트의 명맥을 유지하고 있다. 회현동 제2시민아파트는 실평수가 11.6평에 불과하지만 우리나라 최초의 중앙난방식 아파트인데다 방이 3개나 되고 당시로선 최신식 시설인 수세식 화장실까지 갖춰 인기가 높았다.

1971년 10월 15일 입주를 시작한 여의도 시범아파트는 오늘날의 여의도를 있게 한 일등 공신이다. 당시 서울시가 허허벌판이나 다름없는 여의도에 1,584가구분의 아파트를 지은 것은 시범아파트를 교두보로 삼아 여의도 택지를 순조롭게 매각하려는 데 있었다. 시범아파트는 엘리베이터, 중앙난방식에 15평, 20평, 30평, 40평 등 평수도 다양해 인기가 높았다. 시범아파트의 성공에 힘입어 민간 건설업자들이 여의도에 아파트를 짓기 시작하고 뒤이어 강남에도 개발 바람이 불면서 수도 서울은 아파트 천국으로 바뀌었다.

샤를 드골과 프랑스 5공화국 출범

드골의 등장이 가능했던 것은 분열된 나라를 하나로 만들어 달라는 국민적 요구 때문이다.

샤를 드골(1890~1970)에게 1940년은 인생의 전환점이었다. 그해를 기점으로 평범한 군 장교의 삶이 프랑스 현대사에 굵고 선명한 족적을 남긴 국가 지도자의 삶으로 바뀌었기 때문이다. 드골은 프랑스 북부 릴의 외가에서 태어나 가톨릭의 완고한 왕권주의적 분위기에서 성장했다. 1912년 생시르 육군사관학교를 졸업하고 보병 부대에 배치되었을 때 그곳에는 필리프 페탱(1856~1951) 대령이 있었다. 페탱은 훌륭한 문장력과 남다른 총명함을 보이는 드골에게 각별한 관심을 보이며 후원자가 되어 주었다.

샤를 드골(1890~1970)

드골은 1차대전에 참전했다가 1916년 전쟁포로로 잡혀 2년 6개월을 독일 땅에서 갇혀지냈다. 1918년 종전 후부터 2차대전이 일어날 때까지 20년 동안은 평탄하고 평범한 군 장교 생활을 하다가 2차대전 발발 후 장군

(1940.5)으로 진급하고 국방차관(1940.6)에 임명되었다. 드골이 영국과의 연합작전을 위해 런던에 체류하고 있을 때 막 총리가 된 페탱이 히틀러에게 항복, 프랑스 땅을 고스란히 독일에 넘겨주었다. 2차대전 패배는 프랑스 국민과 드골에게 심각한 굴욕감을 안겨주었다.

돌아갈 조국이 없어진 드골은 런던에서 자유프랑스위원회를 조직하고 BBC 라디오를 통해 "본토가 점령되더라도 해외에서 전쟁을 계속해야 한다"고 외쳤다. 정치적 수완도 발휘해 프랑스의 해외 식민지 가운데 일부 국가로부터 지지를 얻어내고 본토의 레지스탕스와 연계해 대 독일 투쟁을 전개했다.

1944년 8월 파리가 해방된 후에는 '구국의 영웅'으로 불리며 임시정부의 총리 겸 국방장관을 겸했으나 헌법 제정 과정에서 전통적인 의원내각제를 선호하는 좌파 및 기독교 민주주의 세력과 충돌했다. 드골이 선호하는 헌법은 전통적 내각제가 아니라 국가원수가 주도하는 대통령제에 가까웠기 때문에 드골은 이에 불만을 품고 1946년 1월 임시정부 총리에서 사임했다. 1947년 반공 단체인 프랑스국민연합을 조직하는 등 한동안 정치 활동을 이어갔으나 프랑스국민연합 내에서도 정쟁이 일어나자 1953년 프랑스국민연합을 해체하고 정계에서 은퇴했다.

프랑스의 영광을 추구하면서도 자신의 영예에는 욕심 없어

1940년대 후반부터 1950년대 초반까지 프랑스는 군소 정당의 난립과 단명 내각의 부침으로 정정이 불안했다. 내각제하에서 의회가 정부 위에 군림하다 보니 정부는 제대로 된 정책 하나 집행하지 못한 채 불신임투표의 덫에 걸려 와해되기 일쑤였고, 이로 인해 결단성 없는 애매모호한 정치 노선들이 춤을 추었다.

대외적으로는 해방을 염원하는 인도차이나와 북아프리카 약소국의 민족독립운동을 폭력으로 억압해 2차대전 후 식민지 문제로 골머리를 앓는 유럽 내 유일한 나라가 되었다. 샤를 드골은 이런 상황을 두고 "프랑스에는 위기가 와야 한다. 그것 말고는 265가지의 치즈 맛을 자랑하는 이 나라를 단결시킬 도리가 없다"고 꼬집었다. 그의 예측대로 프랑스에 위기가 찾아온 것은 1954년 11월이었다. 알제리 민족해방전선(FLN)의 봉기로 촉발된 '알제리 사태'가 불안하던 프랑스의 뇌관을 건드린 것이다.

당시 프랑스는 북아프리카에 모로코, 튀니지, 알제리 등의 식민지를 두고 있었으나 알제리에 대해서만은 특별한 신화에 얽매여 있었다. 즉 알제리는 식민지나 보호령이 아니라 프랑스 본국의 완전한 일부이며 알제리 원주민들도 프랑스 등 유럽에서 이주한 약 100만 명의 이주자와 똑같은 자격을 갖고 있는 프랑스인이라는 신화였다. 알제리 민족해방운동은 '프랑스의 알제리'라는 이런 신화 파괴를 목표로 했다.

이런 와중에 1956년 이집트 나세르의 '수에즈운하 국유화' 선언으로 촉발된 '수에즈 전쟁'에서도 프랑스가 별다른 성과를 내지 못하자 결국 프랑스는 나세르가 배후에서 지원한 알제리 민족해방운동을 통제하지 못하고 끌려갔다. 게다가 알제리 주둔 프랑스 군부와 이주자들은 은밀한 결속을 통해 본국 정부의 명령을 무시하거나 대항하는 모양새를 취했다.

"265가지의 치즈 맛을 자랑하는 이 나라를 단결시킬 도리가 없다"

샤를 드골이 12년 만에 다시 전면에 등장할 수 있었던 것은 알제리 사태가 야기한 군부의 불만을 무마하고 분열된 나라를 다시 하나로 만들어 달라는 국민적 요구가 그만큼 절실했기 때문이었다. 그러나 공산당과 좌파 지식인들은 드골의 강력한 리더십과 독재자 성격을 우려해 드골의 총리 취임을 결사 반대했다.

알제리 주둔 군부는 "알제리에 대한 프랑스의 영구적인 지배를 보증할 수 있는 사람은 드골뿐"이라며 드골의 등장을 환영했다. 1958년 5월 13일 군부와 이주자들이 알제리 정부 청사를 점거한 것도 드골의 복귀를 촉구하는 반란이었다. 이런 상황에서 드골은 1958년 6월 1일 제4공화국의 마지막 총리로 선출되었다.

드골은 곧 알제리로 날아가 군부와 이주자들에게 "당신들의 말을 알겠다"는 의미심장한 대답으로 그들을 안심시켰다. 그러나 드골은 알제리 땅을 밟을 때부터 '프랑스의 알제리 신화'를 믿지 않고 있었다. 다만 아직 때가 아니라는 판단으로 속내를 겉으로 드러내지는 않았다.

드골은 알제리 사태 해결을 미룬 채 권력 강화를 위한 헌법 개정에 착수했다. 그리고 9월 28일 강력한 대통령제를 기초로 한 신헌법이 국민 80%의 찬성을 얻음으로써 제5공화국이 출범했다. 신헌법은 임기 7년의 대통령에게 막강한 권한을 부여한 반면 의회의 힘은 상대적으로 약화시켰다. 드골은 1958년 12월 21일 치러진 선거인단에 의한 대통령 선거에서 5공화국의 초대 대통령에 선출되었다.

드골은 집권 초기에는 '프랑스의 알제리'를 계속 유지할 것처럼 행동하다가 점차 알제리를 독립시키는 쪽으로 속내를 드러냈다. 이런 드골의 의중을 뒤늦게 알아챈 알제리 주둔 프랑스 군부가 1961년 4월 22일 반란을 일으켰으나 4월 23일 밤 군복 차림으로 TV 앞에 나타난 드골이 "프랑스의 이름으로 반란자들의 행위를 저지하고 무력화하기 위해 온갖 수단과 방법을 다 동원하고 있다"며 강력하게 경고하자 반란군은 곧 내부 분열을 일으켜 스스로 소멸했다.

이런 여세를 몰아 드골은 알제리 민족해방운동 세력과 에비앙 협정(1962.3.18)을 맺고 7월 3일 알제리의 독립을 공식 선포함으로써 프랑스의 오랜 갈등을 종식시켰다. 이로써 알제리는 프랑스의 식민지가 된 지 132년 만에 독립을 이뤘고, 드골은 용기 있게 알제리의 독립을 승인한 대통령으로 평가받았다. 1965년 12월에는 첫 직선제 대통령에 당선되었다.

일관된 관심은 프랑스의 총체적인 업그레이드

드골은 대통령 재임 중에 자주 생명의 위협을 받았다. 1961년 9월 파리에서 260km 떨어진 콜롱베 자택으로 돌아가던 중 길에 설치된 폭발물이 터져 대통령 전용차가 화염에 휩싸이고, 1962년 8월 엘리제궁에서 국무회의를 마치고 역시 콜롱베 자택으로 돌아갈 때도 대규모 암살 시도가 있었다. 이렇게 5~6번의 암살 시도가 있었는데도 삼엄한 경비를 원치 않았다.

대통령 드골의 일관된 관심은 프랑스의 총체적인 업그레이드였다. 알제리 사태로 골머리를 앓고 있으면서도 1960년 2월 사하라 사막에서 핵실험을 감행해 프랑스를 미국·소련·영국에 이은 세계 제4의 핵보유국으로 만들었다. 알제리 사태를 해결한 후에는 '강력한 유럽, 강력한 프랑스'를 주창하며 대외적으로는 서구 사회가 미국 중심으로 재편되는 것에 반발해 1966년 미국이 주도하는 나토에서 탈퇴했다.

대내적으로는 초고속열차 TGV, 핵발전소, 콩코드기 계획을 입안하고 화폐개혁 등 경제부흥 정책을 실천했다. 독재자란 평을 듣기도 했지만 프랑스인들은 드골에게서 희망을 느꼈다. 침체해 있던 프랑스 자본주의가 식민지 전쟁이라는 무거운 짐에서 탈피해 고도성장의 번영을 구가하기 시작했기 때문이다.

드골은 정치적 입지가 흔들릴 때마다 국민투표로 비판세력을 잠재우며 '위대한 프랑스' 건설을 위한 강력한 정치력을 확보해 나갔다. 1968년 5월 프랑스 학생운동으로 위기에 직면했을 때도 유례없는 대승을 거둔 국민투표를 통해 위기에서 벗어났다.

그러나 잦은 국민투표는 결국 그 자신을 물러나게 한 자충수가 되고 말았다. "지방행정 개혁과 상원 개편을 내용으로 하는 법안을 국민이 국민투표로 부결한다면 이는 곧 자신에 대한 불신"이라는 극단적인 선언이 불씨가 되었다. 결국 1969년 4월 27일의 국민투표에서 52.9%의 국민이 법안에 반대하자 법적으로는 1972년까지 대통령직을 계속 유지할 수 있었으나 깨끗하게 대통령직에서 물러났다. 프랑스의 영광을 끝없이 추구하면서도 자신의 영예에는 철저하리만큼 욕심이 없었던 거인의 퇴장이었다.

펠레의 화려한 등장과 스웨덴 월드컵

펠레의 활약에 힘입어 브라질은 스웨덴을 5-2로 물리치고 월드컵 첫 우승의 기쁨을 누렸다.

왼발 오른발 구분 없는 자유자재의 킥, 바나나를 연상케 하는 환상적인 스핀킥, 자로 잰 듯한 절묘한 패스, 신기에 가까운 드리블. 이 축구 천재의 이름은 에드손 아란테스 두 나시멘투다. 하지만 그는 어려서부터 타고난 발재간 때문에 본명 대신 '펠레'로 불렸다. 사람들은 '펠레'가 포르투갈어로 흑진주, 또는 발을 뜻하거나 브라질 인디오들이 가지고 놀던 고무공을 지칭하는 것이라고 풀이했다.

그러나 펠레는 훗날 자서전에서 "펠레라는 애칭은 초등학교 시절 동급생 중 누군가가 붙여준 것"이라면서 의미는 자신도 모른다고 했다. 한 인터뷰에서는 자신을 펠레라고 부른 학교 친구를 때려주었을 정도로 펠레란 이름을 싫어했다며 본명으로 불러달라고 요청했다.

펠레(1940~)는 어려운 가정환경 탓에 구두닦이로 일하며 축구선수의 꿈을 키웠다. 생애 첫 스승은 부상 때문에 축구를 포기해야 했던 아버지였다. 펠레는 1955년, 15세 나이에 브라질의 명문 클럽 산토스팀에 입단함으로써 축구 인생의 첫발을 내디뎠다. 1년간의 조련기를 거쳐 데뷔전을 치른 1956년에는 한 해 동안 37골을 넣어 축구 스타의 등장을 예고했다.

펠레(1940~)

1958년 6월 15일, 스웨덴 월드컵 경기를 지켜보던 세계 축구팬들은 18세 브라질 소년의 현란한 플레이에 경악했다. 그날 축구팬들이 본 건 브라질과 소련의 경기였다. 브라질은 4조 첫 경기에서 오스트리아를 3-0으로 물리쳤지만 영국과는 0-0 무승부에 그쳐 반드시 소련을 잡아야 8강 토너먼트에 오를 수 있는 다급한 상황이었다.

펠레는 무릎 부상 때문에 오스트리아와 영국을 상대로 한 처음 두 경기에는 출전하지 못했으나 소련전에는 월드컵 사상 최연소 나이로 출전했다. 소련팀의 골키퍼는 당대 최고의 수문장으로 인정받기 시작한 레프 야신이었다. 펠레는 한 골을 어시스트했을 뿐 골을 넣지는 못했다. 하지만 총알처럼 내달리는 가뿐한 드리블과 현란한 개인기로 관중의 눈을 사로잡았다. 축구 황제 펠레의 탄생을 알리는 서막이었다.

브라질은 야신이 골문을 지킨 소련을 2-0으로 누른 뒤 8강전에서 펠레의 월드컵 첫 골로 웨일스를 1-0으로 제치고 4강에 안착했다. 강호 프랑스를 상대로 한 4강전에서는 펠레의 해트트릭에 힘입어 프랑스를 5-2로 물리치고 결승에 진출했다. 번개 같은 스피드, 정확한 기회 포착 능력, 완벽한 기술까지 겸비한 펠레는 거침이 없었다.

가뿐한 드리블과 현란한 개인기로 관중의 눈 사로잡아

홈팀 스웨덴과 결승전이 벌어진 것은 6월 29일이었다. 브라질이 2-1로 앞선 후반 11분, 스웨덴의 왼쪽 사이드에서 문전에 있는 펠레 쪽으로 볼이 높게 날아올랐다. 펠레는 오른쪽 허벅지로 공을 받아 상대 수비수 머리 너머로 볼을 띄운 뒤 수비수 뒤로 재빨리 돌아나가 공이 땅에 떨어지기도 전에 발등으로 쏘아 스웨덴의 골네트를 흔들었다. 월드컵 사상 가장 아름답고 환상적인 골로 기록된 결승골이었다.

신기에 가까운 이 골에 이어 추가골까지 터뜨린 펠레의 활약에 힘입어 브라질은 스웨덴을 5-2로 물리치고 월드컵 첫 우승의 기쁨을 누렸다. 스웨덴 월드컵에서 브라질이 올린 16골 가운데 6골을 뽑아낸 펠레는 당당히 '베스트 11'에 뽑혔다. 브라질은 다른 대륙에 가서 우승한 첫 번째 나라로도 이름을 올렸다.

스웨덴 월드컵에서는 지역 예선에 참가한 55개국 가운데 16개국이 본선에 출전, 4개 조로 나뉘어 스웨덴 전역에서 22일 동안 경기가 펼쳐졌다. 8강전을 거쳐 4강에 안착한 나라는 서독, 스웨덴, 브라질, 프랑스 4개국이었다. 스웨덴은 서독을 3-1로 물리치고 결승전에 진출했으나 결국 브라질에 발목이 잡혀 분루를 삼켜야 했다.

스웨덴 월드컵은 오늘날 몇 가지 특징을 가진 대회로 기억되고 있다. 펠레의 등장 다음으로 화제를 모은 것은 월드컵 사상 최다 득점왕의 탄생이었다. 주인공은 프랑스의 쥐스트 퐁텐이었는데, 그는 각각 한 차례의 해트트릭(3골)과 오버 해트트릭(4골)을 포함해 6경기에서 13골을 넣는 가공할 득점력을 과시했다. 이 기록은 지금도 깨지지 않고 있다. 통상 '그레이트 브리튼'으로 불리는 영국, 스코틀랜드, 웨일스, 북아일랜드 4개 팀이 모두 본선에 진출하는 희귀한 기록을 남긴 것도, TV를 통해 전 세계인이 축구 스타들의 활약상을 지켜볼 수 있었던 것도 스웨덴 월드컵이었다.

펠레는 녹색 그라운드에서 본능적 감각에 따라 움직이는 동물이었다. 스스로도 한 언론과의 인터뷰에서 "나는 어떤 순간에도 그라운드에 있는 다른 선수들의 위치를 본능적으로 알 수 있다. 그 선수들이 다음에 할 동작이 전부 보인다"며 자신의 본능 감각을 부정하지 않았다.

축구는 그의 발끝에서 스포츠가 아니라 예술로 승화되었다. 한 저널리스트 말마따나 "사람으로 태어나지 않았다면 축구공으로 태어나 그라운드를 굴렀을" 그런 사람이었다. 펠레의 질주에는 브레이크가 없었다. 브라질 국내 무대에서 1959년 127골, 1961년 110골을 기록하고 펠레가 소속된 산토스팀은 남미 각국 최상위 클럽들이 참가하는 코파 리베르타도레스에서 2번(1961, 1962), 세계클럽선수권대회에서 2번(1962, 1963), 상파울루선수권대회에서 9번의 우승을 차지하며 전성기를 구가했다.

"사람으로 태어나지 않았다면 축구공으로 태어날 사람"

펠레는 1962년 칠레 월드컵에도 출전했다. 하지만 첫 경기에서 부상해 남은 경기에 출전하지 못하고 동료 선수들이 두 번째 월드컵 우승을 차지하는 모습을 벤치에서 지켜보아야 했다. 불운은 1966년의 영국 월드컵에서도 계속되었다. 세 번째 경기인 포르투갈전에서 들것에 실려 경기장을 떠날 정도로 큰 부상을 당한 것이다. 브라질은 조별 리그에서 탈락하는 수모를 겪었다.

펠레는 월드컵에서 불운이 계속되자 1970년의 멕시코 월드컵에는 출전하지 않겠다고 선언했다. 하지만 국민의 간절한 염원을 뿌리치지 못하고 출전하기로 마음을 바꿨다. 30살의 완숙한 경지에 오른 펠레는 자이르지뉴, 토스타우, 히벨리누 등과 함께 브라질팀을 결승에 오르게 하고 이탈리아를 4-1로 꺾는 수훈갑이 되었다. 브라질의 3번째 우승은 줄리메컵을 영구히 브라질의 소유로 만들었다. 펠레가 4개 월드컵에 연속 출전해 성공시킨 골은 모두 12골이었다.

펠레는 유럽의 수많은 명문팀으로부터 거액의 스카우트 제의를 받았지만 18년 동안 산토스팀을 떠나지 않는 의리를 보였다. 그 기간 그는 통산 1,000번째 골(1969.11.19)을 넣었고 92번이나 해트트릭을 기록했다. 한 경기에 4골을 넣은 게 30번, 5골을 넣은 게 6번이나 되었고, 8골을 넣은 때도 있었다. 산토스팀의 마라카낭 경기장에서는 지금도 그의 1,000번째 골을 기념해 해마다 11월 19일을 '펠레의 날'로 정해놓고 축제를 열고 있다.

펠레는 1971년 7월 18일 13만 관중이 지켜보는 가운데 유고슬라비아와의 경기를 끝으로 국가대표에서 은퇴했다. 산토스팀 선수로는 1974년까지 활약하다가 1975년 6월 뉴욕 코스모스팀에 입단, 3년 동안 축구 불모지 미국에 선진 축구의 씨앗을 뿌렸다.

펠레는 1977년 10월 1일 화려했던 축구 인생을 마감했다. 펠레의 은퇴를 기념해 마련된 브라질의 산토스팀과 미국의 코스모스팀 간 시범경기는 미국 뉴저지주 메도랜즈 경기장에 7만 5,000여 명의 관중이 들어차고 세계 38개 국가에 위성중계되는 가운데 성대하게 열렸다. 펠레는 전반전은 코스모스팀에서 후반전은 산토스팀에서 경기를 하며 결승골을 기록, 코스모스팀에 2-1의 승리를 안겨주었다. 1956년 데뷔전부터 1977년 은퇴할 때까지 펠레는 통산 1,363경기에 출전해 1,281골을 넣고 국가 대항 A매치 경기 77골을 터뜨리는 가공할 기록을 세웠다.

1999년 국제올림픽위원회(IOC)가 각국 올림픽위원회(NOC)를 상대로 실시한 '20세기 최고의 스포츠 스타' 투표에서 최다 득표의 영예는 펠레에게 돌아갔다. 복싱선수 무하마드 알리와 육상선수 칼 루이스가 그 뒤를 이었다. 그해 AP통신 역시 그와 브라질 축구팀의 활약을 '20세기 세계 스포츠 10대 뉴스'의 첫 머리에 올렸다.

레프 야신 레프 야신(1929~1990)은 역대 세계 골키퍼 중 단연 첫손가락에 꼽히는 전 세계 골키퍼의 영원한 우상이다. 골키퍼로서는 완벽한 188cm · 82kg의 체격에 유난히 팔과 손가락이 길고 검은색 유니폼을 자주 입어 '검은 거미손'으로 불렸다. 오늘날 뛰어난 골키퍼를

레프 야신(1929~1990)

지칭하는 '거미손', '문어발', '신의 손' 등의 별명도 모두 그에게서 비롯되었다.

야신은 모스크바의 노동자 집안에서 태어나 10대 초반부터 공장에서 일을 하면서도 육상, 권투, 농구 등 각종 운동을 섭렵했다. 1949년 군 복무를 마치고 디나모 모스크바에 입단한 그에게 주어진 역할은 아이스하키팀의 골키퍼였다. 1950년부터는 축구팀 골키퍼도 병행했으나 당시 디나모 축구팀에는 명키퍼가 따로 있어 후보 요원으로 활동했다. 그러던 중 1953년 골키퍼가 클럽을 떠나면서 야신은 24살의 늦은 나이에 디나모팀의 골문을 책임지는 주전 수문장으로 데뷔했다.

그는 탁월한 점프력과 순발력, 동물적인 반사신경의 소유자였다. 차분하면서도 너그럽기까지 해 동료들로부터 신망이 두터웠다. 디나모 모스크바의 골문은 점차 철옹성으로 변해갔다. 1954년에는 국가대표로 발탁되어 1956년 멜버른 올림픽, 1960년 유럽챔피언컵 우승의 주역으로 활약했다. 1963년에는 골키퍼로는 사상 처음으로 유럽 최우수선수에 선정되는 영예를 안았으며 이 기록은 지금도 깨지지 않고 있다.

1958년 스웨덴 월드컵부터 1970년 멕시코 월드컵까지 4회 연속 월드컵 본선에 출전해 스웨덴 월드컵과 칠레 월드컵(1962)에서는 팀을 8강에, 영국 월드컵(1966)에서는 팀을 4강에 올려놓는 견인차 역할을 했다. 월드컵 본선에는 총 13게임에 출전, 4게임 무실점의 기록을 세우기도 했다. 북한이 돌풍을 일으킨 1966년의 영국 월드컵에서 북한을 3-0으로 물리칠 때도 수문장은 야신이었다.

은퇴 경기는 동서 냉전이 한창이던 1971년 5월 27일 모스크바에서 펼쳐졌다. 레닌 스타디움에서 열린 은퇴 경기에는 펠레, 에우제비오, 베켄바워 등이 참석해 경기장을 꽉 메운 10만 명의 관중과 함께 마지막 경기를 축하해 주었다. 그때까지 야신의 기록은 타의 추종을 불허했다. 국가대표로 뛴 17년 동안 A매치(국가대표 간 경기) 78경기에서 70골(평균 실점률 0.89)을 허용하고 270회의 페널티킥 상황에서 무려 150개의 슈팅을 막아냈다. 디나모 모스크바 주전 선수로는 326경기에 출장, 5번의 리그 우승과 3번의 FA컵을 팀에 안겨주었다.

FIFA는 이런 야신의 공적을 인정해 월드컵 최고의 골키퍼를 가리는 야신상을 제정, 1994년 미국 대회부터 주인을 가리고 있다.

모택동의 대약진운동 비극

'많이 빨리 훌륭하고 쓸모 있는' 비약적인 생산 증가를 목표로 한다고 해서 '대약진운동'으로 불렸다.

모택동은 1949년 10월 중화인민공화국을 수립한 후 수년 동안 100만~300만 명을 처형해가며 사상 개조를 마무리했다. 뒤이어 노동집약적 산업화로 단기간에 서구 열강의 경제력을 따라잡겠다는 목표를 세웠다. 1차 5개년 계획(1953~1957)에 이어 농·공업 분야의 낙후를 일소하고 비약적인 발전을 기한다는 명목하에 1958년부터 제2차 5개년 계획을 추진했다.

모택동은 1958년 5월 16일 중국 공산당 제8차 인민대표대회에서 새로운 경제계획을 발표했다. 이 계획은 '많이 빨리 훌륭하고 쓸모 있는' 비약적인 생산 증가를 목표로 한다고 해서 '대약진운동'으로 불렸다. 그러나 대약진운동은 모택동의 만성적인 조급성, 정신이 물질보다 우위라는 허황된 믿음, 의지만 있다면 기적의 시대가 계속될 수 있다는 근거 없는 확

모택동의 대약진운동 실험

신이 어우러져 모택동식 퍼포먼스로 변질되었다.

대약진운동을 전담할 '인민공사'는 1958년 8월 29일 열린 중국 공산당 중앙정치국 확대회의에서 설립이 결정되었다. 인민공사는 농업을 기본으로 공장, 상점, 병원 등을 경영하고 교육기관과 자체 민병대까지 갖춘 공산사회의 작은 모델을 추구했다. 토지, 농기구, 가축 등은 인민공사가 소유하고 생산은 집단 방식을 취했다. 평균 5,000호의 농가로 구성된 인민공사 아래는 생산대대가 있고 그 밑에는 다시 수십 가구의 농민으로 구성된 생산대가 있어 농민들의 참여를 강제했다.

지난 몇 년 동안 사상 개조를 마친 터라 농민들의 초반 호응은 열광적이었다. 3개월 만에 2만 6,000여 개의 인민공사가 설립되고 전 농가의 90% 이상이 인민공사로 편입될 만큼 인민공사화는 전국적으로 빠르게 진행되었다. 1958년 한 해 동안 약 5억 명이 그들의 전통적인 생활양식과는 전혀 다른 인민공사에 편입되어 낯선 삶의 방식을 강요당했다. 농민들은 낡은 농구로 토지를 개간하고, 수리관개시설을 대대적으로 건설하는데 투입되었다.

대약진운동은 모택동식 퍼포먼스

공업 부문에서는 철강 생산량 증산이 강조되었다. "15년 안에 영국의 철강 생산량을 따라잡겠다"는 모택동의 목표 달성을 위해 9,000여만 명이 철강 생산에 투입되었다. 주민들은 냄비, 주전자 등 가정의 쇠붙이와 도끼와 삽 등 농기구까지 용광로에 던져 버렸다. 용광로를 지피기 위해 가구와 문짝을 태우고 숲을 태웠다. 그러나 용광로에서 얻은 철은 사실상 쓸모없는 쇳덩어리와 고철에 불과했다. 결국 중국은 서서히 철기시대에서 석기시대로 되돌아갔다.

다행히 1958년은 풍년이었다. 그런데도 곡식은 대부분 거둬들여지지 못한 채 썩어갔다. 마을의 청장년들이 모두 용광로에 매달렸기 때문이다. 더구나 지방의 지도자들은 모택동의 비위를 맞추기 위해 생산량을 부풀려 보고했다. 생산량에 따라 세금이 정해져 세금 부담도 가중되었다. 심지어 세금으로 거둬들인 곡식 중 일부는 빚을 갚기 위해 소련으로 보내졌다.

농업 생산량이 실제 이상 부풀려 보고된 탓에 농촌의 식량난이 가중되었다. 도시민들도 물품과 식량 부족에 허덕였다. 과도하게 할당된 목표량을 달성하기 위해 노동자·농민이 생산량만 중시하다 보니 제품의 질은 형편없이 떨어졌고 각종 통계와 보고는 과장되고 조작되었다.

결정적으로 중국 전역을 사지로 몰아넣은 것은 1959년 중국을 엄습한 대흉작이었다. 이 때문에 3년간 굶어 죽은 사람이 3,000만~4,000만 명이나 되었다. 2차대전 때 유럽에서 죽은 사람보다도 대약진운동에서 굶어 죽은 사람의 수가 훨씬 많았다. 가축을 도살하는 등 반발하는 일부 농민을 기다리는 것은 투옥과 죽음이었다. 1959년 11월부터 1960년 7월까지 반대운동을 하다 1,770여 명이 체포되고 36명이 옥사했다.

"레닌도 마르크스도 과오는 있었다. 따라서 우리도…"

모택동은 문제의 심각성을 알고 있으면서도 혁명의 대의를 위해 희생이 불가피하다고 강변했다. 대약진운동을 비판하는 자는 '우경 기회주의'로 몰아세웠다. 당시 상황에서 '우경'은 반혁명이었고, 결과는 죽음이었다. 대약진운동의 실패는 수습책, 책임 소재, 이념 문제를 둘러싸고 중국 권력층 내부에 심각한 대립과 분열을 초래했다.

모택동은 대약진운동을 정면에서 비판한 팽덕회 국방장관을 1959년 8월 실각시켜 비판을 모면하려 했다. 그러나 날로 악화하는 경제 실패에 책임을 지지 않을 수 없었다. 처음에는 "레닌도 마르크스도 과오는 있었다. 따라서 우리도…"라며 물타기를 시도했으나 결국 "경제에 대해 아무것도 모른다"며 자신의 과오를 시인했다. 모택동은 유소기에게 국가 주석직을 넘겨주고 자신은 당 주석 자리만 유지한 채 외형상 권력 핵심에서 비켜나 사태를 관망했다.

유소기는 시장경제 도입, 전문 관료와 기술자의 경영 참여, 정확한 통계 보고, 생산 목표 초과에 대한 초과수당 지급 등을 포함한 각종 정책을 실시했다. 노동자·농민의 근로 의욕을 높여주고 기업 경영에 사상적·정치적 간섭을 배제했다. 이런 노력에다 1962년의 풍년까지 더해져 소련의 원조가 중단되었는데도 불구하고 경제는 크게 성장했다. 유소기는 경제 정책 성공으로 정치적 위상이 높아지자 등소평 등을 요직에 중용했다.

그러자 모택동은 유소기·등소평 등 실용파가 부상하고 이들 실용파에 의해 자신의 업적과 정책이 부정되는 것을 불안하게 여겼다. 그때 팽덕회 후임으로 국방장관에 임명된 임표가 모택동에게 접근했다. 모택동과 임표는 유소기와 등소평 중심의 실용파와 대립각을 세웠고, 결과는 광란의 문화대혁명을 통한 유소기의 죽음과 등소평의 유배로 이어졌다.

중국의 금문도 포격과 최병우 기자 순직

30여 기의 전투기가 추락하고 20여 척의 함정이 침몰하는 등 공중전과 해전도 치열했다.

중국과 대만 사이에 위치한 금문도(진먼다오)는 크기가 제주도의 10분의 1에 불과한 작은 섬이다. 대만으로부터는 190km나 떨어져 있지만 중국 본토의 복건성 하문(샤먼)으로부터는 1.8km밖에 떨어져 있지 않다. 따라서 당연히 중국령이어야 할 이 섬이 대만령이 된 것은 1949년 장개석이 대륙에서 대만으로 후퇴할 때 향토의식이 유난히 강한 대만 원주민들로 구성된 국민당 신군 2만 명을 금문도에 주둔시키면서였다.

모택동은 1949년 10월 중화인민공화국을 수립한 후, 코앞에서 신경을 건드리는 금문도를 점령하라고 지시했다. 승리에 도취해 있던 중공군은 금문도 주둔 국민당군을 패잔병 정도로 생각했다. 1만여 명의 중공군 상륙부대가 일반 선박에 태워져 대륙의 하문을 출발한 것은 10월 24일 밤이었다. 더불어 대륙의 포대에서도 금문도를 향해 대대적으로 포격을 가했다. 장장 30년 동안 계속될 포격전의 시작이었다.

중공군이 섬에 상륙했을 때 그들을 기다리고 있는 것은 곳곳에 깔려 있는 지뢰와 빗발치는 총탄이었다. 겨우 살아남아 섬 안으로 진입한 중공군은 주민들의 몽둥이에 쓰러졌다. 결국 사흘간의 치열한 접전 끝에 중공군은 3,000여 명이 전사하고 7,000여 명이 포로로 잡혔다. 해군과 공군력의 지원이 따라야 하는 상륙전의 기본을 무시한 결과는 이처럼 처참했다.

이후에도 2km 정도의 바다를 사이에 두고 대치한 금문도의 국민당군과 하문의 중공군이 펼친 포격전은 멈추지 않았다. 금문도는 해군과 공군이 약한 중국 공산당에는 눈엣가시였으나 중국 본토에서 쫓겨난 장개석에게는 본토 수복을 위한 전초기지였다.

금문도 위치

금문도 포격전 역사상 가장 대규모의 포격이 시작된 것은 1958년 8월 23일 오후 5시 30분이었다. 중국

금문도에 포격을 가하는 하문의 중공군 포대

하문의 해안 포대에서 460여 문의 대포가 불을 뿜는 가운데 80여 척의 중공군 함정과 200여 기의 전투기가 금문도를 타격했다. 금문도는 순식간에 불바다로 변했다. 통신망이 파괴되고 금문 방위사령부가 직격탄을 맞았다. 8월 23일 하루 동안 중공군은 4만 7,000발의 포탄을 금문도로 퍼부었다. 국민당군도 수만 발의 포탄으로 응사했다. 포격은 이튿날에도 계속되었다. 이후 30여 기의 전투기가 추락하고 20여 척의 함정이 침몰하는 등 공중전과 해전도 치열했다.

사태가 심상치 않게 돌아가자 미국은 항공모함과 대형 순양함 3척, 구축함 40척을 대만해협에 투입해 사태를 주시했다. 미군 정찰기와 전투기들이 대만의 비행장에서 대기했고 3,800명의 미 해병대가 대만에 상륙했다. 존 덜레스 미 국무장관은 원자폭탄 공격까지 계산에 두었다.

대피용으로 만든 지하갱도는 지하 만리장성

결국 중국은 대만의 완강한 저항에 밀리고 미국의 위세에 눌려 금문도를 손에 넣지 못한 채 10월 6일 포격을 중단했다. 44일 동안 중공군이 쏘아 올린 47만 발의 포격으로 금문도에 있는 대만 군인 540여 명을 포함해 618명이 사망하고 2,600여 명이 부상했다. 중공군의 피해는 알려지지 않았다.

대만은 이후 주민 대피용으로 지하갱도를 구축했다. 폭 1m, 높이 2m 규모의 민간방어 갱도가 가로 세로로 2.6km나 이어졌다. 이런 지하갱도가 10개나 되었다. 금문도 방위사령부는 280m 높이의 화강암으로 이뤄진 단단한 산을 뚫고 지하 깊은 곳에 마련되었다. 군용 트럭은 물론 탱크까지 자유롭게 이동할 수 있는 폭 7~8m, 높이 5m 정도의 사령부 지하도로 길이는 총 7.8km나 되었다. 사령부 안에는 극장, 숙박 시설, 병원까지 갖춰졌다. 한마디로 지하도시요 지하 만리장성이었다. 섬 곳곳에 마련된 이 같은 지하 도로는 총 44km나 되었다.

이후에도 계속되던 금문도 포격은 미국과 중국이 핑퐁 외교 끝에 서로 수교하게 되는 1979년 1월 1일을 기해 중단되었다. 1982년에는 여행금지 조치가 해제되고 국립공원으로 지정되었다. 금문도는 이렇듯 냉전기에는 화약고였지만 오늘날에는 중국·대만의 화해의 상징으로 남아있다. 2001년 1월 2일 대만 국토 중 최초로 선박을 통해 중국 본토와 직접 교류가 시작된 곳도 금문도였다. 현재 금문도 전역에서는 중국의 위안화가 통용되고 있고 지하갱도는 주로 중국 관광객을 위한 관광지로 탈바꿈했으며 폭탄 잔해는 관광 상품으로 팔려나가고 있다.

금문도 포격이 우리에게 각별한 것은 종군기자로 현지 취재에 나섰다가 순직한 최병우 한국일보 논설위원 때문이다. 최병우는 순직하기 5년 전 조선일보 기자로 6·25 휴전협정 조인식에 참석해 한국의 운명이 또 한번 우리의 참여 없이 결정되는 순간을 기사로 아쉬워했던, 언제나 현장을 중시했던 기자였다.

최병우는 1958년 9월 11일 포탄이 쏟아지는 금문도에 외국인 기자로는 유일하게 상륙을 시도하다가 교통사고를 당해 타이베이로 이송되었으나 9월 26일 다시 금문도 상륙을 시도하다 높은 파도와 중량 초과로 상륙돌격장갑차가 전복되면서 일본, 대만 기자 5명과 함께 종적이 끊겼다. 그때 살아남은 일본 기자는 최병우가 "우리 중 누가 살아남으면 이 사건을 꼭 알리자"라고 외친 뒤 파도에 휩쓸려 실종되었다고 전했다.

보리스 파스테르나크 노벨 문학상 수상 거부

흐루시초프에게 선처를 바라는 탄원서를 보내 국외 추방은 겨우 면했다.

1958년 10월 29일, 스웨덴의 한림원에 한 통의 전보가 날아들었다. "내가 살고 있는 사회에서 노벨상 수상이 어떤 의미를 갖는지를 곰곰이 생각한 끝에 나에게 별 가치가 없는 이번 수상을 고사하기로 했습니다." 전보를 보낸 사람은 6일 전인 10월 23일 노벨 문학상 수상자로 발표된 소련의 소설가 보리스 파스테르나크(1890~1960)였다. 수상자 발표 이튿날 시상식에 참석하겠다고 밝힌 그가 왜 당초 입장을 바꿔 수상을 거부한 것일까.

파스테르나크는 소련 모스크바 교외의 유대인 가정에서 태어났다. 아버지는 화가였고 어머니는 피아니스트였다. 파스테르나크는 음악가가 되기 위해 어려서부터 음악이론과 작곡을 공부하다가 방향을 바꾸어 모스크바대와 독일 마르부르크대에서 철학을 전공했다. 1차대전 때는 우랄 지방의 군수공장에서 일하며 틈틈이 시를 썼다. 1914년 데뷔 시집 '구름 속의 쌍둥이'에 이어 1917년 2번째 시집 '장벽을 넘어서'를 펴냈으며 1922년 시집 '삶은 나의 누이'를 발표해 일약 명성을 얻었다.

당초 그는 1917년의 러시아혁명을 지지했으나 1930년대 스탈린의 대숙청을 겪고 난 뒤에는 사회주의 체제에 환멸을 느꼈다. 하지만 소심한 성격 탓에 번역 일로 생계를 꾸려가면서 가급적 침묵하거나 어정쩡한 태도를 취했다. 1933년 동료작가가 스탈린을 비판하는 시를 낭독했다가 체포되었을 때도 자신을 추궁하는 비밀경찰에게 시종 "모른다"로 일관하다가 "당신은 동료를 옹호할 능력도 없는 인물"이라는 비아냥거림을 들어야 했다. 1934년 소련 내 모든 문학단체가 '소련작가동맹'으로 통합되어 문학에도 사회주의 원칙이 적용되고부터는 모스크바 근교의 시골집에 틀어

박혀 긴 침묵 속으로 빠져들었다.

그러다가 1946년 한 문학 파티에서 자신보다 22살이 어린 34살의 올가 이빈스카야를 만나 그녀를 모티프로 한 장편소설 '닥터 지바고'를 집필했다. 당시 파스테르나크는 아내와 두 아들이 있었고 번역가인 올가는 남편을 잃은 미망인이었다. 첫눈에 서로 끌린 두 사람은 작업 파트너에서 연인으로 관계를 발전시켰다.

보리스 파스테르나크(1890~1960)

당시 파스테르나크는 당국의 감시를 받고 있었고, 올가 역시 요주의 인물 취급을 받았다. 1949년 스탈린 정권은 이미 너무 유명해져 부담스러운 존재가 된 파스테르나크 대신 파스테르나크에게 반혁명사상을 주입했다는 이유를 들어 올가를 4년 동안 감옥에 가두었다. 올가는 감옥에서 파스테르나크 아이를 유산하고, 스탈린 사망 후 대사면으로 풀려났다.

진실을 추구한 고독한 작가

파스테르나크는 '닥터 지바고'를 탈고한 뒤 1956년 소련의 대표적인 문학잡지 '노비 미르'에 출판을 의뢰했다. 하지만 잡지사는 "소설이 10월 혁명과 혁명의 주역인 인민, 그리고 소련의 사회주의 건설을 중상했다"며 출판을 거부했다. 파스테르나크는 할 수 없이 이탈리아 출판사로 판권을 넘겨 1957년 11월 그곳에서 소설을 출간했다.

'닥터 지바고'는 혁명의 격랑 속에서 비극적인 운명과 사랑을 겪어야 했던 한 인텔리의 초상이자 작가 자신의 자화상이었다. 황량한 설원을 무대로 역사의 거친 소용돌이 속에서 의사 지바고와 라라의 비극적인 사랑의 대서사시를 통해 영원한 자유정신을 강조했다. 그의 연인 올가를 라라로 묘사한 소설은 이후 세계 여러 나라에서 번역되었고 파스테르나크는 베스트셀러 작가 반열에 올랐다.

1958년 10월 23일 노벨상 수상자가 발표되고 이튿날 파스테르나크가 시상식에 참석하겠다고 하자 "매국노", "속물" 등 온갖 비난이 그에게 쏟아졌다. 소설에는 반동적·반소적이라는 낙인이 찍혔다. 작가동맹이 10월 28일 그를 제명하고 "국외로 추방하라"는 탄핵운동이 곳곳에서 일어났다. 파스테르나크는 결국 이를 견디지 못하고 노벨상을 받지 않겠다는 입장을 스웨덴 한림원에 통보해야 했다. 그의 첫 노벨상 거부는 이후 사르트르(1964), 키신저와 공동 수상이 결정된 베트남의 레둑토(1973)로 이어졌다.

노벨상 거부에도 불구하고 시민권 박탈과 국외 추방 요구가 끊이질 않자 파스테르나크는 "조국을 떠난다는 것은 죽음을 뜻한다"며 당서기장인 흐루시초프에게 선처를 바라는 탄원서를 보내 국외 추방은 겨우 면했다. 그러나 이때 받은 상처가 죽음을 재촉해 1년 반이 지난 1960년 5월 30일 눈을 감았다.

파스테르나크는 죽어가면서도 올가의 안부를 걱정했다. 하지만 그녀는 소련 당국과 일정한 관계를 유지하면서 파스테르나크의 동향을 소련 정부에 보고한 것으로 훗날 밝혀졌다. 1960년 파스테르나크 사후 다시 체포되어 시베리아에 유폐된 올가가 1961년 흐루시초프에게 "파스테르나크를 침묵시키기 위해 모든 노력을 기울였습니다. 그가 외국인과 만나지 못하게 하라는 당국의 지시를 충실히 따랐습니다"라며 자신의 석방을 탄원한 편지가 1997년 공개된 것이다. 이에 대해 올가는 이미 1977년 발간된 자신의 회고록에서 "파스테르나크를 보호하기 위해 정부 측과 접촉한 적이 있다"고 밝혀 어느 것이 진실인지는 분명치 않다.

소설은 1965년 데이비드 린 감독에 의해 영화로 만들어져 세계 영화 팬들을 감동시켰다. 파스테르나크는 1987년 복권되어 오늘날 '진실을 추구한 고독한 작가'로 추앙받고 있으며, 어쩔 수 없이 거부했던 노벨상은 1989년 아들이 아버지를 대신해 수상했다.

일본 세계 최초 라면 시판과 한국의 라면

'끓는 물에 2분'이란 캐치프레이즈를 내건 첫 라면 '닛신 치킨라멘'을 출시했다.

'라면의 아버지'로 불리는 안도 모모후쿠(1910~2007)는 대만 출신의 귀화 일본인이다. 그는 1941년 일본이 도발한 태평양전쟁과 1945년 패전 후의 어려움 속에서 배고픔을 알았고 '먹거리'의 중요성을 절감했다. 훗날 먹거리에 관한 그의 철학은 "먹는 것이 넉넉해야 세상이 평온하다"(食足世平 · 식족세평), "세상을 위해 먹는 것을 만든다"(食創爲世 · 식창위세)로 발전했다.

40대 시절 안도의 관심은 주식을 대체할 값싼 먹거리의 개발이었다. 다행히 미국의 원조 덕에 밀가루는 남아 돌았다. 안도는 밀가루를 이용한 먹거리 개발을 위해 자신의 집에 작은 실험실을 차려놓고 연구에 몰두했다. 하지만 좀처럼 답이 나오지 않았다. 그러던 어느 날, 한 선술집 요리사의 요리 과정을 지켜보다가 문득 새로운 사실을 알게 되었다. 국수를 기름에 튀겨 건조시킨 뒤 뜨거운 물을 부으면 원래 상태로 풀어진다는 것을 알게 된 그는 집으로 달려가 실험을 거듭했고, 마침내 세계인의 식생활에 혁명적인 변화를 불러올 인스턴트 라면을 개발하는 데 성공했다.

안도는 닛신식품을 설립하고 1958년 8월 25일 '끓는 물에 2분'이란 캐치프레이즈를 내건 첫 라면 '닛신 치킨라멘'을 출시했다. 안도는 라면을 꼬불꼬불하게 만들었다. 뜨거운 물과 접촉하는 면적이 넓어야 쉽게 익고,

안도 모모후쿠(1910~2007)

국수 면발처럼 한 방향으로 말려 있는 것보다 여러 방향으로 얽혀 있어야 유통과정에서 잘 부서지지 않는다는 점을 고려한 결정이었다. 작은 포장 안에 상대적으로 많은 양을 담을 수 있을 뿐 아니라 젓가락으로 잡기 쉽고 더 맛있어 보인다는 장점도 있었다.

치킨라멘은 6엔이던 우동 한 그릇보다 훨씬 비싼 개당 35엔을 받았는데도 당시 인기를 끌고 있던 '중화소바', '지나소바' 시장을 빠르게 잠식했다. 치킨라멘이 인기를 끌자 '에스코크 라멘'(1959), 묘조식품의 '치킨라멘'(1960) 등 경쟁 라면들이 속속 등장했다. 인스턴트 라면 시대가 개막된 것이다. 당시 라면은 지금의 라면과 달랐다. 수프가 아닌 면 자체에 양념을 첨가했다. 그러다 보니 시일이 지나면 쉽게 변질되는 약점이 있었다. 후발업체 묘조식품은 이 같은 단점을 보완해 1961년 지금과 같은 형태의 분말 수프를 만들었다.

경쟁업체들의 난립으로 라면시장이 정체기에 접어들 무렵 안도는 회심의 카드를 준비했다. 1971년 세계최초로 나온 컵라면 '컵누들'이었다. 안도는 2005년에도 우주비행사가 실제로 우주정거장에서 먹은 '스페이스 리무'를 개발해 영원한 '라면의 아버지'임을 과시했다.

"먹는 것이 넉넉해야 세상이 평온하다"

한국에서 라면이 처음 출시된 것은 1963년 9월 15일이다. 삼양식품이 일본의 묘조식품으로부터 라면기계와 라면 제조기술을 도입해 국내 최초의 라면을 내놓은 것이다. 당시는 식량 부족, 특히 쌀 부족이 심각해 혼·분식 장려운동이 벌어지던 시기였다. 첫 삼양라면은 지금보다 싱거웠고 닭고기 국물이었다. 맛은 일본의 묘조식품과 기술을 제휴해 만들었기 때문에 일본 라면과 비슷했다.

김치찌개 백반 가격이 30원 정도였을 때 라면 한 봉지(100g) 가격은 10원으로 저렴한 편이었다. 그런데도 인스턴트 음식에 익숙지 않아 한동안은 고전했다. 그러다가 점차 간편한 조리법, 손쉬운 운반성, 다른 반찬이 필요 없는 편리함 등을 인정받아 소비자들의 주목을 끌기 시작했다.

오늘날 국내 라면시장을 석권한 농심라면의 첫 라면이 출시된 것은 1965년 12월 19일이었다. 당시 국내 라면업계는 몇 개 업체가 각축을 벌였으나 사실상 삼양의 독무대였다. 삼양이 시장점유율 80%가 넘는 패자였고 나머지는 존재감이 약했다. 그래도 롯데공업(농심라면 전신)만은 삼양라면 추격의 선봉장을 자처하며 끊임없이 각종 신제품을 개발했다.

롯데공업은 1970년 2월 업계 최초의 인스턴트 짜장면인 '짜장면'을 출시해 돌풍을 일으켰다. 하지만 경쟁업체들이 곧 유사제품을 쏟아내면서 돌풍은 오래가지 않았다. 롯데공업은 당시 모든 라면이 사용하는 닭고기 국물 대신 쇠고기 국물에 주목했다. 한국인들이 잔칫날 쇠고기국을 먹는다는 점에 착안한 것이다. 1970년 10월에 탄생한 '소고기라면' 덕에 롯데공업의 시장점유율은 22.7%로 급증했다. 롯데공업은 1975년 10월 야심작 '농심라면'을 출시했다. "형님 먼저, 아우 먼저" 광고 카피로 화제가 된 농심라면이 히트를 치자 1978년 3월 아예 회사명을 '농심'으로 바꿨다.

1980년대는 농심의 추격전이 본격적으로 전개된 시기였다. 사발면(1981), 너구리(1982), 안성탕면(1983), 짜파게티(1984) 등 해마다 히트작을 내놓아 라면시장의 판도를 바꿔나갔다. 특히 안성탕면은 농심이 삼양식품을 바짝 추격하는 일등 공신 역할을 했다. 안성탕면 덕에 농심은 1985년 3월 시장점유율 42%를 넘어서고 업계 1위로 뛰어올랐다. 삼양과 농심 두 회사가 주도하던 라면시장에도 한국야쿠르트(1983), 빙그레(1986), 오뚜기(1987) 등이 뛰어들어 새로운 경쟁관계를 형성했다.

한국 최초의 라면은 삼양라면이지만 1985년부터 농심라면이 부동의 1위

1986년 10월 농심은 라면에 처음 매운맛을 가미한 ‘신라면’을 출시했다. 신라면은 이후 한국 라면의 역사를 바꿔가며 한국인은 물론 세계인의 입맛을 사로잡았다. 그 후 오늘날까지 신라면은 부동의 1위를 유지하고 있다. 신라면은 당시 생소했던 매운맛과 함께 고가 정책으로 소비자를 공략했다. 1986년부터 2012년까지 신라면의 누적 판매량은 총 220억 봉지다. 지구를 100바퀴 돌 수 있고 에베레스트산을 22만 7,924회 왕복할 수 있는 양이다.

1988년 말 농심과 삼양라면의 시장점유율은 54% 대 26%로 2배 차이가 나 사실상 경쟁구도가 깨진 상태였다. 여기에 삼양라면이 1989년 이른바 ‘우지 파동’으로 인해 1994년까지 판매가 중단되는 바람에 농심과 격차가 더 벌어졌다. 우지 파동은 삼양식품이 라면을 만드는 과정에서 식용이 아닌 공업용 쇠기름을 썼다며 삼양식품 책임자가 구속된 사건이다. 삼양식품은 8년간의 긴 법정투쟁 끝에 1997년 대법원에서 무죄판결을 받았으나 시장점유율이 10%대로 떨어지는 등 이미 돌이킬 수 없는 큰 타격을 입은 뒤였다. AC닐슨에 따르면 2012년 12월 농심의 국내 시장점유율은 69%이고 그 뒤를 삼양식품, 오뚜기, 팔도가 멀찌감치 쫓고 있다.

국내 최초로 생산된 삼양라면

일본에 본부를 둔 세계라면협회의 통계(2012년 기준)에 따르면 세계 즉석라면(봉지라면과 컵라면) 판매량은 1,014억 개로 추정되고 있다. 판매량이 가장 많은 나라는 13억 인구를 자랑하는 중국으로 440억 개의 라면을 소비했다. 2위는 인도네시아(141억 개)로 라면의 천국으로 불리는 일본(3위 · 54억 개)을 크게 앞질렀다. 베트남(4위 · 50억 개), 인도(5위 · 43억 개), 미국(6위 · 43억 개)이 뒤를 잇고 있다. 우리나라는 35억 개로 7위에 랭크되었지만 국민 1인당 소비량에선 수십 년간 세계 1위를 유지하고 있다. 2012년 한국은 연간 1인당 72.4개를 소비한 것으로 나타났다

2012년 국내 연간 라면 판매순위를 보면 농심의 '신라면'(1986)과 '안성탕면'(1983), '삼양라면'(1963)이 각각 1~3위에 랭크되어 있고 농심의 '너구리우동'(1982), '짜파게티'(1984), '육개장사발면'(1982) 등이 앞서거니 뒤서거니 하고 있다. 2011년에는 개그맨 이경규가 아이디어를 내고 한국야쿠르트가 생산을 시작한 하얀 국물 라면 '꼬꼬면'이 한동안 돌풍을 일으켰으나 오래가지는 않았다.

1959년

진보당 창당과 조봉암 사형
'여적' 파문과 경향신문 폐간
재일동포 첫 북송과 조총련
금성사 국내 첫 라디오 생산
김시스터즈 미국 진출
피델 카스트로 쿠바 혁명 성공
_ 관타나모 기지
루이스·메리 리키 부부 '진잔트로푸스' 발견
중국 '명방(鳴放)운동'과 팽덕회 실각
달라이 라마 인도 망명
귄터 그라스 '양철북' 출간
이나모리 가즈오, 교세라 창업
트뤼포·고다르와 '누벨바그' 영화
소련 달 탐사선 '루나 2호' 달에 명중
남극조약 조인

진보당 창당과 조봉암 사형

진보당 창당은 화풀이를 하고픈 이승만에게 빰을 들이댄 격이 되었다.

조봉암(1898~1959)은 일제시대에는 공산주의자로 민족해방운동에 투신했으나 1945년 해방 후에는 공산주의와 결별하고 중도파 현실 정치인으로 변신해 제헌 선거에 참여했다. 1948년 대한민국 수립 후에는 이승만 정부에 참여하고, 6·25 후에는 진보정치인으로 대통령 선거에까지 출마한 팔색조 정치인이었다.

조봉암은 경기 강화에서 태어나 1919년 3·1만세운동 때 6개월간 옥고를 치른 후 본격적으로 독립운동에 뛰어들었다. 1921년 일본으로 건너가 주오대 정치학과에 다니며 공산주의자의 길을 선택, 1925년 4월 창당된 조선공산당의 창당 멤버로 참여하고 상해에서 코민테른 극동국 위원으로 활동하다가 1932년 일본 경찰에 체포되어 7년 간을 신의주 감옥에서 보냈다.

1939년 출옥 후에는 혁명가의 삶 대신 일상사에 매몰된 삶을 살다가 1945년 1월 예비검속으로 구금되어 감옥에서 해방을 맞았다. 해방공간에서는 중도통합 노선을 주장하며 1946년 5월 한성일보를 통해 박헌영을 강하게 비판하고 그해 6월 전향 성명서를 발표한 뒤 공산당과 결별했다. 대다수 좌익계와 김구 등 민족주의 세력이 거부한 1948년 5·10총선 때는 제헌의원으로 당선되어 이승만 정부의 초대 농림부 장관으로 입각했다. 농촌 근대화를 목표로 삼은 그는 정부가 양곡을 매입해 중간상의 폭리를 배제하는 양곡매입법과 농지개혁법을 추진했다.

1950년 재선되고 국회 부의장을 맡아 이승만과 다시 보조를 맞췄다.

조봉암(1898~1959)

1952년 7월의 발췌개헌 때도 이승만에 협조했으나 한 달 후 치러진 2대 대통령 선거에 후보로 출마한 것을 계기로 이승만과 대립각을 세웠다. 이렇게 이승만과 틀어졌는데도 혁신계 민족주의자들은 '정치 곡예'를 일삼으며 때로는 현실주의적이고 때로는 기회주의적인 모습을 보이는 조봉암을 달가워하지 않았다.

이승만, 조봉암, 이시영, 신흥우의 4파전으로 치러진 1952년의 대통령 선거에서 조봉암은 79만 표를 획득해 2위를 차지했다. 523만 표로 당선된 이승만은 현격한 표차에 조봉암을 잠재적인 위협 인물로 여기진 않았다. 그러나 4년 뒤인 1956년 치러진 3대 대통령 선거에서 조봉암이 상승세를 보이며 추격해오자 조봉암을 견제하기 시작했다.

좌우를 넘나든 팔색조 정치인

3대 대통령 선거전은 이승만의 독주 속에 민주당의 신익희와 조봉암이 뒤를 쫓는 양상으로 전개되었다. 그러나 선거 직전인 5월 5일 신익희가 급서해 조봉암만이 이승만의 유일한 대항마가 되었다. 그런데도 일부 야당 인사들은 "조봉암에 투표하느니 차라리 이승만에게 표를 주라"고 호소했고, 조봉암은 그런 와중에도 5월 15일의 대통령 선거에서 23.8%를 얻었다. 이승만은 55.6%를 획득해 무난히 당선되었지만 신익희에게 던져 무효표가 된 20.5%까지 합치면 400만 표 이상의 표가 반이승만 성향을 보였다는 점에서 충격으로 받아들였다. 더구나 헌법상 대통령 유고 시 승계권을 지닌 부통령에 민주당의 장면이 당선되어 위기감이 더욱 고조되었다.

조봉암은 선거 결과에 고무되어 그해 11월 10일 반자본주의, 반공산주의, 평화통일 노선을 표방한 최초의 혁신정당 '진보당'을 창당했다. 민족주의 세력은 여전히 조봉암을 인정하지 않았다. 우파 정치인들에게도 조봉암은 경계의 대상이었고 함께 일해서는 안 될 인물로 분류되었다. 창당 과정도 깡패를 동원한 자유당의 방해로 쉽지 않았다.

조봉암은 1958년 11월 10일 창당대회에서 "공산주의와 자본주의를 다 같이 거부하고 사회 개조의 원칙인 진보사상을 지향할 것"을 주창했다. 이승만의 들러리인 자유당과 반공 친미를 모토로 한 보수 민주당에 끌려가던 당시의 정치구도하에서 평화통일론을 내세우고 민주사회주의적인 개혁 노선을 추구하는 진보당의 결당은 한국 정치사에 큰 획을 그은 사건이었다. 혁신세력과 보수세력 간의 대립점이 통일론에 있고, 이승만과 집권 자유당의 통일정책이 무력 북진통일론이었음을 감안할 때 진보당의 평화통일론은 획기적인 것이었다.

진보당 구성원들의 정치 성향은 다양했지만 조봉암의 개인 카리스마가 주도한 정당이다 보니 구성원들이 확고한 신념을 가지고 진보당에 집결했다기보다 조봉암이라는 개인의 매력과 1950년대라는 암울한 상황에 이끌려 참여한 측면이 컸다. 이런 이유로 이승만 정권이 강력하게 탄압했을 때 단결된 힘으로 맞서지 못하고 조봉암의 죽음과 함께 바로 와해될 수밖에 없었다.

진보당의 결당은 한국 정치사에 큰 획을 그은 사건

진보당 창당은 화풀이를 하고픈 이승만에게 빰을 들이댄 격이 되었다. 냉전시대에 간첩과 연계시키는 것만큼 효과적인 것은 없었다. 1958년 1월 검찰은 조봉암이 남파간첩 박정호 등과 야합해 공산 평화통일과 부합하는 평화통일을 추진했다고 발표했다.

조봉암은 간첩, 간첩방조죄, 국가보안법 위반 등의 혐의로 재판에 회부되었다. 검찰은 처음에는 조봉암이 내세운 평화통일론, 사회적 민주주의 등이 법에 위반된다고 주장하다가 재판 중 평화통일론의 위헌성이나 간첩들과의 관련성이 점차 증거 능력을 상실하게 되자 새로운 간첩을 등장시켜 국면 전환을 시도했다.

검찰이 내세운 간첩은 대북 첩보기관인 HID의 대북공작원으로 10여 차례 남북을 왕래한 남북교역상 양명산(본명 양이섭)이었다. 검찰이 양명산을 조봉암과 북한 간의 연락책이라고 주장하며 조봉암을 간첩죄로 기소하고, 양명산도 검찰의 기소 사실을 모두 인정함으로써 누가 보아도 조봉암의 간첩 혐의는 분명해 보였다. 그러나 조봉암은 "양명산으로부터 돈을 받은 것은 사실이나 양명산이 무역업을 해서 번 돈으로 알았을 뿐 그가 간첩이라는 것은 전혀 몰랐다"고 끝까지 항변했다.

검찰은 조봉암·양명산에게 사형을 구형했다. 하지만 1심 재판부는 7월 2일의 선고공판에서 두 사람에게 징역 5년을 선고하는 등 6명만을 유죄로 인정하고 나머지 17명에 대해서는 전원 무죄를 선고했다. 진보당의 강령이 대한민국의 기본원리를 손상한다고 판단하지는 않았으나 간첩죄에 대해서는 양명산의 자백을 받아들여 5년형을 선고한 것이다. 그러자 이틀 후 반공청년단을 자처하는 200~300명의 괴청년이 법원에 난입해 "친공 판사 유병진을 타도하자", "조봉암을 간첩죄로 처단하자"며 난동을 부려 판사가 피신해야 하는 사법사상 초유의 재판 파동이 벌어졌다.

"내가 정치적 희생물로 마지막이 되기를 바란다" 유언 남겨

사법부가 위축된 가운데 열린 2심 재판은 양명산의 입장 변화로 난항을 겪었다. 양명산이 "1심 자백은 특무대의 고문·협박·회유·기만에 못 이긴 허위 진술이었다"고 진술을 번복한 것이다. 상식대로라면 1심에서 양명산의 자백으로 5년형을 선고한 만큼 2심에서 양명산이 자백을 번복했기 때문에 검찰이 그에 대한 반증을 제시하지 못하면 간첩죄는 백지화되어야 했다. 그러나 재판부가 이를 인정하지 않고 재판을 진행해 10월 25일의 항소심 선고공판에서 조봉암·양명산에게는 사형을, 나머지 피고들에게는 2명을 제외하고 모두 실형을 선고했다.

1959년 2월 27일 선고된 대법원 판결 역시 조봉암의 형량에는 아무런 변화가 없었다. 윤길중 등 15명에게 무죄가 선고되는 등 전체적으로는 2심보다 형량이 가벼워졌으나 조봉암·양명산에게는 그대로 사형이 선고되었다. 조봉암의 변호인단이 재심을 청구했으나 7월 30일 기각되었고 조봉암은 기각 17시간 만인 7월 31일 오전 11시 소리 소문 없이 사형에 처해졌다. 양명산은 3일 전 이미 사형이 집행된 상태였다.

조봉암은 "나에게 죄가 있다면 많은 사람이 고루 잘살 수 있는 정치운동을 한 것밖에 없다.… 내가 정치적 희생물로 마지막이 되기를 바란다"는 유언을 남겼다. 사형이 집행되기 전 그는 입회 목사에게 누가복음 23장 22~23절을 읽어 달라고 부탁했다. "빌라도가 세 번째 말하되 이 사람이 무슨 악한 일을 하였느냐. 나는 그에게서 죽을 죄를 찾지 못했나니 때려서 놓으리라 하니, 그들이 큰소리로 재촉하여 십자가에 못 박기를 구하니 그들의 소리가 이긴지라."

조봉암이 죽고 48년이 지난 2007년 9월 진실화해를 위한 과거사 정리위원회는 조봉암의 사형 집행을 '비인도적 반인권적 인권유린이자 정치탄압'으로 규정했다. 조봉암의 가족은 재심을 청구했다. 2년여의 심리 끝에 재심을 받아들인 대법원은 2011년 1월 20일 국가변란과 간첩 혐의에 대해 무죄를 선고했다.

'여적' 파문과 경향신문 폐간

기사를 빌미로 신문사에 압수수색 영장을 발부한 것은 건국 이후 처음이었다.

천주교 서울대목구(현 서울대교구)가 1946년 10월 창간한 경향신문은 창간 이후 줄곧 반공적이고 보수적인 논조를 취해 이승만 대통령과 궁합이 잘 맞았다. 그러나 1952년 부산 정치파동 후 자유당 정부의 전횡과 독재가 노골화하고 천주교 신자인 장면 부통령의 피격 사건(1956)이 더해지면서 자유당 정부에 비판적인 입장을 취했다. 특히 1958년 12월의 이른바 '신국가보안법 파동'을 계기로 반독재 노선을 더욱 선명히 하는 야당성을 드러내며 장기독재를 획책하고 있는 자유당 정부와 대립각을 세웠다.

자유당 정부는 이런 경향신문의 논조가 불만스러워 사소한 기사라도 꼬투리를 잡으려 안간힘을 썼다. 더구나 1960년에 치러질 정·부통령 선거를 1년여 앞둔 상황이었기 때문에 그 어느 때보다 비판언론을 잠재우는 데 촉각을 곤두세웠다.

이런 상황에서 1959년 2월 4일자 경향신문 고정칼럼 '여적'에 한 편의 글이 실렸다. 미국 노트르담대 허멘스 교수의 '다수결의 원칙과 윤리'라는 논문을 인용해 자유당의 독재정권을 통렬히 꾸짖는 칼럼이었다. 결론은 이랬다. "'진정한 다수'라는 것이 선거로만 표시되는 것은 아니다. 선거가 진정 다수결정에 무능력할 때는 또 한 가지 폭력에 의한 진정 다수결정

경향신문의 폐간을 알리는 속보판을 보고 있는 시민들(1959.4.30)

이란 것이 있을 수 있는 것이요, 그것을 가리켜 혁명이라 할 것이다."

정부는 여적 내용이 폭력을 선동했다며 그날 오후 강영수 편집국장을 연행해 8시간 동안 필자를 밝힐 것을 추궁했다. 이튿날 저녁에는 필자를 찾는다며 신문사 구석구석을 뒤졌다. 기사를 빌미로 신문사에 압수수색 영장을 발부한 것은 대한민국 정부 수립 이후 처음이었다. 기자들은 여적 원고를 사진부 암실에 감춘 채 필자를 발설하지 않았으나 민의원이자 논설위원인 주요한이 국회 기자실에 나타나 "내가 썼다"고 당당히 밝히면서 주요한이 필자인 것으로 확인되었다.

검찰은 여적에 내란선동 혐의를 적용하는 한편 1월 11일자 사설 '정부와 여당의 지리멸렬상'도 이기붕 국회의장 등의 명예를 훼손했다며 출판물에 의한 명예훼손 혐의를 적용해 2월 27일 주요한과 한창우 사장 겸 발행인을 불구속 기소했다.

사태가 긴박하게 돌아가자 경향신문은 정부와의 막후 접촉 끝에 정부의 요구대로 발행인을 교체했다. 자체적으로도 주요한을 의원면직하고 편집국장을 보직 변경하는 등 사태 수습을 위해 나름대로 성의를 보였다. 그런데도 정부는 4월 3일자 '간첩 河모를 체포' 제하의 기사가 대간첩 수사에 큰 지장을 초래했다며 기사를 쓴 2명의 기자를 4월 4일 구속(1명은 기소유예 처분을 받아 곧 석방)함으로써 경향신문의 펜을 확실히 부러뜨리고 말겠다는 속내를 드러냈다.

이처럼 경향신문의 목을 서서히 조여가던 정부가 마침내 칼을 빼든 것은 4월 30일이었다. '미 군정법령 제88호'를 적용해 경향신문에 폐간 조치를 내린 것이다. 밤 10시 15분, 발행허가 취소 통지서가 신문사에 전달되면서 지령 4,325호를 인쇄하던 윤전기는 멈춰서야 했다. 이미 인쇄되어 일부 지방에 발송된 5월 1일자 조간은 현지 경찰에 의해 대부분 회수되었다.

"법은 있는데 법관은 휴가 가고 없구나"

경향신문의 폐간은 국내외에 큰 충격을 던져주었다. 한국신문편집인협회는 '민주사상 큰 치욕'이라는 성명서를 발표하고, 주한 미 대사는 "'미 군정법령 제88호'는 공산당의 선전을 막기 위해 1946년에 제정된 것"이라며 법의 악용을 비난했다. 염상섭을 비롯한 33인의 문인은 철회 요구 성명서를 냈으며, 변호사협회는 "미 군정법령은 헌법 시행과 함께 그 효력을 이미 상실했다"는 성명을 발표했다.

경향신문은 이에 힘을 얻어 5월 5일 발행허가 취소 행정처분 취소 청구 소송을 내는 것으로 부당함에 맞섰다. 다행히 6월 26일 서울고법이 "경향신문 발행허가를 취소한 행정처분의 집행을 정지한다"는 용감한 결정을 내려 경향신문은 폐간 57일 만인 6월 27일자부터 신문을 발행할 수 있었다.

6월 26일 저녁, 기자들은 6월 27일자(지령 4,326호) 기사를 마감하고 간소하게나마 자축 파티를 열었다. 그러나 감격과 기쁨도 잠시뿐, 경향신문을 또 한 번 옥죄는 통고서가 그날 밤 날아들었다. '발행허가 취소' 처분이 법적인 효력을 상실하자 정부가 밤 11시쯤 '발행허가 정지' 명령을 내린 것이다. 사실상 폐간과 다름없는 무기정간 처분이었다.

경향신문은 '발행정지 처분'을 취소해 달라고 6월 29일 서울고법에 소송을 냈으나 법원은 "이유 없다"며 기각 결정을 내렸다. 9월 25일 대법원에 상고했으나 대법원은 심리를 미루다가 해를 넘겨 1960년 2월 6일 미 군정법령 제88호의 위헌 여부를 가려달라고 헌법위원회에 제청하는 형식으로 책임을 떠넘겼다. 헌법위원회 역시 회의를 미루다가 3·15부정선거가 끝난 뒤인 1960년 3월 23일 첫 회의를 열었다.

이처럼 무기정간 처분에 대한 판결이 차일피일 늦어지자 재야 법조계에서는 "법은 있는데 법관은 휴가 가고 없구나" 하는 탄식의 소리가 높았다. 그러던 중 1960년 4·19혁명이 일어나자, 대법원은 4월 20일 "정부의 정간처분 효력을 정지한다"고 합의하고 4월 26일 판결을 확정 발표했다. 26일은 이승만 대통령의 하야 발표가 있던 날이다. 4월 27일 마침내 지령 4,327호 신문이 독자들 집에 배달되었다. 361일 만에 맞은 감격이었다.

재일동포 첫 북송과 조총련

귀환자들의 얼굴에는 차별에서 벗어난다는 기쁨과 '지상의 낙원'으로 간다는 설렘이 교차했다.

해방 전 일본에 살고 있는 200만 명의 한국인 중 140만 명은 해방 후 고국 땅을 밟고 60만 명은 일본에 잔류했다. 이들 재일동포는 자신들의 권익 보호를 위해 1945년 10월 15일 '재일조선인연맹(조련)'을 결성했다. 발족 초기에는 민족 진영과 공산 진영을 망라했으나 곧 일본 공산당 소속 한인들이 주도권을 잡으면서 좌파가 득세하는 조직이 되었다.

이에 반발한 우파 동포들은 1945년 11월 '조선건국촉진청년동맹(건청)', 1946년 2월 '신조선건설동맹(건동)'을 따로 결성했다가 1946년 10월 3일 '재일본조선인거류민단(민단)'으로 세를 합쳤다. 이처럼 재일동포들의 정치적 성향이 다양했는데도 좌익의 '조련'이 주로 폭력적인 수단으로 주일 미군에 저항하는 바람에 피해는 재일 한국인 전체에 미쳤다.

대표적인 사건이 1948년 4월에 일어난 소위 '한신 교육사건'이었다. 조련이 한국인 학생의 교육비 전액을 일본이 부담하도록 하고, 일본 초급 학교에 한국어 과목 설치와 한국인 교사 채용을 요구하며 실력 행사를 한 것까지는 좋았다. 그러나 효고현청으로 달려가 교섭을 벌이다 거부당하자 현청의 전화선을 끊고 지사를 감금하는 등 폭력 시위를 벌인 것이 문제가 되었다.

사건 후 효고현 지구 미군 사령부는 비상사태를 선포하고 고베 시내의 한국인을 닥치는 대로 검거했다. 이와 유사한 소동이 잇따르자 일본 정부는 1949년 9월 8일 연합군 최고사령부의 동의를 얻어 조련을 해산시켰다. 조련은 1951년 1월 '재일조선인민민주주의통일전선(민전)'으로 재출범했다가 북한이 지지하는 한덕수를 중심으로 1955년 5월 25일 '재일본조선인총연합회'를 결성했다. 일본에서 지금도 '소렌'으로 불리는 '조총련(총련)'이다.

조총련은 우파 성향의 민단과 남북한 대리전을 펼치며 대남공작의 거점으로 악명을 떨쳤다. 재일동포의 90% 이상이 남쪽 출신인데도 초창기의 조총련은 수적으로나 영향력으로나 민단을 압도했다. 폐쇄된 북한이 겉으로는 멀쩡하고 그럴듯하게 보인 반면 한국은 해방 후의 혼란, 전쟁, 자유당의 독재와 학생 데모 등 어두운 모습이 주로 부각되었기 때문이다. 이승만 정부가 반일에 집착하느라 미처 재일동포들에게 북한의 실상을 제대로 알려주지 못한 것도 주요 원인으로 작용했다.

"웃음과 노래가 시처럼 흘러가는 곳" 선전

북한은 이런 틈을 타 재일동포의 북송을 추진했다. 북송이라면 일본도 쌍수를 들고 환영할 일이었다. 일본 정부는 "재일 조선인은 범죄율이 높고 생활보호대상 가정이 1만 9,000가구나 되어 보조 경비가 연간 17억 엔이나 된다"는 계산을 하며 재일동포 추방을 비밀리에 검토했다. "거주지 선택의 기본인권을 보장한다"는 대의명분에도 부합해 북송을 추진하는 데는 거리낄 게 없었다.

김일성이 북송을 원한 이유는 몇 가지가 있었다. 당시 북한은 6·25를 전후로 상당수의 노동력이 남으로 내려갔거나 전쟁 중 죽어 극심한 노동력 부족에 시달렸다. 북송 동포들이 일본에서 가져올 막대한 재산에도 눈독을 들였다. 무엇보다 인도주의를 내세워 체제 우위를 선전하는 데 유리했고, 북한과 일본을 오가는 선박을 통해 대남 공작을 하는 데도 수월했다.

일본 니가타항에서 재일동포를 태우고 출항을 준비하는 북송선(1959.12.14)

1958년 8월 11일 가나가와현의 한 모임에서 조총련 간부가 귀국을 원한다는 내용의 편지를 공개적으로 김일성에게 보낸 것이 북송의 시발이었다. 9월 8일 김일성이 귀환 동포를 적극 환영한다는 입장을 표명하고, 1959년 1월 12일 일본 정부가 이에 맞장구를 치면서 북송 사업은 빠르게 진행되었다.

2월 9일 이승만 대통령이 강제 북송을 좌시할 수 없다고 성명을 발표하고, 국내에서는 연일 북송을 반대하는 데모가 일어났으나 북한과 일본은 아랑곳하지 않고 8월 13일 인도 캘커타(지금의 콜카타)에서 '재일동포 북송에 관한 협정'에 서명했다.

한국 외교의 첫 좌절이라고 일컫는 '캘커타 협정'이 맺어진 데는 크게 두 가지 이유가 작용했다. 이승만 정권이 재일동포들의 조국을 향한 짝사랑을 방치한 반면 북한은 그들을 흡수하려고 노력한 것이 첫째 이유였다. '자의에 의한 거주지 선택'이라는 북의 선전에 미국을 포함한 전 세계가 혹한 것도 주요 이유였다. 조총련은 1959년 발간한 기관지 '조선총련'을 통해 북한을 "즐거운 노동과 행복한 생활로 웃음과 노래가 시처럼 흘러가는 곳", "인민의 열성과 창의에 의한 지상의 낙원"으로 선전했다. 일본 좌파도 가세했다.

1959년 12월 14일 재일동포 제1진 975명이 니가타항을 떠남으로써 마침내 북송이 시작되었다. 귀환자들의 얼굴에는 일본인들의 차별에서 벗어난다는 기쁨과 '지상의 낙원'으로 간다는 설렘이 교차했다. 세계 언론도 자유세계에서 공산세계로 집단 이주하는 좀처럼 드문 경우에 큰 관심을 보였다.

187차에 걸쳐 9만 3,339명 북한으로 떠나

첫 북송선이 떠나는 날의 풍경을 12월 15일자 서울신문은 이렇게 전했다. "아무것도 모르고 공산 지옥으로 속아 가는 동포의 운명을 슬퍼하여 이곳저곳에는 눈물을 흘리는 동포가 많았으며 앞날에 대한 불안감은 숨길 수 없었다."

북송자 대부분이 남한 출신이고 불과 2%만이 북한을 고향으로 둔 사람이었다는 점을 감안하면 북한의 체제 선전이 얼마나 치밀하고 남한의 대응이 얼마나 허술한가를 확인시켜 주는 북송이었다. 1959년 2,942명, 1960년 4만 9,036명, 1961년 2만 2,801명이 북송선을 탄 것을 정점으로 매년 1,000~3,000명 정도가 북행길을 선택하고 협정 시한 만료일인 1967년 11월 12일까지 모두 8만 8,360명이 북한으로 떠났다.

북·일 간의 연장 합의에 따라 북송 작업은 1968년 이후에도 계속 진행되었으나 베일에 가려 있던 북의 실상이 하나둘 알려지기 시작하고, 1975년 우리의 '조총련계 동포 모국 성묘사업'으로 남한의 발전상이 알려지면서 북송자 수는 급격하게 줄었다. 그래도 1984년까지 187차에 걸쳐 2,848가구 9만 3,339명이 북한으로 떠났다.

김정일의 전처 고영희처럼 북한에서 최고 대우를 받은 사람도 있었지만 대부분은 '지상 낙원'의 실체를 뒤늦게 깨닫고 통한의 눈물을 흘렸다. 북한으로 간 지 얼마 지나지 않아 동포들은 일본의 가족 친지들에게 "식료품을 보내 달라", "엔화를 보내 달라"는 내용의 편지를 보냈다. 연락이 두절된 사람도 많았다. 한국인 남편을 따라 북송된 일본인 처 6,000~7,000명 가운데 60%는 연락이 두절되어 오늘날까지도 북 · 일 간의 외교 쟁점으로 남아 있다.

금성사 국내 첫 라디오 생산

60% 이상의 부품을 자체적으로 만들고 핵심 부품만 외국에서 들여왔다는 점에서 의미가 컸다.

LG전자의 전신 금성사의 초창기 발자취는 그대로 한국 가전산업의 역사다. 1959년의 라디오를 비롯해 1960년대에 제조된 금성사의 가전제품 대부분이 '국내 최초'였기 때문이다. 1958년 10월 1일의 금성사 창립은 이 모든 것의 출발점이었다. 엄밀히 말하면 구인회 LG그룹 창업자가 그전부터 설립·운영해온 '금성합성수지공업사'가 출발점이지만 LG전자는 회사명을 금성사로 개칭한 1958년 10월 1일을 공식 창립일로 기념하고 있다.

회사 창립에 앞서 구인회는 서독의 기술자와 전자기기 설계 및 제작 계약을 체결했다. 1차 목표는 라디오와 전자부품 생산이었다. 시중의 전자제품이라곤 외제 라디오와 미국산 수입 TV가 전부일 때였다. 금성사 연구진은 1년 남짓 연구에 매달린 끝에 1959년 8월경 시제품을 완성하고 같은 해 11월 15일 마침내 국내 첫 진공관식 라디오 'A-501' 80대를 생산했다. 모델명 'A-501'에서 'A'는 교류전원(AC), '5'는 채택된 진공관 수, '01'은 국산 제1호를 뜻했다. 라디오 가격은 당시 쌀 1가마 가격이 1만 9,000환일 때 2만 환이었다.

'A-501'은 60% 이상의 부품을 자체적으로 만들고 진공관과 스피커 등 핵심 부품만 외국에서 수입했다는 점에서도 의미가 컸다. 부품 국산화율

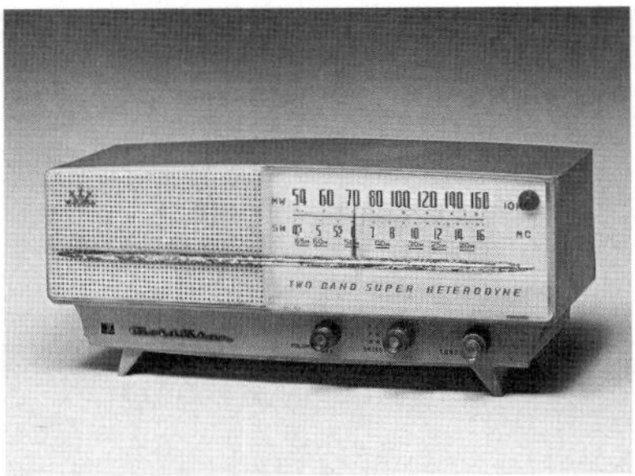

국내 첫 라디오 'A-501' 모델

을 60%로 높일 수 있었던 것은 LG그룹의 모회사로 1947년에 설립된 '락희화학'이 축적해온 플라스틱 기술 덕분이었다. '락희화학'은 1952년부터 다양한 플라스틱 제품을 국내 최초로 생산했기 때문에 사출금형 기술에서만은 국내 최고의 노하우를 가지고 있었다. 이런 기술 덕에 라디오는 5가지 색깔의 케이스로 만들어졌고 소비자는 취향에 따라 원하는 색깔을 고를 수 있었다.

라디오가 생산된 1959년은 100V 전압을 유지하는 집이 드물 정도로 전력 상태가 좋지 않았다. 60~70V로 떨어지는 것은 예사였고 50V까지 내려가는 경우도 다반사였다. 방송국 사정도 열악해 서울 외곽 지역으로 조금만 나가도 라디오 전파가 잡히지 않았다. 금성사 라디오는 이런 점을 감안해 50V 전압에서도 작동하도록 설계했다.

11월 말부터는 새 모델을 잇따라 출시하고 1960년에도 트랜지스터 라디오를 생산했으나 당시는 전자제품을 살 만큼 여유 있는 소비자가 드물었기 때문에 시장의 반응은 차가왔다. 구매력이 있는 부유층은 품질이 떨어지는 국산 라디오 대신 밀수를 통해 들어온 일본산이나 미국산 제품을 찾았다.

"가전은 금성" 이미지 확실히 심어

당시 라디오 제조 기술은 미국과 일본이 한참 앞서 있었다. 우리가 초보적인 진공관식 라디오를 생산하기 수년 전에 이미 미국에서는 1954년 12월 세계 최초로 트랜지스터 라디오가 생산되었고 일본에서도 1955년 8월 트랜지스터 라디오가 소니에서 생산되고 있었다.

금성사의 초기 제품은 접촉 상태가 나빠 소리가 끊기는 일이 잦았다. 케이스 색깔도 햇빛을 받으면 누렇게 변색되었다. 그렇더라도 금성사가 라디오를 처음 생산한 1959년은 우리나라 전자산업의 원년으로 삼을 만큼 우리에게 던지는 의미는 각별하다.

라디오 판매 부진으로 금성사는 1961년까지 대규모 적자를 기록했다. 그러자 내부에서 "락희화학이 플라스틱으로 번 돈을 금성사가 다 까먹는다"는 불만의 소리가 끊이지 않았다. 금성사 존폐론까지 대두될 정도로 위기에 빠진 금성사를 살린 것은 박정희 당시 국가재건최고회의 의장이었다. 5·16쿠데타 후 박정희 정권이 공표한 '국산 가능한 라디오 부품의 수입금지 및 특정외래품 판매금지법안'은 이런 금성사에 던져진 구원의 생명줄이었다. 4·19 후 탄생한 민주당 정부가 1961년 4월에 마련한 법안이라는 점에서 민주당 정부에도 일정한 공로가 있다.

법안 공표 후 외제 라디오는 된서리를 맞았다. 이 때문에 밀수가 성행하자 1961년 7월 박정희 의장이 강력한 밀수 단속을 지시했다. 덕분에 금성사는 확실히 보호를 받을 수 있었다. 더불어 박정희 정부가 1962년 7월부터 군사정부의 시책을 농어촌에 알리는 공보활동 강화를 위해 '농어촌에 라디오 보내기 운동'을 대대적으로 전개하면서 라디오 판매는 봇물처럼 터졌다. 연 1만 대에도 미치지 못한 판매량은 1962년에는 13만 7,000대로 급증했다. 이후 금성사는 선풍기(1960.3), 자동전화기(1961.7), 냉장고(1965.1), 흑백TV(1966.8), 에어컨(1968.3) 등을 국내 최초로 잇따라 선보이며 "가전은 금성"이라는 확실한 이미지를 심어나갔다.

특히 1966년 8월 1일에 출시한 국내 최초 흑백TV 'VD-191'은 진공관식 TV(19인치)였는데도 엄청난 인기를 끌었다. 기업체 대졸 초임이 1만 5,000원 정도일 때 쌀 27가마를 살 수 있는 6만 3,500원의 비싼 가격에도 불구하고, 사겠다는 사람이 많아 공개 추첨을 통해 구매자를 결정할 정도로 성황을 이뤘다. 이런 관심 속에 1966년 말까지 5개월 동안 팔려나간 TV는 1만 대나 되었다.

독주하는 금성사에 경쟁자가 출현한 것은 1960년대 후반이었다. 1967년 전자산업에 진출한 대한전선이 1968년부터 냉장고, 에어컨, 라디오, 흑백TV를 출시하며 금성사를 추격하더니 1969년 2월 삼성전자까지 설립됨으로써 한국의 전자산업은 상호 경쟁하며 함께 성장하는 도약의 시기를 맞았다.

금성사는 1973년 3월 국내 전자업계 최초로 증권거래소에 상장하고 이후에도 꾸준히 세계 시장에서 역량을 키워, 1978년 11월 가전업계 최초로 수출 1억 달러를 돌파하며 한국의 가전산업을 이끌었다.

김시스터즈 미국 진출

매일 밤 2개 쇼에 출연했다. 관객의 반응이 시원치 않으면 한국으로 돌아가는 조건이었다.

김시스터즈는 동서양의 문화를 조화시킨 독특한 무대 매너, 개성 있는 연주와 노래로 1960년대 미국인들의 관심을 끈 한국 최초의 보컬그룹이다. 가수 이난영과 작곡가 김해송 부부의 피를 이어받은 그들은 미국에 한국의 문화와 대중가요를 처음 소개하고 위상을 끌어올렸다는 평가를 받고 있다. 이난영은 불멸의 가요 '목포의 눈물'을 부른 가수이고, 김해송은 해방 후 뮤지컬 전문쇼단 'KPK 악단'을 창단해 다양한 뮤지컬 쇼를 무대에 올린 한국 뮤지컬의 개척자다.

이난영은 6·25전쟁 때 김해송이 납북되자 홀로 7남매를 키웠다. 다행히 아이들이 음악에 재주가 있어 전쟁 중이던 1951년 영자, 숙자, 애자 등 열 살 전후의 세 딸로 '김시스터즈'를 결성해 미군 클럽에 진출시켰다.

세 자매는 클럽에서 2차대전 직후 큰 인기를 끌고 있는 미국의 여성 보컬그룹 '앤드루 시스터즈'의 히트곡을 뜻도 모르고 무작정 외워 노래했다. 앙증맞은 아이들의 노래에 미군들은 넋을 잃고 바라보며 전쟁의 고단함을 잊었다.

김시스터즈

김시스터즈는 휴전 직후인 1953년 가을, 수도극장(스카라극장)에서 자매 트리오의 탄생을 알렸다. 그 무대에서 당시 초등학교 2~3년생이었던 김시스터즈가 부른 앤드루 시스터즈의 노래는 비록 발음은 엉망이었지만 열렬한 호응을 받았다. 주한 미군 가운데 김시스터즈의 이름을 모르는 이가 없을 정도로 유명해진 그들에게 비로소 행운이 찾아온 것은 1958년이었다. 미국 라스베이거스에서 아시안쇼를 기획하고 있는 톰 볼이 새로운 흥행거리를 물색하기 위해 일본을 찾았다가 그곳 미군들로부터 김시스터즈의 명성을 들은 것이다.

톰 볼은 1958년 한국으로 건너와 김시스터즈의 잠재력을 확인한 후 이난영과 계약을 체결했다. 키가 큰 큰딸 영자 대신 이난영의 오빠 이봉룡의 딸 이민자(여권 발급 절차를 위해 이난영의 딸 김민자로 개명)로 그룹을 새롭게 구성한 세 자매 트리오 '김시스터즈'가 미국 땅을 밟은 것은 1959년 1월 9일이었다. 해외 진출 1호 보컬팀의 탄생이었다.

김시스터즈가 처음 둥지를 튼 곳은 라스베이거스 선더버드 호텔의 쇼프로그램 '차이나 돌 레뷔'였다. 공연은 아시아 출신의 가수들 위주로 짜였다. 김시스터즈가 오기 전, 중국과 일본 가수는 많았지만 한국 가수로는 김시스터즈가 처음이었다. 김시스터즈는 첫 4주 동안 매일 밤 2개 쇼에 출연했다. 관객의 반응이 시원치 않으면 4주 후 한국으로 돌아가는 조건이었다.

다행히 선더버드 호텔 공연 후 다른 호텔에서도 공연 요청이 쇄도했다.

김시스터즈야말로 '한류의 원조'

김시스터즈는 공연 때마다 "한국에서 온 김시스터즈입니다"라고 자신을 소개한 뒤 꼭 '아리랑'을 불렀다. 다른 보컬그룹과의 차별화를 위해서도 각기 다른 악기를 연주했다. 색소폰(숙자), 베이스(애자), 드럼(민자)을 중심으로 가야금, 장구, 북 등 10여 가지 악기를 자유자재로 구사하는 여성 보컬그룹은 미국인들에게 신선한 존재였다. '아리랑', '도라지타령' 등 우리 민요를 곁들인 춤과 노래와 연주가 버무려진 이색적인 무대는 미국인들을 열광시켰다. 고국에 대한 그리움에 지쳐 있던 재미 동포들도 이들의 민요 가락에 눈물을 쏟아내며 향수를 달랬다.

세 자매에게 음반 제의가 들어온 것은 미국 최고의 TV 버라이어티쇼 '에드 설리번 쇼'에 출연한 뒤였다. 세 자매는 이후 '에드 설리번 쇼'에 20여 차례 출연했다. 그룹 코스터스의 히트곡을 리메이크한 '찰리 브라운' 등 12곡을 수록한 첫 음반은 1960년에 출시되었다. 거의 모든 곡을 영어로 취입했으나 '아리랑'과 이난영의 노래를 리메이크한 '봄맞이'만은 한국어로 노래했다.

음반이 인기를 끌자 각종 잡지와 방송의 평론가들이 미국 최고의 흑인 여성 보컬 트리오 '슈프림스'와 같은 등급으로 김시스터즈를 극찬했다. '라이프'지는 1960년 2월호에 특집화보 기사로 소개하고 '찰리 브라운'은 1962년 빌보드 싱글차트에 오를 정도로 큰 인기를 끌었다.

공연 무대도 라스베이거스를 벗어나 뉴욕, 시카고, 로스앤젤레스 등으로 점차 넓어졌고 주급도 500 달러에서 2만 달러로 올라갔다. 1966년 유명 사회자 밥 호프와 함께 베트남을 방문, 참전 미군을 위해 벌인 위문공연은 열광의 도가니를 이뤘다. 같은 해 이탈리아, 영국, 프랑스, 스페인,

서독 등 유럽 순회공연도 성황리에 마쳤고 몬테카를로에서는 그레이스 모나코 왕비를 위해 특별공연을 펼쳤다.

인기가 높아지자 돈이 따라왔다. 미국 진출 10년 만에 18인조의 개인 오케스트라를 거느리고, 푸에르토리코에 자신들의 호텔 나이트클럽을 열었다. 라스베이거스에서는 고액 납세자 6위에 오른 때도 있었다. 1967년과 1968년 세 자매는 각각 외국인들과 결혼하고 1970년 5월 조국을 떠난 지 12년 만에 귀국, 4일 동안 시민회관에서 조국의 팬들을 열광시켰다. 1973년 사촌인 민자가 탈퇴한 후 1975년 큰언니 영자가 합류하면서 김시스터즈는 1951년의 구성원으로 돌아가 10년간 활동했다. 돌이켜 보면 김시스터즈야말로 한류의 원조였다. 어린 나이에 미국 무대에 등장해 그 긴 세월 동안 인기를 유지한 한류 스타는 아직 나오지 않고 있다.

피델 카스트로 쿠바 혁명 성공

독재자 바티스타의 탈출로 오랫동안 쿠바 국민을 질곡으로 빠뜨린 독재정권이 종말을 고했다.

피델 카스트로(1926~)가 1959년에 성공시킨 이른바 쿠바 혁명은 고전적인 공산주의 혁명과는 거리가 멀다. 혁명이 성공할 때까지도 쿠바 공산당이 카스트로를 배척하고, 카스트로의 혁명 동지 체 게바라(1928~1967)가 "카스트로는 권력을 장악했을 때 공산주의자가 아니었다"고 말한 것이 이런 사실을 뒷받침한다. 카스트로의 이름을 널리 알린 1953년의 몬카다 병영 습격도 풀헨시오 바티스타의 독재에 대한 반발이었지 공산혁명을 위한 무력투쟁은 아니었다.

카스트로는 스페인 이민자 출신의 부유한 농장주 집안에서 태어났다. 1952년 아바나대를 졸업하고 변호사가 되어 반바티스타 운동을 펼쳤다.

피델 카스트로(1926~)

동지들과 함께 1년 동안 비밀훈련을 하고 1953년 7월 26일, 160명의 병력으로 1,000여 명의 수비대가 지키고 있는 산티아고 데 쿠바 부근의 몬카다 병영을 기습 공격했다. 그러나 공격은 실패했고 동지들 대부분은 사살되거나 체포되었다. 카스트로 역시 체포되었다.

1953년 9월 21일의 최후진술에서 카스트로는 판·검사와 100여 명의 무장 경비원이 지켜보는 가운데 쿠바의 역사, 정치·사회적 상황, 탄압 사례 등을 열거하며 웅변을 토해냈다. "나는 내 형제 70명의 생명을 앗아간 독재자의 분노를 두려워하지 않는다. 나에게 유죄판결을 내려라. 역사가 나를 무죄로 할 것이다." 연설은 감옥 밖의 친구들에게 비밀리에 전달되어 곧 '역사가 나를 무죄로 할 것이다'라는 제목의 소책자로 인쇄되었다.

카스트로는 1955년 5월 풀려나 몇몇 동지들과 함께 멕시코로 망명했다. 그곳에서 동지들을 규합해 쿠바 본토 상륙을 준비했다. 1955년 10월에는 뉴욕의 한 호텔에 모인 미국 내 반정부단체들 앞에서 "1956년, 우리는 자유를 얻든지 순교자가 되든지 할 것"이라며 쿠바 상륙 계획을 공개적으로 밝혔다.

카스트로와 체 게바라를 비롯해 모두 82명의 대원이 멕시코에서 낡은 요트 그란마호를 타고 쿠바를 향해 출발한 것은 1956년 11월 25일 새벽이었다. 그러나 대원들의 상당수는 늪지대에 상륙하는 과정에서, 또 무장 거점으로 삼은 동부의 험준한 산악지대 시에라마에스트라 산맥으로 가는 도중에 정부군의 매복에 걸려 죽거나 체포되었다. 카스트로와 그의 동생 라울, 그리고 체 게바라 등 겨우 12명만 살아남았다. 시에라마에스트라에서 카스트로의 혁명군은 점차 농민들의 지지를 얻어 세를 불려나갔다.

"유죄판결을 내려라. 역사가 나를 무죄로 할 것이다"

그들의 명성을 드높인 최초의 사건은 1957년 1월 17일의 라플라타 병영 습격이었다. 이 승리는 쿠바 전역을 떠들썩하게 만들었다. 카스트로는 미국의 기자들을 산속으로 불러들여 기자회견을 하는 것으로 건재를 과시했다. 회견 내용이 보도되거나 방송될 때마다 그들의 세력은 더욱 확대되었다. 1958년 초부터는 라디오 송신소를 설치해 밤마다 '시에라마에스트라에 있는 자유 쿠바의 영토로부터'라는 방송을 보내 큰 성공을 거두었다.

바티스타가 1958년 5월, 1만 2,000명의 군대를 동원해 시에라마에스트라로 진격해 들어갔으나 지형이 험난하고 군대 사기도 엉망이어서 카스트로 혁명군에 타격을 주지는 못했다. 1958년 8월 체 게바라는 148명의 반군 병사들을 이끌고 쿠바 섬의 3분의 2를 가로지르는 천신만고의 행군길에 올라 12월 29일 산타클라라에 입성했다.

바티스타는 1959년 1월 1일 새벽, 수억 달러의 재산을 챙겨 도미니카로 도주했다. 오랫동안 쿠바 국민을 질곡으로 빠뜨려온 바티스타 독재정권의 종말이었다. 그날 오후 6시 카스트로는 동부의 산티아고를 함락하고 체 게바라는 1월 3일 수도 아바나에 입성했다. 카스트로는 2월 16일 총리에 취임, 혁명정부의 전면에 등장했다.

혁명 후 미국은 바티스타의 실권과 카스트로의 혁명정권을 인정하는 것으로 카스트로 정부와의 밀착을 시도했다. 그러던 중 1960년 2월 쿠바가 사탕수수 500만 톤을 소련에 수출한 대가로 소련에서 수입한 석유를 쿠바 내 미국 기업에서 정제하려 하자 미국 기업이 이를 거부하는 일이 벌어졌다.

카스트로는 이에 대한 보복으로 1960년 8월 미국인 소유의 제당공장과 정유소를 몰수하는 등 10억 달러에 달하는 쿠바 내 미국 자산을 동결했다. 이로써 쿠바와 미국의 밀월 관계는 끝이 나고 이후 수십 년간 계속될 앙숙 관계로 바뀌었다.

혁명 전까지 쿠바는 명목상의 독립국

쿠바와 미국의 관계를 이해하려면 1898년으로 거슬러 올라가야 한다. 그해 2월 미국의 전함 메인호가 쿠바 아바나항에서 갑자기 폭발했을 때 이를 스페인의 소행이라며 쿠바 사태에 개입해야 한다는 여론이 미국 내에 비등해지면서 쿠바를 둘러싼 전쟁이 미국과 스페인 간에 벌어졌다. 그때까지 쿠바는 400년 동안 스페인의 식민지였다.

스페인이 5개월 만에 항복하고 같은 해 12월 체결된 파리 평화조약에 따라 쿠바는 독립국이 되었다. 그러나 명목상의 독립국일 뿐 실제로는 미국의 보호령에 불과했다. 전쟁 발발 수년 전부터 미국에 가깝다는 지리적 이유로 미국의 기업들은 쿠바로부터 막대한 양의 설탕, 담배, 광산 소유권들을 사들여 1896년에는 쿠바 내 자산이 5,000만 달러에 달했다. 이 막대한 투자액을 보호하기 위해 미국은 스페인과의 전쟁이 끝난 후에도 쿠바에 대한 군사 점령을 끝내지 않았다.

쿠바 지도

미국은 1901년 '쿠바 국민의 자유와 쿠바 독립을 보장한다'는 구실 아래 내정간섭권, 국제조약 거부권, 경제감독권 등을 갖는다는 내용의 '플랫 수정안'

을 쿠바 헌법 조항으로 삽입했다. 플랫 수정안에 따라 미국은 쿠바의 독립과 영토를 보전하기 위해 군대를 보낼 수 있게 되었다. 쿠바는 해군 보급기지에 필요한 토지를 미국에 팔거나 빌려주어야 했다. 이때 쿠바로부터 임차한 것이 지금까지도 논란이 되고 있는 관타나모 해군기지다.

미군은 1902년 5월, 쿠바에 대한 4년간의 군사점령이 끝나 쿠바에서 철수했으나 내정이 불안하다 싶으면 수시로 파견되곤 했다. 스페인으로부터 독립한 1898년부터 쿠바혁명이 성공한 1959년까지 쿠바 국민은 여러 정부를 거쳤으나 대부분의 정부는 부패와 무능으로 제 기능을 발휘하지 못하고 미국에 끌려다녔다. 1934년 전직 상사이던 바티스타가 쿠데타를 일으켜 현직 대통령을 쫓아내고 1년 만에 대통령을 2명이나 갈아치워도 미국은 눈감아 주었다.

혁명 성공 후 쿠바 경제는 미국의 고사 작전에 시달려

바티스타는 막후에서 활동하다가 1940년 대통령으로 당선되어 4년 동안 막대한 부를 축적했다. 1944년에는 선거 패배로 대통령을 그만두었으나 1952년 3월 다시 쿠데타를 일으켜 쿠바의 독재자가 되었다. 바티스타 치하의 쿠바는 미국인의 투자 천국이었다. 1956년 미 상무부의 보고서에 따르면 쿠바 전체 공공사업의 80%, 전화·전기 분야의 90%, 공공 철도사업의 50%, 사탕수수 생산의 약 40%를 미국이 차지했다.

이런 상황에서 카스트로가 혁명에 성공한 후 미국인 소유의 쿠바 내 자산을 동결하자 미국은 1961년 1월 쿠바와 외교관계를 단절했다. 카스트로는 1961년 12월 쿠바 혁명의 성격을 마르크스·레닌주의로 공식 규정하고 미국과 확실히 선을 그었다. 결국 미국은 1962년 3월 쿠바산 설탕 수입을 금지하고 미국 농산물도 쿠바에 팔지 않겠다고 발표함으로써 맞불작전을 펼쳤다.

이런 일련의 과정에 피그만 침공 실패(1961.4)와 쿠바 미사일 위기(1962.10)까지 더해지면서 미국과 쿠바는 더 이상 화해할 수 없는 불구대천의 적대국이 되었다. 미 CIA는 눈엣가시 같은 카스트로를 제거하기 위해 암살 시도를 숱하게 했지만 번번이 실패했다.

쿠바 경제는 미국의 고사 작전에 시달렸다. 냉전 붕괴 뒤인 1990년대에는 소련까지 쿠바의 주요 수출품목인 설탕 수입을 중단하면서 쿠바는 군사·경제적으로 고립되었다. 그러자 생활고를 못 이긴 쿠바인들의 '엑소더스'가 이어졌다. 1993년엔 카스트로의 친딸마저 미국으로 망명했다.

그런 와중에서도 카스트로는 전 국민 무상의료 제도, 2%대에 불과한 문맹률, 선진국 수준의 낮은 아동 사망률 등의 업적을 이뤄냈다. 카스트로는 혁명 후 49년간 쿠바를 지배하다가 2008년 2월 건강상의 이유로 의장직과 군 총사령관직에서 물러나고 혁명 동지인 동생 라울에게 자리를 넘겼지만 권력은 여전히 그의 손에 쥐어져 있다.

관타나모 기지

관타나모 해군기지(공식 명칭 캠프 델타)는 1903년 2월 미국이 쿠바에 연 사용료로 금화 2,000개(4,085달러)를 주고 영구 임차한 후 지금까지도 미국이 지배하고 있는 '쿠바 속의 미국 땅'이다. 시어도어 루스벨트 대통령과 임대차 계약을 한 당시 쿠바 초대 대통령은 미국의 시민권자였다.

쿠바섬 동남쪽 끝 아름다운 관타나모만에 위치한 이 기지는 둘레 27.2km, 넓이 116㎢로 여의도의 13배 크기이고, 바다 쪽을 제외한 3면은 높은 철책으로 둘러싸여 있다. 관타나모란 '관타나메라, 과히라 관타나메라…' 우리 귀에도 익숙한 쿠바 민요 '라 관타나메라'에서 딴 이름으로, '순박한 관타나모 아가씨'란 뜻이다. 민요 '관타나메라'는 호세 마르티의 시에서 노랫말을 땄다. 호세 마르티는 400년 동안의 스페인 지배를 뒤집기 위해 1895년부터 독립 운동에 투신한 '쿠바 독립의 아버지'다. 관타나모 기지는 톰 크루즈와 데미 무어가 주연한 영화 '어 퓨 굿맨'의 배경으로 일부 소개되기도 했다.

관타나모 기지(캠프 델타)

쿠바 혁명 후 피델 카스트로 정부는 기회가 있을 때마다 미국에 기지 반환을 요구했다. 그러나 미국은 양국이 동의해야 계약을 파기할 수 있다는 조항을 무기로 요구에 응하지 않고 있다. 이 때문에 미국이 매년 임차료를 수표로 보내면 쿠바 정부는 미국이 이 땅을 불법으로 점령하고 있다는 것을 항의하는 표시로 수표를 찢어 쓰레기통에 버리는 행사를 한다. 1962년 미·소간의 쿠바 미사일 위기 때는 미 해병 2개 사단이 이곳에 증파되어 긴장감을 고조시켰다.

관타나모 해군기지가 다시 세계의 주목을 끌기 시작한 것은 미국이 대테러전을 벌이며 체포한 테러범들을 수용할 목적으로 수용소를 건설한 2001년부터였다. 2006년 2월 유엔 인권위와 유럽의회가 '인권의 블랙홀'이라 불리는 수용소 폐쇄를 촉구하는 결의안을 채택하고 미 연방대법원이 같은 해 7월 관타나모 수용소에 설치된, 외국 테러 용의자들을 재판하기 위한 군사위원회(특별군사법정)를 미국법과 국제법 위반이라고 판결했는데도 미 정부는 "관타나모 기지는 폐쇄 예정"이라고만 할 뿐 2013년 현재까지 폐쇄하지 않고 있다.

루이스·메리 리키 부부 '진잔트로푸스' 발견

'타웅 아이'와 함께 아프리카가 인류의 탄생지라는 가설을 확인시켜 주었다.

루이스 리키(1903~1972)는 동아프리카 케냐의 카베테에서 선교활동을 하던 영국인 부모에게서 태어났다. 어려서부터 흑인 원주민 친구들과 어울려 놀면서 그곳 키쿠유족 언어를 익히고 때로는 흑요석 석기들을 발견하곤 했다. 1919년 영국으로 건너가 케임브리지대의 세인트 존스 칼리지에서 고고학과 인류학을 전공했다.

그가 고고학 탐사대를 이끌고 다시 케냐로 돌아온 것은 1926년 여름이었다. 인류의 진화가 아프리카에서 시작되었다는 다윈의 주장을 입증해 볼 생각이었다. 그러나 탐사대는 인류의 조상 화석을 발견하지 못하고 50만 년 전 것으로 추정되는 물방울 모양의 주먹도끼들만 발견하고 철수했다.

루이스가 아내이자 평생의 공동 연구자가 될 메리 니콜을 만난 것은 1933년이었다. 자신의 책에 수록될 삽화를 의뢰한 것이 만남의 시작이었다. 당시 루이스는 결혼한 몸으로 아이가 하나 있고 부인은 임신 중이었다. 그런데도 10살 아래의 메리와 결혼, 동료 고고학자들로부터 비난을 받았다. 루이스는 메리 니콜에서 메리 리키(1913~1996)로 이름이 바뀐 아내와 함께 1935년 탄자니아의 올두바이 협곡을 찾아갔다. 이후 부부는 탄자니아와 케냐 등의 오지에서 고락을 같이하며 발굴에 모든 노력을 쏟아부었다.

아프리카가 인류의 탄생지라는 것을 밝히는 데 운명을 건 부부가 세계적으로 유명해진 것은 1948년이었다. 케냐 빅토리아 호수의 루싱가 섬에서 인간과 원숭이 양쪽 모두의 조상인 2,500만 년 전 유인원의 머리뼈와 턱뼈 화석을 발견한 것이다. 화석에는 '프로콘술 아프리카누스'라는 학명이 붙여졌다.

리키 부부는 1959년 7월 17일에도 올두바이 협곡의 화석층에서 두개골 화석 하나를 발견했다. '오스트랄로피테쿠스 보이세이(나중에 파란트로푸스 보이세이로 명명)'라는 학명이 부여되고, '진잔트로푸스'라는 별명이 붙여진 이 화석은 1924년 남아공에서 발견된 '오스트랄로피테쿠스 아프리카누스', 즉 '타웅 아이'와 함께 아프리카가 인류의 탄생지라는 가설을 확인시켜 주었다.

루이스 리키와 부인 메리 리키

당시만 해도 아주 오래된 화석은 방사성 연대 측정에 필요한 방사성 원소가 충분하지 않아 화석에서 직접 연대를 알아내지는 못했다. 따라서 화석 바로 위쪽이나 아래쪽 퇴적물의 표본을 채취해 화석의 연대를 뭉뚱그려 알아내는 방법을 썼다. 칼륨·아르곤 연대 측정법이라고 불리는 이 방법은 암석과 토양에서 자연적으로 발견되는 원소들의 방사성 붕괴를 활용함으로써 퇴적물의 연대를 산출하는 방식이었다. 그렇게 알아낸 진잔트로푸스 두개골의 연대는 180만 년 전 것으로 확인되었다. 이 발견으로 부부는 인류고고학 분야의 유명 인사가 되었다.

진잔트로푸스 발견으로 인류고고학 분야의 유명인사 돼

부부는 1962년 올두바이 협곡에서 또다시 머리뼈 일부, 아래턱뼈, 손뼈, 몇 개의 이빨을 발견했다. 역시 180만 년 전 것으로 추정되는 이 화석을 두고 루이스는 '호모 하빌리스', 즉 '손을 쓴 사람'이라는 학명을 부여했다. 루이스는 호모 하빌리스야말로 인간으로 이어지는 진정한 계통에 속하며 그때까지 가장 오래된 화석으로 알려진 오스트랄로피테쿠스는 진정한 인간의 혈통이 아니라고 주장했다. 즉 호모 하빌리스와 오스트랄로피테쿠스는 동아프리카에서 동시대에 살았지만 호모 하빌리스가 현생 인류인 호모 사피엔스에 가까운 좀 더 진화된 인류라는 것이다.

그의 이런 주장은 당시 학계로부터 받아들여지지 않다가 나중에 인정을 받았다. 루이스의 주장대로 오늘날 오스트랄로피테쿠스 보이세이는 인간의 직계 조상이라기보다는 멸종한 인간의 사촌뻘로 여겨지고 있다. 호모 하빌리스의 발견은 각국의 고생물학자들에게 동아프리카 화석층을 샅샅이 훑어서 자신도 화석을 찾아내고 말겠다는 열망에 불을 붙여주었다.

루이스의 업적은 화석 발견에만 국한되지 않았다. 그는 인류의 기원을 밝혀내기 위해 유인원 연구에도 눈을 돌렸다. 1960년 탄자니아의 곰베에서 침팬지 연구를 시작한 제인 구달, 그리고 몇 년 간격으로 르완다와 자이레에서 고릴라를 연구하기 시작한 다이앤 포시, 보르네오에서 오랑우탄을 연구한 비루테 골디카스가 그의 3총사 여성 제자들이었다.

메리 리키는 남편이 사망(1972)한 뒤에도 동아프리카의 오지를 뒤졌다. 1978년에는 탄자니아 올두바이 남쪽 50km 지점의 라에톨리 평원에서 직립원인의 가장 오래된 발자국 화석을 발견하는 개가를 올렸다. 360만 년 전 것으로 확인된 발자국은 호모 사피엔스 이전에 호모 에렉투스(직립 원인)가 존재했음을 실증한 것으로 인류 진화를 설명하는 중요한 발견 가운데 하나로 꼽히고 있다. 성인 여자와 남자, 그리고 어린아이가 한 방향으로 가는 이 생생한 발자국은 오늘날 '라에톨리 발자국'으로 불리고 있다.

'라에톨리 발자국'은 두발 걷기의 강력한 증거

360만 년 전 라에톨리의 발자국을 찍고 걸어간, 오스트랄로피테쿠스 아파렌시스로 추정되는 주인공에게는 사실 인간다운 점이 거의 없었다. 몸은 털로 덮여 있었고 말도 못 했으며 무엇보다 두뇌가 작았다. 그런데도 고고학계를 놀라게 한 것은 오늘날 인간의 발처럼 엄지발가락이 길게 발 앞을 향해 뻗어있다는 사실이었다. 침팬지나 고릴라는 엄지발가락이 가장 길지도 않고, 앞을 향해 있지도 않다. 엄지발가락이 굵고 길어진 것은 걸을 때 엄지발가락으로 힘을 받아 땅을 뒤로 밀치기 때문이다. 두발 걷기의 강력한 증거였다.

라에톨리의 발자국 화석에서 발가락 부분의 깊이와 뒤꿈치 부분의 깊이 비율이 오늘날 인류가 진흙에 남기는 발자국의 깊이 비율과 거의 같다는 것도 2010년에 밝혀졌다. 이 깊이 비율은 발자국 주인공이 뒤꿈치로 땅을 디딘 뒤 발 안쪽을 살짝 대고 다시 발가락(특히 엄지) 부분에 힘을 집중시키며 땅을 밀친다는 사실을 뒷받침했다. 인류의 걸음걸이가 최소 360만 년 전부터 이 방식을 거의 그대로 따랐다는 것을 확인시켜준 것이다. 이로써 라에톨리 발자국은 1969년 닐 암스트롱이 달에 새긴 발자국 다음으로 유명한 발자국이 되었다.

리키 가족은 아들 리처드 리키와 며느리 미브 리키까지 화석 발굴에 뛰어든 것으로 유명하다. 케냐 나이로비에서 태어난 아들 리처드는 늘 옛날 뼈 화석만 만지는 집안 분위기가 싫어 대학에 진학하지 않고 사냥 안내원으로 생활했다. 그러나 어릴 적 부모의 어깨 너머로 배운 고고학 지식과 사냥 안내원을 하며 터득한 지리 감각을 발판 삼아 아버지의 뒤를 이어 고인류학자가 되었다.

라에톨리 발자국

리처드 리키는 1970년 발굴팀의 동료이던 미브 리키와 결혼하고 케냐 북부의 루돌프 호수(지금의 투르카나 호수) 지역을 발굴했다. 1972년 이들 부부는 호모 하빌리스와 시기는 비슷하지만 생김새가 전혀 다른 인간의 두개골 화석을 발견했다. 그들은 호모 하빌리스와 달리 얼굴이 평평하고 두개골이 큰 이 화석에 발굴지의 이름을 따서 '호모 루돌펜시스'란 이름을 붙였다. 그러나 이 화석은 턱뼈나 이빨도 없는 달랑 두개골 하나만이어서 독립된 인류 조상 종(種)으로 인정받지는 못했다. 리처드는 이후에도 230명 400여 개의 인류 화석을 발견하는 괄목한 만한 성과를 거두었다.

미브 리키는 '오스트랄로피테쿠스 아나멘시스' 화석을 발견하고 케냐국립박물관 고생물학과장을 지냈다. 미브 리키와 그의 딸 루이즈 리키 모녀는 발굴 활동을 계속하다가 2007년과 2009년 잇따라 두개골과 턱뼈 등을 발굴했다. 모양은 호모 루돌펜시스와 똑같았다. 이후 학계는, 인류 진화는 한 종이 멸종하고 다른 종이 나타나는 단선적인 경로가 아니라 여러 종이 공존하며 경쟁하는 복선적인 형태였음을 받아들였다.

중국 '명방(鳴放) 운동'과 팽덕회 실각

모택동은 반대세력에 전면적인 공격을 퍼부으며 '반우파 투쟁'으로 불리는 정풍운동을 전개했다.

1956년 2월 소련의 흐루시초프가 스탈린의 개인숭배를 공개적으로 비판하자 모택동은 혹시라도 중국 공산당과 자신에 대한 개인숭배도 도전을 받지 않을까 우려했다. 모택동은 흐루시초프의 발언에 분개했지만 그렇다고 급변하는 시대 상황을 마냥 거부할 수도 없었다. 1956년 4월 중국에서 '백화제방(百花齊放)', '백가쟁명(百家爭鳴)' 구호의 '명방(鳴放)운동'이 일어난 것은 이런 시대 상황의 산물이었다. '백화제방'은 예술 분야의 발전을 위한 것이고, '백가쟁명'은 사회과학 분야의 발전을 위한 지식 개방운동이었다.

1956년 9월의 제8차 중국 공산당 전당대회에서는 당 규약에 명시된 '모택동 사상을 당의 최고 방침으로 한다', '모택동 사상을 학습하는 것은 당원의 의무'라는 두 조항이 삭제되었다. 모택동의 묵인하에 이뤄진 파격적인 조치였다. 모택동은 1957년 2월의 국무회의에서도 "알고 있는 것은 말하라. 남김없이 말하라. 말하는 사람에게는 죄가 없다"고 말해 지식인들을 들뜨게 했다.

팽덕회(왼쪽)와 모택동

모택동은 더 나아가 "모든 영역에서 백 가지의 꽃을 피게 해서 백 가지의 사상과 학파들이 서로 겨루게 하라…. 인민에게 더 많은 자유를 허용해야 한다"라고 주장하기까지 했다. 그러나 거기까지였다. 말문이 트인 지식인들의 자유 발언이 자신을 위협하는 단계로까지 발전하자 다시 칼을 빼든 것이다.

모택동은 반대세력에 전면적인 공격을 퍼부으며 '반우파 투쟁'으로 불리는 정풍운동을 전개했다. 지식인과 예술인들이 독초와 독사로 불리며 숙청되었고, 공개석상에서 했던 하찮은 말도 '우경'으로 몰려 수난을 당했다. 1958년 7월까지 작가, 예술가 등 7,000여 명이 우파로 지목되어 노동개조 장소로 보내지거나 한직으로 밀려났다. 이 때문에 오늘날 '명방 운동'을 모택동의 노련한 음모적 차원의 공작으로 보는 시각이 많다.

"알고 있는 것은 남김없이 말하라. 말하는 사람에게는 죄가 없다"

모택동은 이렇게 모든 언로를 막아버린 뒤 1958년 8월부터 본격적으로

‘대약진운동’을 전개했다. 그러나 대약진운동을 전개하는 농촌의 실상은 비참했다. 그러자 팽덕회 국방부장이 모택동에게 대약진운동의 노선 전환을 요구하기로 결심했다.

중국 인민지원군 사령관으로 6·25전쟁에도 참전하고 1953년 휴전협정에도 서명한 바 있는 팽덕회는 모택동이 ‘삼국지’의 장비에 비유하고 흐루시초프가 “천재적인 전략가”라고 칭송할 만큼 직선적이고 전형적인 무장이었다. 그런 팽덕회의 눈에 일방적이고 독재적으로 추진되고 있는 대약진운동이 옳게 비칠 리 없었다.

군사 분야에서도 모택동과 이견의 골이 깊었다. 팽덕회는 “모택동 사상으로 비행기가 뜨는 것이 아니며 현대전은 정치 싸움이 아니라 기술 싸움”이라고 공공연히 자신의 생각을 드러냈다. 무기와 전략의 현대화를 들고나온 팽덕회의 주장은 유소기, 주은래, 등소평 등으로부터 묵시적인 비호와 지지를 받았으나 이들은 겉으로는 내색하지 않았다.

팽덕회의 불만은 1959년 7월 2일 강서성의 여산에서 개막된, 이른바 ‘여산회의’라 불리는 당 정치국 확대회의에서 폭발했다. 여산회의는 모택동의 노회한 술수에 따라 초반에는 부드러운 분위기로 진행되었다. 모택동은 여산회의가 열리기 전, 회의 명칭을 “산 위에서 신선들처럼 노닐며 한바탕 쉬자”는 의미의 ‘신선회’로 불렀다. 회의 첫날부터 “향기로워도 방귀고 냄새가 고약해도 방귀다. 장 안에 쌓아두면 병만 생긴다. 하고 싶은 말이 있으면 다 하라”며 당 간부들을 안심시켰다.

부드럽던 분위기는 팽덕회가 “작년에 무턱대고 하달한 모택동 주석의 의견에는 문제가 적지 않았다”고 입을 열면서 돌변했다. 그의 발언은 인근에서 휴식을 취하고 있는 모택동의 귀에 그대로 들어갔다. 팽덕회는 급기야 대약진운동을 비판하는 편지를 써 7월 14일 모택동에게 보냈다. “대약진의 성과는 의심의 여지없이 위대하다”면서도 “지나치게 빠른 경제 건설이 불러일으킨 혼란, 실태를 숨긴 물타기 보고 등이 좌익 편향의 과오를 범했다"고 지적했다. 조심스러우면서도 신랄한 편지였다.

지난 며칠 동안 계속되고 있는 팽덕회의 비판을 자신에 대한 도전이자 공산당 지도체제의 합법성과 정당성을 훼손하는 것으로 받아들이고 있던 모택동에게 팽덕회의 편지는 더없이 좋은 먹잇감이었다. 하지만 모택동은 별 내색을 하지 않았다. 되레 회의 기간 팽덕회가 하고 싶은 말을 다하게 내버려두었다. 팽덕회는 모택동의 의중을 아는지 모르는지 온갖 말을 쏟아냈다. "인민공사 운동을 너무 일찍 시작했다", "자연은 원래 모습대로 내버려 두어야 한다", "수천 년간 형성된 물줄기를 억지로 바꾸는 건 미련한 짓이다."

팽덕회의 편지는 모택동에게 더없이 좋은 먹잇감

침묵하던 모택동이 팽덕회의 편지에 '팽덕회 동지의 의견서'라는 표제를 달아 여산회의 참석자들에게 공개한 것은 7월 16일이었다. 팽덕회가 남들 모르게 은밀히 직간하는 형식을 취한 것에 공개적으로 반응한 것이다. 편지가 조별 토론의 중심 의제로 채택되었을 때 초반에는 팽덕회의 의견에 동조하는 사람도 많았다.

회의에는 얼씬도 않던 모택동이 마침내 속내를 드러낸 것은 7월 23일이었다. 모택동은 "나는 죄를 많이 지은 사람이다. 지난 2년간 뭐든지 빨리 이루기 위해 큰소리만 쳤다. 모든 잘못의 책임은 내가 져야 한다"고 자아비판을 하더니 곧 "마르크스도 적지 않은 죄를 지었다. 죽는 날까지 혁명의 그날이 올 거라고 했지만 서구에 혁명다운 혁명은 일어나지 않았다"며 팽덕회의 우경화를 비판했다. 참석자들은 뭔가 심상치 않은 징조를 느끼며 안절부절 못했다.

회의 참석자들은 그날 밤부터 팽덕회와 마주치면 슬그머니 피했다. 이튿날 회의가 속개되자 소조마다 전날 있었던 모택동의 발언을 두둔하기 시작했다. 팽덕회의 의견을 지지했던 사람일수록 팽덕회의 비판에 더 열을 올렸다. 한때 착오를 범해 혼난 적이 있는 주은래와 진운은 몸을 사리느라 말을 조심했다. 등소평은 하고 싶은 말이 있지만 표현력이 부족하다며 양해를 구했다.

결국 8월 16일의 마지막 회의에서 '군사 그룹을 만들고 외국과 내통한 팽덕회를 반당집단의 우두머리로 규정하는 결의안'이 통과되었다. 북경으로 돌아온 팽덕회는 군과 관련된 모든 직무를 정지당하고 그동안 거주하고 있던 중남해에서 쫓겨났다. 이후 한동안 오지에서 하위직을 전전하다가 문화대혁명 때 다시 불려와 모진 고문을 받았다. 끝까지 반혁명의 누명을 부정하고 자살도 거부해 죽을 때까지 100여 차례의 신문을 받았고 허파에 구멍이 뚫리고 갈비뼈가 부러졌다. 결국 1974년 11월 눈을 감았다.

팽덕회의 불행은 한 개인의 불운에 국한되지 않았다. 사회 전반에 걸쳐 침묵이 강요되었고 분위기는 경색되었다. 10년간의 대동란 '문화대혁명'이 무거운 침묵 속에서 서서히 배태되고 있었다.

달라이 라마 인도 망명

중국의 인민해방군은 총칼로 티베트인들의 저항을 진압했다.

1935년 7월 6일 티베트 동북부 탁체르의 가난한 농가에서 한 사내아이가 태어났다. 아이가 두 살 되던 해인 1937년 하인의 모습으로 변장한 라마교 승려 일행이 아이의 집을 방문했다. 아이는 승려가 목에 걸고 있는 염주가 자기 것이라며 달라고 졸라댔다. 염주는 4년 전 세상을 떠난 13대 달라이 라마의 염주였다. 승려는 북과 지팡이로도 아이를 시험했으나 아이는 그때마다 13대 달라이 라마가 쓰던 염주만을 가리켰다.

달라이 라마(1935~)

'달라이 라마'는 티베트 최고의 정치·종교 지도자를 일컫는 말로 티베트어로는 관세음보살이라는 뜻이다. 티베트인들은 달라이 라마가 속세의 생을 마감하고도 열반에 들지 않고 2~3년 후 다시 인간으로 환생한다고 믿어왔다. 그래서 환생해 어디선가 살고 있을 달라이 라마를 승려들이 찾아다닌 것이고 몇 번의 시험을 거쳐 아이가 달라이 라마임을 확인한 것이다. 아이는 1939년 11월 23일 4세 나이로 출가해 라모 톤둡이라는 속명 대신 텐진 가초라는 새 이름을 얻었다. 1940년 2월 22일, 5세 나이로 즉위식을 열고 제14대 달라이 라마(1935~)가 되었다. 그러나 그것은 험난한 여정의 시작이었다.

티베트는 대대로 신정통치를 해온 달라이 라마들이 쇄국정책을 펴고 히말라야, 카라코람, 곤륜산맥에 둘러싸인 지리적 환경으로 오랫동안 세상 밖의 세상으로 존재했다. 기록상 이방인이 티베트에 닿은 건 12세기 나바라 왕국의 율법자 벤자민을 시작으로 18세기까지 몇몇 선교사들이 전부였다. 18세기 이래 중국의 영향력 아래 놓였으나 20세기 들어 청조가 붕괴된 틈을 타 1911년 독립을 선포했다. 제14대 달라이 라마가 즉위할 때도 티베트는 엄연한 독립국가였다.

달라이 라마가 즉위한 후에도 티베트는 어린 달라이 라마를 대신해 레팅 린포체가 섭정했다. 하지만 린포체가 복잡한 여성문제로 구설에 오르고 귀족들의 권력투쟁이 갈수록 격화되면서 티베트의 기운과 기상이 약화했다.

중국은 그 틈을 이용해 1950년 1월 "티베트는 중화인민공화국의 영토이며 티베트 정부는 외교사절 파견의 권한이 없다"는 성명을 발표하고 그해 10월 7일 티베트를 제국주의 세력으로부터 해방시킨다는 명목으로 티베트 전역을 침공했다. 13세기 몽고족이 티베트를 원나라에 복속시킨 역사적 근거를 들어 중국의 주권을 주장하고 나선 것이다.

중국의 한 지방으로 전락

티베트군은 침공에 맞서 싸우다가 5,700여 명이 죽고 2,000여 명이 투항했다. 이런 비극적인 결과에도 당시 국제사회의 눈길은 온통 한국의 6·25전쟁에 쏠려 있어 중국에 적대적인 미국조차도 티베트 침공에 관여하지 못했다. 다만 1950년 7월 "중국 공산주의자의 티베트 침략에 맞서는 티베트 정부에 비밀 지원을 약속한다"는 내용만 전달했다.

중국의 침공 후인 1950년 11월 달라이 라마는 티베트 의회의 요청에 따라 15세의 어린 나이로 섭정을 버리고 친정에 임했다. 티베트는 중국의 침공을 물리쳐 달라고 유엔에 중재를 요청했으나 대다수 국가는 티베트의 법적 지위가 불분명해 유엔에서 토의할 문제가 아니라며 등을 돌렸다.

결국 티베트는 1951년 5월 23일 중국과 '티베트의 평화 해방에 관한 17조 협정'을 체결해야 했다. 이 협정에서 양측은 중국이 외교권과 군사권 등을 계속 유지하고 티베트인은 자치권을 갖는다는 데 합의했다. 이로써 티베트는 독립국가가 아닌 민족자치를 시행하는 중국의 한 지방으로 전락했다.

17조 협정 체결 후, 중국은 수도 라싸를 포함한 티베트 전역에 인민해방군을 주둔시켰다. 그러나 티베트 인민들은 독립을 요구하며 저항했다. 중국 정부는 1954년 7월 북경에서 열린 전국인민대표회의에 참가한 달라이 라마를 일방적으로 부상무위원장으로 임명한 뒤 티베트인의 분노를 진정시키고 파국을 막아줄 것을 요청했다. 1956년 4월에는 티베트 자치 준비위원회를 설치, 중국의 지도력을 강화하고 귀족제와 사원의 개혁을 추진했다.

그러자 구래의 지배계급이 불만과 동요를 보이고 인도 등으로 망명하는 사람들이 늘어났다. 티베트 국경에 인접한 인도 마을 칼림퐁은 이 같은 망명자들의 집결지가 되었고 미국, 대만, 인도의 첩보기관원들은 이들에게 무기를 제공하며 민중봉기를 부추겼다. 특히 미국의 CIA는 티베트인에게 특수훈련을 시킨 뒤 티베트로 잠입시키는 등 적극적이었다. 봉기는 1956~1957년에 걸쳐 동부에서 서부로 확대되고 1959년 3월 10일 마침내 수도 라싸의 대대적인 봉기로 발전했다. 이때 수천 명의 티베트인이 죽고 승려들이 투옥되었으며 사원들이 파괴되었다.

히말라야를 넘어 2,600km의 대장정 끝에 인도로 망명

중국의 인민해방군은 총칼로 티베트인들의 저항을 진압하는 한편 달라이 라마를 체포하기 위해 달라이 라마의 여름궁전인 노블링카궁을 겨냥했다. 티베트인들이 달라이 라마를 보호하기 위해 노블링카궁을 에워싸고 있던 3월 17일 밤, 달라이 라마는 평민복으로 갈아입고 궁전을 빠져나와 히말라야를 넘는 2,600km의 대장정 끝에 3월 31일 인도에 도착, 망명을 요청했다.

이 사건을 계기로 인도와 중국간의 불화가 시작되었다. 미국과 소련까지 인도를 지원함으로써 중소분쟁이 격화되는 등 티베트 봉기는 국제정치에 큰 변화를 불러왔다.

달라이 라마는 1960년 인도 북부 다람살라에 설립한 망명정부를 거점으로 삼아 고난의 독립 투쟁을 전개했다. 티베트 본국의 저항은 1962년 3월 완전히 진압되었다. 그 과정에서 수만 명이 살해되고 10만여 명이 인도 등지로 망명했다.

중국 정부는 1965년 9월 티베트를 서장자치구로 지정, 중국의 정규 행정체제로 편입했다. 이듬해 시작된 중국의 문화대혁명은 6,200여 개의 티베트 라마사원을 파괴하고 티베트인들의 민족적 자존심을 짓밟아버렸다. 1980년대 들어 등소평 등 개혁파가 실권을 장악한 뒤 중국 정부가 유화정책을 폈으나 그래도 티베트인의 반중 감정은 누그러지지 않고 분리 독립 시위가 계속 이어졌다.

달라이 라마는 지금도 다람살라를 거점으로 해외를 돌며 티베트의 독립을 외치고 있으나 중국은 철저하게 외면하고 있다. 달라이 라마는 자신을 초청하는 곳이 있으면 전 세계 어디든지 찾아가지만 중국 정부의 따가운 시선을 의식해야 하는 약소국들은 그의 입국을 받아들이지 않고 있다. 한국도 그런 국가 중 하나다.

달라이 라마가 티베트 밖에서 독립외교를 펼치는 동안 티베트 안에서는 승려들이 목숨을 건 분신 투쟁을 벌였다. 특히 2008년 3월에 촉발된 유혈 시위 후 분신자살이 급증해 2013년 2월 현재 100번째 분신 시도가 있었고, 분신은 지금도 끊이지 않고 있다.

귄터 그라스 '양철북' 출간

공식적인 역사가 보여줄 수 없는 무대 뒤편의 삶과 탁자 밑의 부정한 삶을 그대로 보여주었다.

귄터 그라스(1927~)는 2차대전 후 현대인의 잔인성과 야만성을 고발해온 독일의 대표적 소설가다. 소설로는 프랑스의 68운동, 통독 문제, 여성 문제 등 시대의 화두와 정면으로 맞선 독일 문단의 얼굴이었으며, 현실에서는 독일의 사회민주당과 같은 시각에서 사회적 불의와 불평등에 대해 거침없이 발언한 도덕적 파수꾼이었다. 그래서 그에게는 '행동하는 지식인', '비판적인 지성인'이라는 수식어가 따라다녔다.

권터 그라스(1927~)

그라스는 독일과 폴란드 국경의 자유도시 단치히(오늘날 폴란드의 그단스크)에서 독일인으로 태어났다. 평소 히틀러를 추종하는 집안 분위기와 그 역시 어릴 적부터 익숙하게 들어온 히틀러의 선전·선동에 자연스럽게 녹아들어 10살 때 나치 소년단에 입단하고 14살 때 히틀러 청년단의 일원이 되었다. 2차대전이 막바지로 치닫던 1944년에는 17살의 나이로 나치 친위대에 자원입대해 'SS'가 새겨진 군복을 입고 기갑사단에서 히틀러의 병사로 지냈다. 1945년 2월 수류탄 파편에 맞아 체코의 한 야전병원에 실려 갔다가, 종전 후 그곳에서 포로로 잡혀 미군의 바이에른 포로수용소에 수용되었다.

1946년 석방 후에는 고등학교 졸업시험을 포기하고 광부와 석각 견습공 생활을 했다. 1948년부터 수년간은 뒤셀도르프 예술아카데미에서 미술을 배우고, 묘비 제작과 재즈악단의 드럼 연주 등으로 생계를 꾸렸다. 베를린의 조형예술대에서 조각을 공부(1953)하고 첫 시집을 발표(1956)했으며 희곡을 초연(1957)했다.

그라스는 고교를 중퇴한 탓에 문장 실력은커녕 독일어 맞춤법조차 잘 몰라 작가가 되는 게 쉽지 않았다. 그런데도 문학에 대한 열정, 예술적인 재능, 빈곤 속에서 겪은 폭넓은 경험이 바탕이 되어 작가의 길로 빨려 들어갔다. 독일작가협회 '47그룹'의 격려에 힘입어 본격적으로 시와 희곡을 쓰고, 1956년부터는 파리로 옮겨 조각과 그래픽 일을 하며 첫 장편소설 '양철북'을 썼다. '양철북'은 출판도 되지 않은 미완성 초고 상태에서 1958

년 그라스에게 '47그룹 문학상'을 안겨주고 1959년 출간되었다.

'양철북'은 정신병원에 수감된 난쟁이 오스카 마체라트가 1954년 과거를 회상하는 형식으로 전개된다. 1954년은 정신병원에 수감된 오스카가 30회 생일을 맞는 해였다. 오스카는 세 살 생일에 스스로 계단에서 굴러 떨어져 성장을 중지시킨, 키가 94cm밖에 되지 않는 난쟁이에 불과하지만 정신적으로는 태어날 때부터 성인의 지성을 갖추고 있었다.

소시민들의 무기력, 비굴, 부패, 속물근성을 날카롭게 비판

그라스는 이런 오스카의 눈을 통해 나치즘의 등장부터 패망까지 독일 현대사와 소시민들의 생활상을 세밀하게 그려냈다. 소시민들이 나치즘 생장의 주된 토양이었다고 본 그라스는 이들 소시민의 세부적 일상, 그들의 태도와 사고방식을 미시적으로 관찰해 역사적이고 사회적인 연관 관계를 드러내고자 했다. 그는 공식적인 역사가 보여줄 수 없는 무대 뒤편의 삶과 탁자 밑의 부정한 삶을 그대로 보여주며 소시민 계급의 무기력, 비굴, 부패, 나약, 속물근성을 날카롭고 적나라하게 비판했다.

그라스는 양철북을 통해 평범한 소시민이 나치즘에 물들어 가는 과정을 세밀하게 묘사했다. 일상적으로는 선량하면서도 가끔은 바람을 피우고 식탐에 매달리던 군중은 나치가 집권하자 군중집회에 나가 환호성을 지르는 것은 물론 잔혹하고 난잡한 군중으로 변해간다. 이들은 전쟁이 끝난 뒤에도 여전히 변하지 않는 속물근성과 편협함을 지닌 채 살아가며 과거의 책임을 회피하고 있다.

그라스가 볼 때, 이들 소시민은 더 이상 피해자도 아니고 수동적 가담자도 아닌, 자발적인 동참자요 파시즘의 지지층이었다. 그런 점에서 양철북은 나치즘의 온상이 된 소시민 계급의 기회주의적 태도와, 과거를 극복하지 못하고 역사를 망각 속에 묻어 버리려는 전후 독일 사회의 복고적 태도에 대한 비탄의 노래였다.

그라스가 정상인이 아닌, 94㎝에서 성장을 멈춘 특이한 인간형을 주인공으로 등장시킨 까닭은 무엇일까. '미친 세상'에서는 정상인에게 자유는 물론 비판조차도 허용되지 않기 때문이다. 결국 오스카라는 비정상인을 등장시켜 그로 하여금 살벌한 세상 속에서 정상인이 누리지 못하는 자유를 마음껏 누리게 한 것이다.

오스카는 양철북을 두드려 세상과 사회에 경종을 울릴 뿐만 아니라 날카로운 괴성으로 허울의 문명을 상징하는 유리와 창에 금이 가게 만들고 깨뜨려 부순다. 비평가들은 북소리가 과거를 쉽사리 망각하고 현실에만 안주하려는 현대인들에 대한 일깨움이자 경고의 의미라고 풀이한다.

'양철북'은 발표 당시에 극심한 논란을 불러일으켰다. 47그룹 작가들을 비롯한 다수 비평가는 극찬을 아끼지 않았으나 기독교계와 보수적 문인들은 혹평을 서슴지 않았다. "위대한 작품", "천재적 필치" 등의 찬사와 "가장 지독한 외설물", "소름 끼치는 신성모독"이라는 비난이 교차했다.

이런 논란에도 불구하고 '양철북'은 비상하고 강력한 언어 구사, 암시적인 이미지, 반어와 역설, 풍자로 가득한 서사적인 표현 기법 등을 인정받아 "전후 독일 문학의 최대 문제작", "독일 소설의 정점"이라는 평을 들었다.

사회 비판적인 소설을 쓰긴 했으나 참여문학과는 거리 둬

'양철북' 발간 후 그라스는 주로 정치와 역사를 관통하는 시사적인 문제에 천착했다. '고양이와 생쥐'(1961), '개들의 시절'(1963) 등 이른바 '단치히 3부작'으로 세계적인 작가로 주목을 받았으며, '넙치'(1977)에서는 페미니즘을 시대의 아픔이자 역사의 또 다른 동력으로 인식해야 한다는 주장을 설득력 있게 펼쳤다.

'게걸음으로 가다'(2002)에서는 나치즘의 상징인 빌헬름 구스틀로프호의 침몰을 정면으로 다뤘다. 1945년 1월 소련 잠수함의 공격으로 1만여 명의 피란민을 태운 구스틀로프호가 침몰해 9,000여 명이나 숨진 이 사건은 오랫동안 독일 사회에서 금기로 여겨왔다. 신나치즘의 등장을 가속화하는 것은 물론 우익 성향의 정치인, 단체, 지식인들에게 그들의 이념을 정당화하는 무기가 될 수 있다는 우려 때문이었다. 그런데도 그라스는 이 문제를 피해 가지 않았다.

그라스의 소설은 다분히 사회비판적인 요소를 담고 있으나 정치 참여와 사회운동을 내세우는 참여문학과는 거리를 두었다. 대신 정치 참여는 소설이 아닌 현실에서 이뤄졌다. 1960년 사회민주당에 입당하고 핵무기 반대 등을 외치며 사민당의 빌리 브란트 총리의 재선을 위해 시민운동을 이끌었다. 이후에도 선거 때마다 사민당의 유세를 지원했다. 1999년 독일 작가로는 7번째, 하인리히 뵐 이후 27년 만에 노벨 문학상을 수상해 독일 문학의 건재를 세계에 과시했다.

2006년 8월에는 자서전 '양파 껍질을 벗기며'를 발간하면서 언론과의 인터뷰와 소설을 통해 자신이 나치 친위대에 복무했음을 뒤늦게 고백했다. 그전까지 알려지지 않고 있던 나치 친위대 복무 사실이 뒤늦게 알려지자 여론은 찬반으로 갈렸다. "용감한 고백"이라는 긍정적인 평가가 있는가 하면 그동안 과거를 숨긴 채 영향력 있는 좌파 평화주의자로 각종 현안에 진보적인 목소리를 내오다 이제야 고백하는 것은 너무 늦었다는 비난의 목소리도 적지 않았다.

'양철북'은 1979년 독일 영화감독 폴커 슐렌도르프에 의해 동명의 영화로도 만들어져 다시 한 번 관심과 논란을 불러일으켰다. 영화는 프랑스 칸 영화제 황금종려상(1979)과 독일 영화로는 최초로 미국의 아카데미 최우수 외국영화상(1980)을 수상해 전후 독일의 대표 영화가 되었다.

그라스는 독일의 국내 문제뿐 아니라 해외 문제에도 목소리를 높이는 작가였다. 우리나라의 군사정권에 비판적인 해외 지식인으로도 언론에 이름이 자주 오르내렸다. '오적' 필화사건으로 구속된 김지하, 내란 음모 혐의로 사형을 선고받은 김대중의 석방을 촉구하는 데도 그의 이름이 올라갔다. 2004년에는 국가보안법 위반 혐의로 유죄판결을 받은 송두율 독일 뮌스터대 교수 사건을 심리 중인 재판부에도 탄원서를 제출했다.

이나모리 가즈오, 교세라 창업

마쓰시타 고노스케, 혼다 소이치로와 함께 일본에서 가장 존경받는 '3대 기업가'로 꼽힌다.

'교세라'는 오늘날 전 세계에 200여 개의 계열사를 거느린 직원 6만 명 규모의 글로벌 기업이다. 특히 세라믹 분야에서는 세계 시장의 70%를 점유할 정도로 탄탄하다. 하지만 기업의 규모로만 치면 일본에는 교세라보다 훨씬 큰 기업이 많다. 그런데도 교세라를 창업한 이나모리 가즈오(1932~)는 마쓰시타전기를 창업한 마쓰시타 고노스케, 혼다자동차를 창업한 혼다 소이치로와 함께 일본에서 가장 존경받는 '3대 기업가'로 꼽힌다. 그에게는 늘 "일본을 경제대국으로 이끈 부품산업 창업자의 교범", "일본 벤처기업의 대부"라는 수식어가 따라다닌다. 우장춘 박사의 넷째 사위이기도 하다.

이나모리는 교세라를 창업하기 전까지는 낙방 인생이었다. 가난한 집안에서 태어나 중학교에 두 번 떨어지고 결핵을 앓았으며 지방대학인 가고시마대를 졸업했다. 졸업 후에도 입사 시험에 번번이 낙방하다가 1955년 어렵게 소규모 유리 회사인 쇼후공업에 입사했다. 그러나 이나모리가 입사할 무렵에는 사실상 법정관리나 다름없을 만큼 경영 상태가 좋지 않

이나모리 가즈오(1932~)

았다. 결국 직장 동료들이 떠나가고 월급이 밀렸지만 이나모리는 회사를 그만두지 않고 최첨단 세라믹 제조기술을 터득했다.

그러다가 1959년 4월 지인들의 권유와 출자로 '교토세라믹'을 창업함으로써 사업가의 길을 걸었다. 창업에는 그의 인간성에 매료된 7명의 직장 선후배와 동료가 동참했다. 교토세라믹은 창업 초기 마쓰시타전기로부터 세라믹 콘덴서를 수주하긴 했으나, 다른 기업들로부터는 지명도가 없는 벤처기업이라는 이유로 외면을 당했다.

일본을 경제대국으로 이끈 부품산업 창업자의 교범

이나모리는 "미국에 물건을 팔면 일본의 대기업도 찾아올 것"이라며 미국 시장을 개척했다. 그 결과 1965년 미국의 TI사가 아폴로 우주선에 사용되는 부품을 구매하고, 1966년 까다롭기로 유명한 IBM 표준에 합격해 집적회로용 기판 2,500만 개를 수주했다. 이나모리가 내놓은 신제품의 반응은 뜨거웠다. 1973년 오일 쇼크로 수주가 격감할 때도 교토세라믹에는 일시적으로 임금 동결은 있었지만 감원은 없었다.

1979년은 교토세라믹의 일대 전환기였다. 정보통신기기사업의 기술 토대가 되는 트라이텐트사와 사이버네트공업을 인수했기 때문이다. 1982년에는 사명을 교토세라믹에서 '교세라'로 바꾸고, 1983년에는 세계 최초로 일렉트로닉스 카메라를 만든 야시카까지 합병했다.

그의 도전 정신과 철학이 가장 잘 드러난 순간은 1984년 제2 전화사업인 DDI를 설립할 때였다. 덴덴코샤(현 NTT)가 독점해온 전기통신사업이 민영화되자 여러 기업이 전화사업 진출을 저울질했다. 그러나 당시 매출

4조 엔, 종업원 30만 명의 공룡기업 NTT 앞에서 기업들은 몸을 사리며 쉽사리 전화사업 진출을 결정하지 못했다.

이나모리 역시 장고에 장고를 거듭하다가 6개월 후 DDI를 설립했다. DDI는 이후 4개 민간통신업체와 합병을 성사시켜 2000년 NTT에 대항하는 막강한 전기통신사 KDDI를 탄생시켰다. 그때의 결단은 통신정보시대의 흐름과 맞아떨어져 DDI는 전국의 장거리 전화망을 완성하고 이동전화와 시내 간이전화도 성공시키는 등 눈부신 성장을 거듭한 끝에 이나모리 신화의 제2막을 화려하게 장식했다.

'아메바 조직'은 이나모리 경영을 상징하는 또 하나의 키워드였다. 아메바 조직이란 고정된 형체가 없는 아메바처럼 회사 전체를 공정별, 제품군별로 몇 개의 작은 조직으로 나눠 독립채산이 가능한 조직으로 운영함으로써 전 사원이 중소기업 경영자처럼 생각하고 행동할 수 있도록 하는 독특한 경영방식이다. 회사가 아무리 커지더라도 조직이 아메바처럼 세포분열해 단출한 조직을 유지할 수 있다는 것이 장점이었다. 교세라에는 오늘날 3,000개가 넘는 아메바 조직이 꾸준하게 활동하며 조직의 유연성을 유지하고 있다.

세상과 사람 위해 일한다는 철학을 실천

이나모리의 경영철학은 이타(利他)와 공생과 인간 중시였다. 그는 평생 구도자의 자세로 기업을 경영하고 세상과 사람을 위해 일한다는 철학을 실천했다. 일찍이 "전 직원의 행복을 추구하고 인류 사회의 진보와 발전에 공헌한다"는 경영 이념을 정립하고, 종업원들이 경영 이념을 공유하도록 힘썼다.

2005년 6월 명예회장에서 물러날 때도 6억 엔이라는 퇴직금이 너무 적어 화제가 되더니 그나마 퇴직금 전부를 모교인 가고시마대와 관련된 교육기관에 기부해 또다시 일본인들을 감동시켰다.

이나모리가 현직에서 물러나 있던 2010년 1월 일본항공(JAL)이 경영 부실로 법정관리에 들어가고 증권거래소에서도 상장이 폐지되는 충격적인 일이 벌어졌다. 일본 정부는 이나모리를 구원투수로 지목했다. 이나모리는 고사하다가 재임 중 급여를 받지 않는 조건으로 최고경영자 자리를 수락했다.

그는 무서운 속도로 경영 혁신에 나섰다. 뼈를 깎는 구조조정도 병행했다. 결국 빠르고 과감한 구조개혁으로 JAL은 이나모리 취임 8개월 만에 이익을 내기 시작했다. 경영이 정상화되자 이나모리는 2012년 2월 다른 사람에게 사장 자리를 물려주고 자신은 명예회장으로 물러났다.

트뤼포·고다르와 '누벨바그' 영화

기존 영화와 차별화된 새로운 영화 흐름을 지칭한 것이 '누벨바그'의 시작이었다.

'누벨바그'는 영어로 '뉴웨이브'(새로운 물결)를 뜻한다. 누벨바그는 1958년 프랑스의 한 기자가 처음 사용하면서 새로운 영화문법과 영화적 테크닉을 통해 기존 영화와 차별화된 새로운 영화 흐름을 지칭하게 되었다.

누벨바그가 등장하기 전, 기성 영화는 주로 스튜디오에서 촬영하고 판지 장식 소품을 이용하거나 얼굴이 잘 알려진 배우들을 기용했다. 그러나 누벨바그 감독들은 신속한 촬영, 새로운 젊은 배우를 통한 동시대의 이야기, 스튜디오가 아니라 자연광을 이용한 야외촬영, 적은 예산과 소규모 인원의 제작방식 등을 고수하며 기성 영화와 선을 그었다. 그들의 촬영현장은 스튜디오가 아니라 거리와 카페 그리고 값싼 방이었다.

프랑스 태생의 프랑수아 트뤼포(1932~1984)와 장뤼크 고다르(1930~)는 누벨바그를 태동시키고 흐름을 주도한 대표적인 인물이다. 1940년대 말, 10대였던 두 사람의 영화 갈증을 풀어준 곳은 파리의 '시네마테크 프랑세즈'였다. 시네마테크는 주로 클래식 영화를 상영하고 영화의 보존·복원과 전시를 하는 공간으로 1936년 설립되었다. 두 사람은 1950년대 초반부터 영화비평지 '카이에 뒤 시네마'에 평론을 쓰며 필명을 날렸다.

프랑수아 트뤼포(1932~1984)

특히 트뤼포가 발군이었다. 그는 소년기에는 소년원을 들락거린 결손가정의 불량소년으로 지내고, 청소년기에는 학교를 그만둔 뒤 거리와 극장을 배회했다. 하루에 한 편의 영화를 보고 이틀에 한 편의 평론을 쓰던 '카이에 뒤 시네마' 시절(1952~1958)에는 프랑스 영화계의 각종 도발적인 논쟁을 앞서 지휘하며 자신의 존재를 부각했다.

"아버지의 무덤을 파는 묘굴꾼" 악평 쏟아져

그의 글 중 당시 영화계를 발칵 뒤집어놓고 누벨바그의 출현을 알린 대표적인 글은 1954년 '카이에 뒤 시네마' 1월호에 쓴 '프랑스 영화의 어떤 경향'이라는 작가주의 글이다. 이 무명 평론가가 쓴 글의 파괴력이 얼마나 대단했는지 기성 영화인들로부터 "아버지의 무덤을 파는 묘굴꾼", "저널리즘의 불한당" 등 각종 악평이 쏟아졌다.

트뤼포는 폭포수 같은 문체, 영화사와 예술사를 아우르는 방대한 지식, 거침없는 태도로 기성 영화계에 맞섰다. 1957년 4월 '아르'지에는 칸영화제를 공격하는 기사를 써 기성 영화에 선전포고를 하고 5월 칸 영화제 폐막 무렵에는 "독자들 모두가 재판의 증인, 잘못된 전통 아래 괴멸하는 프랑스 영화"라는 제목의 기사를 실어 영화제 관계자들을 분노하게 했다.

기성 영화계가 "그럼 네가 한번 영화를 만들어보라"고 항변하자 트뤼포는 자신의 데뷔작이자 반자전적 영화 '400번의 구타'를 연출해 1959년 5월 칸 영화제에 출품했다. 놀랍게도 '400번의 구타'는 감독상을 수상했다. 6월 파리에서 상영될 때는 45만 명의 관객을 끌어들이는 대성공을 거뒀다. 이 영화가 갖는 더 큰 의미는 누벨바그의 시작이자 정점의 영화로 평가받게 되었다는 것이다.

오늘날 트뤼포는 영화감독이라기보다 영화작가로 불린다. 작가가 소설에 개성을 부여하듯 영화에 자신만의 개성을 부여하는 작가주의를 몸소 실천한 영화감독이기 때문이다. 트뤼포를 영화작가로 자리매김한 대표적인 영화가 '쥘과 짐'(1962)이다.

트뤼포와 함께 누벨바그의 기치를 든 장뤼크 고다르는 '400번의 구타'가 칸 영화제에서 감독상을 수상했다는 소식을 듣고 '아르'지에 "우리는 이겼다.…전투에서 이긴 거다. 전쟁은 아직 끝나지 않았다"는 의미심장한 글을 남겼다.

"고다르 이전에 고다르 없고, 고다르 이후에 고다르 없다"

고다르는 여러 면에서 트뤼포와 대조적이었다. 서정적이고 낭만적인 정서를 담고 있는 트뤼포의 영화와 달리 고다르의 영화는 과격했다. 고다르는 소르본대를 중퇴한 뒤 시네마테크에서 독학으로 영화를 배우고 '카이에 뒤 시네마'에서 영화평을 썼다. 그의 영화감독 데뷔작은 트뤼포의 시나리오를 토대로 만든 '네 멋대로 해라'(1959)다. 이 영화는 고전적 영화 스타일과 현대적 스타일을 가르는 경계였다.

거친 비약과 생략이 돌출하는 편집 등을 통해 고다르가 추구한 것은 기존 영화에 대한 관념을 깨는 작업이었다. 관습적인 스토리텔링 방식을 무시하고 제멋대로 진행되는 줄거리에다 등장인물의 행위를 논리적으로 설명해주지 않았다. 카메라는 스스로의 자의식을 갖고 주인공과 이야기와 작가 사이에서 영화를 향해 질문을 던졌다.

장 뤽크 고다르(1930~)

주인공이 갑자기 카메라를 향해 말을 걸고 화면은 점프컷으로 영화의 불문율을 무시하며 "이것은 지금 영화다"라는 것을 의도적으로 강조했다. 고다르에게 중요한 것은 영화가 사실적으로 보이느냐 그렇지 않느냐가 아니라 감독이 영화로 무슨 말을 하는지를 관객이 자각하느냐 아니냐는 것이었다. 결국 고다르는 영화로 영화를 말했던 영화평론가였던 셈이다.

트뤼포와 고다르의 영화사적 행로는 1960년대 중반부터 더욱 벌어졌다. 고다르가 영화 개념 자체를 끊임없이 파괴하면서 급진적 좌파 입장을 취한 미학적 혁명가의 길을 걸은 반면, 트뤼포는 예술과 인생, 영화와 허구 사이의 경계를 성찰하면서도 영화의 전통적 미덕을 고수했다.

1968년 5월의 학생운동은 두 사람을 완전히 갈라놓은 분기점이었다. 누벨바그 그룹 내에서 우파 쪽 입장을 취한 트뤼포와 달리 고다르는 모택동주의에 경도되어 형식과 내용은 물론이고 제작과 배급방식에서마저 혁명성을 부르짖었다. 그해에 칸 영화제가 수상작을 내지 못한 것도 고다르의 비난과 방해 때문이었다.

고다르가 이처럼 대중과 점점 멀어지며 제도권과 싸움을 벌이고 있는 동안 트뤼포는 상대적으로 안정된 조건 속에서 '아메리카의 밤'(1973), '아델 H의 이야기'(1975) 같은 교양미 넘치는 영화들을 만들었다. 고다르는 '아메리카의 밤'을 신랄하게 비판했다. 이것으로 둘은 친구로도 이념적으로도 결별했다.

그러나 고다르의 신념 역시 좌절의 순간을 맞았다. 영화가 너무 어려워 그가 시도한 다양한 실험적 양식이 주관객층인 노동자와 학생들로부터 외면을 당했기 때문이다. 그럼에도 불구하고 고다르를 향해 미셸 푸코가 던진 "고다르 이전에 고다르 없고, 고다르 이후에 고다르 없다"는 찬사는 여전히 유효하다.

소련 달 탐사선 '루나 2호' 달에 명중

루나 2호는 인류가 만든 우주선과 지구 밖 천체의 역사적인 첫 만남이라는 영예의 주인공이 되었다.

소련이 1957년 10월 인류 최초로 인공위성 스푸트니크호를 발사하는 데 성공하자 유일 초강대국을 자부하던 미국의 자존심이 구겨질 대로 구겨졌다. 1958년 1월 미 최초의 인공위성 익스플로러 1호를 발사하는 데 성공해 겨우 체면을 세우게 되자 달 착륙만은 소련에 앞서겠다며 1958년 한 해 동안 파이어니어 0~3호까지 4번의 무인 달 탐사선을 발사했다.

그러나 계속 실패해 사기가 땅에 떨어졌다. 파이어니어 0호(1958.8)는 발사 후 77초 만에 고도 16km 지점에서 폭발했고, 파이어니어 1호(1958.10) 역시 달에는 이르지 못하고 관측 자료만을 지상으로 보내왔다. 11월과 12월에 발사된 2호와 3호 역시 실패로 끝났다.

미국이 파이어니어 4호 발사를 준비하던 1959년 1월 2일, 이번에는 소련이 무게 361kg인 소련 최초의 달 탐사선 '루나 1호'를 발사했다. 그러나 루나 1호는 발사 이틀 후 달로부터 5,000~6,000km 빗나가 "지구 중력권을 벗어난 최초의 물체"라는 찬사에 만족하며 태양 주위를 공전하는 최초의 태양계 인공행성이 되었다.

루나 2호

루나 2호는 1959년 9월 12일에 발사되어 33시간 만에 소식이 끊겼다. 그런데도 소련 과학자들은 짧게 탄식만 할 뿐 표정이 밝았다. 소식이 끊겼다는 것은 탐사선이 달에 명중했다는 것이고 이것은 루나 2호에게 부여된 달 명중 임무를 제대로 수행한 것이기 때문이다. 루나 2호는 달의 '맑음의 바다'에 충돌, 인류가 만든 우주선과 지구 밖 천체의 역사적인 첫 만남이라는 영예의 주인공이 되었다. 또한 달에 자기장과 방사능대가 없다는 사실을 처음 확인하는 과학적 성취도 거뒀다.

1959년 10월 4일에 발사된 루나 3호는 달 뒷면의 사진을 찍어 지구로 전송함으로써 인류 역사 이래 누구도 보지 못한 달 뒷면의 궁금증을 풀어주었다. 루나 우주선은 1976년까지 모두 24차례 발사되어 달에 충돌하거나 인공행성이 되는 등의 우여곡절을 겪으며 달에 관한 각종 정보를 소련에 보내주었다.

'루나 2호'의 성공으로 미국은 충격에 휩싸여

루나 2호가 달에 명중하자 미국은 스푸트니크에 이어 또다시 충격에 휩싸였다. 달까지의 거리 38만km를 정확히 날아가 움직이는 달을 맞혔다는 것은 소련이 얼마든지 핵폭탄을 장착한 미사일을 미국 본토에 정확히 명중시킬 수 있다는 점에서 자존심의 문제가 아니라 생존의 문제였다.

미국은 루나 1호 발사 2개월이 지나 파이어니어 4호(1959.3)와 5호

(1960.3)를 발사했으나 두 번 모두 달에서 빗나가 인공행성이 되었다. 결국 미국은 무력감에 빠져 5년 동안 파이어니어 프로젝트를 연기했다.

그 기간에 달 탐사 임무를 맡은 것은 레인저 프로젝트였다. 그러나 레인저 1호(1961.8)부터 6호(1964.1)까지 발사하고도 월면 촬영에 실패하는 등 좌절의 연속이었다. 미국이 비로소 월면 촬영에 성공한 것은 1964년 7월에 발사되어 수천 장의 사진을 찍어 지구로 보낸 뒤 '구름의 바다'에 충돌한 레인저 7호 발사였다. 8호와 9호 역시 수천 장의 생생한 사진을 보내왔는데 특히 9호(1965.3)가 달의 표면 등을 촬영하는 모습은 TV로 생중계되어 전 세계를 흥분시켰다.

레인저 프로젝트의 마지막 우주선인 레인저 9호는 충돌하기 0.25초 전까지 수천 장의 사진을 찍어 지구로 보낸 후 장렬하게 전사했다. 충돌로 TV 화면이 검게 바뀌었을 때 영국의 BBC방송은 '가미카제 미션(자폭 임무)'이라고 보도했다. 레인저 9호는 사람들에게 달에 관한 관심을 증폭시키는 데는 성공을 거뒀지만 효과는 일시적이었다. 이듬해 소련의 루나 9호가 미국보다 4개월 앞서 달 표면에 직접 착륙해 사진을 찍어 전송했기 때문이다.

1966년 1월 31일에 발사된 루나 9호는 2월 3일 역사상 최초로 달의 '폭풍우의 바다' 표면에 연착륙하는 데 성공함으로써 또다시 미국의 추격 의지를 꺾어버렸다. 루나 9호의 연착륙은 소련이 역추진 로켓 분화점 기술을 극복했다는 것을 증명함과 동시에 달 표면이 딱딱하다는 것을 확인시켜 주었다는 점에서 대단한 성과였다. 루나 9호가 보내온 달 표면 사진에 의하면, 달표면에는 먼지가 없고 요철이 심했으며 크고 작은 돌 모양의 물체가 산재해 있었다.

미국은 1966년 6월 2일 '서베이어 1호'가 달의 '폭풍우의 바다'에 연착륙하는 데 성공했다. 착륙 후 지구로 전송한 사진은 달 표면이 평평하며 유인 우주선 착륙에도 견딜 만큼 단단하다는 사실을 보여주었다. 사진을 판독한 NASA는 "폭풍우의 바다가 아폴로 달착륙선의 착륙 후보지로 적격"이라는 사실을 알아냈다. 1967년 11월에 발사된 '서베이어 6호'는 달 표면을 스친 다음 다시 떠올랐다가 재착륙하여 우주선이 지구로 귀환할 수 있음을 확인시켜 주었다.

남극조약 조인

남극권에 최초로 진입한 인물은 영국의 제임스 쿡 선장이었다.

남극은 지구 전체 육지의 9.2%에 달하는 거대한 대륙이다. 유럽이나 오세아니아 대륙보다 훨씬 넓고 중국보다는 1.4배, 한반도보다는 62배 크다. 남극 대륙은 2억 년 전 곤드와나 대륙에서 갈라졌다. 현재의 아프리카, 남미, 호주, 인도 역시 곤드와나 대륙에서 기원한다. 남극 대륙은 원래는 적도 부근의 온난한 곳에 있다가 2억 8,000만 년 전 남극점으로 이동했다. 다시 적도로 돌아왔다가 1억 년 전 또다시 남극점 근처로 이동해 현재에 이르고 있다.

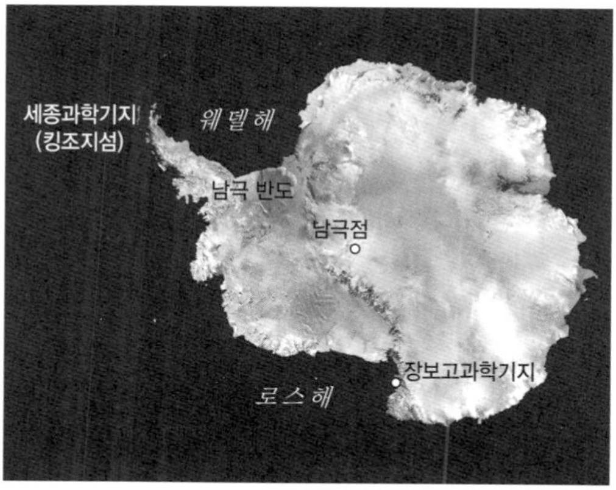

남극

남극권에 최초로 진입한 인물은 인류 역사상 가장 위대한 선장 중 한 명으로 꼽히는 영국인 제임스 쿡이다. 그는 1772년 남아공의 희망봉을 돌아 남위 60도 해역을 탐사했다. 그 후 영국의 윌리엄 스미스 선장이 1819년 남위 62도 부근의 한 제도를 방문해 그곳 이름을 '사우스셰틀랜드 제도'라고 붙였다. 스미스의 발견은 영국의 한 해군 대위에 의해 1820년 1월 재확인되고 대위가 도착한 가장 큰 섬은 당시 영국 국왕 조지 3세의 이름을 따서 킹조지섬으로 명명되었다. 이후에도 러시아, 미국, 영국이 계속 남극해를 탐험하고 새롭게 발견한 섬과 바다에 자신의 이름을 붙였다.

남극 바다 주변에서 전개되던 탐험은 한동안 소강상태를 유지하다가 20세기 들어 직접 남극 땅의 탐험으로 이어졌다. 1911년 노르웨이의 로알 아문센과 영국의 로버트 스콧이 남극점을 밟고 영국의 어니스트 섀클턴은 비록 성공하지는 못했지만 1914~1916년 남극 대륙 횡단을 시도했다.

몇몇 국가가 남극에 대한 자국의 영유권을 주장하는 목소리를 높인 것도 20세기 들어서였다. 남미 국가와 호주는 지리적으로 가깝다는 이유로, 유럽 국가들은 '탐험의 역사'를 영유권 주장의 근거로 내세웠다. 먼저 선수를 친 것은 1908년 7월 남극이 자국의 영토임을 선언한 영국이었다.

뒤이어 뉴질랜드(1923), 프랑스(1924), 호주(1936)가 영유권을 주장하고 노르웨이, 칠레, 아르헨티나가 영유권 선언에 합류했다. 1947년에 남극기지를 세운 칠레는 가깝다는 지리적 이점을 이용해 병원, 가게, 은행, 우체국까지 개설했다. 아르헨티나는 국민이 남극에서 결혼하도록 권장하는 방식으로 연고권을 강화했다.

국제분쟁의 가능성이 높은 상황에서 과학자가 해결사 역할 해

선수를 빼앗긴 미국과 소련은 영유권을 주장하지는 않았으나 타국의 영유권도 인정하지 않고 사태를 관망했다. 자칫 남극을 둘러싼 국제분쟁이 일어날 수 있는 상황에서 분쟁 해결의 실마리는 과학자들이 풀었다. 12개국 5,000여 명의 과학자들은 국제지구물리관측년(1957~1958)을 맞아 67개의 남극기지를 설치하고 1957년 7월부터 1958년 12월까지 남극에 대한 공동연구를 1년 반 동안 수행했다.

역사상 최대 규모였던 이 국제 공동연구 프로그램을 통해 인류의 운명을 바꿔놓을 만한 지구의 비밀들이 속속 밝혀졌다. 남극 빙하의 두께와 양이 처음으로 측정되고, 얼음의 평균 두께가 2,160m라는 사실이 밝혀졌다. 지구 담수량의 68%를 품고 있고 100여 년 동안 이용할 수 있는 원유와 천연가스를 비롯해 크릴과 같은 생물자원, 철·구리·니켈 등 광물자원이 넘쳐난다는 사실도 확인되었다.

어느 한 나라가 독차지하기에는 너무 엄청난 '자원의 보고'라는 사실이 밝혀지자 1958년 5월 아이젠하워 미 대통령이 남극의 중립화를 위한 협상을 관련국에 제안했다. 이에 따라 1959년 6월 1일 12개국 대표가 워싱턴에서 첫 회담을 열었다. 그 후 6개월 동안의 논의 끝에 1959년 12월 1일 아르헨티나, 호주, 벨기에, 칠레, 프랑스, 일본, 뉴질랜드, 노르웨이, 남아공, 영국, 미국, 소련 등 12개국이 '남극조약'에 서명했다.

모두 14개 조로 구성된 남극조약은 남극 지역에 대한 평화적 이용(1조), 과학 조사의 자유 보장(2조), 영유권 주장 유보(4조), 남극조약 가입 시 '남극조약 협의당사국(ATCP)'의 만장일치 동의(13조) 등을 명시하고 있다. 남위 60도 남쪽의 땅과 하늘과 바다를 남극으로 한다는 지리적 정의(6조)도 내려졌다. 평화적 이용에 관해서는 군사기지나 군사시설의 설치, 군사훈련, 핵을 포함한 무기 실험 등 군사적 성격을 띤 모든 행위가 전면 금지되었다.

2048년까지 자원 개발을 금지하도록 규정

1961년 6월 23일 조약 발효 후 지금까지 남극은 남극조약에 가입한 국가 중 자격을 갖춘 이사국격인 남극조약협의당사국이 관장하고 있다. 당사국은 남극과 관련된 규정을 만들거나 폐기하거나 조약 가입 심사 등 권한을 행사할 수 있다.

남극조약은 원론적인 조항으로 이루어져 있기 때문에 환경이나 생물에 대한 보존협약은 '남극 물개 보존협약'(1972), '남극 해양생물자원 보존협약'(1980) 등의 협약이 별도 제정되었다. 빙하가 녹아내리는 환경 문제가 이슈로 부각되었을 때는 1991년 10월 스페인 마드리드에서 열린 협의당사국 특별회의에서 흔히 '마드리드 프로토콜'로 불리는 '환경 보호에 관한 남극조약 의정서'에 합의·서명했다.

1998년 1월 마드리드 프로토콜이 발효됨에 따라 향후 50년간 광물자원 이용이 금지되고 생태계 보전이 최우선 과제가 되었다. 극지탐험의 상징이던 썰매개도 토종 생물에게 바이러스를 옮긴다는 이유로 추방되었다.

2013년 현재 남극조약 가입 국가는 50개국이다. 이 가운데 28개국이 남극조약 협의당사국의 지위를 얻어 남극을 실질적으로 관리하고 있다. 남극조약은 2048년까지 자원 개발을 금지하도록 규정하고 있다.

우리나라가 남극에 첫발을 디딘 것은 1978~1979년 크릴 시범조업을 하면서부터였다. 당시 조업량은 미미했지만 향후 남극 진출에는 중요한 교두보 역할을 했다. 남극조약 가입을 위한 움직임은 1985년 11월 19일 남극 해양생물자원 보존협약 가입과 함께 구체화되었다.

이와 별도로 한국해양소년단의 남극관측탐험대가 11~12월 사이에 킹조지섬과 인근 해역을 탐사하고 11월 29일 남극 최고봉인 빈슨 매시프(4,897m)를 세계에서 6번째로 등정했다.

1986년 11월 28일에는 세계 33번째로 남극조약에 가입하고 1988년 2월 17일 킹조지섬 바턴반도의 남위 62도 13분, 서경 58도 47분 지점에 세종과학기지를 준공했다. 1989년 10월 9일에는 세계 23번째로 남극조약 협의당사국 자격을 부여받고, 1990년 7월 세계 22번째 정회원국으로 승격하면서 남극에서의 활동 보폭을 넓혀나갔다. 남극 대륙 제2기지인 장보고과학기지는 2014년 건립을 목표로 남위 74도에 건설을 추진하고 있다. 남극점에 처음 도달한 한국인은 허영호로 1994년 1월 10일 남극점에 자신의 발자국을 남겼다.

| 후기 |

'20세기 이야기'가 나오기까지

2000년 3월 5일 조선일보가 개최한 '21세기 한민족 대항해시대' 특별전이 예술의전당에서 열렸습니다. 제목만 보면 마치 21세기 해양대국을 기치로 내세운 전시회 같지만 실은 20세기를 회고하는 전시회였습니다. 당시 저는 실무자로 전시회에 참여했습니다. 그런데 준비 과정에서 20세기에 대해 모르는 것이 너무 많다는 것을 알게 되었습니다. 알고 있는 것도 깊이가 없어 결국 총체적으로 자괴감에 빠졌습니다.

사실 그 몇 년 전부터 시오노 나나미의 '로마인 이야기'를 계기로 세계사에 푹 빠져 있었는데도 정작 제가 숨 쉬고 있는 20세기에 대해 무지했던 겁니다. 전시회가 끝난 후 20세기에 관심을 가졌습니다. 관련 책만 편식했습니다. 그렇게 1년 반 정도가 지나고 나니 20세기를 정리하고 싶다는 욕심이 생겼습니다. 1~2권짜리 분량의 '20세기 소사전'이 목표였습니다. 그런데 관련 자료를 모으고 있던 2002년 11월 어느 날 신문사에선 '흔치 않은 일'이 일어났습니다.

김태익 당시 조선일보 문화부장이 '오늘의 소사' 성격의 글을 신문에 연재하면 어떻겠냐고 제안한 것입니다. '흔치 않은 일'이라고 한 것은 취재기자도 아니고 신문에 글을 써 본 적도 없는 사람에게 전국의 수백만 독자를 상대로 '오늘의 소사'를 연재하라고 했기 때문입니다. 이 결정은 누가 보아도 상식에서 벗어난 모험이었습니다. 변용식 당시 편집국장이 문화부장의 결정을 받아들인 것도 뜻밖이었습니다.

'흔치 않은 일'은 '역사 속의 오늘'이란 제목으로 구체화되어 2002년 12월 2일부터 조선일보 지면의 한 귀퉁이에서 매일 독자와 만났습니다. 준비가 충분치 않은 상태에서 갑작스럽게 시작되고, 연재 말고도 고유의 업무를 따로 해야 했기 때문에 하루하루가 고역이었습니다. 시간에 쫓겨 내용이 만족스럽지 않은 날도 있었습니다. 결국 '역사 속의 오늘'은 회사의 결정에 따라 연재를 시작한 지 2개월도 채 지나지 않은 2003년 1월 29일자를 끝으로 중단되었습니다.

그런데 다음날부터 놀라운 일이 벌어졌습니다. '역사 속의 오늘'을 계속 연재하라는 독자들의 전화가 연일 빗발쳤던 것입니다. 결국 회사는 십수일이 지난 2월 10일 '역사 속의 오늘'을 부활했습니다. 그때 전화를 했던 독자가 이 책을 읽고 있다면 이 자리를 빌려 진심으로 감사하다는 말씀을 전합니다. 이 분들이 없었다면 필시 글에 대한 흥미를 잃어버렸거나 역사에 대한 관심을 접었을 테고 결국 '20세기 이야기'(전 10권)도 세상에 나오지 못했을 겁니다.

연재 중 답답한 것은 또 있었습니다. 원고지 7~8장 안에 매일 두 꼭지씩의 국내외 사건·사실이나 인물을 소개해야 했는데 그럴 때마다 발단, 전개과정, 의미, 영향 등을 제대로 짚어주기에는 지면이 부족했던 겁니다. 그러다 보니 꼭 소개해야 할 부분조차 포기할 때도 많았습니다. 그렇다고 신문 특성상 지면을 늘릴 수도 없어 나중에 꼭 보완하리라 마음먹고 연재를 이어갔습니다. 조선일보 연재는 이런 우여곡절을 거쳐 1년 만인 2003년 11월 29일에 끝을 맺었습니다. '역사 속의 오늘'은 2004년 9월부터 2006년 8월까지 2년 동안 또다시 주간조선의 지면을 통해 독자들과 만났습니다.

'20세기 소사전'을 정리해보고 싶다는 당초의 구상을 실천에 옮긴 것은 조선일보 연재가 끝난 후인 2004년 초부터였습니다. 본격적으로 자료를 수집하고 원고를 쓰는데 그동안 알지 못했던 새로운 사실들이 불쑥불쑥 튀어나왔습니다. 내공이 부족했던 겁니다. 점차 욕심이 커지고 범위가 넓어졌습니다. 결국 '20세기 소사전'은 '20세기의 모든 것'으로 확장되었습니다. 책 권수는 1~2권에서 10권으로 늘어나고 2~3년이면 끝날 줄 알았던 작업 기간은 그 몇 배인 8년을 훌쩍 뛰어넘었습니다.

마지막으로 이 책이 나오기까지 심적·물적으로 도움을 주신 분들께 감사의 말을 전합니다. 글을 쓸 수 있도록 계기를 마련해 준 김태익 당시 조선일보 문화부장과 변용식 편집국장, 원고를 꼼꼼히 읽고 격려해준 이희용 연합뉴스 부장과 김정일 외환은행 지점장, 책을 출판하는 과정에서 여러모로 도움을 준 김애숙 한길합동 법무사, 장진한 A플러스어문연구소 대표, 서필봉 새터출판사 대표, 이민재 제이소프트 대표, 최중홍 문화일보 부국장, 김남호 나모에디트 대표 등이 그들입니다. 종로·정독도서관의 사서, 교보문고 매장 직원들께도 감사의 뜻을 전합니다.

'20세기 이야기'(전10권) 첫 권을 내며

2012년 12월 1일

김정형

찾아보기

ㄹ

ㅁ

ㅂ

ㅅ

ㅇ